"十二五"普通高等教育
本科国家级规划教材

普通高等教育
"十一五"国家级规划教材

21世纪高等院校经济学系列教材

U0648763

Zhongguo Jingji Sixiangshi

中国经济思想史

第六版

赵晓雷/主编

国家重点学科

「十二五」辽宁省重点图书出版规划项目
2011年上海普通高校优秀教材奖一等奖
2015年上海普通高校优秀教材奖
2021年首批上海高等教育精品教材
上海财经大学「十一五」「211工程」重点课程与教材建设项目
2021年上海财经大学优秀教材奖一等奖

东北财经大学出版社
Dongbei University of Finance & Economics Press
大连

图书在版编目（CIP）数据

中国经济思想史 / 赵晓雷主编. —6版. —大连：东北财经大学出版社，
2022.12（2024.6重印）
（21世纪高等院校经济学系列教材）
ISBN 978-7-5654-4759-4

Ⅰ.中…　Ⅱ.赵…　Ⅲ.经济思想史–中国–高等学校–教材　Ⅳ.F092

中国版本图书馆CIP数据核字（2022）第254329号

东北财经大学出版社出版
（大连市黑石礁尖山街217号　邮政编码　116025）
网　　　址：http：//www.dufep.cn
读者信箱：dufep@dufe.edu.cn

大连永盛印业有限公司印刷　　　　东北财经大学出版社发行
幅面尺寸：185mm×260mm　　　字数：579千字　　　印张：25.5
2022年12月第6版　　　　　　　2024年6月第2次印刷

责任编辑：蔡　丽　　　　　　　　　责任校对：孙　平
封面设计：冀贵收　　　　　　　　　版式设计：冀贵收

定价：68.00元

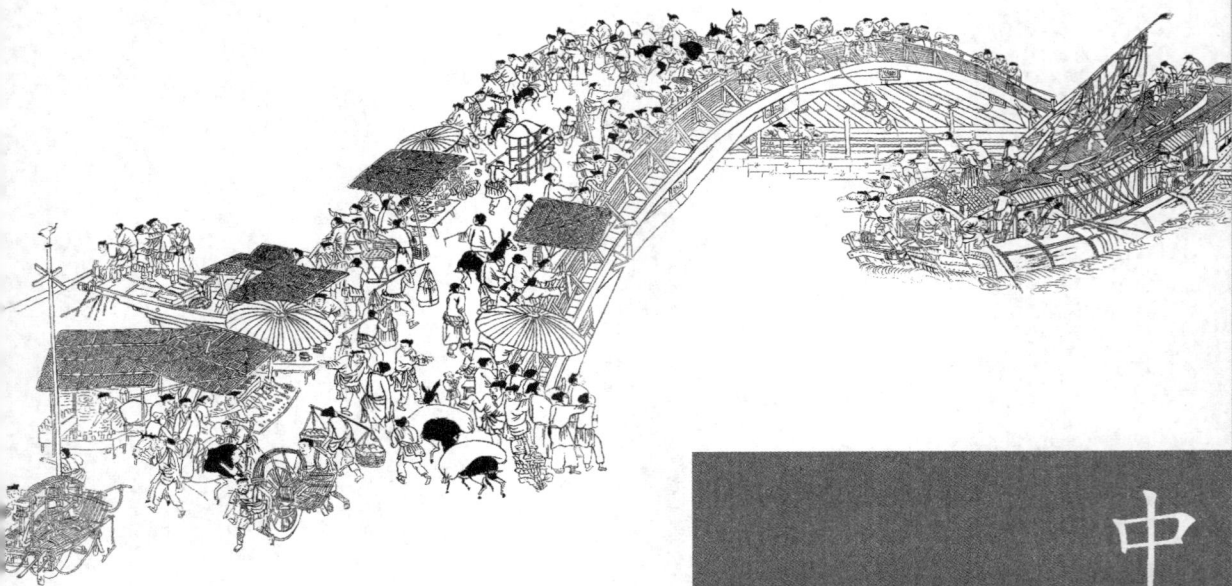

中国经济思想史

Preface

Edition 6

第6版

前言

　　中国是历史悠久的文化大国，在经济思想方面有着丰富的文化精粹，对此有必要进行广泛、深入、全面的发掘、整理和研究。通过对古代、近代经济思想的深入研究，通过对现代经济思想、经济理论的及时总结和分析评述，通过对国外经济思想的融会贯通以及联系实际的比较分析，了解中国古代及近现代经济思想、经济理论的发展过程和主要内容，加深对中国的国情、对中国社会发展的演化、对中国经济思想史与中国社会经济史的相互关系的认识，有助于推动中国现代经济学的发展。

　　中国经济思想史学科的教材建设相对薄弱。现在本科生教材的选用大多为"简编""简史"类的专著，缺乏以教材体例编撰的教学用书。本教材在既有教学、研究基础的支持下，吸纳经济思想史学科的权威性、前沿性研究成果，形成一部系统、完整、贯通古今的国家级规划教材。本教材在框架体系设计方面的特色如下：

　　一、学科体系实现古今贯通

　　以往中国经济思想史本科生教学内容主要是有关中国古代和近代经济思想的基本知识，甚至一度主要偏重先秦时期的经济思想，近代的研究也只限于1919年五四运动以前。本教材构建了从公元前21世纪到公元2010年中国经济思想史学科体系，实现了中国经济思想史教学的古今贯通。由于中国古代经济思想的研究和教学体系相对更为成熟，所以本教材更着力于对20世纪初到1949年中华人民共和国成立，以及1950年到2017年整个20世纪的中国经济思想进行系统的整理和研究，并与中国古代经济思想史构成一个完整的学科体系。

　　二、研究方法强调中西比较

　　中国经济思想史不是孤立发展的思想体系，在历史发展进程中，中国经济思想曾经不断地与西方经济思想相互影响。本教材在以中国经济思想史的演变发展为主要研究内容的基础上，将中国经济思想史置于世界经济学说史的时空坐标中，强调中西方在经济思想方面的交流和比较研究，将中国经济思想置于全球范围的思想文化系统中，从而形成中西比较的方法论特色。

三、学科内容力求满足"专业基质"（disciplinary matrix）要求

经济思想史是研究经济理论、经济学说发展演变过程的经济学分支学科，其研究对象、研究内容及学科界定应当符合"专业基质"要求，即对具有共同专业基质的思想的产生、传承、发展作过程描述和相关关系分析，因为只有在一个有专业界定的框架内，学科才能实现分析技术的积累和理论的发展。本教材力求遵循这一学科内容界定规范，尤其是对18世纪以后的经济思想、经济学说发展过程的研究，更要求对研究对象及内容作出专业的识别和界定。

四、知识体系和话语体系把握中国特色

本教材按照"加快构建中国特色哲学社会科学"的指导思想，在知识体系和话语体系方面力求把握中国特色要求。知识体系注重从历史定位、理论来源、实践基础、科学内涵、理论创新等方面提炼中国元素，加强知识掌握和能力训练；话语体系既遵循理论经济学普识性专业要求，又根据中国经济思想发展演进的社会经济、政治、文化背景，力求把握和体现中国特色、中国风格，突出经济思想史教学的专业性、历史性、民族性特色。本教材第六版增设的"学史增信"栏目，更是培养读者继承与弘扬中华优秀传统文化，树立正确的历史价值观，养成正确的学术观，培养哲学思维，深刻理解社会主义革命和建设的伟大成就，深入学习贯彻党的二十大精神，强化使命担当的民族责任感和爱国情怀，进一步帮助读者准确把握教材中所阐述的中国特色知识体系和话语体系。

本教材由赵晓雷负责研究计划设计、研究团队组成、框架体系确定、篇章结构编排、学术观点整合及体例文字统纂。全书共三篇十二章，负责各章编撰的作者（按所编撰篇章为序）为：

王昉（上海财经大学教授）编撰第一章、第二章、第三章；

徐信艳（上海电力大学副教授）编撰第四章、第六章；

马涛（复旦大学教授）编撰第五章；

程霖（上海财经大学教授）编撰第七章、第八章；

赵晓雷（上海财经大学教授）编撰第九章、第十章、第十一章、第十二章。

王昉教授协助了研究工作的组织、联络、协调等事务，并参与了全书体例设计、文字总纂工作。

承蒙东北财经大学出版社厚爱，邀约本人主编这部教材，并成功申报了教育部普通高等教育"十一五"国家级规划教材和"十二五"普通高等教育本科国家级规划教材。对一部理论经济学教材的出版和维护费心血，这反映了该出版社的品位和格调。在此，本人对东北财经大学出版社、本书的责任编辑及其他相关人士致以深深的谢意。

本教材第一版成书于2007年，作为教育部普通高等教育"十一五"国家级规划教材，被多所大学用作本科生和研究生教材，多次重印和修订。

2010年，我们收集了学术界的意见和建议，组织原班编撰人员对教材作了修订，使理论更准确，资料更翔实，体例更精练，信息更丰富，出版了本教材的第二版。本教材第二版于2011年荣获上海普通高校优秀教材奖一等奖，2012年被列入"十二五"辽宁省重点图书出版规划项目。

Edition 6

2013年，本教材出版了第三版。其中，主要对本教材第三篇"现代部分"作了修订：一是调整了章节结构，以使思想史演进的时间线索和发展特征更清晰；二是调整了部分内容，以求简练并增加信息量；三是将下限延展到2010年，以反映现代经济思想的最新发展面貌。关键词、本章思语及推荐阅读文献也作了相应修订。本教材第三版于2013年被列入"十二五"普通高等教育本科国家级规划教材，于2015年再次获上海普通高校优秀教材奖。

2016年，本教材进行了第四版修订，使教材在学术思想、资料信息、体例结构等方面日臻完善，不断优化。

2019年，本教材进行了第五版修订，对全书进行了细致的校对工作，第十一章增加了"国际金融危机对中国经济思想的影响"的内容。第五版新增二维码内容，努力践行习近平新时代中国特色社会主义思想进教材、进课堂、进头脑。本教材第五版获评2021年首批上海高等教育精品教材，荣获2021年上海财经大学优秀教材奖一等奖。

2022年，本教材进行了第六版修订，在内容体系上增加了第五章第二节"土地、赋税与消费思想"、第十一章第四节"中国特色社会主义理论与中国特色社会主义政治经济学"，将第三篇"现代部分"的下限延展到2017年；在数字化方面，设置了9个二维码形式的"思想园地"栏目，拓宽了读者的学术视野；尤为可贵的是，在第二、三、四、六、八、十章增加了"学史增信"栏目，其中第十章的"学史增信"栏目更是深入学习贯彻党的二十大精神，为工业化和信息化发展指明新的方向。这些案例能帮助读者树立正确的道德观念与价值观念，增强文化自觉，坚定文化自信，引导读者善于反思质疑，并形成独立见解，拓宽学术研究视野，以历史时空观念看待问题，增强辩证思维能力、理性分析与客观判断的历史解释能力，树立辩证唯物主义和历史唯物主义世界观和方法论。

作为一部国家级规划教材，作者团队有责任在一定时期进行一次修订，以使教学效果更好。感谢东北财经大学出版社对本书长期的关心和支持。一部中国经济思想史教材能印刷多次并能出到第六版，仍具有很好的读者需求，既与作者团队认真、严谨、精益求精的学术态度直接相关，也与东北财经大学出版社规范、有效、精湛的编校和营销工作直接相关。本教材是作者团队和出版社的共同产品，在我们一致努力下，希望本教材能常编常新，继续为中国经济思想史的教学贡献绵薄之力。

（本教材配有电子课件、教学大纲、教案、教学日历、考评方式与标准、学习指南等教学资源，请任课教师登录东北财经大学出版社网站（http://www.dufep.cn）免费下载）

赵晓雷

2022年10月于上海财经大学

（2024年6月更新）

第一篇　古代部分

第一章　公元前21世纪至公元前8世纪（夏、商和西周时期）经济思想　001

　　学习目标　001

　　关键词　001

　　第一节　公元前21世纪至公元前8世纪社会经济发展概况　002

　　第二节　对经济活动与经济问题的初步认识　004

　　第三节　西周时期的财政思想　013

　　本章思语　018

　　推荐阅读文献　018

第二章　公元前8世纪至公元前3世纪（春秋战国时期）经济思想　019

　　学习目标　019

　　关键词　019

　　第一节　公元前8世纪至公元前3世纪社会经济发展概况　019

　　第二节　春秋战国时期经济思想的演化　023

　　第三节　春秋战国时期诸子百家的经济思想　027

　　学史增信　053

　　本章思语　056

　　推荐阅读文献　056

第三章　公元前3世纪至公元6世纪（秦、汉、三国、两晋和南北朝时期）经济思想　057

　　学习目标　057

　　关键词　057

　　第一节　公元前3世纪至公元6世纪社会经济发展概况　057

　　第二节　经济自由主义与国家干预主义思想之争　060

第三节 对农、工、商关系的认识及政策思想的演变 068
第四节 "重义轻利"思想统治地位的确立与冲突 071
第五节 土地制度思想的演变及实践 074
第六节 公元前 3 世纪至公元 6 世纪的治生思想 080
学史增信 084
本章思语 087
推荐阅读文献 088

第四章 **7 世纪至 14 世纪（唐朝、宋朝和元朝时期）经济思想 089**
学习目标 089
关键词 089
第一节 7 世纪至 14 世纪社会经济发展概况 089
第二节 理财思想 093
第三节 重商与崇富思想 097
第四节 土地思想的延承与发展 104
第五节 封建社会经济繁荣时期的财税思想 110
第六节 货币思想的新发展 116
学史增信 126
本章思语 130
推荐阅读文献 131

第五章 **14 世纪至 18 世纪中叶（明朝和清朝前期）经济思想 132**
学习目标 132
关键词 132
第一节 14 世纪至 18 世纪中叶社会经济发展概况 132
第二节 土地、赋税与消费思想 135
第三节 "听民自为"的自由主义经济思想 141
第四节 "工商皆本"的社会阶层新论 148
第五节 货币理论的主要成就 156
本章思语 166
推荐阅读文献 166

第六章 **18 世纪中叶至 19 世纪中叶（清朝中期）经济思想 167**
学习目标 167
关键词 167
第一节 18 世纪中叶至 19 世纪中叶社会经济发展概况 167
第二节 人口思想 169
第三节 仿古改制以限制土地兼并的思想 173
第四节 商品货币经济思想在封建社会衰退时期的延展 177

　　第五节　对外贸易及向西方学习的经济思想　181

　　学史增信　186

　　本章思语　190

　　推荐阅读文献　191

第二篇　近代部分

第七章　19世纪中叶至20世纪初（清朝末年至中华民国初年）经济思想　192

　　学习目标　192

　　关键词　192

　　第一节　19世纪中叶至20世纪初社会经济发展概况　193

　　第二节　鸦片战争前后社会转型期新旧经济思想的消长　194

　　第三节　洋务思潮的形成与发展　200

　　第四节　19世纪70年代资产阶级改良派经济思想的产生与发展　203

　　第五节　辛亥革命前后资产阶级革命派经济思想的兴起与发展　207

　　第六节　革命派与改良派关于经济发展思想的大论战　216

　　本章思语　219

　　推荐阅读文献　219

第八章　20世纪初至20世纪中叶（中华民国时期）经济思想　220

　　学习目标　220

　　关键词　220

　　第一节　20世纪初至20世纪中叶社会经济发展概况　220

　　第二节　五四运动前后马克思主义经济学在中国的传播、运用和发展　222

　　第三节　20世纪上半叶西方经济学说在中国的传播和影响　229

　　第四节　20世纪20年代至30年代民族资本企业家的创业思想和经营管理
　　　　　　思想　233

　　第五节　20世纪30年代至40年代学术思想界关于经济建设和工业化的思想　237

　　第六节　国民党统治时期的发展国家资本思想　242

　　第七节　新民主主义经济思想的发展与中华人民共和国建设方针的确立　245

　　学史增信　250

　　本章思语　253

　　推荐阅读文献　253

第三篇　现代部分

第九章　中国现代经济思想初期发展（1949—1978年）　254

　　学习目标　254

关键词　254

第一节　马克思主义经济学研究　255

第二节　中国社会主义经济理论探索与发展　265

第三节　中国经济发展战略的形成与发展　270

本章思语　274

推荐阅读文献　274

第十章　中国现代经济思想繁荣发展（1979—1991年）　275

学习目标　275

关键词　275

第一节　改革开放背景下马克思主义经济学研究　275

第二节　社会主义经济体制改革重要理论研究　287

第三节　经济发展战略的演进　299

学史增信　304

本章思语　308

推荐阅读文献　308

第十一章　中国现代经济思想转型发展（1992—2017年）　309

学习目标　309

关键词　309

第一节　社会主义市场经济理论产生与发展　309

第二节　社会主义市场经济与经济思想变革　319

第三节　制度转型、经济发展与经济增长思想　337

第四节　中国特色社会主义理论与中国特色社会主义政治经济学　349

本章思语　358

推荐阅读文献　358

第十二章　西方经济思想引进、研究与借鉴（1950—2010年）　359

学习目标　359

关键词　359

第一节　20世纪50至70年代西方经济思想引进与研究　359

第二节　20世纪80年代西方经济学引进、研究及影响　367

第三节　西方经济学新理论、新学科引进与研究　377

本章思语　387

推荐阅读文献　388

主要参考文献　389

第一章 公元前21世纪至公元前8世纪 （夏、商和西周时期）经济思想

学习目标

◎重点掌握西周时期出现的重农思想、工商业思想、富民思想、财政思想；

◎一般掌握对社会分工职能的基本认识；

◎了解西周时期社会经济发展概况。

关键词

重农思想 工商食官 富民思想 量入为出 节支储备

第一节　公元前21世纪至公元前8世纪社会经济发展概况

中国的历史发展是从夏朝开始进入文明时代的。夏朝的历史从约公元前21世纪至约公元前16世纪，历时400余年。继夏朝之后，中国又经历了商（约公元前16世纪至约公元前11世纪）、西周（约公元前11世纪至公元前8世纪）两代，夏、商和西周持续的时间共约1 300年。

一、夏和商时期（约公元前21世纪至约公元前11世纪）的社会经济发展概况

（一）农业

夏朝的农业生产工具比较简陋。夏禹治水和治理沟洫的传说，表明当时的人们已懂得水利对农业生产的重要性。夏朝的后期已进入奴隶制社会，农业生产力水平较原始社会初期已有所提高，重视粮食的积蓄，并产生了私有财产和蓄养奴隶的需要。

到了商朝末期，农业在社会生产中日益取得重要地位。商朝已出现了青铜铸造的农具，农作物的种类也甚多。商人盛行饮酒之风，传世和出土的商朝酒器繁多。这些都反映了农业生产的发展。在甲骨文中，"田"字表明在广阔的原野上有整治得整齐规则的大片相连的方块熟田；"疆理"中的"疆"字象征丈量和划出疆界的田地；"田畴"中的"畴"字，像田间按行垄犁耕往返转折，这样的田畴当然不会耕作得很粗放。整治得整齐规则、耕作较好并配有灌溉沟渠的方块田，就是后来的井田。这些田地主要分布在都邑附近，由商王和诸侯国君直接占有，也分配给近亲贵族。其他贵族在封邑内也经营这样的田地，不过规模要小一些。在国都以外，商王经常派臣民到比较边远的地方去开垦土地。

（二）畜牧业

夏朝的畜牧业已经初具规模。夏朝的有易氏已经有了专门放牧的奴仆。

商朝的畜牧业比夏朝有了较大发展。当时饲养的牲畜除了食用外，部分用作动力，还用来祭祀和陪葬。

（三）手工业

手工业在夏朝也有了一定的发展，如制陶、制车、纺织等，尤其是制铜业的出现使手工业开始成为独立的生产部门。

商朝手工业的发展已具有较强的专业化倾向，形成了门类众多、工艺精湛的手工业体系。其中，青铜冶炼技术和青铜器制造工艺的高度发展，更是集中反映了当时手工业技术的水平和时代的特点。在安阳殷墟和郑州商城遗址，人们都发现了为王室所专用的青铜器铸造作坊。当时，在这些作坊中都有比较细致的分工，有世代从事生产、擅长专精技能的工匠。生产规模之大和技艺水平之高，是当时世界所罕见的。

（四）商业

在农业和手工业生产发展的基础上，在各个生产部门内部分工日趋巩固和复杂的情况下，商朝的商业也有一定程度的发展。在周灭商后，殷民中有一部分人"肇牵车牛远服贾，用孝养厥父母"（《尚书·酒诰》），这些人就是从事长途贩运贸易活动的商贾。殷都和其他重要城邑的贵族在日常生活中所需的一些比较珍贵的物品，如龟、贝、玉、青铜、皮毛、齿革、丝帛等，除在专有作坊役使奴隶自行生产之外，还有许多必须来自外地。其中有一部分由各地贡奉，也有不少是通过交换而来的商品。这些商品主要由一些专业的商贾进行贩运，促进了商业的发展。

（五）交通

夏朝的交通工具有很大的发展，已有专司车辆制造的"车正"。《左传》记载大禹曾开九道。到了商朝，辐射整个统治区域的交通网络开始形成。

二、西周时期（约公元前11世纪至公元前8世纪）的社会经济发展概况

（一）农业

西周时期，农业生产已成为当时物质资料生产的基础。农事被列为五常之教的第一项；诸侯的贡献包括农产品；邦人最关心的是农业收成；统治者训诫统治阶级成员，警告被征服的民族，无不以农事为主题或以农事为譬喻。西周的重农观念还体现在周王每年必须参加"籍田礼"。西周农业的进步主要表现在生产技术上。当时的耕作技术不仅有深耕、熟耘等，而且注重选种、除草、施肥、灌溉、防治病虫等，精耕细作农业得到进一步发展。另外，西周实行轮荒休耕制，即所谓"三田制"。西周时期，后世的主要农作物大都出现，而且有了较发达的历法来指导人们进行农业生产。

（二）畜牧业

西周时期，官府的畜牧业仍比较发达。专司畜牧的职官增多，就反映了当时畜牧业发达。

（三）手工业

青铜业是西周时期最重要的手工业。西周的青铜业在商朝的基础上有所发展，器物的种类和数量都有较大幅度的增长，产品向生活化方向发展。西周在开矿、配矿、筑砌和冶炼方面达到了较高的水平。制陶业在西周时亦有突出的发展。这时的釉陶制作更加广泛，其质量接近后代瓷器的水平。

（四）工商业

西周工商业的发展高于商朝，这与西周时期大规模的城邑建设有关。随着大分封出现的大规模的都城建设，统治者对百工十分重视，客观上促进了以城市为中心的工商业

的发展。

（五）交通

西周的交通在商朝的基础上又有所发展。周朝对道路的修建和维护已经有了较为系统、完善的措施，设有不少与道路交通有关的官员。道路的修建和维护对周朝的统治有重要作用：第一，便于周王巡视各诸侯国及诸侯朝见周王；第二，便于周王向各诸侯国征收贡赋；第三，利于调动军队，加强对诸侯的控制和抵抗周边诸族的进扰。

第二节　对经济活动与经济问题的初步认识

一、对社会分工职能的基本认识

（一）远古传说中对"百工"的管理

相传在四千多年前的尧舜时代，统治者已重视对"百工"的管理。"舜耕历山，渔雷泽，陶河滨，作什器于寿丘，就时于负夏"的传说，见诸《孟子》《墨子》《韩非子》《吕氏春秋》《尚书》《史记》等古籍，说明舜时有了耕、作、陶、渔、贩等社会分工。舜是酋长，统领其事，调解纠纷，检查工作。"历山之农者侵畔，舜往耕焉，期年甽亩正。河滨之渔者争坻，舜往渔焉，期年而让长。东夷之陶者器苦窳，舜往陶焉，期年而器牢。"（《韩非子·难一》）我国原始社会末期酋长代表本氏族进行交换，氏族内部并无专业商人。在夏朝，手工业者还保有上一阶段氏族成员的平等地位，有一定的发言权，尚未完全变成奴隶。

（二）商周时期职业分工的初步观念

到了商朝，社会逐渐形成了父子相承的手工业者家族。他们之间有固定的分工，"工之子恒为工"，基本上是为贵族和本宗族的需要而生产。据《左传·定公四年》记载，殷商人民中有"殷民六族""殷民七族"等，其中有陶氏、繁氏、索氏、长勺氏、尾勺氏等，分工比较细致，但产品不投入市场。周灭商后，殷人"纯其艺黍稷，奔走事厥考厥长，肇牵车牛远服贾，用孝养厥父母"（《尚书·酒诰》）。这些殷人驾上牛车长途贩运，仍然要从事农业耕作，农闲时经商。那些手工业者大概也要进行农业等生产活动。商朝贵族大量需要的龟、贝、玉石以及鲸骨等是组织专人到大海之滨或西北去交换而来的。

《周礼》把人的职业分为九种。"以九职任万民：一曰三农，生九谷；二曰园圃，毓草木；三曰虞衡，作山泽之材；四曰薮牧，养蕃鸟兽；五曰百工，饬化八材；六曰商贾，阜通货贿；七曰嫔妇，化治丝枲；八曰臣妾，聚敛疏材；九曰闲民，无常职，转移执事。"（《周礼·天官·冢宰》）九职中的前四项均属于广义的农业。其中，三农指平地、山、泽之农；园圃指种植瓜果蔬菜的人；虞衡指在山林川泽从事生产的人；薮牧指从事畜牧业的人。

《考工记》记载了周朝主要的手工业分工情况："攻木之工七，攻金之工六，攻皮之工五，设色之工五，刮摩之工五，抟埴之工二。"这六个大类的手工业又具体细分出了三十个工种。手工业者的生活资料均由政府供给。对官手工业者的产品，会定时考核。郑玄注曰："考之而善，则上其食，尤善又赏之，否者反此。"加上工商均"世守其业"，子孙相继，因而对熟悉业务、提高效率和质量起到了一定的促进作用。

西周、春秋之时，《国语·晋语四》说："公食贡，大夫食邑，士食田，庶人食力，工商食官，皂隶食职，官宰食加。"韦昭注："工，百工；商，官贾也。《周礼》曰府藏皆有贾人，以知物价。食官，官禀（廪）之。"由官府经营的手工业和商业，是在氏族部落公有制时期为共同体全民的需要而经营工商业的延续和发展。当然，二者间已有本质上的差别，官工商业基本上是满足贵族统治者的需要，即使它内部的分工达到了相当的水平，和国民经济的社会劳动大分工仍然是不同的。

二、重农思想的产生及劳动创造财富的初步观点

古代中国是一个自给自足的农耕社会，社会财富主要由农业生产而来。农业是提供人们基本生活资料的最重要来源，也是贵族统治者享用的源泉。因此，重农思想的产生是与统治制度以及在该制度中农业占国民经济的统治地位密切相关的。西周兴起于适合农业生产的平原地区，而且是在农业发达的基础上强大起来的。相传周的始祖是弃，也就是后稷。他在帝尧时代是掌管稼穑的长官，因此周人向来以善于稼穑而著称。西周的农业发展迅速，生产工具比商朝有了进步，生产技术也有了一定程度的发展。西周统治者非常重视和强调农业生产，把重农作为基本国策。

（一）籍田制度所反映的重农思想

西周的土地管理制度是井田制，天子和诸侯直接经营管理的土地被称作籍田。西周制定了天子亲耕籍田的制度，认为这是敬天尊祖的需要，并把它作为国家的一项十分隆重的典礼。这是西周提倡和重视农业生产的一个重要标志。

作为土地的最高所有者，周天子于每年立春前九日斋戒沐浴以示虔诚。到了立春开耕之日，周天子带领百官和庶民亲临籍田。天子翻土一下，公三下，卿九下，大夫二十七下，最后由庶民"终于千亩"，进行真正的耕作。籍田制度一方面鞭策周天子"先知稼穑之艰难"，在治理国家时不忘关心农业生产；另一方面促使农业生产者努力劳动，不敢懈怠，"民用莫不震动，恪恭于农，修其疆畔，日服其镈，不解于时"。（《国语·周语上》）

周统治者总结商朝灭亡的根本原因是统治者不懂得农业生产的艰难，不了解劳动者的辛苦，只知道享乐，认为他们"生则逸，不知稼穑之艰难，不闻小人之劳，惟耽乐之从"（《尚书·无逸》）。为了避免自己的子孙后代重蹈商朝灭亡的覆辙，周公告诫子孙要"先知稼穑之艰难"。因此，西周统治者都很重视发展农业生产，并且大都能够身体力行。周朝立国后，武王曾立重泉戍令："民自有百鼓之粟者不行。"（《管子·地数》）其规定自藏粟在一千二百斛以上者准其免除戍役的义务，这在一定程度上也反映

了当时统治者对农业生产的重视。武王之后的成王沿袭文王的做法，视每年督促农耕为国之大事。西周时期歌颂成王政绩的诗篇说："噫嘻成王，既昭假尔。率时农夫，播厥百谷。骏发尔私，终三十里。亦服尔耕，十千维耦。"（《诗经·周颂·噫嘻》）可见当时评价天子功绩的主要标准在于是否重视引导和推动农业生产。

《国语·周语上》说："宣王即位，不籍千亩。"到了周宣王以后，政绩松弛，天子不再亲耕籍田，欲废除这一制度。当时的卿士虢文公针对此事提出"王事惟农是务"的观点。他进谏说："夫民之大事在农，上帝之粢盛于是乎出，民之蕃庶于是乎生，事之供给于是乎在，和协辑睦于是乎兴，财用蕃殖于是乎始，敦庞纯固于是乎成。"（《国语·周语上》）其意思是，农业是扩大财富的起点、增加人口的条件、各种费用的来源、巩固统治秩序的根本；财富要从农业中获取，对农业生产绝不能放松。这段话可以作为对西周贵族统治者重视农业生产思想的概括和总结。这是我国古代对重农思想的最早的系统论述，后来成为春秋时期"使民以时""无夺农时"等重农思想的理论先声。

西周开始的籍田制度后来一直为各朝统治者所效仿，但逐渐演变为象征性的"籍礼"。统治者的阶级本质决定了籍田制度必将流于形式，并不能在提高农业生产者的劳动积极性方面产生真正意义上的推动作用。

（二）社会职业划分所反映的重农思想

《周礼》划分了人民所从事的职业。在各种职业中，农业部门居于前列。就狭义的农业来说，"三农"更居于人民职业的首位，"养蕃鸟兽"的畜牧业紧随其后。各种社会职业的排列顺序往往显示出其时代特点，不同的社会发展阶段常出现不同的职业排列顺序，反映出各个职业在社会经济结构中的地位。《周礼》中关于职业划分的记载反映出农业在西周的社会经济中处于最重要的地位。

（三）不违农时的重农思想

农业是深受时令影响的生产部门，特别是在农业经济条件相对落后的古代。中国传统经济思想都把掌握季节变化和利用农时作为指导农业生产的重要内容。

《诗经》对此作了比较具体生动的描绘，集中反映了西周时的农时观念。《诗经·国风·豳风·七月》记载了一年中各个月份的农事活动："一之日于貉"，"二之日其同，载缵武功"，"三之日于耜"，"四之日举趾"，"蚕月条桑"，"四月秀葽"，"六月食郁及薁"，"七月烹葵及菽"，"八月其获"及"萑苇""载绩"，"九月筑场圃"及"叔苴"，"十月获稻"及"纳禾稼""涤场"。一年当中，除了一月打狐狸"为公子裘"和二月凿冰练武之外，其余均进行修葺、春耕、收割等农事活动，这说明农业生产占用了劳动者绝大部分的时间和精力。同时，西周专门设置了农官"田畯"来掌握农事。《诗经·周颂·臣工》记载了每到"维暮之春（三月）"，农官就到田里察看谷物长势及了解农民从事耕作的情况。

重视农时观念的另一个侧面是保护生物资源的思想。中国很早就产生了保护生物资源的思想。世间万物都有自己的成长规律，只有保证它们有一定的生长周期，使它们顺利成长，才能最有效地利用它们。周初，周公姬旦介绍"禹之禁"说："春三月，山林不登斧，以成草木之长。夏三月，川泽不入网罟，以成鱼鳖之长。"（《逸周书·大聚解》）周文王也提出："山林非时不升斤斧，以成草木之长。川泽非时不入网罟，以成鱼鳖之长。不麛不卵，以成鸟兽之长。"（《逸周书·文传解》）

由于当时的劳动成果在很大程度上要依赖自然条件，古人为了争取农业生产的丰收，在无力进行引水抗旱的情况下，常常祈求上天降雨。从表面上看，这是占筮者向天进行祈祷，实质上却反映了人们对年景好坏、收成多少的关切和期望，也体现了农时在农业生产中的重要意义。

（四）农业生产中体现的重农措施

《诗经》的作者们除了热情讴歌农事活动外，对改进农业生产的具体途径也有生动的叙述。他们主张治理田土要注重划分田界和修建水利，提出"我疆我理，南东其亩"（《诗经·小雅·信南山》），根据地势高低和水流方向来规定田垄的南北朝向或东西朝向。古时森林茂密，植被面积大，雨量较多，地上、地下水源丰富，排水、治水成为生产中的大事。因此，"迺疆迺理，迺宣迺亩"（《诗经·大雅·緜》），疏导沟洫以耕种农田，在生产上根据地势划定疆界，建筑堤防，挖掘沟渠。此外，《诗经》详细描写了西周农民采用的谷草轮种法以及选种、密植和间苗的增产措施，对周人用火诱捕以防治虫害的方法也有记载。

《周礼》对增加农业人口、扩大耕地面积、增加六畜数量以及如何提高农业生产力的记载不胜枚举。《周礼·地官·遂人》记载了一系列的重农原则："以下剂致甿，以田里安甿，以乐昏扰甿，以土宜教甿稼穑，以兴锄利甿，以时器劝甿，以强予任甿，以土均平政。"这里的"甿"指的是从事农业生产的农民。这些原则说的是，统治阶级在授予农民份地的时候，如果民有余力，则可多授田，通过劝民婚配来增加劳动力人口，通过减轻租税使农民负担均等，提倡农民之间的互助，在生产中要讲求农业生产技术和推广新式农具。《周礼·地官·旅师》规定，对新招徕的农民可"使无征役"，在一定时期内免除租税和劳役。这些原则和条款都是为了增加农业人口、发展农业生产，是重农思想的重要体现。

《周易》里也有一些反映重农思想的记载，主要表现为作者特别重视对土地的开垦和利用。其中《无妄》卦讲道，不能轻易放弃已经开垦耕种的土地而改邑搬迁，除非"不耕获，不菑畬，则利有攸往"。意思是说，如果原来耕种的土地不能再收获，就近又无法再菑、再畬，那么迁往别处、另选新地会更利。

（五）劳动创造财富的初步观点

劳动是基本的生产要素，在技术和生产装备落后、以手工劳动为主的时代，劳动的地位尤其重要。西周的统治阶级对劳动创造财富的初步认识是"慎之劳，劳则富"（《大戴礼记·武王践阼》），意即辛勤劳动会使人富裕。周公曾训诫后代子孙要"先知稼穑之艰难"，君子要懂得稼穑的艰难，不要逸于游乐，能懂得稼穑是"小人"所依赖的大事，那样才可以安逸地享乐。这反映了西周统治阶级已经了解被剥削阶级的劳动在为他们创造剥削生活所必需的物质财富方面的重要性。

劳动创造财富的观点在认为劳动对财富的创造具有重要作用的基础上，进一步强调对农业劳动力进行保护，主要体现在西周的"敬天保民"思想上。所谓"敬天保民"，是说烝（众）民是由天生下来的。《诗经》里的"天生烝民"（《诗经·大雅·烝民》）和"立我烝民"（《诗经·周颂·思文》），意为天帝是烝民的宗主。天选择有道之君，把人民和疆土交给他，让他代天保民。所以周文王自称受天之命而保民，实行了重农节俭、施惠于民的政治。这种周天子代天保民的思想，反映了分封制度下统治者对劳动力的重视和保护，使这种新的生产方式蒙上了一层"保民"的面纱，成为促进生产力发展的因素之一。"敬天保民"思想直接体现在反对残杀劳动者方面。商朝的奴隶主可以任意残杀奴隶用于祭祀或殉葬，而在西周时期这一情况发生了改变。由于农业自后稷以来在周朝人民的生活中占重要地位，随着生产的发展，人的使用价值也就越来越受到重视。西周的贵族开始意识到劳动力会为他们创造越来越多的财富，为了保护劳动力的再生产，西周统治阶级不再轻易用人作为牺牲来祭祀和殉葬。

西周还出现了发挥农业劳动力作用的思想。发挥人力在生产中的作用，最简单、最初级的方法是延长劳动时间和增强劳动强度。早在殷商时期，人们已经能清楚地认识到劳动和农业生产之间的关系："惰农自安，不昏作劳，不服田亩，越其罔有黍稷。"（《尚书·盘庚上》）

三、原始工商业思想

周初的大分封，一方面是"封建亲戚，以藩屏周"（《左传·僖公二十四年》），另一方面是"经营四方"（《诗经·大雅·江汉》），开拓疆土，在客观上促进了以城市为中心的工商业的发展。在战国以前的古代典籍中，人们不曾发现轻视工商业思想的痕迹，至多只能说一般认为工商业的重要性次于农业。司马迁在《史记·货殖列传》中引《周书》（已佚）说："农不出则乏其食，工不出则乏其事，商不出则三宝绝，虞不出则财匮少，财匮少而山泽不辟矣。"这是肯定了农、工、商、虞（掌山泽，指开发山泽资源）都是社会所必需的，说明西周还没有抑制工商业的思想。

（一）对商业的基本认识和肯定

首先，西周统治者开始认识到商业在社会经济活动中的作用。"亡者使有，利者使阜，害者使亡，靡者使微"（《周礼·地官·司市》），即商业发挥着别利害、通有无、禁侈靡的作用。这说明统治者开始重视商业。

其次，统治者认识到从事商业活动能获取厚利。《诗经·大雅·瞻卬》说："如贾三倍，君子是识。"这是批评一些君子（贵族）一心想着经商发财而不好好治理国家。如果一桩买卖能够赚取三倍的利润，他们就会眼红，直至弃政从商。由此可见，当时的统治者对商业有了更进一步的认识：经商不仅可以以有易无，还能取得商业利润。贱买贵卖是商业活动的内在规律，商业的社会功能是使用价值的交换，商人的目的是赚取由卖价高于买价而产生的利润。

（二）"工商食官"的思想

"工商食官"是西周时期工商业的一种独特的经济模式。学术界关于"工商食官"

的一种看法是，这是一种与建立在自然经济基础上的封建领主经济体系相适应的官办手工业与政府管理商品市场相结合的经济模式，它既不表明官府全面垄断工商业，也不表明工商业中实行的是奴隶制度。①"工商食官"的商是受雇于政府的市场管理人员，并不是经营官办商业的官商。在"工商食官"的情况下，商业只能在诸侯国之间或采邑之间进行，所以商都是行商。另一种看法是，在"工商食官"制度下，手工业和商业都由官府经营，从事工商业的劳动者都是奴隶，因而这种制度和农业中的土地、奴隶国有一样，不利于工农业的发展，不利于生产力的进步和经济的发展。②

（三）鼓励商业活动的政策

大旱之年，周文王曾"告四方游旅"，明令为四方商旅往来经商提供优惠条件，以资鼓励。其中说道："津济道宿，所至如归。币租轻，乃作母以行其子，易资贵贱，以均游旅，使无滞。"（《逸周书·大匡解》）这里的"游旅"包括商人。这句话的意思是，如果货币太轻，则可以铸造更重的货币（母）和轻币（子）一起流通。但有学者认为，文王时还没有铸币，这一史料并不可靠。③周文王还曾鼓励商人迁居城市。为了"来远宾"，对外地商人当时的规定是"能来三室者，与之一室之禄"（《逸周书·大聚解》），意思是说来三家的由政府给予一家的费用，以此吸引人们到周地来。"远旅来至关，人易资，舍有委。市有五均，早暮如一。"（《逸周书·大聚解》）"五均"是管理市场的机构，使物价保持早晚一致。这些都是统治者实行的有利于西周商业发展的经济政策，反映了西周统治者对商业的重视。

（四）私人商业的出现

西周的统治者已经把商业和农业看作百姓谋生的职业，并且民间的经商活动是受到鼓励的。到了西周末期，奴隶主贵族在不断开垦私田之外，也投入私人经商的活动中。《诗经·大雅·瞻卬》中"如贾三倍，君子是识"就是对一些贵族想要经商的描述。这是贵族个人的经商活动，不代表政府。对此，胡寄窗先生认为，西周时期反对封建统治阶级以私人身份经营工商业，但不反对官营，更鼓励自由民从事小工商活动。④

（五）固定市场的设置

西周的商品货币经济有了进一步发展，国都中固定的商品交换市场已经初步形成。这在《周礼》一书中有详细而系统的记载。西周的固定市场是王后在内宰大臣的辅佐下设立的，市场的位置就在王宫的北面。"凡建国，佐后立市。"（《周礼·天官·内宰》）西周在每次建都的同时都设置市场，可见统治者对立市的重视。根据《周礼·地官·司市》的记载，在天子的王城有经常设置的"市"，每天举行三次。"大市日昃而市，百族为主；朝市朝时而市，商贾为主；夕市夕时而市，贩夫贩妇为主。"意思是

---

①　朱家桢. 西周的井田制与工商食官制［J］. 河南师范大学学报（哲学社会科学版），1991，18（2）：30-34.
②　赵靖. 中国经济思想通史（第1卷）［M］. 修订本. 北京：北京大学出版社，2002：25.
③　叶世昌. 古代中国经济思想史［M］. 上海：复旦大学出版社，2003：16.
④　胡寄窗. 中国经济思想史（上册）［M］. 上海：上海财经大学出版社，1998：35.

说，朝市在清晨举行，以商贾之间的买卖为主，他们之中包括"通四方之珍异"的贩运贵族所需奢侈品的商旅，也包括城市手工业作坊主；大市在中午举行，以百姓的相互交换为主，这是市最旺盛的时候；夕市在傍晚举行，以贩夫、贩妇为主，他们本钱不多，货物不多，通常是朝资夕卖。根据《周礼·遗人》的记载，除了王城里的市，"凡国野之道……五十里有市"，即交通要道上，每隔五十里也有固定的商品交换市场。此外，天子与诸侯行会同之礼以及大军、大役时，会临时设市以满足物资需求。

《诗经》《周易》也有关于"市"的记载。如《诗经·陈风·东门之枌》里"不绩其麻，市也婆娑"的"市"和《周易·系辞下》里"日中为市，致天下之民，聚天下之货，交易而退，各得其所"的"市"也是这样的商品交换场所。

（六）市场管理制度

西周统治者对市场管理十分重视，设置了不同职责的市官，建立了一套相对完整的管理制度。根据《周礼·地官·司徒下》记载，市官设为司市、质人、贾师、胥师、廛人等。其中，司市"掌市之治教、政刑、量度、禁令"，是管理市场的总负责人；质人"掌成市之货贿、人民、牛马、兵器、珍异"，负责管理度量衡；贾师"各掌其次之货贿之治，辨其物而均平之，展其成而奠其贾，然后令市"，负责管理和评定物价；胥师"各掌其次之政令，而平其货贿，宪刑禁焉"，负责管理交易活动；廛人负责征收各种商业税。

市场管理的原则有：

1.对上市商品的限制

《周礼》严格规定了哪些货物可以入市、哪些货物禁止入市。"用器不中度，不粥于市；兵车不中度，不粥于市；布帛精粗不中数，幅广狭不中量，不粥于市；奸色乱正色，不粥于市；锦文珠玉成器，不粥于市；衣服饮食，不粥于市；五谷不时，果实未孰（熟），不粥于市；木不中伐，不粥于市；禽兽鱼鳖不中杀，不粥于市。"（《礼记·王制》）意思是说，用器、车辆、布帛只有合乎一定规格和颜色才能在民间买卖；锦文珠玉是只有贵族才能享受的奢侈品，不允许在民间买卖；成衣、饮食出于自然经济的要求也不许在民间买卖；"木不中伐""禽兽鱼鳖不中杀"则是为了保护自然资源。虽然这些禁售的物品多是从维护统治阶级的角度出发，但其中几项关于食品及生活用品的质量限制对普通人民也是有积极意义的。

2.对商品出入市场的管理

市场有胥"执鞭度守门"，"凡通货贿，以玺节出入之"。（《周礼·地官·司市》）"玺节"是由司市发给的货物通行证，节上书有货物的名称和数量，并有官府的印章。市场有胥把守，商品出入市场必须有凭证；否则，不准通行。

3.对价格的管理

贾师负责核定商品价格，胥师负责执行价格法令。"以量度成贾而征價"（《周礼·地官·司市》），认为使用度量衡计量后而规定的价格才是公平合理的。凡成交的商品，必须经过贾师定价才可以出售，而对那些以次充好、以假乱真的不法行为，则由胥师按规定的法令予以处罚。《周礼·地官·司市》又载："凡治市之货贿、六畜、珍异，亡者使有，利者使阜，害者使亡，靡者使微。"对人民有利而必需的商品被允许充分上市，政府可采用调整商品价格的方法，"起其价以征之"；反之，"抑其价而却之"。

4.对质剂的管理

质剂是古代契约的形式，"大市以质，小市以剂"。质剂是所有权转移的凭证，相当于现在的合同和提货单。买卖需有质剂和书契，以讲求商业信用。买卖双方在达成一致协议后，以同样的内容和格式书写于木札正反面，然后从中破开，双方各持一片，日后若有纠纷，以此为诉讼凭证。官府"以质剂结信而止讼"，说明当时的市场交易已涉及一定的经济法规。"质人"负责管理质剂，"掌稽市之书契"，"犯禁者举而罚之"。（《周礼·地官·质人》）

（七）手工业思想

西周时期的手工业，有金属工、木工、玉石工、陶工、纺织工、皮革工、营造工、武器工等极多的门类，因此被称为百工。当时的工商业生产由官府把持。周天子和各诸侯拥有各种手工业作坊，并设置工官管理百工，由作坊的监工驱使手工业者制造贵族所需要的各种手工业品。由此可见，西周的百工主要是官府手工业者，他们隶属于官府。

从官府手工业的生产目的来看，西周的官府手工业产品是满足统治阶级需求的自给性服务，并不投入市场。这在《礼记·王制》中有记载："圭璧金璋，不粥于市；命服命车，不粥于市；宗庙之器，不粥于市。"因此，官府生产出的手工业产品并没有成为商品，不能满足市场需求。这部分需求在客观上要求由民间手工业来补充。事实上，自殷商、西周以来，官府未曾垄断过城市手工业，在"工商食官"制度下，独立于官府手工业的民间手工业普遍存在。当手工业有了一定程度的发展时，交换即成为必要。这些手工业生产在一定程度上是商品生产。《诗经·卫风·氓》中的诗句"氓之蚩蚩，抱布贸丝"就较为直接地描述了这种手工业品交换活动。其不仅为百姓生产生活必需品，也有助于统治阶级获取自己不生产的一些物品。从这个意义上说，统治阶级是重视发展商品交换的。

四、富民思想与政策

（一）富民思想的形成

富民思想首先为儒家所正式倡导，但其在中国至少可追溯到西周时期。从《尚书》《周易》等古代典籍的记载中，我们可以看到中国经济思想一开始就十分重视"养民之欲"。孔子以后，富民思想不断为历代思想家、政治家所主张。在西周时期富民思想就已经产生，并且对当时经济政策制定有一定指导作用，对以后各代经济思想的发展和经济政策的制定产生了深远影响。"损上益下，民说（悦）无疆；自上下下，其道大光"（《周易·益·象传》）正是西周富民思想的体现和证明。

富民思想的形成离不开西周独特的政治、经济、文化背景，也离不开先代思想家的努力成果，有着深刻的理论渊源、社会基础和经济基础。

1.理论渊源

富民思想的理论渊源可以追溯到上古时期的民本思想。富民思想既是民本思想的"派生物"，也是民本思想在经济关系上的体现。统治者宣称"民惟邦本，本固邦宁"（《尚书·五子之歌》），"立我烝民"（《诗经·周颂·思文》），"节以制度，不伤财，不害民"（《易·节》），要求统治者闻过即改，见善而作，节制自己，谋利在民；同时，提出顺天应人、损上益下、乐民之乐的思想，要求为民谋利，节制自己的欲求，扩大统治。民本思想为富民思想的产生打下了坚实的思想基础。

2.社会基础

富民思想的社会基础是西周统治者在推翻殷商统治后面临的百业待兴、危机四伏的局面。为了缓和阶级矛盾、维护自己的长期统治，西周统治者"以德和民""敬德保民"，施行"德治"，提倡裕民、惠民，促进了富民思想的产生。"彼裕我民，无远用戾"（《周书·洛诰》），"柔远能迩，惠康小民"（《周书·文侯之命》），都指出了裕民、惠民是实现怀柔统治的重要政策。他们认识到，人民最关心的是切身利益，统治者只有关注人民的切身利益，才能赢得民心。

3.经济基础

富民思想的经济基础在于当时生产方式落后，正处于"真正的自然经济阶段"[①]，统治者不得不高度重视生产活动，尤其当周朝统治者知道被剥削阶级的劳动在为他们创造生活所必需的物质财富的意义之后，为了扩大剥削，提出了富民思想。

正是在以上三个方面的共同作用下，富民思想才得以在西周形成。同时，我们应当注意到，富民思想具有二重性：一方面，富民思想提出的目的并不是使人民生活富裕，而是维护统治阶级利益，维持社会的长治久安；另一方面，应当肯定富民思想的客观影响。在富民思想的影响下，人民取得了一定的生存和发展空间，社会矛盾得到缓和，社会经济得到恢复和发展。

（二）富民政策

富民政策是富民思想的具体化和直接体现。富民思想对政府行为产生一定的影响。西周时期，在富民思想的影响下产生了各种各样的富民政策，这对促进西周经济发展有一定的积极作用。同时，这些经济政策为以后历代封建政权所采纳或参考借鉴，对后世产生了深远的影响。西周时期的富民政策可以分为以下几种形式：

1.重视经济

相传周武王曾经向箕子询问治国之道，箕子提到了农用八政，"一曰食，二曰货"（《尚书·洪范》）。从此，"洪范八政，食货为先"被后代理财家们奉为座右铭，事实上变成一种重要的财政观点，其对我国古代财政思想的形成与发展产生了重要影响。

2.重视农业

西周的统治者都强调治理国家要"先知稼穑之艰难"。虢文公的籍礼论充分反映了

---

① 胡寄窗. 中国经济思想史（上册）[M]. 上海：上海财经大学出版社，1998：25.

这一观点。西周末年（前828年）周宣王即位后，"不籍千亩"，即废除籍礼。卿士虢文公进谏，指出："夫民之大事在农……民之蕃庶于是乎生。"他要求农耕期间，"王事惟农是务"，不能有干扰农功的"求利"举动，由此反映出他对农业的重视。

3.重视工商业

一些思想家在重视农业的基础上也强调了工商业的重要性。姜太公提出"人君有六守三宝"（《六韬·文韬·六守》），指大农、大工、大商。他将"三宝"列入治国方针，即"通商工之业，便鱼盐之利"（《史记·齐太公世家》），鼓励人民从事工商业，使农、工、商业同时发展。

4.反对专利

大夫芮良夫反对周厉王任用荣夷公为卿士，他批评荣夷公"好专利而不知大难"，提出"利不可专"的理由："夫利，百物之所生也，天地之所载也，而或专之，其害多矣。""夫王人者，将导利而布之上下者也，使神人百物无不得其极。"（《国语·周语上》）他要求"布利"，反对"专利"。

5.施行"荒政"

发生灾荒时，统治者要实行救荒政策，简称"荒政"。救荒是非常时期统治者采取的富民措施，是民本思想的最直接体现。西周时期我国的"荒政"思想已经相当丰富了。《周礼·地官·大司徒》提出："以荒政十有二聚万民：一曰散利（贷种食，发放救济物资），二曰薄征（减轻赋税），三曰缓刑（用刑轻缓），四曰弛力（减徭役），五曰舍禁（去除禁令），六曰去几（免除关市征税），七曰眚礼（减省吉礼之数），八曰杀哀（省去凶礼的礼数），九曰蕃乐（收藏乐器不奏），十曰多昏（婚），十有一曰索鬼神（搜索鬼神，祈祷降福），十有二曰除盗贼（铲除盗贼）。"这是中国最早归纳的救荒办法，种类相当齐全，其中有些内容成为后来历代救荒的常法。

第三节　西周时期的财政思想

一、西周的财政制度及其基本原则

根据现有的古代典籍，我国比较系统的财政概念和财政体制始见于古文献中有关西周部分的记载。考古学的发展和古代典籍的记录表明，西周时期的财政思想已经相当丰富，初步形成了一套比较明确和具体的财政制度与规定。[①]

西周时期，统治阶级对财政问题是相当重视的。"洪范八政，食货为先"就体现了重视财政经济的思想，反映在处于真正自然经济时代的西周，国家财政工作把农产品收获作为经常性财政收入的源泉。随着领主土地所有制的建立，西周时期的财政观念已经由贡赋思想向租赋思想转化。金文中的"贮"字，代表了地租与赋税的双重含义，体现了租赋合一的性质。"彻田为粮"具有地租和赋税合为一体的财政征课性质。租赋合一

---

① 谈敏. 中国财政思想史教程［M］. 上海：上海财经大学出版社，1999：6.

的财政征课性质既是租赋思想产生的客观根源，也是西周财政思想区别于夏商和后代的重要特征。

（一）基本财政原则

西周的基本财政原则是量入为出。“在世界财政史上，量入为出是最早出现的原则。”[①]“冢宰制国用，必于岁之杪，五谷皆入，然后制国用。用地小大，视年之丰耗，以三十年之通制国用，量入以为出。”（《礼记·王制》）由此可以看出，西周的财政收支计划具有以下特征：

一是由辅助天子、总揽政务的冢宰亲自掌管国用规划的制定工作，以示国家对此事的高度重视。

二是制订财政收支计划的时间通常在一年之末，即“岁之杪”，并以农作物的生长周期作为确定财政年度的自然标准。

三是在编制国用规划时，以五谷实物为计算收支数额所用的基本单位。

四是国用规模虽受耕地面积及农业收成的制约，但年度财政收支的估算还须考虑三十年收成的平均数，即所谓“三十年之通”。

总的说来，由于西周时期的财政以收取劳役地租为基础，而农业的丰歉又不能事先预定，所以国用只能在获得拟征收的实物以后才能制定，这是财政量入为出原则赖以产生的客观基础。

（二）财政制度

《周礼》构想了一整套的政治、经济和社会制度，其中有关经济方面的大量论述基本上以财政内容为核心，甚至可以说它是一部以论述国家财政为主题之一的古代文献。《周礼》所描写的财政机构体系，尽管具有明显的虚构成分，但仍体现了它在组织原则上的一些特点：

第一，财政没有一个统一的领导部门，而是由天官大宰和地官大司徒各管一大部分财务工作。

第二，财政官职分设于天官和地官两部门，是根据实际情况的因利乘便之举。

第三，大府内部的组织分工按照财物的性质划分。

另外，所有部门及其所属机构的财务收支均应按照规定的程序办理，不能有所违反。

1.财政收入制度

在贡赋征收方面，西周已经建立了一套机构与法律制度，设有负责赋税征收和支出的专门官职，实行地方分权的财政管理体制，税收最后都上缴中央府库。市税就是在市肆征收的商品货物之税，是西周政府重要的财政来源之一。据《周礼》记载，西周市税有絘（次）布、緫（总）布、廛布、质布、罚布之分。关税的征收是由司门、司关、司节等机构负责。西周时期的关税和市税的税率都不高。《周礼》中的税率规定突出了当

① 胡寄窗，谈敏．中国财政思想史［M］．北京：中国财政经济出版社，1989：14.

时流行的什一税观点，但同时主张按不同地域或不同行业采取不同的税率。例如，对不生产者征高税，赋税被作为劝农的手段。《周礼·地官·大司徒》十二荒政有"薄征"一项，税收被用于调节救荒。这表明古人懂得以赋税为杠杆来促进经济发展。

在西周，我国已经形成了比较完备的贡纳制度，贡纳构成国家财政收入的基本部分。"贡"法出现于原始社会末期，最原始的形态是在祭祀时被征服的异族要进贡物品，以此来确定"辈分"关系，在宗教上体现对其"宗主"地位的臣服。

（1）贡纳的构成。

西周贡纳收入可以按照贡纳主体分为两大类：一为诸侯对王室的贡纳，即"邦国之贡"；二为人民对王室的贡纳，即"万民之贡"。诸侯对王室的贡纳又可以分为职贡和朝贡两种：职贡主要是当地的主要生产物，每年一次；朝贡则是以珍奇物品为主，不一定每年都奉献。诸侯对王室的贡纳的标准取决于其分封领地面积的大小和封国距离王城的远近。前者决定贡纳的数量，后者则决定贡纳的品种。一般爵位高者地广，贡纳更多；反之，则更少。距王城近者，其贡物多为粗而价值小的东西，如牺牲、用器、嫔物（妇女所生产的丝、麻等制品）等；距王城远者，其贡物多为轻便而价值大的东西，如珠、金、龟、贝等。

王室向诸侯或其他上层人士征收贡赋遵循两个标准：一方面，对王室承担的贡纳义务不能过分侵害贡纳者本人的经济利益；另一方面，在各级贡纳者之间，其贡物数额或价值须与他们各自的实际负担能力基本相适应。另外，王室可以利用财政手段来实现赋税的均等分配，以防止纳税人之间的苦乐不均，如"公货少多，振赐穷士；救癠补病，赋均田布"（《逸周书·允文解》）。

直接由国王控制的王畿以内的人民对王室政权的负担分为两种：贡赋和力役。王畿内的贡赋额一般按照土地面积征收实物，整体上呈现愈远愈重的特点。其原因一方面是"近者多役"，另一方面是周统治者认为愈接近王城的人越可靠，愈远的人越不可靠。贡赋的品种是按人民职业及产品以实物或货币缴纳。西周的财政收入以农业贡赋为主，同时不排除向手工业者和民间商人征收赋税。

王畿以内的人民缴纳的贡赋按照其不同来源分为九种："以九赋敛财贿：一曰邦中之赋，二曰四郊之赋，三曰邦甸之赋，四曰家削之赋，五曰邦县之赋，六曰邦都之赋，七曰关市之赋，八曰山泽之赋，九曰币馀之赋。"诸侯对王室的贡纳按照用途也被分为九种："以九贡致邦国之用：一曰祀贡（牺牲、包茅之属），二曰嫔贡（嫔亦作宾，皮帛之属），三曰器贡（宗庙之器），四曰币贡（绣帛），五曰材贡（木材），六曰货贡（珠、贝自然之物），七曰服贡（祭服），八曰斿贡（羽毛），九曰物贡（九州之外，各以其所贵为贽）。"（《周礼·天官·大宰》）"九贡"是以人为征收对象，是天子直接向王畿内的人民征税。"九赋"则是以地域为征收对象。由于九赋大多涉及土地征税，所以又被笼统称为地征或地税。地税即田税，在财政中是正税，因而司书又称之为"九正"。

值得注意的是"九赋"中的币馀之赋。对币馀之赋有很多种解释。胡寄窗先生认为币馀之赋很可能是指《地官·泉府》所记载的贷放利息收入，这和《周礼》将主管官府贷放的机构——泉府的贷放利息收入看作国家财政收入的重要来源之一的独特观点相一致。①将生产性贷放之盈利列入国家收入项目是《周礼》财政思想极突出的特点之一。

（2）贡纳原则。

贡纳原则是贡纳思想的重要组成部分。西周的财政征课原则是建立在具有实物地租外观的劳役地租基础之上的，并以各种各样的无偿徭役作为补充，进而形成了许多有效的财政原则。

第一，"任土所宜"原则。这是指生产什么就贡纳什么。例如《尚书·禹贡》规定，在王室直接管辖的五百里甸服之内，考虑到道路愈远者缴纳实物贡赋困难愈多这一现实情况，赋税缴纳方式相应地按道路远近而缴纳精粗程度不同的农产品，即"五百里甸服，百里赋纳總（总），二百里纳銍（铚），三百里纳秸服，四百里粟，五百里米"（《尚书·禹贡》）。"任土所宜"原则与西周自然经济社会是相适应的，符合现代税收原则中的最少征收费用原则和便利原则。

第二，负担平均的原则。这是国家维护统治者政权的自身巩固与获取稳定的财政收入的重要原则。西周统治者明确提出了"均齐天下之政（征）"（《周礼·地官司徒》）的主张。《尚书·禹贡》突出地反映了税负平均原则。例如贡纳上的"轻近而重远"，就是因为近王城居民的劳役负担较重，"轻近""重远"反映了负担平均之意。贡赋平均思想无论对国家还是对贡赋缴纳者来说都是有用的，而且其对后世影响深远，成为财政立法的重要准绳。

第三，适度的原则。当时统治者已经注意到贡纳是应当有一定限度的。诸侯对王室承担的贡纳义务，须以不过分侵害贡纳者本人的经济利益为限度。王畿贡赋的征收也注意到人民的负担能力问题，把征收贡赋与人民的供赋能力相适合作为一个原则，提出"财殖足食，克赋为征，数口以食，食均有赋"（《逸周书·大匡解》）。这种思想对保护和发展生产、维护社会的稳定是有利的。

第四，确定的原则。《尚书·禹贡》体现了赋役有常的思想，即确定原则。在正常情况下，贡赋的种类、时间、数量固定，不随意变更。

2.财政支出制度

西周的财政开支分为九大类，即"以九式均节财用：一曰祭祀之式，二曰宾客之式，三曰丧荒之式，四曰羞服之式，五曰工事之式，六曰币帛之式，七曰刍秣之式，八曰匪颁之式，九曰好用之式"（《周礼·天官·冢宰》）。"以九式均节财用"是西周财政的重要原则，它比较全面地描述了西周的财政支出流向。用九种用途来节制财政支出，目的是做到收支对口、专款专用，限制财政支出无限膨胀，避免王室过度浪费，保证收支平衡、财政有余。

西周的财政支出充分反映了领主经济的特质。官僚各自有其"封邑"或"田禄"，他们的费用均由农民负担，不在国家财政支出范围之内。所有开支都与最高地主的个人享受和支用有关，这一点与秦汉以后的封建财政支出有所不同。另外，西周的爵禄等级制度对后代封建官禄制度有很大的影响。

节用原则是西周财政支出的最高原则。传说中文王训诫"人君之行，不为骄侈，不

① 胡寄窗，谈敏. 中国财政思想史［M］. 北京：中国财政经济出版社，1989：100.

为泰靡，不淫于美，括柱茅茨，为民爱费"（《逸周书·文传解》），"生穑省用，不滥其度"（《逸周书·程典解》）。但是其在财政实践中没有得到贯彻，只是反映了统治集团内部加深了对统治者奢侈滥用的严重后果的认识。

专税专用是西周的财政支出中的一个重要指导思想。"以九式均节财用"和财政征课方面的"以九赋敛财贿"相对称，使每一类支出都有一种财政征课作为保证。例如，以邦都之赋作祭祀之用，邦中之赋作宾客之用，山泽之赋作丧荒之用，币馀之赋作燕好赐予之用，关市之赋作羞服之用等。虽然专税专用原则并不是一种较好的财政支出原则，但在落后的财政体系中，其对最高统治者的奢侈滥用也许会或多或少地起到一些限制作用。

二、节支储备的财政思想

原始社会公社时期的一些朴素经济观念和行为规范，可能成为后代若干财政思想的先行思想资料。原始社会的朴素节用经济观念对探讨节用原则的本源有很大的参考性。[①]西周时期的储备主要是对粮食谷物的储备。这主要有两方面的原因：一是西周公共收入主要是谷物收入，而农业的丰歉又不能事先确定，因此需储藏谷物以备将来不时之用；二是"国用"原则上只能在上缴的实物已经取得以后才能制定，因此事前的粮食积储成为非常必要的财政措施。"三年耕必有一年之食。九年耕必有三年之食。以三十年之通，虽有凶旱水溢，民无菜色，然后天子食，日举以乐。"（《礼记·王制》）可见当时人们对谷物储备的重视。这种事前积储粮食的思想是古代政权借以调节年度收支计划的必备原则。

西周统治者已经认识到储备问题直接关系到国家的存亡，而有无储备又取决于是否节用。西周统治者还进一步考虑储备比例的问题。如果积存十分收入，仅用去一分，则积存的财物将以每年十倍的速度增长；反之，积存一分收入而支出十分，则储备"顿空"，第二年财物就会消耗完竭。积贮增十倍者可以统治天下，积贮"顿空"者势必自取灭亡。这样从节用的角度去论证储备的比例、途径或方式，在某种程度上触及了通过财政分配来调节消费与积累的思想。节用有两个目的：一是保证财政积储的稳定；二是统治集团只有节制地进行财政支出才能维持其长期统治。

西周财政积蓄的主要目的是：第一，争夺或巩固王业，"能制其有者，则能制人之有；不能制其有者，则人制之"。第二，备荒，即所谓"天有四殃，水旱饥荒，其至无时，非务积聚，何以备之"。（《逸周书·文传解》）

如遭荒歉，西周政府原则上进一步节制财政开支，"以数度多少省用"；平时，政府优先考虑和救济那些缺乏或丧失劳动能力的老弱、疾病、孤寡者。其他与财政救济有关的措施主要涉及国家对基层粮食储备的督促和管理以及官府借贷这两个方面。如由官府在各乡建立粮仓，收买粮食以资储备，并以储粮多少作为考核地方官吏的重要依据。储粮不得轻易变卖，亦不许囤积居奇，应以备荒为目的。这些荒政的执行对减少灾害对人民生活的不利影响、恢复社会经济有一定的积极作用。

---

① 胡寄窗，谈敏. 中国财政思想史［M］. 北京：中国财政经济出版社，1989：2.

第一章思想园地

本章思语

1.如何正确认识和评价西周时期的社会分工思想?

2.为什么西周时期会出现重农思想的萌芽?

3.西周时期的富民思想对当时的经济发展起到了怎样的作用?

推荐阅读文献

[1] 李朝远. 西周土地关系论 [M]. 上海: 上海人民出版社, 1997: 54-62, 99-109, 221-246.

[2] 晁福林. 夏商西周的社会变迁 [M]. 北京: 北京师范大学出版社, 1996: 182-200, 349-372.

第二章 公元前8世纪至公元前3世纪 （春秋战国时期）经济思想

学习目标

◎重点掌握春秋战国时期社会分工思想、财富节制思想、货币思想的演化，以及儒家、道家、法家、《管子》的主要经济思想；

◎一般掌握墨家、农家的经济思想；

◎了解春秋战国时期的社会经济发展概况。

关键词

"正德幅利"思想 "子母相权"思想 义利观 重农抑商 恒产论 井田思想 无为思想 兼爱、交利论 平籴思想 农战论 轻重论

第一节 公元前8世纪至公元前3世纪社会经济发展概况

公元前8世纪至公元前3世纪是中国历史上的春秋战国时期，是中国古代社会制度发生剧烈变化的时期，封建经济逐步确立，社会经济发展迅速。

一、春秋时期（公元前8世纪至公元前5世纪）的社会经济发展概况

前770年到前476年是中国历史上的春秋时期。这个时期的基本特点是：封建生产力的发展使封建生产关系的最主要内容——土地所有制发生巨大变革，由封建领主土地占有形式向封建地主土地占有形式急剧过渡，与这一变革相适应的是商品货币关系有长足发展。

（一）生产力的发展

1.农业方面

这一时期社会经济的变动首先表现为农业生产力的发展。铁制农具与牛耕在农业中被广泛采用，成为促进农业生产力发展的决定力量。"美金以铸剑戟，试诸狗马；恶金

以铸鉏夷斤斸，试诸壤土"（《国语·齐语》）①可说是铁器被广泛用于农业生产的证明。进入铁器时代的春秋时期，耒耜改为铁制，从而演变成铁犁。与此相关，牛的用途也发展为拉犁耕田，即所谓"宗庙之牺为畎亩之勤"（《国语·晋语九》）。牛耕是古代农业发展史上的一个划时代的发展阶段，驾牛耕田，畜力代替了人力，使农业生产力获得巨大解放。

农田水利的进步是促进农业生产力发展的又一重要因素。进入春秋中后期，人工灌溉也发展了，在灌溉器械方面出现了"一日浸百畦"的桔槔，改变了"凿隧而入井，抱瓮而出灌"（《庄子·天地》）的落后方法，并已有大规模修建水利工程的记载。楚国的芍陂就是春秋时期修筑的蓄水灌溉工程。春秋末年吴王夫差开凿邗沟，沟通江淮。这虽是一条运道，是我国开凿南北大运河的开始，但也表明春秋时期修建水道的能力。凡此，皆有力地推进了春秋时期农业生产力的迅速发展。

2. 手工业方面

在手工业生产方面，春秋时期出现了独立的自由手工业者阶层，手工业生产水平有了很大提高。在军事手工业上，由于军事兼并之风盛行，兵员增多，武器需要亦随之增大。到春秋时期，军事器械制造已突破西周时期不许民间自由制造的限制，主要由民间制造，并已出现专门制造军械的地区。在日用手工业品方面，生产技术大大提高。

3. 商业方面

由于农业与手工业的巨大发展以及水陆交通的开发，春秋时期的商业也获得了空前的发展。

首先，表现在城市的发展上，商业城市出现，城市规模扩大。齐国滨海，有渔盐之利，还有发达的丝织业，为商业贩运创造了有利条件，因而四方商贾云集，"人物归之，繦（襁）至而辐凑"，被称为"冠带衣履天下"。（《史记·货殖列传》）春秋后期，城市规模逐渐扩大，如吴国都城的周围就长达四十七里有余。齐国的都城临淄（位于今山东省淄博市临淄区齐都镇）在春秋时已发展至可出兵车八百乘，约四五万人的规模。众多的城市工商业者在城市中开设店铺，商业市场不再是西周那种"前朝后市"的设置，一般的城镇都有商业市集。贸易分业更加细致，城市中出现独立的专业肆，如羊肆、马肆等。

其次，富商大贾在中国历史上第一次出现，即商业资本出现。到春秋后期，商业资本的活动范围已不限于本国，富商大贾们常"志气高扬，结驷联骑"，往来于各国之间进行贸易活动。

再次，专业的自由商人大量涌现，成为一个新兴的阶层。

最后，货币流通有了很大发展。贵金属黄金成为通行于诸侯国间礼聘往来和大宗商品交易的通用货币，而更密切地为大小商品交易服务的铜铸币，也在全国广泛使用，并初步形成布币（周、郑、晋和卫）、刀币（燕、齐和赵）、蚁鼻钱（楚）、圜钱（秦和魏）四大货币体系。

---

① 由于铁的冶炼技术尚极简陋，铁器中含有大量杂质，不能制造坚韧锋利的兵器，而只能制造农具，制造兵器仍用青铜，因此，当时人们把铁称作恶金，而把青铜称作美金。

（二）社会生产关系的变革

生产力的发展必然引起社会生产关系的变革。西周的土地所有制是以井来表现的基于农村公社的封建领主土地占有制。[①]在这种土地占有形式下，分封诸侯对自己的领地虽属世袭的，却是代领性质，大夫的采邑也是如此。至于农民的份地，农民更是只有使用权。随着诸侯或大夫领地世袭时间的延长，滋生了私人长期占有领地的倾向，开始逐渐产生了地主阶级。同时，由于长期使用和生产技术的提高，农民也认识到用田地的私有代替公有对自己比较有利，滋生了个人长期占有土地的要求，逐渐转化为小土地所有者。而新兴的工商业者，尤其是富商大贾，在农业仍是主要生产部门的条件下，也对占有土地产生兴趣。这样，社会生产力的发展使社会各阶级普遍产生对土地财产私有的要求。另外，西周以来普遍实行的是劳役地租，庶人在公田上为王室、公室及采邑大夫服力役，同时在分给自己的小块土地即私田上耕作。公田劳役妨碍农民自身独立经济的发展，这一矛盾随着生产力的发展日益显著，促使农民用怠工以至于逃亡方式抵制或逃避公田劳役，进入春秋时期这种现象更为严重。在这种情形下，一些诸侯国在田制、兵制、赋税制度等方面进行了变革，如齐国齐桓公时期的管仲实行的"相地而衰征"（《国语·齐语》）的变革，晋国"作爰田""作州兵"（《左传·僖公十五年》）[②]的变革，鲁国"初税亩"（《左传·宣公十五年》）、郑国"作丘赋"（《左传·昭公四年》）的变革等。这一系列变革使西周以来形成的以农村公社为基础的封建领主土地占有制瓦解了。农村公社解体，逐渐形成个体家庭经济，实物地租代替了劳役地租，国野界限逐渐被打破，田赋、军赋的征收都逐渐转向土地，土地的私有性增强了。

总的说来，春秋时期社会生产力的发展，特别是农业生产力的发展，要求封建领主土地占有形式解体，并为封建的地主土地占有形式所代替。手工业、城市、商品货币关系的发展是土地占有形式变革的结果，也是促进这一变革的原因。

二、战国时期（公元前5世纪至公元前3世纪）的社会经济发展概况

前475年至前221年是中国历史上的战国时期。这时期的社会大变革比春秋时期更加剧烈、波澜壮阔。司马迁概括这一时期的特点为："贵诈力而贱仁义，先富有而后推让。故庶人之富者或累巨万，而贫者或不厌糟糠。有国强者或并群小以臣诸侯，而弱国或绝祀而灭世。"（《史记·平准书》）

（一）农业技术的进步

战国是我国历史上生产力迅速发展的一个时期。在农业方面，冶炼技术的发达使铁制农具的使用更加广泛。铁农具的广泛使用使人们获得一种强有力的劳动手段，大大增强了人们改造自然的能力和提高了劳动生产率。战国时期兴起的大规模的垦草运动、大

---

① 胡寄窗. 中国经济思想史（上册）[M]. 上海：上海财经大学出版社，1998：56.
② 晋惠公把公田赏给国人，改革田制，使原来附着于赏田的野人，从耕作份田的公社成员身份变为授田制下终身使用土地的农民，同时开始承担兵役。

型水利工程的修建、农业耕作由粗放到深耕熟耘，都同铁农具的普及分不开。牛耕也已普及，"以牛田"成为当时的习惯说法。战国时兴修的大量水利工程，如魏文侯时西门豹"引漳水灌邺"、秦昭王时蜀郡守李冰父子的岷江都江堰水利工程等，改善了农业生产的基础条件，使许多恶田变成良田。农业生产技术也有了很大提高，人们已懂得深耕细作和分行栽培技术，施肥和灌溉技术也有了进步。在耕作制度方面，一年两熟制在气候适宜的地区已得到比较普遍的推行。在农业生产知识和经验积累的基础上，已有关于农业生产的专门学术著作出现。战国末期《吕氏春秋》中的《上农》《任地》《辩土》《审时》四篇就是我国最早的农学著作。

（二）工商业的发展

金属工具的进步为手工业的发展提供了利器，而农业生产的发展为手工业提供了原料和市场。手工业门类大量增加，技术水平有很大提高，私人经营的独立手工业大量涌现。农业和手工业的分工进一步发展。"以械器易粟"的专业手工业者已习见不鲜；出现了公输般、欧冶子、干将、镆铘等以技术精良而名闻列国的手工匠师；出现了《考工记》这部我国最早的手工业操作手册。

随着春秋后期工农业生产的发展，商品生产渐趋发达，大小城市越来越多，无论规模还是繁华程度都远非春秋时期可比。"三里之城，七里之郭"（《墨子·非攻中》），"千丈之城，万家之邑"（《战国策·赵策》），比比皆是。春秋后期还产生了一批有名的大城市，如燕国的涿、蓟，赵国的邯郸，魏国的大梁，韩国的郑，楚国的宛、郢等，其中齐国临淄的常住居民达七万户。

商业方面的专业化程度更加显著。作为商品交换场所的"市"大量涌现，市场上有专门出卖某类商品的肆，有专门公开买卖黄金的场所。有卖骏马者："人有卖骏马者，比三日立市。"（《战国策·燕策》）有卖兔子者："积兔满市。"（《吕氏春秋·慎势篇》）。富商大贾也大批出现，他们不仅富比王侯，甚至参与重大的政治活动。随着经济的发展，在流通中要分割和鉴定成色的金属称量货币逐步被金属铸币所取代，金属货币的流通更加广泛，到战国时期确立了布币、刀币、蚁鼻钱、圜钱四大货币体系。

商品货币关系的发展使放债取息成为普遍现象。如齐公子孟尝君，当时身居相位，在他的封邑放债，一次收得息钱十万之多。（《战国策·齐策》）

战国时期的矛盾和斗争也空前尖锐复杂。新兴的地主阶级和工商业者同封建领主统治阶级展开了激烈的斗争。农民群众和城市中的无业游民也因兵役频繁、捐税苛重而不时发起反抗斗争。国与国之间的兼并战争不断。生产力的进步、商业的活跃、战争的频繁、各国的变法改革，促进了学术思想的繁荣，形成了百家争鸣的局面，各学派纷纷建立，成为古代中国文化繁荣的黄金时代。

第二节 春秋战国时期经济思想的演化

一、"士农工商"的社会分工思想

（一）管仲社会分工思想的主要内容

春秋以来，随着土地私有的迅速发展，地主和"自由"小农的数量越来越多，独立的小手工业者已成为一支不容忽视的力量，商人阶层的队伍日益壮大，职业武士们则游走于各诸侯国之间。这些新兴阶层的出现为"士农工商"社会分工思想的提出提供了客观基础。管仲在回答齐桓公关于如何治国的问题时，响亮地提出了"四民分业定居论"。

管仲（约前723—前645年），颍上人，春秋前期著名政治家、改革家，被尊称为管子。他曾相齐四十年，进行了一系列改革，使齐国富国强兵，辅佐齐桓公成为春秋时期的第一个霸主。在后世封建社会中，言及君臣相得、朋友相知，皆以齐桓公和管仲为典型。管仲出身于没落的贵族领主家庭，少年时期曾经营过商业，故对商品生产、货币、贸易等问题有较丰富的直接知识，这是他在这些方面具有卓越见识的客观原因。管仲经济思想的突出部分就是他的"士农工商"社会分工思想。其具体主张是："四民者，勿使杂处，杂处则其言咙，其事易……处士也，使就闲燕；处工，就官府；处商，就市井；处农，就田野……夫是，故士之子恒为士……工之子恒为工……商之子恒为商……农之子恒为农，野处而不昵。"（《国语·齐语》）

（二）管仲社会分工思想的价值

所谓"四民"，是指士、农、工、商四大职业之民。管仲的目的是使"四民"各不干扰，祖祖辈辈世袭各自的职业。这样的好处是："少而习焉，其心安焉，不见异物而迁焉。是故其父兄之教，不肃而成；其子弟之学，不劳而能。"（《国语·齐语》）由于同种职业的人居住在一起，所见所闻都是该职业的言行，而不至于出现见异思迁的事。士、农、工、商四大集团的划分，在中国历史上是管仲第一次提出的，并在以后两千多年的中国一直成为被统治者的典型分类。

"四民"的划分是自由工商业者大量涌现这一客观事实在进步思想家头脑中的反映，也说明管仲对工商业活动的必要性有充分的认识。春秋时期士的成分是很复杂的，但管仲所谓的"士"主要是指武士。[①]希腊奴隶制时期的柏拉图在他的"理想国"中也把武士作为一个特殊的阶级来看待，但柏拉图的"武士"要经常脱离生产过军营生活；管仲的"士"则在平时留居于自己家庭之中，有战事才参加军旅，即所谓"作内政而寓军令"。管仲所谓的"工"是指专业的城市手工业者，除了有少数奴隶工匠和艺徒外，主要是自由工匠。但从管仲的观点中可以看出，由于自由手工业者阶层出现不久，他们

---

① 古代所谓"士"须文武兼备，尤以拳勇为重，到战国才有不善拳勇的专门的文士出现。参见：胡寄窗. 中国经济思想史（上册）[M]. 上海：上海财经大学出版社，1998：78.

的任务仍主要是给贵族阶级生产日用器物或制造军事器械，所以，他们的居住场所必须接近官府，即"处工，就官府"。

管仲提出的四民分业定居论反映了分职分业的观念，包含以下方面的经济概念：

第一，同一行业的人聚集在一起，易于相互交流经验，提高技术水平，即"相语以事，相示以巧，相陈以功"；

第二，同业者聚集一处，易于相互间的信息交流，即"相语以利，相示以赖，相陈以知贾"；

第三，同行汇集，易于形成专业气氛，降低职业的不稳定性；

第四，同行聚居，易于形成一种良好的社会技术教育环境。[①]

二、"正德幅利"的财富节制思想

春秋以来出现了新兴的土地占有者和自由工商业者，他们不再像农村公社成员一样凡事从组合的角度出发，而是以个人为中心去考虑问题。王室的衰微以及诸侯之间的相互杀伐，更使"天帝""神权"的意识束缚大为动摇，从而助长了人们的谋利行为，这对统治阶级是很大的威胁。如何制约人们的谋利行为、维护统治者的既得利益成为统治集团成员日思夜虑的事情。神权既已失去原有的作用，不足以压众，社会伦理便成为调节人与人之间社会关系的重要工具。经济观点也随之发生变化，表现之一便是伦理财富观。春秋后期，这种思想更为普遍，晏婴的"正德幅利"思想便是一个重要代表。

晏婴（？—前500年），字仲，夷维（今山东省高密市）人，齐国贵族。前556年，晏婴袭父职为齐卿，历辅佐齐灵公、齐庄公、齐景公三朝。在齐景公时，晏婴尤其受到重用，执掌国政，是闻名于列国的贤相，以节俭力行重于世，食不重肉，妾不衣帛，驾敝车疲马。晏婴身长不及六尺，长于辞令，善外交，受重于列国，为人谦让自持，但能犯颜力谏，虽白刃加胸而不屈。

在晏婴之前，已经流行这样的财富伦理观："义以生利，利以丰民。"（《国语·晋语一》）"夫义者利之足也……废义则利不立。"（《国语·晋语二》）财富之获得要取决于伦理标准，没有伦理标准，财富无从建立。对于财富观，晏婴的看法则是："且夫富，如布帛之有幅焉，为之制度，使无迁也。夫民生厚而用利，于是乎正德以幅之，使无黜嫚，谓之幅利。利过则为败。吾不敢贪多，所谓幅也。"（《左传·襄公二十八年》）"义多则敌寡，利厚则民欢。"（《晏子春秋·内篇》）"幅"原指布帛的一定宽度，这里用以比喻人的财富应有限度，不能漫无限制。怎样才能使人们猎取财富的行为不越过限度呢？这要靠"正德以幅之"。晏婴的"德"就是道德规范。他为对个人财富的追求加上一个伦理限度，超过一定限度，财富足以为害；在一定的限度内，个人财富才可以长远保持。对于社会财富，他虽然很重公利，认为"利厚则民欢"，但由于人民总是"生厚而用利"，就必须加上一层伦理的限制，即"正德以幅之"，使其不至于漫无约束。把公利和私利均加上一层伦理限制，是晏婴的财富观念的特点，我们称其为伦理财富观。伦理财富观的产生，一方面是由于社会伦理观念作为旧的神权统治的对立物而

---

① 胡寄窗. 中国经济思想史（上册）[M]. 上海：上海财经大学出版社，1998：64.

产生和发展，是当时的一般趋向；另一方面，由于贵族领主阶级，特别是国君的穷奢极欲，也需要有某种规范加以限制。伦理财富观正是在这样的客观基础上产生的。①

要实行"幅利"，对人们追求财富的行为有所限制，首先要使统治者自觉限制自己，对财富不可一味贪求，不可"蕴利"或垄断于一己，而应让一部分于别人："让，德之主也，让之为懿德。"（《左传·昭公十年》）不占有过多的财富，不因财富过多而招别人嫉恨，可保住自己的财富。"利不可强，思义为愈。义，利之本也。"（《左传·昭公十年》）实行"幅利"还要以国家政策、法令来限制奴隶主贵族剥削、掠夺，减轻百姓负担。晏婴说："山林之木，衡鹿守之；泽之萑蒲，舟鲛守之；薮之薪蒸，虞侯守之；海之盐蜃，祈望守之。县鄙之人，入从其政，逼介之关，暴征其私。承嗣大夫，强易其贿。布常无艺，征敛无度，宫室日更，淫乐不违。内宠之妾，肆夺于市，外宠之臣，僭令于鄙。私欲养求，不给则应。民人苦病，夫妇皆诅。"（《左传·昭公二十年》）横征暴敛的结果是百姓暴力夺回财富："藏财而不用……委而不以分人者，百姓必进自分也。"（《晏子春秋·内篇谏下》）所以，晏婴要求国家通过政策、法令来减轻对百姓的掠夺，要求齐景公"使有司宽政、毁关、去禁、薄敛、已责"（《左传·昭公二十年》）。

晏婴的"正德幅利"思想，与他的富民安众思想相联系，认为"节欲则民富"（《晏子春秋·内篇谏下》），强调以民利为重，重视"益民之利"。谋度于义，事因于民，而益民之利是晏婴伦理财富观内涵的重要特色。财富的"义利观"是春秋以来"天帝""神权"动摇以后的产物，经过晏婴等发展，到孔子时进一步发展到基本成熟阶段。

三、"子母相权"的货币思想

（一）"子母相权"思想提出的背景

中国是世界上最早产生货币的国家之一。据史籍记载，中国货币起源于夏朝。《史记·平准书》："虞夏之币，金为三品，或黄或白或赤，或钱或布或刀或龟贝。"《盐铁论·错币篇》："夏后以玄贝。"夏朝已有多种金属货币这一说法还没有获得考古的证据，但贝币的出现是可信的。殷商时除贝币外，铜、珠玉、布帛也起着货币的作用。到了西周时期，随着商品经济的发展，开始出现了国家的铸币。《汉书·食货志》："太公为周立九府圜（圆，指钱币）法，黄金方寸而重一斤；钱圜函方，轻重以铢；布帛广二尺二寸为幅，长四丈为匹。"这时的货币已有三品：黄金、铜钱和布帛。

在货币经济的基础上，我国的货币思想也早已产生了。东周时期单旗的金属货币理论——"子母相权"论，不仅是我国最早的货币理论，也是世界最早的货币理论。②"子母相权"之说由来已久，周文王时即有"币租轻，乃作母以行其子"（《逸周书·大匡解》）的说法。春秋中叶，楚庄王"以为币轻，更小以为大"（《史记·循吏列传》），后因孙叔敖的谏阻才恢复原状。楚庄王更小钱为大钱之后七十余年又有周景王铸大钱之事出现，单旗的"子母相权"论就是在这种情况下提出来的。

①　胡寄窗. 中国经济思想史（上册）[M]. 上海：上海财经大学出版社，1998：72.
②　胡寄窗. 中国经济思想史（上册）[M]. 上海：上海财经大学出版社，1998：168.

（二）"子母相权"思想的主要内容

单旗，史称单穆公，是周景王（前544—前520年）的卿士。周景王二十一年（前524年），准备发行大钱，废止现行的小钱，单旗反对这样做："古者，天灾降戾，于是乎量资币，权轻重，以振救民。民患轻，则为作重币以行之，于是乎有母权子而行，民皆得焉；若不堪重，则多作轻而行之，亦不废重，于是乎有子权母而行，小大利之。今王废轻而作重，民失其资，能无匮乎？若匮，王用将有所乏，乏则将厚取于民。民不给，将有远（逃亡）志，是离民也。"（《国语·周语下》）

这里，"量"是衡量，"资"指商品，"币"即货币。这就是说，货币的轻重是通过在交换中同商品的比较来确定的，是相对于商品而言的。轻重既然是货币表现在商品上的相对价值，它必然会随商品（单旗所说的"资"）的价值变动。当时社会生产的重要部门是农业，农业生产的丰歉对市场和商品价值的影响是决定性的，一旦"天灾降戾"，农业歉收，农产品的价值就会升高，同样的货币会表现于比原来较少的"资"上，货币的相对价值就显得低了，因而会出现"民患轻"的情况。除了轻重的概念，单旗还提出了大小、子母的概念。单旗称周景王废小钱而铸大钱，是"废轻而作重"。可见，他所谓重钱即大钱；反之，轻钱即小钱。关于子母的范畴，单旗是把重币、大币称为母，而把轻币、小币称作子。所谓"子权母而行"，是指在铸造轻币后，将原来流通的重币作为标准衡量轻币，将轻币作为重币的一定成数来行使。而所谓"母权子而行"，是指铸造重币后，以原来的轻币为标准，把重币折合为轻币的一定倍数来行使。货币在流通中不仅同商品发生关系，而且在不同的货币之间确定一定关系。单旗关于"子权母""母权子"的说法，正是他对流通中轻币和重币、小币和大币之间的相互关系的认识。"子母"则成了在理论上表现这种关系的一对范畴，与"轻重"这对范畴一起为历代思想家所采用。

单旗"子母相权"的货币思想还阐明了如下内容：

（1）货币发行的原则是满足货币流通的需要，而不是为了解决财政困难。单旗认为国家是否应增铸货币，是铸重币还是铸轻币，唯一的根据是实际的流通需要。如果"民患轻"，则"为作重币以行之"；"若不堪重，则多作轻而行之"。总之，不管是发行重币还是轻币，都是从民间交易需要的角度出发，只有这样，才能使"民皆得焉"。

（2）货币投放的原则是及时。对于市场上商品流通量的变化引起的货币需求量的变化，国家应预作准备，及时投放。"可先而不备，谓之怠"，将会丧失投放的时机；"可后而先之，谓之召灾"，时机不到先投放，将造成经济灾难。可见，他注意到货币投放的及时性原则。

（3）组织货币流通是治理经济的重要手段。发生灾害时，则"量资币，权轻重，以振救民"，而作重币、废轻币，会使"民失其资"，造成人民生活的匮乏，经济衰退，国家财政收入就会减少。国家为保证财政收入，又会厚敛于民，"绝民用以实王府"，其结果必然使国竭民离，"则何以经国"？可见，货币政策关系到国家的命运。

单旗的"子母相权"论是我国古代对货币流通的初步而表象的看法，较全面地分析了货币流通必须结合货币价值问题。尽管它本身是极其初步的表象的货币流通分析，却支配了秦汉以后整个封建时期，成为中国历史上具有代表性的货币理论。"子母相权"的货币理论既未直接接触货币价值，也未考察到货币流通中的必要货币数量，是较为原始的货币观点。但是，单旗从"民患轻"或"若不堪重"的角度考察，已经认识到货币相对商品可轻可重，必须承认有不轻不重情况的存在。这种情况意味着商品的某种东西等于货币的某种东西，已经走到价值问题的边缘。

第三节　春秋战国时期诸子百家的经济思想

一、儒家学派的经济思想

儒家学派是春秋后期逐渐形成的一大学派。以孔孟思想为轴心的儒家文化，统治中国封建时代长达两千多年。儒家阶层基本上是封建领主阶层的没落分子，有的是因所在诸侯国灭亡而沦为庶人；有的则因家族一传再传，子孙众多，逐渐从中分化而来；有的是在贵族的相互倾轧中失败而被迫退居民间。前述这些人长期居于民间，从而将他们的知识传播给一般民众，并将一般民众部分地吸收到自己这支队伍中来。儒者主要集中在鲁国，原因是鲁国在周公封国之后，自西周到春秋前期一直是文化中心。一些尊周室、崇礼乐的没落贵族就以鲁国为根基，使那里成为儒者阶层的重要根据地，并自孔子起正式形成儒家学派。

孔子（前551—前479年），名丘，字仲尼，生活于春秋末年，鲁国陬邑（今山东省曲阜市）人，出身于没落贵族家庭。他少时贫寒，曾为季氏家臣，在鲁国当过三个月的大司寇，摄相事（代理司仪）。他中年以后的主要活动是率领学生周游列国，宣传他的理论和政见，同时进行教学活动，编纂《诗》《书》《礼》《乐》等著作。孔子建立了中国历史上最重要的儒家学派，其经济思想和他的哲学思想一样，既有唯物主义的倾向，也有唯心主义的倾向。孟子与荀子是儒家学派的两位重要继承者。

（一）儒家学派经济思想的奠基者——孔子的经济思想

1. 义利观

义利观是孔子经济思想的灵魂，是儒家对物质财富的基本态度。孔子说："富与贵，是人之所欲也，不以其道得之，不处也。贫与贱，是人之所恶也，不以其道得之，不去也。"（《论语·里仁》）"不义而富且贵，于我如浮云。"（《论语·述而》）财富虽是人人所喜欢的东西，但必须以合乎道德的方法取得，才可以享用。贫贱虽是人人所讨厌的，但如果于义应该贫贱，那么只能安之而不去。要把不义的富贵看作过眼浮云，无动于衷。孔子把财富和伦理观念严格结合起来，强调"君子喻于义，小人喻于利"（《论语·里仁》）。"君子"是统治阶级，是治理国家的人，可以明白义，也应该明白义。"小人"基本上是直接从事生产的劳动人民。这里，他把义和利对立起来，看作两个对立阶级的不同自然倾向。但是，"君子"也要获取物质财富作为生活资料，义就是他们在获取财富时应该遵守的伦理规范。此外，"小人"好利，也不能漫无限制，于是，义对于"小人"来说是外部的或强加的伦理规范。这里，义与利的对立，在不同的阶级表现为不同的形式。把义、利之分赋予鲜明的阶级内容，是古代经济思想的重要发展。

伦理对财富获得的限制，意味着财富的获得要服从伦理标准，即相对伦理规范而言，财富退居次要地位。孔子并不否定财富的作用，只是不多谈财富问题，即"子罕言利"。春秋末期，统治阶级内部争夺激烈，造成礼崩乐坏的形势，儒家特别强调君子应献身于义，抑制夺利，这就是孔子"罕言利"的原因。正因为此，他反复阐述"君子喻于义"的思想："君子怀德，小人怀土；君子怀刑，小人怀惠。"（《论语·里仁》）"君子贤其贤而亲其亲，小人乐其乐而利其利。""是故君子先慎乎德……德者本也，财者末也。""长国家而务财用者，必自小人矣。"（《大学》）"毋见小利……见小利则大事不成。"（《论语·子路》）这些都是忠告君子要重义，不要务利。进一步说，如果要取财利，应该用义先衡量一番，该取就取，不该取就不取。即使是礼制范围之内的利，孔子也认为这种利不需要言，因为礼制本身已对各级奴隶主贵族的财富占有和生活享用作了明确的规定，只要坚持礼义，奴隶主贵族所需要的财利，自然就有了保证，而不需要再"言"。这就是孔子所说的"义以生利"。

孔子的义利论继承了春秋时期义利关系论的基本思想倾向（认为义占主导地位）。但是，孔子的义利观不仅赋予义利关系以阶级内容，还从多方面论述了义和利的相互联系，其完整性和思想深度都大大超过了春秋时期的义利关系论。义利观在孔子的整个经济思想体系中处于核心的地位，孔子对各种经济问题的议论、其经济思想的各个组成部分，都同这个核心相联系，并环绕这个核心展开。这种情况使孔子对一切经济问题的论述都浸透了伦理的色彩。

2.生产与商业观

孔子对财富生产主张"因民之所利而利之"（《论语·尧曰》）。这里的"利"不专指物质生产，但"民之所利"包含生产活动在内。孔子认为，财富的生产依赖自然力的作用。他说："天何言哉，四时行焉，百物生焉，天何言哉？"（《论语·阳货》）"天"代表了一切自然力，自然力的作用是超出人们支配之外独立运行的，所以，对于"民之所利"应因势利导，不必横加干涉。

另外，对于财富生产，孔子坚决不赞成儒者或士人阶层直接参加生产。孔子和他的门人樊迟有这样的问答："樊迟请学稼，子曰：'吾不如老农。'请学为圃，曰：'吾不如老圃。'樊迟出。子曰：'小人哉，樊须也。上好礼，则民莫敢不敬；上好义，则民莫敢不服；上好信，则民莫敢不用情。夫如是，则四方之民襁负其子而至矣，焉用稼？'"（《论语·子路》）在这里，孔子认为儒者根本不应参加农业生产，那些都是"小人"所做的事。统治阶级只要讲究礼、义、信就可招徕人民为他们生产，不必亲自参加劳动，也不必懂得生产知识。孔子还反对儒者从事工艺活动。他批评鲁国大夫臧文仲三不仁之一就是其"妾织蒲"（《左传·文公》），与民争利。他指出："君子谋道不谋食。耕也，馁在其中矣；学也，禄在其中矣。君子忧道不忧贫。"（《论语·卫灵公》）这种主张成为后来在知识分子阶层中广泛流传的思想——"书中自有黄金屋"的经典根据。

对待商业，孔子则持不反对的态度。他把他的门人——著名大商人端木赐与他最得意的弟子颜回相提并论，称"赐不受命，而货殖焉，亿则屡中"（《论语·先进》）。

3. 分配与消费观

孔子认为无限度地追求财富是引起社会纷乱的根源。根据他的义利观，"君子"是能够"安贫"的，"小人"则是专逐财利的人，因此解决分配问题，主要是解决"小人"的财富分配问题。在生产资料的分配上，孔子提出了"不患寡而患不均"（《论语·季氏》）的思想，要求按等级地位占有土地，臣民各安其分，不相侵夺，以保证统治阶级内部稳定和谐。这种分配思想并非主张平均主义，但为后世儒家引申为分配关系上的均等主张。孔子的"均无贫"思想为后世要求改变贫富悬殊状况提供了理论依据。孔子对分配问题说得较多的是关于足食、租赋、济众等生活资料的分配和再分配问题。他提出了"足食"（《论语·颜渊》）、"所重：民、食、丧、祭"（《论语·尧曰》）的观点，认为百姓富足是国家富足、政权稳定的前提。同时，孔子极力主张轻赋薄敛的政策，"先王制土，籍田以力"，实行西周时期的劳动地租。孔子极力倡导统治阶级要"敛从其薄"（《左传·哀公十一年》），促"近者说（悦），远者来"（《论语·子路》）。

孔子的消费观贯穿了他的封建道德标准。其消费观可概括为两点：总的原则是知足，具体的消费标准是俭不违礼、用不伤义。所以，其消费标准的第一方面是崇俭，目的是维持封建统治中上下尊卑的等级秩序。"奢则不孙（逊），俭则固；与其不孙也，宁固。"（《论语·述而》）因为"俭则固"，则显得简陋、小气，有损体面。但"奢则不逊"，意味着对上层阶级的傲慢和冒犯。礼制规定的标准是各等级不同的身份、地位、权力和尊严的标志，如果下级按上级贵族的标准消费，就意味着要同上级贵族平起平坐，以致凌驾于他们之上，所以孔子认为奢是"不逊"的表现，是不能容忍的。但俭也要有一定的限度，特别是在规定封建等级秩序的"礼"的要求上不能过俭。消费标准的第二方面是在取得相当地位时，为了维持统治阶级的庄严，也应该有一定的享受。

4. 财政观

孔子的财政思想将义利观作为指导，贯穿了"仁政"思想。他从统治阶级的利益出发，在财政收入方面主张对老百姓不要搜刮太甚，"敛从其薄"；在财政支出方面，提倡节俭，"节用而爱人"。

（1）培养财源的思想。孔子认为，轻税是周礼的一条基本原则，指出："君子之行也，度于礼，施取其厚，事举其中，敛从其薄。"（《左传·哀公十一年》）他主张使民于农闲之时，征发徭役不能影响农业生产。他认为按照礼的要求"使民以时"，人民就会"劳而不怨"。他坚决反对赋税征收上的"贪冒无厌"。孔子称："百姓足，君孰与不足？百姓不足，君孰与足？"（《论语·颜渊》）国家赋税要建立在百姓富足的基础上，反映出他对培养税源的重视。

（2）主张什一税。在财政税率上，孔子主张什一之税。从有若的话中可看出这点："哀公问于有若（孔子弟子）曰：年饥，用不足，如之何？有若对曰：盍彻乎？""彻"是十分之一的税。所谓什一之税，既不包括劳役在内，也不包括军赋在内。只从什一之税这点看，即使能够实现，也不足以反映人民的实际财政负担。什一税是中国历史上一个响亮的政治口号，其重要意义不在于它的现实性，而在于它是一面历代反对重税者的鲜明旗帜。[①]

(二) 孟子的经济思想

孟子（前372—前289年），名轲，是孔子之后又一位儒家学派大师，是我国封建思想史上位次仅在孔子之下的"亚圣"。孟子继承了孔子的基本思想。总的说来，儒学经孟子加工，明显加重了唯心主义成分。然而，孟子思想中又不乏民主因素，特别是他的"民为贵，社稷次之，君为轻"（《孟子·尽心下》）的思想，集中反映了战国时期的民主进步思潮，为孔子时代所不能达到的水平，在一定程度上反映了孟子思想中积极的一面。孟子的经济思想基本与孔子相同，但由于他生活在封建生产关系已占主导地位的战国时期，因而他在各个领域上的认识均较孔子深刻，且增添了一些新的内容。

1.恒产论

恒产论是孟子的特殊经济思想，在他的思想体系中占据很重要的位置。这是中国历史上第一次明确提出的拥护私有财产制度的理论。他说："民之为道也，有恒产者有恒心，无恒产者无恒心，苟无恒心，放辟邪侈，无不为已。"（《孟子·滕文公上》）"恒产"意指恒定的财产，即为百姓固定地占有或使用的财产。这种恒产必须使劳动者能够利用它生产出可以维持劳动者一家的生存所需的基本生活资料。由于当时的社会生产以农业生产为主，人口的绝大部分是农民，所以孟子所说的恒产也是指"耕者"或劳动人民的恒产。所谓"恒心"，是指百姓接受统治者的统治而无离叛之心。

孟子认为人们拥有一定数量的财产，是维护社会秩序的必要条件。他从安定社会秩序的角度出发，为私有财产制之建立作了辩护。在土地私有制广泛发展的战国初期的社会经济条件下，这是一种进步思想。恒产要足以维持每一农户的生存，必须有一定的数量。孟子为恒产所规定的数量标准是五亩之宅、百亩之田。他说："五亩之宅，树墙下以桑，匹妇蚕之，则老者足以衣帛矣。五母鸡，二母彘，无失其时，老者足无失肉矣。百亩之田，匹夫耕之，八口之家足以无饥矣。"（《孟子·尽心上》）所以，孟子所谓恒产，具体地说是指维持一个八口之家的农户的生活所需要的耕地、住宅，以及其他农副业生产资料，包括五亩之宅、百亩之田、若干株桑树（供养蚕织帛），以及五母鸡、二母猪。孟子认为，每个农户有了这样的恒产，就可以保证"老者衣帛食肉，黎民不饥不寒"。对解决恒产问题的办法，孟子不主张让农民自行占垦土地，而主张由国家来"制民之产"，即国家把给予每一农户五亩之宅、百亩之田作为一项制度规定下来。

孟子没有明确地讲过对已经具有恒产并且多于五亩之宅、百亩之田的人户如何处理的问题，也没有明确地讲过对工商业者的财产如何处理的问题。他的恒产论只是为了解决尚无财产的农户的"制民之产"的问题，并不是要在整个社会中重新分配财产。孟子的恒产论不是均产论，他绝不是想通过"制民之产"来使社会上所有的人户都成为拥有五亩之宅、百亩之田的个体农户，而只是要使"天下之穷民而无告者"（《孟子·梁惠王上》）能够拥有维持其最低生活水平的物质条件。

孟子的恒产论本质上属于一种土地私有、小农经营的主张，他赞成的正是让封建领

---

① 胡寄窗. 中国经济思想史（上册）[M]. 上海：上海财经大学出版社，1998：99.

主阶级把土地和房屋分配给无地或少地的农民作为"恒产"，反对的正是封建领主阶级继续大量占有土地。恒产论不仅为私有财产制度辩护，而且为作为封建生产方式的新历史阶段的基础的小农经济及独立手工业生产辩护。

2. 井田思想

"井田"论是孟子关于土地制度形式的理想设计，也是后人争论不休的问题。所谓井田制的具体内容是："（滕文公）使毕战问井地。孟子曰：子之君将行仁政，选择而使子，子必勉之！夫仁政，必自经界始。经界不正，井地不钧（均），谷禄不平，是故暴君污吏必慢其经界。经界既正，分田制禄可坐而定也。夫滕，壤地褊小，将为君子焉，将为野人焉。无君子莫治野人，无野人莫养君子。请野九一而助，国中什一使自赋。卿以下必有圭田，圭田五十亩。余夫二十五亩。死徙无出乡，乡田同井。出入相友，守望相助，疾病相扶持，则百姓亲睦。方里而井，井九百亩，其中为公田。八家皆私百亩，同养公田；公事毕，然后敢治私事，所以别野人也。"（《孟子·滕文公上》）从中可以看出，井田方案主要有以下内容：

（1）把耕地划分为井字形的方块，每井九百亩，每块百亩，中间百亩为"公田"，周围八百亩分给八家作为"私田"，每家一百亩。

（2）八家提供无偿劳动"同养公田"，在完成公田上的耕作任务后，才允许耕种各自的私田。

（3）各家必须终身居住、生活和耕作于井田之中，永远不得离开所属的乡井。

（4）八家之间，和睦相处，平时互相帮助，遇有盗寇或战事则共同担任守卫。井田不仅是生活和生产组织，而且是一个地方武装组织。

（5）井地制度只实行于远郊以外的农村，城内和近郊则不划井地。这里的土地所有者自行向国家缴纳十分之一的实物税。[①]

"夫仁政，必自经界始。经界不正，井地不钧（均），谷禄不平。"这句话的要旨是，正经界（划分、整顿田界）对于实行仁政很重要，它是为直接劳动者分授耕地、为官吏制定俸禄的前提。战国时期的地主阶级上层人物早已占有大量地产，按孟子的主张，这些地产不包括在"正经界"的范围之内。"正经界"只在"野"（农村）进行。在这里划为井地的土地，事实上都是国有土地，而不是私有土地。如果不"制民之产"，这些土地只能荒废，而大批劳动力也只能成为"无恒产"的游民。通过正经界、划井地，这些游民被束缚在土地上，既可以使他们为封建国家和地主阶级提供剩余劳动，又可以使他们有"恒心"，便于对他们进行控制。这就是孟子设计井田方案的出发点，是"仁政必自经界始"的真正含义。

虽然孟子的井田方案设计得相当模糊，但我们有必要指出这几点：

第一，他认为解决人民的土地问题是最重要的政治纲领。在他看来，不仅农民需要有百亩之田，卿以下的官吏也需要一定数量的圭田。

第二，他非常强调土地的"经界"问题。所谓经界就是土地所有权的地理标志。后代儒家即使不一定主张实行井田制，也坚持正经界，以保护土地所有权。

---

① 赵靖. 中国经济思想通史（第1卷）[M]. 北京：北京大学出版社，1991：205.

第三，他主张封建国家的开支全部由劳动农民负担，因为圭田是无税的。

第四，他反对劳动力的自由迁移。①

在先秦诸子中，孟子最先把土地问题作为封建制度的根本问题提了出来，并且描绘出一个建立在土地国有制基础上的封建生产方式的图景。这在封建时代的经济思想发展史上是值得广泛关注的。他的恒产论和井田方案对后代土地思想的发展有很大的影响。我国古代经济思想史上解决土地制度问题的三个基本模式之一的"井田"模式，就是以孟子的恒产论及井田方案为蓝本发展起来的。

3.社会分工论

分工是孟子的重要经济思想之一，他对分工的认识在古代学者中是很少见的。社会分工的理论在我国古代早就出现了，春秋时期的管仲提出的四民分业定居论就是最早的社会分工理论。到了孟子的时代，人们对于国君、卿、相、大夫以及士阶层完全脱离体力劳动产生了疑问。许行及其门徒提出了并耕论，即要求社会上每一个人都自己生产自己所需要的物品，并主张统治者也须与人民一起从事劳动生产，不得厚取于人民以奉养自己。

孟子认识到了分工的必要性。他认为，国家不论大小，都得有君子和野人。野人是指乡野之民，即农民、手工业者及其他从事体力劳动的人们；君子是指包括国君在内的一切脱离体力劳动的人们，不仅有各级官吏，也包括从事文学艺术、教育工作的各种文士和保卫国家安全的武士。孟子说："无君子莫治野人，无野人莫养君子。"（《孟子·滕文公上》）他把从事农业耕作和手工业劳动的人称为"劳力者"，把从事各种治国活动的人称为"劳心者"。孟子认为不论劳心者还是劳力者，都是依靠各自的社会功能、各自的社会需要而存在的。他关于反对并耕问题与许行的门徒陈相有段对话如下：

孟子问："许子必种粟而后食乎？"

陈相答："然。"

问："许子必织布而后衣乎？"

答："否，许子衣褐。"

问："许子冠乎？"

答："冠。"

……

问："以粟易械器者，不为厉陶冶。陶冶亦以其械器易粟者，岂为厉农夫哉？且许子何不为陶冶，舍皆取诸其宫中而用之？何为纷纷然与百工交易？何许子之不惮烦？"

答："百工之事，固不可耕且为也。"

问："然则治天下，独可耕且为与……且一人之身而百工之所为备，如必自为而后用之，是率天下而路也。"（《孟子·滕文公上》）

在这里，孟子论述了农业和手工业之间社会分工的必要性。当生产力和社会分工的发展达到一定阶段时，个人及家庭不能仅靠自己的劳动来生产自己所需要的一切产品，

---

① 胡寄窗. 中国经济思想史（上册）[M]. 上海：上海财经大学出版社，1998：254.

不能一切都自给自足，只能自己专门从事或主要从事一种生产劳动，而以自己的产品同其他生产者交换自己所需要的其他产品。封建社会是以自给自足的自然经济占主要地位的社会。在孟子的时代，中国还处于封建社会早期，情况尤其如此。但即使在那个时期，完全的自给自足也早已不可能了。孟子所说的"一人之身而百工之所为备"就充分说明了这一点，连许行学派也不得不承认"百工之事，固不可耕且为"。

孟子还认识到分工的利益。他说："子不通功易事，以羡（有余）补不足，则农有余粟，女有余布。子如通之，则梓、匠、轮、舆皆得食于子。"①所谓"通功易事"是指使各有专业的人在社会生产中相互交换其劳动。这说明了交换的必要性，同时说明了社会分工的利益。他指出在农与工之间、农与农之间、工与工之间倘若不进行交换，就会出现农民有多余的粮食，别人得不到吃的；妇女有多余的布帛，别人得不到穿的；以此类推，车工得不到铁锅做饭，画师没有鞋穿等。

孟子不仅充分肯定农业与手工业之间的社会分工，而且充分肯定脑力劳动和体力劳动之间的社会分工。他说："故曰，或劳心，或劳力；劳心者治人，劳力者治于人；治于人者食人，治人者食于人；天下之通义也。"（《孟子·滕文公上》）他认为治天下是"大人"或"君子"之事，也是"劳心"的事；百工、农耕是"小人"或"野人"之事，也是"劳力"的事。劳心者统治别人，劳力者被人统治；被人统治者须供养别人，统治人者应受别人的供养，这是普遍的规律。他认为不论劳心者还是劳力者，彼此都是互相需要的，因为任何一个人都不可能样样事情由自己来完成。

孟子把社会分工同发展产品交换联系起来，把"君子"和"小人"的社会功能放在交换的行列中加以考察，在经济思想史上是具有一定积极意义的见解。

4.价格观

孟子认为价格高低应取决于商品本身的质量，由于各商品本身的质量不同，所以其价格也不应相同。他反对许行按个别商品的数量关系来决定商品价格的观点。许行主张："布帛长短同则贾相若，麻缕、丝絮轻重同则贾相若，五谷多寡同则贾相若，屦大小同则贾相若。"这种观点表明同类商品只要数量相同就可按同一价格出售。孟子则反驳说："夫物之不齐，物之情也。或相倍蓰，或相什百，或相千万。子比而同之，是乱天下也。"（《孟子·滕文公上》）他认为各种商品价格高低不齐这种现象，是由"物之情"即商品本身的"情"所决定的。"情"即"实"，"实"和"名"是相对的。"名"是形式，是表面的东西；"实"则是内在的东西。"名"是表示现实的，"实"对"名"则有决定的作用。所谓"名实相副"，就是说形式要和内容一致。孟子把"市价"即价格看作一种"名"，认为它由一种内在于商品的"情"所决定。在这里，孟子似乎有一点极模糊的价值概念，似乎认识到商品之中都包含某种东西，这种东西可能使各种商品产生极大的差别，而价格的高低要以其为决定因素。可惜他没有进一步明确指出这种包含在商品中的某种东西究竟是什么。差不多和孟子同时代的希腊学者亚里士多德认识到相互交换的商品是由于质的方面有等同性，所以能作为可通约的量彼此发生关系。他说："没有等同性，就不能交换；没有可通约性，就不能等同。"马克思在评论亚里士多德的

---

① 《孟子·滕文公下》。根据《考工记》，梓人是制造乐器、饮器等的工人，匠人是土木建筑工人，轮人主要制作马车的车轮和车盖等，舆人主要制作马车的车厢等。

这一发现时说:"亚里士多德在商品价值表现中发现了等同关系。正是在这里闪耀出他的天才的光辉。"[1]我们也完全可以说,孟子把商品的价格或价值看成商品固有的"情"所决定的,这同样闪耀出他的天才的光辉。[2]

(三) 荀子的经济思想

荀子(前298—前238年)[3]名况,又称荀卿、孙卿,战国末期赵国人。从整个思想体系来看,荀子师承孔子,又修正了孔学。他抛弃了儒家的唯心主义思想,以朴素唯物论的观点看世界,认为客观世界的运动有其固有的规律。从唯物主义哲学出发,他对于经济现象的分析较前期儒家更深刻、更细致,更重视经济生活的客观作用。荀子经济思想中比较突出的是欲望论、富国论以及重农思想。

1.欲望论

荀子有大量的关于人的欲望是客观存在的言论。他认为"人生而有欲"(《荀子·礼论》),反对当时流行的两种欲望观念——寡欲论和道家的去欲论。欲望总要求得到满足,满足欲望的要求,荀子称之为"求"。人们的"求"并非只根据他们的胜利欲望而活动,还要经过理性的思维作用进行判断。他说:"以所欲为可得而求之,情之所必不免也。"(《荀子·正名》)又说:"夫薄愿厚,恶愿美,狭愿广,贫愿富,贱愿贵。苟无之中者,必求于外。"(《荀子·性恶》)此人之常情。但是,"从人之性,顺人之情,必出于争夺"(《荀子·性恶》),"欲而不得,则不能无求,求而无度量分界,则不能不争,争则乱,乱则穷"(《荀子·礼论》)。因此,他提出节欲和导欲,即将欲望予以适当的调节与利导。"凡语治而待去欲者,无以道(导)欲而困于有欲者也。凡语治而待寡欲者,无以节欲而困于多欲者也……以为可而道之,知(智)所必出也……欲虽不可尽,可以近尽也;欲虽不可去,求可节也……道者,进则近尽,退则节求,天下莫之若也。"(《荀子·正名》)"导"的前提是承认有欲,同时对需求加以节制(节求),以达到在当时的财富范围内接近于满足人们的欲望(近尽)。看来"导"的重点放在"节"上,通过"节"来缓解生产和消费的矛盾,使生产接近于满足需求,防止纵欲。

从经济思想的角度考察,荀子的欲望论有重要意义。首先,他认识到欲望虽无穷尽,永不能完全满足,但在一定条件下是可能满足的。其次,他将物质欲望本身与"求"区分开来。如从商品生产的角度理解,他所谓"求"类似于有支付能力的需要,即需求。当然,他没有鲜明地以货币形式来表现他所谓的"求",而是以理性的思维作用去决定。最后,荀子对"欲"提出了一个客观的限制,即用"礼"来加以限制。"从人之欲,则执(势)不能容,物不能瞻也。"(《荀子·荣辱》)就是说,既不必使"欲"因物的限制而不能有所发展,也不必使物完全屈从于"欲",两者须相互作用。

2.富国论

荀子富国论的最大特点在于:消除了前人在"富国""富民"问题上的矛盾和混乱,在概念上和理论上把"富国""富民"联系和统一起来。

---

① 马克思,恩格斯.马克思恩格斯全集(第23卷)[M].中共中央马克思恩格斯列宁斯大林著作编译局,译.北京:人民出版社,1985:74-75.
② 赵靖.中国经济思想通史(第1卷)[M].北京:北京大学出版社,1991:221.
③ 荀子的生卒年代无定论,本书采纳汪中《荀卿子年表》的观点。

在荀子的富国论出现以前，"富国"的概念是不很明确的：它有时指"富国家"，即增加整个国家、社会的财富；有时则指"富国库"，即用财政手段征收百姓的财富，以增加国家的财政收入。荀子对"富国"下的定义是"兼足天下"或"上下俱富"（《荀子·王制》）。"足君"或"上富"即"富国库"，这是狭义的"富国"，"足民"或"下富"即"富民"；"兼足天下""上下俱富"则既包括狭义的"富国"，又包括"富民"在内的广义的"富国"（含"富民"）。这样，荀子把"富国"与"富民"统一了起来。

荀子指出，"富国"与"富民"既相互矛盾又相互统一，关键看采取什么途径来"富国库"。他指出，如果统治集团不注意发展社会生产，而一味凭借豪取侵夺，"富国库"与"富民"就是相互矛盾的；若发展社会生产，则二者可同时增加。"下贫则上贫，下富则上富。"（《荀子·富国》）

荀子在对富国的概念以及富国和富民、广义富国和狭义富国的关系等问题作出上述分析的同时，还对怎样在封建主义生产方式的基础上实现富国，提出了自己的主张。

荀子将实现富国的途径概括为"强本节用"。"强本"指发展社会生产，因为他认为"田野县鄙"是"财之本"；"节用"，指节约消费，尤其是指节省国家的各种用费。他一再强调："务本节用财无极"（《荀子·成相》），"强本而节用，则天不能贫……本荒而用侈，则天不能使之富"（《荀子·天论》）。

3.重农思想

重农思想是中国传统经济思想的重要内容。荀子的"强本论"是先秦最有代表性的重农思想。

荀子说："士大夫众则国贫，工商众则国贫……故田野县鄙者，财之本也。""轻田野之赋，平关市之征，省商贾之数，罕兴力役，无夺农时，如是则国富矣。"（《荀子·富国》）"不富无以养民情……故家五亩宅，百亩田，务其业而勿夺其时，所以富之也。"（《荀子·大略》）在农、工、商中，农业可以生产财富，而"工商众则国贫"。荀子是古代中国真正的重农主义者，肯定农业是财富创造的直接而唯一的根源。

为增加国民财富，荀子主张在一定程度上抑制工商业。春秋战国以来对待工商业的态度，在荀子这里才起了显著变化，形成一种重农抑工商的新趋势。但是，荀子不根本否定工商的社会职能；相反，他对其有较明确的认识。他说："良农不为水旱不耕，良贾不为折阅不市。"（《荀子·修身》）"工匠不知，无害为巧。"（《荀子·儒效》）"关市几而不征；质律禁止而不偏，如是，则商贾莫不敦悫而无诈矣。"（《荀子·王霸》）由此可知，荀子认为工商业也是社会经济中不可缺少的行业。

战国后期以荀子为代表的重农抑工商的观点被广泛接受，在于它符合了正在走上历史舞台的新兴地主阶级的要求。为使封建地主经济能在全社会范围内取得支配地位并加以巩固，工商业的活动范围必须被限制，使它只能在有利于封建地主阶级利益的限度内进行。这也是战国后期思想家既承认工商业的社会职能又主张抑制工商业的原因。

二、道家学派的经济思想

道家出于春秋末期的隐者。这些隐者多半是没落的奴隶主贵族，对社会不满，采取一种不问世事的隐居生活方式。他们提出的一些观点经过逐渐发展便是后来的道家学说。道家学派一般反对从事经济活动，不关心社会生活，把注意力集中在对自然界的观察上，在自然观上建立起原始的自然形成的唯物主义。

(一) 杨朱的贵己论

杨朱（约前395—约前335年），字子居，或称阳生。杨朱的经济思想主要体现在贵己论上。其基本内容可从以下几段话中看出："杨朱曰：伯成子高不以一毫利物，舍国而隐耕。大禹不以一身自利，一体偏枯。古之人，损一毫利天下，不与也。悉天下奉一身，不取也。人人不损一毫，人人不利天下，天下治矣。"（《列子·杨朱篇》）"今吾生之为我有，而利我亦大矣。论其贵贱，爵为天子，不足以比焉……"（《吕氏春秋·重己篇》）"道之真，以持身；其绪余，以为国家。"（《吕氏春秋·贵生篇》）

《孟子》曾一再把杨朱的思想概括为"为我"："杨氏为我，是无君也。"（《孟子·滕文公下》）"杨子取为我，拔一毛而利天下，不为也。"（《孟子·尽心上》）前一句是说：按杨朱"为我"的学说，把功名利禄、治国为政都看作身外之物，不愿去干这类事情，如果人们接受了这种学说就会不愿去为君王效力，就会"无君"了。后一句的意思是，即使得到天下这样的大利而拔损自己的一根汗毛也是不值得做的。[1] 孟子的这两句话历来引起人们的误会，认为杨朱的"为我"思想是一种极端自私自利的个人主义，绝不肯干损自己一根汗毛而对天下有利的事情。其实，杨朱的思想当然不会是这样浅薄鄙俗的。"悉天下奉一身"也是杨朱所不取的行为，即不赞同损天下之人以利己。"贵己"不仅指一个人而言，而且要求天下之人皆能全其生身。人人都贵己，则人人不损天下之人以利己，若真是这样，则天下大治。这就是杨朱贵己论的逻辑。在中国古代经济思想史上主张贵己以利天下的只有杨朱及其学派。

(二) 道家代表作——《老子》中的经济思想

老子或老聃是否确有其人，尚无定论。《老子》的作者是谁，也是中国历史上没有解决的问题。顾颉刚认为"老子一书，非一人之言，亦非一时之作，而由若干时代的积累而成"[2]，这为很多学者所认可。《老子》设计的是一个"小国寡民"（《老子》第八十章）的理想国，在这里，"邻国相望，鸡犬之声相闻，民至老死不相往来"，主张无为。其中的经济思想主要体现在以下方面：

1.无为论

"无为"是《老子》在政治、社会方面所持的基本观点，认为人们的行动必须符合自然规律，不能任意行动；同时，认为万物变化只是周而复始的循环运动，"万物并作，吾以观复"（《老子》第十六章），人们无须斗争，只需消极地顺乎自然。从无为论出发可以推演出《老子》对经济现象的基本观点。既然一切社会活动的最高准则是无为，则经济活动也不例外。

2.寡欲论

在欲望方面，《老子》对人们有两种要求：最高要求是无欲；其次是寡欲。无论是

---

① 赵靖. 中国经济思想通史（第1卷）[M]. 北京：北京大学出版社，1991：236.
② 顾颉刚. 从《吕氏春秋》推测《老子》之成书年代：附图 [J]. 史学年报，1932（4）：13-46.

无欲还是寡欲，都反对占有财产。因为《老子》认为社会的进步是由多欲引起的：人们的欲望多，为满足欲望就要发展和改进生产，就会引起技术的进步和文化水平的提高，这又会使人们的智慧不断进步，使百姓变得"诈""伪"，不易统治。而统治者多欲不但引起被统治者的仿效，还会因多欲而生活奢侈，赋敛繁苛，导致社会不稳定，"金玉满堂，莫之能守"（《老子》第九章）。

老子学派认为寡欲的具体表象是"知足"，知足可以决定人们的荣辱、生存、祸福。"甚爱必大费，多藏必厚亡。知足不辱，知止不殆，可以长久。"（《老子》第四十四章）"罪莫大于可欲，祸莫大于不知足，咎莫大于欲得，故知足之足，常足矣。"（《老子》第四十六章）

"寡欲""知足""知止"，在实际经济活动中都归结为崇俭。"我有三宝，持而保之：一曰慈，二曰俭，三曰不敢为天下先。"（《老子》第六十七章）但是，老子学派崇俭论的突出特点是把原始社会解体时期的农村公社中人们的低下简陋的生活作为"俭"的标准，而否定任何改进。他们认为任何改进都不仅是经济上的浪费，还是人们身心和道德的堕落。"五色令人目盲，五音令人耳聋，五味令人口爽，驰骋畋猎令人心发狂，难得之货令人行妨。"（《老子》第十二章）人民生活上的改进和提高是从生产的发展而来的，生产的发展和进步不但能为满足欲望提供物质资料，还会引起欲望本身的发展和变化，使人们不断产生新的欲望。为此，老子学派主张"绝圣弃智""绝巧弃利"（《老子》第十九章），否定手工业生产的发展，反对工艺技巧。

（三）庄子的经济思想

庄子（约前369—约前286年），名周，战国时期的宋国蒙（今安徽省亳州市蒙城县）人，与孟子同时而稍后。他只一度做过漆园吏这样的小官，一生大部分时间过着贫困的隐居生活，甚至于乞食告贷而不愿为官。庄周将传统的道家唯物主义思想披上神秘主义的外衣，把天地、古今、是非、有无、大小、生死、贵贱的差异一概抹杀，认为飘忽无定的境地就是"与天为一"（《庄子·天下篇》）。庄周反对建立任何社会制度，否定一切政治、社会生活，对经济发展的态度更为消极。

庄子将道家的"无欲"推到极端，否定欲望，强调无欲，认为"古之畜天下者，无欲而天下足"。在本着一切顺其自然的精神下，庄子进一步对物质生活水平完全采取否定的态度，认为其越向前发展，对人的本性的残害越大。因此，庄子鄙视社会经济活动，认为农、工、商的活动都劳驰神形，"农夫无草莱之事则不比（和乐也），商贾无市井之事则不比，庶人有旦暮之业则劝，百工有器械之巧则壮……此皆顺比于岁，不物于易者也。驰其形性，潜之万物，终身不反，悲夫"。（《庄子·徐无鬼》）所有的农业、商业和工业活动，不但使人们永无宁息之日，而且令人各囿于一物而不能相易。

道家反对私有制度，对一切生产活动抱消极、憎恶或反对的态度。他们的"无为"思想曾是历代主张经济放任之人的有力根据之一，但他们消极的经济观点对后世也产生了极大影响。

三、墨家学派的经济思想

墨家和儒家一样是战国时代的显学，是与儒家对立的一个重要学派。墨家创始人为墨子，名翟。司马迁在《史记·孟荀列传》中称："墨翟或曰在孔子时，或曰在其后。"墨子出身于小生产者阶层，有丰富的手工业生产经验，建立学派后仍然亲操劳作。信奉墨子学说的人组成团体，有严格的组织纪律，类似于宗教组织。该学派主张兼爱、节用、尚贤、尚同、非攻、非命，敬信天鬼，反对儒家的厚葬与崇尚礼乐。墨家是小生产者阶层的代表。

（一）兼爱、交利论

墨家是最早的公开以利为哲学基础的先秦学派。不同于儒家的义利观，墨家以利为社会伦理的基础，以利不利于人为判断义与不义的标准，利于人就是义，不利于人就是不义。"所为贵良宝者，可以利民也。而义可以利人，故曰，义，天下之良宝也。"（《墨子·耕柱》）"义，利也。"（《墨子·经上》）"义，志以天下为芬，而能能（善也）利之，不必用（不为己用）。"（《墨子·经说上》）墨子所讲的利是广义的，主要是指物质利益，其他只要能使人喜爱之事物都是利。"利，所得而喜也。"（《墨子·经上》）"处大国不攻小国，处大家不篡小家，强者不劫弱，贵者不傲贱，多诈者不欺愚。此必上利于天，中利于鬼，下利于人，三利无所不利，故举天下美名加之，谓之圣王。"（《墨子·天志上》）从"利"字出发，墨家主张非攻，反对攻人之国，尚贤、尚同也是为了"国家百姓之利"。

墨家言利的最重要方面是主张"交相利"。其基本内容是"利人者，人必从而利之……害人者，人必从而害之"（《墨子·兼爱中》）。交利必须做到人己两利，更不能亏人以利。"圣人以治天下为事者也，不可不察乱之所自起。当察乱何自起？起不相爱。臣子之不孝君父，所谓乱也。子自爱，不爱父，故亏父而自利；弟自爱，不爱兄，故亏兄而自利；臣自爱，不爱君，故亏君而自利。此所谓乱也……父自爱也，不爱子，故亏子而自利；兄自爱也，不爱弟，故亏弟而自利；君自爱也，不爱臣，故亏臣而自利。是何也？皆起不相爱……大夫各爱其家，不爱异家，故乱异家以利其家。诸侯各爱其国，不爱异国，故攻异国以利其国。天下之乱物，具此而已矣。"（《墨子·兼爱上》）墨子把交相利的原则不仅应用到君臣关系、盗贼行为上，还应用到父子、兄弟之间的伦理关系上，将个人利益与集体利益相糅合，认为利人就是利己，损人就是损己，只有人们各不相害，彼此有利，才能兴天下之利。

在交相利的基础上，墨子主张兼相爱。他认为，"兼爱"，即上自国君，下至众民，都不能只知"自爱"，而要"相爱"，使大家都能"视人之国若视其国，视人之家若视其家，视人之身若视其身"。这样，诸侯之间就不会再发生战争，士大夫之间就不会再争权夺势，人民之间就不会互相伤残，君臣、父子、兄弟之间都可以和睦相处。

（二）节用论

节用是墨子经济思想的主要内容。他认为，国家和人民的财富决定于"生财"（生产）和"用财"（消费）的情况和相互关系。"固本而用财，则财足。"（《墨子·七患》）农业生产搞得好而财富的使用或消费又适当，财富就能充足。而要"固本""用财"，就要"其生财密，其用之节"（《墨子·七患》），即增加生产和节约消费。墨子认为，要增加生产，首先要增加劳动力，强调"赖其力者生"（《墨子·非乐上》），而不是改进生产技术。所以，墨子在先秦诸子中是最主张增加人口的，并提出了很多增加人口的具体措施，如早婚，"丈夫年二十毋敢不处家，女子年十五毋敢不事人，此圣王之法也"（《墨子·节用上》），禁蓄私，短丧薄葬，停止战争，减轻赋税等。其次是主张节用。"为者疾，食者众，则岁无丰。"（《墨子·七患》）就是说，尽管生产得很努力，如果消费得多，仍无法使财富丰裕。因此，要实现国富，决定性因素在于节用，只有节用才可使财富成倍增加。"圣人为政一国，一国可倍也；大之为政天下，天下可倍也。其倍之，非外取地也；因其国家去其无用之费，足以倍之。"（《墨子·节用上》）他认为把奢侈生活的耗费节省下来，把这部分劳动力用于生产和生活必需品上，就可使社会财富成倍增加。

节用论是墨子很多其他经济思想的基础，他对人口、赋役等经济问题的论述，都是以节用论为基础的。

（三）价值观

墨家在商品的价值与价格的关系方面提出的观点，在中国古代经济思想中是罕见的。[①]

墨家察觉到商品具有内在价值，价格的高低以此为依据。"贾宜，贵贱也。"（《墨子·经说上》）"贾宜"是指适宜的商品价格，即与商品的价值相一致的价格，以此为基础来衡量商品价格的贵贱。墨家已经认识到，商品具有与它的价格形态不完全一致的内在价值。"买无贵，说在仮其贾"（《墨子·经说下》）进一步指出，商品的成交价格是无所谓贵贱的，在经过买卖双方的详细评定以后，这种价格能够反映商品的内在价值，即"仮其贾"，是最适当的价格。[②]"贾宜则售，说在尽。"（《墨子·经说下》）意即反映商品价值的价格就是合适的价格，这样的价格才能使商品全部出售。"贾尽也者，尽去其以不售也。以其所不售去，则售，正贾也。"（《墨子·经说下》）意即将全部未售的商品都卖掉的价格才是"正贾"。

墨家还认识到等价交换关系，并在货币价值的变动上提出了自己的见解。"买，刀籴相为贾。刀轻则籴不贵，刀重则籴不易。王刀无变，籴有变。岁变籴，则岁变刀。"（《墨子·经说下》）货币与谷物互相为价，一方面以货币购买谷物，货币为谷物的价格；另一方面以谷物交换货币，谷物为货币的价格。在货币的价值小（刀轻）时，从价格上看是籴贵了，但二者都须反映其价值，故无所谓贵；反之，在货币的价值大（刀重）时，从价格上看是籴贱了，也因二者都须反映其价值，故仍无所改变。王刀法定面值不变，但谷价不断变化。谷价年年变，表明王刀购买力也在年年变。在这里，墨家已经认识到货币与谷物之间的关系，不仅以货币购进谷物，而且以货币商品与谷物商品相

---

① 胡寄窗. 中国经济思想史（上册）[M]. 上海：上海财经大学出版社，1998：130.
② 胡寄窗. 中国经济思想史（上册）[M]. 上海：上海财经大学出版社，1998：131.

交换。既然以货币进行的买卖也是彼此交换商品，而一切价格的高低都必须"仮其贾"，必须进行等价交换。墨家虽然体会到有某种内在价值的存在，但对此内在价值由什么构成并无明确的见解。

墨家的经济思想较之儒家经济思想具体而深入，在很多经济概念上都有其独特的见解，是战国时期的一门显学，但其在秦汉以后消沉了。

四、法家学派的政治经济变革思想

法家是先秦时期的一个重要学派，因其注重法治，在西汉以后被称为法家。战国时法家人物大多是政治家、社会改革家，在约两百年内是主要的当权派，对于促进社会变革、实现国家的重新统一，起了巨大的推动作用。公元前6世纪下半叶，郑国的子产和晋国的赵鞅相继铸了刑鼎，把法律公布于众，是法治思想的早期表现，但是明确而系统的法家思想到战国时才形成。法家学说主张将"法"作为主要武器，以加强农战为中心环节，强制推进社会变革，实现国家统一。法家代表地主阶级改革派的利益。

变法的先驱人物是战国初期的李悝。他在治魏十年期间，以加强农业、整顿武备为中心，进行了一些改革，还编成《法经》一书使法治思想开始系统化。之后，历史上又有吴起在楚国的变革、商鞅在秦国的变法、申不害在韩国的治理，其中以商鞅变法最为著名。战国末期的韩非不仅继承了早期法家的思想，还吸收和发挥了荀子及道家的唯物主义观点，是法家中集大成的一位思想家。法家学说注重法、术、势，即以法治人、以术驭人、以势压人。"法"是依法办事，注重刑赏；"术"是研究用人办事的方法和策略；"势"指权力、势力。在早期法家中，商鞅主"法"，申不害主"术"，慎到主"势"，而韩非把早期法家的法、术、势三派观点有机地结合起来，建立起自己的思想体系。

（一）李悝的平籴思想

李悝（约前450—前390年），或称李克，战国初魏人，为魏文侯相，由儒入法。郭沫若称李悝在严格意义上是法家的始祖。他协助魏文侯推行政治经济的改革，废除世卿世禄，实行重农措施和平籴政策，使魏富强。

李悝重视农业。他曾根据当时魏国的情况，估计了全国的耕地与人口，提出充分利用地力和进一步提高农业劳动生产率的要求。"是时，李悝为魏文侯作尽地力之教，以为地方百里，提封九万顷。除山泽邑居叁分去一，为田六百万亩。治田勤谨，则亩益三斗；不勤，则损亦如之。地方百里之增减，辄为粟百八十万石矣。"（《汉书·食货志》）关于"尽地力之教"的内容，《史记》曾指出李悝提到："必杂五种，以备灾害……力耕数耘，收获如寇盗之至。"就是说，谷物的耕植必须采取多种经营方式，如果有的作物遭受自然灾害，还有其他作物可以收获；耕地要深，除草要勤，收获时要如防备寇盗那样迅速，以免作物遭受损失。从《汉书》的记载中可以看出，李悝认为农业是财富的源泉。

平籴思想是李悝经济思想的重要内容。所谓"平籴"，是指国家参与粮食市场活动，贱时买，贵时卖，以达到平稳粮价、安定民生、保障农业的目的。李悝对粮食市场实行"平籴法"，这是一项对我国封建社会有深远影响的政策措施。

"籴甚贵伤民，甚贱伤农。民伤则离散，农伤则国贫，故甚贵与甚贱，其伤一也。善为国者，使民无伤而农益劝。"粮食太贵伤害工商业者的利益，太贱伤害农民的利益，于国家都不利，因此粮价要符合生产者和消费者双方的利益。他就当时的实际情况指出："今一夫挟五口，治田百亩，岁收亩一石半，为粟百五十石，除十一之税十五石，余百三十五石。食，人月一石半，五人终岁为粟九十石，余有四十五石。石（价）三十，为钱千三百五十，除社闾尝新春秋之祠，用钱三百，余千五十。衣，人率用钱三百，五人终岁用千五百，不足四百五十。不幸疾病死丧之费，及上赋敛，又未与此。此农夫所以常困，有不劝耕之心，而令籴至于甚贵者也。"这反映当时农民终年辛劳，却入不敷出，打击了生产积极性，致谷价上升，工商和农民两伤。针对这种情况，李悝提出国家干预的措施，由国家根据年景变化对粮食市场进行调节。"是故善平籴者，必谨观岁有上中下孰：上孰其收自四（平年收成一百五十石的四倍，为六百石），余四百石；中孰自三（三倍，为四百五十石），余三百石；下孰自倍（二倍，为三百石），余百石。小饥则收百石，中饥七十石，大饥三十石。故大孰则上籴（买粮）三而舍一，中孰则籴二，下孰则籴一，使民适足，贾平则止。小饥则发小孰之所敛，中饥则发中孰之所敛，大饥则发大孰之所敛，而粜之。故虽遇饥馑水旱，籴不贵而民不散，取有余以补不足也。"胡寄窗先生曾将上述数字换算成表2-1的形式。（本段引文出自《汉书·食货志》）

表2-1　　　　　　　　　　**李悝估计的不同年份农民收入情况**

年份	总收获量（石）	什一税（石）	每年自用食量（石）	每年食后余粮（石）	政府收购食量（石）	自由出售余额（石）	货币收入（按每石30钱计算）（钱）		
							按Ⅴ计算	按Ⅵ计算	合计
	Ⅰ	Ⅱ	Ⅲ	Ⅳ	Ⅴ	Ⅵ	Ⅶ	Ⅷ	Ⅸ
平常年份	150	15	90	45	——	45	——	1 350	1 350
下熟年份	300	30	90	180	100	80	3 000	2 400	5 400
中熟年份	450	45	90	315	200	115	6 000	3 450	9 450
上熟年份	600	60	90	450	300	150	9 000	4 500	13 500

注：该表的名称由编者所加，原出处没有表名。

资料来源　胡寄窗. 中国经济思想史（上册）[M]. 上海：上海财经大学出版社，1998：275.

从表2-1中可以看出，数字是经过详细核算后的规定，但显得不够严密。丰年产量分别为平年产量的两倍、三倍、四倍，在自然经济下一般是不可能的，并且政府是否有能力将粟价不论在任何年份都稳定在每石三十钱以上，更成问题，但这些不损害其中所体现的经济思想。年景有丰歉，农民的粮食有余缺，国家根据余缺情况组织收购和供应，实行以丰补歉，同时平稳粮价，调节社会利益关系，防止谷贱伤农、谷贵伤民。这一设想反映了李悝对经济规律的认识，为历代统治者制定经济政策提供了依据。

（二）商鞅的农战论

商鞅（约前390—前338年），战国中期卫人，姓公孙，名鞅，因是卫国贵族后裔，又名卫鞅。他初为魏相家臣（卫国当时是魏国的附庸国），因在魏国难有为，响应秦孝公的求贤令，西入秦，为孝公重用，主持变法。他先后两次变法。在经济方面，他主张废除井田制，准许土地自由买卖，促进了地主所有制代替领主所有制的历史进程，并改革赋税制度，统一了度量衡，奖励耕织。商鞅的改革使秦国的经济、政治、军事力量都后来居上，超过了其他诸侯国。

商鞅的经济思想的核心是农战论。"农"指发展农业生产，"战"指对其他诸侯国进行兼并战争。商鞅主张以农战为基本国策，动员国家的一切力量进行农战，并对这种政策作了多方面的说明和论证。

商鞅重农，认为发展农业生产是富国的唯一途径，但他把农看作为战服务的，把农战政策看作实现国富兵强的唯一政策。"国之所以兴者，农战也""国待农战而安，主待农战而尊"。（《商君书·农战》）为了实行农战，商鞅提出了一系列措施，主要有：

（1）通过国家法令，以政治手段奖励农战，限制非农业活动。例如，他规定在战争中"能得爵首一者，赏爵一级，益田一顷，益宅九亩，一除庶子一人"（《商君书·境内》）。庶子即农奴或依附农民，"除庶子一人"即指对立有军功的人免除他的一个庶子应负的国家徭役，以使其能更多地为主人服务。

（2）减少行政官吏对农民的侵扰，使其能专心从事农业生产。规定凡政事必须即刻办完，不得拖延。

（3）通过徕民增加农业人口。如招诱三晋人来秦国开荒，对来垦的人"利其田宅，而复之三世"（《商君书·徕民》），即从优给予耕地和宅地，并三世免除徭役。

（4）提高农产品价格，推行有利于农业的租税、管制粮食贸易等政策来奖励农业。

商鞅的其他政策思想都是以农战论为核心的。商鞅的人口思想是为解决农战所需的人力问题服务的。他认为要重视人地比例。一个国家不论进行农和战都需要一定数量的人力，而人口数量又必须和土地数量保持适当的比例。"民过地则国功寡而兵力少，地过民则山泽财物不为用。"（《商君书·算地》）制定一定措施招徕邻国农民，增加人口。为给农战服务，商鞅在财政政策上主张通过征税尽量把农民生产的剩余产品集中在国家手里，"家不积粟，上藏也"（《商君书·说民》）。他还主张对农业以外的其他行业征收更重的税，主张"不农之征必多，市利之租必重"（《商君书·外内》），"重关市之赋"（《商君书·垦令》）。为维护农业，商鞅还提出了事本禁末、重农抑商的农商本末关系论。商鞅是中国经济思想史上最先并提"本""末"概念并且分析两者关系的人之一。①他明确地把农业称作"本业""本事"，关于"末业"的概念还不是十分明确和具体。他把"本业""末业"并提，显然是把农业以外的一切职业包括在内，有时又只把技艺、游食称作"末业"，比如"末事不禁，则技巧之人利而游食者众"（《商君书·外内》）。商鞅提倡"事本禁末"，认为"能事本而禁末者富"（《商君书·壹言》）。在提倡重农的同时，商鞅又主张对工商业加以禁限、打击。"农之用力最苦而赢利少，不如商贾、技巧之人。苟能令商贾、技巧之人无繁，则欲国之无富不可得也。"（《商君书·外内》）他还提出了一系列严厉措施，包括限制商人经营范围、加重商人所负担的徭役等。

商鞅的农战论是一种经济军事化的政策和理论，限制和打击农业以外的行业，造成对工商业及文化发展的不利影响，对农业本身也产生了很大限制。

（三）韩非的重农抑商思想

韩非（约前280—前233年），战国末期韩国人，贵族出身，是先秦法家的主要理论家，与李斯同师从荀子。他建议韩王变法图强，未被采纳，退而著书，其书传至秦国，秦王嬴政见了深受感动："嗟呼！寡人得见此人与之游，死不恨矣。"（《史记·老子韩非列传》）于是邀韩非至秦。韩非入秦后，因李斯、姚贾嫉妒诬陷，被秦王下令入狱。李斯派人送毒药命韩非自杀。待秦王悔悟派人释放韩非时，韩非已死于狱中。韩非学说的特点是尖锐、精辟和偏激，其经济思想见于《韩非子》一书。韩非集法家学说之大成，同时完成了法家重农抑商的理论，其耕战主张也是重农抑商思想的出发点之一。

韩非继商鞅而力主耕战政策，但其论点基本未超出商鞅所涉及的范围。他对非农业活动的攻击范围比商鞅更大，程度更猛烈。商鞅侧重于反对游食者、商贾及技艺者，而韩非在其《六反》篇、《八说》篇、《五蠹》篇中将除地主、农民以外的人全进行了抨击，更进一步主张严格统治言论与思想，禁止私人著作流传和私人讲学，只需学习地主政权所公布的法令，只准以地主政权的官吏为师。"故明主之国，无书简之文，以法为教。无先王之语，以吏为师。"他主张耕战必然重农，"富国以农，距敌恃卒"，对于牟利之商，则认为"是故乱国之俗……其商工之民，修治苦窳之器（粗劣之器），聚弗（费，侈）靡之财，蓄积待时，而侔农夫之利"。因此，他主张："夫明王治国之政，使其商工游食之民少而名卑，以寡趣本务而趋末作。"（本段引文出自《韩非子·五蠹》）

韩非的重农抑商思想和李悝、商鞅一脉相承，但更深刻。他明确地把"末"解释为工商业，进一步明确农和工商是本末的关系，针对它们之间的矛盾，提出了重农抑工商的主张。

五、农家学派的农业经营管理思想

中国古代的农家着重分析国家对农业的经营管理政策。农家学派由何人创于何时不能确定，从现存的文献看，许行是最早的农家学派代表人物。他不仅有一套理论，而且"其徒数十人，皆衣褐，捆屦，织席以为食"（《庄子·天下》），是中国早期小农利益

---

① 赵靖. 中国经济思想史述要（上册）［M］. 北京：北京大学出版社，1998：93.

的代表。

（一）许行的经济思想

许行，楚国人，生卒年份不可考，是与孟子同时代的人。许行的言行仅见于《孟子·滕文公》，无著作传于后世。他的经济思想主要是并耕论和价格论。

1. 并耕论

许行主张统治者应在治理民事的同时，与农民一起参加生产劳动，这样才是贤良的领导者。"贤者与民并耕而食，饔飧而治。今也滕有仓廪府库，则是厉民而以自养也，恶得贤！"（《孟子·滕文公上》）贤者应与民同吃、同住、同劳动、共同商讨事情，而滕国竟然有粮库、布帛库和钱，这就是虐民而只顾自养，怎能称贤？

2. 价格论

许行主张"布帛长短同则贾相若，麻缕、丝絮轻重同则贾相若，五谷多寡同则贾相若，屦大小同则贾相若"（《孟子·滕文公上》），即种类、尺码、重量相同的商品售价必须相同。他主张"市价不贰"，但采取干涉政策还是市场自发调节，他未作具体说明。

许行主张的是一个人人劳动、自食其力，商品交换按等价原则进行，没有商业欺诈的社会，有的学者称之为"乌托邦"[1]。

（二）《吕氏春秋》中的农业经营思想[2]

在农业政策方面，农家主张在农村推行保护农业的禁令："地未辟易，不操麻，不出粪；齿年未长，不敢为园圃；量力不足，不敢渠地而耕；农不敢行贾，不敢为异事，为害于时也。"（《孟子·滕文公上》）

在农业生产技术方面，农家总结了许多极为宝贵的生产经验，这也是古代农家最为杰出的贡献。

首先，他们注意到天时与地利的结合，如"冬至后五旬七日，菖始生。菖者，百草之先生者也，于是始耕"（《吕氏春秋·任地》）。

其次，他们还认识到耕种与土壤的关系，对种植的行列、除草的技巧、施土的原则等均有很多经验。如对苗的行列讲究"衡（横）行必得（指彼此相对），纵行必术（指正直）。正其行，通其风……苗，其弱也欲孤，其长也欲相与居（俱），其熟也欲相扶。是故三以为族，乃多粟"（《吕氏春秋·辨士》）。

最后，他们还注意到天时与收成的关系。"夫稼，为之者人也，生之者地也，养之者天也。"（《吕氏春秋·审时》）意指要在适当的时机进行耕种。此外，他们详细记载了禾、黍、稻、麻等农作物的成长情况。

六、商家学派的商业经营思想

《史记·货殖列传》记述了春秋战国时期一些著名工商业者的事例，总结了其经营经验，介绍了其中一些人的思想。这些先秦大商人就是商家的代表，他们的经营思想反

---

① 赵靖. 中国经济思想史述要（上册）[M]. 北京：北京大学出版社，1998：79.
② 胡寄窗. 中国经济思想史（上册）[M]. 上海：上海财经大学出版社，1998：492.

映了商家的经营思想，代表人物有子贡、范蠡、白圭，著作有《计然之策》等。

范蠡在助越灭吴之后，立即弃官出走，先到齐国经商，后又到卫国的陶地（今山东省菏泽市定陶区）。当时陶是中原的商业中心，是各国商人交易往来的地方，信息灵通，联络方便。范蠡看中了陶地，就在这里定居下来，并化名陶朱公，成为非常有名的大商人。在以后千余年的封建社会中，陶朱公的名字一直被商人所艳羡和称道。"陶朱事业，端木①生涯""经营不让陶朱富，货殖何妨子贡贤"等一直是商店流行的对联。陶朱公的经营之术被称为"计然之策"。

白圭，战国时期的周（今河南省洛阳市一带）人，名丹，与孟子同时。白圭的"治生之学"比陶朱公的"计然之策"对后世影响更大，被奉为"治生之学"的鼻祖。司马迁称"天下言治生祖白圭"（《史记·货殖列传》。本部分下文如无注明，皆引于此）。

（一）注重预测市场行情

在经营商业方面，陶朱公和白圭都非常注重市场时机。他们都认为：经商必须抓住有利时机，购进或抛出商品，才能获得厚利。陶朱公的"计然之策"，首先强调"时用则知物"，即看准并把握住时机，才能知道经营什么商品。白圭的治生之道被概括为"乐观时变"，即善于观测市场行情的变化，又有"趋时若猛兽鸷鸟之发"。他们还有一套预测市场行情的理论和方法。

陶朱公提出了有名的经济循环理论，即把"天道循环"所引起的年岁丰歉现象与整个社会经济情况联系起来。该理论的内容是："故岁在金，穰（丰年）；水，毁；木，饥；火，旱……六岁穰，六岁旱，十二岁一大饥。"白圭也指出："太阴在卯，穰；明岁衰恶。至午，旱；明岁美。至酉，穰；明岁衰恶。至子，大旱；明岁美，有水。至卯……"太阴，又称岁阴，即我们现在所说的木星。木星运行每十二年一周，回到原来方位。金、木、水、火，以及子、丑、寅、卯、辰、巳、午、未、申、酉、戌、亥都是用以表示太阴运行所经过的方位。古人经过长期观察，看到了有些年农业生产大丰收（穰），有些年较好（美），另有些年则有不同程度的天灾和歉收（衰恶、饥、毁、凶等）情况。同时，他们看到了农业收成同气候变化之间的联系，因而就从当时的天文知识出发来探求气候变化和农业丰歉交替的规律。陶朱公和白圭都把木星运行所到的一定方位同当年的气候变化和农业丰歉联系起来，把农业丰歉看作一种周而复始的循环现象。由于农业生产是当时社会生产的主要的、决定性的部门，大部分商品是由农业部门生产出来的，大部分手工业的原料也是由农业提供的，所以农业丰歉对市场上的商品供求和价格变化，无疑产生关键性的影响。

他们还通过总结价格涨落的规律来预测市场行情。陶朱公将价格涨落的规律概括为："论其有余不足，则知贵贱。贵上极则反贱；贱下极则反贵。"也就是说，看看商品是供过于求还是供不应求，就能判断价格的高低、涨落。（一种商品的）价格涨到了最大限度，就会反落下来；如果低落到极限，就会反涨上去。

---

① 端木是指孔子的学生子贡，其姓端木，名赐，字子贡，也是经营成功的大商人。

（二）待乏原则

在预测市场行情的基础上，陶朱公提出："旱则资舟，水则资车。"在水灾盛行时要预做车的生意，因为在水灾结束后车将成为稀缺品；天旱时则要预做船的生意。又说："贵出如粪土，贱取如珠玉。"价高时尽量抛出，就像对待粪土一样；价低时大量购进，就如看见珠宝一样。

白圭主张："夫岁孰（熟），取谷，予之丝、漆、茧；凶，取帛、絮，予之食。"在预期的丰收年到来前，购存丝、漆、茧等商品；到丰收已成事实时，粮价下跌，而丝、漆、茧价格相对高，购进粮食而抛出丝、漆、茧，就可从贱买贵卖两方获利。荒年粮食歉收，同时，农民为了买粮度荒还不得不廉价售出丝、漆、茧。在这时出售粮食而购进丝、漆、茧，也是可以双重得利的。他还提出"人弃我取，人取我予"的原则，即在别人高价争热门货时自己却去低价购存那些需求不太强烈、价格较低、商人一般不愿经营的商品，等到人们争购的热门货因供过于求而富极反贱，而自己购存的商品贱极反贵，变成新的热门货时，就趁机高价卖出，可赚得很大的盈利。

（三）注重商业经营者的素质

白圭曾说："其智不足与权变，勇不足以决断，仁不能以取予，强不能有所守，虽欲学吾术，终不告之矣。"他认为一个好的商业经营者必须具备智、勇、仁、强四个方面的素质。"智"指善于观测行情并具有灵活应付"时变"的能力。"勇"指看准时机后能够当机立断，敢于冒风险大干。"仁"指为了实现自己的经营目标，舍得付出本钱，花费代价，即懂得先予后取、以予为取的"取予之道"。"强"指经商所需要的坚韧的品质，为了实现自己的经营目标，敢于百折不挠地干下去，不为小利所动，不因一时的挫折和对自己不利的行情变化而灰心或惊慌失措。[①]

七、管仲学派经济学说的理论创见

《管子》是战国中期出现的一部经济巨著[②]，在现存《管子》七十六篇中有三分之二以上都涉及经济问题，有将近二分之一主要是研究经济。这部书非一时一人之作，是一部许多作者的著述汇编。它的基本概念的奠基者是管仲。管仲去世后，其相齐四十年的经济言论与措施广为流传，一些信奉他的经济思想的学者将他的言行用文字记载下来，很多学者托其名而作。《管子》所论述的经济问题甚为广泛，对于生产、交换、分配、消费各个方面的问题都有论述，是一部论述封建国家经济问题最为全面、内容最为丰富的著作。研究中国古代经济思想史者，莫不首先推崇《管子》。《管子》经济思想重视对经济规律的研究，对社会的发展，财富的形成，生产、分配、交换、消费及相互关系，农、工、商相互关系，尤其是对市场、商品、货币和社会经济宏观调节等方面，都有一定的理论认识。《管子》的经济思想还具有全面性，既重视农业在财富创造中的基础地位，又看到林、矿、工在财富创造中的作用和商业对财富创造的促进作用；在农商关系

---

① 赵靖. 中国古代经济管理思想概论［M］. 南宁：广西人民出版社，1986：87.
② 关于《管子》的成书年代，学界有不同的看法，本书采用胡寄窗先生的观点。

方面，重农而不轻商；在富的问题上，注重富国而又不忽视富民；在消费问题上，崇俭而不否定侈靡；在财政问题上，注意轻税而又不减少财政收入；在市场管理上，既主张一定程度的自由开放，又注意国家的参与和调节，对主要商品又有国家的垄断等。[1]

（一）富国富民观

在先秦各学派中，儒家强调富民，法家突出富国，而管仲学派既重视富国，又重视富民。他们指出，治理天下必须首先发展经济，使国家富裕，才能统治好百姓，使远方的人们前来归附。"国多财则远者来，地辟举则民留处。仓廪实而知礼节，衣食足而知荣辱。"[2]（《管子·牧民》）他们强调富民的重要性，认为"明王之务"就在于"民可使富"（《管子·五辅》），做到食足、民富，使百姓富起来，"民恶贫贱，我富贵之"，"能富贵之，则民为之贫贱"（《管子·牧民》）；否则，人们的生活没有保障，就会危及社会安定，甚而造成"国之危"（《管子·立政》），影响统治者的统治。管仲学派认为富国和富民是一致的，"足民有产，则国家丰矣"（《管子·君臣上》），"民不务经产，则仓廪空虚，财用不足"（《管子·重令》），"富上而足下，此圣王之政事也"（《管子·小问》）。

管仲学派还提出了富国、富民的途径。《管子》认为财富的根源是劳动和土地。17世纪威廉·配第称土地为财富之母，劳动为财富之父，与《管子》的提法相通。《管子》说："谷非地不生，地非民不动，民非作力毋以致财，天下之所生，生于用力，用力之所生，生于劳身。"（《管子·八观》）《管子》认为要富国、富民，必须发展生产，以使国家财政"积于不涸之仓""藏于不竭之府"，并使民富，"务五谷则食足，养桑麻、育六畜则民富"。（《管子·牧民》）《管子》重视农业，但也不轻视工商业，肯定分工对技术进步和劳动生产率提高的作用，认为工商业是社会、国家必需的，并提出了"务市事"（进行市场管理）的主张。

《管子》不仅认识到土地与劳动在财富生产中的重要意义，还认识到人和地之间要有一个适当的比例关系，并且保持这种比例关系在富国、富民中具有重要意义。"地大而不为，命曰土满；人众而不理，命曰人满。"（《管子·霸言》）根据当时的劳动生产率和一般的生活水平，以个人生活需要和国家、家庭双方均有一定的储备为目标，计算出每人三十亩耕地为实现富国、富民所需要的人、地之间的适当的比例关系。

（二）农业观

农业是富国、富民的基础，《管子》十分重视发展农业。值得注意的是，这里的农业并不只是指粮食生产，而是以粮食生产为主，统筹兼顾、全面安排各种经济作物和林、牧、副、渔各业的生产。他们指出，粮食生产是衡量一个国家政治、经济状况的首要标准。"行其田野，视其耕耘，计其农事，而饥饱之国可知也。"（《管子·八观》）在发展粮食生产的同时，还要"桑麻植于野""六畜育于家，瓜瓠荤菜百果具备"（《管

---

① 蔡一. 中国古代经济思想教程［M］. 北京：高等教育出版社，1989：189.
② 这两句充分反映了《管子》富国富民观中最深刻的思想。其理论内涵与孔子的"庶之，富之，然后教之"和孟子的"若民，则无恒产，因无恒心。苟无恒心，放辟邪侈，无不为已"一脉相承。

子·立政》）。发展农业的具体措施就是重视天时、地利。"不务天时则财不生，不务地利则仓廪不盈。"（《管子·牧民》）"务天时"要重视农业生产季节的变化，国家更要注意征收徭役，"无夺民时则百姓富"（《管子·小匡》）。另外，还要"以时禁发"（《管子·立政》）。根据动植物界生长、蓄育、成熟的自然规律，规定人们采伐捕捞的时间。"毋杀畜生，毋拊卵，毋伐木，毋夭英，毋折竿，所以息百长也。"（《管子·禁藏》）为了不影响粮食生产，禁止人们在农忙季节采伐山林草木，捕捉鱼鳖，以避免与粮食生产争夺劳动力。"非私草木，爱鱼鳖也，恶废民于生谷也。故曰：先王之禁山泽之作者，博民于生谷也。"（《管子·八观》）重地利，指出要因地制宜，精耕细作，勤于垦荒。"夫山泽广大，则草木易多也；壤地肥饶，则桑麻易植也；荐草多衍，则六畜易繁也。"（《管子·八观》）要根据土地的实际情况合理安排多种经营，还要重视辟荒："地博而国贫者，野不辟也。""地之不辟者，非吾地也；民之不牧者，非吾民也。"（《管子·权修》）

《管子》还重视土地制度的改革，其目的是搞好农业生产，增加产量。"地不正则官不理，官不理则事不治，事不治则货不多。""田备然后知民可足也。"（《管子·禁藏》）《管子》还提出了"均地分利""与之分货"的方法。"均地分利"就是指在土地经营使用权方面实行平均分配。为了便于估计产量和租税，国家根据土地质量的差别，把国有土地按一定的标准互相折合："地之不可食者，山之无木者，百而当一。涸泽，百而当一。地之无草木者，百而当一。樊棘杂处，民不得入焉，百而当一。薮，镰缠得入焉，九而当一。蔓山，其木可以为材，可以为轴，斤斧得入焉，九而当一。泛山，其木可以为棺，可以为车，斤斧得入焉，十而当一。流水，网罟得入焉，五而当一。林，其木可以为棺，可以为车，斤斧得入焉，五而当一。泽，网罟得入焉，五而当一。命之曰：地均以实数。"（《管子·乘马》）这里，"一"指耕地一亩。通过均地，把各类土地都折合成一定面积的耕地，再进行"分力"，把折算成标准耕地面积的公田，比较平均地出租给农民耕种。"与之分货"是在国家和劳动者之间分配劳动产品，即耕种国有土地的劳动者以"分货"的形式把自己的剩余劳动产品交给国家，而把必要劳动的产品留给自己，交给国家的那一部分"货"，是为使用土地而缴纳的封建性的实物地租。[①]

（三）消费观

《管子》的消费观是《管子》经济思想中很独特的理论之一。在消费问题上，《管子》既崇俭又鼓励侈靡，针对不同情况提出不同要求。崇俭是一般情况下都适用的原则，而侈靡是在特殊情况下为了达到一定目的所采用的手段。奢与俭的问题实质上牵涉到生产与消费的关系问题。《管子》认为不适当的俭或不适当的奢都会影响生产，奢与俭安排恰当，则生产与消费的对比关系也就恰当。[②]

1.节俭论

《管子》主张节俭的地方有很多，如《管子·禁藏》："故适身行义，俭约恭敬，其

① 赵靖. 中国经济思想通史（第1卷）［M］. 北京：北京大学出版社，1991：286.
② 胡寄窗. 中国经济思想史（上册）［M］. 上海：上海财经大学出版社，1998：312.

唯无福，祸亦不来矣。骄傲侈泰，离度绝理，其唯无祸，福亦不至矣。"《管子·法法》："故农夫不失其时，百工不失其功，商无废利，民无游日，财无砥堆。故曰：俭其道乎！"因为侈易导致民贫难治。"主上无积而宫室美，氓（民）家无积而衣服修，乘车者饰观望，步行者杂文采，本资少而末用多者，侈国之俗也。国侈则用费，用费则民贫，民贫则奸智生，奸智生则邪巧作。故奸邪之所生，生于匮不足；匮不足之所生，生于侈；侈之所生，生于毋（无）度。故曰：审度量，节衣服，俭财用，禁侈泰，为国之急也。不通于若计者，不可使用国。"（《管子·八观》）

2. 侈靡观

《管子》认为倡导侈靡在一定条件下可解决一定的问题。"俭则伤事，侈则伤货。俭则金贱，金贱则事不成，故伤事；侈则金贵，金贵则货贱，故伤货。货尽而后知不足，是不知量也；事已而后知货之有余，是不知节也。不知量，不知节，不可谓之有道。"（《管子·乘马》）俭会妨碍生产，侈则浪费财货。过分俭，黄金的消费（用黄金制作饰物或向邻国购买奢侈品）减少，金多了金价就会下跌，物价必然上升，势必抑制需求，不利于生产，引起货物不足；反之，奢侈过度，黄金消费过多，金少了金价就会上升，物价必然下跌，虽能刺激需求，难免导致货物有余而浪费，同样对生产不利。《管子》认识到俭、侈的利弊是相对的，关键是要"知量""知节"，俭侈有度，过头了都会走向反面。"若岁凶旱水泆，民失本，则修宫室台榭，以前无狗后无彘者为庸。故修宫室台榭，非丽其乐也，以平国策也。"（《管子·乘马》）"富者靡之，贫者为之，此百姓之治生，百振而食，非独自为也，为之畜化（蓄货）。"（《管子·侈靡》）可见，在发生自然灾害、生产不振的情况下主张侈靡，是在"民失本事"时扩大就业以安民生的一种手段。

同时，侈靡必须在有积蓄的条件下行之。"积者立余食而侈，美车马而驰，多酒醴而靡。"有富余的资财则不妨在衣食、车马、酒醴等方面有侈靡的消费。

《管子》谈俭或侈，皆落脚于生产，考虑到消费对生产的反作用。如上所述，主侈说是为了振兴生产，"不侈，本事不得立"。西方学者在研究人民失业和贫困问题时，在16和17世纪曾得出和《管子》侈靡观颇为类似的观点。例如，重商主义者海克雪尔说："奢侈有利，节俭有弊。"威廉·配第则认为，建造凯旋门之类的工程虽然穷奢极侈，但"这些费用还是要流回酿酒师、面包师、裁缝、鞋匠等的钱袋中去的"[①]。

（四）轻重论

在《管子》的全部经济概念中，以轻重论最为突出而又最复杂，是《管子》全部经济学说的基石。它的实质和主要特点是：封建国家直接进入商品流通领域以及部分商品的生产领域，经营工商业，兼用经济手段和行政手段控制工商业，进而影响和控制整个国民经济。"轻重"作为一个范畴在春秋时代即已出现，是随着金属货币的使用而逐渐产生的，金属货币的轻重直接反映其价值的大小。后来，"轻重"逐渐被人们用以研究商品流通领域中的货币和商品的比价问题，目的是使国家影响和操纵这种比价的变化，

---

① 凯恩斯. 就业、利息和货币通论 [M]. 徐毓枏，译. 北京：生活·读书·新知三联书店，1957.

达到国家的目的。

1.关于货币、价格、市场的基本概念

（1）货币的职能。《管子》对货币的各种职能都有不同程度的认识，其中以对流通手段职能的认识最为深刻。《管子·国蓄》："黄金刀币，民之通施也。"至于货币的支付手段职能，管仲提到"以币准谷（把粮食折成货币）而授禄""士受资（报酬）以币，大夫受邑（封邑内的地租）以币，人马受食以币"。（《管子·山至数》）官员的俸禄、地租、人食马料，都以货币形式支付，反映了货币执行支付手段的职能。关于货币的贮藏手段职能，管仲曾说："万乘之国，不可以无万金之蓄余；千乘之国，不可以无千金之蓄余；百乘之国，不可以无百金之蓄余。"（《管子·山权数》）"使万室之都必有万钟之藏，藏縢千万；使千室之都，必有千钟之藏，藏縢百万。"（《管子·国蓄》）对于"世界货币"这一职能，当时各国的货币——刀、布不同，在各国间总是以黄金为通用货币。"管子告楚之贾人曰：'子为我致生鹿二十，赐子金百斤，什至而金千斤也。'"（《管子·轻重戊》）"苟入吾国之粟，因吾国之币，然后载黄金而出。"（《管子·轻重乙》）关于价值尺度这一职能，管子接触较少。

（2）货币数量论。"国币之九在上，一在下，币重而万物轻。敛万物应之以币，币在下，万物皆在上，万物重什倍。"（《管子·山国轨》）"则一国之谷资在上，币资在下，国谷什倍，数也。"（《管子·山至数》）所谓"上"，意味着退出流通而由封建国家加以收藏；所谓"下"，意味着在民间流通。《管子》认为，如果流通中的货币由封建国家收回十分之九，使流通中的货币数量只为原有的十分之一，则币值上升而物价大跌。此时，若国家出笼大量货币收购万物，则万物之绝大部分退出流通而由国家收藏，于是流通中的货币数量大为增加，流通中的万物大大减少，货币价值大跌而物价大涨。所以，物价的变动随流通中货币数量的增减而涨跌；单位货币的价值也随流通中货币数量的多寡而降升。

（3）对价格的总的认识。《管子》认为商品价格取决于流通领域，决定于供求关系，"物多则贱，寡则贵"（《管子·国蓄》）。价格由供求关系决定，供求关系不断地变化，价格也必然不断地运动。价格的这种运动是正常的，对经济生活是有利的。"桓公问管子曰：'衡（价格政策）有数（固定）乎？'管子对曰：'衡无数也。衡者使物一高一下，不得常固。'桓公曰：'然则衡数不可调（划一）耶？'管子对曰：'不可调。调则澄，澄则常，常则高下不二。高下不二，则万物不可得而使用。'"（《管子·轻重乙》）

（4）关于市场的认识。"市者，货之准也……方六里命之曰暴，五暴命之曰部，五部命之曰聚。聚者有市，无市则民乏……贾知贾之贵贱，日至于市……工，治容貌功能，日至于市……"（《管子·乘马》）"市者，天地之财具也，而万人之所和而利也。"（《管子·问》）可以看出，《管子》对于市场的认识包括：第一，市场须按行政区划普遍设立；第二，市场的功能有两重性，既能交换有无，济民所乏，又能取得利润，实现互利；第三，市场是决定商品贵贱的场所（货之准）。

2.轻重之理

轻重之理包括以下几个方面：

第一，"万物"（各种商品）轻重变化的一般规律。任何商品都是"重则至，轻则去……物臧则重，发则轻"（《管子·揆度》）。同时，"章（障）之以物则物重，不章以物则物轻；守之以物则物重，不守以物则物轻"（《管子·轻重甲》）。商品被人为地收藏，加以阻碍，或争购，则商品重。"重"主要表现在商品缺乏、涨价或引起人们的重视等方面；反之，则为"物轻"。

第二，谷物和其他商品之间的轻重变化。谷物也是商品，前面所论述的轻重变化规律对它也适用。谷物和万物组成一对矛盾，谷物起能动的作用，万物作反方向运动，即"谷重而万物轻，谷轻而万物重"（《管子·国蓄》），"谷独贱独贵"（《管子·乘马数》）。这是因为：其一，谷物是最重要的商品，各种商品的贵贱往往与谷物作比较而显示出来。谷贵，显得其他商品贱了；反之，亦然。其二，在历史上谷物曾以一般等价物的形态出现在市场上。后来虽确立了黄金的主导地位，但谷物尚未完全丧失这种作用。

第三，货币和商品之间的轻重关系。"币重而万物轻，币轻而万物重。"（《管子·山至数》）货币在这里起能动的作用，以它的轻重变化制约着万物作反方向变化。至于货币轻重变化的原因，在《管子》看来不是其自身价值的变化，而是决定于货币的供求关系。影响货币供求关系的因素有二：一是来自"聚""散"。和其他商品一样，货币"散则轻，聚则重"。货币投放于市场，流通的货币多了，购买力就会下降，称为币轻；反之，为币重。二是来自税令的缓急。"令疾则黄金重，令徐则黄金轻。"（《管子·地数》）这是指征收货币税，纳税期限很短，纳税者急于求售商品换取货币，对货币求之急，它就重，商品必轻；反之，商品则重。

3.轻重之策

运用轻重之理，通过一定的政策措施调节社会经济利益关系，以治理国家，谓之轻重之策。轻重之策实际上是对国家通过商品货币关系对社会经济实行干预的一种模式的设想。它主要包括下列方面：

（1）运用轻重之策调节国内市场。通过国家干预来调节供求和物价的原则是"乘时进退"（《管子·山至数》），方法是"以重射轻，以贱泄贵"（《管子·国蓄》）。某种商品贱了，表明货币购买力提高了，就用货币去收购，谓之"以重射轻"，增加了需求，物价就会回升，化轻为重；反之，如果某种商品价高，国家以贱价出售该商品，使之转轻，谓之"以贱泄贵"。总之，在处理商品轻或重的问题时，必须能在事态发生的适当时机与场合及时加以应付，通过调节的办法达到两个目的：一方面，使商品价格经常接近某种理想水平，而不致过高或过低；另一方面，在这种收售过程中，国家可以获得很大的利润。

（2）运用轻重之策调节国际市场。其主要目的是保持本国的重要物资不外流，以实现"天下轻我重"的局面。对于本国缺乏的某些重要商品，则可采取"天下下我高"的价格策略。"致天下之精材（美材）若何？"管子对曰："五而六之，九而十之。"（《管子·小问》）别国价五我价六，别国价九我价十，如是，"天下下我高，天下轻我重……然后可以朝天下"（《管子·轻重乙》）。对于本国大量生产而又具独占性的商品，如齐国的盐，既可用"天下重我轻"的价格策略以促进外销，又可居垄断之势以抬价。总之，"可因者因之，乘者乘之，此因天下以制天下"（《管子·轻重丁》），"以轻重御天下之道也"(《管子·山至数》)。

(五) 财政观

1.赋税论

《管子》主张轻税，"取于民有度"。关于这个"度"，"田租百取五，市赋百取二，关赋百取一"(《管子·幼官》)。这算是很低的税率了。商品流通要取消重复税，"征于关者，勿征于市；征于市者，勿征于关"(《管子·问》)。

2.重视经济收入

传统的理财之道着眼于税收，把税当作财政主要的甚至是唯一的来源。《管子》另辟蹊径，提出由国家运用轻重之策，利用商品和货币的关系，取得经营收入，就能"不求于万民""无籍而用足"。国家取得的经济收入主要有：

（1）国家经营谷物买卖的收入。《管子》主张国家通过征税、预购等方式掌握大量的谷物，此时谷物价格必然大涨，国家就可获得成倍的盈利，这些盈利成为财政收入的一个重要来源。

（2）"官山海"。"海"指盐，实行官府垄断经营。傍海之国，可行"寓税于盐"的政策。盐是人人皆需的物资。"十口之家十人食盐，百口之家百人食盐。终月，大男食盐五升少半（四升半），大女食盐三升少半，吾子食盐二升少半。"万乘之国，食盐人口千万，日食盐千钟（一钟等于一千升）。如果每升加价二钱，日可得二百万钱，月得六千万钱。若征人口税，应纳税人为一百万，人月纳三十钱，共可征三千万钱，也只有"盐策"收入的一半。征人口税又必然引起人民哗然。如果"寓税于盐"，人人负担，则可避免民怨。（《管子·海王》）"山"指铁。妇人必有针和剪刀，农夫必有犁、锄，手工业者必有斧、锯、锥、凿，国家垄断铁器经营，加点价，就能取得大量收入。除了盐铁专卖收入，还有山泽产品的租赁收入。"为人君而不能谨守其山林菹泽草莱，不可以立为天下王……山林菹泽草莱者，薪蒸之所出，牺牲之所起也。故使民求之，使民藉之，因以给之。"（《管子·轻重甲》）国家管理山泽，按时开放，可因此而取得各种形式的收入。

《管子》的经济思想在量和质方面都较当时的思想家丰富得多。以量来说，《管子》谈经济问题的言论不下十万言，可算是中国古代历史上从来不曾出现过的经济巨著。以质来说，其对社会经济活动领域中几乎各个方面的问题都有其独特见解。

第二章思想园地

学
史
增
信

先秦时期义利观的主要内容及现代价值[①]

知识传授

◎儒家代表人物孔子的义利观及其主要内容。

◎墨家代表人物墨子的义利观及其主要内容。

◎儒家、墨家义利观的内容比较及其现代意义。

价值塑造

◎继承与弘扬中华优秀传统文化：了解先秦时期义利观的代表观点和主要内容，展现中国古代百家争鸣、思想繁盛的优秀文化。

◎树立正确的价值观念与道德观念：挖掘中国古代经济思想中义利观的现代价值，启发学生培养历史与实践相联系的思维习惯，引导学生对市场经济与道德观念进行理性思考。

适用情景

◎《中国经济思想史》：介绍先秦时期具有代表性的义利观及其主要内容。

◎《中外经济思想比较研究》：介绍社会经济与伦理道德二者关系在中外经济思想史上的早期发展与演变。

案例内容

先秦时期义利观的主要内容

一、儒家代表人物孔子的义利观

"义利观"是春秋时期以来"天帝""神权"动摇以后的产物，到孔子时发展到基本成熟阶段。义利观是孔子经济思想的核心，是儒家对物质财富的基本态度。在孔子看来，财富虽是人人喜欢的东西，但必须以合乎道德的方法取得，才可以享用；贫贱虽是人人讨厌的，如果于义应该贫贱，那么也只能安之而不去。要把不义的富贵看作过眼浮云，无动于衷。

◇"富与贵，是人之所欲也，不以其道得之，不处也。贫与贱，是人之所恶也，不以其道得之，不去也。"（《论语·里仁》）

◇"不义而富且贵，于我如浮云。"（《论语·述而》）

孔子把财富和伦理观念严格结合起来，认为"君子"是统治阶级、治理国家的人，可以明白义，也应该明白义；"小人"基本上是直接从事生产的劳动人民。这里孔子将义和利对立起来，看作两个对立阶级的不同自然倾向，但强调"君子"也需要物质财富作为生活资料，而义就是他们在获取财富时应该遵行的伦理规范；"小人"好利，但不

---

① 作者为上海财经大学王昉和刘凝霜。

能漫无限制，义对于"小人"来说是外部的或强加的伦理规范。此处，义与利的对立在不同的阶级表现为不同的形式。把义利之分赋予鲜明的阶级内容，是中国古代经济思想的一个重要发展。

◇ "君子喻于义，小人喻于利。"（《论语·里仁》）

伦理对财富获得的限制，意味着财富的获得要服从伦理标准，即相对伦理规范而言财富退居次要地位。孔子并不否定财富的作用，只是不多谈财富问题，即"子罕言利"。由于春秋末期，统治阶级内部争夺激烈，造成礼崩乐坏的形势，儒家特别强调君子应献身于义，抑制夺利，因此，孔子反复阐述"君子喻于义"的思想，忠告君子要重义，不要务利。如果要取财利，应该用义先衡量一番，该取就取，不该取就不取。

◇ "君子怀德，小人怀土；君子怀刑，小人怀惠。"（《论语·里仁》）

◇ "君子贤其贤而亲其亲，小人乐其乐而利其利。""是故君子先慎乎德……德者本也，财者末也。""长国家而务财用者，必自小人矣。"（《大学》）

◇ "毋见小利……见小利则大事不成。"（《论语·子路》）

孔子的义利观继承了春秋时期义利关系论的基本思想倾向，即认为义占主导地位。但是，孔子的义利观不仅赋予义利关系以阶级内容，还从多方面论述了义利的相互联系，其完整性和思想深度都大大超过了春秋时期的义利关系论。义利观在孔子的整个经济思想体系中处于核心的地位，孔子对各种经济问题的议论、其经济思想的各个组成部分，都同这个核心紧密联系，并环绕这个核心展开，因而孔子对经济问题的认识和论述都浸透了伦理色彩。

二、墨家代表人物墨子的义利观

墨家是最早的公开以利为哲学基础的先秦学派。不同于儒家的义利观，墨家以利为社会伦理的基础，以利不利于人为判断义与不义的标准，利于人就是义，不利于人就是不义。

◇ "所为贵良宝者，可以利民也。而义可以利人，故曰，义，天下之良宝也。"（《墨子·耕柱》）

◇ "义，利也。"（《墨子·经上》）

◇ "义，志以天下为芬，而能能（善也）利之，不必用（不为己用）。"（《墨子·经说上》）

墨子所讲的利是广义的，主要是指物质利益，其他只要能使人喜爱之事物都是利。从利字出发，墨家主张非攻，反对攻人之国，尚贤、尚同也为的是要合于"国家百姓之利"。

◇ "利，所得而喜也。"（《墨子·经上》）

◇ "处大国不攻小国，处大家不篡小家，强者不劫弱，贵者不傲贱，多诈者不欺愚。此必上利于天，中利于鬼，下利于人，三利无所不利，故举天下美名加之，谓之圣王。"（《墨子·天志上》）

墨家言利的最重要方面是主张"交相利"。交利必须做到人己两利，更不能亏人以利。墨子把交相利的原则不仅应用到君臣关系上，还应用到父子、兄弟之间的伦理关系上，将个人利益与集体利益相糅合，认为利人就是利己，损人就是损己，只有人们各不相害，彼此有利，才能兴天下之利。

◇"利人者，人必从而利之……害人者，人必从而害之"（《墨子·兼爱中》）。

◇"圣人以治天下为事者也，不可不察乱之所自起，当察乱何自起，起不相爱。臣子之不孝君父，所谓乱也。子自爱，不爱父，故亏父而自利；弟自爱，不爱兄，故亏兄而自利；臣自爱，不爱君，故亏君而自利；此所谓乱也……父自爱也，不爱子，故亏子而自利；兄自爱也，不爱弟，故亏弟而自利；君自爱也，不爱臣，故亏臣而自利。是何也？皆起不相爱……大夫各爱其家，不爱异家，故乱异家以利其家。诸侯各爱其国，不爱异国，故攻异国以利其国。天下之乱物，具此而已矣。"（《墨子·兼爱上》）

在交相利的基础上，墨子主张兼相爱。他认为"兼爱"即上自国君，下至众民，都不能只知"自爱"，而要"相爱"，使大家都能"视人之国若视其国，视人之家若视其家，视人之身若视其身"。这样诸侯之间就不会再发生战争，士大夫之间就不会再争权夺势，人民之间就不会互相伤害，君臣、父子、兄弟之间都可以和睦相处。

问题1：如何在生活中贯彻"义"的思想？

一方面，要重视教育手段，通过教育引导和树立人们的道德观与价值观，做到自我监督与社会监督相结合。所谓"善教得民心""君子学道则爱人，小人学道则易使""道之以政，齐之以刑，民免而无耻；道之以德，齐之以礼，有耻有格"。（《论语·为政》）

另一方面，亦需重视其他管理手段（政、法等）的作用。例如，齐鲁夹谷之会，孔子告诫鲁定公说："臣闻有文事者，必有武备；有武事者，必有文备。""政宽则民慢，慢则纠之以猛，猛则民残，残则施之以宽，宽以济猛，猛以济宽。"（《左传·昭公二十年》）。

上述讨论展现了儒家思想中有关义利观的树立与践行，是理解中国古代经济思想发展演变的重要线索之一，同时其思想内涵具有重要的历史价值和现实意义。

问题2：如何理解和看待"义利观"在当前中国经济发展中的价值？

市场经济被证明是具有效率的经济模式，市场经济体制为经济主体之间的自由平等竞争提供了优越的经济活动机制，能最大限度地调动社会各方面的潜力，通过各种市场化经济机制进行有效合理的资源配置。但是，我们也必须清醒地认识到，市场经济仍存在缺陷，它如同一柄"双刃剑"，在经济和道德上具有双重性。市场经济可以是高效率的源泉，创造丰富的物质财富，也可能造成财富和资源的极大浪费；它既可以带来公平竞争，又无法避免弱肉强食导致的贫富悬殊；它不能保证所有进入市场的"经济人"都具有真正意义上的起点公平，追求完全的起点公平，将是对上一轮回竞争规则公平的否定；"追求经济利益最大化"目标包含社会风险、道德风险，如果缺乏必要的社会规范和道德约束，单纯的经济利益驱动会导致功利主义和个人主义风行；市场经济自身的短期效应，可能造成对长远目标考虑的缺乏，这将给持续发展带来危机。

将春秋战国时期的"义利观"与我国当前经济发展的现实问题相结合，可得到如下启示：改革开放以来经济飞速发展，使中国传统的伦理道德观念受到冲击，但并不意味着伦理道德的消亡。在深化改革、完善社会主义市场经济的新形势下，应形成有利于追求实现共同理想信念的道德约束。在道德约束下，市场经济才能更有效地运行，改革的成果也更加巩固。所谓"富与贵，是人之所欲也，不以其道得之，不处也。贫与贱，是人之所恶也，不以其道得之，不去也。"（《论语·里仁》）"所为贵良宝者，可以利民也。而义可以利人，故曰，义，天下之良宝也。"（《墨子·耕柱》）因此，需要强调两个文明一起抓，绝不能以牺牲精神文明为代价来谋求经济发展。

中国传统经济思想内容丰富，其中"义利观"是中国传统文化的重要组成部分，将"义利观"与我国当前经济发展的现实问题相结合，有利于我们从历史经验中辩证地思考经济发展与伦理道德、效率与公平之间的关系。

资料来源

[1] 赵晓雷. 中国经济思想史 [M]. 5版. 大连：东北财经大学出版社，2019.

[2] 胡寄窗. 中国古代经济思想的光辉成就 [M]. 北京：中国社会科学出版社，1981.

[3] 程霖，陈旭东，张申. 中国传统经济思想的历史地位 [J]. 中国经济史研究，2016（2）：16–31.

[4] 叶坦. 论道德伦理与经济利益——"义利"观念的时代演化与市场经济伦理的建构 [J]. 安徽师范大学学报（人文社会科学版），2001（4）：494–505.

[5] 程霖，陈旭东. 中国传统经济思想的现代价值 [N]. 文汇报，2016-02-26.

本章思语

1. 春秋战国时期对农、工、商关系的认识经历了怎样的演变？

2. 试比较儒家、墨家的义利观。

3.《管子》的轻重论体现了怎样的政策思想？如何理解道家的无为论？试比较说明。

4. 随着土地生产关系的变革，春秋战国时期出现了哪些土地变革思想？

推荐阅读文献

[1] 叶世昌. 古代中国经济思想史 [M]. 上海：复旦大学出版社，2003：25，42，46.

[2] 胡寄窗. 中国经济思想史（上册）[M]. 上海：上海财经大学出版社，1998：497–501.

[3] 巫宝三. 先秦经济思想史 [M]. 北京：中国社会科学出版社，1996：174，511，608.

[4] 赵靖. 中国经济思想通史（第1卷）[M]. 北京：北京大学出版社，1991：40，47，366–393，429.

第三章 公元前3世纪至公元6世纪
（秦、汉、三国、两晋和南北朝时期）经济思想

学习目标

◎重点掌握经济自由主义与国家干预主义思想产生的历史背景及主要政策措施、"义利"思想在汉朝的演化、"重义轻利"思想统治地位的确立，以及公元前3世纪至公元6世纪土地制度思想的演变；

◎一般掌握对农、工、商关系的认识及政策思想的演变，公元前3世纪至公元6世纪的治生思想；

◎了解公元前3世纪至公元6世纪社会经济发展概况。

关键词

"与民休息"政策 善因论 平准 均输 农、工、商各有本末 "重义轻利"思想 王田制 占田制 均田制

第一节 公元前3世纪至公元6世纪社会经济发展概况

公元前3世纪至公元6世纪，中国经历了秦、汉、三国、两晋、南北朝几个历史时期，从统一的封建地主政权建立一直到封建帝国鼎盛时期的前夕，约900年是中国封建经济不断上升的阶段。

一、秦汉时期（公元前3世纪至公元3世纪）的社会经济发展概况

（一）秦朝至西汉时期的社会经济发展概况

秦始皇于前221年建立了中国历史上第一个统一的封建国家。为了巩固中央集权的统治，他在全国推行郡县制，统一度量衡、货币和文字，发展交通，兴修水利，从法律上确定土地私有权，对其经济基础的巩固和发展起到了一定的作用。但是，秦王朝实行残暴的统治，强迫农民远徙，对人民采取酷刑，实行焚书坑儒的政策，滥用民力修建大

型工程等，极大地破坏了生产力。秦朝的统治仅仅维持了12年便被陈胜、吴广所领导的农民起义所推翻。

刘邦于前202年建立了汉朝，史称西汉。汉初承长期战乱以后，社会经济的破坏已经达到了顶点。汉初几代皇帝行黄老之道，实行休养生息的政策，使社会经济状况得到了好转。汉文帝、景帝时经济发展、社会安定、国库充足的景象，被历史上称为"文景之治"。汉武帝在位54年，是西汉经济最为繁荣、国家最为强盛的时期。他派兵击败了匈奴的侵扰，同时积极向外扩张，西汉帝国成为当时世界上最强大的国家。

西汉时期铁农具的使用已相当普及，农民已有"深耕溉种，立苗欲疏"的经验。当时的耕作方式以牛耕为主，也有马耕。赵过总结和推广的"代田法"和耧播技术是当时先进的农业生产方法。《氾胜之书》详细记录了当时农业生产的经验。冶铁业有很大的发展。到西汉后期，铁器皿和铁兵器基本上代替了铜器皿和铜兵器。西汉时期开凿了大量的水渠，著名的有利用黄河水的漕渠、白渠等，还创造了井渠法。

农村的小手工业和家庭手工业已遍及全国，规模大的有煮盐业、冶铁业。朝廷拥有的手工业，制成品专供皇室用。有些地区民间手工业特别兴盛。

西汉时期商业发展迅速，全国范围内形成了十几个大的经济区，长安是全国的中心商市，洛阳、邯郸、临淄、宛、成都是各个地区的中心商市。西汉时期商业经营的范围极广，商品种类繁多。据史书记载，当时市场销售几十种商品。

随着社会经济的发展和中小城市的兴起，交通运输业也随之发达起来。

汉武帝以后，经昭帝、宣帝，至元帝，政治日趋腐败，土地兼并和土地集中的程度越来越严重，大地主阶级集团还以"宾客""部曲"等形式，对广大农民进行人身奴役性很强的剥削和统治，社会矛盾迅速激化。王莽夺取政权，于8年建立了新朝（8—23年）。王莽实行"改制"，试图尽可能地改变汉朝的制度，解决西汉末期存在的社会经济矛盾，但是在具体的方法上存在问题，因此不仅没有缓和已有的矛盾，反而对社会造成极大的纷扰，使得政权在短短十几年后就崩溃了。

（二）东汉时期的社会经济发展概况

刘秀于25年建立了东汉政权（25—220年）。他说："吾理天下，亦欲以柔道行之。"（《后汉书·光武帝纪》）所谓"柔道"，是指一方面对豪强地主采取放任的态度，另一方面采取一些缓和阶级矛盾的措施：释放王莽时期被没入为官奴婢者；精简政府机构以及节省财政开支；减轻田赋，恢复西汉三十税一的制度；采取稳健的货币政策等。这些措施使社会生产得到了一定的恢复和发展。到汉明帝刘庄时，东汉进入最富庶、最安定的时期。

东汉时期铁制农具的种类有所增加，主要在器形方面有很大改进，牛耕更为普遍。官府比较重视水利设施的兴修，对西汉后期以来长期失修的黄河和汴渠进行了修治，使黄河改道给下游造成灾害的情况得到改善。各地还开凿、修复了一些渠道，对农田的灌溉和交通运输都起到了很大作用。西汉后期，地主阶级的上层多以庄园的形式剥削农民，世代称霸一方，被称为世族和豪族。至东汉时期，他们又成为新贵族，占有大量土地，庄园内的农民实为农奴，庄园的生产以满足地主生活需要为主，是一个自给自足的经济单位。庄园修有坞堡，养有部曲家兵，这些私人武装平时为豪强看家护院、巡逻守卫，战时则跟随豪强打仗。崔寔所写的《四民月令》详细地反映了地主庄园的经营情况。

东汉时期重要的手工业有煮盐、冶铁、铸铜、漆器、纺织、造纸等，以私营为主，生产技术均较西汉时期有所进步。

由于农业和手工业的发展，商品生产较多，但地主庄园普遍存在，自然经济特点突出，对商业的发展有所限制，所以东汉商业发展的特点是既发展又不很兴盛。这时商品比西汉时期多，市场亦有所扩大，城市都设有交易商品的市。

南方地区也出现了新的经济发展地区，太湖、钱塘江流域，鄱阳湖、洞庭湖周围地区，以及成都平原一带都成为新的商业发展地区。东汉时期，民族间和官方组织的定期或不定期的商业交换，被称作"合市"或"互市"。

商品交换关系的发展促进了交通业的发展，中原地区的陆路和水路交通都有新的发展，中原与边疆地区的交通也有所发展。

二、三国、两晋和南北朝时期（公元3世纪至公元6世纪）的社会经济发展概况

从汉末董卓之乱到隋朝建立前，大部分时间中国都处于分裂状态。这一时期，政权的更迭非常频繁，先后经历了三国鼎立、西晋短暂统一、东晋偏安江左、北方少数民族混战和割据、南北两朝分立的局面。匈奴、羯、鲜卑、羌及氐，统称五胡。先后建立政权的有五凉、四燕、三秦、二赵、夏、成汉，史称"十六国"。自304年匈奴人刘渊称帝建立前赵开始，至439年北魏统一中国北部，在135年的时间里，中国北部一直处在纷争战乱的状态，五胡十六国各政权持续时间均不长。南朝自东晋，经宋、齐、梁、陈，获得短暂安定，江南经济虽有局部发展，但无重大突破，没有出现过国民经济的全面繁荣。胡寄窗先生认为，魏晋南北朝时期仍存在有利于中国封建经济发展的积极因素，最显著的表现是封建经济支配地区的外延。[①]东晋政权南迁时，中原大地主和农民随之逃往江左者有十之六七。从东晋到南朝约200年的时间，北方人口南迁的趋势一直没有停止，使得封建经济关系向南方深化与扩展。拓跋焘于439年统一北方，结束了十六国割据的局面，很快接受了先进的生产方式，中国北部地区的经济得到了恢复发展。

六朝时，特别是东晋南朝，江南农业开发的地区明显扩大。农耕绞发达的地方从江南扩展到整个长江流域，进而扩展到岭南地区与闽江流域。当时，三吴（晋时指吴兴、吴郡、会稽，今太湖流域一带）地区发展最快，逐渐成为富庶之地，洞庭湖、鄱阳湖流域和成都平原也有较大的发展。土地利用率提高，南方耕地面积增加，"良田美拓，畦畎相望"；耕作技术有很大的进步，施肥技术与牛耕、铁农具得到推广；水利兴修十分突出，由于江南地理环境与自然条件的需要，许多防汛、灌溉工程兴建起来；农作物品种增多，单位面积的产量也大有提高。六朝江南农业开发，不仅改变了当地的面貌，而且对全国经济发展格局产生了极大的影响，使落后的江南逐渐追赶黄河流域，为以后我国经济重心逐渐南移打下了基础。魏晋南北朝时期，北方农业屡遭破坏，到北魏孝文帝

---

① 胡寄窗. 中国经济思想史（中册）[M]. 上海：上海财经大学出版社，1998：234.

改革以后开始逐渐恢复，北周武帝改革后又有所发展。魏晋南北朝时期的手工业，与秦汉时期相比，行业门类基本一致，但炼钢、养蚕、丝织、制瓷、造纸等方面的技术有进步，产量增加，产品种类丰富，质量也有所提高。这个时期手工业的发展为隋唐手工业的兴旺提供了新的发展平台。魏晋南北朝时期，长期动荡，战乱不止，城市屡遭破坏。在东汉末年的军阀混战中，洛阳被毁，几成荒丘。以后历次战争，长安、洛阳等城市一再被毁。此外，这数百年间，南北分裂对峙，也给商旅造成不便。因而，商业萎缩，商品经济发展缓慢。北魏迁都洛阳以后，北方商品经济有所恢复。南方商业比北方发达一些。六朝建康，商旅云集，扬州、荆州、益州都有一些市镇，会稽、吴郡"商贾并凑"，江陵"当雍、岷、交、梁之会"，很多商人往返于荆、扬之间。

三国、两晋和南北朝时期的社会经济主要特征如下：

1. 江南经济发展较快，中原发展相对缓慢

这一时期，八王之乱、永嘉之乱、十六国混战等大规模的战乱多发生在黄河流域，相对安定的江南开发较快，到南朝刘宋之时，"江南之为国盛矣"，"一岁或稔，则数郡忘饥。会土（会稽）带海傍湖，良畴亦数十万顷，膏腴上地，亩直（值）一金，鄠（今陕西省西安市鄠邑区）、杜（今陕西省西安市南）之间，不能比也。荆城（荆州）跨南楚之富，扬郡（扬州）有全吴之沃，鱼盐杞梓之利，充仞八方；丝绵布帛之饶，覆衣天下"。（《宋书》卷五十四）

2. 士族庄园经济和寺院经济占有重要地位

士族地主享有特权，佛教盛行。在江南开发过程中，士族庄园和寺院经济发展起来，他们占有大量的土地与劳动力。北方寺院经济也占据重要地位，严重影响了封建政府的兵源和财源。

3. 商品经济发展水平较低

战乱、分裂、自给自足的庄园经济，都是商品经济发展水平较低的原因。那时，货币流通量较小，有些地方"多以盐、米、布交易，俱不用钱"。

4. 各民族经济交流加强

民族融合是魏晋南北朝的重要特征。随着少数民族内迁，这些游牧民族把畜牧及生产技术带到了中原地区，牲畜饲养、役使方法等逐步被中原汉人接受，他们也向中原汉人学习农耕方法与生产技术，相互学习、影响，共同促进了社会经济的发展，为隋唐的繁荣提供了历史条件。

第二节 经济自由主义与国家干预主义思想之争

在如何管理国家经济的问题上，中国古代始终存在"放任主义""干涉主义"两种思想。儒家思想从法乎自然出发，主张"因民之所利而利之"，倡导农商并重。法家则强调富国强兵，主张"国富民贫"，独重农业。《管子》的思想体系中出现了"放任主义""干涉主义"的某种融合。西汉时期，国家在政策思想上出现了从自由放任到国家干预的演变。

一、"无为而有为"的经济管理思想

（一）汉初"无为"思想的产生背景

战国时期秦国推行法家思想体系的治国理念，在政治上表现为专制，在经济上表现为国家干预主义。秦实现统一、建立起中央集权制度之后，仍然推行以"农战"为核心的政策，其主要手段是赏罚。秦国的统治者没有意识到政权建立后的首要任务应该是保护、提升自己赖以生存的经济基础——地主经济和小农经济，而是仍然沿用以"战"为中心的"农战"政策。秦统治者在统一以后不仅没有裁减军队，减轻人民在战时背负的沉重的赋税、徭役负担，反而动员大批军力进行北伐南逐；还大兴土木，耗费大量人力、物力建造阿房宫、骊山陵，筑长城，极大地激化了社会矛盾，使秦王朝迅速瓦解。

由于长期战乱，汉初经济十分凋敝。"汉兴，接秦之敝（弊），诸侯并起，民失作业，而大饥馑。凡米石五千，人相食，死者过半……民亡盖臧（藏），自天子不能具醇驷，而将相或乘牛车。"（《汉书·食货志上》）人口锐减，土地荒芜，如何尽快恢复经济、安定民生，是稳定汉朝统治的关键。

汉初的统治者在建国之初就非常重视研究秦朝灭亡的教训，为汉帝国寻求长治久安的途径。他们充分认识到秦朝的灭亡是由于施行暴政。为了恢复凋敝的国民经济，不再重蹈秦朝的覆辙，从汉高祖刘邦建立政权开始直到汉武帝刘彻统治的初期，汉朝一直奉行"与民休息"的政策，放松和减少国家政权对经济活动的干预和管制，通过"无为"达到国民经济的恢复和发展。"与民休息"政策的思想基础是黄老之学。黄老之学始于战国，盛于西汉，假托黄帝和老子的思想，实为道家和法家思想结合，并兼采阴阳、儒、墨等诸家观点而成。黄老之学继承、改造了老子"道"的思想，认为"道"作为客观必然性，"虚同为一，恒一而止"，"人皆用之，莫见其形"。在社会政治领域，黄老之学强调"道生法"，主张"是非有分，以法断之，虚静谨听，以法为符"，认为君主应"无为而治""省苛事，薄赋敛，毋夺民时"。（《黄老帛书·经法》）

首先实行"清静无为"方针的是萧何，其好友曹参曾经担任过齐国丞相，向胶西的盖公学黄老之术，用"贵清静而民自定"（《史记·曹相国世家》）的思想治理齐国，后曹参继萧何任汉相，延续了这样的政策。"萧、曹为相，填（镇）以无为，从民之欲而不扰乱，是以衣食滋殖，刑罚用稀。"（《汉书·刑法志》）吕后时，"君臣俱欲休息乎无为"（《汉书·吕太后本纪》）。惠帝、吕后时的丞相陈平也"好读书，治黄帝、老子之术"（《汉书·陈平传》）。文帝"好道家之学"，倾向于"其治尚清静无为"（《风俗通义·正失》）的主张。文帝之后，窦太后"又好黄帝、老子之言"，在宫中强制"读《黄帝》《老子》，尊其术"，用以训练嗣帝。（《史记·外戚世家》）文帝时的贾谊也信仰黄老之学，他说："衡虚无私，平静而处，轻重毕悬，各得其所。明主者，南面而正，清虚而静，令名自命，令物自定。"（《新书·道术》）景帝时汲黯提出"治官民，好清静，择丞史任之，责大指而已，不细苛""治务在无为而已"（《汉书·汲黯传》）。可见，在汉初的上层统治阶级中，无为而治成为一种流行的思潮。

西汉推行"无为而治"的主要思想家之一是陆贾，其被认为是"与民休息"思想的重要奠基人。[1]刘邦要求陆贾著书总结秦所以失天下、汉所以得天下以及"古成败之国"的历史经验和教训。陆贾写了十二篇文章，形成《新语》一书。陆贾考古鉴今，指出："昔虞舜治天下，弹五弦之琴，歌南风之诗，寂若无治国之意，漠若无忧民之心，然天下治。"周公"师旅不设，刑格法悬，而四海之内，奉供来臻。越裳之君，重译来朝"。"道莫大于无为。"（《新语·无为》）陆贾向汉高祖建议，要安定天下，必须反对秦朝"举措暴众"的做法，实行无为而治。陆贾描绘的实行"无为之治"的理想国为："是以君子之为治也：块然若无事，寂然若无声，官府若无吏，亭落若无民；间里不讼于巷，老幼不愁于庭；近者无所议，远者无所听，邮驿无夜行之吏，乡间无夜名之征，犬不夜吠，鸟不夜鸣；老者息于堂，丁壮者耕耘于田……"（《新语·至德》）

（二）"与民休息"的宏观经济管理政策

在"无为而治"思想的指导下，汉初实行了一系列"与民休息"的措施。其核心内容是重农、崇简、轻薄赋。

1.政治方面的措施

（1）制定法令，统一政令，创造了安定的政治环境。"萧何为法，颧若画一；曹参代之，守而勿失，载其清净，民以宁一。"（《史记·萧相国世家》）

（2）分封侯王。汉高祖先后封了一大批异姓侯王和刘姓侯王，在统治层实行权力和利益的分配，使之镇守各地；设立郡县，募"贤士大夫"充实政府机构，建立一套政治体制；先后削平一些要求分裂的侯王，维护统一和安定的秩序。

（3）下令释放奴婢。"民以饥饿自卖为人奴婢者，皆免为庶人。"（《汉书·高帝纪》）为奴隶恢复了平民身份，分得一定数量的土地。

（4）实行睦邻外交，如对匈奴和亲，求得边境安宁，争取一个和平的环境，以利于国内的恢复。

2.经济方面的措施

（1）强调农业生产。从汉高祖五年（前202年）起，汉高祖便颁布了一系列劝农诏书，号召和鼓励老百姓致力于农业生产。他一方面复原军队，招抚流亡，充实农业劳动人口，"兵皆罢归家"（《汉书·高帝纪》），给以授爵和免役的奖励；另一方面促使脱离生产的农民回到土地上，令战争期间流亡山泽不著户籍的人口各归原籍。汉文帝、景帝在位期间，共九次颁布劝农诏书，鼓励人民从"狭乡"迁居到"宽乡"，调整各地区的劳动力与土地的比例。此外，汉朝沿用了法家"入粟拜爵"的政策，鼓励人民多向国家缴纳粮食。

（2）奖励人口增殖和垦荒。汉高祖曾令关中饥民"就食蜀汉"（《汉书·高帝纪》）。惠帝令民女十五至三十岁不嫁者，分五等罚款。景帝鼓励移民垦荒，"民欲徙宽大地者，听之"（《汉书·景帝纪》）。

（3）减租减税。汉高祖时，"约法省禁，轻田租，什五而税一，量吏禄，度官用，

---

① 赵靖. 中国经济思想史述要（上册）[M]. 北京：北京大学出版社，1998：185.

以赋于民。而山川、园池、市肆租税之入，自天子以至封君汤沐邑，皆各为私奉养，不领于天子之经费。漕转关东粟以给中都官，岁不过数十万石"（《汉书·食货志上》）。惠帝时，"减田租，复什五税一"（《汉书·惠帝纪》）。文帝采纳晁错的建议，将田赋减为三十税一，后来曾连续十二年免收田赋。（《汉书·食货志》）

（4）实行较为开放的市场政策。"汉兴，海内为一，开关梁，弛山泽之禁。"（《史记·货殖列传》）

（5）禁止官吏"渔夺百姓"。汉初非常强调官吏的修廉，"廉吏，民之表也"（《汉书·文帝纪》）。景帝规定保证官吏一定的俸禄，让他们"修其职"，如再"渔夺百姓，侵牟万民"，要重办其罪。（《汉书·景帝纪》）

（6）自由铸造货币。汉文帝于前175年废除了《盗铸钱令》，实行自由铸钱政策。

汉初的休养生息、无为而治的政策使得经济很快得到了恢复，人口、耕地大量增加，市场趋向繁荣。"至武帝之初七十年间，国家亡（无）事，非遇水旱，则民人给家足，都鄙廪庾尽满，而府库余财。京师之钱累百巨万，贯朽而不可校。太仓之粟陈陈相因，充溢露积于外，至腐败不可食。众庶街巷有马，阡陌之间成群。"（《史记·平准书》）这和汉初凋敝的景象形成了鲜明的对比。

二、"善者因之"的经济思想

（一）司马迁"善因论"的主要内容

司马迁是中国古代经济思想中自由经济的集大成者，他将道家顺应自然的精神融入儒家思想，充实并发挥了自由经济的观念。有学者认为他是"中国古代最彻底的经济自由主义者"[1]。司马迁是一位自然主义者，他说："春夏因死，秋冬旺相，非能为之也；日朝出而暮入，非求之也，天道自然。"（《论衡·命禄》）"夫春生夏长，秋收冬藏，此天道之大经也，弗顺则无以为天下纲纪，故曰：'四时之大顺，不可失也。'"（《史记·太史公自序》）自然界有它自己的规律，人们只能顺应这些规律而不能违背，社会经济活动是不以人的意志为转移的。这种自然观在经济上表现为放任主义。同孔孟一样，司马迁在经济上的放任主义是要尽人之性，尽物之性。"夫神农以前，吾不知已，至若诗书所述，虞夏以来，耳目欲极声色之好，口欲穷刍豢之味，身安逸乐，而心夸矜势能之荣，使俗之渐民久矣。虽户说以眇论，终不能化。"（《史记·货殖列传》）这段话强调了人性之所在，难以扭转。反映司马迁经济放任思想的最为著名的论说是："故善者因之，其次利道（导）之，其次教诲之，其次整齐之，最下者与之争。"（《史记·货殖列传》）意思是，国家对社会经济最好是不加干涉，听其自然发展；其次是根据客观需要加以利导；再其次是对人们不利于社会的经济活动加以教导；又其次是将社会经济活动的各种自发不平衡现象加以整理与划一；最差的办法是政府自己从事经济活动，与民争利，这违反了人的天性，即"天下熙熙，皆为利来；天下壤壤（攘攘），皆为利往"（《史记·货殖列传》）。

---

①　叶世昌. 古代中国经济思想史［M］. 上海：复旦大学出版社，2003：153.

司马迁认为，社会经济的发展具有内在的动力，社会生产各方面、各地区会自发地分工合作，人们在求富、求利的本性的驱动下，会使社会经济的运行和发展受到自发的调节。"故待农而食之，虞而出之，工而成之，商而通之。此宁有政教发征期会哉？人各任其能，竭其力，以得所欲。故物贱之征贵，贵之征贱，各劝其业，乐其事，若水之趋下，日夜无休时，不召而自来，不求而民出之。岂非道之所符，而自然之验邪？"（《史记·货殖列传》）

（二）司马迁的"善因论"与亚当·斯密的自由放任思想的比较

比司马迁晚1 800多年的伟大的英国经济学家亚当·斯密主张经济的自由放任、充分竞争。亚当·斯密认为，在"看不见的手"的作用下，生产者为了自己的利益，能够把握市场经济信号，引导劳动、资本的生产要素流向收入最多的部门，经过竞争达到均衡的状态，无须进行人为的指导和政府的干预。尽管亚当·斯密和司马迁在主张经济自由的思想上有相似之处，但二者提出的社会发展状况和历史背景完全不同。司马迁生活在我国封建社会成长阶段的西汉时期，一方面，当时社会经济已因汉初几十年实行"与民休息"政策得到恢复和发展，司马迁肯定了上述政治与经济现实；另一方面，司马迁对与他同时代的桑弘羊所采取的经济干涉政策极为不满，认为是与民争利。亚当·斯密生活在英国从工场手工业向机器大工业过渡的时期，当时的英国资产阶级迫切需要彻底清除封建残余以及重商主义政策的束缚，实行自由竞争和自由贸易，以保证资本主义的自由发展和工业革命的顺利进行。可见，司马迁和亚当·斯密所处的经济制度背景不同，因此在经济主张上也存在一定的差异。亚当·斯密的主张受资本主义生产方式的质的规定，他把每一个独立的个人作为对立的商品生产者来看待，自然主张充分的自由竞争。司马迁的看法则受封建主义生产方式的质的规定，因此，他不可能把封建主义下的人看作"独立的人"，看作能够无所拘束地进行自由竞争的人，司马迁主张的是以放任为主而不完全否定干涉的经济政策。

三、国家对工商业的掌控和干预

汉初"与民休息""国无事""纲疏而民富"的局面仅仅持续了几十年，一系列经济矛盾就爆发了。一是中央与地方分裂割据势力的矛盾加剧；二是商品经济发展后，商人势力的壮大直接威胁了封建中央集权政府；三是巩固了多年的与匈奴的关系恶化。在这样的背景下，汉朝统治者面临的任务是化解社会矛盾和民族矛盾，以及解决国家财政问题。由此，汉武帝时期，以桑弘羊为代表，将国家干预主义作为政府进行宏观经济管理的主要模式。

（一）桑弘羊的国家干预主义思想及政策措施

桑弘羊主张经济上的干涉政策。山林川泽为国家所有，应该加以控制，不能任其开放，"山海之利，广泽之畜，天下之藏也，皆宜属少府"；否则，会"废弛而归之于民"。如能"塞天财，禁关市"，则"山海有禁而民不倾"。国家直接控制山海获得的收入可以用来"助贡赋，修沟渠，立诸农，广田牧，盛苑囿"，还可以借此以"流有余而调不

足"，"赈困乏而备水旱"。（《盐铁论》卷一和卷二）

国家干预主义的重要表现是国家对一些重要商品的经营进行了直接掌控，主要包括：

1.盐铁官营和酒类专卖

盐铁是人民生产和生活的必需品。出产盐铁的山泽，历来归君主所有，生产盐铁要向政府缴纳租税。秦商鞅变法以后，"颛川泽之利，管山林之饶"，政府还专门设立官职征收盐铁租税。汉初在"无为而治"思想的指导下，政府对盐铁生产采取放任的态度，盐铁之利绝大部分由诸侯国获得。汉武帝时期为了解决财政收入不足的问题，采取了各种政策手段，执行了告缗令①，封建财政濒于绝境，不得不改变财政政策，从扩大经济收入方面寻求解决办法。汉武帝元狩六年（前117年），东郭咸阳及孔仅建议进行盐专卖，办法是产盐区人民自己出资煮盐，但生产工具由官府供给，产品作价交由官府专卖；禁止私自铸铁煮盐，违者处以重刑。汉武帝元封元年（前110年），桑弘羊为治粟都尉，署理大农令，代替孔仅统管全国盐铁专卖。

桑弘羊任大司农时，还实行了"酒榷"，禁止民间私自酿酒，由官府自行酿造，酒的生产、销售均由官府垄断。汉昭帝始元六年（前81年）盐铁会议结束前夕，酒榷制度在实行了十八年后被取消。民间自行酿酒需缴纳酒税，此后酒税成为政府财政的一个重要税源。

2.均输

汉武帝元鼎二年（前115年），桑弘羊创立了均输法，此后在各郡国普遍设置均输官。桑弘羊本人对设立均输之法的原因进行了简略的说明："往者郡国诸侯各以其方物贡输，往来烦杂，物多苦恶，或不偿其费。故郡国置输官以相给运，而便远方之贡，故曰均输。"（《盐铁论·本议》）《史记集解》引孟康之言对均输内容进行了记载："乃请置大农部丞数十人，分部主郡国，各往往置均输盐铁官，令远方各以其物如异时商贾所转贩者为赋，而相灌输。""谓诸当所输于官者，皆令输其土地所饶，平其所在时价。官吏于他处卖之，输者既便，而官有利。"（《史记·平准书》）由此看来，所谓"均输"，是将各郡国应缴纳的贡物，按照当地市价，折合成数量丰饶而廉价的土特产品，交给均输官，再由其运往贵价地区出售。这样既能够克服贡输中存在的中途损耗、运费高昂等问题，政府又可以不费一文资本即获得丰厚的利润，从而成为政府的一大财源。

3.平准

桑弘羊于汉武帝元封元年（前110年）创办了平准制度。其内容是："置平准于京师，都受天下委输，召工官治车诸器，皆仰给大农。大农之诸官尽笼天下之货物，贵即卖之，贱则买之。如此，富商大贾无所牟大利，则反本，而万物不得腾踊，故抑天下物，名曰平准。"（《史记·平准书》）政府在京师设立平准这样一种机构，目的是稳定京师的物价。政府通过掌握巨大的商品储存以及运输队伍，在京师某种商品价格上涨时贱价抛售；反之，价格下跌时则进行收购，从而稳定物价，达到"平万物而便百姓"的

---

① 汉武帝元鼎三年（前114年），针对当时不少工商业者隐瞒财产少缴税的情况，发布了告缗令，对隐瞒财产和少报的，要罚"戍边一岁"，并没收财产；对于揭发检举偷税漏税的人，赏给没收财产的一半。全国兴起了"告缗"运动。中等以上的商户大多被检举，没收大批财产，工商业者受到沉重打击，经济的发展也受到了影响。

目的。

均输、平准配合起来，政府实际上控制住了全国的市场：通过均输可以掌握地区间的贸易，调节地区间的物价；通过平准又控制了京师的物价与市场。

总体来看，汉武帝时期官营工商业有两个显著的特点：

其一，由中央政府直接控制，除经营关系到国计民生的重要商品之外，也涉及一般商品，并且设置专门机构进行经营管理，带有很强的垄断性。

其二，任用商人管理工商业活动。中央政府既与富商大贾合作，分享商业利润，以利于官营工商业政策的推行，又借助商人丰富的经营管理经验，提高官营工商业的效率，增加财政收入。

（二）王莽的"六管"政策

王莽认为管制经济是非常有必要的。"夫盐，食肴之将；酒，百药之长，嘉会之好；铁，田农之本；名山大泽，饶衍之臧（藏）；五均赊贷，百姓所取平，卬（仰）以给澹（赡）；铁布铜冶，通行有无，备民用也。此六者，非编户齐民所能家作，必卬（仰）于市，虽贵数倍，不得不买。豪民富贾，即要贫弱，先圣知其然也，故斡之。"（《汉书·食货志》）核心思想是对垄断性的商品和行为都应该进行管制。王莽实行"六筦（管）"政策，对工商业经济活动进行管制，由国家垄断工、商、虞各业。所谓六管，是指盐、铁、酒由政府专卖，铜、冶、钱、布由国家铸造，名山大泽由国家管理，五均赊贷由政府办理。

1.五均赊贷

五均赊贷是王莽推行的经济管理措施中最为突出的部分，实际上是城市经济政策，要求政府对城市工商业经营与物价进行统制管理。五均赊贷的实行主要集中在长安、洛阳、邯郸等几个大城市。五均推行的主要经济措施包括：

（1）市平。对物价进行评定，各市以每年的二、五、八、十一月的重要商品价格作为基础，并按每种商品的质量定为上、中、下三种标准价格。标准价格每季调整一次，以适应生产的实际变化。

（2）平准。当商品价格上涨超过平价时，政府即按平价抛售商品；反之，则听其自由买卖。与桑弘羊的平准以及以往的平籴政策相比，王莽的平准是预先设定一个标准价格，作为市场管理的依据。

（3）收购滞货。对于五谷、布帛、丝绵等重要的民用商品出现滞销的情况，政府按滞销商品的成本予以收购，不使折本。"众民卖买五谷布帛丝绵之物，周于民用，而不雠（售）者，均官有以考检厥实，用其本贾取之，毋令折钱。"（《汉书·食货志》）

（4）赊贷。赊是指借钱给城市居民作非生产的消费之用；贷是指借钱给小生产者作为生产的资金。

2.对名山大泽进行征课

工商业者从事开采金银铜锡及能"登龟"或"取贝"①者，可向市钱府申报，钱府

---

① 王莽时期，龟壳和贝壳也作为币材。登，进也。龟有灵，故言登也。

在一定时期予以收购。矿冶产品及可用作币材的龟、贝等商品都由官府严格控制，不能在市场上自由出售，只能卖给官府或者官府许可的商人。凡是在山泽从事生产或经营鸟兽、鱼鳖、百虫、畜牧及其他产品者，家庭妇女从事桑蚕、织、纺绩及缝补者，从事工匠、医巫、卜祝及其他方技者，从事商贩及开设旅店者，均须向所在地的县官申报。各项事业，除其成本，利润的十分之一作为"贡"上交，相当于所得税。

3.酒专卖

盐铁会议后酒专卖被废除。王莽时期鲁匡建议恢复酒专卖："酒者，天子之美禄，帝王所以颐养天下，享祀祈福，扶衰养疾。百礼之会，非酒不行。"（《汉书·食货志》）如果开放酒禁而不加以限制，则"费财伤民"，所以需要由政府专卖。王莽酒专卖的经营方法非常周密细致：不仅规定了某一地区酒的出售标准量，而且规定了酒店分销的限度，以"五十酿"为上限；确定价格时考虑到了材料、燃料、工具消耗的扣除；将产量与直接生产者的收入直接联系。

四、政府控制货币铸造权的思想

西汉时期关于货币问题争论的焦点之一便是货币铸造权。首先提出这一问题的是贾谊和贾山。

贾谊极力反对货币的自由铸造，认为政府应该掌握货币的铸造权。他认为自由铸币有多种弊端：

（1）破坏法禁。人们出于获利的需要会在铸钱时掺杂铅铁，以致犯黥罪。

（2）导致货币的混乱。"又民用钱，郡县不同：或用轻钱，百加若干；或用重钱，平称不受。法钱不立。"（《汉书·食货志》）

（3）妨碍农业生产。"农事弃捐而采铜者日蕃，释其耒耨，冶熔炊炭，奸钱日多，五谷不为多。"（《汉书·食货志》）

贾谊主张由政府来垄断币材，勿令"铜布于天下"，将铜收归国有，有"七福"：

（1）收铜勿令布，则民不铸钱，黥罪不积。

（2）伪钱不蕃，民不相疑。

（3）采铜铸作者返于耕田。

（4）铜毕归于上，上挟铜积以御轻重。钱轻则以术敛之，重则以术散之，货物必平。

（5）以作兵器，以假贵臣，多少有制，用别贵贱。

（6）以临万货，以调盈虚，以收奇羡，则官富实而末民困。

（7）制吾弃财以与匈奴逐争其民，则敌必坏。

贾山反对自由铸造货币，特别强调政府不能轻易放弃铸币权。"钱者，亡用器也，而可以易富贵。富贵者，人主之操柄也；令民为之，是与人主共操柄，不可长也。"（《汉书·贾山传》）

汉武帝元鼎四年（前113年），"悉禁郡国无铸钱，专令上林三官铸"，将各郡国的铸币权收归中央，"天下非三官钱不得行"。同时，政府建立了稳定的货币制度——五铢钱制。尽管汉武帝实现了国家对铸币权的统一与集中，但是关于这一问题的思想争论一直在延续。盐铁会议上，关于货币铸造权仍然是桑弘羊和"文学"们争论的焦点之一。桑弘羊主张国家垄断铸币权，反对郡国和个人拥有铸造权。他对汉文帝时"纵民得铸钱、冶铁、煮盐"的政策进行了批评，认为这样导致了"山东奸猾咸聚吴国，秦、雍、汉、蜀因邓氏，吴邓钱布天下"。禁民私铸可使人民不流于"奸伪"，"奸伪息则民不期于妄得，而各务其职，不反本何为？故统一，则民不二也；币由上，则下不疑也"（《盐铁论·错币》）。

司马迁也认为货币不能由诸侯及民间自由铸造。"令民纵得自铸钱。故吴，诸侯也，以即山铸钱，富埒天子，其后卒以叛逆。邓通，大夫也，以铸钱财过王者。故吴邓氏钱布天下，而铸钱之禁生焉。""今半两钱，法重四铢，而奸或盗摩钱里取鋊，钱益轻薄而物贵。"（《史记·平准书》）司马迁多次论及民间盗铸铜钱以致"钱多轻"的事实，并且记录了盗铸之人将官铸重币"磨取鋊焉"，投入流通，以劣币代替良币的行为。

对于私铸行为，王莽采取严厉的措施进行打击。在实行宝货制后，盗铸仍难以禁止，王莽对盗铸者的惩罚为：一家铸钱，五家连坐，没为官奴婢。天凤元年（14年），王莽改行货币和货泉后又规定：私铸者与妻子没为官奴婢；吏及比邻五家知情而不举报的同罪；非议和阻碍宝货的，民罚劳役一年，吏免官。

第三节　对农、工、商关系的认识及政策思想的演变

一、重农抑商思想的传承与强化

（一）汉初对重农思想的继承

汉初为了恢复濒于崩溃的国民经济，巩固新生的地主阶级政权，重农抑商思想得到了进一步的传承和强化。

西汉"与民休息"思想的奠基人陆贾在《新语》开篇引用"天生万物，以地养之"的古语，强调土地的重要性。他将农业称为"本业"，谴责"五谷养性而弃之于地，珠玉无用而宝之于身"（《新语·术事》）、"释农桑之事，入山海，采珠玑……散布泉，以极耳目之好"（《新语·本行》）的行为。陆贾在《新语》中的重农言论是汉朝文献中出现较早的重本抑末的观点。

贾谊继承和发展了战国以来的重农理论，提出驱民归农的主张。他认为"背本而趋末，食者甚众""淫侈之俗，日日以长"是农业发展缓慢的重要原因。贾谊所说的"末"是指奢侈品的生产，认为其具有很大的危害性，"夫百人作之不能衣一人，欲天下亡寒，胡可得也？一人耕之，十人聚而食之，欲天下亡饥，不可得也。饥寒切于民之肌肤，欲其亡为奸邪，不可得也"（《汉书·贾谊传》）。据此他提出了驱民归农的主张："今驱民而归之农，皆著于本，使天下各食其力，末技游食之民转而缘南亩，则畜积足而人乐其所矣。"（《汉书·食货志上》）

晁错写有《论贵粟疏》，主张推行以"地著"为宗旨的重农抑商思想。晁错强调了

粮食生产的重要性："粟者，王者大用，政之本务。"（《汉书·食货志上·论贵粟疏》）晁错以五口之家为例，对商人和农民的生活状况进行了对比，指出农民生活的艰辛和贫困。晁错认为农民贫困的原因在于商人对农民的兼并。在此基础上，他提出了以粟作为赏罚的主张："欲民务农，在于贵粟；贵粟之道，在于使民以粟为赏罚。"纳粟给政府的可以拜爵或者免罪。这样既可以使得朝廷的财用充足，又可以减少赋税，还可以起到劝农的作用。晁错认为，除了重视粮食生产之外，更重要的是使民"地著"，即附着在土地上。"粟米布帛生于地，长于时，聚于力，非可一日成也。"商业货币财富的性质和农业完全不同，"其为物轻微易藏，在于把握，可以周海内而亡饥寒之患。此令臣轻背其主，而民易去其乡，盗贼有所劝，亡逃者得轻资也"。商业的发展会导致农民弃农，"不农则不地著，不地著则离乡轻家，民如鸟兽。虽有高城深池，严法重刑，犹不能禁也"。这是晁错重农思想的核心内容。

重农思想的一个重要体现是对粮食储备的重视。贾谊说："禹有十年之蓄，故免九年之水；汤有十年之积，故胜七年之旱。夫蓄积者，天下之大命也。苟粟多而财有余，何向而不济？以攻则取，以守则固，以战则胜，怀柔附远，何招而不至？管子曰：'仓廪实，知礼节；衣食足，知荣辱。'民非足也，而可治之者，自古及今，未之尝闻。"（《新书·无蓄》）粮食储备是国家的命脉，充足的粮食储备是兴办各项事业的前提。晁错也很重视粮食的储备。"圣王在上而民不冻饥者，非能耕而食之，织而能衣之也，为开其资财之道也。故尧、禹有九年之水，汤有七年之旱，而国亡捐瘠者，以畜积多而备先具也。"而现在蓄积未备，是因为"地有遗利，民有余力，生谷之土未尽垦，山泽之利未尽出也，游食之民未尽归农也"（《汉书·食货志上·论贵粟疏》）。

（二）汉初的抑商政策

汉高祖刘邦实行了非常坚决的"抑商"政策，重点在于约束和限制商人囤积居奇的行为。汉高祖八年（前199年）下令"贾人不得衣丝乘车"，并规定商人算赋加倍，"重租税以困辱之"。（《史记·平准书》）据《汉书》《汉纪》记载，商贾还被规定不得操兵器；商人本人及其子孙不"仕宦为吏"；商人买饥民子女为奴婢者，要无偿释放。从经济上讲，汉初重农抑商侧重收入分配政策的调整。政府在减轻农民负担的同时，增加对商人的课征，因而抑商的主要目的不在于抑制工商业的发展，而在于从商人那里获得更多的经济收入，以弥补国家财政收入的不足，并缓解农商矛盾。因此，汉初工商业非但没有萎缩，反而在全国统一、市场扩大的有利条件下，获得了进一步发展。正如晁错所说："今法律贱商人，商人已富贵矣；尊农夫，农夫已贫贱矣。"（《汉书·食货志》）

东汉时期桓谭提出了"禁民二业"，将传统的重农轻商的观点赋予了新的时代内容。所谓"禁民二业"，即禁止一人兼作两种行业，如商贾不得兼为官吏。桓谭向光武帝的建议是："夫理国之道，举本业而抑末利，是以先帝禁人二业，锢商贾不得宦为吏，此所以抑并兼长廉耻也。今富商大贾多放钱贷，中家子弟为之保役，驱走与臣仆等勤，收税与封君比入，是以众人慕效，不耕而食，至乃多通侈靡，以淫耳目。"（《后汉书·桓谭传》）桓谭认为，由于商人兼高利贷者具有雄厚的资本，能够驱使一些"中家子弟"

做他们的捐客或中保，从而使他们放弃农业而依附商贾。因此，他提出商人应该亲身从事经营活动，不得假手中间人；如有违反者，经人告发后，除商人亲身经营时所应得部分由官府没收外，其余超出部分均赏给告发人。

二、农、工、商各有本末的思想

胡寄窗先生对于东汉时期王符的评价是："王符乃是地主阶级知识分子中具有独立性格的思想家。他的思想接近儒家荀子而掺杂一些法家见解，其发为愤激之言，有时颇类似于韩非与司马迁。"[1]王符对于以往的农本商末的思想进行了新的解释，他认为农、工、商各有其本末，并非凡农皆本，凡工商皆末。"夫富民者，以农桑为本，以游业为末；百工者，以致用为本，以巧饰为末；商贾者，以通货为本，以鬻奇为末。三者，守本离末则民富，离本守末则民贫……夫用天之道，分地之利，六畜生于时，百物聚于野，此富国之本也。游业末事以收民利，此贫邦之原也。"（《潜夫论·务本第二》）凡利用天时、地利以生产农桑、六畜产品的农业，制造坚固实用、方便人民生产和生活器具的工业，通有无、便民用的商业，皆为有利之业；凡巫祝、倡优、赌博的游业，都是有害之业。王符在以农为本的前提下，肯定工、商也有本有末。只要守其本，农、工、商三者都是财富生产的源泉。王符所定义的末的概念，实际上是指奢侈品的生产、销售以及以游业为末的思想。

王符还提出了国家对农、工、商业的政策方针，认为要"宽假本农"，对农业在政策上要有所倾斜；对工商业，要"明督工商，勿使淫伪"，意思是要加强监督，发展工商业中的本业。王符认为，务本还是务末的责任在于人君。"民固随君之好，从利以生者"，老百姓的爱好随着君主的爱好而转移，如果君主能够"务本则虽虚伪之人皆归本，居末则虽笃敬之人皆就末"，"故明君莅国，必崇本抑末，以遏乱危之萌"。

三、对商业活动的重视

（一）司马迁对商业活动的肯定

司马迁在《史记》中为古代的经济思想家和大工商业者专辟《货殖列传》，从而为"中国的史学创造了一条必须记载经济活动的范例"[2]。这反映出司马迁对于商业活动的肯定和重视。司马迁认为农、虞、工、商四部门都是人们所必需的，都既能富国，也能富家。"此四者，民所衣食之原也。原大则饶，原小则鲜。上则富国，下则富家。"司马迁的这一观点是对前代的商鞅、荀子、韩非、贾谊、晁错等人重农思想的挑战，从根本上否定了重农抑商的必要性。但司马迁赞成对农本工商末的划分，并且创造了"本富""末富""奸富"的概念。"本富"是指依靠农、牧、林、渔等广义农业的收入而致富。"末富"是指经营工商业和高利贷致富。"奸富"是指"弄法犯奸"而致富，如"劫人作奸，掘冢铸币""舞文弄法，刻章伪书"等。"今治生不待危身取给，则贤人勉焉。是故本富为上，末富次之，奸富最下。"司马迁还分析了农、工、商业致富之难易："夫用贫

---

① 胡寄窗. 中国经济思想史（中册）[M]. 上海：上海财经大学出版社，1998：193.
② 胡寄窗. 中国经济思想史（中册）[M]. 上海：上海财经大学出版社，1998：45.

求富，农不如工，工不如商，刺绣文不如倚市门。""农不如工，工不如商"是一般的情况，"刺绣文不如倚市门"是对小手工业和小商人而言的，是对"工不如商"的补充。

（二）桑弘羊的商业致富论

桑弘羊是中国古代重商理论的倡议者。范蠡与白圭虽然提出了一些有价值的贸易经营理论，但还不是有意识地独重商业，把商业看作致富的主要根源。[1]桑弘羊在政治思想上追随了法家，但在经济思想上接受管子、范蠡、白圭的观点，并作了进一步的发展。

桑弘羊否定农业是财富唯一来源的观点，提出商业致富论。"自京师东西南北，历山川，经郡国，诸殷富大都，无非街衢五通，商贾之所臻，万物之所殖者……宛、周、齐、鲁，商遍天下。故乃商贾之富，或累万金，追利乘羡之所致也。富国何必用本农，足民何必井田也？""燕之涿、蓟，赵之邯郸，魏之温、轵，韩之荥阳，齐之临淄，楚之宛、陈，郑之阳翟，三川之二周，富冠海内，皆为天下名都。非有助之耕其野而田其地者也。居五都之冲，路街衢之路也。故物丰者民衍，宅近市者家富。富在术数，不在劳身；利在势居，不在力耕也。"（《盐铁论·通有第三》）由此可见，桑弘羊不仅否定农业是财富的唯一本源的观点，而且否定劳动可以致富。他从商品流通的必要性为商业辩护，还从自然资源的地域分工的角度去说明商品流通的重要性。桑弘羊积极提倡外贸，认为通过对外贸易可以换取更多商品进口，使得"外国之物内流，而利不外泄也。异物内流则国用饶，利不外泄则民用给矣"（《盐铁论·力耕》）。

桑弘羊重商却不忽视工农的重要性。他认为手工业对于农业关系重大："工不出，则农用乏……农用乏，则谷不殖。"（《盐铁论·本议》）他虽然指出"富国何必用本农"，但仍承认农业是"本"，并不否定农业生产，其重商的目的是"农商交易，以利本末"。

第四节　"重义轻利"思想统治地位的确立与冲突

一、汉初的"礼义治国"思想

"义利之辨"是中国古代思想史上的重要命题，孔子的儒家学派将"义"放在第一位，强调义对"利"的支配地位和主导作用。以商鞅和韩非为代表的法家对待传统义利思想的态度与儒家相反，主张破除"礼"对封建生产方式的束缚，讲求"利"。但法家只讲财利，不讲礼义和德治的思想，在地主阶级成为统治阶级以后，就不再适合地主阶级的统治需要了。为了吸取秦朝迅速灭亡的教训，巩固地主阶级的统治，汉初的许多政治家和思想家都提出了重新重视礼义作用的看法。陆贾和叔孙通都看到了儒家的礼义观念对巩固封建地主政权的重要作用，但是他们都没能从理论上使整个社会完全摆脱法家

---

[1]　胡寄窗. 中国经济思想史（中册）[M]. 上海：上海财经大学出版社，1998：77.

"讲财利，废礼义"思想的影响，而贾谊完成了这一历史转变。

贾谊继承了儒家的义利思想，并吸取了法家思想在秦统一后仍继续实施所产生的一系列经验和教训，对儒家"贵义贱利"思想的作用提出了新的看法。通过对秦亡教训的分析，贾谊认为，要治理天下必须施仁术，主张行"先王之道"，"置天下于仁义礼乐"。（《治安策》）"夫民者，诸侯之本也；教者，政之本也；道者，教之本也。有道，然后教也；有教，然后政治也；政治，然后民劝之；民劝之，然后国丰富也。故国丰且富，然后君乐也。忠，臣之功也。臣之忠者，君之明也。臣忠君明，此之谓政之纲也。故国也者行之纲，然后国臧也。"（《新书·大政下》）贾谊认为，只有用礼义教化百姓，百姓才能自觉服从和遵守封建社会的秩序。以德教民强调人的自觉性，包含了对人起码的尊重，而秦以繁刑严法治天下简直是视人为犬雉。贾谊指出："贵贱有级，服位有等。等级即设，各处其检，人循其度……是以天下见其服而知贵贱，望其章而知其势，使人定其心，各著其目。"（《新书·服疑》）他大力强调维护等级尊卑的重要性，礼义的作用之一就是确立上下尊卑的等级观念，这实为社会治安所必需。贾谊论证了礼治对于封建社会长治久安的作用，这种思想不仅为汉朝统治者所接受，而且对中国以后的封建统治者产生了深远的影响。

贾谊主张以礼义治国的思想证明，当地主阶级取得政权以后，需要一套新的维护封建统治秩序的思想体系。先秦儒家也主张以礼义治国，主张"以义制利"，但他们所说的"礼""义"，都是奴隶制的上层建筑，是为奴隶制的经济基础服务的。贾谊认为当前社会经济基础是封建主义，统治阶级也变为地主阶级，为巩固奴隶制度服务的"礼""义"经过改造，完全可以被赋予新的社会内容和阶级内容，从而为巩固封建制度服务，成为封建的"礼""义"。作为社会伦理秩序的"礼"以及"君君、臣臣、父父、子子"的等级秩序规范在地主阶级统治过程中也是必不可少的。而"礼""义"本身就具有一种维护现有制度体系的作用。贾谊反复强调的"礼""义"已经是地主阶级根本利益的体现，所以此时他主张先义后利、以义制利，就具有维护和巩固现有封建制度体系的意义了。

二、"正其谊不谋其利"思想的正统化

汉朝由于大一统帝国的出现，儒家的义利观发生了重大改变。汉武帝罢黜百家，独尊儒术，是接纳了董仲舒的建议。汉武帝举贤良文学之士，董仲舒对策建议："诸不在六艺之科、孔子之术者，皆绝其道，勿使并进。"（《春秋繁露·天人三策》）此被汉武帝采纳，成为此后两千多年中国社会以儒家学说作为正统思想的先声。

董仲舒在儒学的基础上，吸收与融合了法家、道家、阴阳家的一些思想，并与皇权一统的政治思想融为一体，建立了"天人感应"的道统学说体系。董仲舒的义利观带有鲜明的唯心主义的色彩。他认为义、利都是与生俱来的："天之生人也，使之生义与利。"他认为义、利对人的作用是："利以养其体，义以养其心。心不得义不能乐，体不得利不能安。义者心之养也，利者体之养也。"而"民之皆趋利而不趋义"的原因在于"物之于小人，小者易之也，其于大者难见也"（《春秋繁露·深察名号》），"利者，盗之本也"（《春秋繁露·天道施》）。对于老百姓的求利行为，要通过教化来进行限制。

"夫万民之从利也，如水之走下，不以教化提防之，不能止也。"（《汉书·董仲舒传》）董仲舒并不否定适当满足人们欲望的必要性，但是要对人们的欲望有所节制："故圣人之制民，使之有欲不得过节，使之敦朴不得无欲，无欲有欲，各得以足，而君道得矣。"（《春秋繁露·保位权》）他认为贫富悬殊不利于社会的稳定，因此强调以义制利。统治阶级无节制地贪欲求利，是造成社会危机的主要原因，只有所有人都能根据自己的社会身份地位，依照一定的礼义制度约束自己的行为，社会才能"上下相安"。董仲舒最为有名的思想是"夫仁人者，正其谊不谋其利，明其道不计其功"（《汉书·董仲舒传》）。此处的"仁人"与孔子所说的"君子"等义，是说有道德的人懂了"义"便应该"不谋其利""不计其功"，反对上层的"仁人"追功逐利，以维持封建国家的利益。董仲舒还以"天人感应"的哲学理论为基础，赋予"义"以新的含义——"君臣、父子、夫妇之义"，并指出"君为阳，臣为阴；父为阳，子为阴；夫为阳，妻为阴""阳贵而阴贱，天之制也"。（《春秋繁露·天辨在人》）在这一意义上，"义"后来成为以"三纲五常"为核心的伦理思想的重要内容，距孔子所说的"义者，宜也"，即公平合理、合乎情理的"义"的内涵已经相去甚远了。

董仲舒虽然反对人们对"利"的追求，但他承认义与利皆于人不可少，可以说"重义轻利"是董仲舒义利观的总体特征。董仲舒一方面承认"利"对人的实际作用，在治民方面继承了孔子的先富后教的思想，另一方面认为"利"有公利和私利之分，公利高于私利，因此公利被提升到"义"的高度，提倡维护天下公利。当涉及私利时，"正其谊不谋其利"，重义轻利，更注重"心之养"。从维护封建统治的长治久安出发，董仲舒反对食禄者追求一己之私利，主张"盐铁归民"，不与民争利。他承认"利以养其体"是以"度礼"为界限的，对于人民来说，不追求利的行为要求，从价值观的角度使他们安于贫苦，这也正是董仲舒的思想受到宋明理学极力推崇的原因。

三、盐铁会议上的"义利"之争

（一）盐铁会议及《盐铁论》

汉昭帝始元六年（前81年），西汉朝廷召集各地的贤良文学开了一次会议。在此次会议上，以丞相田千秋、御史大夫桑弘羊为首的政府官员和贤良文学们就西汉政府的盐铁官营、酒榷、平准、均输等经济政策进行了辩论，此次会议被称为"盐铁会议"。汉宣帝时，桓宽根据盐铁会议的记录，写成了《盐铁论》一书。[①]《盐铁论》全书共有六十篇，其中约二十篇是直接关于经济问题的辩论，但盐铁会议上的辩论不限于经济问题，还广泛涉及政治、军事等各方面。

（二）贤良文学与桑弘羊的"义利"之争

"义利"是盐铁会议上辩论的主要内容之一。贤良文学们认为治国必须"以礼义防

---

① 桓宽写《盐铁论》并不是要客观地整理记录盐铁会议的资料，而是要借此表明自己的政治和学术见解。《盐铁论》全书六十篇中有五十九篇都是采取双方辩论发言的形式，实际上许多发言都已不完全是原话，而是经桓宽改写了的。

民"，而不能"示民以利"。"窃闻治人之道，防淫佚之原，广道德之端，抑末利而开仁义，毋示以利，然后教化可兴，而风俗可移也。"如果"示民以利"，就会使"民俗薄。俗薄则背义而趋利，趋利则百姓交于道而接于市"（《盐铁论·本议》），形成贪鄙和淫侈的社会风气，要求取消"示民以利"的盐铁官营政策。由此看来，贤良文学真正反对的是"郡国有盐铁、酒榷、均输，与民争利"（《盐铁论·本议》），实际上是要求国家不要和商人争利。贤良文学猛烈抨击了通过官营政策获得好处的官吏："今公卿处尊位，执天下之要十有余年，功德不施于天下而勤劳于百姓。百姓贫陋困穷，而私家累万金。"（《盐铁论·国疾》）"临财苟得，见利反义，不义而富，无名而贵，仁者不为也……公卿积亿万，大夫积千金，士积百金，利己并财以聚；百姓寒苦，流离于路，儒独何以完其衣冠也。"（《盐铁论·地广》）他们要求统治者实行"贵德而贱利，重义而轻财"的古训。

桑弘羊对于"贵义贱利"的理论进行了反驳。他引用了司马迁"天下攘攘，皆为利往"的观点，认为好利是人的天性，"赵女不择丑好，郑姬不择远近，商人不愧耻辱，戎士不爱死力，士不在亲，事君不避其难，皆为利禄也……故尊荣者士之愿也，富贵者士之期也"。那些持有"贵义贱利"观点的人，本身也具有自私的天性。桑弘羊认为，实行盐铁官营、酒榷、均输、平准，不仅能够增加国库收入，还可以便利百姓，因而不仅有"利"，也合于"义"。他指责贤良文学要求废止盐铁专卖是替兼并者说话，是要使"豪民擅其用而专其利"（《盐铁论·禁耕》）。

第五节　土地制度思想的演变及实践

土地制度思想是中国古代经济思想发展的主要线索之一，土地所有权的国有以及国家所有权的主导地位构成了中国古代土地制度的总体特征。尽管春秋战国时期随着一系列的土地制度变革，土地私有制得到了确立，但是土地的分配始终掌握在国家手中，同时国家致力于对私人土地所有权进行限制。这种情况从秦汉开始一直到晚唐时期才有所改变。

一、限田模式的发生与发展

汉武帝时，贫富不均的现象非常突出。董仲舒认为原因在于：

第一，土地自由买卖，由此造成了土地兼并。例如淮南王子女"擅国权，侵夺民田宅"，衡山王也"数侵夺人田，坏人冢以为田"。

第二，封建国家和富豪垄断山林川泽之利。

第三，赋税苛重。

第四，地租高企。

第五，贪暴之吏，妄加刑戮。

针对以上情况，董仲舒提出了限田的主张。他指出，"古者税民不过什一""使民不过三日"。至秦用商鞅之法，"除井田，民得卖买。富者田连阡陌，贫者亡（无）立锥之地", 而政府 "又颛川泽之利, 管山林之饶……一岁力役, 三十倍于古; 田租口赋, 盐铁之利, 二十倍于古", 农民 "或耕豪民之田, 见税什五。故贫民常衣牛马之衣, 而食犬彘之食"。因此, "古井田法虽难卒行, 宜少近古, 限民名田, 以澹不足, 塞并兼之路"（《汉书·食货志上》）。从上述史料可以看出, 董仲舒认为土地兼并产生的根源在于土地的私有制, 土地兼并造成的严重后果是贫富对立和封建统治不稳固, 而解决土地兼并的措施就在于限田。"限民名田" 是指对私人占有土地进行数量上的规定。"宜少近古" 是指合乎井田制但不必恢复井田制, 实际上是借井田制的古意来宣扬自己反对土地兼并的主张。但是董仲舒并没有说明井田制难以推行的原因, 也没有提出具体的限田数量等方案。

汉哀帝时（前 7—前 1 年）师丹又提出限田的建议: "古之圣王莫不设井田, 然后治乃可平, 孝文皇帝承亡周乱秦兵革之后, 故不为民田奴婢为限, 累世承平, 豪富吏民资数钜万, 而贫弱愈困, 盖君子为政, 贵因循而重改作, 然所以有改者, 将以救急也, 亦未可详, 宜略为限。" 师丹所提妥协政策为汉哀帝所采纳, 下诏曰: "制节谨度, 以防奢淫, 为政所先, 百王不易之道也。诸侯王、列侯、公主、吏二千石, 及豪富民, 多畜奴婢, 田宅亡限, 与民争利, 百姓失职, 重困不足, 其议限列。"（《汉书·哀帝纪》）限田的具体办法是: "诸王、列侯, 得名田国中, 列侯在长安, 及公主名田县道, 关内侯、吏民名田, 皆无得过三十顷。诸侯王奴婢二百人, 列侯、公主百人, 关内侯、吏民三十人, 期尽三年, 犯者没入官。"（《汉书·食货志》）由于这种限田办法遭到豪强贵族的反对, 最终未能实行。

二、王田思想的幻灭

两汉之间短暂的统治者王莽对井田制推崇之极, 推行了土地所有权 "王有" 以及禁止土地买卖为主要内容的 "王田制"。王莽坚持认为土地买卖是导致兼并的原因, 其构想的土地分配方式并不是对井田制的恢复, 因此 "王田制在实际上仍是另一种方式的限田制度"[①]。

（一）王田制的主要内容

王莽在取得政权当年（始建国元年（9 年））四月提出了王田制。

王莽实行王田制的理由是:

第一, 一夫一妇分百亩田的小农经济是 "国给民富" 的理想土地制度。

第二, 自秦 "坏圣制, 废井田" 之后, "兼并起, 贪鄙生, 强者规田以千数, 弱者曾无立锥之居", 土地兼并使农民丧失田地。

第三, 租地农民受 "豪民侵陵, 分田劫假" "厥名三十税一, 实什税五也", 因此, 农民 "终年耕芸, 所得不足以自存"。

王田制的具体内容是: "今更名天下田曰王田……不得买卖。其男口不盈八而田过一井者, 分余田予九族邻里乡党。故无田, 今当受田者, 如制度。"（《汉书·王莽传》）

---

① 胡寄窗. 中国经济思想史（中册）[M]. 上海: 上海财经大学出版社, 1998: 156.

王田制的要点包括：

（1）土地收归国有，称为"王田"，禁止私人自由买卖土地；

（2）一家男丁不满八口而占有土地超过九百亩者，应将超额土地分给宗族乡邻；

（3）原无田地的农民，由国家授予土地，其标准按一夫一妇受田百亩计算。

王莽认为，宣布土地国有是遏制兼并和实行他的土地分配制度的先决条件。但是只要土地私有制存在，特别是在豪族大地主和农民私有土地并存的情况下，土地兼并是必然的趋势。

胡寄窗先生曾指出："王田制和中国历史上其他一切土地问题方案一样，都是注定要破产的，但是从理论上考察，王田制从改变土地私有制和土地的商品性质着眼，其认识比其他土地方案的建议者的认识就深刻得多。"[①]

（二）王田制幻灭的原因

王田制在公布三年后（始建国四年）即自动取消，土地自由买卖恢复。

史书记载王田制废除的原因是"制度又不定，吏缘为奸"（《汉书·食货志上》），"农商失业，食货俱废，民人至涕泣于市道，及坐卖买田宅、奴婢、铸钱，自诸侯、卿、大夫至于庶民，抵罪者不可胜数"（《汉书·王莽传》）。

胡寄窗先生对王田制幻灭的原因进行了深入的分析。他认为，王田制的迅速废除是在王田制本身存在缺陷的内因以及在推行过程中存在阻力的外因两方面综合作用下导致的。王田制的根本缺点在于，原来的地主仍可能在新的纲领下保有大量的土地，剩余可供分配给无地农民的土地必然不多，因此，"即使王莽能毫无流弊地贯彻其土地政策，仅就土地不敷分配，不能使很多农民分到土地这一事实，就足以迫使其土地政策全部破产"[②]。王莽的土地政策使社会各个阶层均感到不满，引起了社会纷乱和生产停顿，迫使他不得不放弃王田制，取消土地限额，并恢复土地自由买卖。

三、西晋占田制的思想

（一）占田制产生的客观基础

西晋太康元年（280年）颁布实行的占田制，是中国历史上第一个正式由政府颁行的土地制度，最主要的内容是明确规定了对王公贵族和一般农户的土地限额。

占田制的产生有其客观基础。三国时期由于长期的战乱，人口大量减少，尽管后期人口逐渐增加，但是晋朝建立时全国仍然是人少地多的局面。占田制实行以前，曹魏实行屯田制度，包括军屯和民屯，其总面积相当可观。晋王朝建立的前一年便下令废除曹魏统辖区内的民屯制度，使得晋朝掌握了大量的官公田土地，成为占田制度实施的物质基础。另外，东汉时期就形成的世族大姓的势力在曹魏后期越来越强盛，世族、官僚以及贵族所进行的土地兼并必然在土地和劳动力问题上与统治层面发生矛盾，这是占田制产生的另一客观因素。怎样在不损害大地主集团利益的前提下，既能在一定限度内满足

① 胡寄窗. 中国经济思想史（中册）[M]. 上海：上海财经大学出版社，1998：155.
② 胡寄窗. 中国经济思想史（中册）[M]. 上海：上海财经大学出版社，1998：156.

农民基本的土地要求，同时政府能获得较多的财政收益，是西晋政权占田思想产生的客观基础。

（二）占田制的内容

占田制的内容包括对贵族及官僚占田的限制、对世族荫附劳动力的限制、对户调进行规定以及对一般人民占田课田的规定。以下仅介绍对贵族及官僚占田的限制以及对一般人民占田课田的规定。

1.对贵族及官僚占田的限制

根据《晋书·食货志》的记载："国王公侯，京城得有一宅之处，近郊田，大国田十五顷，次国十顷，小国七顷；城内无宅，城外有者，皆听留之。"这是对贵族在京城"刍藁之田"的限制，不属于一般限田的范围。

对于各级官僚则按照官品限定占田亩数："其官品第一至第九，各以贵贱占田。第一品占五十顷，第二品四十五顷，第三品四十顷，第四品三十五顷，第五品三十顷，第六品二十五顷，第七品二十顷，第八品十五顷，第九品十顷。"

从上述规定可以看出，占田只是对最高限额的规定，绝非授田或者实有土地数量。

2.对一般人民占田课田的规定

这是占田制最主要的组成部分。其规定是："男子一人占田七十亩，女子三十亩。其外，丁男课田五十亩，丁女二十亩，次丁男半之，女则不课。男女年十六已上至六十为正丁，十五已下至十三，六十一已上至六十五为次丁，十二已下，六十六已上为老小，不事。远夷不课田者输义米户三斛，远者五斗，极远者输算钱，人二十八文。"（《晋书·食货志》）由此可见，男子七十亩、女子三十亩是一般人民占有土地的最高限额，不一定是每人实授土地的数量。课田是占田中应该以课税形式缴纳地租的部分土地，具有迫使农民必须耕种最低限额土地的作用。丁男占田七十亩必须课田五十亩，丁女占田三十亩必须课田二十亩，占田中的这一部分土地，即使不耕种也必须缴纳地租，目的在于鼓励农民多耕种土地。

占田制没有表示要把土地收归国有，只是对官吏和民户的土地使用权行使的范围进行数量上的限制。占田制在土地思想上有其特定意义。

首先，它是对土地私有制的一种承认和维护，按一家一户占田，实际上是把先秦以来鼓励土地私有的思想合法化，这无疑对土地私有制作了再一次的逻辑肯定。

其次，从分配土地的条例上看，等级差别地占有土地被正式确定下来，这是封建土地观念在土地问题上的集中体现。

占田制的实施在一定程度上满足了部分农民获得土地的要求，提高了他们的生产积极性，使当时社会经济在不长的时间内就达到了"太康之治"。但是，虽然占田制来源于历代反对土地兼并的思想，但是没有触动士族大地主的利益，相反，默认了他们原来占有的土地数量。占田制还存在一个重要的缺陷，就是只有取得土地的规定而没有归田还田的规定，作为一种土地分配制度，这是不合理、不完善的。随着农民由正丁男女变为次丁男女，再由次丁男女变为"老人"，如不交还土地，则土地的耕种和租税的缴纳都会出现理论上的问题。随着新增人口不断按规定占田，当官公荒地全部占完时，占田制也就不可避免要失效。

四、北魏均田制的实践与消亡

（一）均田思想的提出

北魏开始的均田制可以说是中国历史上最重要的土地制度之一。在300多年的时间里，均田思想成为主宰中国的土地分配思想，并对此后的社会经济产生了巨大的影响。历史上的多次农民起义都提出了"均田"的要求。近代洪秀全、孙中山等人对土地问题的思考也莫不打上了"均田"的烙印。

魏孝文帝时任主客给事中的李安世上《均田疏》，提出了均田的建议。从《魏书·李孝伯传》的记载来看，《均田疏》主要包括两方面的内容：一是解决当时土地纠纷的意见；二是关于井田制的描述和实行均田制的建议。永嘉之乱前后，战乱和人口迁徙使得大量土地数易其主，产生了很多关于土地的讼争。李安世提出了一个现实的解决方案，即对有争议的土地，以一定的年限为断，"事久难明，悉属今主"，不追溯既往，一律归现在的使用者所有，这样可以使"虚妄之民，绝望于觊觎；守分之士，永免于凌夺"（《魏书·李安世传》）。

李安世对于井田制的优越性进行了极力描绘："臣闻量地画野，经国大式；邑地相参，致治之本。井税之兴，其来日久；田莱之数，制之以限。盖欲使土不旷功，民罔游力。雄擅之家，不独膏腴之美；单陋之夫，亦有顷亩之分。所以恤彼贫微，抑兹贪欲，同富约之不均，一齐民于编户。"他认为井田制是使人们平均占有土地、抑制兼并、解决贫富不均问题的理想的土地制度，但同时认为井田制在实际中并无法实行，而均田则是能够解决土地问题的可行方案。"愚谓今虽桑井难复，宜更均量，审其径术，令分艺有准，力业相称，细民获资生之利，豪右靡余地之盈。则无私之泽，乃播均于兆庶；如阜如山，可有积于比户矣。"

魏孝文帝采纳了李安世的建议，于太和九年（485年）十月下诏均田。

（二）均田制的主要内容

均田制比西晋占田制的规定要细致得多，对各种使用方式的土地的分配以及各种不同身份的人授田和还田皆有较明确的规定。

1.授田的规定

北魏将土地分为露田、麻田、桑田及宅地四种，每种土地的分配规定有所不同。

（1）露田。这是指种植谷类作物的耕地。诸男夫年十五以上授露田四十亩，妇女二十亩。一般用休耕法，采用二圃制者加授男夫四十亩、妇女二十亩；采用三圃制者，则加授男夫八十亩、妇女四十亩。加授之田被称为倍田。

（2）麻田。在产麻的地区另分配男夫麻田十亩、妇女五亩，麻田不另加给倍田。

（3）桑田。初授田者除应分得露田或麻田之外，另给男夫桑田二十亩，规定至少种桑五十树、枣五株、榆三根。在不适宜种桑的地区，则每一男夫得另分配土地一亩以种枣、榆，至少枣五株、榆三根。无论桑田还是枣、榆，都必须在授田后三年内达到规定种树标准，如不能达到规定限额，则将其不足额部分的土地收回。

（4）宅地。新到居民每三口给宅地一亩以作建造房屋之用，奴婢每五户给宅地一亩。男女在十五岁以上者均应在宅地内每人种菜五分之一亩。

2.还田的规定

和占田制不同的是，均田制是既有授田又有还田的较完整的土地分配方案。均田制规定，分得土地即须负担租税，还田即可免去租税。"老免"与"身没"是还田的基本规定。[①] 对于露田与麻田，必须按照前述规定还田。桑田（或榆田）"皆为世业，终身不还"。一家所有桑田（或榆田）以现有人口为标准计算（奴婢不包括在内，对奴婢不授桑田），不足者可以要求分配；有余者不但不必还给政府，还可将其超过部分自行出卖。但定额内的桑田（或榆田）不许出卖，亦不许超过自家定额以外购进桑田（或榆田）。每年正月为还田时间。在年内已授田者"身亡及买卖奴婢、牛者"皆要待第二年正月才能还授。

3.授田与还田的特殊规定

其主要包括以下几种情况：

（1）全家均系老小残疾不具正式授田条件者，则十一岁以上及有残疾者各授以"半夫之田"，即露田二十亩。

（2）年逾七十而家中别无正式授田之人者，其田不必归还，至老死为止。

（3）寡妇守志者授妇田二十亩，免其租税。

（4）地广民稀地区除按一般规定授田外，还可根据自己的力量所及向政府另外借地耕种。

（5）对于远流配谪无子及户绝者，其宅地及桑田（或榆田）收为公田以供重分配之用，但分配时应尽量先分配给其亲戚，在未分配之先也应尽量先租借给其亲戚。

（6）一家人口增多应追加分配土地时，必须选择与其家土地相接近者予以分配。有多人应在同期分得土地时，"先贫后富"，即照顾到贫者，使其优先分得较近的土地。

4.官吏的公田规定

刺史十五顷，太守十顷，治中、别驾各八顷，县令、郡丞六顷，随官吏更换须负责交代，如有私自出卖者按律惩办。

均田制的基础是将战后大量的无主土地掌握在国家的手中。北魏政府把长期战乱后遗留下来的无主荒地、产权不确定或发生争讼的农地，以及部分有主但无力耕种的私有土地收归国有，然后计口分给有耕种能力的人。均田制将土地分为露田、麻田、桑田以及宅地，按照土地利用的性质来决定其所有权，其中桑田和宅地实际上成为授田者的私有土地，不必还授。和占田制相比较，均田制不仅规定了私人占有土地数量的最高限额，而且对农民能使用的土地进行了详细的分配。隋朝和唐朝沿用了均田制度，尽管在农民授田数以及各级官吏占田数量的规定上有所不同，但其中的核心思想仍然一脉相承，即抑制兼并，使农民获得基本的生产条件，从而保证国家的财政收入。

---

①　关于"老"的年龄规定并无明确说法，但根据西晋与北齐一般通行的规定来看，可能是指60岁以上者。"身没"是指60岁以前死亡者。

第六节 公元前3世纪至公元6世纪的治生思想

在中国传统经济思想中，"积著之理"与"治生之术"均是特指微观层次的私人经商致富之学，统称为"治生之学"。中国古代治生之学开端于先秦的商家，代表人物陶朱公和白圭都是著名的大商人。早期的治生之学是商人研究如何通过经商来致富。西汉时期，随着封建土地所有制的发展和巩固，商人资本势力进一步增强，商人中也有更多的人用经商得来的财富购买土地而转化成地主。司马迁所提出的"以末致财，用本守之"的观点，鲜明地反映了中国封建社会早期商人资本向地主阶级转化的要求，也指出了商人治生之学向地主治生之学转变的历史趋向。①

一、《货殖列传》对商人治生思想的总结

（一）《货殖列传》的史学意义

司马迁在《史记》中专辟《货殖列传》，无论从经济思想还是史学角度看来，都具有十分重大的意义。司马迁以前的先秦史书都不重视社会经济方面的记载，司马迁创立专记经济史的篇章，为中国的史学创造了一条必须记载经济生活的范例，为后代史书注意到社会经济的发展开了先河。司马迁在《货殖列传》中记载了春秋时期以来的十几位富商大贾商业经营的经验和智慧。他对于治生之学非常重视，不仅肯定农业是富家的合理途径，虞、工、商等各种经济活动都能致富，还肯定个人经商致富有利于社会经济发展。《货殖列传》以大量的史实证实："礼生于有而废于无。故君子富，好行其德；小人富，以适其力。渊深而鱼生之，山深而兽往之，人富而仁义附焉。富者得势益彰，失势则客无所之，以而不乐。"

（二）司马迁对商人"治生之术"的总结

1."以末致财，用本守之；以武一切，用文持之"

司马迁认为本末并列，皆是"衣食之原"，人情之所欲，应该"各劝其业，乐其事"。工商业较农业较容易致富，所以要从工商业入手致富，但是由于工商业的经营风险比较大，同时商人在政治上地位较低，所以致富后购买土地，才能保住自己的财富。

2.掌握经营决策的时机

如范蠡"旱则资舟，水则资车"。价格与供求相互影响："贵上极则反贱，贱下极则反贵。"因此"无敢居贵"，而应掌握时机，"贵出如粪土，贱取如珠玉"。司马迁认为白圭正是由于"乐观时变，故人弃我取，人取我与"，才能成为"治生祖"。此为"待乏"和"积著之理"。

---

① 赵靖. 中国经济思想通史（第2卷）[M]. 北京：北京大学出版社，1995：288.

3.合理利润率与资本投向理论

司马迁发现，利润是各行各业经营活动的内在动力，个人投资方向的选择首先考虑的是利润的高低。他广泛考察了农、林、牧、副、渔各业的获利水平，认为20%不仅是社会上的一般利润率，而且是一种合理的利润率。因此，20%的利润率是个人资本投资方向选择的前提条件。他说："佗杂业不中什二，则非吾财也。"在作资本投向决策时，还必须考虑那个行业的盈利条件，如生产资料、技术要求、资金的数量及周转速度、产品销路等。司马迁所列举的商业内部各行各业经营规模所需预付资本的数量，是以该行业资本周转速度的快慢为依据的。胡寄窗先生认为："资本周转速度这个概念能被一位生活在两千年前的思想家意识到，这在全世界的经济思想史上也是极不寻常的事实。"①司马迁已注意到资本周转的作用，并已意识到商业资本的周转快于一般生产事业中的资本周转。他进一步认识到，商品交易具有居间性，商业的获利能力主要取决于商业资本周转速度的快慢。他引述计然之语说："积著之理，务完物，无息币。以物相贸易，腐败而食之货勿留，无敢居贵。"

4.经营者的个人素质

司马迁以白圭为例进行了论证，认为"智""勇""仁""强"是商业经营者应该具备的重要素质。司马迁将那些唯利是图、取予无度的商人称为"贪贾"，高度评价任氏之"仁"术，"折节为俭，力田畜。田畜人争取贱贾，任氏独取贵善，富者数世。然任公家约：'非田畜所出弗衣食，公事不毕则身不得饮酒食肉。'以此为闾里率，故富而主上重之"。司马迁认为任氏"富而好礼""富好行其德"。致富不仅需要过人的智识谋略、取予的仁术，还需要恒心、毅力，胜不骄，败不馁，稳步发展。

二、《四民月令》中的治生思想

《四民月令》是东汉（25—220年）末期的崔寔模仿古代的月令形式编写而成的，主要叙述洛阳地区一个大地主的田庄从正月一直到十二月的一般农业活动。此书记载的重点是农业活动，对于谷类、瓜菜、经济作物的种植时令和与种植关系密切的农业活动都有详细的记载。书中还记述了纺绩、织染、酿造、制药等手工业生产以及商业经营活动，对于雇工的选用和管理、农产品的买卖、祭祀、子弟教育、与宗族亲朋的交往等日常生产经营和社会活动也有详细记载，以作为地主家庭运转和治理的行动指南。

（一）《四民月令》中治生思想的主要内容

1.按照自给自足的原则安排生产活动

《四民月令》按照各月的气候和节气，列出什么时候可以从事什么样的生产活动。生产活动的内容非常广泛。在"食"的方面，不仅包括各种谷物、菜蔬的生产，还包括各种食品加工，药材的种植、采集等；在"衣"的方面，包括从丝麻生产到织、染、缝制的全过程。总而言之，日常生活所需的东西都由自己生产，以自给自足作为治家的基本原则。

---

① 胡寄窗. 中国经济思想史简编［M］. 北京：中国社会科学出版社，1981：208.

2.农、工、商兼营

《四月民令》反映了除农业之外，还要发展手工业和商业经营活动的思想。利用农产品收获季节差价的变化规律，在农产品收获季节供多价贱时有计划地购贮，在离收获季节较远或社会需求增加供少价贵时卖出。例如，在上年的十月、十一月籴进大豆、小豆，而在第二年五、六、七月粜出；在五、六月购进弊絮、帛、缣，而在十月卖出。这种买卖活动已经不仅是为了满足自身需要，而且是以营利为目的的商业经营活动。

3.重视教育

《四民月令》并不只是指导人们如何经营农、工、商业，以使得一个地主家庭财用充足，还指导其如何获得一定的政治、社会地位，因此非常强调教育的重要性。其要求地主家庭的子弟读书，不仅幼童入"小学"，学篇章，而且成童入"大学"，学五经，要世代读书，从而世代为官。

4.综合利用、量入为出的财务管理思想

《四民月令》阐述了农产品的综合利用和野生植物的利用，以及"度入为出，处厥中焉"的财务管理思想。这都是为了实现以农业为主、以工商为辅的多种经营计划，以实现地主家庭财富的增加，体现出管理思想上更多的世俗性与务实性。

（二）《经济论》与《四民月令》分工思想的比较

家庭管理思想是古希腊的经济思想中的重要内容。色诺芬在《经济论》中肯定了分工的必要性，指出人们不可能变成一个精通一切技艺的专家，因此要按照工种的不同来进行分工。但是和《四民月令》相比，两者分工的依据不同。崔寔的分工是微观层面的家庭劳作分工，而色诺芬的分工讨论的是社会分工，但他只注意到社会分工如何使产品制造得更加完美，尚未意识到社会分工在提高劳动生产率方面的重要作用。在对人的管理方面，崔寔和色诺芬都认识到了对人管理的重要性，但古希腊的家庭管理是奴隶主对奴隶的管理。在奴隶社会中，奴隶被当作会说话的工具，色诺芬主张把奴隶看作人，对驯从的奴隶应该给予较好的待遇。

三、《齐民要术》的地主家庭治生思想

《齐民要术》是中国现存最早、最完整的农书，该书的问世反映了商人治生之学向地主治生之学转化的完成。"齐民要术"是指平民谋生计的方法。其征引了一百五十多种前人或者同时代人的著作，汇集了历史文献中农业生产技术知识，使早已散失的一些农书的部分内容得以保存流传。该书全面总结了各种农作物的栽培、禽畜和鱼类的养殖、农产品的加工和储藏的技术。

从经济思想史的角度来看，《齐民要术》是我国现存的一部古代家庭经济学。贾思勰在《齐民要术》中阐述的地主治生之学包括治生之道、治生之理和治生之策。

（一）治生之道

治生之道是家庭经营对象或经营途径的选择及与此有关的理论说明。

贾思勰关于治生之道的主要观点是："夫治生之道，不仕则农。若昧于田畴，则多

匮乏。"（《齐民要术·杂说》）治生活动中的经营对象，归结为做官和务农，认为只有做官和务农才是"治家人生业"，取得并保持、扩大私人财富的正当途径。贾思勰指出，农业是老百姓的衣食之源，是人们赖以生存和发展的最基本条件，重视和加强对农业生产的经营管理，对于治国安民具有头等重要意义。"食者，民之本；民者，国之本；国者，君之本。是故人君上因天时，下尽地利，中用人力，是以群生遂长，五谷蕃殖。"（《齐民要术·种谷第三》）

（二）治生之理

治生之理是关于私人经营管理的一些原理和规律性认识。

贾思勰认为治生之理的主要内容包括：

1.勤俭持家

人们如果想通过"以农治生"来取得、增值财富，就必须辛勤耕耘、努力生产。"《传》（《左传》）曰：'人生在勤，勤则不匮。'古语曰：'力能胜贫，谨能胜祸。'盖言勤力可以不贫，谨身可以避祸。"（《齐民要术》）

除了勤奋劳动之外，贾思勰还强调"节用"。"夫财货之生既艰难矣"，应该珍惜，"用之以节"。

2.劳动管理要督课与抚恤相结合

"凡人之性好懒惰矣"，因此对佃户或者雇工要"督课有方"，严加管理，"稼穑不修，桑果不茂，畜产不肥，鞭之可也；杝落不完，垣墙不牢，扫除不净，笞之可也"。（《齐民要术·序》）但他也指出，要注意"抚恤其人"（《齐民要术·杂说》），采取怀柔的手段以调动劳动者的积极性。

3.因时因地求效益

各种农作物都有其生长、成熟、繁殖的规律，经营农业必须按照自然规律的要求，根据天时、地利的特点来进行，这样才能事半功倍。如果违反客观规律，凭借主观意志，就好比"入泉伐木，登山求鱼，手必虚；迎风散水，逆坂走丸，其势难"（《齐民要术·种谷第三》）。

（三）治生之策

治生之策是微观经济管理的方法和措施。从治生之道出发，以治生之理为指导和依据，贾思勰详细论述了地主家庭经营管理的具体措施和方法，即治生之策。

1.集约经营，精耕细作

贾思勰主张在土地利用和农业生产方面实行集约经营。"谚曰，顷不比亩善，谓多恶不如少善也。""凡人家营田，须量己力。宁可少好，不可多恶。"（《齐民要术·种谷第三》）对于如何进行集约经营，他提出了一套精耕细作的制度和措施。例如，对农作物的种植，强调要抓好从开荒、选种、播种、耕耘、收割、贮藏到加工整个生产全过程的管理。对各个管理环节，他也提出了严格要求。

2.多种经营，农贸结合

贾思勰主张在地主家庭经营管理活动中，要农、林、牧、副、渔、手工、贸易全面发展，同时进行各种商品农作物的种植和经营。贾思勰赞成并且提倡以农业生产为基础的商品农作物贸易活动，认为经营商品农作物，必然要同商品贸易、市场供求、价格涨落等问题发生联系。贾思勰在《齐民要术》中安排了《货殖第六十二》，大量摘录《史记·货殖列传》中的商业经营原则以及司马迁对资本与利息相互关系的分析。同时，他对如何从事商品农作物贸易提出了一些致富之策。

3.改进工具和提高人的劳动兴趣

"欲善其事，先利其器；悦以使人，人忘其劳。"（《齐民要术·杂说》）他通过引用历史经验阐明了采用先进生产工具发展农业的重要意义，并且将采用先进工具和调动劳动者的积极性联系起来。对于雇工管理，他提出要"常遣欢悦"，在物质和精神两方面来激励其积极性。雇工的报酬可以用产品分成或者副产品来支付，支付报酬的多少与劳动者完成的工作量紧密相联。

第三章思想园地

学史增信

司马迁"善因论"与现代经济学[①]

知识传授

◎司马迁"善因论"的自然观与自由放任思想内涵。

◎司马迁"善因论"与亚当·斯密自由放任思想的比较。

价值塑造

◎继承与弘扬中华优秀传统文化：挖掘并了解西汉时期出现的自由放任思想的代表性观点和主要内容，指出中国古代早已出现较为接近现代经济学自由放任观点的思想。

◎增强文化自觉、坚定文化自信：基于中外比较，客观评价中国西汉时期出现的自由放任思想的理论价值和创新贡献，指出司马迁的观点较为全面，已触及对政府与市场边界的初步认识。

适用情景

◎《中国经济思想史》：介绍西汉时期具有代表性的"自由放任"经济思想。

◎《中外经济思想比较研究》：介绍自由放任思想在中外经济思想史上的发展渊源

---

① 作者为上海财经大学王昉和刘凝霜。

及内涵比较，客观认识两者的历史背景、理论要素及异同之处。

案例内容

司马迁"善因论"与亚当·斯密自由放任思想比较

在如何管理国家经济的问题上，中国古代始终存在"放任主义"和"干预主义"两种思想。司马迁是中国古代经济思想中倡导自由经济的集大成者，他将道家顺应自然的精神融入儒家思想，丰富并发扬了自由经济的观念。

这首先体现在他的自然观上。司马迁认为自然界有其自身规律，人们只能顺应这些规律而不能违背，社会经济活动是不以人的意志为转移的。这种自然观在经济上表现为放任主义。同时，与孔孟一样，司马迁在经济上的自由放任观点强调尽人之性、尽物之性。

◇ "春夏囚死，秋冬旺相，非能为之也；日朝出而暮入，非求之也，天道自然。"（《论衡·命禄》）

◇ "夫春生夏长，秋收冬藏，此天道之大经也，弗顺则无以为天下纲纪，故曰：'四时之大顺，不可失也。'"（《史记·太史公自序》）

◇ "夫神农以前，吾不知已，至若诗书所述，虞夏以来，耳目欲极声色之好，口欲穷刍豢之味，身安逸乐，而心夸矜势能之荣使，俗之渐民久矣。虽户说以眇论，终不能化。"（《史记·货殖列传》）

反映司马迁自由放任经济思想最为著名的论述是："故善者因之，其次利道（导）之，其次教诲之，其次整齐之，最下者与之争。"（《史记·货殖列传》）所表述的意思是：第一，国家对于社会经济最好是不加干涉，听其自然发展；第二，根据客观需要加以利导；第三，对人们不利于社会的经济活动加以教导；第四，将社会经济活动的各种自发不平衡现象加以整理与划一；第五，政府自己从事经济活动，与民争利，这违反了人的天性，即"天下熙熙，皆为利来；天下壤壤（攘攘），皆为利往"（《史记·货殖列传》）。

在司马迁看来，社会经济发展是具有内在动力的，人们在求富、求利的本性驱动下自发分工合作，社会经济的运行和发展受到自发调节。

◇ "故待农而食之，虞而出之，工而成之，商而通之。此宁有政教发征期会哉？人各任其能，竭其力，以得所欲。故物贱之征贵，贵之征贱，各劝其业，乐其事，若水之趋下，日夜无休时，不召而自来，不求而民出之。岂非道之所符，而自然之验邪？"（《史记·货殖列传》）

比司马迁晚1800多年的英国经济学家亚当·斯密主张自由放任、充分竞争。斯密认为在"看不见的手"的作用下，生产者为了自己的利益，能够把握市场经济信号，引导劳动、资本的生产要素流向收入最多的部门，经过竞争达到均衡的状态，无须人为指导和政府干预。司马迁与斯密在主张经济自由的思想上有相似之处，但相较之下，司马迁的观点不是仅仅强调自由放任，而是进一步探讨了国家或政府在经济活动中的职责、态度以及应对方法，较为接近现代经济学理论中有关政府与市场边界问题的讨论。因此，司马迁的思想内涵在整体上较为全面且兼具现实指导意义。

问题 1：国内外学者如何评价司马迁的"善因论"及中国传统经济思想？

1.学术背景

近代以来，在较长的一个时期内，西方学界对中国古代经济思想大部分是持否定意见的，一些学者甚至对包括中国在内的东方国家的经济思想进行了全盘否定。例如，1956 年，美国学者欧·泰勒在关于"东方经济思想及其应用和方法"的学术讨论中称：东方国家的古老文化和智识传统中没有足以与中世纪西方经院学者们在经济分析方面所作出的良好开端相媲美的东西。熊彼特在《经济分析史》中认为，在古代最有可能产生经济分析的国家就是中国，"但是没有留传下来对严格的经济课题进行推理的著作"。

2.部分中外学者的肯定观点

梁启超认为："与西士所论，有若合符。苟昌明其义而申理其业，中国商务可以起衰。前哲精意，千年湮没，至可悼也。"①

叶世昌教授在其所著《古代中国经济思想史》一书中评价司马迁是"中国古代最彻底的经济自由主义者"。

著名经济学家阿瑟·杨格（Arthur Young）则认为，司马迁早在亚当·斯密之前就在《史记·货殖列传》中提出了市场机制的概念，以及"看不见的手"的等价隐喻——"水之趋下"。而斯密曾在创作《国富论》之前去法国访问，杨格据此推断斯密曾直接从杜尔阁及与之熟识的两位留法中国学者那里了解了司马迁的思想，并受到其思想的启发。

问题 2：司马迁与亚当·斯密自由放任思想内容的异同及原因分别是什么？

主要从两方面讨论（讨论中不局限于这些方面）：司马迁与斯密在主张经济自由的思想上有相似之处，但二者在经济主张上也存在一定差异。斯密的主张受资本主义生产方式的质的规定，他把每一个独立的个人作为对立的商品生产者来看待，自然主张充分的自由竞争。而司马迁的看法受封建主义生产方式的质的规定，因此，他不可能把封建主义下的人看作"独立的人"，看作能够无所拘束地进行自由竞争的人，因此，司马迁主张的是以自由放任为主但不完全否定干预的经济政策。

究其观点差异的主要原因，是司马迁和斯密所处的经济制度背景不同。司马迁生活在我国封建社会成长阶段的西汉时期。一方面，当时社会经济已因汉初几十年来实行"与民休息"政策得到恢复和发展，司马迁肯定了上述政治与经济现实；另一方面，司马迁对与他同时代的桑弘羊所采取的经济干预政策极为不满，认为是与民争利。因此，司马迁在"故善者因之，其次利道（导）之，其次教诲之，其次整齐之，最下者与之争"这段阐述中，分层次、分条件地探讨了国家（政府）职能与自由经济之间的关系问题。相比之下，斯密生活在英国从工场手工业向机器大工业过渡的时期，当时的英国资产阶级迫切需要彻底清除封建残余以及重商主义政策的束缚，实行自由竞争和自由贸易，以保证资本主义的自由发展和工业革命的顺利进行。

---

① 梁启超.《史记·货殖列传》今义［N］. 时务报（第35册），1897-08-08.

问题3：在世界经济思想发展史上，中国古代早已产生了诸如"善因论"等领先于世界的思想观念，这些思想是否曾对现代经济学的产生与发展起到影响？

在经历了工业革命及其引致的中西大分流之后，现代经济学产生、发展和成熟于率先开启工业化进程的西方。作为历史上经济发展水平曾长期领先于世界的大国，中国古代是否有值得珍视的经济思想呢？对此，国内外学术界曾经存在较大的歧见。近代以来，在较长的一个时期内，西方学界对中国古代经济思想大部分是持否定意见的，但也有少数持肯定意见。一些西方学者之所以得出否定结论，很重要的一个原因是他们不谙中文，无法直接阅读中文尤其是古汉语文献。这样，他们所获得的关于中国的有限知识，大部分只是来自西方传教士或留学生介绍到西方的少数中国文化典籍，他们基于此得出的判断是有局限的。

改革开放之后，胡寄窗、巫宝三等一批中西兼通、古今兼擅的学者，是中国经济思想史学科奠基人，通过对中国传统经济思想的挖掘以及对中西经济思想的比较研究，进一步阐发了中国古代经济思想的成就。事实上，中国传统经济思想内容丰富，涉及范围广泛，形成了一系列有中国特色的经济概念，拥有许多值得珍视的思想闪光点，是中国传统文化的重要组成部分。

随着对中国传统经济思想的不断开掘和学术研究的持续深入，一些学者发现和论证了中国传统经济思想不仅曾经领先于世界，而且对现代经济学的产生和发展起到了一定的推动作用，成为其理论的思想渊源之一。除了上述关于司马迁"善因论"蕴含的自由主义思想以及对政府与市场边界问题的讨论之外，谈敏教授在其专著《法国重农学派学说的中国渊源》中，全面系统地考察了中国古代思想尤其是经济思想对法国重农学派及西方近代经济学说的影响，科学论证了中国传统经济思想是现代经济学说的先行思想因素之一。

资料来源

[1] 赵晓雷. 中国经济思想史 [M]. 5版. 大连：东北财经大学出版社，2019.

[2] 谈敏. 法国重农学派学说的中国渊源 [M]. 上海：上海人民出版社，2014.

[3] 胡寄窗. 中国古代经济思想的光辉成就 [M]. 北京：中国社会科学出版社，1981.

[4] 程霖，陈旭东，张申. 中国传统经济思想的历史地位 [J]. 中国经济史研究，2016（2）：16-31.

[5] 程霖，陈旭东. 中国传统经济思想的现代价值 [N]. 文汇报，2016-02-26.

本章思语

1. 试对国家干预主义和经济自由主义两种政策思想在秦汉时期的演变进行分析总结。

2. 西汉时期的"义利之辨"与先秦时期的义利观相比具有哪些不同之处？

3.限田、王田、均田、占田的土地制度是否能够解决中国封建社会的土地兼并问题?

推荐阅读文献 ❋

［1］张守军. 中国历史上的重本抑末思想［M］. 北京：中国商业出版社，1988.

［2］赵俪生. 中国土地制度史［M］. 济南：齐鲁书社，1984：54-107.

第四章　7世纪至14世纪
（唐朝、宋朝和元朝时期）经济思想

学习目标

◎ 重点掌握唐宋时期理财思想的主要内容，重商思想在唐、宋、元时期的新特征；

◎ 一般掌握土地思想的延承与发展、财税思想的时代特征、货币思想的新发展；

◎ 了解7世纪至14世纪社会经济发展概况。

关键词

崇富　井田方案　量出为入　量入为出　钱重物轻

第一节　7世纪至14世纪社会经济发展概况

7世纪至14世纪，包括唐朝、宋朝、元朝[①]，可谓历史上又一个重要和活跃的时期。该时期的社会经济继续发展，而封建社会制度逐渐由繁荣、鼎盛转向衰退。经济思想在这一时期也呈现出鲜明的时代特征。

一、唐朝特殊的经济体制

唐朝（618—907年）是中国封建社会进一步发展的时期。在近三百年的发展历程中，中国的政治制度、社会组织、经济体制、宗教和艺术生活等各个领域，都发生了广泛而深刻的变化，一度成为当时世界上最文明、最富强的帝国。这主要得益于经济体制方面的各种变革。

（一）招还流民，增殖人口

唐初，财政枯竭，要巩固政权，必须有足够的财力，恢复发展生产，解决劳动力问题。唐初大力增殖人口，赦免逃亡山谷义军，使其回家生产。唐高祖武德六年（623

---

① 尽管隋朝（581—619年）在本章所述时期内，但因其上承南北朝下启唐朝，很多经济制度在唐代得以传承与发展，往往被经济史学家们予以合并阐述，且专门针对隋朝经济思想的系统性论述较少，故本章不再单独分析隋朝经济思想。

年），下"劝农诏"，太宗时更采取与民休养生息政策，使生产发展，人口增加。

（二）颁布均田令和租庸调法

面对残破的社会经济，为恢复和发展生产，保证封建租税的收入，唐武德七年（624年）四月，政府颁布了均田令[①]和租庸调法。

均田令承认了农民已占有土地的合法性，同时使无地或少地的农民依令向国家请受一部分荒田耕种，从而促进了唐初农业生产的恢复和发展。

租庸调法具体规定了农民服役缴赋的办法，赋税简括，收入遂多，特别是以庸代役的办法，使得农民有较多的时间从事农业生产，在发展生产上曾起过积极作用。

（三）刘晏、杨炎整理财赋制度和推行两税法

安史之乱是唐朝由盛入衰的历史转折点。安史之乱后，唐朝财政变得极其匮乏，于是着手整理财赋制度。

刘晏在担任盐铁转运使后，对盐法、漕运等都进行了整顿，收效明显。他又推行常平法，丰年高于市价籴粮，歉年低于市价粜粮，平抑了物价，增加了财政收入。

杨炎于唐德宗建中元年（780年）制定两税法，以财产的数量为征税标准，扩大了赋税的基础，改变了课役过于集中在贫苦人民头上的情况。两税法规定：两税之外，不应再有杂税。但后来上有所需，下有进奉，两税法名不符实。在两税法逐渐遭到破坏的情况下，文人、朝士对两税法多有不同议论。

在以上经济体制变革的基础上，唐朝的商品经济得到了明显发展。

二、两宋商品经济的大发展

中国封建生产方式的地主经济阶段从宋封建帝国起开始转入一个新的发展进程。宋朝继唐末农民运动之后，再度出现了地主经济的繁荣，尤其是商品经济。

（一）手工业经济方面的发展

作为封建社会支柱之一的手工业经济，从两宋开始也起了新的变化。

1.手工业的分工更加细密

民间手工业分工情况无完整的史料可资依据。据《马可·波罗游记》记载，宋元之际的中国手工业比同时期欧洲的著名手工业都市如米兰、威尼斯，以及其他意大利各手工业中心地区的发展程度要高得多。

2.手工业规模明显扩大

仅以宋朝矿冶为例：徐州（今江苏省徐州市）利国监是冶铁中心，计有"三十六冶……冶各百余人"（《东坡集续集》卷十一《徐州上皇帝书》），共五六千矿工；信州、铅山（今江西省上饶市信州区和铅山县）等处的铜、铅矿，"常募集十余万人，昼

---

① 唐朝均田制在北魏和隋朝均田制基础上发展而来。北魏、隋、唐三朝的均田制在土地按照人口分配的原则方面基本相同，但是在各自具体内容方面有明显区别，尤其表现为奴婢、耕牛等授田情况，贵族、官员授田差异和土地买卖等方面。

夜采凿，得铜、铅数千万斤"（《宋会要辑稿·食货》三四之二七）；韶州（今广东省韶关市）铜、铅、锡、银等矿区，"四方之人，弃农亩，持兵器，慕利而至者不下十万"（《武溪集·韶州新置永通监记》），足见当时手工业规模巨大。特别值得注意的是，在自由手工业者中也出现了所谓"富工"，即作坊主人，他们能同"通邑大都之有力者争无穷之侈"（《临川文集》卷八十三《抚州通判厅见山阁记》），其富裕程度可以想见。这个特殊的阶层出现在手工业中，体现了某种新生产关系的萌芽。

3.手工业中的雇佣关系被较为广泛地采用

雇佣劳动在战国后期即已出现，如"卖佣而播耕"（《韩非子·外储说左上》）。雇佣劳动在唐朝虽已渐广泛，但在官府工场中仍以服劳役而不给报酬的"番匠"为主，以雇用的"明资匠"和"巧儿匠"为辅。两宋时的官府工场则倒转过来，以雇用的"募匠"为主干，以"鳞差"（唐朝番匠的变形）为辅。封建官府工场抛弃劳役征发的方式，改用雇佣劳动形式这一事实，在封建手工业发展过程中是非常重要的变革，尽管所谓"雇佣"仍不免于带有若干强迫性质。

（二）商业经济方面的发展

在两宋时期，较高级的商业经营方法（如预买与赊卖）已相当普遍。据《东京梦华录》及其他关于两宋京城经济生活的书籍记载，两宋时期的商业发展水平似乎与清末的许多典型封建城市差不了多少；同时，与以前的历史时期相比，呈现出如下一些变化：

1.市场活动方面

宋朝以前的都市大都将市场与住宅区分别设置，如唐朝的"坊"与"市"、长安的东西两市均为专设的商业区域；商业活动必须在一定的市场内进行，交易聚散也有规定的时间。北宋时期的商业不但突破了市场的地区限制，在都市的任何地区均可进行交易，还突破了交易时间的限制，每天从黎明至深夜皆可进行交易。[①]

2.行会组织方面

与唐朝相比，行会组织发展到宋朝，在社会经济中的地位更加巩固，组织亦更周密。在唐朝，行会并非一业一个，而是一业几个，分区垄断，到宋朝已是一个行业由一个行会控制，可见其组织已高度发展。行会对本行业已取得垄断权力，非本行业的工商业者不得从事本行业的买卖，如需从事本行业买卖必须由已取得该行会成员资格的商人代为引进。（《宋史》卷一百八十三中所载京师茶行转售事，可以为例）为保护本行业的利益，行会组织有时也向封建官府提出要求。例如，宋朝所谓"免行钱"便是肉行不堪以实物供应官府的痛苦，要求以缴纳现钱代替实物供应才开始实行的，后来被推行于各行业，变成一种定型的财政榨取方式。（《续资治通鉴长编》卷二百四十四）

总之，行会到宋朝已发展为代表工商业者自己利益的有力组织，在封建城市经济中起了很大作用。

---

① 李剑农.宋元明经济史稿［M］.北京：生活·读书·新知三联书店，1957：131-135.

（三）货币流通方面的发展变化

手工业、商业经济的进一步发展，也要求货币流通与之相适应。宋朝出现了货币流通方面的重要变化，具体表现在两个方面：

1.白银作为货币广泛使用，取得了部分的法偿资格

凡购买粟米、缠头之资，民间的支付馈赠，封建官府的财政捐税等均可兼用白银作为支付手段，后来甚至发行纸币也以白银为单位或以白银收兑。[①]元朝以后，白银作为法偿货币的范围更加广泛，封建财政收支基本上以白银为基础。帝国的幅员辽阔和各地区商品交换的频繁以及规模扩大，使铜币的流通不足以适应商品流通的需要，要求有一种较珍贵的金属货币来作为流通手段。但是，另一方面，在封建农村中，由于农民贫困和生活水平低下，仍必须维持铜币的继续流通。两种金属货币并行流通，必然产生许多矛盾。

2.纸币出现并越来越成为封建国家的主要剥削工具

北宋时期纸币"交子"的出现以及南宋时期"会子"的出现与流通，使得货币矛盾的产生更加频繁、复杂和尖锐。因此，封建地主制经济后期的思想家不谈及货币问题的比较少，而白银和纸币这两个在本历史时期新出现的问题更是讨论的中心。

此外，宋自开国以来，采取不抑兼并的政策，在农业经济的发展中受益的不是农民，而是地主。官僚、豪族、寺观都兼并土地，逃避田赋，并和国家争夺赋役。于是内有人民流离失所，外又有辽、金、西夏政权的入侵，宋朝的财政经济遭受严重破坏。这些现象都在思想家们的议论中有所体现。

三、元朝经济发展概况

元朝从建立到灭亡只有九十多年的历史。蒙古人的经济生活主要是畜牧，直到元世祖忽必烈继位后，为了统治集团的利益，开始重视农业，确立了"国以民为本，民以衣食为本，衣食以农桑为本"（《元史·食货志·农桑》）的原则，使农业得到迅速发展。

在此基础上，元朝又特别重视商业经济和海外贸易。为了鼓励商业经济的发展，元朝统治者制定了较低的商税税率。在商业都会，商税税率一般为三十取一；边远地区，商旅艰难，故实行六十取一的税率，每遇灾荒还常有减免。元朝疆域的开拓促进了交通、贸易的发展。当时，全国驿站计有1 383处、1 400余站（《元史》卷一百○一《兵志·站赤》）；海上交通更为历代之冠，国家控制的海船可远达西亚、东非。中国成为当时世界上最强大、富庶的国家。

国境的扩大、商业的发展为纸币的扩大流通提供了条件。元朝实行赋税征钞制，使钞法更盛。田赋征银始于元朝，财政用银作为支付手段十分普遍。元朝是我国首次发行不兑换纸币的朝代，对封建财政影响很大。元朝在纸币发行上采取统一发行办法，还完善了发行制度和管理制度。自始至终以发钞作为补助财政的手段，是元朝财政的显著特点。

---

① 彭信威. 中国货币史［M］. 上海：上海人民出版社，1965：266，418-420.

但由于元朝统治者采取民族歧视和民族压迫政策，民族矛盾比较尖锐，加上元朝末年统治阶级腐朽和土地兼并日益严重，终于爆发了全国范围的农民起义，元朝在农民起义的浪潮中覆灭了。

第二节 理财思想

一、对传统"讳言财利"思想的批判

9世纪以来，一些进步的地主阶级思想家已开始对传统的"讳言财利"的态度提出异议。如唐朝诗人白居易就曾指出"圣人，非不好利也"（《白香山集·策林二》），对儒家所谓"天子不言多少，诸侯不言利害"（《盐铁论·本议第一》）的传统教条表示异议。从11世纪起，坚持这种新观点的思想家日益增多。

（一）李觏对"何必曰利"的批判

李觏（1009—1059年），字泰伯，北宋建昌军南城（今江西省抚州市南城县）人。他出身寒微，从小好学，二十三岁即开始著书。其中，经济著作也不少。他的《平土书》、《富国策》十篇、《周礼致太平论》中的《国用》十六篇，都集中论述了经济问题。

李觏从"物质利益是人类社会生活的根本"这一基本观点出发，严厉地批驳了孟子的"讳言财利"思想。他说："利可言乎？曰：人非利不生，曷为不可言？欲可言乎？曰：欲者人之情，曷为不可言？"他认为孟子的观点过于极端："孟子谓'何必曰利'，激也。焉有仁义而不利者乎？其书数称汤武将以七十里、百里而王天下，利岂小哉？"他进一步提出自己的鲜明主张，即治理国家的基础是物质财富："是故贤圣之君，经济之士，必先富其国焉。"（《李觏集·原文》）这种反对将实际物质利益和道德原则对立起来的观点是正确的。

当然，李觏对"讳言财利"的批判还有其不彻底性。他主张用"礼"来限制人们对利益的追求，因为"食虽丰，不过数人之谷也。衣虽厚，不过数人之帛也。一夫之田，五亩之桑，亦足以自为矣"。社会上消费品的数量有限，但是人们往往不仅仅满足于此，为了满足更大的贪欲，"藏奸挟诈，昼争夜夺，如盗贼之为"，严重影响社会秩序的稳定，所以要用"上下有等，奢侈有制"来约束人们追求利益的行为。（《李觏集·安民策第四》）

总之，李觏对"讳言财利"思想的批判，对当时社会上的保守派和长期处于统治地位的封建正统经济思想是沉重的打击。

（二）苏洵对"君子之耻言利"的阐释

苏洵（1009—1066年），字明允，北宋眉州眉山（今四川省眉山市）人。其与儿子苏轼、苏辙齐名，合称"三苏"，都被后人列入唐宋八大家。

苏洵对义利关系的阐释有其独到之处。他认为，君子耻言"利"，也耻言"徒义"，

行义"必即于利。即于利，则其为力也易，戾于利，则其为力也艰。利在则义存，利亡则义丧"。义和利要有机结合。像伯夷、叔齐那样的人，"乐以趋徒义"；但一般人"悦怿以奔利义"，追求既合义又有利的事。只有"天下无小人，而后吾之徒义始行"；但天下不可能无小人，因此，就不可能只讲义、不讲利。《周易》所谓"利者义之和""利物足以和义"，就是讲的"义必有利而义和"。要治理好国家，就必须懂得义和利不可缺一的道理："义利、利义相为用，而天下运诸掌矣。"

苏洵还提出："义者，所以宜天下，而亦所以拂天下之心。苟宜也，宜乎其拂天下之心也。"宜是适宜，拂是违反，宜和拂是一对矛盾的概念。苏洵认为，义既有适合天下之心的一面，也有违反天下之心的一面。因为天下之人有君子、小人之分，"求宜乎君子"，就必然拂于小人。因此，宜的另一面就是拂。正因为义具有两重性，所以仅仅凭义不能完全解决问题。他说："伯夷、叔齐殉大义以饿于首阳之山，天下之人安视其死而不悲也。天下而果好义也，伯夷、叔齐其不以饿死矣。虽然，非义之罪也，徒义之罪也。"虽然伯夷、叔齐行大义行为，但对天下之人并无实际利益，没有把义和利结合起来，因此，"天下之人安视其死而不悲也"。这不是"义之罪"，而是"徒义之罪"，仅仅靠义是不能解决问题的。（上述引文出自《嘉祐集》卷八《利者义之和论》）

苏洵对义利关系阐述的实质在于，要求统治者在重视义的同时，应该将利放在第一位，而不是仅仅靠义来治理天下，这无疑是对传统"贵义贱利"思想的一种有力抨击。

（三）叶适对"圣贤不为利"的否定

叶适（1150—1223年），字正则，谥号文定，永嘉（今属浙江省温州市）人。因他晚年住在永嘉城外的水心村，人称其为水心先生。叶适官至宝文阁学士、通议大夫。他的著作有《叶适集》《习学记言序目》等。

叶适从就"事功"来定"义理"的观点出发，从根本上否定了传统的"讳言财利"的思想。当时的唯心主义理学家朱熹曾宣扬董仲舒的"正其谊不谋其利，明其道不计其功"（《朱文公文集》卷七十四）的唯心主义观点。叶适针对此，指出："仁人正谊不谋利，明道不计功。此语初看极好，细看全疏阔。古人以利与人而不自居其功，故道义光明。后世儒者行仲舒之论，既无功利，则道义者乃无用之虚语耳。"（《习学记言序目》卷二十三）所谓"功利"的内容固然不限于物质财富内容，而物质财富必然是"功利"的重要内容，这从他强调"以功受食"这一点可以得到证明。既然必须以功利来决定道义，那么"讳言财利"必然是错误的。他特别强调物质财富的作用，指出："古之人未有不善理财而为圣君贤臣者也……后世之论，则以为小人善理财，而圣贤不为利也。圣贤诚不为利也。上下不给而圣贤不知所以通之，徒曰'我不为利也'，此其所以使小人为之而无疑欤！"（《水心别集》卷二《财计上》）

叶适从分工、生产和流通等角度去阐述社会财富非加以整理不可，大胆地提出不能理财即不成其为"圣君贤臣"，从而否定了"圣贤不为利"的古老命题，其批判传统"讳言财利"的态度较之李觏等还要鲜明而坚决。[①]

---

① 胡寄窗. 中国经济思想史简编［M］. 上海：立信会计出版社，1997：349.

二、理财的基本原则

（一）刘晏"养民为先"的财政指导原则

刘晏（718—780年），字士安，曹州南华（今山东省东明县）人。大历十四年（779年），刘晏总领全国财赋。他任宰相的时间不长，但任职期间选任了一批能干的官吏来执行他的政策，办事效率很高。

理财的首要任务是增加财政收入，而增加财政收入的前提是要"养民"。唐朝中叶以后，由于土地兼并严重，两极分化加剧，民生问题成为尖锐的社会问题。因此，刘晏执掌财政大权后，首先强调养民，把养民作为理财的指导原则。"户口滋多，则赋税自广，故其理财，常以养民为先。"（《资治通鉴》卷二百二十六）刘晏把理财和人口的增加联系起来，认为人口的增加有利于国家赋税的增加。这种认识在以"人丁为本"的征税原则下是比较恰当的。人口是商品的消费者。刘晏特别重视运用商品经济原则来增加国家财政收入，如漕运、盐法与常平等措施。而这些措施对国家财政收入的影响又都是通过调动人的积极性来实现的。正是由于这种原因，刘晏理财强调"养民"，实际上是注意培养税源。

刘晏的养民思想体现在他的各种财政改革措施中。如他改革漕运的目的之一是，借增加粮食供应以恢复和发展农村经济，借舟车往来刺激商品流通以繁荣社会经济；他推行雇佣劳动是减轻对劳动人民的强制剥削；他推行常平法，在自然灾害时救助生产，对安定社会生活、增殖人口有一定的帮助。

正是因为刘晏理财以养民为先，所以在他管辖的范围内，户口大幅度增加。《资治通鉴》卷二百二十六载："由是民得安其居业，户口蕃息。晏始为转运使，时天下见户不过二百万，其季年乃三百余万。在晏所统则增，非晏所统则不增也。"户口增多，赋税自广，这表明刘晏似乎已认识到户口多则生产财富的人也多、财富多则赋税随之增多的事实。刘晏成功地解决了政府的财政危机，这与他的这种认识不无关系。

（二）杨炎、陆贽"公赋独立""罢私藏"论

在商品经济社会中，保证国家财政收入的独立是国家财政管理的必要前提，也是保证商品经济正常发展的重要条件，但是，在封建社会里，国家财政与皇帝的私藏往往合二为一，很难分开。封建统治者为了满足自己穷奢极欲的生活，不惜倾全国之财为己有。而只有在商品经济有了一定程度发展的背景下，思想家们才能认识到国家财政赋税的独立对社会经济的影响。唐朝思想家提出公赋独立、罢私藏的主张，表明唐朝商品经济发展到了一定水平。

唐初，国家的财政收入来源主要是赋税，交左藏库；君王私藏的主要来源是各地的贡献，交大盈内库。二者的区分是非常清楚的。安史之乱后，第五琦掌管财政，京师多豪将，求取无节，不能禁止，就把充作国家财政的租赋统统纳入大盈内库，以博得皇帝的欢喜。皇帝因为个人取用方便，所以私藏和公赋混在了一起。这种"天下公赋为人君私藏"的局面延续了近二十年。到杨炎为相时，他奏请公赋独立，并主张皇帝的私藏也

全部纳入国家财政控制之下，由国家财政拨给。他曾向唐德宗进言说："财赋者，邦国大本，而生人之喉命，天下治乱重轻系焉。先朝权制，以中人（宦官）领其职，五尺宦竖，操邦之柄，丰俭盈虚，虽大臣不得知，则无以计天下利害。"（《旧唐书·杨炎传》）该建议被唐德宗所采纳，国库和皇帝的私库得以重新划分开来，得到了人们的好评。

就在杨炎主张公赋独立并将皇帝的私藏统一由国家财政拨给之后不久，发生了朱泚之乱，藩镇的贡物又解交琼林、大盈两库作为皇帝私藏。这时，陆贽要求撤去琼林、大盈两处私藏库，并从"天子不问有无，诸侯不言多少"的传统儒家义利观出发，要求天子"散其小储而成其大储也，损其小宝而固其大宝也"（《陆宣公奏议全集》卷一《奉天请罢琼林大盈二库状》），即罢去天子私藏，树立国家财政的统一性和权威性，把藩镇的贡赋交归国家财政机关管理。

杨炎主张公赋独立，并未要求罢去天子私藏，还主张由国家财政拨出一定经费供天子享用。陆贽不但主张公赋独立，而且要求罢去天子私藏，将以往天子私藏的来源——贡纳，也全部交国家财政管理。因此，陆贽的主张比杨炎更激进。[1]在封建社会里，这种主张的实践意义自然更小。

（三）王安石主张理财的重点在于生财

王安石（1021—1086年），字介甫，北宋抚州临川（今属江西省抚州市）人，后来随父定居江宁（今江苏省南京市）。他是仁宗庆历二年（1042年）的进士，授签书淮南判官，历任舒州通判、群牧判官、常州知州、提点江东刑狱、三司度支判官等。王安石为了改变国家积贫积弱的局面，实现富国强兵，在宋神宗的支持下实行了新法。

王安石将理财作为变法的首要目标。他所说的理财之道，是要"因天下之力以生天下之财，取天下之财以供天下之费"（《临川先生文集》卷三十九《上仁宗皇帝言事书》），即财政收入的增加要放在发展生产的基础上，理财的重点在于生财。所以他又说："尝以谓方今之所以穷空，不独费出之无节，又失所以生财之道故也。富其家者资之国，富其国者资之天下，欲富天下则资之天地。"（《临川先生文集》卷七十五《与马运判书》）"富其家者资之国"是指个人的致富活动，在这里只是一句陪衬的话。他所说的"失所以生财之道"是指"富其国者资之天下"的理财方法。这种方法的出发点只在于"言利"，只是将民间的财富转移到国家手中，整个社会的财富并没有增加。正确的方法应该是"欲富天下则资之天地"，目的是富天下，即增加社会财富，应向大自然索取。

王安石提出"欲富天下则资之天地"的理财原则时还没有做丞相，这反映了他当时的一种理想。在做丞相以后，他虽然主观上想做到这一点（如重视农田水利），但在生产力水平低下的农业社会，要贯彻这一原则，靠此方法来富国，绝不是短时间内所能奏效的。

---

① 唐任伍. 唐代经济思想研究 [M]. 北京：北京师范大学出版社，1996：121.

（四）叶适认为正确的理财应"以天下之财与天下共理之"

南宋的赋税很重，那么，赋税何以会越来越重？叶适首先从人们的认识上找寻原因。他说："理财与聚敛异，今之言理财者，聚敛而已矣。非独今之言理财者也，自周衰而其义失，以为取诸民而供上用，故谓之理财。而其善者，则取之巧而民不知，上有余而下不困，斯其为理财而已矣。"（《水心别集》卷二《财计上》）这是说从周末以来，所有从事理财的人实际上都在聚敛，所不同的只是取得巧不巧而已。

为什么周末以来的理财实际上都是聚敛呢？叶适认为是由于那时以后理财的真义已经丧失。而正确的理财在于："夫聚天下之人，则不可以无衣食之具。衣食之具，或此有而彼亡，或彼多而此寡，或不求则伏而不见，或无节则散而莫收，或消削而浸（渐）微，或少竭而不继，或其源虽在而浚导之无法，则其流壅遏而不行。"这里所涉及的包括了生产、分配、流通、消费等各个方面的问题。正确的理财就是要解决这些问题，使全国人民都有"衣食之具"。叶适把这种理财称为"以天下之财与天下共理之"。这是广义的理财概念。

叶适为理财正名，反映了他既重视理财又反对聚敛的态度，其中也包含了正确理财的原则。在阶级社会中，统治者必然要加强财政搜刮，从这个意义上，认为周末以来的理财都是聚敛也未尝不可，然而叶适的正名存在矫枉过正的问题。

第三节　重商与崇富思想

如前所述，唐、宋、元时期商品经济空前发展，思想家在逐渐否定和批判传统"讳言财利"思想的基础上，纷纷重视商业经济，并出现了许多重商与崇富的观点主张。

一、重视商业运营思想

（一）刘晏财政改革措施中体现的"重商"思想

1.财政改革措施内容

刘晏的财政改革措施集中表现在漕运、盐制、赈灾及常平等方面。

（1）改革漕运制度。唐朝的租庸调等税收收入以江南为重点，要将这些收入运到京城长安，困难很大。安史之乱以后，由于战争的破坏，运输线路受阻，关中的粮食极其匮乏，加快漕运速度成为当时亟待解决的问题。为此，刘晏"以转运为己任，凡所经历，必究利病之由"（《旧唐书》卷一百二十三《刘晏传》）。通过实地考察，刘晏确定了以下几项重大措施：

一是实行全程水路漕运。"随江、汴、河、渭所宜"，根据不同水势，采用不同船只运输，"江船不入汴，汴船不入河，河船不入渭"。这样既使粮食及时运入长安，又大大节省了运输费用，"岁转粟百一十万石，无升斗溺者"。

二是雇船工。动用经营盐专卖所获的收益来雇船工，避免了沿路征发百姓服役，提高了运输效率。

三是实行纲运法。"晏为歇艎支江船二千艘，每船受千斛，十船为纲，每纲三百人，篙工五十，自扬州遣将部送至河阴，上三门，号'上门填阙船'，米斗减钱九十。"（《新唐书》卷五十三《食货志三》）纲运法使得漕船之间相互照应，加强了运输安全，也增强了运输能力，节省了运输费用，为后来宋、元、明、清的纲运开了先河。[1]

（2）改革盐制。西汉武帝时开始的盐铁官营政策在东汉章帝章和二年（88年）废除后，三国到西晋时仍实行对盐铁的官营，南北朝时政府对盐铁的控制逐渐放松，到隋文帝开皇三年（583年）彻底取消了盐禁，唐朝仍沿袭。到唐肃宗乾元元年（758年），为了解决财政困难，盐铁铸钱使第五琦才又在全国实行盐的专卖，盐每斗原价十钱，加价为一百一十钱出售。但盐价上涨招致民怨，皇帝不得不撤销第五琦的盐铁铸钱使一职；次年，任命刘晏为盐铁铸钱使，继续变革盐法。刘晏采取的变革措施主要有：规定"亭户粜商人，纵其所之"，即只要商人缴纳专卖利益，就由亭户与商人交易，并由商人自己运输和销售，从而调动了亭户的生产积极性。同时，为满足边远地区百姓的食盐需要，设立常平盐制度，"江、岭去盐远者，有常平盐，每商人不至，则减价以粜民，官收厚利而人不知贵"。这种常平盐制度属于完全官专卖，完善和丰富了历史上的常平制度。（《新唐书》卷五十四《食货志四》）

（3）赈灾与常平措施。历代统治者赈灾多以直接赈济钱物、粮食为主，而刘晏不主张直接赈济，他认为"善治病者，不使至危惫；善救灾者，勿使至赈给"，平时要加强储备，即官府为百姓建立救灾储备物资，发生灾荒时拿出来救济："每州县荒歉有端，则计官所赢，先令曰：'蠲某物，贷某户。'民未及困而奏报已行矣。"而建立常平仓也是刘晏备荒的战略措施。"晏又以常平法，丰则贵取，饥则贱与，率诸州米尝储三百万斛。岂所谓有功于国者邪！"（《新唐书》卷一百六十二《刘晏传》）这是常平法在救荒中的具体应用，突破了以往常平制度主要用来解决边疆粮食问题的局限性。为及时掌握各地的灾情、物价变动情况，刘晏还建立了一个情报网：在各道设巡院，用高价招募快足，沿途遍布驿站，及时递送情报。"四方物价之上下，虽极远不四五日知，故食货之重轻，尽权在掌握，朝廷获美利而天下无甚贵贱之忧。"（《旧唐书》卷一百二十三《刘晏传》）

2.改革措施所体现的"重商"思想

（1）刘晏将他的重要财政措施如前所述的漕运、盐制、常平等都看作商业经营，这是他重视商业的突出表现。他认识到发展交通，使"商贾往来"，促进社会经济的繁荣。虽然这是对表象的观察，只看见交换对生产所起的反作用，而不理解它"直接包含在生产之中，或者是由生产决定"[2]，但至少说明他不忽视商业在促进社会经济繁荣方面的作用。至于他积极鼓励商业的措施，如降低邸店行铺的户税负担，在盐制上"广牢盆以来商贾"，开放食盐，让人民经销食盐和撤销食盐的通行税，以及提高绢价以鼓励商人等，也是重视商业的具体表现。

①　孙文学. 中国财政思想史（上册）[M]. 上海：上海交通大学出版社，2008：227.
②　马克思. 政治经济学批判 [M] //马克思，恩格斯. 马克思恩格斯选集（第2卷）. 中共中央马克思恩格斯列宁斯大林著作编译局，译. 北京：人民出版社，1955：149.

（2）重视商情动态。为了能充分掌握各地商情动态，他在各道巡院设置商业情报网，不惜重价"募驶足，置驿相望，四方货殖低昂及它利害，虽甚远，不数日即知"。由于他经常掌握广泛而迅速的商情动态，所以，他能稳定物价，使"天下无甚贵贱之忧"；能防荒歉于未然，使灾区人民不至于困顿；能"权万货之轻重"，以获美利，"如见钱流地上，每朝谒马上以鞭算"。（《新唐书》卷一百四十九《刘晏传》）在中国封建时期的历史上，主管财政经济的政治家能重视而又实际掌握商业情报网的，刘晏可说是第一人。①

（3）提倡运用商业经营手段来扩大财政来源。刘晏在管理财政的过程中，尽量减少采用纯封建法权的威力来充实国家财政，也不单纯地依靠传统的农业单一税来增加财政收入，而是广开门路，以开放的态度，大量采用自由经营方式等手段，变强制手段为商业经营方式。在中国历史上，刘晏是少有的以商品经济原则来处理国家财政的思想家。刘晏曾自比汉朝的贾谊和桑弘羊。从理财角度看，桑弘羊虽然也能做到充实国家财政而不重困百姓这一点，但刘晏在使用商品经济原则处理国家财政这一点上，比桑弘羊更彻底、更高明。如利用盐铁等增加国家财政收入这一点，刘晏和桑弘羊都同样重视，但刘晏采取的主要是商品经济原则，而桑弘羊主要采用专卖的方式；刘晏用的是经济手段，桑弘羊用的则是行政手段；刘晏是以"看不见的手"来管理经济，而桑弘羊是以"看得见的权杖"来管理经济。正是因为刘晏重视运用商业原则来理财，因此他的财政措施对老百姓"干扰较小"。

（二）苏轼的重视商品流通思想

苏轼（1037—1101年），字子瞻，号东坡居士，世称苏东坡，眉州眉山人，北宋著名文学家、书法家、画家。苏轼对宋朝较发达的商品交换方式，如预购与赊卖已有论述："夫商贾之事，曲折难行。其买也先期而与钱，其卖也后期而取直。多方相济，委曲相通，倍称之息，由此而得。"（《苏东坡集·奏议集》卷一《上皇帝书》）以往思想家甚至如那些代表商人阶级观点的思想家范蠡、白圭、管子与桑弘羊等，均不曾提到私人商业往来中的预购与赊卖等方式，可见宋朝商品经济的发展已达到相当高的水平，所以才在一些思想家头脑中得到反映，而苏轼是明确提及这一问题的思想家。商人资本以巨额的货币资金在竞争中压倒小商小贩的情况，他也有所论述："譬如千金之家，日出其财以罔市利。而贩夫小民终莫能与之竞者，非智不若，其财少也。是故贩夫小民，虽有桀黠之才、过人之智，而其势不得不折而入于千金之家。何则？其所长者不可以与较也。"（《苏东坡全集·应诏集》卷五《策断二十四》）他只是客观地论述这种情况，于商人资本对小商贩的排挤并无微词。苏轼这种把大小商人一视同仁的思想，也反映出他对商品流通的重视，并且在许多地方都有所体现。譬如在榷盐问题上，他也说："且平时大商所苦以盐迟而无人买，小民之病以僻远而难得盐。今小商人不出税钱，则所在争来分买。大商既不积滞，则轮流贩卖，收税必多。"（《苏东坡全集·奏议集》卷二《论河北京东盗贼状》）

---

① 胡寄窗. 中国经济思想史（中册）[M]. 上海：上海财经大学出版社，1998：401.

（三）卢世荣的重视商业经营思想

卢世荣（？—1285年），元朝大名（今河北省邯郸市大名县）人，曾任中书省右丞，与阿合马、桑哥等均先后以商人身份执掌封建国家财政经济大权。元朝较多地起用富商，比以往历代封建王朝更加重视商业的发展。这一方面是由于元朝的统治者还保存游牧民族的传统，无定居的游牧民族往往更富有商业精神；另一方面，自宋以后中国封建地主经济已进入了发展后期，随着商人资本进一步增长，传统的轻商思想已经引起更多人的怀疑。

卢世荣也像桑弘羊那样较为重视运用商业经营的原则和各项经济收入，不赞成依赖强制性的税收。他曾建议免收醋税。《元史·食货二》载，元世祖至元二十二年（1285年）三月，"用右丞卢世荣等言，罢上都醋课"。他除了建议减免一些强制性的税收之外，还曾建议"江南田主收佃客租课减免一分"和"免大都地税"。汉唐以后的封建王朝，有时也会减收地税，但是卢世荣的建议有两个特点：一是完全取消城市的地税；二是责令地主阶级减收百分之十的私税。前者有利于促进城市商业的发展，也可以看出其重视商业的思想；后者说明对地主阶级剥削农民的矛盾有了更深刻的认识，从而能够采取缓和这一矛盾的措施。

卢世荣特别重视运用商业经营的原则，例如用专卖所取得的利润和常平仓本钱去经营粮食和食盐，以平稳各地粮盐价格和从中获取大量收入。最突出的是他在垄断海外贸易方面的建议及思想认识。按照他的建议，"设市舶都转运司于杭、泉二州，官自具船、给本，选人入蕃，贸易诸货。其所获之息，以十分为率，官取其七，所易人得其三。凡权势之家，皆不得用己钱入蕃为贾，犯者罪之，仍籍其家产之半"（《元史·食货二》）。由国家造船和出资，选择商人从事海外贸易，获利后三七分账。世界历史表明，英国是世界上最早拥有商船队的国家之一，从海外贸易中积累起来的资本对大英帝国的兴起曾起过重要作用。早在13世纪的卢世荣，其关于由国家备船、出资进行海外贸易的主张若能得到贯彻，可能会对之后中国和世界历史的发展产生难以估量的不同结果。

卢世荣还主张在各大城市设立"市易司"，以领导"诸牙侩人"积极发展商业，并且建议大量起用商人，作为管理钱粮机构的官吏。所有这些主张都体现了他重视商业的思想。其客观因素，一方面是元朝统治者有着崇尚商业的传统，另一方面是当时商人资本的进一步成长。

二、为富人辩护的思想

唐朝以来的商业，无论在规模还是从业人数等各方面，都已经发生了很大的变化，而且有了行会组织。人们对商业和商人的看法也更多地摆脱了重本轻末思想的影响，为富人尤其富商辩护的思想也一度盛行。

（一）韩愈为富商辩护

韩愈（768—824年），字退之，唐朝邓州南阳（今河南省邓州市）人，由进士迁升至监察御史，再迁刑部侍郎，因谏阻宪宗迎佛骨遭贬，后又复官。韩愈是唐宋八大家之首，被儒家学者誉为孟子以后第一人，著有《韩昌黎集》。从韩愈的经济思想中可以看出儒家的传统经济思想随着封建地主经济发展到唐朝阶段所显示出来的变化。

韩愈对荀子的评价极高。他说荀子"与孔子异者鲜矣，抑犹在轲、雄之间乎"（《韩昌黎集》卷十一《读荀》）。然而荀子主张抑制商业，韩愈却主张农、工、商并重。他在《原道》中说："古之为民者四（士、农、工、商），今之为民者六（增释、道之徒）……农之家一，而食粟之家六。工之家一，而用器之家六。贾之家一，而资焉之家六。奈之何民不穷且盗也。"韩愈认为，唯有士、农、工、商才是社会成员的必要组成部分，道士和僧徒不仅是多余的，而且是贫盗之源。

在此基础上，韩愈为富商大贾进行辩护。针对时任户部侍郎、判度支的张叔平将食盐官督商办改为官自卖，韩愈反对说："盐商纳榷，为官粜盐，子父相承，坐受厚利，比之百姓，实则校优。今既夺其业（指官自卖盐）……不知何罪，一朝穷蹙之也。若必行此，则富商大贾必生怨恨。"（《韩愈文集·论变盐法事宜状》）以继承儒家道统自居的韩愈，居然肯为富商大贾的利益进行辩护，这是秦汉以来思想家们尤其是所谓儒者中罕有的态度，这是由于商品经济发展的程度已足以迫使儒家对商业采取新的态度。在经济思想的发展中，这是一个颇值得注意的趋势。这种趋势到两宋及以后各时期越来越明显，虽然轻商或抑商的观点仍在不时出现。

值得一提的是，与韩愈同时的进步思想家柳宗元也曾说过："夫富室，贫之母也，诚不可破坏。"（《柳河东集》卷三十二《答元饶州论政理书》）

（二）李觏为富人辩护

李觏坚决反对打击富人。他将"富"与"强"区分开来，认为富者未必是强者，将那些通过商品的生产与流通而发财致富的人作为被打击的对象是最不合理的。他说："田皆可耕也，桑皆可蚕也，材皆可饬也，货皆可通也，独以是富者，心有所知，力有所勤，夙兴夜寐，攻苦食淡，以趣天时，听上令也。如此而后可以为人之民，反疾恶之，何哉？疾恶之，则任之重，求之多，劳必于是，费必于是，富者几何其不黜而贫也。使天下皆贫，则为之君者，利不利乎？故先王平其徭役，不专取以安之也。世俗不辨是非，不别淑慝，区区以击强为事。噫！富者乃强耶！彼椎埋而诛者，果何人也？"（《李觏集·国用第十六》）

如果说，韩愈是基于封建统治阶级利益的儒家立场为丧失了生产资料的富有盐商鸣不平，那么，李觏所谓的富者包括"饬材""通货"的富裕中等工商业者在内，主要是指中小地主阶层。同时，他既把所谓富者与具有一定职位的封建官僚集团区别开来，也把"富"者与"强"者加以区分。这就是说，李觏心目中的富者都是一些他所谓"心有所知，力有所勤"的从事正常生产经营活动的富裕农、工、商业者。当然，他不懂得即使是他所想象的那些所谓不"强"的富者之所以能致富，也不可能不以剥削他人劳动成果或巧取豪夺等带有若干强制性的方式来获得。但李觏处在封建主义鼎盛时代，能脱去封建的"政治上、社会上的装饰和混合物"，从纯粹经营形态去理解富民阶层，不能不算是一种进步。①

（三）司马光为富人辩护

司马光（1019—1086 年），字君实，号迂叟，陕州夏县（今山西省运城市夏县）人，北宋政治家、史学家、文学家。司马光为富人辩护的思想充分体现在他反对王安石变法的言论中，尤其是青苗法和免役法。

对于青苗法，司马光认为其实质是"分命使者，诱以重赏，强散息钱，腋民求利，取新偿旧，负债岁多"（《司马文正公传家集》卷十七）。在他看来，贫富现象的形成是由于人们在才能、智愚方面存在差别。他说："夫民之所以有贫富者，由其材性愚智不同。富者智识差长，忧深思远，宁劳筋苦骨，恶衣菲食，终不肯取债于人，故其家常有赢余而不至狼狈也。贫者呰窳（贪懒）偷生，不为远虑，一醉日富，无复赢余，急则取债于人，积不能偿，至于鬻妻卖子，冻馁填沟壑而不知自悔也。"他认为富人发放高利贷给穷人无可厚非："是以富者常借贷贫民以自饶，而贫者常假贷富民以自存，虽苦乐不均，然犹彼此相资以保其生也。"（《温国文正司马公文集》卷四十一《乞罢条例司常平使疏》）这种言论显然是在美化富人对穷人的剥削关系。他还担心青苗钱随户等抑配，富人要多借，有时富人还要为穷人作保，在穷人无力偿还时还得替他们还债。这些都对富人不利。所以他认为实施青苗法的后果将会是："贫者既尽，富者亦贫。十年之外，百姓无复存者矣。"（《宋史·司马光传》）

对于免役法，司马光更是反对。他抨击差役法不役下户，雇役法则一律出钱，认为这是剥削下户。其实，雇役法并不是不分上户、下户一律出钱，而是按照各自财力、户等出钱免役，上户财力雄厚则多出钱，下户财力单薄则少出钱，目的在于"均"。而司马光反对的正是"均"，因为原来官户、富户不出役，现在则要出钱免除役。所以，司马光实际上是为权势之家、富豪之户进行辩解。

由此可见，司马光为富人辩护与前述的韩愈、李觏等思想家存在根本区别。韩愈、李觏等都是顺应商品经济发展的潮流，用批判的、变革的观点来为包括工商富裕阶层在内的富人辩护，体现了历史的新精神。而司马光专门为大地主的既得利益辩护，是一种落后保守的思想。

（四）马端临为富人辩护

历史发展到元朝，对商业的重视更为明显。也有很多当政者和思想家论述财富分配不均问题，并表明对豪强的态度，尤其体现在马端临身上。

马端临（约 1254—1323 年），字贵与，一字贵舆，号竹洲，饶州乐平（今江西省乐平市）人，宋末右丞相马廷鸾之子。宋亡后，马端临隐居不仕，编著《文献通考》。其著作还有《大学集传》《多识录》，已失传。

马端临从贫富不均的既成事实出发来阐述对富人的态度问题。他说："人之贫富不齐，由来久矣。"（《文献通考·田赋三》）必须按财富的多寡征税，才是得当的税制。

---

① 胡寄窗. 中国经济思想史简编［M］. 上海：立信会计出版社，1997：325.

他坚持按人们拥有的财富的多少来征课，绝不是要借此抑制豪强以达到均贫富的目的，而是认为，"炎变法而人安之，则以其随顺人情，姑视贫富以制赋也"（《文献通考·田赋三》）。只有这样才是公平而"随顺人情"的办法。反之，如果按人丁征课，就是贫民与"豪富兼并者一例出赋"，也就不是"随顺人情"。他其实是在为豪强辩护。他说："后之为国者，不能制民之产，以均贫富，而徒欲设法，以限豪强兼并之徒。"（《文献通考·钱币一》）他所谓制民之产，是指实行井田，统治者既然不能实行井田制以根本消除贫富不均现象产生的根源，则一味要设法抑制豪强也非正当办法；又说，人民为饥寒所驱而卖身为奴婢，统治者应该有办法拯救他们，使其不至于沦为奴婢。总之，马端临将豪强的过错、罪恶都推卸到封建统治集团身上。当然，他为富人辩护的态度和出发点也是明显区别于宋朝思想家的。

三、叶适的"保富论"

尽管不同思想家对所谓富人的定义有所不同，但他们很多都是停留在为富人辩护的层面上，从客观现实出发来阐述富人在社会中的作用。南宋思想家叶适则不局限在为富人辩护上，而是上升到另一个层面，强调"保富"。

叶适曾指出："县官（官府）不幸而失养民之权，转归于富人，其积非一世也。小民之无田者，假田于富人；得田而无以为耕，借资于富人；岁时有急，求于富人；其甚者，庸作奴婢，归于富人；游手末作，俳优伎艺，传食于富人；而又上当官输，杂出无数，吏常有非时之责无以应上命，常取具于富人。"富人在社会中的作用可谓是至高无上，叶适由此得出结论："然则富人者，州县之本，上下之所赖也。富人为天子养小民，又供上用，虽厚取赢以自封殖，计其勤劳亦略相当矣。"他在高度肯定富人有功于社会的基础上，进一步提出，即使"乃其豪暴过甚兼取无已者，吏当教戒之；不可教戒，随事而治之，使之自改则止矣"，也绝对不能给予打击。（《水心别集》卷二《民事下》）

除了明确提出"保富"的观点外，叶适还阐述了"保富"的具体方式：

1.积极鼓励富人商贾从事贸易贷放经营

他认为，商人大贾掌握轻重敛散之权，从事贸易贷放经营而获取厚利已有很悠久的历史，绝不能予以打击。他说："今天下之民不齐久矣，开阖、敛散、轻重之权不一出于上，而富人大贾分而有之，不知其几千百年也，而遽夺之，可乎？"（《水心别集》卷二《财计上》）既然商人大贾分享封建国家的轻重敛散之权是千百年来的既成事实，就不能遽然取消，更不能以此为理由而打击富人。这一与传统思想相对立的观点，反映了当时历史条件下的时代特征。

2.主张在政治上使富人得到参与政权的机会

他说："四民古今未有不以事。至于悉进髦士，则古人盖曰无类，虽工商不敢绝也。"（《习学记言序目》卷二十三）有才能的工商业者，其中自然包含富人，也应该被选拔为统治阶级的成员。这一观点尽管在当时具有浓烈的幻想色彩，但显然更具有历史的进步性。

第四节 土地思想的延承与发展

唐朝作为中国封建社会的重要转折时期，呈现出来的转折因素很多，但构成这种转折的基础是土地制度的变革。延续了三百多年的均田制在唐朝瓦解，而代之以一种新的土地制度——庄田制。这表明，自秦汉开始的土地私有制已发展到了一个新的阶段，租佃关系具有了新内涵。在这种变革中，思想家们从不同角度审视，使这一时期的土地思想在继承的基础上有了重要发展。

一、摧抑土地兼并思想

唐天宝以后，均田制瓦解，连名义上阻抑土地兼并的措施也不复存在，于是，土地兼并更趋激烈，"富者田连阡陌，贫者无立锥之地"的土地问题更加突出。思想家们围绕土地问题而展开的议论也特别多。

（一）陆贽对唐朝土地兼并现象的描述

陆贽对均田制瓦解后土地兼并的严重局面一针见血地指出："今制度弛紊，疆理隳坏，恣人相吞，无复畔限。富者兼地数万亩，贫者无容足之居。"这种土地占有两极化的结果，是占有土地的人不生产，而直接生产的人没有土地，简单地说，就是有田者不耕，而耕者又无其田。因此，"无容足之居"的贫者就只有"依托强豪，以为私属，贷其种食，赁其田庐，终年服劳，无日休息，馨输所假，常患不充"。（《陆宣公奏议全集》卷四《均节赋税恤百姓第六条》）而那些"兼地数万亩"的有田之家，"坐食租税"，收取十倍于官税的地租，从而造成了贫富悬殊的两极分化状态。陆贽将两极分化局面的形成归结于土地兼并，将劳动人民的贫困归结于有田之家沉重的地租剥削，这种认识无疑是非常深刻的。

（二）苏洵对宋朝中小地主土地兼并新现象的描述

苏洵首先描述了土地私有制出现以后的弊端。他说："耕者之田资于富民，富民之家地大业广，阡陌连接，募召浮客，分耕其中，鞭笞驱役，视以奴仆……而田之所入，已得其半，耕者得其半。有田者一人，而耕者十人，是以田主日累其半以至于富强，耕者日食其半以至于穷饿而无告。夫使耕者至于穷饿，而不耕不获者坐而食富强之利，犹且不可，而况富强之民输租于县官，而不免于怨叹嗟愤。"（《嘉祐集》卷五《田制》）

苏洵的这段议论体现了一些新的摧抑兼并的思想。

首先，他所指责的对象已不仅仅是豪族大地主，而主要是役使"浮客"不多并亲自监督生产和分配的中小地主。这显然是汉唐以来的新变化，并非说明当时大地主及其对土地和财富的兼并已经不存在，而是反映了中小地主的兼并和剥削已经引起了人们的重视。

其次，苏洵将农民贫困的原因完全归结为地租剥削，而尤其值得称述的是他把地主阶级的日益"富强"归结为地租剥削收入的积累[①]，这与前述陆贽的思想可谓一致。

宋朝提出摧抑兼并的思想家还有王安石，并且他的很多兼并理念都付诸变革实践，但他不肯触及土地兼并问题。他曾经对神宗说："今朝廷治农事未有法……播种收获，补助不足，待兼并有力之人而后全具者甚众，如何可遽夺其田以赋贫民？此其势固不可行，纵可行，亦未为利。"（《续资治通鉴长编》卷二百一十三）既然不能夺取大地主的土地，又怎么能抑制兼并呢？毕竟土地兼并是地主兼并的实质所在。这与他平时所宣称的摧抑兼并观点显然不相匹配。

二、推崇井田思想

唐宋以前有不少思想家主张恢复井田制，并在井田制基础上提出了种种限田、王田、占田等方案，但都未能解决土地兼并问题。随着唐宋以来土地兼并问题的日趋严重，又有不少思想家围绕着井田制提出了一些新的观点主张。

（一）陆贽的复井田说

前面已论述了陆贽对唐朝土地兼并现象的揭露，那么，怎样才能解决土地兼并带来的土地分配不均的社会问题呢？陆贽像许多思想家一样，把一夫授田百亩的井田制当作最现成的方案。他认为，古代圣哲治理天下的方法就是井田制。实行井田制，能使"人无废业，田无旷耕，人力田畴，二者适足。是以贫弱不至竭涸，富厚不至奢淫，法立事均"。而现在土地分配不均、两极分化严重现象产生的根本原因，就是井田制遭到破坏。他把理想的土地制度作为抑制地主地租剥削的唯一途径，这一认识与传统的复井田说相同，但是，在具体如何解决土地分配不均的方法上，陆贽并未老调重弹，而是主张"参酌古今之宜，凡所占田，约为条限，裁减租价"。他认为，只要采取"裁减租价"的方法和措施，并且严格执行，就可以达到"裕其制以便俗，严其令以惩违。微损有余，稍优不足；失不损富，优可赈穷"的目的。（《陆宣公奏议全集》卷四《均节赋税恤百姓第六条》）

陆贽的这一折中办法显然是在承认现有土地占有关系的前提下，采取减轻地租的方式，既不触动地主阶级的基本利益，又能适当减轻农民所受到的剥削，以提高农民的生产积极性。尽管这种方案很不彻底，没有从根本上触及土地所有权，更不能解决土地兼并严重、土地分配不公的两极分化问题，但是，它比较符合实际，比起那些仍侈谈井田、王田等的土地方案来，更切合时代要求。

（二）杜佑的复井田说

杜佑（735—812年），字君卿，京兆万年（今陕西省西安市）人，出身于封建豪族家庭，是历史上有名的史学家之一。他的著作《通典》是现存记载古代典章制度的最早而又极有价值的文献。杜佑经济思想主要表现在他的《通典·食货》十二卷中。

在杜佑看来，谷物既系土地所生，又是人之司命，如能将人民固着在土地上，不任

---

① 胡寄窗. 中国经济思想史简编［M］. 上海：立信会计出版社，1997：329.

意迁徙，实为非常重要的政治和经济措施。如何才能将人民固着在土地上呢？他认为最理想的办法就是井田制。他设想的井田制有十大好处："使八家为井，井开四道而分八宅。凿井于中，一则不泄地气，二则无费一家，三则同风俗，四则齐巧拙，五则通财货，六则存亡更守，七则出入相司，八则嫁娶相媒，九则无有相贷，十则疾病相救。"（《通典》卷三《食货三》之《乡党》）在杜佑的心目中，井田制简直具有无比的优越性。但他对恢复井田制并不寄予厚望。他指出，在井田制不可恢复的情况下，最好的办法就是做好"土断"和"版籍"。他似乎已经意识到了，农户的逃亡、人口的搬迁、地籍和户籍的破坏是导致均田制瓦解的重要因素。

（三）白居易的复井田说

白居易（772—846年），字乐天，晚年又号香山居士，生于河南新郑，是唐朝伟大的现实主义诗人。白居易也很重视土地问题。他认识到人和土地这两个生产要素之间存在矛盾，土地作为生产的重要因素，其生产能力在生产过程中要受到各种自然条件的限制。"地生财有限"（《白香山集》卷四十五《策林一》），"地之生财有常力"（《白香山集》卷四十六《策林二》）。但是人们消费财富的欲望没有受到限制，要使社会生产过程得以顺利发展，就必须要使人和土地这两个生产要素合理配置，而要达到这一目的，他认为最好的办法就是实行井田制。实行井田制，可以使"生业相固，食力相济"，国家财政收入充足，"人无浮心，地无遗力，财产丰足，赋役平均，市利归于农，生业着于地"（《白香山集》卷四十七《策林三》），而且可以有效防止土地兼并的发生。

白居易认为，井田制虽是一种美好的土地制度，但由于"废之颇久"，因而"复之稍难，未可尽行，且宜渐制"。他也提出了一种折中的"复井田"方案：在人多乡狭之处实行井田制，在地旷人稀之处任人自由占领土地。他说："斟酌时宜，参详古制。大抵人稀土旷者，且修其阡陌。户繁乡狭者，则复以井田，使都鄙渐有名，家夫渐有数。夫然，则丘田井邑之地众寡相维，门闾族党之居有亡相保。相维则兼并者何所取，相保则游惰者何所容？"（《白香山集》卷四十七《策林三》）这表明白居易已经认识到了当时人口与土地之间的矛盾，但是他并没有考虑到方案是否具有可行性，尤其是，人多乡狭之处往往是大地主阶级集中的地方，也是土地兼并危害最严重之处，实行井田制就要剥夺他们的土地，对他们的激烈反抗该如何对付？尽管白居易解决土地问题的方案缺乏实践意义，但从理论上来说仍有一定新意。

（四）张载的复井田说

张载（1020—1077年），字子厚，凤翔郿县（今陕西省宝鸡市眉县）人，是北宋理学中的一个学派——关学的领袖。

在张载看来，井田主要是采周礼的土地制度而舍弃其规模浩大的水利道路系统。他主张实行井田制的特点之一在于，把恢复井田作为恢复"封建"的先行步骤。所谓"封建"，就是指阶梯式的领地分封制度，以周初的军事分封制度为典型。在他看来，井田与"封建"是不可分割的，"井田而不封建，犹能养而不能教；封建而不井田，犹能教而不能养"（《张子全书》卷八《月令统》）。这一论断显然是不确切的，养不一定靠井田，而教更不是非"封建"不可。[①]

张载关于井田的具体规划散见于其《经学理窟》卷一、《性理拾遗》及吕大临《横渠先生行状》中，大致如下：将土地按一夫应得亩数划定为若干方块，以城镇为中心，一方块一方块地逐渐向外扩展。如遇高低不平之地以每方的四角标竿的空中直线距离为准，不论山边、河旁都照此办法划定。因此，每方实有土地亩数可能有多有少。他认为少者所差有限，多者常为土地瘠瘦之处，多几亩也无关系。能按九夫一井划定固然甚佳，如自然条件不能成为一井，则五、七家或三、四夫为一井亦无不可。倘若连一夫之田还不足，则为之凑足一夫应得亩数，不必成方。由此可见，他所谓井田，实际上就是一夫授田百亩，不必严格地以九夫为一井，甚至不以一夫为一方。

同时，他设想了劝导地主阶级接受井田制的方式，即按地主所有土地的多少，封为田官以掌其民，使终身不失其富，只是比原来的地租收入略有减少，田地特别多的还可以被封为一国之君。他以为这样一来，地主阶级就会愿意接受，这显然是一种幻想。事实上，在他的井田制下，地主不可能不蒙受损失，因为农民既要取得半数以上的农产品收获，又要向封建国家缴纳什一之税，这样留给地主田官的部分就不会多了。

张载的井田思想本身固然是复古主义的落后思想，但其中的某些观点对后世产生了一定的影响。

（五）林勋的井田方案

如前所述，唐宋时期推崇井田制的思想家大都为原则上的赞成。张载的井田方案虽是一种正面提出的主张，但他侧重于如何取得推行井田的土地和如何划定井田的经界。

林勋结合当时人多地少的具体条件，也从正面提出了具体建议，并侧重设计一套财政剥削制度，他的建议由此得到了最高统治者的赞许。他的井田方案具体如下："国家兵农之政，率因唐末之故。今农贫而多失职，兵骄而不可用，是以饥民窜卒，类为盗贼。宜仿古井田之制，使民一夫占田五十亩。其有羡田之家，毋得市田。其无田与游惰末作者，皆驱之使为隶农，以耕田之羡者，而杂纽钱谷以为什一之税。宋二税之数，视唐增至七倍。今本政之制，每十六夫为一井，提封百里，为三千四百井，率税米五万一千斛、钱万二千缗；每井赋二兵、马一匹，率为兵六千八百人、马三千四百匹，岁取五之一为上番之额，以给征役。无事则又分为四番，以直官府，以给守卫。是民凡三十五年而役使一遍也。悉上则岁食米万九千余斛，钱三千六百余缗，无事则减四分之三，皆以一同之租税供之。匹妇之贡，绢三尺，绵一两。百里之县，岁收绢四千余匹，绵三千四百斤。非蚕乡则布六尺、麻二两，所收视绢绵率倍之。行之十年，则民之口算，官之酒酤与凡茶、盐、香、矾之权，皆可弛以予民。"（《宋史·食货志上一》）

由上可知，林勋所谓井田，实际上是一夫占田五十亩的土地平均分配制度，是将《周礼》《孟子》等书中有关井田制的论述以及王田制和占田制的某些因素加以糅合的产

---

① 胡寄窗. 中国经济思想史（下册）[M]. 上海：上海财经大学出版社，1998：141.

物。但不能将他的土地方案看作简单的复古，其中包含了一些他所处时代的印记。比如，他放弃了劳役地租的剥削方式，将货币地租纳入他的井田方案之内，可算是前所未有的设想。但林勋的井田思想仍然有较为明显的局限性，即没有考虑到实行土地分配所必需的土地来源问题。

（六）赵天麟的复井田说

赵天麟（生卒年不详）博学能文，至元末以布衣进《太平金镜策》议论政事，前后数万言，且建议的范围极其广泛，目的在于劝说蒙古统治者采用儒家认为适宜的一套封建体制。

赵天麟主张通过限田以恢复井田制。他指出："今王公大人之家，或占民田近于千顷，不耕不稼，谓之草场，专放孳畜。又江南豪家，广占农地，驱役佃户，无爵邑而有封君之贵，无印节而有官府之权。"（《历代名臣奏议》卷一百一十二）这是说，北方农民土地被蒙古贵族侵占，江南农民土地被汉族豪强地主侵占，形成严重的贫富悬殊问题。在他看来，要做到"上下相睦，贫富相均"，只有恢复井田制。井田制不仅能解决社会贫富问题，还能解决封建政权的财政问题。可是骤然恢复会导致天下骚动，他建议采取限田制度，以逐步恢复井田制。

限田的具体办法为："凡宗室王公之家，限田几百顷。无族官民之家，限田几十顷。凡限外退者，赐其家长以空名告身，每田几顷官阶一级，不使居实职。凡限外蔽欺田亩者，坐以重罪。至限外之田有承佃者，即令佃户为主。其未经开垦者，令无田之民占而辟之。本年免其租税，次年减半，三年始依例科征。所占田亦不得过限。其无田之民，不欲占田者听。以后有卖田者，买田亦不得过限。是私田既定，乃定公田……庶乎民获恒产，官足养廉，行之五十年后，井田可复兴矣。"（《新元史》卷一百七十八）

该方案的重点在于解决封建财政收入问题，对农民的土地要求未给予足够的重视，可谓根本不触及土地矛盾的土地建议。赵天麟建议地主退回限外之田的，可以给予不居实职的空名作为报酬，这恰恰反映了北宋以来土地思想的特点，因为宋朝以前土地思想对限外之田一般均主张无报酬的强制性分配，从张载起大都强调给予退田地主以某种报酬作为交换，正好体现出封建地主经济后期土地财产权利的商品性质的强化。

综上，唐、宋、元朝时期，随着社会土地矛盾的激化，井田制被思想家们频繁提及，他们希望用复行"井田"的方法来解决土地兼并问题。但如何防止土地兼并的再度发生，如何使"田官"不再兼并土地，朝廷如何说服当下的大地产所有者自愿献纳土地，都是难题。这说明，在根深蒂固的土地私有制与"一家一户"的耕作模式下，恢复井田制只能是理想主义。

三、对井田思想的批判

通过前面的分析可以看出，推崇井田制的言论和观点在两宋时期尤为盛行。任何事物都有正反两方面，在一些思想家们大力推崇井田制的同时，另一些思想家也针锋相对地提出了反面意见，从不同角度来批判和否定推行井田制。

（一）苏洵对井田制的批判

苏洵并非否定井田制本身，他曾经分析了井田制废除后的社会矛盾，并得出这样的结论："贫民耕而不免于饥，富民坐而饱以嬉，又不免于怨，其弊皆起于废井田。"如何解决这个矛盾呢？他说"天下之士争言复井田"，但又有人认为夺富民之田，富民会作乱，只能行于大乱后土旷人稀，因此以汉高祖、光武帝时未实行井田制为恨。他对此提出了不同看法，指出：如果复井田，则要按井田制平整土地，而且要修道路、沟洫。"此二者非塞溪壑，平涧谷，夷丘陵，破坟墓，坏庐舍，徙城郭，易疆垄，不可为也。"即使是平原，"亦当驱天下之人，竭天下之粮，穷数百年专力于此，不治他事"才有可能完成，完成后还要"为民作屋庐于其中，以安其居"。这样，"井田成而民之死，其骨已朽矣"。（《嘉祐集》卷五《衡论·田制》）所以恢复井田制是不可能的。这一分析无疑是深刻的，从土地制度的形式上揭露了恢复井田主张的空想性。

（二）叶适对井田制的批判

叶适反对用复井田的方法来解决社会矛盾，也反对抑兼并，他认为这二说"皆非有益于当世，为治之道终不在此"。

叶适认为复井田的前提条件在宋朝已遭破坏。首先，推行井田制时土地为天子所有，而现在土地由天子所有变为地主所有，"且不得天下之田尽在官，则不可以为井"。其次，井田制同封建并存，那时各国范围小，诸侯世袭统治，有可能实行，而现在政治制度已变为中央集权制，失去了推行井田制的政治基础，"封建既绝，井田虽在亦不得独存矣。故井田、封建相待而行者也"。因此，"虽得天下之田尽在官，文、武、周公复出而治天下，亦不必为井"。（《叶适集》第三册《民事下》）对复井田主张的这一批判，无疑是辨证而深刻的。

（三）马端临对井田制的批判

对于恢复井田制，马端临也持反对意见。他称赞苏洵、叶适的反对复井田的议论"最为确实"，并对叶适的议论进行补充。[①] 他补充的理由主要是：授受土地是一个很复杂的问题，"为人上者必能备知闾里之利病"，"然后授受之际可以无弊"。这只有在三代"分土而治"，使"贪夫豪民不能肆力以违法制，污吏黠胥不能舞文以乱簿书"的情况下才有可能。春秋战国，诸侯兼并，井田制遭到破坏。秦废"封建"而为郡县以后，"守令之迁除，其岁月有限，而田土之还授，其奸弊无穷"。因此他得出结论："欲复封建，是自割裂其土宇以启纷争。欲复井田，是强夺民之田亩以召怨讟。书生之论，所以不可行也。"（《文献通考·田赋一》）

---

① 叶世昌. 古代中国经济思想史［M］. 上海：复旦大学出版社，2003：306.

第五节 封建社会经济繁荣时期的财税思想

财政赋税问题是历代封建王朝极其重视的问题。唐朝总结了秦汉以来的财政赋税制度经验，形成了一整套的财税制度，在它统治的最初一百六十年中实行租庸调制，尔后实施了两税法，后者成为唐中叶以后在中国封建社会占支配地位的财政制度。与此相联系，唐朝的财政思想也发展到了一个新的阶段。

宋元时期，商品经济更加发达，在此基础上的财税思想也呈现出一些新的特征。

一、"量出为入"与"量入为出"的财政原则

唐德宗建中元年（780年），杨炎的两税法建议被采纳。从税制设计的角度看，两税法有其历史的进步性，但在实施的过程中出现了许多弊端，给正常的经济生活带来了扰乱，在某些方面使百姓的负担加重了。所以，两税法在实行后不久，就引发了中国财政思想史上继汉朝盐铁争论以后的又一次大争论，争论焦点之一是在征税原则上。两税法的制定者杨炎主张实行"量出为入"，而反对者的代表陆贽主张"量入为出"。

（一）杨炎的量出为入论

杨炎在向唐德宗提议实行两税法的奏疏中指出："凡百役之费，一钱之敛，先度其数而赋于人，量出以制入。"（《旧唐书》卷一百一十八《杨炎传》）在中国经济思想史上，这是第一次明确地将"量出以制入"作为财政治税原则提出来。尽管司马迁在《史记·平准书》中说汉高祖刘邦时有"量吏禄，度官用，以赋于民"的提法，其中隐含"量出为入"的理念，但并未明确作为财政治税原则提出来。

唐建中元年（公元780年）开始实施的两税法，作为历史上极具转折性的财税改革，是在内部要素更新和特定历史条件下共同衍生出来的产物。杨炎作为两税法的创始人，第一次明确提出"量出以制入"的财政原则，要求先计量国家每年所需要的各项经费，再去规定相应的征课，即预先确定财政支出的规模，然后以此来确定财政收入的规模。至北宋中叶，王安石推行了开源节流的"量出以制入"原则，具体做法是：由三司会计司总计"凡一岁用度及郊示大费"，作为财政开支的标准，并由"三司总天下财赋，以天下户口、人丁、税赋，场务、坑冶，河渡、房园之类租额年课，及一路钱谷之数……则国计大纲可以省查"。（《宋史·卷一百七十九·志第一百三十二》）这样根据每年各种经费需要数来确定本年度财政收入数额，总计天下税赋，然后编定簿式为国计大纲，以使"岁计充足"。

"量出以制入"原则的提出，固然有其封建社会统治阶级巧立名目进行横征暴敛的烙印，客观上为封建统治阶级的横征暴敛予以辩护和提供理论依据，但所蕴含的对政府权力施加限制和约束的思想，已经具备了一定的理论要素。从财政思想上看，西方国家直到19世纪末期才出现"量出为入"的原则。

（二）陆贽的量入为出论

两税法的反对者代表人物陆贽，则针锋相对地提出了"量入为出"的财政治税原则。

"量入为出"是儒家传统的财政原则，主张国家根据收入数额来确定支出数额。《礼记·王制》中说："冢宰制国用，必于岁之杪，五谷皆入，然后制国用。用地小大，视年之丰耗，以三十年之通制国用，量入以为出。"陆贽认为《王制》中"冢宰制国用""量入以为出"是不可动摇的原则，他从"入"和"出"上，即从财富生产和财政开支方面论证了实行"量入为出"的财政治税原则的必要性。他说："地力之生物有大数，人力之成物有大限。"这就决定了对国家财政收入有一定的限制。而"事逐情生，费从事广"，国家多事，需要进行财政开支的地方很多，如果不能"量入为出""物有剂而用无节"，国家财用就会空乏，"苟务逞其情，侈其用，非但行今重税之不足，虽更加其税亦不足也"。他认为，只有"取之有度，用之有节，则常足"，否则，"取之无度，用之无节，则常不足"。由此，他得出结论："是以圣王立程，量入为出……量出为入，不恤所无。"（《陆宣公奏议全集》卷四《均节赋税恤百姓第二条》）

显然，陆贽对杨炎两税法建议中的"量出以制入"的财政原则的弊端有清醒的认识。如果封建统治者一味"量出以制入"，根据穷奢极欲和荒淫无度的需要增大开支，从而无节制地扩大剥削量，就不仅要剥夺生产者的简单再生产，还会激化社会矛盾，导致封建政权自身的崩溃。陆贽像其他儒家的思想家一样，意识到将剥削量控制在一定限度内是国家长治久安的根本。因此，他反对杨炎的"量出以制入"原则。

（三）叶适对量入为出财政原则的进一步分析

过去主张量入为出者大都侧重说明不量入为出的弊端，很少有人对"入"的本身做进一步思考。叶适指出："国家之体，当先论其入。所入或悖，足以殃民，则所出非经，其为蠹国，审矣。"（《水心文集》卷一《上宁宗皇帝札子三》）不仅要从数字上量"入"，还要考虑怎样取得"入"。财政收入的来源如果不合理，就意味着对人民的横征暴敛。这样的财政收入愈多对人民的损害就愈大，于封建国家也不利。他又将财政收入是否合理和支出是否合理联系起来考虑，而不是只从数目上去看入与出的关系。他认为财政收入的来源如果不合理，则财政支出也会不合乎常规。横征暴敛的财政收入越多，则奢侈浪费的支出也越大，其结果是财政收入越多越是不敷开支，即所谓"财愈多而国愈贫"（《水心文集》卷一《上宁宗皇帝札子三》），"财以多而遂至于乏矣"（《水心别集》卷十五《上殿札子》）。

二、均税负和薄税敛思想

税负公平，且税收负担较轻，一方面能够缓和阶级矛盾，巩固国家统治，另一方面又能调动生产者的积极性。早在唐朝以前，经济思想家对此就已进行了研究论述。春秋时期，管子认识到对流转税进行重复课征的不利作用，因而坚决反对。他指出："征于关者，勿征于市；征于市者，勿征于关。虚车勿索，徒负勿入，以来远人。"（《管子·

问》）到了唐宋时期，有关均税负和薄税敛的探讨进一步增多。

（一）均税负思想

1. 刘彤主张通过实行盐、铁、木官营来均平税收负担

历史业已证明，除了传统的农业税源外，盐铁专卖可以成为封建国家财政的一大来源。不过，唐初沿承隋制，对盐铁仍采取"与百姓共之"的态度，允许自由经营，且不课税。及至开元九年（721年），左拾遗刘彤上《论盐铁表》，唐朝的盐铁政策才发生了全面的变化。

刘彤认为，汉武帝"外讨戎夷，内兴宫室，殚费之甚，实百当今"，然而，"古费多而货有余，今用少而财不足者，何也？岂非古取山泽而今取贫民哉"！他指出，"取山泽则公利厚，而人归于农；取贫民则公利薄，而人去其业"，从而称赞实行盐铁官营是"一则专农，二则饶国，济民盛事也"。接着，刘彤表述实行盐、铁、木官营是为了"损有余而益不足"的观点："夫煮海为盐，采山铸钱，伐木为室者，丰余之辈也。寒而无衣，饥而无食，佣赁自资者，穷苦之流也。若能收山海厚利，夺丰余之人，蠲调敛重徭，免穷苦之子，所谓损有余而益不足，帝王之道，可不谓然乎！"

可见，刘彤建议以盐、铁、木为主要税源，表面看来似乎是一种"打富济贫"的社会改良思想，但最终目的还是借税源的扩充来减轻农民负担和刺激农业生产。这是一种借消费税的征收来均平社会整体税收负担的主张。这种"损有余而益不足"的观点，显然与桑弘羊推行盐铁专卖"以排富商大贾""损有余，补不足，以齐黎民"（《盐铁论·轻重》）的观点有一脉相传之处。[①]不过，二者的侧重点仍有所差异。桑弘羊是在汉朝财政极为困难的情况下推行盐铁专卖政策的。他所谓"盐铁之利，所以佐百姓之急，足军旅之费，务蓄积以备乏绝"（《盐铁论·非鞅》），指的是当财政支出急剧扩大时，实行盐铁专卖可以避免向百姓增税。刘彤的建议则通过盐、铁、木官营来增加财政收入，然后减少既定的租庸调课征量。应该说，他的主张所包含的流转税和农业税应均平税收负担的思想要更强烈一些。

2. 杨炎两税法所包含的流转税税负公平思想

唐朝中期杨炎实行的两税法中，税负公平是其主要内容。这是由于当时社会阶级矛盾相当尖锐，杨炎不得不考虑民情，强调公平税负，以缓和阶级矛盾。难能可贵的是，他的税负公平思想包含了流转税的内容："不居处而行商者，在所州县税三十之一，度所取与居者均，使无饶利。"（《文献通考》卷三《田赋考》）这和先秦时期管子反对重复课税的主张有点类似，但赋予其新的含义，即对行商赋税和坐商相同，不由于经营方式的不同而造成税收负担畸轻畸重，这一思想已触及流转税内部的税负公平问题。

3. 李珏主张的税负转嫁影响税负公平的思想

李珏在论述增加茶税问题时，触及了税收与价格之间的关系："今增税既重，时估必增，流弊于民，先及贫弱……量斤论税，所冀售多。价高则市者稀，价贱则市者广，岁终上计，其利几何？未见阜财，徒闻敛怨。"（《新唐书》卷五十四《食货志四》）寡

---

① 孙文学，刘佐. 中国赋税思想史［M］. 北京：中国财政经济出版社，2006：284.

寥数语便正确地揭示了商税的税负转嫁及其带来的不良后果，即对百姓急需的商品课征重税，会导致税负转嫁，就会使市场物价提高。税负转嫁的存在，说明税负即使原先是公平的也会转而变成不公平。李珏在公元七八百年间就能认识到税负转嫁影响税负公平，这种思想是十分先进的，可惜他并没有论述如何解决这个问题。

4.裴休主张用法令禁止重复课税以促进流转税税负公平的思想

唐朝榷茶，不时出现重复课征的现象。据《新唐书·食货志》记述，盐铁使崔琪增加江淮产茶地区的茶税，征收"搨地钱"①。茶商转运货物，抢夺舟车，或遇雨雪，露天淋晒，所以诸道节度使、观察使置邸设栈寄寓人货以收税。然而"搨地钱"兴办之后，不论商贩存货与否必交这一笔钱，等于又一次课税。茶一再被重复课征，成本增加，茶价必贵，私贩茶商就乘机而起。唐宣宗大中六年（852年）时，盐铁使裴休奏报税法十二条。他总结以往茶税的弊端，改订新章，试图通过法令的形式阻止重复课税给商品流通带来的危害。经唐宣宗诏准施行，重申茶税统一由朝廷派出机构征收，严禁地方重重设卡加税，取消"搨地钱"。这一举措本身体现了以裴休为首的统治阶级已经意识到重复课税会引起税负的不公平，最终会危害社会经济的发展和政治的稳定。

5.元稹"以贫富为差"的"均平"思想

元稹赋税思想的核心在于使税负"均平"，其在实践中表现为：一是维护原有的法定的各州两税总额，反对各种形式的"法外加征"；二是将同州的两税总额按税户所占有的田地数量与沃瘠状况重新加以摊派。

6.耶律楚材"均平负担"思想

耶律楚材在如何均平负担以保护税源方面，体现了他的深谋远虑。元太宗六年（1234年），在讨论中原百姓是以丁为户还是以户定赋税的问题时，蒙古大臣均欲以丁为户，耶律楚材反驳说："自古有中原者，未尝以丁为户。若果行之，可输一年之赋，随即逃散矣。"（《元文类》卷五十七《中书令耶律公神道碑》）如果以丁定赋税，会出现两个弊端：一是以丁定赋税的负担比以户定赋税的负担要重许多倍，百姓必然会因赋税负担繁重而逃徙，结果国家虽想多征收赋税，反而破坏了税源，收入下降；二是以丁定赋税，会使丁多地少的百姓负担过重，而丁少地多之家赋税过轻，致使赋税不均，后果同样是破坏税源。因此，耶律楚材坚决主张以户定税。元太宗最后还是采纳了耶律楚材的建议。

（二）薄税敛思想

主张轻税是唐朝中叶以后思想界的一个基本特征，思想家们从不同的角度阐述该观点。

1.陆贽的轻税减租思想

陆贽的轻税减租思想是从民本论的富民观出发，建立在对贫富不均的弊端认识基础上的。他发挥《大学》中"财聚则民散，财散则民聚"等财政观点，反复强调轻赋薄敛对巩固封建统治的意义。

---

① 搨是古代城市中租给客商存放货物的堆栈。

陆贽主张和呼吁"裁减租价，务利贫人……微损有余，稍优不足"以"赈穷"（《陆宣公奏议全集》卷四《均节赋税恤百姓第六条》），同时认为私敛重于公赋是造成贫富不均的原因。而国家衰乱的一个重要原因，是赋税太重，而使统治者失掉人心。他对当时赋税苛重的状况有着比较清楚的了解，指出："聚兵日众，供费日多。常赋不充，乃令促限。促限才毕，复命加征。加征既殚，又使别配。别配不足，于是权算之科设，率贷之法兴……农桑废于征呼，膏血竭于笞捶。"这造成了"郡邑不宁"。（《陆宣公奏议全集》卷一《论叙迁幸之由状》）因此，陆贽反对这种对人民"捶骨沥髓，隳家取财"（《陆宣公奏议全集》卷四《均节赋税恤百姓第三条》）的财政搜刮。他要求皇帝做到"以天下之欲为欲，以百姓之心为心"（《全唐文》卷四百七十二《收河中后请罢兵状》），实行"薄赋敛"的政策，以达到"养人"的目的。

那么，具体如何落实轻税的主张呢？

首先，陆贽间接地主张实行儒家倡导的农业单一税制。他虽未明确提出采用农业单一税制，但从他请求将"京城及畿县所税间架、榷酒、抽贯、贷商、点召等诸如此类一切停罢"（《陆宣公奏议全集》卷一《论关中事宜状》）的主张来看，他希望采用农业单一税制是很明显的。

其次，陆贽主张采用被儒家誉为"仁政"的什一税率。他说："夫国家之制赋税也，必先导以厚生之业，而后取其什一焉。"（《陆宣公奏议全集》卷四《均节赋税恤百姓第二条》）

最后，他主张以"减税"考察官吏政绩。他认为，应按照科差税类分等，每等有多少户人，每户出税多少，并将各列条文上报户部。这样，当人口增加时，若"所定税额有余"，那么也相应地每户减税多少。在税额总量不变的情况下，新户增加，纳税面广，则旧户赋税负担减轻，新增户与原籍户的负担均平。每户负担减30%的为上课，减20%的为次课，减10%的为下课。这样，考察官吏的政绩，则将过去以加税多少为依据的方法，改为税入不减、户口增加的新的衡量方法。

应该说，陆贽的薄税敛思想是对先秦以来轻徭薄赋思想的最明确、最系统的概括。

2.李翱的轻税增收论

李翱从增加国家财政收入的角度谈论轻税。他反对两税法以钱计税，认为赋税以钱计征、折物缴纳加重了人民的赋税负担，因此主张政府的财政收支要"以布帛为准"。关于政府征收赋税的标准，他认为儒家孟子主张的什一之税是最合理的税率，符合这一标准的是轻税，超过这一标准的则是重敛，而重敛是造成百姓不足、国家危亡的根本原因。根据什一税率的原则，他写了《平赋书》来规划国家财政收入。他按全国耕地面积占全部土地面积的64%估算，认为国家按照什一税率征收赋税，所得财政收入，"以贡于天子，以给州县凡执事者之禄，以供宾客，以输四方，以御水旱之灾，皆足于是矣"（《全唐文》卷六百三十八《平赋书》）。

像李翱这样具体细致地计算国家财政收入的，在历史上尚少见。但他的这种计算到底有多大价值，值得怀疑。因为他对国家财政收入赖以存在的基础——耕地数量估计过高，既没考虑自然灾害、土地荒芜对每亩耕地收获量的影响，也没考虑地主官僚、豪商大贾对土地的隐匿及逃税等因素，甚至连当时国家全年财政支出的最低限度是多少都不知道，就根据自己的主观臆测，称按什一税率征收赋税就能达到"足于是"的目标，显然是一种没有科学依据的空想。

三、重视商税思想

唐、宋、元时期商品经济大力发展，财政收入来源已不仅仅局限于农业单一税，尽管还不时地有思想家主张农业单一税。唐朝开元以后，各种商品税相继开征，且在财政中的地位日益重要。两宋时，商税制度日渐完善。到了元朝，重视商税则成为一大特色。元朝固有的游牧民族的商业精神同南宋高度发展的工商业结合起来，促进了元朝工商业的发展，而工商业的发展又为元朝提供了丰厚的赋税收入。这一时期围绕着商税进行议论且有一定代表性的思想家主要有唐朝的赵赞、宋朝的李觏和元朝的卢世荣等。

（一）赵赞开征"关津之税"和特种商品流通税的主张

赵赞于唐德宗建中三年至建中四年（782—783年）出任户部侍郎、判度支。当时正值唐朝中央因与叛藩争战而陷入财政危机之中，他便设法增辟税源。其中，于"诸道津要都会之所，皆置吏，阅商人财货，计钱每贯税二十文"，即税率为2%；同时对"天下所出竹、木、茶、漆，皆什一税之"（《唐会要》卷八十八《仓及常平仓》），即这四项特种商品流通税的税率为10%。

（二）李觏反对专卖、主张一切通商的赋税思想

李觏反对国家实行盐茶专卖，主张一切通商。他在分析专卖存在诸多弊端的基础上，从正面提出了通商的好处。以茶通商为例，他列举了以下几项：

（1）籍租课税，不损国课。实行茶通商，国家可以"籍茶山之租，课商人之税，不损国课"（《李觏集》卷十六《富国策第十》）。

（2）商人增加，增加税收。

（3）无私茶之忧，国课自增。实行茶专卖的时候，私贩者众，国家虽然设置官兵缉拿私贩，但仍难禁绝。现在实行通商，私贩者自然消失，国税也因此大增。

（4）实行通商法，商人货不滞销，利国利民。

从这些好处的分析中可以看出，李觏非常强调通商后商税对国家财政的贡献，这是当时商业日益繁盛的客观实践在赋税思想领域中的反映。

（三）卢世荣专卖与征税并行以流通商货的赋税思想

元平江南之后，国家的大宗资源都为权豪势要之家所把持，他们或囤积居奇，或侵吞国家岁课；对百姓自产的零星小商品，如竹货之类，反而限制得很严。这不仅严重干扰了商品的生产和流通，而且严重影响国家财政收入。

面对这种现实，卢世荣采取了对小商品实行征税制，放手发展，对大宗商品实行国家垄断的专卖与征税并行的赋税制度，从而促进商品流通，平抑物价，增加岁课。

（1）废除各处竹监，允许百姓在江湖捕鱼；同时以征商税的方式，调节商品生产和流通。这样既可促进小商品的生产，又能货畅其流，国家也可从中获利。

（2）整顿盐课。实行商专卖与常平盐并行的盐政，削减商人盐引的三分之一，散给诸路官府，设立常平盐，待盐价上涨时，以平价出售。这种做法既稳定了盐价，有利于庶民，又打击了投机商人。

（3）整顿酒课。他任中书右丞以前，京师及各路允许富豪之家酿酒沽卖。而所酿之酒，质次价高，而且不及时向国家纳税。于是，卢世荣建议在京师罢除私酿，实行官专卖，并增酒课十倍。（《元史纪事本末》卷七《阿合马桑卢之奸》）这正体现了卢世荣对非生活必需品征收重税，限制其生产和消费的思想。[①]

唐中期以后，特别是宋代，封建国家财政收入中来自商税的收入占比越来越大，这是商品货币经济空前发展的结果。当时的统治者确实把商业税收视为国家巨大的财源，因而在现实利益的基础上对商业也给予了充分的重视和利用。该时期的重视商税思想亦是重商思想在财税领域的延展。

第六节　货币思想的新发展

唐、宋、元商品经济的发展，使货币在社会经济生活中的作用加强了。商品交换频繁，商品流通范围扩大，需要越来越多的货币来满足这种日益兴旺的商品经济的需要。北宋纸币"交子"的出现便顺应了这一历史潮流。同时，该时期货币流通过程中也存在突出的矛盾，即所谓"钱重物轻"的"钱荒"现象，比汉朝的"钱轻物重"问题更加复杂。思想家们围绕这一焦点问题展开了各种各样的论述，让货币思想在这一历史时期因具有鲜明的时代特色而显得异常活跃。

一、货币流通思想

（一）货币的起源说

关于货币的起源，唐朝以前的思想家中有不少人提出了自己的见解。其中，先秦时期《管子》一书将货币的起源归结为帝王们的主观意志，这一观点一直影响着后代的思想家们，成为货币起源的主要论点。唐、宋、元时期也继承这一思想，并在此基础上有所发展。

1.陆贽的"先王制币"说

陆贽明确地提出货币是帝王为了一定目的而创造出来的，货币是王权造成的。他说："先王惧物之贵贱失平，而人之交易难准，又立货泉之法，以节轻重之宜。敛散弛张，必由于是。"又说："古之圣人……作泉布之宝货。"（《陆宣公奏议全集》卷四《均节赋税恤百姓第二条》）这显然是沿袭《管子》的"先王制币"的说法，比司马迁的货币起源于"农工商交易之路通，而龟贝金钱刀布之币兴焉"（《史记·平准书》）的认识大大退了一步。

---

① 孙文学，刘佐. 中国赋税思想史 ［M］. 北京：中国财政经济出版社，2006：405-406.

在唐朝，除了陆贽这样直截了当地表述"先王制币"的货币起源说之外，其他思想家也大多间接地表达了这样的观点。杜佑在《通典·钱币》中就隐约地表达了"先王制币"的意思。白居易、韩愈等人虽未明确说货币是由王者创设的，但他们祖述《管子》货币学说，强调"王者"的主观意志，也包含了"先王制币"的思想。

2.李觏的货币起源说

关于货币的起源，李觏说："昔在神农，日中为市，致民聚货，以有易无。然轻重之数无所主宰，故后世圣人造币以权之。"可以看出，李觏主张货币为圣人所做，目的是解决物物交换的困难。他似乎已认识到，物物交换时缺乏一个共同尺度来衡量物品的贵贱，给物品交换带来了不便。至于什么是这个共同的尺度，他并没有进一步明确，因而还不能揭示出货币产生的内在原因。在阐述货币产生原因的同时，他还提出："其始以珠玉为上币，黄金为中币，白金为下币。但珠玉、金银其价重大，不适小用，惟泉布之作，百王不易之道也。"（《李觏集·富国策第八》）铜钱的产生是由于珠玉、金银价值贵重，与低水平的物品交换不相适应，这种说法是有一定道理的。但是，他将铜钱视为"百王不易之道"是错误的。随着商品经济的发展，铜钱这种贱金属必然会被贵重金属所取代。

3.叶适的货币起源观

叶适认为货币的起源与商品交换、商业发展密切相关。他说："钱币之所起，起于商贾通行四方交至远近之制。物不可以自行，故以金钱行之。"（《文献通考·钱币二》）这种观点比起把货币说成是"圣人""先王"的主观创造，显然要深刻得多。但是，叶适还没有完全摆脱货币由圣人创造的传统观念，没有真正触及货币产生的深层次原因。他还认为"物不可以自行，故以金钱行之"，即商品自己不能运动，所以用货币来使它运动，显然颠倒了货币流通和商品流通之间的因果关系。马克思指出："虽然货币运动只是商品流通的表现，但看起来商品流通反而只是货币运动的结果。"[①]叶适也是被这种表象所迷惑了。[②]

（二）货币的职能或作用论

一般来说，货币具有五种职能，但这五种职能并不是同时具备的，而是随着商品经济的发展而发展的。作为反映货币基本特征和本质的价值尺度和流通手段，是货币的基本职能。唐朝以来的思想家在认识货币的过程中对货币的职能有较深刻的理解。

1.张九龄对货币基本职能的认识

唐初政治家张九龄在反对实物货币、主张自由铸钱时，表达了对货币基本职能的认识。他说："布帛不可以尺寸为交易，菽粟不可以杪勺贸有无，故古之为钱，将以通货币。"（《曲江张文献公集》）在他看来，布帛、菽粟这些实物不能作为价值尺度来衡量其他商品的价值，只有货币才有衡量商品价值的功能。因此，货币就是用来流通贸易的。看得出，他对货币的价值尺度和流通手段的职能有所认识。

---

① 马克思. 资本论（第1卷）[M]. 中共中央马克思恩格斯列宁斯大林著作编译局，译. 北京：人民出版社，1975.
② 叶世昌. 古代中国经济思想史 [M]. 上海：复旦大学出版社，2003：306.

但张九龄的认识存在一定的片面性。他不了解，作为一般等价物的货币的职能最初也是由实物来承担的，当某种实物成了一般等价物时也有价值尺度的职能。布帛、菽粟这些重要的物品不但在历史上起过这样的作用，就是在张九龄所处的唐朝，也占有相当大的比例和成分。

2.刘秩对货币基本职能的理解

在唐朝，对货币价值尺度和流通手段职能的理解比较深刻的要数刘秩。他反对张九龄开放私铸的主张，并对货币的基本职能表达了自己的见解。他认为货币具有"平轻重而权本末"（《旧唐书·食货志上》）的作用。"平轻重"是指平衡物价，"权本末"是指借助货币调节农、工、商的关系。要达到这两方面的目的，货币本身必须有价值，才能衡量其他商品的价值，起到平衡物价，调节农、工、商关系的作用。

刘秩曾更明确地表述货币的价值尺度职能："先王以守财物，以御人事，而平天下也，是以命之曰衡。衡者，使物一高一下，不得有常。"（《旧唐书·食货志上》）这里的"衡"指的就是货币的价值尺度。在他看来，货币依靠价值尺度职能来衡量市场上的各种商品，使商品的价格上下波动，而不是固定地停留在一条水平线上。各种商品就是这样依靠货币作为价值尺度来表现自己的价格的。这似乎说明他对价值规律的表现形式已有所发现和理解。

3.杜佑对货币基本职能的表述

杜佑对货币基本职能的认识有一段很精彩的论述："凡万物不可以无其数，既有数，乃须设一物而主之。其金银则滞于为器为饰，谷帛又苦于荷担断裂，唯钱但可贸易流注，不住如泉。"（《通典·食货八·钱币上》）"设一物而主之"的表述，可以解释为以一种商品作为衡量其他商品价值的工具。杜佑已经认识到货币的价值尺度职能。

那么，百物之中，哪一种商品最适宜为"主"？杜佑对币材的自然属性作了一番考察，认为谷帛不便提携，容易毁坏，不便分割，不适宜作为货币，只有铜是最理想的货币材料。他除重复前人关于铜币轻便易携、不易毁坏的论点外，还指出铜作为币材的可分性的优点，并认为只有铜币"可以贸易流注，不住如泉"。这就明确地表明了他对货币的流通手段职能的认识。

4.吕祖谦对货币作用的认识

吕祖谦（1137—1181年），字伯恭，学者称东莱先生，婺州（今浙江省金华市）人。他是金华学派的代表，和朱熹、张栻齐名，人称"东南三贤"。吕祖谦为学主张经世致用，开浙东学派①的先声。

关于货币的作用，吕祖谦从重农的角度出发，认为"农桑，衣食财货之本；钱布流通，不过权一时之宜而已"。尽管他意识到货币的作用依存于商品，货币是为商品流通服务的，但是他更多地用自然经济的眼光来看待货币的作用，甚至对三代以前的所谓"谷粟为本"的社会大加赞扬，而对汉武帝以后"钱币方重"的社会提出批评。他说："大抵三代以前，惟其以谷粟为本，以泉布为权，常不使权胜本，所以当时地利既尽，浮游末作之徒少。后世此制坏，以匹夫之家藏镪千万，与公上争衡，亦是古意浸失。"

---

① 浙东学派包括金华学派、永嘉学派和永康学派。

在吕祖谦看来，货币地位的加强是统治阶级的主观意识造成的，这显然是错误的观点。

值得注意的是，吕祖谦并不是完全否定货币的作用，他批判了后世贡禹之徒想完全废除钱币，只以谷帛为本的废钱论，认为这是"见害惩艾，矫枉过直"的观点。他还认为："推本论之，钱之为物，饥不可食，寒不可衣，至于百工之事，皆资以为生，不可缺者。"

总之，吕祖谦对货币作用的基本观点是，货币是社会中不可缺少的，不能予以废除，但是又不能过于重视，只能在末不胜本的前提下，维持一定的货币经济。①"大抵天下之事，所谓经权本末，常相为用，权不可胜经，末不可胜本。"（《文献通考·钱币二》）

（三）国家垄断货币铸造权的主张

关于货币铸造权的争论，自古有之。中国自秦汉统一后，法律上规定货币铸造权属于国家，但汉朝建立后，曾一度实行任民铸钱政策，引发了中国历史上关于货币铸造权问题的首次大争论。至唐朝以后，因商品经济的发展，政府铸造的货币数量不足，减重的私钱不断充斥市场，招致了"恶钱"问题，引发了继汉朝以来的又一次关于货币铸造权的争论。在争论中反映出来的主张国家垄断货币铸造权的思想尤为明显。

1.刘秩的国家垄断货币铸造权的思想

刘秩认为开放私铸、国家放弃统一的铸造权是不可取的。他列举了五大理由：

（1）"若舍之任人，则上无以御下，下无以事上"，国家将会失去治理百姓、管理经济的手段。

（2）国家要利用货币调节物价，所以必须掌握货币铸造权。他说："夫物贱则伤农，钱轻则伤贾。故善为国者，观物之贵贱，钱之轻重……钱轻……则作法收之使少……重则作法布之使轻。"国家如果放弃货币铸造的垄断权，就会失去"作法"的权力和手段。

（3）任民私铸，不杂以铅、铁就不能获利。如果杂以铅、铁，则造成"恶钱"，国家就要进行惩罚。这样，私自铸造者为了牟利，不惜触犯法律，而犯法者增多，这无异于"设陷阱而诱之入"。

（4）若允许私铸，"有利则人去南亩者众。去南亩者众，则草不垦；草不垦，又邻于寒馁"。这显然会严重妨害农业生产，影响社会安定。

（5）任民私铸只能有利于富人，因为铸钱要有雄厚的资本。他仿用《管子·国蓄》的话说："夫人富溢则不可以赏劝，贫馁则不可以威禁，法令不行，人之不理，皆由贫富之不齐也。"他指出允许私铸就会使"贫者弥贫而服役于富室，富室乘之而益恣"，造成两极分化严重的社会现象。（《旧唐书》卷四十八《食货志上》）

综上，刘秩是一个坚决反对任民铸造论者，他的观点主要来自《管子》和西汉贾谊的货币学说。

唐朝与刘秩持有相同观点的还有韩愈、陆贽、白居易等。他们在主张国家垄断货币

---

① 张家骧. 中国货币思想史（古代卷上）[M]. 武汉：湖北人民出版社，2001：333.

铸造权方面所提出的理由都非常类似，尽管没有刘秩阐述得全面。

2.张方平的国家垄断货币铸造权的思想

张方平非常重视货币铸造权的集中，主张由封建国家垄断铸造权，绝对禁止民间私自铸造。铸造权之所以必须集中，他认为有三个理由，即掌握货币可能"权轻重而御人事，制开塞以通政术，称物均施以平准万货"（《乐全集》卷二十五《论免役钱札子》）。也就是说，封建国家如果掌握了货币铸造权，就能运用轻重之术来控制人们在经济上相互兼并的情况，能指导人们的经济活动方向和平衡万物的价格。

与唐朝刘秩相比，张方平所提出的理由更加凝练，同时似乎涉及了货币政策的作用，但他并没有进一步说明封建王侯该如何具体运用货币铸造权来调节经济。

3.马端临的国家垄断货币发行权的思想

马端临也和前述思想家的主张相同，坚持货币发行权的集中与统一，并且侧重阐述集中与统一应具备的前提条件。他认为铜、铁、铅等货币材料搬运困难，价值小而用途广，得多选"坑冶附近之所"置监铸钱。这说明铸币权固然应统一、集中，但铸钱监仍可分设各地。对于纸币就应区别对待了，不仅"钱币之权当出于上"，而"造钱币之司"亦"当归于一"。（《文献通考·钱币二》）他认为南宋楮币应集中在行都印造发行，不应再让川、湖等地分别印造川引、湖会等流通，以免造成各地通货膨胀。在纸币发行上要求更严格的统一与集中，是有一定道理的。

（四）货币流通速度论

北宋时期的张方平已对货币流通的必要量与货币流通速度有所认识。他说："向者再总邦计，见诸炉岁课上下百万缗，天下岁入茶、盐、酒税，杂利仅五千万缗，公私流布，日用不息。"（《乐全集》卷二十五《论免役钱札子》）这说明约百万缗的铜币即足以供五千万缗财政收入支出之周转，这虽是极初步而不甚明确的体会，但在当时是第一次出现的有关货币流通速度的见解。

对货币流通速度认识比较明确而深刻的当属沈括。

沈括（1031—1095年），字存中，杭州钱塘人。他是我国历史上伟大的科学家，学识渊博。其《梦溪笔谈》一书中关于天文、数学、音律、医卜之术，均能予以考证。他对货币流通速度的议论是非常明确的。他说："钱利于流借。十室之邑，有钱十万而聚于一人之家，虽百岁故十万也。贸而迁之，使人飨十万之利，遍于十室，则利百万矣。迁而不已，钱不可胜计。"（《续资治通鉴长编》卷二百三十八）他对货币流通速度本身的阐述不仅十分明确，而且在阐述了怎样增加货币的绝对量以后，接着论及货币流通速度问题，足见他已经十分明确货币流通速度对通货数量的作用。[1]

货币流通速度的概念在欧洲是由威廉·配第首先提出来的。约翰·洛克在货币理论上直接继承了威廉·配第的学说并加以明确化。他指出："同一个先令，有时也许在二十天里起了支付二十个人的作用，有时却一连一百天存留在同一个人手中。"[2]威廉·配第和约翰·洛克都是17世纪的人物，比沈括晚600年。仅就货币流通速度这一观点来

---

① 胡寄窗. 中国经济思想史简编［M］. 上海：立信会计出版社，1997：335.
② 洛克. 论降低利息和提高货币价值的后果［M］. 徐式谷，译. 北京：商务印书馆，1962：21.

说，沈括的观点在经济思想史上是具有世界意义的。

二、货币与物价

（一）货币数量说

货币数量说在20世纪30年代以前，是西方经济学中最流行的一种货币学说。货币数量说认为，货币本身没有内在的、固有的价值，货币的价值是在货币的流通过程中形成的。货币的购买力与货币的数量成反比。因此，货币数量说实际上是关于货币流通数量与商品价格一般水平之间关系的一种理论。

而中国古代货币数量论的创始者是《管子》的作者。唐朝以来的货币数量论则是对前朝货币数量论的继承和发展，同时表明了该时期货币经济的繁盛。

1.刘秩的货币数量论

刘秩在《管子》货币数量论的基础上，将货币价值的大小与货币数量的多少直接联系了起来。他说："夫物重则钱轻，钱轻由乎物多，多则作法收之使少；少则重，重则作法布之使轻。轻重之本，必由乎是。"不仅如此，他还第一次将货币价值同人口数量、货币数量联系起来考虑。他说："夫钱重者，犹人日滋于前，而炉不加于旧……此钱之所以少也。"（《旧唐书》卷四十八《食货志上》）这就是说，铜钱的价值之所以增加，是因为人口日益增加，而货币的铸造数量没有增多。这一解释有一定的道理，同时对传统的货币数量论进行了丰富和充实。

2.陆贽的货币数量论

陆贽的货币数量论虽然基本上与刘秩相同，但是表述得更加完整和明确。他说："物贱由乎钱少，少则重，重则加铸而散之使轻。物贵由乎钱多，多则轻，轻则作法而敛之使重。是乃物之贵贱，系于钱之多少；钱之多少，在于官之盈缩。"（《陆宣公奏议全集》卷四《均节赋税恤百姓第二条》）其中的"物之贵贱系于钱之多少"是典型的数量论的观点。在他之前的思想家，尽管对货币数量与物价的关系有所认识，但是都没有讲得如此明确和清楚。

3.李觏的货币数量论

李觏是这样说明物价的："大抵钱多则轻，轻则物重；钱少则重，重则物轻。物重则用或阙，物轻则货或滞，一重一轻，利病存乎民矣。"[①]这是说物价太贵或太贱对百姓都不利。他认为从国家财政角度考虑，还是以钱多为好，否则就不够用。他分析当时"旧泉既不毁，新铸复日多"，而国家、私人藏钱不多的原因是：第一，法钱被奸人改铸成恶钱。销一枚法钱可铸成恶钱四五枚，使用时可抵上二三枚，获利成倍。"国失法钱，而民得恶钱，恶钱终不可为国用，此钱所以益少也。"第二，缁黄之家用铜等铸佛像和铙、钲、钟、磬等器。"像则日新，器则日长，其所销者，宁有纪极？此钱所以益少也。"（《李觏集·富国策第八》）因此，李觏主张收恶钱和铜像、铜器来铸钱。

---

① 张家骧. 中国货币思想史（古代卷上）［M］. 武汉：湖北人民出版社，2001：234.

（二）对"钱重物轻"的阐释

唐朝中期以后，随着货币经济的发展，流通中货币量的短缺日益严重，即出现所谓"钱重物轻"的现象。思想家们围绕着该现象产生的原因及解决办法，从各个角度进行了阐述和争论。

1."钱重物轻"的原因

（1）对于钱重的原因，刘秩提出了两个理由：一是人口增加。他说："夫钱重者，犹人日滋于前，而炉不加于旧。"二是"盗铸者破重钱以为轻钱"（《旧唐书》卷四十八《食货志上》），即把官铸钱销毁后改铸为恶钱。比起唐初来，当时的户口成倍增加。人口增加，对货币的需要量也随之增加，而政府并没有相应地增加钱币的铸造，这是造成钱重的一个原因。从某种角度上说，刘秩的分析是正确的。

（2）杨於陵对"钱重物轻"的解释比较全面。他认为："古者权之于上，今索之于下；昔散之四方，今藏之公府；昔广铸以资用，今减炉以废功；昔行之于中原，今泄之于边裔。又有闾井送终之啥，商贾贷举之积，江湖压覆之耗，则钱焉得不重，货焉得不轻？开元中，天下铸钱七十余炉，岁盈百万，今才十数炉，岁入十五万而已。大历以前，淄青、太原、魏博杂铅铁以通时用，岭南杂以金、银、丹砂、象齿，今一用泉货，故钱不足。"（《新唐书》卷五十二《食货二》）反对两税法的人都认为"钱重物轻"是赋税征钱所致。诚然，两税征钱能使通货紧缩，但随着国家进行财政支出所征钱旋而复出，为什么还长期闹钱荒？可见两税法并非唯一原因。杨於陵的分析内容非常丰富，几乎将可能导致"钱重物轻"的原因都一一列举了。

（3）白居易认为当时之所以"钱重"，一方面，当时的钱"或积于国府，或滞于私家"，流通数量"日以减耗"（《白居易集·策林·息游堕》），如继续发展下去，会使谷帛贱、农业伤的情况越来越严重；另一方面，铜钱被销毁，"私家销钱为器，破一钱成数钱之利"，这就使"天下之钱日减而日重"。（《白居易集·策林·平百货之价》）

（4）韩愈认为"钱重物轻"的情况是两税法所造成的后果。[①]他说："夫五谷布帛，农人之所能出也，工人之所能为也。人不能铸钱，而使之卖布帛谷米以输钱于官，是以物愈贱而钱愈贵也。"（《韩昌黎集》卷三十七《钱重物轻状》）这种观点有明显的局限性。因为从历史事实考察，在安史之乱时物价飞涨，安史之乱被平定后物价即已开始回落，建中元年实行两税法后物价下跌了将近二十年，可见两税法推行后的物价跌落仅是继续以往的趋势，并非两税法所造成的后果。再者，两税征收货币，只可能在夏秋两季造成临时的货币短缺现象，不可能形成较长时期的通货紧缩，因为封建政府的货币收入必须以财政支出形式使货币重新回到流通领域。

到了宋朝，"钱荒"现象也比较严重，李觏、张方平、沈括等进行了原因分析，但大多因袭唐朝思想家的观点，并无太多新意。

2.关于"钱重物轻"的解决办法

（1）刘秩的具体建议是增加铜钱的数量，禁止铜在民间使用，"铜无所用，铜益

---

① 胡寄窗. 中国经济思想史（中册）［M］. 上海：上海财经大学出版社，1998：462.

贱，则钱之用给矣"。与贾谊的禁铜"七福"相对应，刘秩提出了禁铜"四美"，即"夫铜不布下则盗铸者无因而铸。无因而铸，则公钱不破，人不犯死刑，钱又日增，末复利矣。是一举而四美兼也"。（《旧唐书》卷四十八《食货志上》）

（2）杨於陵认为财政最大限度地改征实物才是改善"钱重物轻"状况的根本办法。[①]

（3）白居易针对"钱重物轻"的第一个原因，认为应该恢复租庸调制，免征现金；对第二个原因的消除，他建议禁止私家藏铜和使用铜器。这些方法都没有触及解决问题的核心，要么是历史的倒退，要么是治标不治本。

（4）韩愈既然认为"钱重物轻"是实行两税法所导致的，自然会主张恢复实物税，这显然与当时商品经济发展的客观要求相悖。他还建议控制币材，并堵塞货币流失的漏洞，"禁人无得以铜为器皿；禁铸铜为浮屠佛像钟磬者。蓄铜过若干斤者，铸钱以为他物者，皆罪死不赦"（《韩昌黎集》卷三十七《钱重物轻状》）。这一建议显然具有一定的实际意义。

（5）陆贽也曾针对如何增加货币数量提出了自己的看法，他建议"广即山殖货之功（铸钱），峻用铜为器之禁"。另外，国家还可以从盐酒专卖中取得货币收入。他指出国家手中有了相当数量的货币，又以盐酒专卖作为回笼货币的渠道，就能调节货币流通，做到"敛轻为重"或"散重为轻"（《陆宣公奏议全集》卷四《均节赋税恤百姓第二条》）。

（三）周行己对"钱轻物重"的阐释

北宋末年，政治腐败，政府推行货币贬损政策，致使国内货币流通状况恶化，出现了与唐朝截然相反的现象——"钱轻物重"，即流通中货币量过多、货币贬值、物价上涨。严重的通货膨胀导致社会经济危机，因而如何稳定币值、维持纸币流通，便成为当时思想家注意的问题。

南宋永嘉学派代表人物之一的周行己对当时"钱轻物重"的现象及其反映出的货币与商品之间的关系、货币贬值对物价的影响，有着较深的认识。

他在《浮沚集》卷一《上皇帝书》中说："夫钱本无用而物为之用，钱本无重轻而物为之重轻。"又说："故钱与物本无重轻。始以小钱等之，物既定矣，而更以大钱，则大钱轻而物重矣。始以铜钱等之，物既定矣，而更以铁钱，则铁钱轻而物重矣。物非加重，本以小钱、铜钱为等，而大钱、铁钱轻于其所等故也。何则？小钱以一为一，而大钱以三为十故也……然而当十必至于当三，然后可平。"

在以上这段文字中，周行己说"夫钱本无用"，那是从货币的使用价值去讲的，正如以往对货币的传统看法"饥不可食，握之无补于暖"一样。周行己从货币与商品的关系中，认为钱与物本无轻重，始以小钱或铜钱"等"之，说明他已经初步发现了货币与商品的等一性。但是他不了解这个等一性的基础在于货币与商品本身的价值，因此得出"钱与物本无重轻"的结论，那么对于一开始它们怎么会"等"的，就找不到合理的解

---

① 胡寄窗. 中国经济思想史（中册）[M]. 上海：上海财经大学出版社，1998：475.

释。周行己指出：由于更以大钱或铁钱，破坏了最初在货币与商品间的"等"的关系，造成钱轻物重的后果。他用"以三为十"的不足值的大钱为例，说明被破坏的"等"的关系终归会由于大钱的贬值趋向于等平。

不仅如此，周行己还进一步指出，发行不足值的大钱必然产生许多恶果，例如："钱之利一倍，物之贵两倍。""自十而为五，民之所有十去其半矣；自五而为三，民之所有十去其七矣。""出于民者常重，出于官者常轻，则国用其能不屈（缺）乎？"他明确指出，由于货币贬值必然会引起物价更快上涨，使人民蒙受严重损失，而且商品出自民间，钱币发自官府，"钱轻物重"最终也会使国家自食其果。

像周行己这样全面论述"钱轻物重"产生的影响，在西方国家中只是到近代因滥发纸币造成物价波动才引起学者注意的。

三、纸币发行和流通思想

北宋时已在商业流通中出现"盐钞"及四川地区的兑换纸币"交子"。南宋则是纸币广泛发展的时期，纸币流通已遍及东南诸路、两淮、荆湖及四川各地。而元朝的纸币制度是宋朝以来的延续，是世界货币史上最早实行纯纸币流通制度的时期。货币领域内这些新因素的出现，使得宋元产生了与传统的货币理论不同而类似近代货币理论的货币思想。

（一）苏轼、许衡反对纸币流通的思想

苏轼是反对纸币流通的较早的思想家。他说："今秦蜀之中又裂纸为币，符信一加，化土芥为金币，奈何其使民不奔而效之也？"（《苏东坡全集·续集》卷九《关陇游民私铸钱与江淮漕卒为盗之由》）

苏轼这一观点是建立在金属论基础上的，他一向主张使钱之值与金（即铜）之值相等，认为这样才可以消除私铸之币。

南宋的许衡也公开反对纸币流通。许衡（1209—1281年），字仲平，号鲁斋，怀州河内（今河南省焦作市沁阳市）人，宋元之际学者、哲学家。他目睹了金朝恶性通货膨胀以致彻底败亡的过程，了解南宋纸币流通的种种弊端，因此，他对纸币流通持完全否定态度。许衡以古论今，结论是纸币绝不可行："楮币之折阅，断无可称提之理，直一切罢而不行已耳。"（《许文正公遗书》卷七《楮币札子》）同时，他列举了纸币的许多弊病，认为纸币很容易成为朝廷弥补财政赤字的工具，加上民间伪造盛行，严刑也不能杜绝，造成流通中纸币越来越多，最终导致恶性通货膨胀。

（二）周行己纸币兑现思想

周行己主张纸币兑现，并已认识到国家发行的纸币不会被全部拿来兑现。因为纸币流通"必有水火之失，盗贼之虞，往来之积"。他认为由于这些原因而不来兑现的纸币经常占有三分之一的数量。"是以岁出交子公据，常以二分之实，可为三分之用。"国家发行纸币"常有三一利"。（《浮沚集》卷一《上皇帝书》）这是中国最早关于兑现纸币不需要十足准备的理论。

（三）辛弃疾纸币币值稳定思想

辛弃疾从统治者的利益出发来分析维持纸币币值稳定的必要性。他说，如果平时"重会子使之贵于见钱"，使一贯会子值现钱一贯有余，那么"缓急之际，不过多印造会子以助支散，百万财赋可一朝而办"。又说稳定会子币值，可以逐步收兑民间现钱，此所谓"将欲取之，必固与之"。"如此则无事之时，军民无会子之弊，缓急之际，朝廷无乏兴（征发）之忧，其利甚大。"（《辛稼轩诗文钞存·论行用会子疏》）他把发行纸币作为紧急关头获得大量财政收入的有效办法。为了这一目的，在平时就要谨慎对待，不能使百姓丧失对会子的信任。这一主张虽然是为统治者的利益考虑，但稳定币值对百姓也是有利的。

（四）叶适纸币驱逐金属货币思想

叶适认为金属货币的流失主要是因为纸币的发行。他指出，"造楮之弊，驱天下之钱，内积于府库，外藏于富室"；"壅天下之钱，非上下之所欲也，用楮之势至于此也"。（《叶适集·财计中》）也就是说，纸币驱逐金属货币是不以人们的意志为转移的客观规律。在金属货币和纸币并行的条件下，只有金属货币具有贮藏手段的职能，这在纸币币值下跌时会表现得更加突出。叶适对这一客观规律的认识是正确的。

（五）称提说中包含的纸币发行思想

"称提"是产生于宋朝的经济术语，可以指物价管理，也可以指钱币管理。称提说在南宋主要是指可兑换纸币的理论。"昔高宗因论四川交子，最善沈该称提之说，谓官中常有钱百万缗，如交子价减，官用钱买之，方得无弊。"由此可见，"称提"的意思是指官府用金属货币买进贬值的纸币交子。又"嘉定二年，以三界会子数多，称提无策，会十一界除已收换，尚有一千三百六十万余贯……泉州守臣宋均，南剑州守臣赵崇宪、陈宓，皆以称提失职，责降有差"。（《宋史·食货志下三》）

从以上两处引文中，我们大致可以了解所谓称提说，是力求保证纸币（北宋时为交子，南宋时为会子）按制度发行并利用保证金使其票面价值稳定，就如同提秤称物一样求其平衡。至于交子和会子的发行制度，《宋史》所载仁宗时分届印发官交子，"界以百二十五万六千三百四十缗为额"。又"大凡旧岁造一界，备本钱三十六万缗，新旧相因"。在乾道四年（1168年），以"三年立为一界，界以一千万贯为额，随界造新换旧"（《宋史·食货志》卷一百八十一）等。由此可见，两宋的纸币发行制度的要点大致为：规定发行期限和最高发行额，以新换旧，并且有一定的准备金和补救措施，但实际上均未认真执行。如就其有关规定而言，除分界发行外，规定最高发行额、准备金和补救措施等，都是近代发行纸币所必须遵守的原则。

（六）叶李的"钞币条画"钞币思想

叶李（1242—1292年），字太白，杭州人。他原是南宋太学生，曾作"钞币条画"，请以钞币代替会子，但未被采纳。元朝至元二十四年（1287年），政府在叶李的"钞币条画"基础上正式颁布"钞币条画"十四条，这是我国也是世界历史上最早而又最完备的不兑换纸币发行条例。

"钞币条画"明确规定了新发行的钞币与流通中的旧钞币之间的比价，如"至元宝钞一贯当中统宝钞五贯"；规定新钞对金银兑换的买价与卖价，以及债务、契约课税按新钞折算或仍以旧钞支付的办法。如载："今后卖引（盐引）许用至元宝钞二贯，中统宝钞十贯，愿纳至元宝钞四贯者听。""钞币条画"规定了在新钞发行后，对哄抬物价或伪造新钞者的处罚，如"有抬高物价者罪之""伪造通行宝钞者处死"（《元典章》卷二十《户部六·钞法》），还规定了定期检查准备金和有关工作人员不得收兑金银或倒换新旧钞的制度等。

由此可见，当时政府对发行不兑换纸币所应考虑到的问题，基本上都想到了。此外，政府还特别规定了定期检查现金准备的制度，每半个月检查平准库一次，说明了对准备金的重视。所有这些，从货币思想上看，已经以一种全新的货币思想代替了传统的轻重、子母相权、分界发行兑换纸币的概念。元朝货币思想的突出成就也说明了元朝商品货币经济发展的程度。

第四章思想园地

学史增信

我国古代"量入为出"与"量出为入"理财思想的历史演变及相关学术争鸣[①]

知识传授

◎我国古代"量入为出"理财思想的历史演变。

◎我国古代"量出为入"理财思想的历史演变。

◎"量入为出"与"量出为入"在公共财政框架下的辩证关系。

价值塑造

◎树立正确的历史价值观，引导学生以历史时空观念看待问题，增强辩证思维能力，以及理性分析与客观判断的历史解释能力：梳理"量入为出"与"量出为入"理财思想的历史演变脉络和规律，同时关注重要事件和代表性观点主张的评价。

◎养成正确的学术观，引导学生善于反思质疑，并形成独立见解，拓宽学术研究视

---

① 作者为上海电力大学徐信艳。

野：推介"量入为出"与"量出为入"理财思想的最新研究成果及学术争鸣，聚焦高阶性问题，予以学术研讨。

适用情景

◎《中国经济思想史》：介绍中国古代财政管理思想以及代表人物的理财思想。

案例内容

"量入为出"与"量出为入"

一、"量入为出"理财思想的历史演变

我国的"量入为出"思想起源于周朝，史料中比较明确的论述是载于《礼记·王制》："冢宰制国用，必于岁之杪，五谷皆入，然后制国用。用地小大，视年之丰耗。以三十年之通制国用，量入以为出，祭用数之仂。"

西周以后，"量入为出"逐步成为各个朝代理财思想的核心和基础。春秋时期的孔子主张在财政收入上贯彻薄敛、富民思想，在财政支出上要贯彻崇俭抑奢的思想："礼，与其奢也，宁俭。"（《论语·八佾篇》）

到了战国时期，管仲对"量入为出"的理财思想作了进一步的发挥："取于民有度，用之有止，国虽小必安；取于民无度，用之不止，国虽大必危。"（《管子·权修》）意思是取之于民的要有节制，不能竭泽而渔，支出一定要符合节约的原则。正是因为管子坚持用"量入为出"的理财思想治理国家，才为齐桓公成为战国七雄打下了雄厚的经济基础。

西汉初年，汉高祖刘邦实行轻徭薄赋以稳民心，在财政原则上则采取"量入为出"的原则，在财政年收入减少的同时削减了一定的财政支出。"上于是约法省禁，轻田租，十五而税一，量吏禄，度官用，以赋于民。"（《汉书》）这种轻徭薄赋、节约开支的措施收到了很好的效果，使西汉渡过了初建时期的难关，逐步走向强大。

唐朝建立之初，常以隋亡为借鉴，减轻赋税，发展生产。唐太宗基本上是坚持"量入为出"的。"先王之制，度地以居人，均其沃瘠，差其贡赋，盖敛之必以道也。量入而为出，节用而爱人，度财省费，盖用之必有度也。是故既庶且富，而教化行焉。"（《旧唐书·食货志》）这一系列措施使得大唐王朝取得了很大的发展，经济繁荣，社会稳定，开创了"贞观之治"的太平盛世。

宋代到真宗、仁宗时期，消费巨大，"年年亏短"，以致"百年之积，惟存空簿"。（《王临川集·上仁宗皇帝言事书》）

王安石的改革主张指出：天下财力困穷，风俗衰坏，在于"不知法度"。他非常强调理财的重要性："聚天下之人，不可以无财。""理财方为今先急。"（《王临川集·上仁宗皇帝言事书》）至于理财之道，他说："欲富之天下，则资之天地。""因天下之力，以生天下之财，取天下之财，以供天下之费。"（《王临川集·上仁宗皇帝言事书》）这些主张说明他是坚持"量入为出"的理财思想的。该思想在神宗时期的变法中得到了实现，为国家财政经济的改革作出了有益的贡献。

在宋代比较值得一提的还有理财家叶适。他承认"量入为出"是财政平衡的基本原则，也只有以"量入为出"才能限制财政支出的规模，避免因封建皇帝过度奢华而暴敛

百姓。但是他已经敏感地认识到："国家之体，当先论其人。所入或悖，足以殃民，则所出非经，其为蠹国，审矣。"（《水心文集》卷一《上宁宗皇帝札子三》）意思是说"量入为出"可以避免封建国家对人民横征暴敛，加重人民的赋税负担。但是，对"入"本身也要重视和分析，不仅要考虑"入"的数量，还要考虑"入"的来源和结构。只有"入"的数量适当、来源和结构合理，才能真正避免对人民横征暴敛。叶适进一步认为，若赋税来源和结构不合理，意味着对人民进行了横征暴敛，这样的收入愈多，对人民的损害愈大，对封建国家也不利。

明代社会发展到明英宗正统（1436—1449年）时，土地高度集中，地主可以豁免赋役，而农民因租税过重，纷纷逃亡，引发耕地减少；加上吏治腐败、贪污盛行，到了嘉靖以后，情况更为严重，财政严重亏空，"岁入不能充岁出之半"（《明史·食货志》）。万历时期内阁首辅张居正在财政困窘的情况下施行"一条鞭法"，打击豪门，抑制兼并，推行税制改革。同时，他在财政收支问题上提出了开源节流、量入为出的主张。在开源方面，他主张发展农业，农商并重。"商不得通有无以利农，则农病；农不得力本穑以资商，则商病。故商农之势，常若权衡。"在开源的同时，他也不忘节流："开利源，节漏费。"（《张文忠公全集·赠水部周汉浦榷竣还朝序》）他在奏疏中强调"量入为出"的重要性，为治国者所不能忽视。"夫古者王制，以岁终制国用，量入以为出，计三年所入，必积有一年之余，而后可以待非常之事，无匮乏之虞。乃今一岁所出，反多于所入；如此，年复一年，旧积者日渐消磨，新收者日渐短少。目前支持，已觉费力，脱一旦有四方水旱之灾，疆场意外之变，何以给之？此皆事之不可知，而势之所必至者也"。（《张文忠公全集·看详户部进呈揭帖疏》）虽然张居正的系列措施是为了维护封建统治阶级的利益，但客观上对社会经济的发展起到了一定的推动作用。万历时期的财政，经过其大力整顿和改革，情况有了很大的好转，国家的经济变得比较富裕。

二、"量出为入"理财思想的历史演变

一般认为最早提出"量出为入"理财思想的是唐朝的杨炎，其实，早在西汉时期理财家桑弘羊就有意识地提出了"量出为入"，只是没有很明确地提出"量出为入"类似词语。唐朝初期采用的是"量入为出"的理财原则，只是唐玄宗即位以后，由于赢得了"开元之治"，就骄奢淫逸起来，在财政上入不敷出，不得不加强对人民的盘剥，造成了社会形势的恶化。特别是玄宗天宝十四年爆发的历经八年的安史之乱，更是使人民的生命财产和国家的财政经济遭到了极大的破坏，接下来的藩镇割据又给国家的财政经济带来了沉重的打击，财政也变得日益困难。到德宗的时候，宰相杨炎在建议施行"两税法"的同时，提出"凡百役之费，一钱之敛，先度其数而赋于人，量出以制入"（《新唐书·杨炎传》）。杨炎提出"量出为入"的理财思想是企图根据朝廷的需要，来确定财政收入，并进行税制改革。虽然这次税制改革确实取得了一定的成效，有它的积极意义，在一定程度上增加了国家的财政收入，但它也带来了不良的后果：农民的负担不但没有减轻，反而有日益加重的趋势，更加激起了人民的不满。

综上，从"量入为出"和"量出为入"的历史演变中，可以很明显地看出"量入为出"的理财思想在我国历史上占据了绝对地位。

三、最新研究成果及学术争鸣

陈锋提出，"量入为出"是中国传统社会实行的主要财政模式，唐代杨炎建言并实行的"量出制入"虽然有一些具体的措施，但就其实质以及与晚清的"量出制入"相比较，并不是真正意义上的"量出制入"，仍然在总体上遵循"量入为出"的基本原则。但杨炎提出"量出制入"新的财政范式后，即使是正常时期实行"量入为出"，在财政困难的非常时期，统治者也采行"量出制入"，以应对财政危机，从而形成"量入为出"与"量出制入"的互补，以及短时间实行"量出制入"，在财政处于好转之时又重新实行"量入为出"。晚清由于时局巨变，支出项目异于传统，旧税的加征与新税的开办异于传统，舆论亦异于传统。伴随着预算的酝酿与实施，"量出制入"不但逐步实践，在制度、政策上予以改易也成为可能，从而完成由"量入为出"到"量出制入"的转换。

付志宇则认为，"量出为入"作为财政预算的指导原则应是根据支出的职能范围预先主动安排财政收入，在中国古代并未有过根本意义上的制度安排。他的文章结合历代史实，运用财政理论证明历史学界从文本分析推导出"量出为入"的财政预算不成立，有过相关的财政思想不等于真正付诸财政管理的实践，进而提出几点学术思考。

问题1：如何客观认识和评价我国古代"量入为出"理财思想的支配地位？

"量入为出"在小农经济占统治地位的社会里，既是国家理财的重要原则，也是处理家计的基本原则。西周至明清，历代统治者大都实行此制。"量入为出"原则最早是周公辅佐成王摄政时制定的。当时是以农业为主体的经济，财政收入以粮食等实物为主，由于受农作物生长期和产量的双重约束，财政收入的弹性很小，因此，客观上必须遵循"量入为出"的原则。加之最初统治者往往不分私人支出与国家支出，因而把应用于私人的经济原则作为国家的原则而实行。

随着土地私有和工商业的发展，国家的理财原则虽然随之有所演变，但直到中唐德宗建中元年（780年）宰相杨炎明确提出"量出制入"之前，封建国家一直主要实行"量入为出"原则。自从杨炎提出"量出制入"思想，预算的概念在政府理财中才得以完整，既有了对各项收入的预算，也有了对各项支出的预算，近世预算所具有的基本内容大体上已经具备。宋代以后直至明清，历代政府又均将"量入为出"之制作为理财的总原则。究其原因，一定历史时期的理财思想和原则是不能脱离当时社会生产和经济发展状况的，在以农业经济为主的自然经济形态下的中国古代社会，在商品货币经济还不发达的情况下，客观情况决定了政府理财只能遵循"量入为出"原则。

问题2：如何辩证地看待"量入为出"与"量出为入"之间的关系？其现实意义是什么？

无论"量入为出"还是"量出为入"，其着眼点都是"入"与"出"，即"收"与"支"关系，重在协调二者之间的矛盾。量入为出，关键在"入"，入是矛盾的主要方面。在农业社会，无论是政府税收还是家庭收入，都受到农业产出季节性和数量的限制，收入成为硬约束，"量入为出"是生产力不发达的反映。同时，在高度集权的封建体制下，政府的职能边界难以有效界定，财政支出的数量也难以合理界定，职能通过收入水平来制约。"量入为出"在一定意义上也是当时生产关系的反映。而"量出为入"，关键在"出","出"成为矛盾的主要方面。这至少需要两方面的条件：一是要有一定的生产力水平作为支撑；二是支出水平的确定要合法、合理、有效。因此，无论"量入为出"还是"量出为入"，都有合理的一面，也都有局限性。

历史经验证明：理财必须密切联系一定历史时期一定地域的生产力水平、社会经济发展状况和民生需要。生产力的水平、社会经济状况是产生理财政策、制度的现实基础，理财思想和理论则是它的精神生命。理财制度的改革必须紧密结合特定时期和地区的人事，要做到因时、因地、因人制宜，归根到底要迎合时代的潮流、符合民众的需要。历代理财家选择某种政策是在深刻分析当时的社会矛盾与社会需要的同时，对先贤们的思想和理论进行传承与发展的结果，这些思想、理论与实践对近现代国家的理财思想与实践有着重要的影响。此外，理财思想和政策的最终落实都离不开强有力的财计组织保障和会计的核算与控制，因此理财必须不断完善财计控制体系和制度。

问题 3：如何看待学术争鸣中的焦点问题？这给我们在经济思想史领域的学习和研究带来了哪些启示？

此问题为开放式思考内容，可结合自己的学习体会和具体研究方向从不同的视角予以交流讨论。

资料来源

[1] 付志宇."量出为入"真的实行过吗？——兼与陈明光、陈锋教授商榷 [J]. 财政科学，2022，80（8）：151-158.

[2] 陈锋. 传统财政范式的转换：从"量入为出"到"量出制入"[J]. 史学集刊，2021（5）：24-28.

[3] 杨智杰. 中国古代政府理财思想及其历史影响 [J]. 当代经济管理，2014（5）：86-93.

[4] 罗英. 财政理财思想的历史演变及当代应用——对当代中国积极财政政策的启示 [D]. 昆明：云南财经大学，2008.

[5] 谭介辉. 浅谈量入为出与量出为入 [N]. 人民日报，2013-02-21（7）.

本章思语 ❀

1. 简述 7 世纪至 14 世纪的社会经济发展概况。

2. 有哪些思想家对传统的"讳言财利"观点进行了批判？批判的角度有何不同？

3. 唐、宋、元时期为"富人"辩护的思想有哪些？请阐述产生这些思想的时代背景。

4. 陆贽和苏洵摧抑土地兼并的思想是否触及了封建社会土地问题的核心内容？请说明理由。

5. 井田思想在唐、宋、元时期受到重视的客观原因是什么？如何评价对待井田制的两种态度？

6.唐、宋、元时期对商税的重视主要表现在哪些方面？

7.简述唐、宋、元时期思想家对货币起源、货币职能的议论。

8.两宋与元朝在纸币思想上存在哪些主要区别？

推荐阅读文献

［1］唐任伍. 唐代经济思想研究［M］. 北京：北京师范大学出版社，1996.

［2］叶坦. 富国富民论——立足于宋代的考察［M］. 北京：北京出版社，1991.

［3］孙文学. 元朝失政之财政思考［J］. 财经问题研究，2001（8）：61-65.

第五章　14世纪至18世纪中叶
（明朝和清朝前期）经济思想

学习目标

　　◎重点掌握这一时期经济思想上呈现的自由主义的特点及士、农、工、商社会等级观念的新变化；

　　◎一般掌握这一时期经济思想关注的重点和货币理论的主要成就；

　　◎了解这一时期的社会经济发展概况。

关键词

　　黄宗羲定律　　经济自由论　　工商皆本论　　货币拜物教

第一节　14世纪至18世纪中叶社会经济发展概况

一、明初的工商业政策与工商业的日趋繁荣

（一）明初的工商业政策

　　明朝建立后，太祖朱元璋采取了一系列保护工商业的政策，这对明朝商品经济的活跃和经济思想的繁荣有着重要的作用。

　　太祖对元末以来的重税加以清理，规定："凡商税，三十而取一，过者以违令论。"太祖之后，永乐年间政府继续推行轻税保护政策，规定："嫁娶丧祭时节礼物，自织布帛、农器、食品及买既税之物，车船运己货物、鱼蔬杂果非市贩者，俱免税。"（《明史》卷八十一《食货五》）为了简化征税的手续，洪武十三年（1380年）政府还裁撤了全国税课司局三百六十四处，改由各府、州、县直接征税。由于实行轻税政策，征税手续简约，大大激发了商人的积极性，这对于商业的繁荣起了重要的积极作用。

　　明初政府对于工商业政策的另一重大变化是放宽了对工匠的限制。明朝政府继承元朝工匠制度，把工匠人等另立匠籍。洪武年间，政府废除了元朝匠户长年服役的制度，

给了工匠自由支配时间的某些权利，如准许休工工匠自由经营生产。之后，政府又制定了工匠轮班的制度，根据工匠的路途远近和工作需要，打破三年一班的硬性规定，分成五年一班、四年一班、三年一班、二年一班、一年一班五种轮班制，一班上工以一个季度为期。工匠轮班服役期间，免其家中的其他徭役，制成品也可以拿到市场上出售。这些措施进一步放松了对轮班工匠的控制。工匠制度的改善为手工业的迅速恢复和发展创造了条件。

为了保障商品的流通，改变元末因交钞贬值而造成的以货易货的状况，洪武四年（1371年）政府统一钱币，改铸大中、洪武通宝钱。为了适应商品流通的需要，洪武七年（1374年）政府设宝钞提举司，第二年开始发行"大明通行宝钞"。宝钞发行后，政府禁止民间使用金银交易，准许宝钞与铜钱兼行通用。但因宝钞发行额和回收额未能形成合理的比例，结果宝钞越发越多，再加上印刷粗劣，易于仿造，宝钞的币值日益下降。明朝政府虽然采取了一些措施加以干预，但终不能改变宝钞信用愈禁愈轻的局面，之后便逐渐为白银所代替。

（二）明初工商业的发展与繁荣

明初实行的工匠制度部分地解除了元朝以后手工业者的封建依附关系，适当地解放了劳动力，手工业生产很快得到了恢复，技术水平也不断提高，其中纺织、造船、制盐、开矿、冶铁等行业尤为突出。不仅官营手工业，就是民间手工业，明初都有了显著的发展。

棉纺织业在这一时期发展得最快。江南的松江、苏州、杭州逐渐成了棉纺织业的中心，尤以松江最为著名。明朝建立以后，中央政府在南京（后来又在北京）设立了织染局，之后在苏州、杭州、绍兴以及四川、山西等省设立了织染局。永乐年间，政府将织染局增设到县一级。这从一个侧面反映了明初纺织业的发展。

明初，南京的龙江造船厂以及沿海的福建、广东等地还成了著名的造船中心。永乐年间，郑和下西洋所乘坐的"宝船"，据今人研究，大者长约为150米，宽约为62米，相当于今天的8 000吨级船，[①]堪称世界一流。明初的航海技术已相当高超，不但运用了宋朝以来以罗盘取方位的航海技术，还吸收了阿拉伯人创造的天文航海术，制作过"过洋牵星图"。[②]

陶瓷器手工业在永乐以后也进入了繁盛期，不但生产供宫廷使用的产品，也是对外贸易的主要商品。

明初矿冶业中较突出的是铁矿的开采，其次还有金、银、铜、铅等。这些矿冶一般都是官营，但民间也在许多地方私营开矿炉冶，使明朝初期的矿冶技术比前代有所进步。

明初手工业的发展也带来了商业的繁荣。洪武年间整顿驿站，设立水马驿、递运所、急递铺等。这些驿站大道也成了商业往来的必经之路。永乐年间，政府疏通运河，使得当时南北交通的大动脉畅通无阻，有力地促进了明初商业和城市经济的发展，加强

---

① 寺田隆信．郑和——联结中国与伊斯兰世界的航海家［M］．庄景辉，译．北京：海洋出版社，1988：131．
② 桥本敬造．郑和航海技术考［J］．东方学报，1968（39）．

了南北地区和各地的经济交流。永乐时，运河沿岸的淮安、济宁、东昌、临清、德州、直沽等地都是四方商贩的积聚之地，北平以及南京、扬州、苏州、杭州等地开始成为著名的商业和手工业的中心城市。

二、明中期后商品经济的繁荣和资本主义萌芽的出现

（一）商品经济的活跃

明嘉靖、万历年间随着商业和手工业的发展，商品经济的繁荣达到了一个新的高峰。

明朝万历时人张翰曾在《松窗梦语》中对当时国内的商业繁荣加以概括，说当时商人的足迹，北至塞外，南至两粤、云贵，东到齐鲁、闽越，西到巴蜀、汉中、关外，"往来贸易，莫不得其所欲"。

嘉靖、万历时期国内贸易的繁荣已具有某些社会区域分工的特点。在东南沿海地区和运河沿岸地区，许多地方都形成了具有地方特色的手工业产品和经济原料作物的生产据点。不同地区之间的专业性商品流通也逐渐出现。如棉布的生产中心是在江南的松江一带，安徽芜湖的浆染业最负盛名，丝织品的中心在苏州，福建则是著名的果品、蔗糖、蓝靛等的产区。

与此同时，内地与边疆各少数民族之间的贸易往来也有了较大的发展。东南沿海地区的对外贸易活动已突破了官方朝贡贸易的限制，使得民间的私人海上贸易得到了迅速发展。当时人曾指出："中国而商于夷，未有如今日之伙也。"（《东西洋考》卷七《饷税考》）中国沿海商人的足迹几乎遍及东南亚各国，其中尤以日本、吕宋、暹罗、满刺加等地为当时转口贸易的重要据点。"据许多外国商人的记载，当17世纪前后，中国的商船曾遍布于南海各地，从事各项贸易，执东西洋各国海上贸易的牛耳。"[1]随着隆庆时期海禁的开放，沿海地区的海外贸易活动又进入了一个新的时期。

明中期以后城市经济也比以前有了较快的发展。在当时商人的眼中，两京、浙、闽、广诸省的省会都是著名的城市，其次如苏州、松江、淮安、扬州诸府，临清、济宁诸州，仪真、芜湖诸县，瓜州、景德诸镇，不仅是当时商业的中心，还是手工业的中心；不仅是国内贸易的中心，还是对外贸易的港口和转运码头。苏州有当时闻名国内外的专业商业区。随着国内外市场的开拓，苏州还成了当时著名的手工业品产地。嘉靖、万历时期的苏州，已是一个以工商业经济为主的新型城市了。另外，广州、漳州、泉州、宁波等港口，也是对外贸易的重要据点，不仅有外国商人不断来，本国商人也群集其地，进行各种商业贸易活动。这一时期城市经济的繁荣，不仅体现在两京、苏州、临清等这些著名的大中城市，也体现在乡村市镇的发展上。这些市镇一般都拥有居民数百家，有的更是多达万家。在大中市镇之外，全国各地还有许多星罗棋布的市集，以补充城市、市镇的不足。这些定期或临时性的市集，从北方至南方都普遍存在，为乡村商品交易的繁荣提供了必要的条件。

---

① 杨国桢，陈支平. 明史新编［M］. 北京：人民出版社，1993：306.

（二）早期资本主义萌芽的出现

这一时期的手工业，无论是生产技术还是经营方式都有了显著的进步。

手工业发展的一个显著标志是手工业者所受到的封建束缚得到进一步放松。如在嘉靖年间，政府普遍允许工匠以银代役，大大缓和了工匠们的人身依附关系，使他们获得更多的工作自由，提高了劳动的主动性和积极性。

这一时期手工业发展的另一重要标志是民营工业开始逐渐居于主要地位。由于民间市场需求的旺盛，从明中叶开始，民间的纺织手工业已大大超过了官纺织手工业。特别是江南乡村的纺织业主和手工业者，都因经营纺织业而致富。在市场经济的冲击下，这一时期大力发展起来的民营手工业不断改善经营方式，有的部门已逐渐采用雇佣劳动，组织手工工场的生产，出现了现代人所说的"资本主义萌芽"。虽然这种萌芽只是出现在个别生产部门和个别地区，不宜估计过高，但毕竟具有社会经济开始走上"原始工业化"的历史意义。

正是在上述历史背景的条件下，明中期以后经济思想十分活跃，出现了要求经济自由的呼声和为提高商人地位呐喊的新观念，货币理论上也有所成就。

第二节　土地、赋税与消费思想

明初汲取了元亡的历史教训，实行过一系列有利于经济恢复和发展的措施，出现过相对繁荣的局面，经济思想关注的重点是土地和赋税，消费观念也有所变化。

一、土地思想

明初封建社会土地制度的痼疾开始再现，权贵们新一轮的土地兼并又开始了。土地兼并造成了贫富的分化和社会矛盾的加剧，土地问题成为关注的重点。

（一）复井田论

在如何解决土地兼并问题上，许多人又搬出了王莽和北魏至唐的土地国有方案，主张恢复井田制，代表人物有解缙、方孝孺和海瑞等。

解缙（1369—1415年），字大绅，江西吉水（今江西省吉安市吉水县）人，明洪武二十一年（1388年）进士，曾任中书庶吉士和御史。解缙主张通过"参井田、均田之法"来解决当时的土地问题。他主张按当时丁口、田亩的实际状况，"每丁受田若干亩"，国家对"天下丁口"办理受田及"老免还田"，严禁土地买卖。方案的设计没有超过隋唐以来所实施过的均田制度，理论上的突破之处是在土地国有制下将宗法制、族规、乡约等教育制度等融合进来[1]，设计了一个经济基础与社会宗法教育等上层建筑相

---

[1]　如"令民二百丁为一里，里同巷，过失相规，出入相友，守望相助，疾病相扶持……择有文行一人，居于右塾，民年八岁者入焉，教以洒扫、应对、礼、乐、射、御、书、数之文。一人居于左庠，民年十五者入焉，教以诗、书、礼、乐、修己治人之方，毋敢纵逸。"（《明经世文编》卷十一《解学士文集·献太平十策》）

统一的管理体制，强化对农民经济、政治和思想的全面控制。

方孝孺（1357—1402年），字希直，一字希古，浙江宁海（今浙江省宁波市宁海县）人，惠帝时被召为翰林侍讲，后迁侍讲学士、文学博士，因参与惠帝与燕王的斗争被杀。在土地问题上，方孝孺与解缙有共识，认为土地兼并使有田者田连阡陌，贫民无田可耕，造成富者愈富、贫者愈贫。解决之道，除复井田无他："欲民之无饥也，口授之田；欲民之无寒也，教之桑而帛，麻而布。"（《逊志斋集》卷二《深虑论五》）他认为只要推行了井田这一土地国有制，人人有田可耕，贫者都有一定的土地，矛盾也就解决了。

海瑞（1514—1587年），字汝贤，琼山（今海南省海口市琼山区）人。明世宗嘉靖年间（1522—1566年），因土地兼并不断加剧，大批农民破产流亡，导致"盗贼滋炽"（《海瑞集·治安疏》）。海瑞认为造成这一问题的根源在于土地私有买卖，使得土地占有严重不均。他提出解决问题的办法是："欲天下治安，必行井田。"（《明史·海瑞传》）海瑞认为行井田的实质不在于按井字形式规划土地，而在于"人必有田"，使天下人"必有田宅而不失所养"（《海瑞集·使毕战问井地》），使百姓每户都能占有与其劳动力相适应的一块土地，人人衣食有了基本保证，国家就会由乱变治。海瑞认为实行井田制，现实难以推行的原因在于大量占有土地的地主反对。他提出的解决办法是政府运用行政手段强推。

（二）民有论

这一时期在"复井田"思想的基础上又衍生出了土地民有的新观念，代表人物有王源、黄宗羲和王夫之等人。

王源（1648—1710年），字昆绳，别字或庵，清初顺天府大兴（今北京市大兴区）人。他于康熙三十二年（1693年）中举人，中举后不愿与清廷合作，以书写、代笔维持清苦生活，直至去世。王源在其著作《平土》中专设"制田"一节论述自己的土地思想。王源土地制度设计所追求的目标是"有田者必自耕""制民恒产"。他提出实现该目标的前提条件是把社会全部土地收缴国有，然后将土地以"疆"（六百亩）为单位，其中一百亩为公田，其余五百亩分别授予十户，每户平均分五十亩，年满六十者要将土地还给国家。公田由十户共同耕种，所获归国家；各户所耕种的私田收获中只需向国家交纳绢三尺、绵一两或布六尺、麻二两，余者归农户。王源的田制设想以井田制为蓝本，又糅合均田制，具有浓厚的空想色彩，但是其历史影响不容忽视。王源之后，以孙中山为代表的资产阶级革命派提出了在土地国有的基础上实现平均地权的思想，并对王源的"有田者必自耕"大加赞赏。

黄宗羲（1610—1695年），字太冲，号南雷，人称梨洲先生，浙江余姚人。明亡后，黄宗羲总结明王朝灭亡的历史教训，写成了《明夷待访录》一书。在《明夷待访录·田制二》中，黄宗羲主张"授田以养民"，土地方案有从行井田向土地民有的方向进步。但他反对"夺富民之田"，也反对自西汉以来的各种限田主张。不触动土地私有制又何能"授田以养民"？他提出方案的独特之处是拿属于国家的屯田（军屯）土地来授田。他认为屯田的生产者是士兵，而不是长期定居的本地农民，加之士兵老弱，不利于农业生产的发展。他主张在屯田的基础上"授田以养民"，具体方案是对无地农民每户授田五十亩。他统计当时的耕地面积和户口总数，认为从土地总数中减去授田总数尚有余田。在这一计算的基础上，他得出了"井田可复"的结论："天下之田自无不足，又何必限田、均田之纷纷，而徒为困苦富民之事乎！故吾于屯田之行，而知井田之必可复也。"问题是，黄宗羲设计了授田的方案，但没有设计还田的方案，土地只授不还，土地授田后就会变成私有。实际上，黄宗羲的思路是通过复井田之名化公田为私田，把国有土地通过授田私有化。

王夫之（1619—1692年），字而农，号姜斋，湖广衡阳（今湖南省衡阳市）人。晚年因隐居衡阳金兰乡（今湖南省衡阳市衡阳县曲兰镇）石船山下，被称为船山先生。王夫之的父亲王朝聘是尊尚程朱理学的学者，王夫之受其父影响很深。在学术思想上，王夫之基本上是学宗程朱，但又修正程朱，反归张载。他在哲学上倡导元气说，学风上提倡一种批判现实的救世精神。在土地问题上，他主张土地民有。王夫之认为土地兼并所带来的贫富分化的现象是很自然的，"贫富之代谢不常"（《宋论》卷十二），因此他反对限田。在"求富"还是"求均"的问题上，王夫之看重"富"。他的这一思想和宋代叶适以来的"保富"思想一脉相承，认为富人的存在是普遍的、合理的："千户之邑，极其瘠薄，亦莫不有素封巨族冠其乡焉。"（《黄书·大正》）强调"国无富人，民不足以殖"（《读通鉴论》卷二）。他论证说，国家发生自然灾害时，常要靠民间富人出面救济贫人，"故大贾富民者，国之司命也"（《读通鉴论》卷三）。贫富的分化是智力竞争的结果，因此，土地的兼并与贫富分化是一种必然的、不可改变的趋势。在王夫之看来，无论是限田还是均田，都无异于"割肥人之肉置瘠人之身，瘠者不能受之以肥，而肥者毙矣"（《宋论》卷十二）。王夫之还把中国历史上土地制度的发展演变分为三个阶段：第一阶段是三代以前，民自垦种，"民皆择地而治，唯力是营；其耕其芜，任其去就，田无定主，而国无恒赋"。第二阶段是三代时期，国家为每一耕者划分疆界，"画井分疆，定取民之则"。第三阶段则是秦汉以后的土地私有阶段："民自有其经界，而无烦上之区分。"（《宋论》卷二）他的结论是土地制度的发展趋势是民有："人各自治其田而自收之，此自有粒食以来，上通千古，下通万年。"（《四书稗疏·〈论语〉下篇·彻》）

明代土地制度思想从主张国有到转向肯定土地民有的方向发展，反映了明中叶以来东南地区商品经济的活跃和发展这一时代特点在土地制度思想上的反映。

二、均赋论与黄宗羲定律

明代经济政策思想上主张均赋或减赋的主张占据了主导地位。

（一）均赋论

均赋思想以海瑞为代表。海瑞认为明中期社会矛盾和财政危机出现的根源在于赋税不均，表现形式是富人有田不税，贫民无田却承担重税，导致百姓困苦逃亡，税源流失，国家财政也就枯竭。他提出解决的办法在于均赋，即增加富人税赋、减轻穷人税赋。增加富人税赋，实施按田产征税，就需要对土地清丈，摸清税源。他在任淳安与兴国县令时，把清丈土地列为头等大事来做。他主张打击豪绅拖欠钱粮及隐瞒丁口使贫民负担加重的行为，认为官绅特权之家赋役优免过滥也是税赋不均的一大成因，应予制止："今再免者，官吏坐赃问罪。"（《海瑞集·督抚条约》）海瑞指出，百姓所困苦的不是国家的正赋，而是各级官吏加在百姓头上的额外征敛。地方官吏的均徭里役日甚一日，比国初增加了十倍、百倍，"是以民间不苦朝廷正差，独苦均徭里役"（《海瑞集·均徭申文》）。他主张取消对百姓的各种额外征敛，严禁府县官任意"借口上司，科派里甲"（《海瑞集·督抚条约》）。海瑞支持一条鞭法的改革，认为一条鞭法改革对解决税赋不均问题具有积极作用："小民既知一定之数，官亦得通融缓急，应解两便。"（《海瑞集·复淳安大尹郑》）海瑞反对包税制，认为包税人旨在谋利，必然加倍对百姓征敛。

王夫之的减赋主张是兼顾国家财政需要及平均各行业财政负担，在满足国家财政、减轻传统田赋的同时开辟更加多样的财政收入来源，如在提出"以丁夫为本"的同时提出征收工商税："不论客户、土著、佃耕、自耕、工商、游食，一令稍有输将，以供王民之职。"（《船山遗书·噩梦》）他强调对工商税率要有区别，认为盐茶是"富民大贾操利柄"，故税率要高些；认为酒税"不病民"还可以"厚民生，正风俗"，起到"宽农田之税"（《宋论》卷二）的作用，故应更重些。

（二）黄宗羲定律

减赋思想在明晚期有进一步发展，对导致重赋原因的认识进一步深入。如王夫之对中国历史上封建王朝所推行的赋役制度和政策逐一进行了评述，认为三代实行的"什一之赋"、唐"租庸调法"、宋"两税法"和明代中期推行的"一条鞭法"，其弊端在于实施过程中到后期都出现"法外之征"，即条外有条、鞭外有鞭，导致人民的税负愈来愈繁苛沉重。

黄宗羲减赋思想最大的理论贡献是提出了后人概括的"黄宗羲定律"。[①]黄宗羲把封建社会赋税沉重的原因归结为"三害"，即"积累莫返之害""所税非所出之害""田土无等第之害"。"所税非所出之害"是指田赋由征实物改为征银，银非农业所出，势必因折银而加重纳税人负担。"田土无等第之害"是指不分土地肥瘠按同一标准征收赋税，必然加重土地贫瘠者的负担。"三害"中最重要的是"积累莫返之害"，说的是赋税制度每经过一次变革都导致赋税一步步加重，已到了积重难返的程度。他对历史上赋税制度的演变逐一分析、评论，认为三代实行的贡、助、彻，"止税田土而已"，发展到魏晋的户调制则是"田之外复有户矣"。唐初租庸调制除"租出谷，庸出绢，调出缯纩布麻"外，又"户之外复有丁矣"。杨炎两税法则"并庸、调入于租也"，相沿至宋，两税之外，又"复敛丁身钱米"，嘉靖末推行"一条鞭法"，力差、银差归并，与田赋同折为银，同时征收，未几"杂役仍复纷然"。后又有"旧饷""新饷""练饷"等，明末又"合三饷为一"，使之成为固定税收，"嗟乎！税额之积累至此，民之得有其生也亦无几矣"（《明夷待访录·田制三》）。黄宗羲得出结论，随着历史上赋税制度的每一次改革，人民的税负不是越来越轻，而是越来越重。对如何解决"三害"问题，黄宗羲也只是提出了"只税田土"（《明夷待访录·田制一》，指赋税只征收国家规定标准的农业税，而不得违反既定标准加征或多征）、"任土所宜"（《明夷待访录·田制三》，指按当

---

① 秦晖. 并税式改革与"黄宗羲定律"[J]. 农村合作经济经营管理，2002（3）：6-7.

地所产征收实物，反对田赋征银）和"下下为则"（《明夷待访录·田制一》，指以最差（下下）田地的产量作为确定田赋的标准）的方案，这些方案没有超出儒家轻徭薄赋传统政策思想的范围。

三、"宽海禁"与"崇奢论"

（一）宽海禁

中国封建王朝历史上占主导地位的对外贸易形式是朝贡贸易，这种贸易形式在明代表现得最为典型。明朝严禁民间商人出海贸易，对外国商品，只许贡舶在呈献贡品之后在官府严格控制下同中国进行互市。明朝廷只选定少数口岸进行这种朝贡贸易，对商品种类、数量都严格加以限制。但随着明代东南沿海商品经济的活跃及工商业的发展，进行对外贸易越来越成为沿海地区经济发展的需要，也有越来越多的商人为对外贸易的高利润吸引，不顾禁令私自进行贸易。为对抗政府的缉拿，有的海商还建立了自己的武装，形成了武装走私的局面。在这一背景下，嘉靖中后期出现了要求宽海禁、开放海外贸易的呼声，代表人物有唐枢、许孚远及傅元初等人。

唐枢，嘉靖五年（1526年）进士，因上疏谏诤获罪，被斥为民，隆庆初复官。唐枢在对外贸易问题上主张"宽海禁，通有无"。（《明经世文编》卷二七○《复胡梅林论处王直》，以下引文均出自此处）他批驳了"严海禁"的政策主张，论述了开放对外贸易的利益和必要性。他批驳那种认为允许对外贸易会招引海寇的说法，分析嘉靖朝的倭寇之患是明朝禁海政策所导致的，"海禁愈严，贼伙愈炽"，解决办法只有"宽海禁，通有无"。他论证了开放对外贸易在财政和经济上的利益，强调允许商人从事对外贸易既可以收税以供沿海地区军饷，又可以减轻沿海百姓的财政负担，"一举两得"；同时，有利于为沿海地区广开就业门路，使百姓"各安本业"。唐枢还提出了两个有创意的观点来为开放对外贸易辩护：

（1）"华夷同体，有无相通。""华夷同体"已把中外贸易双方之间的关系看作一种对等的关系，把双方之间的贸易看作一种平等互利的"通有无"关系，已不是传统的"贡"和"赐"之间的不平等关系了，这是认识上的进步。

（2）"利之所在，民必趋之。"这是把求利看成人的本性，认为对外贸易可以使人获利，因而想禁是禁不住的。正是在这种开放海禁呼声的压力下，明隆庆二年（1568年）在少数口岸取消了海禁，允许民间有条件地进行对外贸易。

数十年后，唐枢弟子许孚远总结了隆庆二年以来开放海禁的经验，对开放对外贸易的收益作了进一步的论证。他总结隆庆二年开放海禁后出现的"饷足民安""民生安乐"（《明经世文编》卷四○○《疏通海禁疏》，以下引文均出自此处）的情况，提出开放对外贸易非但不会"导寇"，而且恰是"安反侧，杜乱萌"的有力举措。他根据沿海地区地理、经济的特点，提出沿海地区"襟上带海，田不足耕"，且"半系斥卤之区"，不宜农业，只能靠"贸易往来"，"以有余济不足"。沿海地区"非市舶无以济衣食"，百姓"多赖海市为业"，如果禁限对外贸易，势必使沿海经济遭受打击。事实也印证了许孚远的判断，在万历时期朝廷再度禁海，结果沿海经济很快陷入了萧条局面："生路阻塞，商者倾家荡产，佣者束手断飨，阖地呻嗟，坐以待毙。"许孚远还以人性好利来为开放贸易辩护："民情趋利，如水赴壑，决之甚易，塞之甚难。"

明末的傅元初在论证开放对外贸易时提出对外贸易可使贸易双方都能得到利益，接触到了经济学中的比较利益的观念。他说，西洋诸国（指今泰国、马来西亚一带）"产苏木、胡椒、犀角、象牙，是皆中国所需"。东洋国家（指菲律宾一带）"有银山，夷人铸作银钱独盛"。中国的生丝、绫缎以及"江西瓷器、福建糖品果品"也为东西洋所"喜好"，中国与其贸易交易，互通有无，对双方都有利益，如"中国湖丝百斤，值银百两者，至彼得价二倍"。[①]

明中期以来开放贸易思想理论上已突破了前人从政治统治和财政收入方面考虑对外贸易问题的局限，开始从经济发展角度来认识对外贸易，并接触到了经济学中比较利益的观念。但是，他们的对外贸易思想仅仅是把对外贸易作为解决某些沿海地区经济发展不足的举措来认识的，总体上仍把自然经济的农业看作决定国运、民命之"本"，仍属于中国传统经济思想的范畴，与西方此时大力鼓励海外贸易、已走进资本主义工商业时代相比，已经落后了。

（二）崇奢论

随着明中期商品经济的活跃与发展，消费观念也出现了崇奢黜俭的思想，代表人物有陆楫。

陆楫（1515—1552年），字思豫，号小山，南直隶松江府（今上海市吴淞江以南地区）人。他生活在明中期商品经济活跃的苏杭地区，指出苏杭地区民风奢侈，市场活跃，经济发达。对于二者的关系，他反驳那种认为苏杭地区商业发展造就了奢侈民风的观点，认为恰恰相反，是民风的奢侈造就了这一地区商业的繁荣和富裕："是有见于市易之利，而不知所以市易者，正起于奢。使其相率而为俭，则逐末者归农矣，宁复以市易相高耶？"（《记录汇编》卷二〇四《蒹葭堂杂著摘抄》，以下陆楫引文均出于此）他认为民风的奢侈创造了市场的消费，才使得商业发展与富裕。没有民风的奢侈消费，工商业生产就没有市场，又侈谈什么经济发展？一句话，是奢侈的民风造就了消费市场的兴旺，造就了商业的繁荣："吴越之易为生者，其大要在俗奢，市易之利，特因而济之耳。"

陆楫进一步强调了"奢"对活跃经济的作用。"盖俗奢而逐末者众也。"意思是说由于俗奢，从事"末者"的人很多。这里的"末"包括工商业和服务业。他以苏杭为例："其居人按时而游，游必画舫、肩舆、珍羞、良酝、歌舞而行，可谓奢矣。而不知舆夫、舟子、歌童、舞妓，仰湖山而待爨者不知其几。"正是苏杭富人的奢侈消费造就了许多贫者就业的机会。他强调富人花钱，贫者就有了谋生之路。俭则不然，"凡以其俗俭而民不能以相济"，即不能提供更多的为奢者服务的就业岗位。陆楫提出奢不应禁，而应鼓励。

在这一认识的基础上，他对传统的"黜奢崇俭"论进行了批判："自一人言之，一

---

① 傅元初资料均见顾炎武的《天下郡国利病书》第十六册《福建》。

人俭则一人或免于贫；自一家言之，一家俭则一家或可免于贫。至于统治天下之势则不然。治天下者，将欲使一家一人富乎？抑亦欲均天下而富之乎？"这一论证的理论意义在于强调了俭虽可以使一人一家免于贫困，但不能使天下富，执政者应追求的是天下富。这说明陆楫已认识到了"俭"的消费行为对"家"（微观个体）和"国"（宏观总量）经济的影响是不一样的，已接近了西方经济学中凯恩斯的消费观念。他提出应该"崇奢黜俭"："予每博观天下之势，大抵其地奢则其民必易为生，其地俭则其民必不易为生者也。"

崇奢黜俭这一思想观念早在《管子·侈靡》篇中就有表述，宋代范仲淹还巧妙利用刺激富人的侈靡消费以工代赈成功地进行了一次赈灾行动。陆楫延续的就是这一思想观念，但这一思想观念在中国传统经济思想中不占主导地位。明中叶以来出现这一崇奢思想也不是偶然的，这与当时苏杭地区商品经济的活跃和发展有关。商品经济的发展使人们的认识发生了改变：市场的发展改变了人们的生产方式，即为出卖而生产，为市场交换而生产，生产能否持续也取决于市场需求的大小，市场需求的大小则取决于社会的消费能力，社会的消费能力很大程度取决于富人的奢侈消费。西方经济学中凯恩斯学派揭示出的就是这一原理，"奢"与"俭"对经济的影响在微观（家庭个体）层面和宏观（国家总量）层面是不同的，陆楫的崇奢黜俭论已接近了这一理论认识。

第三节　"听民自为"的自由主义经济思想

明中期以后，随着商品经济发展、市民阶层崛起和商人社会地位不断提高，自由主义经济思想开始活跃。倡导自由主义经济思想的思想家主要有丘濬、李贽、王夫之和唐甄等人。晚明自由主义经济思想的主要内容包括"听民自为"的经济主张、"私者，人之心"的经济人思想和"民富先于国富"的富民思想。

一、"听民自为"的经济主张

自由放任的经济主张主要反映在"听民自为"的经济理论（简称为自为论）上，其代表人物有丘濬、王夫之、李雯和唐甄等。这一理论的特点是主张政府对各种经济活动"听民自为"，国家不要强加干预和限制。

（一）丘濬的自为论

自为论在先秦就已出现，到秦汉时期由司马迁发展到高峰。在宏观经济管理的政策上，司马迁主张"善者因之，其次利道（导）之，其次教诲之，其次整齐之，最下者与之争"（《史记·货殖列传》）的自由主义的经济政策。司马迁之后，主张在某些时期、某些方面对民间的经济活动少加干涉和限制者有之，但把自由放任作为一种经济指导思想并从理论上加以充分论证的思想家没有了。而丘濬是继司马迁之后又一次把自由放任作为一种发展经济的指导思想提出来的思想家。

丘濬（1421—1495年）[①]，字仲深，琼山（今海南省海口市琼山区）人。他自幼聪明好学，少年时期是在明王朝的全盛时期度过的。丘濬于景泰五年（1454年）考中进士以后，长期从事编撰工作，参编《英宗实录》《宪宗实录》《续通鉴纲目》等书。他任礼部右侍郎，掌祭酒事；再进礼部尚书，掌詹事府事。丘濬在学术思想上祖述程朱，对晚明朱学的发展贡献甚大。他对《论语》《孟子》《大学》推崇备至，强调治学要以"治国平天下"为本。由于他长期居于京师，担任专司文墨的官职，不能实现他的"治国平天下"的抱负，所以他并不满意。《明史·丘濬传》说他"尤熟国家典故，以经济自负"。丘濬的著作很多，要者如《大学衍义补》《朱子学的》《世史正纲》《家礼仪节》等，另有诗文集和传奇作品数部。《大学衍义补》是丘濬利用业余时间编写的，此书集中表现了他对"经济"的关心。该书共一百六十卷，其中专谈经济问题的从第十三卷到第三十五卷，共二十三卷，囊括了当时的主要经济问题。丘濬的自由主义经济思想主要就集中在这里。

丘濬的自由主义经济思想是在议论田制问题时提出的。他强调说，自秦汉以来，成功的发展经济的政策都是"听民自为"（《大学衍义补·制民之产》）的，所以他反对由国家规定田制及对私人占地施加种种的限制，认为这些做法都是徒劳无益的。这虽是在说田制问题，实际上也代表了他对发展经济的一种基本观点。如在对待工商业、市场等问题上，他明确主张"苟民自便，何必官为"（《大学衍义补·山泽之利上》），主张"民自为市"（《大学衍义补·市籴之令》），反对侵犯富人和商人的利益。如他在批评王安石的市易法时指出："呜呼，天生众民，有贫有富，为天下王者，惟省力役，薄税敛，平物价，使富者安其富，贫者不至于贫，各安其分，止其所，得矣。乃欲夺富与贫以为天下，乌有是理哉？夺富之所有以与贫人且犹不可，况夺之而归之于公上哉！吁，以人君而争商贾之利，可丑之甚也。"（《大学衍义补·市籴之令》）他主张给商人充分的经营自由，反对国家从事商业活动。

从明初开始，明王朝就禁止私人进行海外贸易，丘濬是较早提出开放海外贸易的人。他认为中外通商既有利于外国，也有助于"足国用"，增加国家的收入，何乐而不为？显然，丘濬的这一思想主张有利于商品经济的发展和商业资本的积累，具有历史进步意义。他与司马迁相比的进步之处在于，其对"自为"的指导思想如何贯彻于经济活动的各种过程、各个方面所作的分析、论述，要更加周到和具体。

（二）王夫之的"民自利"说

王夫之也十分重视人们在经济生活中的自利自为的行为。王夫之认为凡人都有一种追求私利的本性，故为适应人的这一本性，在经济活动中莫如听民自谋自为，尽量减少政府的干预最为合理。他说："人则未有不自谋其生者也。上之谋之，不如其自谋。上之谋之，且弛其自谋之心，而后生计愈蹙。故勿忧人之无以自给也。"（《读通鉴论》卷十九）又说："天有时而勿夺之，地有产勿旷之，人有力勿困之，民自利也。"（《四书训义助》卷二十四）

在工商业领域，王夫之虽然具有浓厚的抑商思想，但在一定程度上也主张自由放

[①] 丘濬的出生时间也有1420年的说法。

任、听民自为。他还主张开放盐的流通领域，允许商人自由贩运；主张取消盐的地界限制，鼓励竞争。他认为这样做的好处是盐价低平，商人的利润也能经常有保证。王夫之也主张国家对经济的干预，但那是在出现富商大贾垄断"山泽之利"的时候。国家干预的目的是反对富商大贾的垄断，而非干预一般商人正当的自由贸易。对于一般商人的自由经营活动，他主张国家应予以保护。对于当时处处设卡、限制商业自由经营的"钞关制度"，他是坚决反对的。王夫之还十分看重价格机制在调节市场中的作用。如在稳定粮食的价格方面，他主张利用市场机制自发调节价格的涨落，反对由国家强制定价。他特别反对人为地压低价格，赞赏唐宪宗时卢坦关于开放粮食市场的主张。他认为如果当时的官府实施强制减价势必是"拒贩服于千里之外"（《读通鉴论》卷二十五），既无助于解决百姓的生存问题，也无益于经济的发展。看重市场机制对市场价格的调节作用，是王夫之自由主义经济思想的一大特色。

（三）李雯的盐业私营论

李雯在经济思想上也主张自由放任。李雯（1608—1647年）[①]，字舒章，华亭（今上海市松江区）人。他是明崇祯十五年（1642年）的举人，清初荐授内阁中书舍人。李雯从少年时代起，就学涉古今，不耻下问，遂得才学过人。

在学术思想上，李雯颇为重视治国经邦的救世之学，反对读死书，咬文嚼字。他将那些只知读书应试、不识治国方略的文人讥讽为"儒蠹"，认为只有真正能"明古今之务，察治乱之数，经术之学通于政事"（《蓼斋集》卷四十三《儒蠹》）的"国之秀民"才称得上"儒者"，方有资格位列朝班，与闻国事。李雯从政时间很短暂，但对当时诸多社会经济问题都作过研究思考。在李雯的政论性文章中，对经济问题的探讨占了很大篇幅。他对经济问题的研究侧重于赋役、盐政、奢俭等社会热点问题。

李雯主张盐业改革。李雯对盐政的历史作了回顾，发现明代（盐）钞法敝坏之后，盐业名为国家，实际上已被权贵垄断，盐利既不在官，也不在商。李雯主张改变这一现状。他比较历史上的盐业改革方案，主张将盐政交由商人生产和经营，国家为商人提供各种服务，从中获取丰厚的财税收入。实质上，这是一种放开盐政垄断交由市场经营的改革方案，既可以提高盐业的经营效益、增加国家财税收入，又有利于活跃市场。李雯特别提醒垄断盐政，大权表面上掌握在国家手里，实质上是操纵在少数权贵之手，成了他们中饱私囊的渊薮，国家财税从盐政中获利甚少，民间商人负担却倍感沉重，严重影响了盐业生产的积极性。他主张不如开放盐禁，允许商人自由经营，这样不仅能激发盐业生产者的积极性，也可以节省盐政的管理费用，大大增加政府的盐利收入，使之前中饱于权贵、吏胥的盐利都以税收的形式归入国家："夫使商人为无名之费而入于多门，不若使为有羡之课而入于朝廷。"（《蓼斋集》卷四十五《盐策》，下同）李雯还设计了一个中国盐政史上前所未有的自由经营的方案，即政府将盐滩按面积全部分给商人，由商人自行购置生产资料，自主雇用灶户，自由生产经营，国家在为其提供各项服务的同时行使征税权。盐产地征税后，任商人行销各地。这反映了李雯的自由主义经济思想。

---

① 对李雯的生年有争议。

他称赞唐朝的理财大臣刘晏，认为刘晏之所以能将盐业管理好，并使盐业为国家提供多达二分之一的财政收入，其原因就在于放手让商人进行食盐的生产经营，其成绩的取得就在于实行了自由放任的经济政策。在他所设计的盐政方案中，政府已不再是直接的经营者，而是仅仅成为一个对盐商经营进行宏观调控和为盐商提供周到服务的角色。他列举这样做的好处：其一，使盐商摆脱私盐的罪名，调动盐商的生产经营积极性；其二，可使豪强权贵之家不能再依赖其权势巧取豪夺，而只能与一般商贾一样凭借自身的经营能力获利；其三，可使"私煮盗犯皆坦然于民间"，有助于社会秩序的稳定。如此一来，就可以收到"天下皆私盐，则天下皆官盐也"（《蓼斋集》卷四十五《盐策》）的效果，既可富民，又可增加国家的财政收入，一举两得。

李雯的盐业改革思想对之后的盐业改革产生有积极影响，如顾炎武在其《日知录》中就对其"一税之后，从其所之"的主张大加赞赏，清中叶以后的盐政改革者如包世臣、魏源等也都称赞其说，并在盐业改革中加以参照。

（四）唐甄的自为论

唐甄也是一位主张自为论的思想家。唐甄（1630—1704年），字铸万，号圃亭，川东道达州（今四川省达州市）人。唐甄出身于一个官僚地主家庭，顺治十四年（1657年）中举人，第二年到京参加会试，不第，即参加吏部试，被分往山西，康熙十年（1671年）任山西长子县知县。唐甄在任职期间力图实现自己的救世抱负，但他只做了十个月的县官就被革职。仕途失意后的唐甄，潜心于学术研究，但仍不忘"天下兴亡，匹夫有责"。他重视对现实政治问题的研讨，关心和同情民间的疾苦，力图通过学术的探索，找到一条救世济民的道路。他的探索成果主要集中在其《潜书》一书中。他主张执行自由放任的经济政策，强调市场调节在经济发展中的作用。他认为财富的生产和增值是一个能够自然而然进行的过程。因此，经济的发展过程不需要国家插手，政府所应该做的事情就是听任这一过程自然进行。（《潜书·富导》）

二、"私者，人之心"的经济人思想

晚明主张自为论的经济思想家们在论证其自由主义的经济思想时，都对人性作了一个假定，即人在本性上是自利的，故只有"听民自为"的自由放任的经济政策才是最合乎人的本性的。如丘濬主张"听民自为"，认为"民自为"的动机就是求利、求富之心。他认为人都有追求财利的欲望，"财者人之所同欲也""人心好利"。（《大学衍义补·总论理财之道上》）

（一）李贽的"无私则无心"论

在对人本性属"私"这一理论规定中，要属李贽的观点最有代表性了。李贽（1527—1602年），字宏甫，号卓吾，泉州晋江人。李贽从小就具有叛逆的性格，这种性格决定了他一生的曲折经历。他对封建统治者充满了抵触与愤懑的情绪。在李贽的经济思想中，首要的内容就是他的崇"私"的观点，他把"私"看作人们从事经济活动的基本动力。他认为追求私利是人的本心："夫私者，人之心也。人必有私而后其心乃见，若无私，则无心矣。"（《藏书》卷二十四《德业儒臣论》）他认为人有了占有、获得经济利益的要求后，才会有心去努力从事有关的经济活动，如为了占有农产品而努力耕田，为了积累家私而经理家计等。

在商品经济下，各自有私而又各自为私的个人之间，只能通过"互市"的商品交换相联系。在明朝中叶以后，商品经济已有相当发展，李贽崇"私"的观点也就必然导致对商品交换关系的肯定。他不但不反对商品交换，不主张抑商，还把人与人之间的一切关系都看作商品交换的关系，甚至把封建社会中最神圣的师生关系也列入了商品交换的关系中。①

既然势利之心是人的"秉赋之自然"，那么，人们为追逐势利或富贵而竞争，并在竞争中发生分化也就是自然的了。他认为势利之心虽人人有之，但个人取得富贵之"材"或"资"是天生不同的，因此竞争起来必然有胜败，有分化。②因此，他肯定竞争，承认优胜劣败的市场竞争规律。李贽的特点在于把市场竞争中的"吞并"说成是"天道"，不可违背，而把干预、抑制这种"吞并"的行为说成是"违天"，加以反对。这是一种强调竞争的市场经济观念。

（二）黄宗羲与顾炎武的崇私论

黄宗羲与顾炎武也持相同的看法。黄宗羲的学术思想倾向于王学，但他又不完全囿于王学的思想体系。黄宗羲认为人一生下来就具有私心，就具有追求自利的本能。"人各自私也，人各自利也。"（《明夷待访录·原君》）

顾炎武（1613—1682年），本名继坤，更名绛，字忠清，明亡后更名炎武，字宁人，南直隶昆山（今江苏省昆山市）人。其因家乡有亭林湖，故又被尊称为亭林先生。顾炎武认为，人的自私是一定历史条件下的产物。在历史条件还未改变的情况下，它就是不可抹杀的客观存在，故治国、治世就必须由此出发。正是基于这种考虑，顾炎武主张在治国、治世中，对人的自私之情不但要"恤之"，还要善于"用之"。顾炎武还认为，既然人人自私，为了达到自私的目的，必然"自为"，即为获得私利而努力。"天子"无论多么贤明，他关心百姓总不如每个人自己关心自己，他为百姓谋利益也总不如百姓自谋的利益。因此，治国、治世的最好办法就是听任百姓"自为"，即从自私的动机出发采取行动为自己谋利。这样，从听任每人自私、自为出发达到天下百姓人人能实现自私的要求，就叫作"合天下之私以成天下之公"（《亭林文集》卷一《郡县论五》），这也是最好的治国方策。

三、"民富先于国富"的富民思想

在中国经济思想史上，就富民与富国的关系而论，存在两种相反的观点：一种观点是主张富国第一，这种观点与国家对经济实行干预的观点相应，主张国家对经济应实行

---

① 《续焚书》卷二《论交难》："天下尽市道之交也"，"七十子所欲之物，唯孔子有之，他人无有也；孔子所可欲之物，唯七十子欲之，他人不欲也……以身为市者，自当有为市之货，固不得以圣人而为市井病。身为圣人者，自当有圣人之货，亦不得以圣人而兼市井"。
② 《李氏文集》卷十九《明灯道古录》："强者弱之归，不归必并之；众者寡之附，不附即吞之。此天道也，虽圣人其能违天乎哉？"

官营。此说突出了国家财政的意义。另一种观点则相反，主张富民第一。持这种观点者多是持自由主义观点的思想家。他们反对政府对经济的强权专卖，更反对"与民争利"的官营，肯定老百姓对自身物质利益追求的合理性，把富民放在第一位。晚明的自由经济思想家们多是持这种观点的代表人物。

(一) 丘濬的"安富"论

依照自为论的自由经济思想，听民自为，反对政府的干预，这样发展的结果必然是富者愈富、贫者愈贫。因此，在经济活动中提倡自为论者，就必然在财富的占有和分配方面主张"安富"论。丘濬就公开保护富人的利益，为富人辩护，提出了相当系统的"安富"理论。他认为应该"安富"，而不应"抑富"。"抑富"是那些"偏隘"之人干的。[1]他一反抑商的传统，反对"摧抑商贾"，认为不能因为富商大贾富有而加以"摧抑"。他说贫困的人民是我们的人民，富裕的人民也是我们的人民。所以他反对那种"富能夺，贫能与，乃可以为天下"的说法，认为"天生众民，有贫有富"，社会上存在贫富差别是自然的、合理的，"夺富与贫"是没有道理的，"乃欲夺富与贫以为天下，乌有是理哉"！（《大学衍义补·市籴之令》）他还强调富民是社会的支柱，这是因为"富家巨室，小民之所依赖""非独小民赖之，而国家亦将赖焉"。所谓藏富于民，也就是藏于"富家巨室"。（《大学衍义补·蕃民之生》）不仅地主、商贾等富民是"小民之所依赖"，就是民间的放贷取息活动也是有利于人民的，"借债取息，三代以前已有之……先王体悉民情，为之通有无以相资助，使不至于匮乏，固不以为非也"。他认为禁止民间借贷，虽然本意是"抑富强"，但实际上使"贫民无所假贷，坐致死亡多矣"。所以，他主张保护债权人的利益，对于债务，"虽有死亡，苟有佐证，亦必追偿"，即对民间的信贷活动，也应"听民自便"。（《大学衍义补·详听断之法》）

(二) 东林学者的"贫富两便"的富民思想

东林学者提出"贫富两便"的富民思想，即"不使富者因贫者而倾家，斯为两便"（《徐念阳公集》卷七《候吴县万父母书》），要求恤贫而不累及富民。所谓的"富民"，是指一般中小地主和工商业的市民阶层；所谓的"两便"，其实质是为了便于"富民"。

(三) 王夫之的"智者日富"论

王夫之也是为富人辩护的。在"求富""求均"的矛盾中，他更看重的是"求富"。因此，他不大热衷于谈抑兼并的问题。他认为人民对兼并已习以为常，安之若素了。

他认为"兼并"并不是豪民对贫民土地的强夺，而农民失去土地是由"赋重""役繁"而导致的。只要减赋节役，就可以解决这一问题，而不必抑兼并。

对于贫富的分化，王夫之认为是很自然的事。他认为贫富替代不是固定不变的，因此不能夺取豪强的土地分给贫民，而应任其自然发展。他认为富人的存在是合理的、普遍的，富人的作用在于可以养贫民。他用"富贵擅之于智力"的论点来为贫富分化的现

---

[1] 《大学衍义补·蕃民之生》："彼偏隘者，往往以抑富为能。"

象辩解，认为人的富贵是"擅之于智力"的结果，故"智者日富，而拙者日瘠"。（《读通鉴论》卷三）在这里，王夫之把富民的垄断和兼并称为"擅"，把贫富分化归之于人的聪明才智的不同。

因此，他把财富的兼并、贫富的分化看作一种必然的、不可改变的趋势，反对以政治手段来抑制财富兼并和贫富的分化。

（四）李觏的"恤富"论

李觏的富民思想最富有特色。他十分看重富民的社会作用，将富民视作社会的中坚力量，认为富民上养天子，下养百姓，功劳很大。针对中国历史上延续数千年的抑兼并的传统观念，他大声诘问：富民何罪哉！

在他的眼中，富民不仅无罪，而且有功。其功劳之一是"养民"。他认为富民将土地从贫民手中买来，再租给他们耕种，并代其缴纳赋税，为贫民提供了衣食，故此李觏称富民为"贫民之母"。其功劳之二是"养君"。李觏认为贫民与游民，或者无力为国家纳捐服役，或者飘浮不定，国家无法使他们为国家缴粮纳税。只有富民才是国家赖以获取赋役收入的来源。正因为富民有如此的功劳，所以古代上自天子，下至百官，对富民均表示格外的尊重和礼遇。

对于当时赋役负担过重的经济政策，李觏予以了严厉的抨击，认为这严重地损害了富民的利益，致使富民苦不堪言。此外，各级官吏也纷纷向富民伸手，巧取豪夺。官府过重的赋役负担再加上各级官吏的贪求勒索致使众多富民破产。站在保护富民的立场上，李觏要求封建君主减轻富民的赋役负担。

第一，要求封建君主对一般富民与豪强权贵加以区别对待，采取不同的赋役政策。李觏分析了富民与豪强权贵的区别，指出豪强权贵凭借其拥有的政治权力，暴取豪夺，这种靠政治权力致富的行为是对贫民的一种掠夺行为。而富民致富靠的是自己的勤劳，这种勤劳致富的行为与豪强权贵对百姓的掠夺有所不同。因此，国家应对富人采取不同于豪强权贵的赋役政策。李觏认为，豪强权贵一方面大肆侵占土地，另一方面借助其势力逃避国家的徭役。县官为完成征纳任务，就将本应由豪强权贵承担的赋役转嫁给百姓，由此更加重了贫民的赋役负担。鉴于江南地区豪强贵族甚多而富民甚少的实际状况，李觏建议封建君主制定一套较稳定的徭役制度，规定官户多的地区，其征发以官户为主；民户多的地区，其征发主要由民户承担，以此使豪强权贵与富民共同承担国家的徭役负担。

第二，要求封建君主面向全社会公开表示对富民的尊重和爱护，严厉打击各级官吏借征收赋税之机，层层加码、盘剥富民的行为。李觏指出，只要天子带头表示对富民支持、爱护，官吏就不敢慢待、克剥富民了。在此基础上，政府再对那些作奸舞弊、隐瞒财产、逃避赋役负担的富民逐一查处，就可以完全杜绝奸诈的行为了。（《盱江集》卷三《赋役》）

综上所论，李觏在富民思想上的贡献在于不仅明确区分了两类富人（一类是豪强权贵；一类是靠自己的财富和经营来发展的富人），还对这种区分的意义以及在国家政策中如何实施作了明确、详尽的论证。他的富民思想主要是指"富"后者而言。应该看到，他所指的这类富人在当时来说是带有资本主义倾向的富人。他倾其全力为这种富人疾呼，是他经济思想中所具有的资本主义倾向比同时代的人更为明显和进步的地方，也是其他主张安富、保富论者所不及之处。

第四节 "工商皆本"的社会阶层新论

一、"重农抑商"的传统价值观和政策

（一）传统的"重农抑商"思想

在中国传统思想中，由于受先秦法家"重农抑商"思想和政策的影响，商人的社会地位不高。如在中国古代，管仲最早将中国社会的庶民阶层划分为四个职业等级，即士、农、工、商。士居四民之首，商居四民之末。商利成了"末利"，经商成了小人之事，商业活动备受轻视，官僚、士人经商更觉自惭形秽。中国古代的轻商意识逐渐形成，并成为封建社会里一种占据支配地位的价值观念。在这一价值观念的支配下，从事经济活动的商贾贩夫自然也被列为九流之末。社会上对职业座次的排列，也一直是"士农工商"，商处在末位，社会上形成了"重农抑商"的价值观念。

在中国封建社会里，从经济政策上来说，抑商一直是主流，偶有重商思潮出现，但只是若隐若现的一股暗流。据文献记载，至少从西汉王朝开始，"贱商"已是国家明确规定的法律条文。法律规定商人不得骑马，不得穿锦绣、绸纱，甚至于饮食、屋舍、婚姻、丧葬等，皆有一系列规制，不许商人僭越。

经魏晋南北朝，到隋唐之后，随着科举制度的出现及成熟发展，士人对于经商更是不齿。"万般皆下品，惟有读书高"，十年寒窗，金榜题名，才是士人的正途。士之子恒为士，商之子恒为商。治学向道成为士人人生的第一要义，他们以此为荣，即令家道中落，门衰祚薄，也不愿自己的子孙"弃儒就贾"。如南宋时的大诗人陆游在《陆放翁家训》中就告诫自己的子孙，只能在士、农二业中谋生，或做塾馆蒙师，或力田种菜，但绝不可流为市井商贩。陆游的职业观具有很大的普遍性，代表了他那个时代士人对经商的一般态度。这种价值取向笼罩了中国社会千余年，直至两宋，才渐渐显露出松动的迹象。

（二）宋元之后士商关系的新变化

宋元以后，随着商业及城市的发展，士商关系发生了很大的变化，士人对商人的社会功能也有所再认识。[①]商人的地位有所提高，士商关系也有所变化。这种变化主要表

---

① 沈垚的《落帆楼文集》卷二十四："宋太祖乃尽收天下之利权归于官，于是士大夫始必兼农桑之业，方得赡家，一切与古异矣。仕者既与小民争利，未仕者又必先有农桑之业方得给朝夕，以专事进取，于是货殖之事益急，商贾之势益重。非父兄先营事业于前，子弟即无由读书以致身通显。是故古者四民分，后世四民不分。古者士之子恒为士，后世商之子方能为士。此宋、元、明以来变迁之大较也。天下之士多出于商，则纤啬之风益甚。然而睦姻任恤之风往往难见于士大夫，而转见于商贾，何也？则以天下之势偏重在商，凡豪杰有智略之人多出焉。其业则商贾也，其人则豪杰也。为豪杰则洞悉天下之物情，故能为人所不为，忍人所不忍。是故为士者转益纤啬，为商者转敦古谊。此又世道风俗之大较也。"

现在以下两个方面：

其一，南宋以后的士人大多出身于商人家庭，以致士人与商人的界限已不能清楚地划分；

其二，因商业在中国社会上的比重日益增大，有才智的人逐渐被商界吸引过去，又因商人拥有财富，许多有关社会公益的事业也逐步从士大夫手中转移到商人手中。

由于这些变化，士人的传统价值取向也随之动摇，治学已不再局限于修齐治平上。以往是鄙薄经商，视"经商""治生"是有碍道义的贱业末技，而宋元以后对治学提出了新的要求，强调士人必须在经济生活上首先获得独立的保证，然后才有可能维持个人的尊严和人格。明末的陈确就直言不讳地写出了《学者以治生为本论》，重新阐发做学问与经商之间的关系，认为"治生"比"治学"更重要，每一个士人必须把"仰事俯育"看作自己最低限度的人生义务，而不能"待养于人"，士人必须有独立的经济生活才能生存和发展。

伴随着晚明重利观念和侈靡之风的盛行，社会上对商人的地位又开始了重新评价和尊重。

二、"经商也是圣学中事"的新观念

明中后期，随着儒家内部王学的崛起和兴盛，重商意识开始兴起，并逐渐影响到了社会大众，使人们对待商人的观念发生了重要的变化。

（一）王阳明为商人地位辩护

明朝重商意识较之以往对商人表现出了相当的尊重，并公开为商人的经商活动进行辩护。这一意识始见于一代儒学宗师的王阳明，他最先对商人的社会价值予以了明确的肯定。

王阳明（1472—1529年），名守仁，字伯安，浙江余姚人。因他筑室阳明洞，学者称之为阳明先生。他是弘治十二年（1499年）的进士，曾向皇帝上疏言边务八事，第二年授任刑部云南清吏司主事，后改兵部武选清吏司主事。正德元年（1506年），王阳明因得罪宦官刘瑾，被廷杖四十，贬为贵州龙场驿丞。他后以原官改升南京鸿胪寺卿，以左佥都御史巡抚南赣，后因平定宸濠之乱功，升南京兵部尚书。嘉靖六年（1527年），王阳明兼任左都御史。穆宗隆庆元年（1567年），他被诏赠新建侯，谥号文成，故后人又称之为王文成公。王阳明的著作有《阳明全书》流传于世。

王阳明认为古代士、农、工、商这四民虽然职业不同，但都为社会所需要，都有各自的贡献。王阳明还提出了一个全新的命题：四民异业而同道。也就是说，在"道"的面前，士、农、工、商完全处于平等地位，不存在地位的高低、职业的优劣，从根本上对商人的社会地位给予了明确的肯定。王阳明还特别批判了传统的重士贱商的观点，明确肯定了士、农、工、商在"道"面前具有完全平等的地位，不复有高下之分，认为"治生"的经商也是圣学（"讲学"）中事。《传习录拾遗》记载了王阳明与其学生的对话：

直问："许鲁斋言学者以治生为首务，先生以为误人，何也？岂士之贫，可坐守不经营耶？"

先生曰："但言学者治生上，尽有工夫则可。若以治生为首务，使学者汲汲营利，断不可也。且天下首务，孰有急于讲学耶？虽治生亦是讲学中事。但不可以之为首务，徒启营利之心。果能于此处调停得心体无累，虽终日作买卖，不害其为圣为贤。何妨于学？学何贰于治生？"①

余英时先生以为，王阳明的这段话是新儒家社会思想史上一篇划时代的文献。②的确如此，因为新的社会四民论打破了旧的价值观念，矫正了对商人所持的传统偏见。

王阳明的这一观点到了其后学泰州学派那里，又有了进一步的发展。

何心隐（1517—1579年），原名梁汝元，字柱乾，号夫山，吉安府永丰（今江西省吉安市永丰县）人。据载，万历年间大官僚耿定向挑选家童四人，每人给银二百两，让他们做生意。其中一人曾向泰州学派的何心隐请教经商的诀窍，"心隐授以六字诀曰：买一分，卖一分。又有四字诀：顿买零卖。其人遵用之，起家至数万"（《小心斋札记》卷十四）。何心隐认为："商贾大于农工，士大于商贾。""农工欲主于自主，而不得不主于商贾。商贾欲主于自主，而不得不主于士。商贾与士之大，莫不见也。"（《何心隐集》卷三《答作主》）即认为四民的排列应为士、商、农、工，而且四民又可以进一步归纳为两类：士与商同属于"大"，而农与工并列于社会的最底层。

泰州学派的李贽竭力为商人张目，认为商人挟数万之资，经历波涛骇浪，还要受官吏的污辱，在市场上辛苦交易，十分不容易。

（二）东林学派的"惠商"思想

东林学派与此同时提出"商"为"本业"和"惠商"的思想。

东林人士赵南星首先提出了"商"为"本业"的新观点。他说："士、农、工、商，生人之本业也。"（《赵忠毅公文集》卷四《寿仰西雷君七十序》）"农之服田，工之饬材，商贾之牵牛而四方，其本业然也。"（《赵忠毅公文集》卷四《贺李如立应乡举序》）赵南星已把历来列为"末"的工、商与士、农并列而为"本业"，早于黄宗羲的"工商皆本"思想的提出。

东林人士李应升也进一步提出"为商为国"（《落落斋遗集》卷四《上巡道朱寰同书》）的观点，把经商与"为国"联系起来。

这些思想的出现，无疑是对"重农抑商"传统经济思想的一大突破，反映了中小地主阶层和新兴市民阶层的利益，反映了他们要求自由发展经济的迫切愿望。正是基于这一商为"本业"的思想，顾宪成和高攀龙等东林人士提出了减免商税、以"惠商"发展商业，严惩肆虐乡里的税棍以维护商人利益的经济主张。

---

① 王阳明. 王阳明全集 [M]. 上海：上海古籍出版社，1992：1171.
② 余英时. 士与中国文化 [M]. 上海：上海人民出版社，1987：526.

（三）汪道昆等人的商、农"交相重论"

这一时期一些出身于商贾之家的名儒，也提出了商、农"交相重"的理论，既是为了维护商人的利益，也是为了对传统的"重农抑商"政策的挑战。其代表人物有明嘉靖时期出身于富商之家的汪道昆（曾官兵部左侍郎）。收集在他的《太函集》里的一系列关于经济思想方面的论述，是很值得我们注意的。

汪道昆对传统的"重本抑末"进行了有力的批判。他说："窃闻先王重本抑末，故薄农税而重征商，余则以为不然，直壹视而平施之耳。日中为市肇自神农，盖与末相并兴，交相重矣……要之各得其所，商何负于农？"（《太函集》卷六十五《虞部陈使君榷政碑》）汪道昆在这里明确反对传统的"重本抑末"政策，主张"壹视而平施"。汪道昆商、农"交相重"的思想是从维护商贾利益的角度出发的，反映了当时商人群体的心声。汪道昆为了说明他的商、农"交相重"思想是正确的，还把商贾对国家的贡献作了具体的阐述。他说："今制大司农岁入四百万，取给盐鹾者什二三。淮海当转毂之枢，输入五之一。诸贾外饷边，内充国，戮力以应度支。"（《太函集》卷六十六《摄司事裴公德政碑》）因此，封建国家不应"抑商"，而应"便商"："从其便故也。从民之便则乐其食而安其居，从商之便则愿出其途而藏其市，此不易之道也。"（《太函集》卷六十四《督课黄明府政绩碑》）徽州富商巨贾以盐商居多。汪道昆希望封建政府"从商之便"，无异于代盐商向官府进言，以期谋得更大的利润。

商人们为了维护和扩大自身的经济利益，为了提高商户的社会地位和社会声誉，也千方百计地结交名公巨卿，寻求政治上的靠山，或者鼓励子弟竞逐科第，博取功名富贵。商贾之家也确实出了不少名儒显宦，如汪道昆、顾宪成、高攀龙、徐光启、李贽等，他们先世皆为商贾，曾逐"什一之利"。具有远见卓识的商人认识到提高自身文化素养同卓有成效地进行商业活动关系很大，注意吸收地理、交通、物产、会计、民俗、历史等方面的知识。商人在醉饱之余，也好附风雅，留心艺文之事，研习诗文书画，收藏图书珍玩。袁宏道在《新安江行记》一文中说："徽人近益斌斌，算缗料筹者，竟习为诗歌，不能者亦喜蓄图书及诸玩好，画苑书家，多有可观。"（《袁宏道集笺校》卷三）

由此可见，商人在经济、政治、文化诸领域的影响日益扩大了，在经济生活中的作用也日益明显。世人对商人也开始刮目相看了，社会上轻商的观念有了一定的改变。有人已经意识到，善商良贾和政治家、理财家、军事家、哲学家，其学问才能有些相通之处。竟陵派创始人钟惺说："货殖非小道也，经权取舍，择人任时，管、商之才，黄、老之学，于是乎在。"（《隐秀轩集·程次公行略》）经商也不是卑污之事，"前七子"领袖李梦阳说："夫商与士，异术而同心，故善商者，处货财之场而修高明之行，是故虽利而不污。"（《空同集·明故王文显墓志铭》）世人选择职业比过去灵活多了，不是把眼光仅仅盯在科举上面，而是把商贾作为一条重要的发家致富之路。苏州、徽州等地的缙绅士夫之家也多作这样的选择，弃儒经商的事屡见不鲜。

当然，就整个社会价值体系而言，传统的偏见仍然存在；否则，李贽发出的"商贾亦何可鄙之有"（《焚书》卷二《又与焦弱侯》）的呐喊，岂不成了多余之言？这说明晚明时期商人的社会地位虽较明初有了提高，但四民之末的地位没有根本转变，商人远没有迈进他们的理想王国。而继续冲击这一偏见为商贾呐喊的又有黄宗羲、王夫之、傅山、唐甄等进步思想家们。

三、"市井贱夫最有理"的"工商皆本"说

(一)"工商皆本"说

1. 黄宗羲

黄宗羲出生于工商业已有所发展的浙江地区。封建统治者唯恐工商业的发展会破坏封建的经济基础，顽固地推行"崇本抑末"的政策，使社会经济日益衰退。黄宗羲站在城市自由民一边，要求为工商业的发展扫除障碍，在中国历史上第一次提出了"工商皆本"的口号。[①]

他认为，国民经济各部门之间存在有机联系，本来就不存在哪个是"本"、哪个是"末"的问题。"本""末"不应该按农业和工商业的关系来划分。凡是有利于社会财富增长的生产和流通事业，都是"本业"；反之，浪费和损耗社会财富的行业都是"末业"。他认为正当的工商业原应视为根本，工商业之所以受到压抑，是有一部分从事佛巫及奇技淫巧等与民生无关的一类货物的生产经营的结果。世儒不察，就笼统地误视工商行业为末，妄加抑制，岂不知"工"正是圣王要千方百计加以招徕的，而"商"正是使工之所出输于途的，所以都是国家的根本。

黄宗羲把工商扶为立国之本，既反映了明清之际商品生产日益发展的现实，是时代向社会提出的要求，同时说明了有不少"世儒"仍是主张"以工商为末，妄议抑之"的现实。要使工商业获得大的发展，只有在货币经济中才有可能。所以，黄宗羲还提出了重视货币、改革币制的主张。黄宗羲看到在商品经济有长足的发展后，必然要有一个同等程度的货币经济与之相适应。他憧憬着货币在国内市场不停顿地流通的蓝图，认为只有如此才能促使工商业的发展。黄宗羲的这一思想反映了新兴市民的要求，符合工商业的发展和需要。

2. 傅山

傅山则提出了"市井贱夫最有理"的命题，为提高工商业者的地位呐喊。傅山(1607—1684年)，字青主，阳曲(今山西省太原市阳曲县)人。他出身于书香门第，从小就受到了严格的传统教育，十五岁时成为秀才，二十岁时成为贡生。傅山涉猎广泛，对于经史子集、佛经道藏、医学医术、书法绘画无所不及。

他提出的"市井贱夫最有理"的命题无疑是市民阶层对自身价值觉醒的宣言书，也是进步思想家对传统政治文化的强有力的挑战书。历来被统治阶级视为"小人"的"市井贱夫"，恰恰是社会各阶层中的"最有理者"。这一"反常之论"，在当时是振聋发聩的。"市井贱夫"历来是指商贾，与人们所轻视的"小人"乃是同义语。在封建正统学者看来，"小人"(商贾)一心求利，别的什么都不顾。傅山却大胆提出"小人"(商贾)谋利是堂堂正正的。他们懂得布比丝织品要差的道理，也知道金子较玉石精细的理

[①] 《明夷待访录·财计三》："工固圣王之所欲来，商又使其愿出于途者，盖皆本也。"

由，"焉得不谓之理"！傅山的所谓"理"，指的是商业活动经营的道理。到吴越去的商贩，绝不会随便跑到燕齐；销售货物的商贩懂得价值的规律，个个精打细算，绝不愿意出现一铢钱的亏损。对经商活动的道理，他们的追求也是正心诚意的。①在古代中国，尊贵者往往是最有道理的，因为他们有权有势；卑贱者常常是没有道理的，这与他们的社会地位低下有关。山西的商业在明清之际相当活跃，对全国也有重要影响。傅山提出"市井贱夫最有理"，是晋地商人地位有所提高、商业资本比较发达在理论上的一种反映，肯定了商人在经济生活中的作用，在理论上提高了他们的社会地位。

3. 唐甄

唐甄在经济思想上强调"富民"，充分肯定工商业者的地位。他认为民众是国家的根本，只有民众丰衣足食，国家才能兴旺发达。所以，"富民"应是施政的根本任务。唐甄认为，要使民富裕，国家必须以"富民"为宗旨，国家所有的一切事情都应该是"为民"。要使民富裕，就必须"因其自然之利而无以扰之"，实行自由主义的经济政策，大力发展工商业。

唐甄还提出了农、商并重的主张，否定了传统的"农本商末"的经济思想，也否定了"古者言富，唯在五谷"的片面认识。他认为要使人民富裕起来，不只是要发展农业，还应发展工商业。唐甄还身体力行，在山西长子县任知县时，就曾亲自导民树桑，发展纺绸业。唐甄还做过商人。他出生于一个官僚地主世家，其祖父唐自华在四川达县有万亩以上的土地，但到唐甄晚年时，生活水平已下降到平民的水平。四十亩田所获收入，丰年不足一家之用，歉收只够缴纳赋税，荒年则连缴纳赋税也不够。于是唐甄卖田经商，转而去做蚕丝生意。不久，由于经营不善，他又由"贾"转而为"牙"（经纪人），为此还受到了持传统价值观的士大夫的奚落。这些人坚持传统的四民观，坚持士贵贾下的主张，承袭君子不言谋利的传统偏见，强调做商人对士大夫来说是一种耻辱，为士阶层所不齿。唐甄理直气壮地予以批驳。他辩解说他的"以贾为生"正是为了保持自己的人格尊严，如同历史上的姜子牙曾经做过卖饭的行当一样，没有什么可耻。②这一态度在这一时期的进步学者中是颇有代表性的，即认为由士转商或士大夫商人化这种职业角色的转换是完全正常的，是无可非议的。

（二）士不如商的新观念

在当时商品经济发展和儒家重商意识的影响下，明清之际社会上已有了士不如商的观念和说法。如归庄在《传砚斋记》中记载说，在他的时代已开始"士商相杂"，他的朋友严舜工就是太湖地区的一位身兼士商两种身份的人物，归庄劝他应该专力于经商，不要让子孙读书。这反映当时社会上已存在"士不如商"的价值观念了。新安士人汪道

---

① 傅山说："理不足以胜理，无理胜理，故理不足以平天下，而无理始足以平天下……读书者闻是言也，噪之曰：市井贱夫，无理者也，足以治天下耶？曰：市井贱夫，最有理者也，何得无理？曰：彼为利而已，安得所理？曰：贩布者不言缯糟于布之理也，贩金者不言玉精于金之理也。缯者、玉者如之，焉得不谓之理？曰：理，天理也，吾穷理而意必诚，心必正。彼知天理乎？意亦诚乎？心亦正乎？曰：适吴越者，不肯枉于燕齐，心奚翅正？期销者，不折阅于铢，意奚翅诚？凡金玉布缯，物无贵贱，生之造之，莫非天也。天生之，天也。人为之，人所共天也。所共天而精之，不翅精于记诵糟粕之鄙夫也。"（《傅山全书·圣人为恶篇》）

② 《潜书·养重》："我之以贾为生者，人以为辱其身，而不知所以不辱其身也。"《潜书·食难》："吕尚卖饭于孟津，唐甄为牙于吴市，其义一也。"

昆在《明故处士溪阳吴长公墓志铭》中也提到，在新安不是"右儒而左贾"，而是"右贾而左儒"，视商人的地位在读书人之上。这说明当时的商贾已意识到了自己社会地位的提高，完全可以与士人相抗衡了。

儒者经商，商人业儒，儒商关系日见密切。那些求名好儒的商人大都喜爱结交文士名流。陈继儒说："新安故多大贾，贾啖名，喜以贤豪长者游。"（《晚香堂小品·冯咸甫游记序》）徽商吴龙田自云："吾虽游于贾，而见海内文士，惟以不得执鞭为恨。"（《珂雪斋集·吴龙田生传》）文人也改变了不屑与商贾为伍的清高态度，而乐意与之往还，为之效劳，为其撰写寿序、碑铭、传记，为其子弟讲授诗文，为书商评选小说、戏曲、八股程墨，从中获得一笔丰厚的酬金。不少"寒士"无钱刻印著作，便希求商人给予赞助，也确有愿意为此辈慷慨解囊的。名士俞允文去世后，徽商程元利"不惜重赏梓其遗稿千余篇，使不泯没"[1]，做了一件大好事，获得了士林的广泛赞扬。为此钟惺发出呼吁："富者有资财，文人饶篇籍，取有余之资财，拣篇籍之妙者刻传之，其事甚快，非唯文人有利，而富者亦分名焉。"（《隐秀轩集·题潘景升募刻吴越杂志册子》）富人有很多钱财，文人有很多著作，双方可以进行交换，建立起一种互济互利的关系。通过交换，文人的著作能刊行于世，商人也得了成全才士的美名，因而"造化之精神"（即篇籍）得以泄，"造化之膏脂"（即资财）得以用，两全其美，各得其利。钟惺的这番话反映了下层知识分子的愿望，也反映了在商品经济有了长足发展的时代士夫文人商品交换意识的觉醒。

余英时对这一时期士商的情况曾概括指出，在16至18世纪的中国社会里，"士多出于商人之家，以至士与商的界限已不能清楚地划分……由于商业在中国的比重日益加重，有才智的人便渐渐被商业界吸引过去。又由于商人拥有财富，许多有关社会公益的事业也逐渐从士大夫手中转移到商人的身上。"[2]在这一历史形势下，思想界开始出现了为商人经商利国、利民公开辩护的言论。如明末有一个宁波人华夏，就明确提出商人中有很多豪杰之士，商人经营商业和政治家治理国家是同样重要的（《过宜言》卷三《惠商论》），从而对知识分子只能走"修身、齐家、治国、平天下"道路的狭隘偏见提出了挑战。又如信奉王学的陈确，曾著有《学者以治生为本论》，公开为儒者经商辩护。他认为读书和经商谋生都是很重要的，但二者相较，经商谋生又重于读书。

明清之际像唐甄那样由士入商的儒生不乏其人。明清笔记、方志、宗谱等资料记载有许多"商而兼士"、弃文经商的事例。如一些颇有名气的文人墨客开始涉足文化市场，开设书肆、笔庄、墨店，办起印刷工场。如著名小说家、戏曲家凌濛初，小品文评选家陆云龙，不但从事著述，也兼营刻书业。常熟汲古阁主人毛晋能诗善文，以藏书、刻书闻名海内，其家印刷规模很大，有刻工数百人。毛晋等人大概是中国最早出现的一批文化商人了。即使明末大儒之类的领袖人物中，也有从事商业活动的，如顾炎武就曾

---

① 张海鹏，王廷元. 明清徽商资料选编［M］. 合肥：黄山书社，1985：481.
② 余英时. 中国近世宗教伦理与商人精神［M］//余英时. 中国思想传统的现代诠释. 台北：联经出版事业公司，1987：342.

从事过商业经营活动，[①]吕留良从事行医和刻书业，朱舜水在日本"亦与诸商贸易往来"（《朱舜水集》卷七《答安东守约书》）。明末清初的大思想家黄宗羲则公开提出了著名的"工商皆本"的思想。这一切都从一个侧面反映了儒家重商意识对商业经济发展的积极影响。

四、"工商皆本"思想的历史影响

明朝中晚期重商意识盛行进一步促进了明清时期（主要指从明中叶到乾嘉时）商业的发展与活跃。中国历史上的十大商帮（山西商帮、徽州商帮、陕西商帮、山东商帮、福建商帮、洞庭商帮、广东商帮、江右商帮、龙游商帮、宁波商帮）就是形成并活跃于这一时期的。在明朝以前，我国商人的经商活动多是单个的、分散的，是"人自为战"，没有出现具有特色的商人群体，也就是说有"商"而无"帮"。自明朝中期以后，由于商品流通范围的扩大、商品数量和品种的增多，以及儒家重商意识的刺激，在全国各地先后出现了不少以地域为中心，以血缘、乡谊为纽带，以"相亲相助"为宗旨的商人群体——商帮（十大商帮是其中的主要代表），从而在商业战线上出现了前所未有的热闹局面。商帮是驰骋于商界的一支支劲旅，操纵着某些地区和行业的商业贸易。这些商帮中的商人资本相当雄厚。如其中的徽商，在商界"称雄"于东南半壁。对其拥有资本的情况，明末宋应星认为万历时在扬州业盐的秦、晋、徽三帮商人，资本总计不下三千万两（《野议·盐政议》）；清人李澄则说，乾隆时在扬州业盐的山西、徽州富商共有一百数十家，其资本总额约七八千万两。（《淮鹾备要》卷一）如果此说无误，那么从万历到乾隆，在扬州的商业资本已增加了两倍多。清朝在其财力最充沛的乾隆四十六年（1781年），国库存银也不过七千万两，尚不及两淮资本之多。难怪两淮盐商之富，竟使天子为之动容。如乾隆南巡时就曾惊叹商人的富有。（《国朝遗事纪闻》第一册）徽商之外，还有晋商也积累起了巨额的商业资本，成了一个财力雄厚、在全国商界具有举足轻重地位的强大商业集团，在北方名列首位。在国内商界也只有南方徽商可与之分庭抗礼。据万历时人谢肇讲，晋商的巨额资本已在百万以上。（《五杂俎》卷四）这些商帮的出现，标志着我国封建社会中商品经济已发展到了一个新的阶段。

马克思在谈到商人的社会作用时指出："商人对于以前一切都停滞不变、可以说由于世袭而停滞不变的社会来说，是一个革命的要素……现在商人来到了这个世界，他当然是这个世界发生变革的起点。"[②]晚明商帮的出现，其作用也应作如是观：

其作用之一在于促进了商品经济的发展。如这些商人所经营的商品中，虽有一部分是满足统治阶级需要的奢侈品，但更多的是人们生活的必需品，如盐、米、布、茶、木等。这就有力地促进了农业产品的商品化。他们所经营的远距离的大宗商品贩运活动，推动了区域之间商品流通的扩大，使原料产地和成品地之间、商品出产和消费地区之间形成了对流，这就有利于社会分工的扩大和全国性市场的形成。商人们不辞劳苦，深入

①　查永玲. 万寿祺《秋江别思图》卷［J］. 文物，1991（10）：84-87.（《秋江别思图》现藏于浙江博物馆，是万寿祺为送别顾炎武而作的。跋中明言顾炎武曾"抱布为商贾"，肯定了他在清顺治八年（1651年）的秋天从常熟唐市到浦西经营布匹贸易的事实。）
②　马克思. 资本论（第3卷）［M］. 中共中央马克思恩格斯列宁斯大林著作编译局，译. 北京：人民出版社，1975：1019.

偏僻山乡，使更多的农产品和手工业品流向市场，将各地分散的小商品生产纳入地区乃至全国商品经济的网络之中。

其作用之二是促进了城市经济的发展。他们在各地城镇，尤其是江南市镇的活动，为其商品开拓了销路，同时为城市手工业者提供了生产原料和生活资料，有力地促进了城市经济和商品经济的发展。晚明的重商意识是这一时期经济思想的一个重要方面。

第五节　货币理论的主要成就

明初继承元朝实行的纸币流通制度，在洪武八年（1375年）发行大明宝钞，同时禁用白银；洪武二十七年（1394年）又禁用铜钱，实行单一的纸币流通制度。但由于国初用兵，财政需用浩繁，宝钞不断因滥发而贬值，"钞法益坏不行"。在此背景下，民间交易用银现象开始日渐增多。英宗正统元年（1436年），朝廷被迫"弛用银之禁"，开放用银，后又开放用钱，并对国家赋税实行以银征收，逐渐形成"朝野率皆用银，其小者乃用钱"的货币流通格局。货币制度的不断变化以及流通中出现的诸多问题，自然引起了许多思想家的关注。因此这一时期的货币思想比较活跃，现代货币理论史上所能看到的货币金属论、货币名目论以及货币拜物教思想，在这一时期都有所表现。

一、"以银为上币"的货币金属论

在经济思想史上，货币金属论的基本观点可以简要概括为：第一，货币是一种商品，货币的价值是由货币材料的价值决定的，因而主张从货币金属的使用价值中探求货币的本质；第二，强调货币的价值尺度职能，反对铸币减重和不兑现纸币的流通。在中国14世纪至18世纪中叶这一历史时期，最能代表这一货币思想的人物是丘濬。

（一）丘濬的货币金属论

丘濬在其主要著作《大学衍义补》中有两卷题为《铜楮之币》，专门讨论货币问题。丘濬货币思想的主要特色是主张货币金属论。

明朝自建立以来，一直没能建立统一的货币制度和稳定的货币政策，货币制度和货币政策十分混乱。由于明政府曾多次禁银、禁钱和罢铸铜钱，大量发行纸币，导致纸币严重贬值，货币的购买力大幅度下降。在这种情况下，丘濬提出了他的货币制度的改革方案。

他主张银、钱、钞三种货币可并行不悖，但要以银为上币，来确定银、钱、钞三者之间的比价："以银为上币，钞为中币，钱为下币。"（《大学衍义补·铜楮之币下》）丘濬设计的货币制度的内容是以银为上币，大额交易（十两以上）时才准使用，市场上通常交易使用的主要货币是钱和钞。钱和钞之间可兑换，二者均可兑现为银币。兑换比例是银一两可兑换钱千文、钞百贯。同时规定旧钞根据其毁损程度，每贯可分别兑换五百文、三百文和一百文。

丘濬提出的这一货币制度是从当时的实际出发的，银、钱、钞之间的兑换比例也是根据当时的实际比价规定的。"银为上币，钞为中币，钱为下币。以中下二币为公私通用之具，而一准上币以权之焉"，这就多少具有现代货币银行学中本位币和辅币关系的意义。丘濬认为，只要实行了这一货币制度，就能"足国便民"。无疑，这在当时是一种颇有创见的货币制度理论，"在我国经济思想史上已是前所未有的创见"[①]。

货币金属论的一个鲜明特点是反对不足值货币的流通，在丘濬的货币思想中就典型地反映了这一特点。除大额交易中才准许使用白银外，市场上通常的交易使用的主要货币是钱、钞，这二者之中，丘濬又更看重的是铜钱。"惟铸铜以为钱，物多则予之以多，物少则予之以少，惟所用而皆得焉。"（《大学衍义补·铜楮之币上》）丘濬主张日常交易主要使用铜钱，铜钱本身也要包含相等的价值，"造一钱，费一钱"。正因为他反对不足值货币的流通，故对滥发纸币持一种反对的态度。他认为纸币本身没有价值，用纸币去交换价值千钱的物品就如同欺骗："所谓钞者，所费之直不过三五钱，而以售人千钱之物，呜呼！世间之物，虽生于天地，然皆必资以人力，而后能成其用。其体有大小精粗，其功力有浅深，其价有多少。直而至于千钱，其体非大则精，必非一日之功所成也，乃以方尺之楮，直三五钱者而售之，可不可乎！"（《大学衍义补·铜楮之币下》）丘濬在这里明确提出，物物交换应当遵循的是等价原则，交换以"皆必资以人力"为标准，货币和实物的交换也应当遵循这一原则。而不足值的货币和纸钞不符合这一原则，故他表示反对。但丘濬并没有因此走向极端，否定一切纸钞的流行。他提出必须坚决限制纸钞的发行数量，坚持纸钞可与银币和铜钱的自由兑换，这样就可以有效地控制纸钞滥发的流弊了。"皆必资以人力"包含劳动价值论的思想，是十分可贵的。"他的这一发现不仅在中国经济思想发展史上具有极重大的意义，就是在世界经济学说史上也是值得称道的。"[②]这是因为西方的劳动价值论的思想最早是由英国的威廉·配第于1662年在《赋税论》中提出来的，而丘濬提出这一思想的时间（完成《大学衍义补》并进呈给朝廷）是明宪宗成化二十三年（1487年），早于威廉·配第175年。

（二）丘濬货币金属论与西方相关理论的比较

在西方，早期的货币金属论者以西欧的重商学派为代表。重商学派产生于15世纪，活跃于16和17世纪西欧封建制度逐步解体、资本主义初步发展的时代，代表和反映了当时商业资本的利益。他们认为货币天然是金属，天然是财富，因此，货币必须具有金属主义的内容和实质价值，而不能由其他物品所替代。

早期重商主义的代表人物主要有威廉·斯塔福（1554—1612年），他的货币金属论的思想集中体现在他1581年出版的《对本国同胞若干不平意见之批评的记述》一书中。该书以对话体的形式写成，其中医生的观点代表了斯塔福的看法，贵族则是典型的反重商主义者。在对话中，贵族从物价上涨因而受到损失的立场出发，认为货币用什么材料做成都是无关紧要的。如果用贵金属铸造货币，将为国家造成重大的损失。他提出货币不过是在人们之间转移的一种符号，只要它有了国王的印鉴，就可以畅通无阻，因此反对用贵金属铸造，主张利用兽皮或纸张制造货币。医生反驳这一观点，认为货币必须具有实质价值，并列举了很多的例子，证明国王无论怎样改变货币单位名称，都无力提高

---

①　胡寄窗. 中国经济思想史（下册）[M]. 上海：上海财经大学出版社，1998：351.
②　赵靖. 中国经济思想通史（第4卷）[M]. 北京：北京大学出版社，1998：53.

单位的购买力，因而货币具有纯商品的价值。金与银之所以能执行货币的职能，就是因为它是商品，是本性能够执行货币职能的商品，而货币单位的名称不过是代表贵金属重量单位的名称罢了。加盖于铸币上面的印鉴，亦不过证明铸币的金属内容而已。

晚期重商主义的代表人物有托马斯·孟（1571—1641年），他明确提出货币是测量其他财富的尺度，如果尺度变了，土地、房屋、商品的价值也就会按比例改变。他反对那种认为改变铸币重量和成色就可使一国致富的观点，认为人们不是注意诸如镑、先令、便士之类的名称，而是注重铸币的内在价值。

将丘濬和重商主义的货币金属论加以比较，不难发现丘濬的货币金属论不仅在时间上早于西方，在理论的成就方面也要略胜一等。

二、"银之少而贵"的用银致贫论

（一）用银致贫论形成的历史背景

明朝中期以后，尤其是随着一条鞭法赋役制度的实施，规定一州、县的徭役统一均派，不分银差、力差一律用银折纳，进一步确定了白银的本位地位。但随着经济的发展，用于交易的商品量不断增加，白银的生产却不能保持同步，这就出现了"银之少而贵"的新问题，也导致了国家财政的困难。在这一背景下，货币名目论思想开始活跃，出现了对使用白银的否定意见。

货币名目论的主要观点是认为货币不是财富，仅是一种便利交换的工具，是换取财富的要素，是一种价值符号。因此，货币本身不一定是商品，也不一定要具有价值，它只是一种名义上的存在。货币可以由贵金属充当，但币材的价值不需要等于货币的价值，货币的价值是由国家规定或在流通中形成的。因此，货币名目论者主张摆脱金属材料对货币流通的束缚，并为通货贬值政策提供辩护。谭纶（1520—1577年）在对当时用银致贫社会现象的分析中明确地反映了这一思想。

（二）靳学颜的货币名目论思想

靳学颜（1514—1571年），字子愚，兖州府济宁州（今山东省济宁市）人，嘉靖十四年（1535年）进士，历任吉安知府、左布政使、太仆寺卿、右副都御史、工部右侍郎、吏部左侍郎等职，著有《靳两城先生集》等。靳学颜明确提出银与钱一样，都不具有商品的使用价值，只不过是一种商品流通的工具罢了："夫银者，寒之不可衣，饥之不可食，又非衣食之所自出也，不过贸迁以通衣食之用尔。而铜钱亦贸迁以通用，与银异质而通神者，犹云南不用钱而用海巴（指贝）。三者不同，而致用则一焉，今独奈何用银而废钱？"（《明经世文编》卷二百九十九《讲求财用疏》）

（三）徐光启的货币名目论思想

到了明末，徐光启进一步提出了货币仅是衡量财富的一种价值尺度，本身并不是财富的看法。徐光启（1562—1633年），字子先，号玄扈，松江府上海县法华汇（今上海徐家汇）人，万历三十年（1602年）进士，先后任翰林院庶吉士、礼部尚书、文渊阁大学士等职。他认为从国民经济的角度考察，只有粟帛才是财富，货币并不是财富："欲论财计，当先辨何者为财？唐、宋之所谓财者缗钱耳；今世之所谓财者银耳。是皆财之权也，非财也。古圣王所谓财者，食人之粟，衣人之帛。故曰：生财有大道，生之者众也。若以银钱为财，则银钱多遂将富乎？是在一家则可，通天下而论，甚未然也。银钱愈多，粟帛将愈贵，困乏将愈甚矣。"[1]徐光启在这里提出财富应以劳动产品为主，否定以货币作为国民财富。

陈子龙（1608—1647年）受徐光启的影响，也明确主张货币不是财富，仅是一种衡量价值尺度的工具："夫金银钱币，所以衡财也，而不可为财。"[2]既然货币本身不是财富，仅是一种衡量财富的尺度，采用何种材料也就无所谓了。陈子龙主张发行纸币作为流通的货币，还把纸币发行看作主要的理财手段。他讥讽那些不懂得维持纸币正常流通以获取财政利益的人："此与富人之子不知其祖父所积窖金一发百万，而从昔所使令之人丐贷为生者何异？"他回顾纸币流通的历史，概括指出元以前货币流通的规律，那就是经历了从兑换纸币向不兑换纸币的发展。兑换纸币是需要以贵金属作为本位货币的，不兑换纸币则不需要以贵金属作为本位货币。[3]这说明陈子龙已经有了货币名目论的倾向了。

明末钱秉镫不仅主张发行不兑换纸币，还发表了类似现代货币国定说的名目论观点。他认为："夫钞止方寸之楮，加以工墨，命百则百，命千则千，而愚民以之为宝，衣食皆取资焉，惟其能上行也。盖必官司喜于收受，民心不疑，自可转易流通。"（《田间文集》卷七《钱钞议》）在他看来，行钞只需做到官司喜于收受、民心不疑就行了，此外不必有所多虑。这不禁使我们想到了现代著名经济学家凯恩斯的一段话："货币契约的一个特征，是国家或社会不但要强制履行以计算货币所缔结的契约，而且还要决定此种契约之合法的或合乎习惯的在履行时所应支付之物。于是，国家首先就以强制支付相应于契约上所订的名称或符号之物的权威而出现。不但如此，国家还有权决定并宣告何物相应于契约上的名称，而且还有权随时变更这种宣告……在货币进化到这个阶段的时候……货币是国家创造物的学说——就完全实现了……在今日来说，所有文明国家的货币都无可争论地是一种票券。"[4]凯恩斯是一个典型的货币名目主义者，他认为货币是用于债务支付和商品交换的一种符号，不需要具备实质价值。没有实质价值的货币为什么能完成履行债务和作为购买力的表现形式呢？这个符号是从何而来的呢？凯恩斯认为这是由国家决定的。不难发现，钱秉镫与凯恩斯的论点十分相近，都是一种典型的货币国定论。

（四）与西方货币名目论思想的比较

在西方，货币名目论观点的早期代表人物主要有巴尔本、贝克莱和孟德斯鸠等。

巴尔本（约1640—1698年）是英国经济学家，曾撰有《铸币论》。他认为货币是由国家创造的，其价值是由国家的权威所规定的。铸币上的印鉴，并非铸币的重量和成色的证明，而只是"铸币价值的指令"。所以，铸造货币的材料不一定要用贵金属。

贝克莱（1684—1753年）是英国的主教，也是一位很知名的哲学家。他在其《质

① 徐光启. 徐光启集（上册）[M]. 上海：上海古籍出版社，1984：237.
② 陈子龙给徐光启《农政全书》所写的《凡例》。
③ 陈子龙给徐光启《农政全书》所写的《凡例》。
④ 凯恩斯. 货币论（上卷）[M]. 何瑞英，译. 北京：商务印书馆，1986：6.

问者》一书中提出货币就是一种符号，因而可以完全不具有实质价值，可以用任何材料制成。他得出结论，纸币与金属货币相比，比金属货币更优越，因为纸币的制造成本和流通费用非常低廉。他还按交换方式的不同，将社会经济的发展划分为四个阶段：第一阶段，物物交换；第二阶段，按照金属重量交换；第三阶段，铸币交换；第四阶段，纸币交换。他认为最后一个阶段是一个伟大的发明，是社会发展的最高阶段。

孟德斯鸠（1689—1755年）是18世纪法国的政治哲学家。在其名著《论法的精神》一书中，他提出货币是表示一切商品价值的符号，如同银币是商品价值的符号一样，纸币也是商品价值的符号。纸币作为一种票据，能够毫无差别地代表银币。他把货币分为真实货币和观念货币。所谓真实货币是指具有一定重量和成色的货币；所谓观念货币则仅仅是指货币单位的名义上的称号。他认为文明国家几乎都使用观念货币。他承认，观念货币是从真实货币发展来的。最初，流行的真实货币是某种金属的一定重量，后来由于欺诈等方面的原因，每一枚铸币都被削去了部分金属，但是铸币保持了原来的名称。这样，真实货币也就一步步发展成为观念货币了。

通过比较，我们发现中国这一时期提出的货币名目论思想在时间上要早于西方，在理论成就上也颇为相近。

还应指出，这一时期不论是西方还是中国，两种货币理论的发展都表现出相近的逻辑。在西方16和17世纪，新兴资产阶级为了发展商业和资本的原始积累，需要足值的金属货币充当价值尺度和世界货币的职能时，重商主义者积极主张金属主义。随后，由于铸币磨损后照常流通的现实促使货币代替金属，产生了名目主义。名目主义的盛行往往与统治者为了弥补军事开支、财政亏空而滥发货币有关。在中国也表现出相同的趋势。在明朝中期，随着商品经济的活跃和市民阶层的崛起，丘濬主张金属主义的货币制度改革。到明末，由于中央政府进行对后金（清）的战争和镇压农民起义，造成财政的极度困难，为了解决财政困难，才有了增加纸币流通和发行不兑现纸币的名目主义货币思想的盛行。

三、"后之圣王而欲天下安富，其必废金银乎"

晚明以来的货币理论还有一个有趣的现象，那就是著名的大思想家如黄宗羲、顾炎武、王夫之和唐甄等都是用银有害论者，都主张废金银论。

（一）废金银论的动机和目的

分析黄宗羲、顾炎武、王夫之和唐甄主张废金银论的动机和目的，主要是从当时"银力已竭"即供不应求的现实出发，认为继续用银将有损经济的发展，将加剧财富的两极分化，不利于社会的稳定。

黄宗羲叙述当时的情况是："夫银力已竭，而赋税如故也，市易如故也。皇皇求银，将于何所？故田土之价，不当异时之什一。"银荒的出现不仅导致市场价格下跌、通货紧缩，更是严重影响到人民的生活。他从金银的来源和流通上分析银荒的原因。从金银的来源上说，由于封建政府封闭银矿，间或允许开采，又尽由"宫奴主之，以入大内，与民间无与，则银力竭"。从金银的流通上说，由于官吏和富商不断聚敛，"以其资力尽敛天下之金银而去"，这又使得留在民间的银数更少。银少的后果就是价格下跌，百姓贫困。据此，他主张废金银论："后之圣王而欲天下安富，其必废金银乎！"黄宗羲提出："废金银其利有七：粟帛之属，小民力能自致，则家易足，一也；铸钱以通有无，铸者不息，货无匮竭，二也；不藏金银，无甚贫无甚富之家，三也；轻赍不便，民难去其乡，四也；官吏赃私难覆，五也；盗贼胠箧，负重易迹，六也；钱钞路通，七也。"（《明夷待访录·财计一》）这段话是说只要废除了金银，就可以使人民努力工作，自给自足，货币流通充足，有利于经济的发展活跃，有利于控制贫富两极的分化，有利于鼓励人民安土重迁，有利于官吏的清廉，有利于减少盗贼的作案，有利于货币制度的完善。

顾炎武反对用银的动机和理由与黄宗羲相同，也认为用银导致了人民的贫困，影响经济的发展。顾炎武以自己在关中的所见所闻来揭露田赋征银的弊端："今来关中，自鄠以西至于岐下，则岁甚登，谷甚多，而民且相率卖其妻子。至征粮之日，则村民毕出，谓之'人市'。问其长吏，则曰：'一县之鬻于军营而请印者，岁近千人，其逃亡或自尽者，又不知凡几也。'何以故？则有谷而无银也，所获非所输也，所求非所出也。"（《顾亭林诗文集》卷一《钱粮论上》）顾炎武认为是银荒造成"谷日贱而民日穷，民日穷而赋日诎。逋欠则年多一年，人丁则岁减一岁"的经济困境。他批评田赋征银是"夫树谷而征银，是畜羊而求马也；倚银而富国，是恃酒而充饥也"（《顾亭林诗文集》卷一《钱粮论上》），完全错误。用银不仅加剧了社会的矛盾，还助长了贪污和盗贼的盛行。[1]顾炎武也是一个坚定的废金银论者。

王夫之和唐甄也主张废金银论。王夫之和唐甄反对用银的理由和黄宗羲、顾炎武一样，认为是用银导致了天下的贫困。王夫之分析用银之害说："自银之用流行于天下，役粟帛而操钱之重轻也，天下之害不可讫矣。"（《读通鉴论》卷二十）唐甄分析当时是"无人不穷，非穷于财，穷于银也"，由于"银日益少"，以致市易不通。[2]用银导致财富的集中："夫财之害在聚。银者，易聚之物也。"（《潜书·更币》）用银还助长了官吏贪赃枉法和盗贼的抢劫。如王夫之陈述自己的社会观感说："近自成化以来，大河南北单骑一矢劫商旅者，俄顷而获千缗之值。是银之流行，汙（污）吏箕敛，大盗画攫之尤利也，为毒于天下，岂不烈哉？"（《读通鉴论》卷二十）

反对用银几乎成了这一时期进步思想家们的一种共识。

（二）废金银但不否定使用货币

进步思想家们反对用银，但不否定使用货币。相反，他们还十分强调货币在经济发展和国计民生中不可替代的重要作用。王夫之明确指出："金钱者，尤百货之母，国之贫富所司也。"（《读通鉴论》卷二十七）这就把货币的作用提高到了决定货物流通繁荣、国家贫富的重要地位，与现代货币主义者认为货币决定经济在思想上有着相近之处。

---

[1] 如顾亭林分析前者说："近代之贪吏倍甚于唐宋之时，所以然者，钱重而难运，银轻而易赍，难运则少取之而以为多，易赍则多取之而犹以为少，非唐宋之吏多廉，今之吏贪也，势使之然也。"（《顾亭林诗文集》卷一《钱粮论下》）

[2] 唐甄分析说："枫桥之市，粟麦壅积，南濠之市，百货不行；良贾失业，不得旋归。万金之家，不五七年而为窭人。"（《潜书·更币》）

进步思想家们主张使用钱币流通，大都属于货币金属论者。

黄宗羲明确提出"诚废金银，使货物之衡尽归于钱"，主张以钱币作为价值尺度和流通的工具。他主张足值货币，反对不足值钱币流通。他批评明朝钱法的弊端就在于"惜铜爱工，钱既恶薄，私铸繁兴"。他主张由国家垄断货币的铸造与发行："京省各设专官鼓铸，有铜之山，官为开采"，国家垄断和控制铸币的铸造权，严禁私铸，实行统一的货币制度；"除田土赋粟帛外，凡盐酒征榷，一切以钱为税"。

仅靠钱币发行还不能满足经济发展和民间流通的需要，所以黄宗羲也赞成发行纸币，但纸币和钱币必须可自由兑换："盖民间欲得钞，则以钱入库；欲得钱，则以钞入库……故钞之在手，与见钱无异。"纸币的发行数量要坚持"官之本钱，当使与所造之钞相准"的原则。从纸币必须能够兑现的要求出发，他批评不兑现纸币是"徒见尺楮张纸居然可当金银……官无本钱，民何以信"。（《明夷待访录·财计二》）

黄宗羲主张把钱作为发钞之本，把纸币作为钱币的一种价值符号。这是典型的货币金属论的观点。

顾炎武也是典型的货币金属论者。他在《钱法论》中从周景王铸大钱开始，考察了中国历史上货币制度的发展演变，得出结论："国朝自洪武至正德，十帝而仅四铸，以后帝一铸。至万历而制益精，钱式每百重十有三两，轮郭周正，字文明洁，盖仿古不爱铜惜工之意，而又三百年来无改变之令，市价有恒，钱文不乱，民称便焉，此钱法之善也。"（《顾亭林诗文集》卷一《钱粮论下》）

顾炎武和王夫之心目中理想的货币是铜币。

顾炎武认为："唐宋以前，上下通行之货，一皆以钱而已，未尝用银。"（《日知录》卷十一）他主张实行币制改革："凡州县之存留支放，一切以钱代之。"（《顾亭林诗文集·钱法论》）只要国家的财政收支一律用钱，就能加强钱的货币地位。

王夫之也主张铸造足值铜币作为货币流通，同时严禁恶钱流通，"虽一钱也不放行"。他认为只有足值的钱币才"可以久其利于天下"（《船山遗书·噩梦》）。为了保证足值货币的流通，王夫之也主张国家应垄断货币的铸造权。他批评汉文帝除盗铸令，"使民自铸"，只有利于豪右，"奸富者益以富，朴贫者益以贫"。（《宋论》卷四）

顾炎武和王夫之对不兑现纸币的流通也都持一种反对的态度。

顾炎武指责用钞为"罔民"之事，认为明初为行钞而禁用铜钱是"废坚刚可久之货而行软熟易败之物"，是"弗顺于人情"。（《日知录》卷十一《以钱为赋》）

王夫之更为激进，认为发行不兑现纸币就是一种"愚商""愚民"的行为，用发行不兑现纸币来搜刮民财，这实在是一种君主不仁之至的表现，"以方尺之纸，被以钱布之名，轻重唯其所命而无等，则官以之愚商，商以之愚民，交相愚于无实之虚名，而导天下以作伪""君天下者而思为此，亦不仁之甚矣"。（《读通鉴论》卷二十）

（三）对晚明废金银论的评价

如何评价晚明这些进步思想家们提出的废金银论？从上面的分析中可以发现，这些思想家反对用银的主要理由，是从农民缺银的角度，认为以银为赋会加剧财富的两极分化，有损经济的发展，更不利于社会的稳定；认为由于银少，用银会影响商品的流通，也不利于商品经济的发展。应该说，这在一定程度上反映了当时市场上的货币流通状况和工商市民阶层要求加快货币流通的现实需求，因此政治上具有其历史的进步性。但从货币发展的趋势看，用贵金属（金银）取代贱金属（铜铁）是历史的必然。所以，废金银论在货币理论上又具有了一定的保守性。

四、"论英雄钱是好汉"的货币拜物教思想

（一）货币拜物教思想的特点

按照马克思的看法，货币拜物教思想是随着生产资料私有制的发展和社会分工的扩大、商品交换和商品生产不断发展而出现的。随着商品交换日益扩大，表现为价值的等价物也相应地发生变化，依次从个别等价物、特殊等价物、一般等价物而发展到货币。作为货币的金银无非充当一般等价物的一种特殊商品，但随着金银成为货币之后，货币则由一般的流通手段，即从"奴仆"上升为万能的"垄断者""统治者""上帝"。如马克思指出，"货币是商品中的上帝"，货币是"万物的结晶"。①货币可以用来购买一切商品的属性，被看成是货币的自然形态所固有的属性。在商品与商品直接交换的条件下，商品生产者的命运决定于能不能顺利地得到别人的产品，而在货币出现之后，决定于能不能顺利地换成货币。商品的神秘性发展成了货币的神秘性。人们感觉到好像金银本身天然地具有支配人们命运的一种神秘力量。马克思认为，货币的这种实质就是一种异化关系，即货币异化、货币对人的统治。在货币面前，任何力量都得甘拜下风，货币支配了一切！于是，商品崇拜变成了货币崇拜。

拜金思想出现于西晋时期，但明朝中期以后，随着货币经济的发展，社会风尚发生了巨大的变化，逐利拜金的货币拜物教的思想开始盛行，讥刺这一社会现象的作品也流行一时。其中，在明中期以朱载堉和薛论道的作品为代表，在明清之际则以顾炎武和徐石麟的作品为代表。

（二）朱载堉和薛论道的货币拜物教思想

朱载堉（1536—1611年），字伯勤，怀庆府河内县（今河南省沁阳市）人。他是朱元璋的九世孙，是明仁宗朱高炽庶子郑靖王的后代。其父朱厚烷嗣郑王，他被册封为郑世子。在其父郑王朱厚烷获罪削爵被禁锢于安徽凤阳祖居时，他发奋攻读十九年，开始著书立说。朱厚烷复爵后，朱载堉在其父的指导下从事乐律研究，并在律吕、数学、天文、历法方面取得了很大的成就。万历十九年（1591年），朱厚烷卒，理应由朱载堉继承王位，他却辞爵让国，潜心于学术研究。朱载堉一生著述甚多，主要有《乐律全书》《醒世词》。前者是中国传统音乐理论中的名著，后者则集中反映了他讥刺时人崇拜货币的思想。

朱载堉在《醒世词》中以极其愤懑和迷惘的心情，描写了这一时期社会上下竞相逐利，到处为金钱奔走呼号，钱在人们的观念中成了崇拜对象这一社会现象。"世间人睁

---

① 马克思，恩格斯. 马克思恩格斯全集（第46卷）［M］. 中共中央马克思恩格斯列宁斯大林著作编译局，译. 北京：人民出版社，1980：169，171.

眼观看：论英雄钱是好汉，有了他诸般趁意，没了他寸步也难。拐子有钱，走歪步合款；哑巴有钱，打手势好看。如今人敬的是有钱……实言，人为铜钱，游遍世间。"（《醒世词·山坡羊·钱是好汉》）"劝人没钱休投亲，若去投亲贱了身。一般都是人情理，主人偏存两样心……恐君不信席前看，酒来先敬有钱人。"（《醒世词·叹人敬富》）朱载堉在这里生动地揭示出了在这一货币经济的活跃时期，货币对人们命运的支配，以及人们在货币面前的种种可鄙而又可怜的言谈举止，在货币权力支配下的世态炎凉和人情冷暖，突出了货币对亲情的支配。人际关系也以钱为标准，"年纪不论大与小，衣衫整齐便为尊"（《醒世词·叹人敬富》）。甚至道德学问和政治权力也要受货币权力的支配。朱载堉假托孔夫子之口对"钱"大骂："孔圣人怒气冲，骂钱财狗畜生！朝廷王法被你弄，纲常伦理被你坏，杀人仗你不偿命。有理事儿你反覆，无理词讼赢上风。俱是你钱财当车，令吾门弟子受你压伏，忠良贤才没你不用。财帛神当道，任你们胡行，公道事儿你灭净。思想起，把钱财刀剁、斧砍、油煎、笼蒸！"（《醒世词·骂钱》）

薛论道（约1531—约1600年），字谈德，定兴（今河北省保定市定兴县）人，明嘉靖、万历时人。他曾从军为边将，因战功擢升至副将，因不满朝廷昏庸，辞官还乡，以写作诗歌寄托心怀。他著有《林石逸兴》十卷，讥刺时人崇拜货币的思想就反映在这部书中。

薛论道也叹惜货币对人友情和亲情的支配："有一朝用尽青蚨[1]，朋友无情骨肉疏，说什么能文善武！""有一朝囊里消乏，顿觉从前事已差，眼看着情疏援寡。""有一朝运去时移，垂首缩肩雨内鸡，想从前交情有几？"薛论道以愤懑的心情，控诉金钱对人命运的支配："有你时人人见喜，有你时事事出奇，有你时坐上席，有你时居高位。""不得你英雄失色，不得你壮士伤怀，不得你家国亡，不得你功名败，不得你美玉尘埋。哪怕胸藏八斗才，空着手人先不采（睬）。""不得你万事难周，哪怕文章过孔丘，空着手急忙快走。"金钱还能使是非扭曲："不得你见官无理，不得你与吏为敌，不得你反是非，不得你违条例，不得你祸福时移。哪怕胸中气正直，空着手先不见喜。"（《林石逸兴·题钱》）

（三）顾炎武和徐石麟的货币拜物教思想

明清之际，顾炎武揭露当时的社会风气已是金钱威力无比，财帛神当道，白丁可以做官，忠良贤才可以不用，社会公德可以不讲，杀人也无须偿命，无理词讼可赢上风，闾阎市井间动荡不安，传统的道德观念已受到猛烈的冲击："贫者既不能敌富，少者反可以制多。金令司天，钱神卓地。贪婪罔极，骨肉相残。受享于身，不堪暴殄。"（万历《歙志》）在这种情势下，社会上的人伦纲常所冲决，社会上所谓"下凌上，少侮长"的现象层出不穷。

徐石麟[2]，明清之际江都（今江苏省扬州市）人，明遗民，字又陵，号坦庵，留世著作有《坦庵续著书目》等。在他所写的词曲中，《钱难自度曲》是他以货币为题专嘲讽货币拜物教的代表性作品。徐石麟把世间的一切罪恶、倾轧和烦恼的根源全都归结为

---

① 传说中的虫名，古代借指铜钱。
② 据学者猜测，坦庵可能原名"石麟"，后改名"石麒"。

金钱："为甚么父子们平白地起风波？为甚么兄弟们顷刻间成水火？为甚么朋友们陡的动干戈？见只见贪赃的欺了君父，爱小的灭了公婆。下多少钻谋，添多少絮聒。直吵得六亲无可靠，九族不相和，您罪也如何？"（《钱难自度曲·大旗风》）他看到在货币经济的条件下，有了货币，一切财物都可取得，因此人们开始痴迷地追逐货币、崇拜货币："一家儿过活，富贵的如何？有我时骨肉团圆，没我时东西散伙；有我时醉膏粱，没我时担饥饿；有我时曳轻裘，没我时鹑衣破；有我时坐高堂，没我时茅檐下卧。这壁厢娈童妖女拥笙歌，那壁厢凄风苦雨人一个。要我来不要我？"（《钱难自度曲·催花鼓》）国家离了钱也无法运作："若少了我亏了国课，大司徒搔耳叫如何。怕少了官员的俸禄，将士的粮刍。催趱得急如星火，迟一刻也难过。须知我是朝廷的血脉。"（《钱难自度曲·山头月》）穷秀才离了钱更无法生活："穷秀才夜拥着妻儿坐，眼睁睁只一口气儿呵。米星儿没一颗，菜头儿无一个，闲放着碗大的锅，经年价不举火……我笑他，没我来也难得活。"（《钱难自度曲·钓鱼竿》）

（四）对晚明货币拜物教思想的评价

明中期以来社会上逐利拜金风气的形成，体现了商品经济、货币经济关系的发展对传统社会的冲击，但在某种程度上也加剧了社会经济发展的不稳定因素。要消灭货币拜物教及其所带来的罪恶，那就必须先消灭货币拜物教赖以产生的社会条件，即消灭商品的生产。

在《资本论》中，马克思深刻地分析了商品和货币拜物教。他指出，"劳动产品一旦作为商品来生产，就带上拜物教性质"，它"来源于生产商品的劳动所特有的社会性质"。马克思提出，可以设想有一个自由人联合体，他们用公共的生产资料进行劳动，并且自觉地把他们许多个人劳动力当作一个社会劳动力来使用。在那里，"劳动时间就会起双重作用。劳动时间的社会的、有计划的分配，调节着各种劳动职能同各种需要的适当的比例。另一方面，劳动时间又是计量生产者个人在共同劳动中所占份额的尺度，因而也是计量生产者个人在共同产品的个人消费部分中所占份额的尺度。在那里，人们同他们的劳动和劳动产品的社会关系，无论在生产上还是在分配上，都是简单明了的"。[①]消灭了商品生产，也就消灭了货币，人与人的社会关系就不再被物与物的货币关系所掩盖，货币拜物教也将最终消亡。

徐石麟在《钱难自度曲》中也有自己的思考，即消灭商品生产和消灭货币，恢复到封建社会的自然经济中去："重五谷，轻泉货，养成了满世熙和。将你来铸成砖，砌粪坑，打成盆，成（盛）秽污。直须铲断人间是非果。"（《钱难自度曲·归鸟煞》）消灭了商品生产和货币，货币拜物教的现象和罪恶也就不复存在了。

不过，徐石麟和马克思有一个最为本质的区别，即马克思认为消灭货币拜物教的前提条件是用共产主义社会取代资本主义社会。这是因为在未来的共产主义社会里，生产资料归全社会公有，联合起来的劳动者成为生产的主人，社会生产有计划地发展，劳动产品不再表现为商品。到那时，商品生产消亡了，货币拜物教也就自然失去了存在的土

---

① 马克思，恩格斯. 马克思恩格斯全集（第23卷）[M]. 中共中央马克思恩格斯列宁斯大林著作编译局，译. 北京：人民出版社，1972：89，96.

壤。在马克思这里，这是一种对未来理想社会的向往，是一种人类社会进步的思想。而在徐石麟这里不同，他是一种企图恢复到封建社会自然经济的倒退思想，是保守的思想。尤其是在晚明商品经济非常活跃、货币经济盛行、资本主义的早期萌芽开始孕育的历史背景下，徐石麟上述思想的历史作用更是消极和倒退的，因而也是不可取的。

本章思语 ❀

1.为什么说黄宗羲定律概括了中国封建社会赋税演变的一般规律？

2.简评明中期以来经济自由主义思想的主要内容和历史作用。

3.简述明中期以来形成的"工商皆本论"的理论意义与历史影响。

4.明末清初的许多进步思想家在货币理论上大都主张废金银论，但从货币发展的趋势看，用贵金属（金银）取代贱金属（铜铁）又是历史的必然。你是如何认识或评价这一历史现象的？

推荐阅读文献 ❀

[1] 马涛. 新编经济思想史（第1卷）[M]. 北京：经济科学出版社，2016.

[2] 赵靖. 中国经济思想史（第4卷）[M]. 北京：北京大学出版社，1998.

第六章　18世纪中叶至19世纪中叶
（清朝中期）经济思想

学习目标

◎ 重点掌握本时期人口思想、"师夷长技以制夷"的经济思想；

◎ 一般掌握限制土地兼并思想、商品经济思想的变化趋势；

◎ 了解18世纪中叶至19世纪中叶社会经济领域的主要矛盾。

关键词

绝对人口过剩论　本末皆富论　师夷制夷

18世纪中叶至19世纪中叶，是清朝中期，是中国由封建社会向半殖民地半封建社会转变的时期。经济思想在该时期也呈现出延承和转化的时代特征，尤其第一次鸦片战争爆发后，有思想家提出了向西方学习的近代经济思想观点和主张。

第一节　18世纪中叶至19世纪中叶社会经济发展概况

清帝国于康熙、雍正、乾隆三朝建立了强大的统治基础，国力强盛，商品经济比前代更为发展，而从全国范围来看，自给自足的自然经济仍占重要地位。但是，在国力强盛的背后，社会经济问题越来越多。

一、人口剧增，流民增加

中国古代历史表明，以小农经济为基础的封建经济的盛衰，基本上与人口的增减成正比。人口数字的变动始终在数百万到数千万之间徘徊。进入清代以后，情况发生了明显变化。清朝的人口经历了清初社会动荡时期的一度萎缩之后，从康熙中期开始回升，康熙四十五年（1706年）前后首次突破一亿[1]，1762年翻一番变为两亿，1790年又增加

---

① 高王凌. 清代人口研究述评 [J]. 清史研究，1983（2）：20-22.

一亿，到道光十四年（1834年）突破了四亿大关。[①]人口剧增的一个突出表现是流民大量增加，在此背景下产生了一系列政治、经济问题，从而使人口问题尖锐地表现出来，种种讨论也由此而起。

二、土地兼并现象严重

如前所述，清代人口在乾嘉年间迅速增加，人均土地占有量剧减，同时土地兼并进一步发展。康熙年间，苏州一带有"百年田地转三家"的俗语。到乾隆时，当地田地"十年之间，已易数主"（《履园丛话》卷四《协济》），土地流转速度比康熙时加速十倍以上。无锡田地在雍正以前"弃田之家多，而置田之家少"（《锡金识小录》卷一《备参上》），到嘉道年间，土地进一步集中。

三、白银大量外流

在中国还处于封建社会时，欧洲的资本主义已经迅速发展起来，并积极向世界各地寻找和开拓殖民地市场。在鸦片战争前的百余年间，中外贸易以英国为中心。直到19世纪初，英国贸易经常处于入超地位，即从中国输入到英国及印度的商品多于其输出到中国的，英国及印度必须输出大量白银到中国。英国为了避免大量白银流出，便向中国大量输出鸦片。大量进口鸦片，使中国白银由入超变为出超。鸦片战争前十年间，中国对印度的白银出超达三千余万两。大量的白银外流造成了以下三方面的后果：

首先，形成了以"银荒"为中心的货币危机。银贵钱贱，以银计价的物价下跌，以钱计价的物价上涨。这对以钱为经常收入的人不利。社会购买力下降，产品销售困难，导致商业萧条。

其次，加重了财政困难。清政府的财政收入分为三大项目：田赋、盐税、关税。田赋征银，但可以折钱缴纳。银贵钱贱后折钱数就要增加，加上地方官有意掠取，将折钱数定得比市价高出很多，甚至达一倍以上。赋税负担加重，必然会降低百姓的纳税能力。

最后，加剧了阶级矛盾。银贵钱贱，许多人收入下降，谋生难度加大，统治者又加重搜刮，使阶级矛盾更加突出。田赋的增收造成了许多农民破产、逃亡，甚至激发民变。

四、第一次鸦片战争失败

道光二十年（1840年），英国对中国发起了第一次鸦片战争。由于统治集团的腐朽，中国人民以及少数主战官员的抗英斗争被破坏，战争以失败而告终，中国开始向半殖民地半封建社会转化。

鸦片战争的失败进一步加深了中国的社会矛盾。鸦片继续大量进口，白银继续外流，银贵钱贱的状况更加严重。道光二十四年（1844年）以后，白银一两已换制钱二千文左右。清代学者、诗人吴嘉宾曾指出："凡布帛菽粟佣工技艺以钱市易者，无不受

---

① 梁方仲. 中国历代户口、田地、田赋统计 [M]. 上海：上海人民出版社，1980：251.

其亏损。"（《求自得之室文钞》卷四《钱法议》）百姓的赋税负担更为沉重，各族农民起义更为频繁。

鸦片战争的失败还让许多有识之士认识到外国有所长，中国有所短，产生了学习西方的思想。

第二节　人口思想

如前所述，人口快速增长产生了一系列政治、经济问题，许多封建地主阶级思想家从不同的角度纷纷讨论这一社会现象，其中尤以洪亮吉、恽敬、包世臣、龚自珍、谢阶树等人为代表。

一、绝对人口过剩论

洪亮吉（1746—1809年），字君直，一字稚存，号北江，阳湖（今江苏省常州市武进区）人，乾嘉之际的知名学者。他年轻时家境贫寒，长期以教读和卖文为生。洪亮吉在人口问题上的议论主要集中在数量方面。他论述了人口数量增长和生活资料增长之间的关系，提出了一套在中国封建时代最为典型的绝对人口过剩论。

洪亮吉的绝对人口过剩论主要包括以下几方面：

（1）在社会保持"治平"、人口增长不受外在因素抑制和干扰的情况下，户口的增长远比生产资料和生活资料的增长迅速。

他以每户男子一人为出发点，计算一户人数的增长速度，认为按一人生三子计算，第二代由一人变成四人。父子四人连各自的配偶合计为八人，再假定家庭中雇用长工两人，全户人数就达十人。三子各生三孙，连三孙的配偶加在一起，第三代共增加十八人，同祖、父两代合计，家庭总人口就成为二十八人。即使祖辈有人死亡，全户总人口也仍有二十余人。按此种方式推算，他得出户口每三十年约增五倍、六十年约增十倍、百余年约增二十倍……的增长率。

然后，他以田和屋代表生产资料和生活资料，认为他们在几代人的时间中或者无所增长，或者增长一倍，至多不过增长三至五倍。和同时期户口增长五倍、十倍、二十倍的情况比较，他得出结论说："是田与屋之数常处其不足，而户与口之数常处其有余也。"也就是说，生产资料和生活资料的增长越来越不敷需要，而人口越来越过剩。

洪亮吉的这一人口思想出现在乾隆五十八年（1793年），同五年后马尔萨斯关于人口按几何级数增长、生活资料按算术级数增长的说法有些相似，但存在两点区别：

第一，马尔萨斯将人口的增殖说成几何级数。洪亮吉则不是按照人口而是按户口计算，他说的户口是以封建家庭关系为内容的。他计算自然增殖只算男不算女，又把农民对地主的人身依附关系也包括在内。这样，一户的人口因娶妻、雇工而增加，必然有其他家庭因嫁女、受佣而人口减少。

第二，马尔萨斯还使用了一些七拼八凑的统计数字，给人以"有事实根据"的外观；洪亮吉则纯凭主观推测。

（2）人口过剩除自然原因外，也有社会原因，但社会原因是次要的。

洪亮吉承认土地和财富的兼并对造成人口过剩有作用，但他认为这不是根本原因，而只是加剧的因素。在他看来，只靠自然原因就会造成人口过剩现象；再加上"有兼并之家，一人据百人之屋，一户占百户之田"，这就更加剧了人口过剩问题的严重性。

（3）人口过剩是社会贫困和动乱的原因。

洪亮吉从户口增长快于生产资料和生活资料增长的看法出发，得出当时比几十年、百年以前"为农者十倍于前而田不加增，为商贾者十倍于前而货不加增，为士者十倍于前而佣书授徒之馆不加增"的论点，并认为这样会导致双重结果：一方面是人多、需求增加而造成生活资料价格上涨；另一方面，由于士、农、工、商人数过多，竞争加剧，被迫将自己的商品减价出售。洪亮吉认为，前一方面造成人们"所出者益广"（生活费用增加），后一方面则造成人们"所入者愈微"，于是造成了广大人民虽然"终生勤动"，也不免"有沟壑之忧"，活不下去的百姓就可能起而叛乱，使社会生"攘夺之患"了。

洪亮吉指出：人口增长快于生产资料和生活资料增长，不但会使"勤力有业"的人维持生计越来越艰难，还会造成大量的脱离生产过程的"游手好闲者"，遇有"水旱疾疫"，大批的"游手好闲者"绝不会"束手以待毙"，而会"借起事以救祸"。（《洪北江遗集·意言·生计篇》）

针对以上危害，有两种"调剂之法"可以使人口过剩受到抑制：一种是"天地调剂之法"，指水旱、疾疫等各种天灾造成的人口死亡；另一种是"君相调剂之法"，指由国家劝督生产、移民垦荒、减轻赋税负担、抑制兼并以及赈济灾民等。但是，洪亮吉认为这些调剂之法都无济于事，人口过剩现象只会越来越严重并终将导致社会大动乱，清代保持了百年的"治平"局面必将陷入动摇。

总之，洪亮吉用绝对人口过剩论来解释民生困苦和社会动乱，从而对社会和人类的前途得出了悲观的结论。①

二、相对人口过剩论

恽敬（1757—1817年），字子居，号简堂，清朝著名的古文家。他和洪亮吉同为阳湖（今江苏省常州市武进区）人，小洪亮吉十一岁。恽敬在乾嘉之际做过几任知县，著有《大云山房文稿》《子居决事》等。

恽敬关于人口问题的观点集中表现为他的"十四民"论。他认为当时社会上存在的已不只是先秦时代就有的"四民"，也不只是韩愈所说的"六民"，而是共有"十四民"。除了韩愈说的六民外，还有贵族的依附者、富人的依附者（门客、帮闲之类）、士兵、隶役、投机商人（牙、侩）、优伶（演员）等。在"十四民"中，只有农、工、商三民是"为之"者，即生产财富的人；其余的"十一民"都是"享之"者，即单纯的消费者。结果，生产者少而消费者多，必然会造成"天不能养，地不能长，百物不能产，至于不可以生"（《大云山房文稿·三代因革论五》）的人口过剩局面。

---

① 赵靖. 中国经济思想史述要（下册）[M]. 北京：北京大学出版社，1998：544-545.

恽敬对于什么是生产者的认识并不正确，对行业分工也怀有封建主义的偏见（如对于"优伶"的看法），但他认为当时社会中存在严重的人口过剩现象，并以"十四民"的说法突出强调问题的严重性，这是他比前人有进一步认识的表现。

恽敬认为"十四民"不存在于古，而只存在于今，即认为这不是一种自然现象，而是历史性地出现的一种现象。这表明他不是把人口过剩看作绝对的，而只认为是相对的。但是，对造成人口过剩的原因，他没作明确、具体的分析。从他所列举的增加的过剩人口的构成来看，他主要是指一些依附于官僚、大地主、富商以及为他们的寄生生活服务的人。可以说，他是把过剩人口的增加看作封建制度今不如古，即更加腐朽衰落的表现。

恽敬没有提到土地兼并这一造成中国封建社会中的过剩人口的最重要的因素，这是他的人口思想的主要弱点。这个缺陷后来由他的同乡同辈吴铤给弥补了。[①]吴铤认为：当时过剩人口之所以多是由于"豪强兼并"造成了"无田者半天下"，只有解决土地制度问题，改变劳动者和土地严重脱离的状况，"十三民乃得日减其数"。（《皇朝经世文编续编》卷三十五《因时论十·田制》）

三、人口增长利于财富生产论

包世臣（1775—1855年）在1801年就开始谈论人口问题。他坚决反对人口增殖速度会快于生产资料和生活资料增长速度以至于会出现人口过剩的绝对人口过剩论，认为"天下之土，养天下之民，至给也"（《安吴四种·庚辰杂著二》）。

1820年，包世臣进一步阐述自己的上述观点说："人多则生者愈众，庶为富基，岂有反以致贫者哉？"（《安吴四种·庚辰杂著二》）这就把他自己在人口问题上的基本观点表达得更清楚了。他不承认人口本身的原因或自然的原因会造成人口过剩，而认为人作为生产者总能生产出足够养活自己的生活资料，因此，人越多生产也越能够增加，社会应该越富，而绝不会"反以致贫"。

包世臣也承认当时社会中存在"愁叹盈室，冻馁相望"（《安吴四种·说储上篇前序》）的人口过剩现象，但他认为这不是由于人多，而是由于生产不足。

包世臣的这种说法是自墨子的"唯人为难倍"的人口不足观点提出以来最突出的赞扬人多的思想，只不过他不像墨子那样强调增加人口，而是强调从发展生产来解决人口问题。

在物质资料的生产和人本身的生产这两种生产中，物质资料的生产处于决定地位，人口问题从根本上说要依靠发展生产来解决。包世臣的人口观点强调了物质生产对解决人口问题的作用，这无疑是正确的。

四、安定游民思想

游民问题是封建时代的痼疾，一般在灾荒、战争年间更为突出。乾隆年间号称太平盛世，社会生活相对安定，却也不断产生大批游民，而迅速增长的人口无疑使游民问题日趋严重。

---

① 赵靖. 中国经济思想史述要（下册）［M］. 北京：北京大学出版社，1998：549.

（一）龚自珍的安定游民思想

嘉庆年间思想家龚自珍批评政府官吏忽视游民问题，不加统筹安置。他指出："夫游民旷土，自古禁之。今日者，西北民尚质淳，而土或不殖五谷；东南土皆丰沃，而人或非隶四民。守令所焦虑者，似无暇在此，而所以督责守令，亦不尽在此，是宜深计也。"（《龚自珍全集·对策》）如何"深计"？龚自珍的一个重要建议是在新疆设行省，有计划地迁移内地游民前往垦殖。只不过这一建议并没有得到当局的任何回应。

在道光三年（1823年），龚自珍又提出"农宗"论，作为解决游民问题的又一方案。它的特点是不再从大规模动迁人口入手，而是试图将农民纳入居住地的宗法血缘关系与土地关系网络之中，以便从根本上阻止游民的产生。[①]

龚自珍首先将宗族中人分为大宗、小宗、群宗和闲民四个等级，其中小宗、群宗又称余夫。大宗即长子，小宗即次子，第三、第四子为群宗，第五子及以下为闲民。大宗的下一代可再分为四个等级；小宗的长子只能是小宗，次子为群宗，第三子及以下为闲民；群宗的长子只能是群宗，其余子为闲民；闲民之子永远是闲民。他认为，这种区分完全符合上古农宗之制。

为什么要如此分等？这是为宗族中有限土地的占有权和使用权的分配提供基础。他不赞成土地继承由诸子平分析产。以百亩之农为例，若"长子与余子不别，则百亩分，数分则不长久"。揆其含义，大概是土地化整为零，易于破产为人所兼并，故百亩不能平分。但是，"若依古制，每夫百亩，田何以给"？既不能平分百亩，又不能每人分百亩，于是只能在宗族中"立四等之目以差"：大宗可以继承全部的百亩之田；余夫向国家请授二十五亩土地；闲民无田，也不得请授，则充大宗、余夫的佃农。他说，同姓闲民与大宗、余夫的这种关系，与上古时群臣同帝王、宗室的关系是一样的。也就是说，他认为这种以齿序先后分人为数等的做法是天经地义的，因而以此为前提的土地不平等分配也不是不合理的。相反，由于百亩之田，大宗无力可耕，需要五个佃农为之助；余夫有田二十五亩，需要一个佃农助耕；只要闲民安于做佃农，有田者与有力者便各得其所了。若一姓闲民不足，还可取之于异姓。以此为率，他作了一番估算："大凡大宗一，小宗若群宗四，为田二百亩，则养天下无田者九人。然而天子有田十万亩，则天下无田亦不饥为盗者，四千有五百人。大县田四十万，则农为天子养民万八千人。"

大量闲民既为宗族土地所吸附，游民便无从产生，社会秩序便可安定。"姑试之一州，州蓬跣之子，言必称祖宗，学必世谱谍（牒）。宗能收族，族能敬宗"，便可使一州长治久安，"然而有天下之主，受是宗之福"了。龚自珍提出"农宗"论以解决流民问题的主观意图，这里表达得非常清楚了。

（二）谢阶树的安定游民思想

大约同时期注意到游民问题的还有谢阶树（1778—1825年）。他出生于抚州府宜黄（今江西省抚州市宜黄县）一个封建大家族。同族人"环县而居者殆千户"。据他说，当

---

① 马伯煌. 中国近代经济思想史（上册）[M]. 上海：上海社会科学院出版社，1988：44.

地千户以上的大族还有六姓，至于数百户一姓的宗族则"望屋皆是"。为什么人们聚而不迁？是因为"恋其族也"；而恋其族，则是因为"宗族比督课严"。由于这种环境的习染，谢阶树特别重视宗族制度对于限制人们迁徙的作用。他作"明宗"论的一个重要目的就是试图加强宗族管理，以防止游民产生。

"明宗"论的核心思想在于：

第一，要求政府确立限制人民迁徙的"官法"。"凡客民，田宅契约满百年，始得占籍。"这就意味着游民的经济权益在百年之内不能得到法律的承认与保护。"寄籍五世始得与有司试。"这等于剥夺他们的政治权利。"凡客民虽已占籍，必别其籍，著其所自徙，有司以时稽核。"这是对占籍落户的游民继续采取控制政策。谢阶树认为商人以周流天下为生，不能禁止其流动，但必须令其保持与故土的经常性联系，违者处以刑罚。对那些无原籍可归的客民，另编户口册，他们的来去、婚丧事须随时向官府报告，并按时接受检核。由于对游徙在外的人口采取这些限制性政策，人民会慎重权衡利益得失而不轻易离乡，并且"虽去，归心速"。

第二，要做到宗族中人聚合不散，谢阶树还要求运用"家法"进一步加强控制。其具体做法：首先，修族谱，明序次，定尊卑。尊卑一定，礼让、廉耻便可确立。其次，强化宗法管教。最后，以财物周济贫苦。这样做了，"则民治于官，先治于家矣，而天下无不可治之民矣"（《约书》卷九《明宗》）。

龚自珍和谢阶树关心游民问题，出发点都是为巩固封建地主政权，并且都主张利用封建宗法关系控制人口流徙。只是龚自珍注重宗族内部经济关系的调节，谢阶树则强调官府对户口的控制与宗法的严格实施。

第三节　仿古改制以限制土地兼并的思想

土地兼并导致的社会财富不均问题引起了很多思想家的关注，他们多从仿古改制的角度出发论述限制土地兼并的做法：一是主张通过均田、限田来抑制土地兼并；二是主张多开发土地来解决土地兼并带来的土地不足问题。

一、均田与限田思想

（一）吴铤的限民田思想

江南地区向来人稠地窄，土地分配的两极分化极为明显，生活在该地区的吴铤对此有清醒的认识。

吴铤指出，东南一带本属"民溢地寡，而田不足给"。而所行的田制，又是"听民自卖，不为限制。故豪强兼并，一人而兼十数人之产，一家而兼十数家之产"，以至于"无田者半天下"。这些无田浮民，从事于工、商、兵、役、伎、仆等十四种职业，共十四民。归根到底，其他各业都须"仰给于农"。"农以其所入与共享之，而农病，农病而十三民俱病"，结果造成社会"物力凋散，户无积贮"。他认为，这是为政者对"天下财用"的"生之、制之、分之、取之、为之、用之者，未得其道"的缘故。如何"求其财用之足"？关键在于田制。"为政之道，莫先于定田制。"这是因为"田制定则为农者多。为农者多而十三民乃得日减其数，斯民皆知务本，而不思逐末"。（《皇朝经世文编续编》卷三十五《因时论十·田制》）减"逐末"而增"务本"人数以增加农业生产，这是两千年前商鞅首倡重农抑末论的宗旨所在。吴铤的意图与之相同，只是手段不同：商鞅是在打破井田制、允许土地买卖的前提下，采取行政手段与经济手段驱民务农。吴铤则基本上是反其道而行之，主张确定田制以吸引务农者。在商鞅时代，地广人稀，甚至不得不招徕别国人户赴秦垦殖，以发展农业生产。在吴铤时代，田少不足以供人耕种，迫使大量人口转而以他业为主。两者的主张不同，不同时代人地比例的差异是一个重要的原因。那么，如何定田制？吴铤的思路是仿古改制。

吴铤对历史上的田制作了一番分析，认为井田制度废除后出现的问题，一在于"田无定数"，二在于听小民自由转手。解决问题的办法有井田、均田等法。由于井田之制"必得平原广陆始可行之"，故"近世井田断不可行"。"考古今田制，莫如唐均田法为善"，但也有弊病：一是授田数十至上百顷给官员永为世业，终使有尽之田不足以给无穷之官；二是庶民徙居可卖永业田，易开豪强兼并之渐；三是宽乡授田多于狭乡一倍，这是"名为均田，实不均""使民皆去狭乡而就宽乡"，则田必不是授；四是婚娶不加限制，以致户口众而财用乏；五是唐时西北水利全废，有田不可耕。他以为这些是均田制不久而废的原因所在。

不管吴铤的看法是否切中弊端（其中第一与第二点是相当中肯的），按照他"欲定田制，莫如行均田法而去其弊"的主张，合理的结论应该是：（1）限制给田数；（2）禁止买卖土地；（3）不分宽、狭乡，等量授田；（4）限制婚娶以控制人口增长；（5）开发西北水利。（《皇朝经世文编续编》卷三十五《因时论十一·均田限田》）

然而吴铤所提出的田制的所有内容，仅有"限民田无得过五十亩"及"开沟洫"以治西北之田两条，至于其他，则一概不曾提及，至关重要的如何实施限田的具体设想，也未曾提到。在《因时论十五·屯田》中，他考虑到开沟洫非数十年不能成功，又主张在西北实行屯田、营田，将边区的占田额限定为三百亩，从而与平均授田的思想形成矛盾。

总之，尽管吴铤强调定田制是"为政之道"的第一要务，但除了对于土地兼并造成的社会问题及均田制弊病的分析较有见地之外，在如何确定田制这一关键问题上的看法，实在是相当贫乏的。[1]

（二）谢阶树的限田思想

相比之下，谢阶树的眼光要狭窄得多。他也承认："自计亩授田之制废，豪强之家兼并而自占，然后田不均，贫富分矣。"但他并不主张恢复某种"授田之制"以打破"田不均"的现实，他所谓"参稽其法而变通之"的全部含义，是要让"富者食其业而贫者食其力"，使"贫富皆有生养之资，而无分争之祸"。至于具体做法，他主张令"佃

田者食其家而止。单丁则佣田，食其身而止"。单丁只需供养自身，故可以数足以养家即止，不要过多。总之，要尽量压低佃农的租田数量，以安置尽可能多的无地农民在地主土地上"自食其力"。这便是"田不均……而力均"的真实含义。

在这位出身于封建大家族的地主阶级知识分子看来，这是让"民自富"的最"善良"的办法了。然而究其实质，这不过是为"食其业"的地主阶级从更多的劳动者身上榨取更多财富，乃至榨取其自身再生产所必需的生活资料价值提供方便而已。这样一种使民"自富"的理论，实在是欺人之谈。从来的限田议论，多少脱不开与地主土地所有权的纠葛。谢阶树首先断然肯定"富者食其业"是合理的，然后对佃耕之田实行限制，以杜绝农民之间的"分争"。这个主张如果可以算是从"授田之制""变通"出来的"限田"法，那么也是地主阶级偏见暴露得最为突出的一种限田论，是古代土地思想史上绝无仅有的一个奇谈怪论。（《约书》卷八《保富》）

（三）汤鹏的限民田思想

汤鹏（1801—1844年）认为，土地兼并是造成当时"农不过十之三四"而"多浮民"的基本原因之一。为减少浮民，必须"申民田之限以黜兼并"。他说："井田不可骤复也，盍限民田乎……限民田则均贫富，均贫富则抑兼并，抑兼并则鲜流亡。如是者国无贫。"（《浮邱子》卷十《医贫》）

对于抑兼并这样重大的涉及社会政治、经济的问题，汤鹏所开药方的全部内容，仅仅是"限民田"三个字，比吴铤的限田主张更为抽象。如果这可以代表他的土地观点，那大概是董仲舒以来再简单不过的土地思想了。

中国古代自西汉以来，土地兼并与反兼并的思想斗争持续了两千年。其间出现过井田、均田、占田、限田等许多种解决方案，有的一度变为政策，有的甚至付诸实施，但是都没有真正解决土地兼并和农民丧失土地的问题。究其根本原因，倒不尽在于方案本身的缺乏现实性，而在于地主阶级政权本身就是一股贪得无厌的兼并势力，离开了对农民的压迫与剥削，这个政权就无法生存。出于长远利益的考虑，它也想稍稍控制一下过分的压榨，以免危及自己的统治，但这种努力同受到根深蒂固的贪欲和权势欲推动并与政权力量紧紧勾结在一起的兼并势力相比，实在是微不足道的。中唐以后，尽管许多方案设计精巧，小心翼翼地设法避免触犯兼并势力的既得利益，但从没有一个能变为现实，吴铤、汤鹏的亦不例外。

二、开发与充分利用土地思想

还有一些人从开辟旷土和充分利用土地的角度立论，希望以此减轻土地问题的压力。

（一）汤鹏的屯垦思想

大力开发西北地区的荒地，是当时议论较多的一个话题。汤鹏对于屯垦之利则予以特别重视。他说："凡兵久驻而匮于饷，莫如屯田。民太繁而啬于养，莫如垦田。"为鼓励屯田，"则宜计兵而授之田"，如此，"懋耕耨，则岁必登；岁必登，则边无短粮"。这种计兵授田法，似乎是想通过加强责任以刺激生产积极性。对于民间垦田，则采用不熟者不起课征税，增加熟田税以补垦荒地税课之不足的"迁熟补荒"政策，以此消除因成本、税课过重而造成的垦荒赔累。"芟赔累，则业必成；业必成，则野无旷土；野无旷土，则国无流民。"至于屯垦之地，则以西北之土地为利最大，"西北之土……可屯可垦，则可以粟；可以粟，则可以养；可以养，则可以实西北；可以实西北，则可以宽东南之蜚挽；可以宽东南之蜚挽，则东南数百万石之粟，可以其半致之京师，以其半谨而藏之东南；以其半谨而藏之东南，则可以实东南"。（《浮邱子》卷十《医贫》）他把"实西北"，看作可以强国家之"骨干"的"心膂"之足。"实东南"，则是可以腴国家"血色"的"肢体"之足。但"心膂"既比"肢体"重要，当然开发西北旷土更具根本意义。

（二）谢阶树的充分利用土地思想

谢阶树主张因地制宜充分利用土地。他把一般土地分为三等："自占之地曰正地，无出之地曰废地，邑不成宅、野不成田曰散地。正地以为田，废地以为宅，散地之近宅者则缘墙下树桑，夹涂巷间艺麻；其近田者则以时序种果、蓏、荤菜、百疏、瓜面、薯芋、杂粮，以助五谷之生；其在山水之间则植竹木。非沙洲石涧，无不毛者也。"（《约书》卷八《保富》）这种充分利用土地的建议，在人稠地狭的农村是有其现实意义的。当然，即使这种细致的设想，对无地农民来说仍属画饼。所以即使把它与"明宗"论、"田不均而力均"论合在一起，也只能得到一个思想面狭窄、阶级偏见浓厚的总印象。谢阶树与汤鹏有所区别，区别就在这里。

（三）魏源的重视土地开发思想

魏源（1794—1857年），字默深，湖南邵阳人。道光二年（1822年），他考中举人。道光八年（1828年），他在北京任内阁中书。

魏源在土地制度问题上未曾正面发表意见，从他所编辑的《皇朝经世文编》中似乎可以找到一点线索。该书共收论及土地制度的论文五篇。其中顾炎武《均田限田》及陈之兰《授田论》两篇是肯定均田的。（《皇朝经世文编》卷三十一）另有董以宁的《配丁田法变》（《皇朝经世文编》卷三十）、黄中坚的《限田论》（《皇朝经世文编》卷三十一）、孙廷铨的《限田论》（《皇朝经世文编》卷十一）三篇是否定均田、限田的。凡持否定意见的语句，编者多加圈点以示强调。如配丁田法"不可行也"（《皇朝经世文编》卷三十），"在所以抚驭之者而已，固不必其齐同也"，"夫为治不本人情而好为高论，动以法古为名……只以厉民而已，曷足尚哉"（《皇朝经世文编》卷十一），"何必附会井田始为仁政哉"（《皇朝经世文编》卷三十一）等均是。相反，肯定均田、限田的语句无一字圈点，畸轻畸重，泾渭分明。不能断定圈点者必是魏源，但作为主编的魏源必赞同所圈点者，应该没有疑问。

在另一著作中，魏源曾对"岁输租税供徭役，事事受制于官，一遇饥荒束手待尽"的"有田而富者"表示同情，同时肯定"无田富民"。（《魏源集·默觚下·治篇十四》）在这一点上，魏源与谢阶树的意见看来并无实质区别。

不过，魏源也很重视土地的开发。他强调"阜食源大于屯垦"，力主"因地因人而徙"，旗人去东北、蒙古等地屯垦。(《魏源集·军储篇四》)同时，开放浙江、福建等地一些封禁山地，许民屯垦。(《魏源集·筹海篇二》)这说明魏源在土地问题上的视野也要比谢阶树宽阔一些。

屯垦荒山旷土、充分利用土地离不开水利的开发与整治。魏源本人是河工专家，自然对水利尤为注意。他指出，在湖广地区，不是缺少水利条件，而是豪右的垄断水利给农田造成水患，致使江河下游地"膏腴万顷不值钱"(《魏源集·江南吟十首》)。因此，他认为"欲兴水利，必除水弊。除弊如何？曰除其夺水夺利之人而已"(《魏源集·湖广水利论》)。他把兴修农田水利与整治社会弊病联系起来，显示了他的思想的敏锐性。不过，所谓夺水夺利之人，无非地方恶霸劣绅。如何清除这股恶势力对水利事业的破坏，他却提不出具体意见来。

综上所述，面对嘉道年间因人口增长、土地兼并而日益严重的土地问题，只有极少数人把均田、限田之类涉及土地制度变革的旧方案作为解决问题的新药方。多数封建知识分子的注意力集中到诸如加强宗族维系力量、土地开发、兴修水利这样一些不涉根本的具体措施上，而不能触及地主土地所有权这一根本症结。

第四节　商品货币经济思想在封建社会衰退时期的延展

清政府连续采取一些直接影响工商业发展的措施。尤其自乾隆时起，商税有所减轻，全国范围内商品经济得到了明显发展，代之而起的是种种肯定和重视商业的思想主张，使得以往思想界不断出现的"轻商"思想，至嘉道年间几乎难见踪影。同时，银贵钱贱的货币状况又引发了思想界的争论，体现了封建社会衰退时期货币思想的延展。

一、农、工、商并重论

(一) 包世臣的"本末皆富"论

包世臣早在1801年就有农、工、商并重的观点。他强调："夫无农则无食，无工则无用，无商则不给。三者缺一，则人莫能生也。"(《安吴四种》卷七《说储·上篇前序》)农、工、商业都是人们所必需的。这种思想在1804年《海运南漕议》中表现为对上海沙船船商及买货客商的信赖及运输规矩与效率的赞赏。

嘉庆二十五年（1820年），包世臣在《庚辰杂著二》(《安吴四种》卷二十六)中提出了本富和末富的问题。本富固然要靠农业，但本富不能离开末富而独立发展。他说："今法为币者，惟银与钱。小民计工受值皆以钱，而商贾转输百货则从银。其卖于市也，又科银价以定钱数，是故银少则价高，银价高则物值昂。又民户完赋亦以钱折，银价高则折钱多，小民重困。"银价高应该是物价低，但因为零售要折钱计算，以钱计算的物价则上涨，这是"银价高则物值昂"的意思。银贵钱贱增加了农民的困难，势必影响农业生产。因此，包世臣得出结论说："是故银币虽末富，而其权乃与五谷相轻重。

本末皆富，则家给人足，猝遇水旱，不能为灾。此千古治法之宗，而子孙万世之计也。"这是重农而不抑商思想的进一步发展。

（二）俞正燮的重商思想

俞正燮（1775—1840年），字理初，安徽黟县人，道光举人，考据学者。《清朝续文献通考》卷二十九《征榷一》在道光十五年条下记载了他的《征商论》。其特点是引经据典，否定历来征商即为抑末之说。他指出："商贾，民之正业。"商同士、农、工"四民皆王者之人"。例如，"周时太宰九职，商贾阜通货贿"是其中之一。政府专设"司门""廛人""总质""肆长""泉府"等征收商税，以"关市、山泽、币馀"之赋纳入国家财政。若遇国家有凶荒之灾，则关、市不征。这同"农、凶岁不取盈"是同样的道理。后来，孟子称颂"关市讥而不征"，商鞅有"重赋抑末"之策。他认为，前者是"或由不悉周法"而造成的误解，后者是"疾贫妒富"的"衡议"，是因"其识之未宏"所致。可惜"后人有经书不能读，折衷至当，分持孟子、商君之说，或曰非仁政，或曰抑末反本，天理烂熟，使天理、仁政两者不能并立"。他认为这些误解应当澄清。他说："四民皆王者之人，君臣之义无所逃于天地之间。不应商贾，独以仁政；不事君，专以征科苛责农民。上下相接以义，商贾若是末，则圣王循天理不得因末为利。若云重征以抑末，则何如禁绝之，乃反诱而征之哉……夫圣人仁政固征农矣，仁政独不宜授田课、植农桑而不征欤？农岂亦末作罔利，当征之，使反本循天理而冻馁欤？"一连串的反问都在说明：在"圣人仁政"之下，一般是征农亦征商，但遇凶荒，则不取盈亦不征商，农、商一视同仁，并不包含任何偏见。总之，"不征商非仁政，征商非抑末也。夫征商与征农，其义一也"。

俞正燮的结论实质与包世臣的农、工、商并重思想相似。不同之处在于，包世臣从社会功能的角度揭示农、商不可偏废；俞正燮是从同为国家合法纳税人的角度说明农、商都是正业之民的道理。

其他思想家，如汤鹏、谢阶树等也从不同的侧面表达重视商业的思想。当然，我们在充分肯定的同时，也应该看到，这些重商思想并没有超越封建地主阶级可以接受的程度。

二、名目主义货币论

这一时期名目主义货币论的典型代表是王鎏。王鎏（1786—1843年），原名仲鎏，字子兼、亮生，晚年号荷盘山人，江苏吴县（今江苏省苏州市吴中区）秀才。他主张发行不兑换纸币，于道光八年（1828年）写成《钞币刍言》，道光十一年（1831年）刊行，并修订为《钱币刍言》。

王鎏发钞的基本办法是，发行钞币以吸收流通中的白银，并代白银作巨额交易往来之用，小额交易仍以铜钱作为补充的流通手段。他从封建国家的利益出发，将发行纸币视为救世良方。

王鎏的发钞方案是与铸大钱相辅而行的。钞分七等，从一贯到千贯。另铸铜钱当一、当十、当百三种。行用时，一贯以上用钞，一贯以下零散交易用铜钱。钞法推行之始，先发钞币收买民间铜器以禁铜。铜材为国家控制之后，再铸大钱。这样"先行钞，次禁铜，次铸大钱，举天下之利而尽操之于上，然后可以加惠于四海之民"（《钱币刍言续刻·上冢宰汤敦甫先生书》），待五年、十年后钞法盛行，则禁银为币。归根到底，他想用禁银行钞的办法，从根本上解决银钱比价问题。

王瑬的这一主张所反映出的名目主义货币观点及思想主要体现在以下几方面：

1.将纸币等同于物质财富

王瑬认为纸币作为理想的货币，主要原因在于其在数量上是取之不尽的。他说："凡以他物为币皆有尽，惟钞无尽，造百万即百万，造千万即千万，是操不涸之财源。"（《钱币刍言·钱钞议一》）纸币流通确实能够根据流通需要量随时增加发行量，但纸币本身并不是财富，其发行数量也要受客观流通需要的严格限制。在王瑬看来，纸币却是取之不尽的财富，国家发行多少纸币，就等于创造了多少财富，将纸币直接等同于物质财富。这显然是典型的名目主义货币论。

2.将纸币看作贮藏手段

基于这种极端的名目主义观点，王瑬将钞币也看作贮藏手段，认为只要制钞精致美观，人们就会乐于贮藏。他说："富家因银为币而藏银，今银不为币，富家不藏钱则藏钞矣。此自然之理也，藏钞以待用耳。"（《钱币刍言续刻·上冢宰汤敦甫先生书》）不懂得只有本身具有价值的货币，才具有贮藏手段的职能。

3.将国家财政需要视为发行纸币的前提

王瑬为行钞建立了一个"足君尤先"的理论前提，说三代以后"必君足而后民足，犹父母富而子孙亦免于贫焉""欲足君莫如操钱币之权"（《钱币刍言·钱钞议一》）。欲操钱币之权只有行钞。那么，用纸币来搜刮民间藏银和其他财富也就是理所当然了。

发行多少纸币才算是达到了"足君"的标准呢？王瑬说："造钞约已足天下之用，则当停止。"（《钱币刍言·私拟钱钞条目》）这说明发行纸币不是根据流通中的需要，而是根据封建国家的财政需要，并且这种发行往往是无限制的。这道出了他的名目主义货币观的实质所在。

由于王瑬的货币理论中存在许多错误，从而引起了不少思想家的反对和批评，尤其遭到了许楣的强烈反驳。针对王瑬发行不兑换纸币论而发表观点的还有包世臣。包世臣主张发行以钱为基础的兑换纸币，"造钞既成，由部发各布政司，转发州县，州县必立钞局，与民平买卖"（《安吴四种》卷二十六《再答王亮生书》）。因此，他对王瑬主张的不兑换纸币提出了许多不同的意见。

首先，他不同意禁止白银流通，认为行钞是以虚实相权，银钱实而钞虚，如"行钞而废银是为造虚而废实"（《安吴四种》卷二十六《再答王亮生书》），这是他反对不兑换纸币的基本论点。

其次，他反对王瑬将发行钞币作为国家满足财政需要的手段。

最后，他对王瑬造钞及行钞的若干技术问题，也提出了许多不同意见。而他所主张的发行钞票的基本想法是："以钱为币，使银从钱，以夺银之权归之于钱，而广钱之用，操之于钞。"（《致前大司马许太常书》）换言之，以铜钱为一切公私收付的计算单位，发行代表铜钱的钞币以补铜钱之不足，白银仍可以流通，但压低到似乎是辅币的地位。

三、金属货币主义论

这一时期持有金属货币主义观点的代表主要有魏源和许楣。

（一）魏源的金属货币主义论

魏源反对纸币流通，认为货币必须是"五行百产之精华""天地自然之珍"，实质上就是主张货币必须是有较高价值的商品，这反映了他的金属货币主义观。

1.强调货币的价值尺度职能

魏源针对货币的起源问题，曾说："《管子》言禹、汤铸历山、庄山之金为币，以救水旱，珠、玉为上币，黄金为中币，刀、布为下币，以权衡万物，以高下而御人事。此制货币之始。"（《魏源集·军储篇二》）他虽然说这是《管子》说的，但实际上《管子》中并无"以权衡万物"等字。他加上这句话恰恰表明他对货币的职能有不同于《管子》的观点。后者认为货币就是流通手段，而魏源强调货币的价值尺度职能。他又说："货币者，圣人所以权衡万物之轻重，而时为之制。"强调货币的价值尺度职能，恰恰是金属货币主义论者的特点之一。[1]

2.认为货币必须是有价值的商品

魏源指出，历史上用作货币的材料虽然有过变动，但有一点是共同的，它们都是"五行百产之精华，山川阴阳所炉鞲（熔铸），决非易朽易伪之物，所能刑驱而势迫"。这实际上就是认为货币必须是有较高价值的商品，同时认为，不是任何一种商品都可以作为货币。这种观点是正确的。

3.否认纸币流通的可行性

魏源坚决反对发行不兑换纸币。他认为纸币没有价值，不是"天地自然之珍"，不兑现纸币在流通中必然日益贬值。

对于历史上的纸币流通，魏源持明显的否定态度，他指出："唐之飞钱，宋之交、会，皆以官钱为本，使商民得操券以取货，特以轻易重，以母权子。其意一主于便民，而不在罔利。"但"蔡京改行钞法[2]，则无复官钱，而直用空楮，以百十钱之楮，而易人千万钱之物"。这种不兑现纸币就像"无田无宅之契，无主之券，无盐之引，无钱之票，不堪覆瓿，而以居奇"，所以一发行就"奸伪竞起，影射朋生，不旋踵而皆废"。（《魏源集·军储篇三》）他还曾针对王鎏引明末省臣的议行钞之便利，针锋相对地指出："如欲复行，窃恐造之劳，用之滞，敝之速，伪之多，盗之易，禁之难，犯之众，勒之苦，抑钱而钱壅于货，抑银而银尽归夷，有十不便而无一便矣。"他说行钞比"行冥锱于阳世，陈明器于宾筵"还不如，根本否定正常的纸币流通的可能性。[3]

（二）许楣的金属货币主义论

许楣（1797—1870年），字金门，号辛木，浙江海宁人。他曾专门为反驳王鎏的

---

① 叶世昌．近代中国经济思想史［M］．上海：上海人民出版社，1998：42．
② 蔡京改的"钞法"是盐钞法，不是纸币，魏源的理解有误。
③ 叶世昌．近代中国经济思想史［M］．上海：上海人民出版社，1998：43-44．

《钱币刍言》而作《钞币论》，几乎王鎏的每一论点，许楣都予以反驳。

许楣对于以贵金属白银为货币的态度是充分肯定的。他说："银日多，而钱重难致远，势不得不趋于银。"又说："如欲尽废天下之银，是惟无银，有则虽废于上，必不能废于下也。"（《钞币论·通论六》）他认为白银作为货币是历史趋势，即使封建帝王的权势也无法改变这一事实。

在此基础上，许楣对执行货币流通手段职能的纸币采取否定的态度，但承认执行货币支付手段职能的信用货币，[①]即当时的会票、钱票。他说："千金之票，欲金而得金。"（《钞币论·造钞条论三》）

许楣还从他的金属货币主义的观点出发，对当时外国鸦片输入所造成的"银荒"及白银外流问题进行了分析。他认为："银贵，一事也；钱贱，一事也。由钱贱而银贵者，以疏通钱法平之；由银贵而钱贱者，虽暂平犹当益贵也。"这是对银贵而钱贱与钱贱而银贵二者的区分，并进一步说明当时"银荒"期间的银贵钱贱现象，突出了白银外流是造成"银荒"的重要原因，而且作了一形象的比喻："漏卮无极，以万以亿，而钱不加多，是谓银贵而钱贱。"（《钞币论·通论八》）这一认识无疑是切中要害的。但面对现实货币危机如何解决，他并未正面提出积极的建议。

总之，许楣以金属货币主义理论为依据，对王鎏的行钞理论及方法予以了较为有力的批判。

第五节　对外贸易及向西方学习的经济思想

18世纪末19世纪初，中国的鸦片走私泛滥，在对国民健康带来极大危害的同时，也严重影响了国民经济的发展，由此引发了关于鸦片贸易的议论。1840年鸦片战争的失败，又使得封建地主阶级中的有识之士提出了向西方学习的观点。

一、鸦片贸易思想

鸦片战争前的鸦片贸易给中国的经济、财政、政治、军事以及社会生活等方面都带来日趋严重的后果，遭到了中国人民的强烈反对，也在统治阶级内部引起了激烈的辩论。1836年，清朝大臣许乃济公开反对禁烟，主张将鸦片贸易合法化。他的主张遭到朝臣中禁烟派的强烈反对。

（一）黄爵滋的禁烟思想

在禁烟的许多主张中，一般集中于打击偷运鸦片和贩卖者，但黄爵滋认为如不根除吸食者就无法根绝贩卖者。道光十八年（1838年），他向皇帝上书《请严塞漏卮以培国本折》，从国家财政的观点出发，详述了鸦片大量输入、白银外流、银贵钱贱的严重祸害，要求厉行禁烟。他所提出的主张，从实际出发，认为只要清朝有决心，从根本上禁

---

① 萧清. 中国古代货币思想史［M］. 北京：人民出版社，1987：341.

绝鸦片的可能性还是很大的。他提出："今欲洋烟之不来，必先加重吸烟之罪。请严旨饬谕，予以一年期限。若一年后，仍行吸食，是不奉法之乱民，置之重刑，罪以死论……见任文武大小各官，如逾限吸食，照常人加等。除本犯官治罪外，其子孙不准考试。"①

这是比较彻底的禁烟主张。根据一般的经济观点，某一商品一旦变为滞销品，生产这一商品的工厂，要么停产，要么改变生产品种；否则，就会面临倒闭的危险。如果对吸食鸦片者采取他的坚决主张，鸦片贩子必然陷于绝境。黄爵滋的奏折在朝廷内部引起了强烈的反响。甚至有人进一步主张严惩贩烟和开馆人犯；严禁烟船入口及查逐趸船；先严惩官吏吸烟者……大多是对黄爵滋禁烟主张的补充。但是也有人认为，"圣朝宽大，不事峻法严刑"，吸食鸦片的人很多，如果都处以死刑，会造成"不可胜诛"的局面。至于严惩包庇，奖励告发，更是有损忠厚，因为人之常情，"无不心存恻隐"，"知而不举，固属于犯科条，而斯民苟存恻隐之心，尚可验民风之厚"。（《筹办夷务始末（道光朝）》卷二）对于吸鸦片的文武官员，如果加以诛杀，恐会涣散民心，如此等等。

（二）林则徐的禁烟思想

对于黄爵滋的禁烟主张，林则徐是最先上奏表示坚决支持的封疆大吏。他从政治、军事、社会和国家财政等各个方面痛论鸦片走私对中国的危害，指出鸦片走私已使各级衙门的大小官吏成了"吸食者""包庇贩卖之人"；白银外流和军队官兵吸食鸦片极大地破坏了清朝的财力和军力，如果不严加制止，几十年后，就将使"中原几无可以御敌之兵，且无可以充饷之银"（《林文忠公政书·湖广奏稿》卷五《钱票无甚关碍宜重禁吃烟以杜弊源片》），国防将面临不战自溃的危险。对人民来说，吸食鸦片的人增多会败坏社会风气，损害民族健康，"痼癖不除，足以弱种"（《与胞弟林元抡书》），贻害尤为深远。他以极大的义愤，痛斥鸦片贸易是"骗人财而害人命"，为"人心所共愤，亦天理所不容"。②

林则徐还将鸦片贸易和一般对外贸易区别开来，要求严禁鸦片贸易而不禁一般贸易。③当时，朝廷中的妥协投降派反对禁烟，而一些保守分子借口反对鸦片贸易而要求封关禁海，断绝同外国的一切贸易往来。林则徐同时反对这两种观点，提出了将鸦片贸易同一般贸易区别开来，将进行鸦片贸易的祸首英国同其他资本主义国家区别对待的主张。

林则徐还较多地论述了鸦片贸易对中国经济所造成的危害。他对鸦片贸易所引起的白银外流作了一个大致的估算，认为吸食鸦片的人以每人每天费银一钱计算，一年就需银三十六两。假定全国四万万人中有百分之一的人吸食鸦片，全国每年因鸦片进口而流出的银两就会大大超过一亿两。他还根据自己亲身观察，指出鸦片贸易对国内工商业的破坏作用。他说：苏州的南濠、湖北的汉口等地，向来都是商业繁盛的地区，近来却出现了衰落的征象，商品销路困难，贸易额较二三十年前减少了差不多一半。他问道：减少的一半购买到哪里去了呢？"一言以蔽之曰：鸦片烟而已矣。"（《林文忠公政书·湖

① 齐思和. 黄爵滋奏疏许乃济奏议合刊 [M]. 北京：中华书局，1959：71-72.
② 林则徐. 谕各国商人呈缴烟土稿 [M] //林则徐. 林则徐集. 北京：中华书局，1963：58.
③ 赵靖. 中国近代经济思想史讲话 [M]. 北京：人民出版社，1983：28-29.

广奏稿》卷五《钱票无甚关碍宜重禁吃烟以杜弊源片》）

实践中，林则徐被任命为禁烟的钦差大臣，坚决地、毫不犹豫地执行了赋予他的禁烟使命。他在道光十九年四月二十二日（1839年6月3日）收缴英商鸦片1 188 127千克（计20 283箱），在广东虎门滩销毁。

二、对外通商思想

（一）林则徐论对外贸易的好处

前已论述，林则徐将鸦片贸易同一般对外贸易区别开来，主张只禁止鸦片贸易和禁止同英国的贸易，并且从多个角度阐述了对外通商贸易的好处，具体观点主要有：

第一，他认为对外贸易有助于增加封建国家的收入。当时，清朝的官僚和知识分子受封建自然经济眼光的限制，一般都不能从经济角度考虑对外贸易问题，总认为"天朝无物不有"，在经济上没有同外国进行贸易的必要；对于从对外贸易所获得的关税收入，也不加重视。连龚自珍那样比较进步的思想家，也认为"国家断断不恃榷关收入"[①]。林则徐却不同，他明确地向皇帝表示：同外国进行贸易可以"收其利"（《林文忠公政书·两广奏稿》卷四《密陈夷务不能歇手片》），即获得关税收入。

第二，他认为从对外贸易中征收的关税，可以用作国防经费，"制造炮船"，以加强反对外国武装侵略的力量。这里林则徐说的"制造炮船"，是指学习和采用西方军事工业的技术，制造新式军舰和火炮。用关税收入制造炮船，这实际上已开始将对外通商贸易问题同学习西方长处的问题联系在一起了。

第三，他还反映了中国商人在对外贸易问题方面的愿望，并且在一定程度上从交换价值的角度看待对外贸易的利益。林则徐曾经向道光皇帝表示：商人都是好利的。中国商人对西方商人从对外贸易获得的厚利，"莫不歆羡垂涎"（《林文忠公政书·使粤奏稿》卷二《附奏夷人带鸦片罪名应议专条夹片》），只是因受清朝的"定例"所限制，不能出国贸易，以致对外贸易的好处全让外商占去了。

当时，地主阶级改革派的大多数代表人物都从使用价值的角度看待对外贸易问题，将对外贸易的利益归结为进口本国没有的或生产不足的某些使用价值。而林则徐认为各国商人进行对外贸易都是"趋利"，认为中国商人想出国贸易也是为了羡慕外商从对外贸易中获得的厚利，显然是从交换价值的角度来谈论对外贸易的利益。由此可见，林则徐的对外贸易观点要比地主阶级改革派的大多数人物有更明显的资本主义倾向。[②]

（二）魏源的贸易差额论

魏源和林则徐相同，主张严禁鸦片输入，开展正常的对外贸易。他认为林则徐在广东禁烟时，清政府决定停止对英的一切贸易是重大失策。

魏源以道光十七年（1837年）的广东进出口贸易品及价值为依据，来论证贸易

---

① 龚自珍. 送钦差大臣侯官林公序［M］//龚自珍. 龚自珍全集（上册）. 北京：中华书局，1959：170.
② 赵靖. 中国近代经济思想史讲话［M］. 北京：人民出版社，1983：31.

差额。

魏源指出，如果没有鸦片贸易，中国是出超，英国商人要补给中国价银七百余万元，各国商人一共要补给中国价银一千四百九十四万五千元。由此他得出结论说："使无鸦片之毒，则外洋之银有入无出，中国银且日贱，利可胜述哉！"同时，他又指出是岁英夷进口鸦片四万箱反而需支付价银二千二百余万元，因此，中国对英国出口超过进口的七百余万元价值的货物不独未以银圆进口补偿，中国尚需另以一千余万元支付因鸦片进口所引起的差额。另外，对美国出口超过进口的九百六十万元，"何以不闻补银？盖亦鸦片价内开除之数（英夷所运者印度鸦片，弥夷（指美国）所运者都鲁机（指土耳其）鸦片）"。总的说来，"故知洋钱流入内地，皆鸦片未行以前夷船所补之价。至鸦片盛行以后，则绝无货价可补，而但补烟价"。（《魏源集·筹海篇四》）

从魏源对贸易差额概念的论述中还可以看出来，他已理解到国际贸易的实质是"以货易货"，而进出口货物价值的差额必须以现金（当时为白银）补偿。他指出鸦片盛行以前的流通中白银有两个来源：一是许多人共知的来自本国的银矿开采；二是来自许多人不理解的贸易差额的补价。这些见解无疑是合理的。

三、"师夷制夷"的思想

1840年鸦片战争以后，中国人民的苦难加深，中国社会开始逐步进入半殖民地半封建社会。清统治者在战争中和签订条约时所暴露出来的腐败无能，打破了"天朝上国""唯我独尊"的幻想，使人民深感失望；外国入侵者在战争中所表现出来的明显的物质技术优势，又使人民不能不以新的眼光正视西方。这首先体现在统治阶级中开明人士提出了学习西方的主张。

（一）林则徐的学习西方国家长处的主张

林则徐原来也有"天朝""百产丰盈，并不籍资夷货"的愚昧自大的观点。他曾经认为：西方国家在生活上离不开中国的茶叶、大黄，西方的毛织品也必须以中国的"丝斤"为原料，中国如果断绝同西方的贸易，则西方无法生存。（《林文忠公政书·使粤奏稿》卷四《拟谕英咭利国王檄》）但是，在同西方资本主义侵略势力接触和斗争的过程中，他较快地认识到，"天朝"并不是像他原来想象的那样处处胜过"外夷"，而是有不如"外夷"之处。由于当时同西方国家刚刚正面接触，对西方情况了解不多，林则徐只是从武器方面看到了西方的长处，看到了"内地船炮非外夷之敌"。为了能够"制敌"，即有效地抵抗外国资本主义侵略，他主张中国自己"制炮造船"，而且要做到"制炮必求极利，造船必求极坚"。（《林文忠公政书·两广奏稿》卷四《密陈夷务不能歇手片》）

林则徐对西方的大工业及其在国民经济中的作用还是陌生的，对资本主义的经济、政治制度和资产阶级文化，更是谈不上有什么认识。他的上述见解本身也还不能算是经济观点，但对中国近代经济思想的发展有很重要的意义。他以在"坚"和"利"两方面能同西方相比为目标主张"制炮造船"，这已经在实际上提出了学习西方的思想。同时，他把承认西方有胜过中国的长处同提出赶上西方的目标结合起来，把学习西方同抵制西方资本主义侵略结合起来，这已经是一种为了"救国救民"而学习西方长处的思想。

（二）魏源的"师夷长技以制夷"论

鸦片战争的失败，使魏源受到很大的震动，也使他扩大了视野，产生了进一步了解外国情况的迫切要求。他在林则徐编的《四洲志》的基础上，扩充编写成了介绍各国情况的《海国图志》五十卷，后又陆续增加到一百卷。他说："是书何以作？曰：为以夷攻夷而作，为以夷款夷而作，为师夷长技以制夷而作。"（《魏源集·海国图志叙》）他要求统治者了解、研究外国情况，做到知己知彼，从而制定正确的对外政策。

"师夷长技以制夷"，这个论点从一般意义来看，似乎没什么深刻含义。两千多年前的战国时代，赵武灵王胡服骑射，战胜匈奴，也可以说是"师夷长技以制夷"。但胡服骑射在社会经济方面并没有什么先进之处，它并不能在赵国引起什么社会变革，虽然在军事力量方面有所加强，但赵国终于还是被实现了社会经济改革的秦国打败了，灭亡了。所以，要认识魏源这个论点的深刻历史意义，必须了解其"师夷"的内容。

魏源认为："夷之长技三：一战舰，二火器，三养兵、练兵之法。"这里，魏源首先要学习的是西方的军事工业技术，也就是坚船利炮，并且建议自己设厂制造。"请于广东虎门外之沙角、大角二处，置造船厂一，火器局一。"聘请法国、美国头目各一二人，分别带来工匠，在厂内帮助中国制造船炮；同时，选中国广东、福建"巧匠精兵以习之，工匠习其铸造，精兵习其驾驶、攻击"，"延西洋柁师，司教行船、演炮之法"。他期望在中国设厂制造船炮以后，中国人也能掌握这些新技术，"一二载后，不必仰赖于外夷"。他把林则徐"船坚炮利"的主张进一步具体化了。

这里，魏源"师夷"的内容虽然主要还是在军事方面的长技，但已不是塞北匈奴的强弓劲弩，而是制造坚船利炮的技术，是使用这种技术制造新式武器的社会化大工业。社会化大工业是一种远比中国传统文明更先进的资本主义文明的物质技术基础，是与一种比中国封建经济关系更高的资本主义经济关系联系在一起的。将这种东西引进中国，即使最初只限于军事工业方面，它也会对中国传统的社会经济产生巨大的而且是越来越强大的冲击力，促使旧的社会经济体制陷于日益严重的破坏和解体。[①]

魏源的师夷主张并不局限在军事工业方面，他认为外夷的"长技"不仅是战舰、火器，而且包括各种民用动力器械。他说："今西洋器械，借风力、水力、火力，夺造化，通神明，无非竭耳目心思之力，以前民用。"他还指出船厂除造舰船外，还可以造商船卖给商人；火器局除造军火外，还可以制造各种民用器械，以供民用。

对于军事工业，魏源不是将经营主体限于官府，而是主张允许商民办厂，调动商人的财力和积极性来办新式工业。他强调，在设立新式工业时，官办工厂切不可多，只需在广东设一处即可，"专设一处，则技易精，纷设则不能尽精；专设则责成一手，纷设则不必皆得人"。福建、上海、宁波、天津"沿海商民有自愿仿设厂、局以造船械，或自用或出售者，听之"。魏源早就对官场的积弊有深切的了解，对商业资本的力量、信

① 赵靖. 中国经济思想通史续集（中国近代经济思想史部分）[M]. 北京：北京大学出版社，2004：37.

誉和效率有切身的感受。在谈到解决银荒问题时，他就提到过允许富民聚众开矿的主张，但这里说的是旧式的采矿，同魏源在《海国图志》中讲的允许沿海商民自设厂、局办新式工业的主张，不可同日而语。然而，不难发现，这两者之间在思想上是有联系的。魏源一贯肯定商人资本的效率、信誉和力量，而对官府工商业的腐败、贪婪和低能深有了解，所以总是主张发挥商人、富民的作用以搞活经济状况，当他把这种思想用于考虑新式工商业问题时，自然就转化为允许私人资本投资办新式工业的要求了。

为了在社会上开通学习西方长处的风气并为此培养人才，魏源建议对能够制造合格新式武器的人给予科举出身。这已经开始将学习西方同改革中国的教育制度和用人制度结合起来了。为了排除顽固保守势力的阻力，他还以俄罗斯之彼得大帝为例，说他"微行游于他国"，学习西方技艺，"所造器械，反甲西洋。由是其兴勃然"。（《魏源集·筹海篇三》）

魏源虽然把"夷之长技"主要说成是军事方面，特别是武器方面的，但他的"师夷长技以制夷"的论点，绝不是只作为一个局部的、一时的问题提出的，而是有着战略性的考虑。他相信中国人民的聪明才智并不亚于西方。他满怀信心地说，通过"师夷长技"，将会使中国"风气日开，智慧日出，方见东海之民犹西海之民"。（《魏源集·筹海篇三》）这已经是对中国发展前景的展望。

第六章思想园地

学史增信

魏源经济思想述评[1]

知识传授

◎魏源关于"本"和"末"、"奢"和"俭"、"除弊兴利"、"对外贸易"以及"师夷长技以制夷"等方面的经济思想主张。

◎魏源经济思想的历史地位与意义。

价值塑造

◎培养哲学思维，树立正确的辩证唯物主义观点和历史观：深入挖掘魏源经济思想的哲学基础。

---

① 作者为上海电力大学徐信艳。

◎强化使命担当的民族责任感和爱国情怀：结合魏源经济思想的时代背景，深刻把握魏源经济思想观点中所蕴含的价值取向和爱国情怀。

适用情景

◎《中国经济思想史》：介绍中国由封建社会开始走向半殖民地半封建近代社会转型期的代表人物的经济思想。

案例内容

魏源经济思想的主要内容

一、关于"缓本急标"思想

魏源坚持"以农为本"，重视"本富"。他把农业所生产的自然形态财富——食看作"本富"，强调"阜食源"，即通过农垦等途径增加粮食生产。魏源在坚持"重本"的同时，根据当时的形势提出"缓本急标"之法，"语金生粟死之训，重本抑末之谊，则食先于货；语今日缓本急标之法，则货先于食"。（《魏源集·军储篇一》）他认为商人"无赋敛徭役，无官吏挟制……是以有田之富民可悯更甚于无田"（《魏源集·默觚下·治篇十四》）。这等于是宣布以"末"致富是较为稳妥可靠的途径，改变了一向认为土地收益最为牢固的传统致富观点。魏源的"缓本急标"的论点对以后的资产阶级思想家彻底抛弃"重本抑末"的封建理论提供了必要的思想基础。

二、关于"奢"和"俭"的观点

魏源对传统的崇俭思想作了新的解释。他说："俭，美德也；禁奢崇俭，美政也。然可以励上，不可以律下；可以训贫，不可以规富。"（《魏源集·默觚下·治篇十四》）这是说，崇俭这一美德和美政只能适用于最高统治者和贫苦劳动人民，却不能用来要求处在中间地位的富裕阶层。其理由是，最高统治者如奢侈，则上行下效，"主奢一则下奢一，主奢五则下奢五，主奢十则下奢十，是合十天下为一天下也。以一天下养十天下，则不足之势多矣"（《魏源集·默觚下·治篇十四》），不足就会产生纷乱和攘夺，使统治者常处于忧危之境。而富人的奢侈会促进"通工易事"，使周围的穷人得到工作。这表明魏源在一定程度上是从商品经济的发展、工商业者的利益的角度来看待"奢""俭"问题的，对当时的封建统治无疑是一种冲击。

三、关于"除弊"和"兴利"的主张

鸦片战争前，魏源的经济主张多集中于除弊方面："天下无兴利之法，除其弊而利自兴矣。"（《古微堂外集》卷七《淮北票盐志叙代》）鸦片战争后，魏源对"兴利""除弊"的提法有了变化，他说："有以除弊为兴利者，有以节用为兴利者，有以塞患为兴利者，有以开源为兴利者。"（《魏源集·军储篇一》）从表面看，他在这里讲的都是"兴利"的问题，但实际上，"节用""塞患"也都属于"除弊"的范围，只有"开源"才是"兴利"的问题。对于"兴利"或"开源"，他只列举了别人在鸦片战争前已经提及的屯垦、采金和更币之类。但在编辑《海国图志》时，魏源对"兴利"的看法有了很大的改变，提出由政府设厂，并允许沿海商民自行仿造西方的轮船、枪炮以及其他一些新式产品的主张。这表明魏源已经在一定程度上突破了地主阶级改革派思想家兴利除弊思想的界限。

四、关于对外贸易思想

在外贸政策上，魏源和林则徐的观点相同，即坚持禁绝鸦片输入，提倡正常国际贸易。他将鸦片贸易与一般对外贸易区分开来，批判了传统的反对"奇技淫巧"的成见，并纠正了"天朝无所不有"，不必仰赖洋货的盲目自大的思想。魏源曾联系白银外流问题来研究对外贸易。他分析了道光十七年（1837年）中国同英、美和其他一些国家的外贸收支状况，指出如果没有鸦片走私进口，中国的进口货总值远少于出口货总值，白银应该是进口而不是外流。尽管他还没有贸易差额的明确概念，但他在实际上已经利用贸易差额的材料来分析、研究对外贸问题了。

五、关于"师夷长技以制夷"的对外开放主张

魏源认为要抵御外国资本主义势力的侵略，首先应设法做到熟悉夷情，也就是"欲制外夷者，必先悉夷情始"（《海国图志·筹海篇三》），"欲制夷患，必筹夷情"（《海国图志·筹海篇四》）。因此，他严厉地批评了封建王朝对外夷实情愚昧无知和昏庸无能的状态，提出了影响深远的"师夷长技以制夷"的著名口号，阐述了他的关于学习西方国家的先进科学技术和兴办中国新式工业的经济思想。"师夷长技以制夷"的要旨是从西方资本主义国家引进工业设备和技术，在中国以自设造船厂和火器局为开端，来实现富国强兵。魏源认为，建立新式工业不能仅局限于军火的生产，也要制造民用的工业品；不能只局限于官办，应该允许商民自行设厂，以发展新式工业。他说："盖船厂非徒造战舰也"，"凡有益于民用者，皆可于此造之"。又说："沿海商民，有自愿仿设厂局以造船械，或自用，或出售者听之。"（《海国图志·筹海篇三》）魏源这种主张不仅大大超越了反映封建社会一般商业资本利益要求的"用商""利商"观点，进一步从商品流通领域扩展到工业生产领域，而且他所建议的由商民制造现代工业制品而自行设置的工厂，实际上已经是有利于中国近代民族资本主义工业产生和发展的资本主义性质的企业。

问题1：如何理解魏源经济思想的哲学基础？

魏源的进步经济思想是建立在他的进步哲学思想基础上的。魏源非常重视《公羊春秋》《周易》《老子》中的变易思想，这种思想经过他的推衍阐发，成为他的社会经济变革思想的重要理论基础。

关于魏源经济思想的哲学基础主要表现在三个方面：

1.认识论的唯物倾向

魏源强调经世致用，主张"书各有旨归，道存乎实用"（《皇朝经世文编五例》），提出了进步的以实践为基础的认识论思想。在关于知和行的关系问题上，魏源主张先行后知，不行则不知。他说："及之而后知，履之而后艰，乌有不行而能知者乎？"（《魏源集·默觚上·学篇二》）他强调"及之""履"在认识过程中的地位和作用，说明人们对客观事物的认识，一定要主体与客体相接触才能获得；没有行，则不可能有知，行是知的来源和基础。在行的内容上，魏源认为"亲历诸身"和"勤访问"是行的重要内容，"善琴弈者不视谱，善相马者不按图，善治民者不泥法。无他，亲历诸身而已"。（《魏源集·默觚下·治篇五》）他认为调查研究是认识事物的基础，"夫士而欲任天

下之重，必自其勤访问始"（《魏源集·默觚下·治篇一》）。大量的长期、细致的调查研究，使魏源掌握了真实可靠的第一手资料，所以他的改革主张援古证今，既有深厚的历史感，又有强烈的现实感，能够从实际出发。其论证往往有针对性和说服力，提出的策略具有可操作性，在实践中取得了一定效果。

2.辩证法的因素

魏源指出，一切事物都存在对立面，同一事物内部也是"消与长聚门，祸与福同根"（《魏源集·默觚上·学篇七》），甚至"一念之中，有屡舜而屡跖者，有俄人而俄禽者；一日之中，有人多而禽少者，有跖多而舜少者"。（《魏源集·默觚上·学篇一》）处在不断的矛盾斗争中的对立双方，为什么能够共存于一个统一体中？魏源分析指出，这是由于"有对之中必一主一辅，则对而不失为独"（《魏源集·默觚上·学篇十一》）。对立双方并非势均力敌，其中必然有一方处于主导地位，且对立面是相互转化的。他承认客观事物中包含矛盾，矛盾的斗争引起变化发展，世界上没有什么永恒不变的事物，这是魏源变法改革的重要理论依据。从对立统一中把握矛盾，确立以"变"为核心的哲学观和方法论，使魏源能够抓住问题的关键，来分析处理复杂的现实问题。

3.进化的历史观

魏源针对宋明理学复古倒退的观点，利用《公羊春秋》"微言大义"的方法，提出一些进化的历史观点。他反对"言必称三代"的复古主义，也反对完全割断"古"与"今"的联系："古乃有古，执古以绳今，是为诬今；执今以律古，是为诬古；诬今不可以为治，诬古不可以语学。"（《魏源集·默觚下·治篇五》）在此，魏源将"治"与"学"分开来论述，是有深意的。在他看来，政治上必须从社会现实出发，不能以古绳今；学术上则以复古为要，不可以"执今律古"。因为时势在不断变化中，同样的事物在不同环境和形势下、因不同的人而会产生不同的结果。时代不同，所处的客观情况不同，人也不同："同俭也，或以之养廉，或以之济贫；同礼也，或以之将孙，或以之济争……故以迹观人，则不足以知人；以迹师古，则不足以希古。"（《魏源集·默觚下·治篇四》）在这里，魏源强调，如果不考虑当今实际情况，或盲目效法古制，或死守祖宗成法，不求变革，只能导致僵化和保守。不过，他并非全盘否定"古"，而是认识到古代政治的得失能为当今提供借鉴，并提出处理古今关系的正确方法是"今必本夫古"，古又"必有验于今"。（《皇朝经世文编序》）魏源认识到历史发展的方向以大多数人的利益为旨归，总结出"变古愈尽，便民愈甚"（《魏源集·默觚下·治篇五》）的历史规律，为变法主张提供了令人信服的理论根据，对后世产生了深远的积极影响。

问题2：如何看待和评价魏源经济思想的时代价值和历史意义？

魏源一生经历清末嘉庆、道光、咸丰三朝，即中国由封建社会开始走向半殖民地半封建近代社会的转型期，他是鸦片战争后中国开始发生剧烈变动时期的地主阶级改革派经济思想承先启后的代表人物。

魏源经济思想分为两期：前期侧重漕运和河工等问题，以除弊为主；鸦片战争后转向兴利，向西方学习可资借鉴的经验，更多反映了时代的动向。魏源经济思想最具前瞻性的是他的"师夷长技以制夷"主张，在当时，既是对西方"侵略性与先进性兼而有之"双重挑战的爱国主义回应，也为当时中国指出了新的方向，开出了医治中国"今病"的药方，给人以新的希望和力量，标志着中华民族觉醒的开始，也标志着近代中国人向西方学习新思潮的发端，具有"前驱先路"的历史地位和历史作用。

魏源是一位有着深沉爱国主义情怀的思想家，在他的"便民""富民""利国"价值观背后，是他渴望中国繁荣富强的拳拳之心和炽热情感。他说："人有恒言曰'才情'，才生于情，未有无情而有才者也。慈母情爱赤子，自有能鞠赤子之才；手足情卫头目，自有能捍头目之才。无情于民物而能才济民物，自古至今未之有也。小人于国、于君、于民，皆漠然无情。故其心思智力不以济物而专以伤物，是鸷禽之爪牙，蜂虿之芒刺也。"（《魏源集·默觚下·治篇一》）在魏源看来，人的才华来源于人的情感，没有"于国、于君、于民"的深厚的道德感情和道德责任感，就不可能有精神的动力。他将"便民""富民""利国"作为孜孜不倦的价值追求，爱国主义情感是推动他为国家和民族建功立业的强大动力。

作为新旧历史交替之际站在历史前沿的经济学家，魏源的经济思想不仅在中国经济思想史上占有十分重要的地位，而且对于我们今天的改革开放仍然具有重要的启迪意义。

资料来源

［1］陈其泰，刘兰肖. 魏源评传［M］. 南京：南京大学出版社，2005.

［2］周中之. 魏源的经济伦理思想及其评价［J］. 船山学刊，2017（6）：82-87.

［3］陈朝祥. 魏源经济思想述评［J］. 人民论坛，2010（23）：232-233.

［4］刘月霞. 魏源经世思想的哲学基础［J］. 河北经贸大学学报（综合版），2002，2（3）：13-15.

［5］杨万铭. 中国近代经济思想的开拓者——魏源经济思想评析［J］. 社会科学研究，1999（6）：120-124.

［6］罗清和. 论魏源的经济思想［J］. 深圳大学学报（人文社会科学版），1991，8（4）：95-114.

本章思语

1.清朝中期存在的社会经济问题主要有哪些？

2.洪亮吉与马尔萨斯在人口过剩问题上的主张有何异同？

3.该时期抑制土地兼并的主要思想观点有哪些？应如何评价？

4.封建社会"重农抑末"思想在该时期有何新的发展？

5.王瑬与魏源在货币思想上有何本质区别？为解决当时的货币问题，他们分别提出了什么建议？

6.魏源"师夷长技以制夷"论的核心内容是什么？请阐述该思想的历史意义。

推
荐
阅
读
文
献

　　[1]　叶世昌. 鸦片战争前后我国的货币学说 [M]. 上海：上海人民出版社，1963.

　　[2]　谢威. 论中国近代经济思想史中的开放意识 [EB/OL]. （2009-04-01）[2019-07-16]. https://www.globrand.com/2009/217334.shtml.

第七章 19世纪中叶至20世纪初（清朝末年至中华民国初年）经济思想

学习目标

　　◎重点掌握传统经济思想与近代经济思想的异同、近代各个学派的思想论争以及孙中山的经济思想；

　　◎一般掌握发展工商业的思想、金融思想、货币思想以及经济自由主义思想；

　　◎了解中国近代社会的历史史实和各种经济思想的具体内容。

关键词

　　中学为体，西学为用　经济自由思想　平均地权的思想　节制资本

第一节 19世纪中叶至20世纪初社会经济发展概况

一、半殖民地半封建社会的形成

1840年的鸦片战争开启了中国近代社会的大门，中国从此进入了半殖民地半封建社会。所谓半殖民地指的是西方资本主义国家通过军事侵略、经济侵略的手段逐步控制中国的政治、经济等，迫使中国陷入了政治不独立、经济依附的境地。半封建则指的是在封建经济内部孕育的资本主义萌芽和西方资本主义经济的影响下，传统自给自足的封建经济受到了前所未有的冲击和重创，出现了日益瓦解和分化的状况。从社会形态的整体演变来看，中国近代社会是半殖民地半封建社会。但是，两者的发展进度不是完全一致的。随着西方资本主义国家的入侵，封建统治阶级屈服于西方殖民主义者，成为西方殖民主义国家统治中国的代理工具，中国迅速陷入半殖民地状态。相对于半殖民地状态的迅速形成，中国的半封建社会的演变则经历了非常漫长的历史阶段。尽管在中国古代社会中商品经济有了一定程度的发展，特别是明清时期资本主义萌芽产生，但是，以家庭为单位的小农经济和小手工业的紧密结合以及长期存在的封建专制集权严重压抑了商品经济的进一步发展，阻碍了中国资本主义经济的产生和发展，延长了中国封建经济的瓦解分化过程。在近代半殖民地半封建社会中，帝国主义和中华民族的矛盾、封建主义和人民大众的矛盾是社会的主要矛盾，其中帝国主义和中华民族的矛盾居于主导地位。

二、封建专制政治体制的覆灭

在政治统治方面，地主、官僚和商人三位一体的统治模式具有非常顽强的生命力，在外界的强烈冲击下，依然保持了封建专制的统治。帝国主义国家矛盾的不可调和性又使得它们更愿意把清政府作为它们统治中国的工具。因此，鸦片战争结束后的相当一段时间内，清政府保持了政治形式上的统一，但是，腐朽落后的上层建筑严重阻碍了经济基础的进一步发展。戊戌变法时期，资产阶级改良派提出了君主立宪的改良方案，孙中山领导的资产阶级革命派更是采取暴力革命的形式推翻了统治了中国两千多年的封建专制制度，建立了中华民国，民主共和的理念深入人心。

三、外国资本主义的入侵和中国自然经济的瓦解

在经济上，外国资本主义的入侵和中国自然经济的瓦解是这个历史阶段的主要特征。鸦片战争以后，西方资本主义列强用武力迫使清政府签订了一系列丧权辱国的条约，从中国攫取了大量的经济利益。西方列强从商品入侵入手，进而取得在中国投资设厂的权利，并逐步发展起与之相适应的金融体系，不断加强对中国经济的控制和掠夺，中国经济被动地成为世界资本主义经济体系的一个组成部分，卷入了世界资本主义的浪潮之中。从根本上来讲，自然经济分化瓦解的原因是社会生产力和社会分工的发展，与之相对应的是商品经济的不断扩大和发展。随着中国经济体内部商品经济因素的不断壮

大和发展，在鸦片战争之前，传统的自然经济已经出现了分化瓦解的趋势。鸦片战争之后，这种趋势更加突出和明显。许涤新和吴承明在《中国资本主义发展史》中指出，自然经济加速瓦解主要是由于资本主义列强的商品入侵和出口贸易的发展，这是一种被动的、强制性的分解。外国资本主义的入侵和中国传统自然经济的瓦解，客观上为资本主义的发展创造了条件，促进了中国资本主义的发展。

四、社会变革意识的萌发

随着帝国主义的经济侵略和中国自身的资本主义经济的冲击，自给自足的封建经济逐步地分化瓦解，资本主义性质的经济成分在社会生产中发挥越来越重要的作用。鸦片战争结束之后，清政府开始了经济政策的第一次转变，开始学习西方先进的科学技术、管理方法等。中日甲午战争后，清政府实行新政，全面学习西方社会，客观上为资本主义经济的发展创造了有利的条件。在中国半殖民地半封建社会中，中华民族在文化价值观以及意识形态领域经历了前所未有的冲击。鸦片战争不仅粉碎了清朝的武装力量和打开了闭关锁国的大门，而且引起了人们对传统文化价值观以及其他思想意识的反思。在鸦片战争之前，虽然中华民族不止一次被落后的少数民族或邻国侵略，但是，最终的结果是外来的文化价值观等被中华民族所同化，中华民族的自信心并没有从根本上受到冲击。鸦片战争的失败真正挫伤了中华民族长期以来固有的民族自信心和自尊心，人们对传统的思想意识以及社会价值的怀疑与日俱增。一批先进的中国人开始摆脱过去那种盲目自大、作茧自缚的做法，睁眼看世界，形成了一股"向西方学习"的思潮。

第二节　鸦片战争前后社会转型期新旧经济思想的消长

一、嘉道年间清政府的经济政策及其演变

在康乾盛世时期，封建政府并没有一味地采取闭关锁国的政策，而是有选择地吸收西方资本主义的一些有益的东西。但是，随着社会矛盾的不断加深和西方资本主义势力侵略意识的不断抬头，封建统治者面临着发展和安全的两难选择：一方面，需要借鉴和吸收西方资本主义先进的文明成果，促进社会经济发展；另一方面，西方资本主义对中国的侵略之心又使得清政府不敢实行开放政策。在这种两难境地下，清政府采取了消极保守的策略。

这种保守的思想在嘉庆帝时达到了顶峰。嘉庆帝的守成思想最集中地反映在其于嘉庆十六年（1811年）写成的《守成论》一文中。该文结合历朝历代的经验，认为祖宗之法详尽之至、尽善尽美，只有遵循祖宗成规才能保证社会的繁荣稳定。嘉庆帝的守成思想主要源于两方面原因：一是传统儒家政治思想的影响。传统儒家向来有法先王的传统，把三皇五帝时期的统治作为理想政治模式来看待。二是康乾盛世后期逐步出现和形成的"持盈保泰"思想。"持盈保泰"思想主要指当事者处盈泰之时，更滋敬慎之心，以保持事物的圆满状态。但是，从社会发展的角度看，它实际上就是一种保守观念的产

物，就是维持现状。

这种保守、落后的统治思想在经济政策方面表现得尤为明显。19世纪初，中国经济发展的衰败形势已经十分严重，封建生产关系已经成为生产力进一步发展的桎梏。只有改变传统的经济政策，才能适应时代的发展和需要。但是，保守的嘉庆帝对外继续实行闭关锁国的政策，在阻止西方侵略的同时，也丧失了追赶西方资本主义国家的机会；对内依然盲目坚持重本抑末的传统思想，为资本主义发展设置种种障碍，试图维持日益没落的封建生产方式。这种消极保守的经济政策不符合历史发展的潮流，必将进一步加剧社会动荡，封建统治岌岌可危。

1840年的鸦片战争打破了清朝统治者妄图依靠闭关锁国维持其统治的美梦，消极保守的经济思想在帝国主义的坚船利炮的冲击下逐步失去了阵地。到了道光帝统治时期，原来消极保守的经济政策已经再也无法维持下去。一方面，西方资本主义的入侵要求中国开放产品市场和原料市场，中国的经济被动地卷入世界经济体系之中。另一方面，在外国资本主义的刺激下，封建经济体中孕育的资本主义萌芽迅速发展，资本主义生产方式的优越性逐步得到体现。在这样的历史背景下，一批先进的中国人，特别是清政府的封疆大吏，开始反思中国之前的经济政策的局限性和落后性。他们对外提出学习西方的口号，提出"师夷长技以制夷"的政策主张，对内要求重视商业发展，改革财政金融制度的弊端，实行私营的经营方式。在一定程度上，这些先进的经济思想得到了统治阶级的认可，转变为统治阶级的经济政策。

二、地主阶级改革派的经济思想

地主阶级改革派是鸦片战争前后封建统治阶级内部形成的一个与保守派相对立的政治派别，他们从禁鸦片、筹海防、反抗外侮的行动实践中吃惊地看到封建闭关的中国远远落后于西方资本主义国家。他们出于保护民族利益和维护封建统治的目的，既不盲目虚骄，又不畏夷媚夷，明智地承认敌人的长处，认真地了解西方国家的情况，探求中国落后挨打的原因，从改革中国闭关锁国、夜郎自大的现状出发，主张实行自上而下的变革，提倡学习西方的富国强兵之术，提出了"师夷长技以制夷"的主张。于是，中国拉开了了解和学习西方的第一幕。该派别的重要代表人物有魏源、林则徐、冯桂芬、包世臣、许楣等。其中魏源的经济思想最具有代表性，标志着中国传统的经济思想向近代经济思想转变，被称为中国经济思想史变革的发轫者。[①]下面以介绍魏源的经济思想为主，兼顾其他历史人物的经济思想，阐述地主阶级改革派的经济思想。

（一）向西方学习的思想

与同时期的保守派和之后的洋务派以及资产阶级改良派相比，地主阶级改革派最显著的特点就是其第一次公开发出了向西方学习的号召，代表了近代中国社会政治和经济发展的潮流和趋势。鸦片战争之后，面对内忧外患，魏源积极寻求富国强兵、抵抗外来侵略之术。从和英国殖民者的交往中，他认识到英国殖民者取胜的关键是其"船坚炮

---

① 胡寄窗. 中国近代经济思想史大纲［M］. 北京：中国社会科学出版社，1984：22.

利"之"长技",只有"师夷长技"才能"制夷",提出了"师夷长技以制夷"的主张,开启了向西方学习的大门。冯桂芬指出:"法苟不善,虽古先吾斥之。法苟善,虽蛮貊吾师之。"(《校邠庐抗议·收贫民议》)他进一步指出学习西方的基本原则,即"以中国之伦常名教为原本,辅以诸国富强之术"(《校邠庐抗议·采西学议》)。

(二)重视商业的思想

在具有浓厚的重农抑商色彩的传统社会中,尽管存在为商人正名、维护商人利益的各种言论,但是,这些言论在传统社会中居于边缘地位,始终没有得到主流社会的认可。地主阶级改革派出于社会经济形势发展和充盈国家财政的需要,提出了重视和发展商业的思想,这些思想被之后的洋务派、资产阶级改良派等继承并不断发扬,重商思想逐步成为社会经济的主流思想。

魏源把发展商业的思想运用到所分析的各种经济问题中,成为19世纪上半叶最重要、最全面的重商思想。他说:"天下有本富,有末富,其别在有田无田。有田而富者,岁输租税、供徭役,事事受制于官,一遇饥荒,束手待尽。非若无田富民,逐什一之利,转贩四方,无赋敛徭役,无官吏挟制,即有与民争利之桑、孔,能分其利而不能破其家也。是以有田之富民可悯更甚于无田。"(《古微堂内集·治篇》)魏源认为,商人除了向国家缴纳一定量的税收外,不再受制于官吏的制约,在一定程度上摆脱了封建社会的人身依附关系,从商致富可以成为较为稳妥的途径。同时,他把重视商业和整个国家的求强致富联系起来,突破了原有的为商业发展而强调重视商业的观点,把重商思想上升到一个前所未有的高度,也体现了维护商人利益的思想。以改革漕运为例,他说:"海运之事,其所利者有三:国计也,民生也,海商也。"(《复魏制府询海运书》)他又说:"是役也,国便、民便、商便、官便、河便、漕便,于古未有。"(《海运全案序》)在对外贸易方面,其重视商业的思想反映在两个方面:第一,把鸦片贸易和正常贸易区分开来,从而澄清了当时社会上一些对对外贸易有成见的说法。第二,从比较优势的原理出发,得出国际贸易的实质是对贸易双方互利的观点。如他指出出口丝茶等外洋必需之货以交换外洋船舶火器而自修自强(《道光洋艘征抚记》),进口"铅铁硝布等有益中国之物"(《魏源集·筹海篇四》)。

(三)歌颂私有财产制度的思想

在当时的历史背景下,资本主义萌芽开始兴起,资本主义经济有所发展,出现歌颂私有财产制度的思想符合新兴剥削阶级的现实需求。在论述私有财产制度时,魏源指出如果不重视私人财产制度,则会导致"使人不敢顾家业,则国必亡"。他在赞颂私有财产制度的时候,并没有对以往思想家关注的贫富不均问题予以解答,体现了近代新兴资本主义因素的精神。龚自珍更是把"私"看作天经地义的自然现象和社会现象,肯定私有财产制度对社会发展的作用。

(四)货币思想

随着鸦片的大量输入,白银大量外流,清末社会出现了银荒问题。同时,随着商品经济的进一步发展，日益扩大的市场对货币问题提出了更高的要求。

林则徐的货币思想主要体现在两个方面：

第一，从外国银币和中国的白银锭的比较出发，认为外国银铸币具有确定的成色和重量，可以减轻白银锭过秤和折算的交易成本，因而"是以不胫而走"（《林文忠公政书·江苏奏稿》卷一《会奏查议银昂钱贱除弊便民事宜折》）。

第二，支持信用货币的流通。针对"银荒"严重时有些保守人士把它归结于"钱票"，林则徐认为，钱票的流通"稍可济民用之不足。若不许其用票，恐捉襟见肘之状更有立至者矣"。（《林文忠公政书·湖广奏稿》卷五《钱票无甚关碍宜重禁吃烟以杜弊源片》）

魏源也认识到外国银铸币的优点，主张铸造银币。他对铸造银币的币材——白银的来源作了充分考虑，估计本国的银矿藏"未开采者十之六七"（《魏源集·军储篇一》），并且提出禁止鸦片进口以解决白银外流问题。

王茂荫的发行兑换纸币的思想也比较成熟。他考虑到实行钞法所易于产生的弊端有十端（《清文宗实录》卷一百二十三）。

我们可以概括出发行钞币必须遵行的原则：一是发钞要兑现；二是不能将发钞作为政府搜刮手段；三是发钞须有一定限度，不能过多，也不能经常变更；四是钞币须制作精致，不能偷工减料；五是不能由政府直接发钞。这是对我国历代行钞失败经验的较完备而中肯的总结。①

（五）强调私营方式的经营思想

尽管封建国家长期以来对一些生产和生活的必需品，如铁、盐、茶、酒等实行国家专卖，垄断这些产品的生产或者流通环节，但是，由于封建经济内部商品经济的不断发展，自宋朝以来，国家逐渐改变了官营的模式，实行私营。

魏源详细论证了官营模式的弊端以及私营模式的优势，从而强调私营方式有两大特点：

第一，实行私营方式包含了更多的领域和行业，如采矿业、盐业、造船和机器制造业、屯垦等。

第二，在实行私营的前提下，提倡采用"公司"的组织形式。魏源在编写《海国图志》的过程中，吸收了不少国外先进的东西，对当时流行于西方社会的合伙经营组织有着感性的认识。他说："公司者，数十商辏资营运，出则通力合作，归则计本均分，其局大而联。"（《魏源集·筹海篇四》）其中已经谈到了公司这种组织模式的优点，如资本雄厚、共同经营、共担风险等。

林则徐在论述开采矿山问题时，认为"查办厂先须备齐油米柴炭，资本甚巨，原非一人之力所能独开。官办呼应虽灵，而在任久暂无常，恐交代葛藤滋甚。倘或因之亏空，参办则有所藉口，筹补则益启效尤。况地方官经管事多，安能亲驻厂中，胼胝手足，势必假手于幕丁胥役，弊窦愈多。似仍招集商民，听其朋资伙办，成则加奖，歇亦

① 胡寄窗. 中国近代经济思想史大纲［M］. 北京：中国社会科学出版社，1984：15.

不追。则官有督率之权，而无著赔之累，似可常行无弊"。（《林文忠公政书·云贵奏稿》卷九《查勘矿厂情形试行开采折》）他论述了官营模式的弊端，提倡私营方式。但是，他在强调私营方式的同时，也指出"官有督率之权"，强调政府对私营企业的监督和管理。

（六）财政思想

魏源的财政思想大都来自对盐务和漕运实践经验的总结，并没有从理论上对财政问题进行阐述。针对外国商品的大量涌入以及由此给中国经济带来的影响，魏源强调扩大关税等商业税的收入来增加封建国家的财政收入。他的这一主张体现了一小部分开明地主要求争取关税自主、反抗外来侵略的思想。但是，在当时的社会政治和经济条件下，这些主张不可能得到统治阶级的认可。

三、地主阶级保守派的经济思想

地主阶级保守派也称地主阶级顽固派，是统治阶级中固守传统的伦理道德、仇视和排斥一切外来技术和思想的一个政治派别。它是中国近代社会生产关系中最腐朽、最反动、最落后的势力的代表。该派别的代表主要有倭仁、刘锡鸿、李鸿藻等。

如前文所述，中国的半封建化过程是一个极其漫长的过程，封建传统的价值理念根深蒂固，封建残余一直萦绕在地主阶级保守派的心头。虽然地主阶级保守派的思想长期存在，但是纵观近代社会的发展历程，地主阶级保守派逐步退出社会发展的主流，他们的经济思想也不可能代表经济思想的发展潮流。因此，我们主要从地主阶级保守派同洋务派以及资产阶级改良派的思想交锋中来梳理他们的经济思想。

保守派的经济思想经历了一个变化的过程。从19世纪60年代到中日甲午战争，保守派的经济思想集中反映在反对地主阶级改革派和洋务派的各种经济思想中。他们要求维持旧有的生产方式，反对以一切形式向西方学习。但是，从本质上讲，地主阶级保守派、改革派以及洋务派是一致的，他们的斗争只不过是封建统治阶级内部不同派别在经济思想上的争论，最终的目的都是维护日益没落的封建统治秩序，他们的区别只是在于采取的方式不同。因此，中日甲午战争结束之后，当新兴的资产阶级改良派开始登上历史舞台的时候，其倡导的发展资本主义、实行议会制度、反对君主专制等主张同封建保守派存在根本的利益冲突，因此，这一时期保守派和洋务派的分歧逐步缓和，从而形成了戊戌变法时期的保守派和洋务派联合起来共同反对维新派的局面。尽管地主阶级保守派经历了不同的发展阶段，但是，其基本的经济思想没有明显的变化，主要体现在以下两方面。

（一）反对向西方学习的思想

这一点自始至终贯穿于地主阶级保守派的思想演变过程之中，成为封建地主阶级保守派区别于地主阶级改革派、洋务派以及资产阶级改良派的显著特点。地主阶级保守派反对向西方学习的主要依据是"中国国情不同论"，这一点主要体现在两个方面：一方面，中国传统社会以伦理道德为本，而西方社会以技艺为本；另一方面，中国传统社会是重农抑商的社会，而西方社会是以商业立国。

保守派一再强调统治社会的基础在于"人心"，维持"人心"的基础则是封建伦理道德，如"忠信礼义""纲常名教"等。曾廉坚决拥护"三纲"，他认为西方社会"君臣父子夫妇之纲废，于是天下之人视其亲长亦不啻水中之萍……悍然忘君臣父子之义，于是乎忧先起于萧墙"。诸成博说："当今之世，非无治法之患，实无人心之患，欲求变法，先宜变心。"（《坚正堂折稿》卷二）

在反对发展资本主义商业方面，周德润说："外夷以经商为主，君与民共谋其利者也，中国以养民为主，君以利利民而不言利者也。"（《洋务运动》第六册《光绪七年正月初十日翰林院侍读周德润奏》）徐致祥说："中国自古以农立国，工商富强之途未必适用。"（《嘉定先生奏议·论时事折》）

地主阶级保守派反对向西方学习的另外一个依据就是祖宗之法不可变。祖宗之法指的是中国的纲常名教和大经大法。他们把封建专制主义中的祖宗成法视为神圣而不可侵犯的，认为变法就是违背了祖宗之法，是大逆不道的。如荣禄、王文韶说："富强之道，不过开矿、通商、练兵、制械，其他大经大法，自有祖宗遗制，岂容轻改？"（《戊戌变法》第一册《慈禧传信录》）

（二）机器夺民生计的思想

新兴的近代工业和交通企业冲击了自给自足的自然经济，从根本上动摇了封建制度的经济基础。保守派抨击这些具有资本主义性质的产业的主要依据是机器夺民生计论，该论点同保守派的反对近代工商业的思想紧密结合。

刘锡鸿指出："夫农田之以机器，可为人节劳，亦可以使人习逸者也；可为富民省雇耕之费，亦可使贫民失衣食之资者也。"这是机器夺民生计论的先声。

随后，在国外目睹火车"技之奇巧，逾乎缩地"，但是他认为："然以行诸中国，则裸股肱、执策绥……莫不尽费其业。历朝以骚动百姓为戒，凿山开矿，事难纷纷举行，万口嗷嗷，疗穷何术？"（《英轺私记》）我们应该看到，在从传统社会向现代社会转型的过程中，资本主义生产方式取代封建生产方式，虽然在短期内，在某些特定的行业会造成失业问题，但是正如马克思所说："虽然机器在应用它的部门必然排挤工人，但是它能引起其他劳动部门就业的增加。"[1]因此，就机器本身来说，并不包含排挤工人、引起失业的必然性。保守派反对工农业使用机器，实质上并不是关心社会民众的生计，而是以落后的封建生产方式来反对新兴的资本主义生产方式。[2]

四、社会转型初期经济思想的特点

鸦片战争之后，中国进入了从传统社会向近代社会的转型期，与之伴随的是中国半殖民地半封建社会的逐步形成。社会政治、经济实践活动必然会在思想意识领域得到反映，因此，在社会转型初期，经济思想同样具有一些特点，主要体现在以下方面：

---

① 马克思，恩格斯. 马克思恩格斯全集（第24卷）[M]. 中共中央马克思恩格斯列宁斯大林著作编译局，译. 北京：人民出版社，1965.

② 侯厚吉，吴其敬. 中国近代经济思想史稿（第2册）[M]. 哈尔滨：黑龙江人民出版社，1983：159.

（1）新旧经济思想在斗争中共存。从根本上来讲，这一点是由中国的半殖民地半封建社会的性质所决定的。半封建性意味着中国依然是一个带有浓厚封建气息的国家，封建势力不会自觉地退出历史舞台，封建传统经济思想必然顽强地反对、阻止外来先进经济思想的传播。与此同时，随着对外经济交往的不断增多，西方的经济思想和经济理论越来越多地传入中国，并逐步被先进的中国人接受。传统和近代的经济思想不可避免地会产生矛盾，并在激烈的交锋和碰撞中共存。因此，对于这一特定的历史阶段，经济思想史的研究应侧重分析新旧经济思想的斗争演变过程，旧的如何消灭及何时消灭，新的如何发展传播及其在各个发展阶段上的传播情况。①

（2）新经济思想在斗争中逐步取得优势地位，被继承和发扬下去。新旧两种经济思想的斗争本质上是落后的封建生产方式与先进的资本主义生产方式的斗争。这一点决定了新经济思想必然会在与旧经济思想的斗争中取得优势地位。向西方学习、重视商业发展以及鼓励私营等经济思想被之后的洋务派、改良派和革命派等继承并不断赋予它们以新的含义。

（3）假借"先王""圣道"等来传播和实施西方先进的经济思想，并强调中国传统伦理的决定性作用。这一点在近代社会转型初期非常明显。它是民族自尊心、自信心和现实状况的强烈反差在思想意识领域的一种矛盾反映。薛福成认为："上古之世，制作萃于中华……中国圣人仰观俯察，而西人渐效之。今者西人踵中国圣人之制作而研精不辍，中国又何尝不可因之。"（《庸庵海外文编》卷三《西法为公共之理说》）冯桂芬接受了魏源的"可变者势，不可变者道"（《古微堂内集·治篇九》）的哲学理念，提出"以中国之伦常名教为原本，辅以诸国富强之术"的变法指导原则。这是后来张之洞提出的"中学为体，西学为用"（《劝学篇·设学》）的雏形。

（4）接受的新思想大多是西方的工艺技巧和经济学常识，还没有上升到经济学理论层次。这一点符合人们认识事物的规律和中国当时的客观条件。人的认识总是遵循由低级到高级、从简单到复杂的规律。魏源正是认识到西方国家的坚船利炮，才提出了"师夷长技以制夷"的主张，重点学习西方先进的工艺技术。随着中西交往逐渐增多，在资产阶级维新派登上历史舞台之后，以严复为代表的经济学家开始关注西方的经济理论，并开始具备经济分析的特征。

第三节　洋务思潮的形成与发展

一、洋务思潮形成的社会经济背景

任何一种思潮的产生都离不开一定的社会政治、经济条件，洋务思潮也不例外。洋务思潮产生于19世纪六七十年代，主要体现在洋务派关于兴办近代军用和民用工业的言论和政策中。所谓洋务派，指的是第二次鸦片战争以后统治阶级内部形成的一个政治

---

① 胡寄窗. 中国近代经济思想史大纲［M］. 北京：中国社会科学出版社，1984：绪论3.

派别。该派别继承了地主阶级改革派向西方学习的思想，主张"中学为体，西学为用"，以实现封建国家"自强求富"的目标。该派别是中国封建势力和外国侵华势力相结合的产物，带有非常浓厚的封建性、垄断性和买办性。

如前所述，外国资本主义侵入中国之后，引起了中国社会经济、社会关系的变化，加速了自然经济的解体，促进了商品市场和劳动力市场的形成。同时，中西交流日益增多，西方先进的机器设备逐渐被引入中国，为中国近代工业的产生提供了一定的物质基础。面对中国人民的英勇抵抗，帝国主义国家需要一个对其驯服又有能力统治人民的清政府。清政府也进一步认识到自己和人民的矛盾是不可调和的，对外则可以通过出卖国家利权来苟延残喘。因此，外国资本主义势力和清朝统治者在镇压人民反抗这一问题上，利益是一致的。理解了这一点就可以理解为什么清政府首先兴办军事工业，进而兴办为军事工业提供服务的其他近代工业的做法。

概括地讲，洋务思潮的产生主要有以下两个方面的特征：

（1）首先产生了兴办军事工业的思想，其次产生了兴办民用工业的思想。

（2）虽然洋务思潮客观上促进了中国资本主义的发展，推动了中国近代工业化的历史进程，但是洋务思潮产生和实践的最终目的是服从于清王朝开辟财源的需要，是维护封建统治的。洋务思潮的主要代表人物包括曾国藩、左宗棠、李鸿章、张之洞等，虽然这些人物缺乏系统的经济理论，但他们大多是掌握国家政权的封疆大吏，他们的经济活动和经济观点代表了当时封建国家的政策取向，对当时的社会经济产生了较大的影响。

二、洋务思潮的经济政策思想及其演变

洋务运动经历了一个兴起、繁荣、没落的发展阶段，洋务思潮也经历了一个变化的过程。按照经济思想发展的内在轨迹，结合中国近代社会发展的阶段特点，大体上可以中日甲午战争为分界点，把近代洋务思潮的发展划分为两个阶段：

第一阶段，洋务派的经济思想主要体现在和封建保守派的思想交锋中，双方斗争的焦点就是如何看待近代工业。洋务派坚持引进西方的先进技术发展军用和民用工业，实现"自强求富"的目标。同时，针对西方资本主义国家对中国实行商品输出侵略，洋务派还从通商方面论述了兴办民办企业和外贸问题。

第二阶段，洋务派的经济思想主要体现在和维新派的思想论战中。张之洞的经济思想是这一阶段洋务派经济思想的典型代表。他明确提出了"中学为体，西学为用"的政策主张，认识到"富民强国之本，实在于工"。但是，他反对维新派提出的有关资产阶级民主的一系列政策主张。

同时，针对这一时期西方资本主义国家实行资本输出策略，洋务派在与外国通商合作和借用外债等经济政策方面出现了一些变化。

洋务派的经济思想主要体现在以下方面：

（一）"中学为体，西学为用"的指导思想

1898年，张之洞发表《劝学篇》，提出了"旧学为体，新学为用"。从实质内容上看，"旧学"和"新学"分别与"中学"和"西学"相对应，因此，"旧学为体，新学为

用"又被后人称为"中学为体，西学为用"，并成为洋务运动的指导思想。

实际上，在洋务运动的初期，李鸿章就提出了"中体西用"的指导思想。他说："中国文物制度迥异外洋獉狉之俗，所以郅治保邦丕基于勿坏者，固自有在。必谓转危为安、转弱为强之道，全由于仿习机器，臣亦不存此方隅之见。顾经国之略，有全体，有偏端，有本有末。如疾方亟，不得不治标，非谓赔补修养之方，即在是也。"（《李文忠公全集》卷九《置办外国铁厂机器折》）李鸿章认为，中国缺少的是西方先进的科学技术、机器设备，在中国学习西方先进技术的同时，一定要分清本末，坚持中国的"文物制度"。这里的"文物制度"指的是中国传统的伦理道德。

张之洞为了粉饰洋务运动中暴露的种种弊端，同时为了应对资产阶级维新派的挑战，他从"道"和"法"的关系出发，对"中体西用"观点进行了进一步阐述。他说："夫不可变者伦纪也，非法制也；圣道也，非器械也；心术也，非工艺也。""法者，所以适变也，不必尽同；道者，所以立本也，不可不一……夫所谓道本者，三纲四维是也。若并此弃之，法未行而大乱作矣；若守此不失，虽孔孟复生，岂有议变法之非者哉？"（《张文襄公全集》卷二百〇三《劝学篇下·变法第七》）从中我们可以看到，张之洞把维护封建的伦理道德和封建专制秩序放在第一位，把西学放到中学的从属地位。因此，在维护封建的制度和思想统制方面，洋务派和封建保守派是一致的。

（二）求富论

李鸿章为了镇压太平天国起义，主张兴办新式的军事工业，寻求所谓的"自强"。为了给军事工业提供基本的原料、燃料以及相应的运输设备，他提出了"先富而后能强"的思想。他说："臣维古今国势，必先富而后能强，尤必富在民生而国本乃可益固。"（《李文忠公全集》卷四十三《试办织布局折》）他在谈到设立招商局的目的时，这样说道："夫欲自强，必先裕饷，欲浚饷源，莫如振兴商务……微臣创设招商局之初意本是如此。"（《李文忠公全集》卷三十九《复议梅启照条陈折》）他已经注意到可以通过振兴商务来实现富国强兵的目的。

张之洞兴办洋务运动的时期，中国的资本主义正在初步发展，为他能够正确地认识农、工、商三者的关系提供了客观条件。他非常强调生产领域对流通领域的决定性作用，强调"工"在农、工、商三者中的地位，提出"以工为本"的富强论。他说："工者，农商之枢纽也，内兴农利，外增商业，皆非工不为功……外国工商两业相因而成，工有成器，然后商有贩运，是工为体，商为用。"（《张文襄公全集》卷二百〇三《劝学篇下·农工商学第九》）

（三）企业经营方式的多样性

经历了洋务运动早期军事工业的官办模式后，出于充盈国家财政的目的和迎合新兴资产阶级的要求，近代企业的经营模式经历了一系列的变化。

李鸿章在创办轮船招商局的时候，就提出了"官督商办"，"由官总其大纲"的指导思想，"以官护商"，帮助企业解决创办之初面临的种种困难。（《李文忠公全集》卷一《论试办轮船招商》）在官督商办模式中，企业的所有权和经营权非常不清晰，特别在封建王权的干预下，企业的经营权和剩余价值索取权落入了洋务派官僚手中，商人的利益受到了严重侵害。正是在这样的背景下，官商合办模式应运而生。

张之洞从"权"和"利"的关系出发，提出"两者相辅，商得其利，官收其功"（《张文襄公全集》卷十一《筹议海防要策折》）的观点。在这种经营模式下，商人的利益依然会受到洋务派官僚的侵犯。

郭嵩焘认为，政府参与企业的经营管理，弊端太多，得不偿失。要做到真正的富强，就应该允许商民自由集股经营，仿泰西之法，然后"听民为之"。

（四）外债思想

19世纪末，随着西方资本主义国家从自由竞争阶段过渡到垄断阶段，西方资本主义国家采取资本输出的方式加强对中国的控制和剥削，借用外资发展中国的经济成为洋务派的一个重要发展策略。张之洞在论述其外债思想时，往往与"自强"和"兴利"联系在一起。他说："今日赔款所借洋债已多，不若再多借十分之一二，及此创巨痛深之际，一举行之，负累虽深，而国势仍有蒸蒸日上之象，此举所借之款，尚可从容分年筹补。果从此有自强之机，自不患无还债之法。"（《张文襄公全集》卷三十七《吁请修备储才折》）

三、洋务思潮的历史作用

对洋务思潮的评价，20世纪80年代之前，学者大都采取阶级分析的方法，认为洋务派是带有非常浓烈的封建性、垄断性和买办性的地主阶级集团，它的一切行为目的是维护摇摇欲坠的封建统治秩序，严重阻碍了中国资本主义的发展。客观地讲，评价洋务思潮的历史作用必须把它放到历史的长河中，从洋务思潮与地主阶级改革派、地主阶级保守派以及资产阶级改良派的经济思想的联系和比较中，才能得到科学、公正的结论。洋务思潮兴起之初，继承了地主阶级改革派的向西方学习的进步观点，并且在同地主阶级保守派的思想斗争中取得胜利，实行了一系列经济措施，客观上促进了中国资本主义的发展，为资产阶级改良派和革命派提供了阶级基础和经济基础，符合当时历史发展的趋势和方向，具有历史进步意义。洋务运动进行到后期，洋务思潮更多地反映在它同资产阶级改良派的斗争上，体现为一种落后的生产方式在即将退出历史舞台时的垂死挣扎，逆历史潮流而动，阻碍了历史的进步。

第四节 19世纪70年代资产阶级改良派经济思想的产生与发展

一、资产阶级改良派经济思想产生的社会根源与发展阶段

资产阶级改良派是19世纪后期中国社会政治、经济、文化和阶级关系发展变化的产物，它由一批具有资产阶级意识、为新兴资本主义谋福利的先进的中国人组成。资产阶级改良派的经济思想集中体现了新兴资产阶级的利益和愿望，围绕建立和发展民族资本主义的中心问题，提出了一系列的新的经济观点和主张，代表了当时历史发展的方

向。19世纪后期，外国资本主义入侵的不断加剧和洋务运动的兴起，客观上进一步瓦解了封建经济，促进了中国资本主义的发展，为资产阶级改良派的形成提供了经济基础和阶级基础。在思想文化上，中国传统文化的精髓和日益增多的西方文化成为资产阶级改良派经济思想的源泉。资产阶级改良派继承了地主阶级改革派和洋务派的一些正确的经济观点和政策主张，同时吸收了《管子》中的经济思想、孔子的足民论、叶适和黄宗羲的重商思想等。在对待外来的文化上，资产阶级改良派通过阅读译著和亲身经历，认识和理解了西方资本主义的经济常识和"庸俗经济学"的经济理论，并且根据自身所处的社会历史条件，形成了具有中国特色、不同于西方资产阶级学说的经济思想。从资产阶级改良派经济思想的产生到其经济思想逐步被革命派的经济思想所取代，按照资产阶级改良派对西方经济理论的理解程度的不同、对工商业认识的改变以及改良派与洋务派的关系，改良派经济思想的发展演变大致可以分为两个阶段：

第一个阶段为19世纪六七十年代到中日甲午战争，是资产阶级改良派经济思想产生和初步发展的阶段。在这个历史阶段，改良派成员大都和洋务派保持着若即若离的关系，对西方经济理论的认识大都停留在经济学常识方面，提倡商业立国，体现了诞生之初的民族资产阶级的愿望。

第二个阶段为中日甲午战争到1905年同盟会成立，是资产阶级改良派经济思想的进一步发展时期。这一时期的代表是戊戌变法时期的维新派。相对于早期改良派，维新派提出了相对完善的资产阶级施政纲领，突出强调工业在整个国民经济中的重要作用，开始有意识地研究西方资本主义的经济理论。

二、19世纪70年代至80年代改良派的经济思想

早期资产阶级改良派的代表人物主要有王韬、马建忠、薛福成、郑观应、陈炽等。其经济思想主要包括以下方面：

（一）全面学习西方的思想

资产阶级改良派反对洋务派的"中学为体，西学为用"的指导思想，认为洋务派引进西方的机器设备、学习工艺技术，只是皮毛而已，是富强之末；真正应该学习西方的是开议院，兴民权，实行君主立宪制度。资产阶级改良派首次把政治制度改革放到更为重要的地位，这一点是它和地主阶级改革派与洋务派的最重要的区别，反映了资产阶级要求上层建筑和经济基础相适应的愿望。

郑观应说："年来当道讲求洋务，亦尝造枪炮、设电线、建铁路、开矿、织布，以起而应之矣……不知通变。"（《盛世危言·自序》）

黄遵宪肯定日本明治维新的经验，主张不仅"殖物产，兴商务"，并且兴民权、立宪法、开国会。

（二）全面、自由发展资产阶级民族工商业的思想

1.重商思想
早期改良派一方面继承了宋明以来先进人物重视商业发展的思想，另一方面吸收了

西方资本主义发展初期的重商主义思想，提出商业立国的政策主张。

在批判传统的重农抑商的经济思想时，王韬说："泰西诸国以通商为国本，商之所至，兵亦至焉。"（《弢园文录外编》卷二《遣使》）值得注意的是，近代的经济思想家在论述"商"的重要性的时候，大都包含工业和商业两者，与现代意义上的商业内涵不同。王韬以商为国本，这在之前的经济思想中是不存在的，突出反映了工商业在国民经济中的作用，鲜明地代表了新兴资产阶级要求发展工商业的愿望。他重视商业，并不意味着轻视农业，相反还提出"驱天下之游民、废民、惰民、莠民而尽归于农"（《弢园文录外编》卷一《重民上》）。

郑观应从"自强"和"兴利"的角度出发，重视振兴商务。他说："商务者，国家之元气也。"（《盛世危言·商务一》）作为一位爱国思想家，郑观应更是提出了"习商战"口号，把发展商务和反抗外国资本主义侵略联系起来。在论述兵战和商战的关系时，他说："吾故得以一言断之曰：习兵战不如习商战。"（《盛世危言·商战上》）

2.财政思想

黄遵宪提出了"以天下财，治天下事"的财政原则，反对封建统治阶级的横征暴敛和奢侈糜烂。同时，他介绍了近代西方国家的量入为出的原则。他说："泰西诸国必预计一岁出入之款，量出为入，无所蓄积。国家一旦有大兵革、大政事……于是议借债。"（《日本国志》卷十八《食货志四》）

郑观应主张向本国人而避免向外国人借债。"泰西各国无不有国债……君民上下，缓急相济，有无相通，隐寓藏富于民之义，而实不欲授利权于别国也。"（《盛世危言·国债》）郑观应之所以提出避免借外债，最根本的原因在于清政府在向外国借债时，大都以牺牲国家的利权为代价，严重阻碍了中国资本主义的自由发展。

王韬主张废除厘金。他说："数十里之地，关卡林立，厘厂税厂征榷烦苛，商民交病，行旅怨咨，亦非所以为政体也，此苏子瞻所谓不终月之计也。"（《弢园文录外编》卷四《纪英国政治》）

（三）金融思想

资产阶级改良派主张自铸金属币，建议发行可兑换的钞票，还提出建设银行的主张。资产阶级改良派要求改革现有货币制度主要是基于维护工商业者的利益，实质上是要求建立适应资本主义商品经济发展的货币制度。陈炽认为，用纹银已经远远不能适应日益发达的商品经济，主张自铸金银币，"既可便民，又不病国"。

同时，改革现有的货币制度还可以抵制外国资本主义的金融侵略。面对外国货币充斥中国市场，王韬建议铸造金、银、铜三品之钱，改变这种局面以及由此而来的金融侵略。

郑观应列举了设立银行的种种便利，认为："为今之计，非筹集巨款，创设银行，不能以挽救商情而维持市面也。"（《盛世危言·银行上》）陈炽说："通商而不设银行，是犹涉水而无梁，乘马而无辔，登山而无屦，遇飘风急雨而无寸椽片瓦以栖身。"（《续富国策》卷四《创开银行说》）从中可以得知，改良派设立银行的最终目的都是发展资本主义工商业。

三、戊戌变法时期维新派的经济思想

中日甲午战争中国战败后，先进的中国人开始进一步反思中国的现状和未来。特别是日本的明治维新迅速使日本成为东方强国，在思想意识形态上给中国人以巨大的震撼和冲击。变法图强成为社会最响亮的呼声，"全国之言变法者纷纷"描述了当时人们普遍存在的观念。正是在这样的历史背景下，以康有为和梁启超为代表的维新派开始走向历史舞台，掀起了一场轰轰烈烈的戊戌变法。戊戌变法时期，康有为根据他的人性、人道论和"三世"进化论，提出了一整套发展资本主义的政策纲领，内容涉及政治、经济、文化等多个方面。下面我们就以维新派的经济纲领为主，结合其他维新派代表人物的经济思想，介绍戊戌变法时期维新派的经济思想。

（一）强调政治对经济反作用的思想

康有为认为，中国要想摆脱贫穷落后的状况，不是一个单纯的经济问题，只有在政治、经济、文化等方面进行一系列的变革，特别是改变封建专制制度，才能实现真正的富国强兵。他说："中国败弱之由，百弊丛生，皆由体制尊隔之故。"（《戊戌变法》第二册《上清帝第七书》）他还进一步指出："观大地诸国，皆以变法而强，守旧而亡……能变则全，不变则亡，全变则强，小变仍亡。"（《戊戌变法》第二册《上清帝第六书》）

（二）鼓励民营企业、发展资本主义经济的思想

康有为主张放任和鼓励民营企业的发展。他说："凡作机器厂者，出费领牌，听其创造，轮舟之利，与铁路同，官民商贾，交收其益，亦宜纵民行之。"（《戊戌变法》第二册《公车上书》）

梁启超则对洋务运动偏重军事工业、忽视民用工业，支持官办而禁止民办的做法提出了严厉的批评："中国所兴制造之业，徒偏重于造船、造兵械、造火药等局。糜金甚巨，而无益民业。"[1]

（三）经济自由主义思想

作为维新派的早期代表人物，谭嗣同极力倡导经济自由主义。他主张在平等互利的基础上，开展对外贸易。他说："故通商者，相仁之道也，两利之道也，客固利，主尤利也。"（《仁学》）

严复是宣传经济自由主义思想的集大成者，他翻译出版了亚当·斯密的《国富论》。严复论述了实行经济自由的原因以及实现经济自由的方法，并且在国内经济和国外贸易方面提出了自己的经济主张。在国内经济方面，严复要求尊重个人利益，保障个人经济自由的权利，反对封建王朝的垄断政策，代表了当时民族资产阶级的呼声。在国外贸易方面，严复主张对外自由贸易，反对保护贸易。由此可见，严复是一个彻头彻尾

---

① 梁启超.《中国工艺商业考》提要［N］. 时务报（第38册），1897-09-07.

的经济自由主义者。但是，在当时的情况下，一味地提倡对外自由贸易，迎合发达资本主义国家的胃口，却不利于中国资本主义的发展。

四、早期改良派与维新派经济思想的比较

虽然早期的改良派和后期的维新派都属于资产阶级改良派，都代表了新兴资产阶级的利益和要求，都主张在中国发展资本主义、改革封建专制制度，并且他们的观点和主张的确推动了中国资本主义的发展，但是，由于所处的历史发展阶段不同、对西方经济理论的理解和掌握程度不同，早期的改良派和后期的维新派在经济思想方面不尽相同。

第一，早期的改良派对于当时西方经济的理解是相对肤浅和简单的，局限于西方资本主义社会的一些具体的经济政策和经济常识，即使偶尔接触了一些西方经济学的理论，也是相当有限的。在早期的改良派的代表人物中，只有马建忠系统地接受过西方经济学理论的学习，然而他没有对西方经济学理论进行传播和介绍。到了戊戌变法时期，一批先进的中国人才开始注意对西方经济学理论的研究，翻译了西方经济学的著作，开始传播西方经济学理论，如严复翻译出版了《国富论》。

第二，虽然早期的改良派在工商业经营、财政、金融等方面提出了一些有意义的观点和主张，但是这些经济观点相互之间分散、孤立，没有形成系统的经济纲领。维新派则是综合了早期资产阶级改良派的经济主张，结合当时的社会历史条件，制定了一个较为全面、系统的发展资本主义的经济纲领，体现了经济观点的不断深入和发展。

第三，从早期改良派和维新派与洋务派的关系来看，早期改良派中有的人做过洋务派的幕僚，有的人参加过洋务运动等，因此，早期改良派的经济思想直接或间接地受到洋务派经济思想的影响，他们吸收了洋务思潮的一些经济观点和主张。但是，阶级属性的不同又使早期改良派和洋务派在很多问题上存在不可调和的矛盾。因此，可以说早期改良派和洋务派在矛盾中共存。然而，到了戊戌变法时期，资产阶级力量的不断壮大以及阶级矛盾的不可调和性，随着维新派对洋务派的态度已经从之前早期改良派对洋务运动的抨击发展到公开对立，洋务派的经济思想和观点基本上都被维新派抛弃。

第四，经济自由主义程度上的不同。尽管早期改良派主张经济自由，反对封建国家的垄断经营，但是，由于当时资产阶级的力量还很薄弱，同封建国家和西方资本主义国家保持着密切的关系，因此，他们的经济自由的主张在深度和广度上都不及维新派的主张。

第五节 辛亥革命前后资产阶级革命派经济思想的兴起与发展

一、革命派经济思想兴起的社会经济背景

从戊戌变法失败到辛亥革命前夕，中国社会的政治、经济、阶级关系和对外关系又有了一些新的变化。

政治上，在帝国主义的持续不断侵略下和中国人民的积极反抗下，清政府进一步暴

露出其对外投降的嘴脸，完全成为帝国主义统治中国的工具。1901年《辛丑条约》签订之后，以慈禧太后为核心的封建统治集团，厚颜无耻地发布了"量中华之物力，结与国之欢心"的上谕，继续出卖国家的利权，维持其腐朽统治。

在日益严重的财政危机下，清政府无力维持原有的封建统治模式，于1905年开始实施"新政"，放松对民族资本主义的压制，颁布实施了一些有利于民族资本主义发展的政策和法规，如《商会简明章程》《奖励公司章程》《公司律》等，客观上促进了中国民族资本主义的进一步发展。同时，帝国主义在中国的投资扩张，虽然其主观上是加强对中国的剥削和控制，客观上却刺激了中国资本主义的发展。因此，从清末新政到辛亥革命，中国的经济出现了较快的增长。

随着民族资本主义的发展，民族资产阶级中下层的力量得到了加强。1904年以后各地商会先后建立，中国的资产阶级从此结束了一盘散沙的局面，开始作为一股独立的阶级力量登上历史舞台。如果说，资产阶级改良思想兴起的社会根源主要在于由封建地主、官僚、买办转化而来的上层民族资产阶级，资产阶级革命思潮的兴起则主要是由于由平民上升的中下层民族资产阶级力量及其影响的扩大。[①]在经历了洋务运动和戊戌变法的失败后，资产阶级革命派清醒地认识到，试图依靠封建统治阶级自上而下地改革和资产阶级改良，都是无法取得成功的，只有通过资产阶级革命，才能拯救中国。在革命思潮高涨的情况下，孙中山于1894年建立了兴中会，并于1905年联合华兴会、光复会等成立中国同盟会。在资产阶级革命派宣传其革命理念时，资产阶级改良派也在积极地开展政治活动。经过两年多的论战，资产阶级革命派的革命理念得到了越来越多人的支持，最终在同资产阶级改良派的论战中取得了胜利。

二、孙中山民生主义经济纲领的初步提出

孙中山年少时，家境非常贫困，接触到的也都是处于社会底层的劳动人民，对劳动人民的疾苦有着深刻的体会和感受。太平天国运动失败后，有关太平天国将士英勇反抗晚清统治的事迹，依然在孙中山的故乡流传。幼年的家庭背景和经历对孙中山之后的革命思想的形成起到了重要作用。孙中山说："革命思想之成熟，固予长大后事，然革命最初动机，则予在幼年时代与乡关宿老谈话时已起。"[②]

即使孙中山幼年就具有革命的思想萌芽，但是受到历史条件的局限，中日甲午战争之前，孙中山还是一个彻底的资产阶级改良派。这一点可以从他中日甲午战争前的三篇文章中看出。这三篇文章是《致郑藻如书》《农功》《上李鸿章书》，文章中的内容体现了孙中山鲜明的资产阶级改良派的政策主张。由于接连上书的失败，特别是中日甲午战争中国落败以及清政府的腐朽统治，孙中山逐渐抛弃了改良的思想主张，坚定了以革命推翻晚清统治的理念，为资本主义的发展开拓道路。

在孙中山民生主义的形成过程中，一方面，孙中山从中国传统的经济思想中汲取营养。最基本的因素就是来自尧舜禹、汤文武以来相继不绝的所谓"道统"。但是他在这里只是借用了"道统"的概念，实质上赋予了它新的含义。他所谓的道统就是以"民"

① 马伯煌. 中国近代经济思想史（中册）[M]. 上海：上海社会科学院出版社，1992：72.
② 宫崎滔天. 孙逸仙传 [J]. 建国月刊，1931，5（4）：7-13.

为核心的"厚民生""养民""教民"等道统。这一点也是他民生史观的一个重要思想渊源。孙中山还汲取了太平天国的土地国有思想，认为只有实现土地国有才能从根本上解决农民的贫困问题。另一方面，西方的经济思想也是他民生主义思想的重要思想来源。在处理封建土地所有制方面，亨利·乔治的土地国有化思想是孙中山"平均地权"思想最直接的渊源。乔治认为土地私有垄断是阻碍社会进步和促使贫富分化的根本原因，只有实行土地国有制，才能从根本上解决人类社会的贫困问题。同时，从节制资本的内容来看，孙中山受到德国俾斯麦的"国家社会主义"思想的影响。实行国家社会主义的根本目的就是防止资本家垄断，保障普通民众的生活，避免社会主义革命。

1905 年 8 月，中国同盟会成立大会在东京举行，会议通过了同盟会的章程，确定"驱除鞑虏，恢复中华，创立民国，平均地权"的革命纲领。十六字纲领的实质就是推翻清朝统治，夺取政权，平均地权，为资本主义发展扫清道路。同年 11 月，孙中山在同盟会机关刊物《民报》的创刊词中，把同盟会的纲领概括为民族主义、民权主义和民生主义，简称三民主义。民生主义是三民主义的核心组成部分，它的理论基础是孙中山的民生史观，最终目的是保障人们有追求幸福生活的权利。孙中山认为，封建土地制度是阻碍资本主义发展和剥夺人们追求幸福生活权利的根本因素，因此，他提出了"平均地权"的政策主张。

三、孙中山民生主义理论体系的形成

（一）理论基础

民生史观是孙中山民生主义的理论基础，因此，在分析民生主义理论之前，有必要谈谈他的民生史观。关于民生主义，孙中山说："民生就是人民的生活——社会的生存、国民的生计、群众的生命……故民生主义就是社会主义，又名共产主义，即是大同主义。"[①]因此，他的民生指的是维持人民群众生命存在和社会发展所需要的基本的经济生活，有了这种经济生活，人民才能生存，社会才能发展。孙中山的民生史观包含两层含义：

1.民生是历史的重心

孙中山的民生是历史的重心论，是针对当时流行的唯物史观的物质是历史的重心而提出的。孙中山认为，人民群众作为历史的实践者和创造者，应该是人类历史的重心。而在各种生活中，民生是重心。因此，他认为民生问题"为社会历史的中心"[②]。

2.人类求生存是社会进化的定律

他指出人类社会像整个自然界一样，是一个不断进化发展的过程。人类求生存，既包括了人的精神努力，又包括了人的实际活动。实际活动则包括了从物质生产、经济、政治、文化教育、科学技术到宣传的各种活动。他进一步阐述自己的观点说："古今一切人类之所以要努力，就是因为要求生存，人类因为要有不间断的生存，所以社会才有不停止的进化，所以社会进化的定律，是人类求生存。人类求生存，才是

---

① 孙中山. 民生主义第一讲［M］//孙中山. 孙中山选集（下卷）. 北京：人民出版社，1956：765.
② 孙中山. 民生主义第一讲［M］//孙中山. 孙中山选集（下卷）. 北京：人民出版社，1956：787.

社会进化的原因。"①

民生是历史的重心，表明了孙中山对社会历史内容和基本结构的见解。这确实显示了他的历史观突出历史主体即人以及人的维持生存的经济生活的本质特征。②但是，他把这种抽象的超阶级的人的求生存的要求当成政治、经济的重心，社会进化的动力，并且认为马克思主义唯物史观关于物质生产是社会生活的基础、阶级斗争是历史发展的动力的理论是错误的，这就说明他的民生史观实际上是历史唯心主义。③

（二）平均地权的经济思想

平均地权是资产阶级革命派的"社会革命"的土地纲领，在民生主义中占有核心地位。资产阶级革命派之所以如此重视土地问题，从根本上来讲是由中国社会经济的客观条件决定的。在近代半殖民地半封建的社会中，封建土地所有制在社会经济中占有主导地位，它一方面继续维持着封建地主阶级对广大农民的压迫和剥削，另一方面，它对新兴的民族资本主义起到了严重的阻碍作用，因此，只有废除封建土地所有制，才能解放广大农民，才能为资本主义的发展创造条件。

《天朝田亩制度》明确支持废除封建土地所有制，实行公有制，已经为以后的资产阶级改良派和革命派指明了前进的方向。但是，受历史条件和阶级属性的局限，太平天国时期的农民代表的是一种落后的、狭隘的生产方式，不可能实现在保持小农经济的基础上消灭封建剥削制度的愿望。

资产阶级改良派虽然要对封建土地所有制作一些改变，但是由于资产阶级改良派是由封建地主、官僚和买办转化而来的，同封建土地制度存在千丝万缕的联系，其只是要求在保持封建土地所有制不变的前提下，适当改革，以便实行资本主义的农场经营方式。

资产阶级革命派摆脱了农民阶级和改良派的历史局限性，提出了土地国有的政策主张，代表了当时进步的潮流和方向。有关如何实现平均地权，《同盟会宣言》作了如下具体规定："当改良社会经济组织核定天下地价，其现有之地价，仍归原主所有；其革命后社会改良进步之增价，则归于国家，为国民所共享。"④平均地权的核心思想就是通过实行单一土地税，把因社会改良而产生的地价的增加收归国有，从而逐步实现土地国有化。辛亥革命之后，孙中山对平均地权的政策措施作了更为详尽的规定。要点主要包括：

1.核定地价

国民政府建立后，在换发地契的时候，允许人们自己报告地价，政府将地主自报的地价写入地契，作为政府核定的地价。

2.照价征税

政府根据核定价格，按照一定的税率，对土地征收从价税。按照孙中山当时的设想，税率定为百分之一。他说："如地价一百元时完一元之税者……此富人视之仍不

① 孙中山. 民权主义第一讲［M］//孙中山. 孙中山选集（下卷）. 北京：人民出版社，1956：779.
② 蒋大椿. 孙中山民生史观析论［J］. 中国社会科学，2000（2）：191-204.
③ 侯厚吉，吴其敬. 中国近代经济思想史稿（第3册）［M］. 哈尔滨：黑龙江人民出版社，1984：63.
④ 孙中山. 同盟会宣言［M］//孙中山. 孙中山选集（上卷）. 北京：人民出版社，1956：69.

为重。"①

3. 照价收买

他说："国家在地契之中，应批明国家当需地时，随时可照地契之价收买，方能无弊。"这样做一方面赋予了国家可以向地主征收土地的权利，另一方面可以通过"照价收买""照价征税"达到限制地主的目的，使地主"报价欲昂，则纳税不得不重。纳税欲轻，则报价不得不贱。两而相权，所报之价，遂不得不出之于平"②。

4. 涨价归国

这一点是平均地权的关键所在。既然无法对地主的土地实行强制没收，也没有实力在短期内实现照价赎买，那么，可以通过涨价归国这种方式逐步实现土地国有。孙中山明确指出，要收归国家的涨价部分，指的是由社会文明进步所造成的土地涨价，不包括地面上的建筑及其他人工改良设施。他说："我们所说的地价是单指素地而言，其他人工之改良及地面之建筑不算在内。"③

（三）节制资本的经济思想

作为资产阶级的代表人物，孙中山为什么会提出节制资本这样一条看似和资本主义发展相违背的经济政策？要正确理解这一点，必须要结合当时中国的国内外形势。19世纪末20世纪初，西方资本主义国家已经完成了从自由竞争阶段向垄断阶段的过渡，垄断资本在社会经济中占有主导地位，垄断资本的弊端也日渐明显。当中国的资产阶级革命兴起之时，西方资产阶级革命的洪峰早已过去。孙中山看到随着垄断资本弊端的逐步显露，广大人民的生活非常困苦，中小资产阶级受到垄断资本的排挤和压迫。④因此，孙中山在比利时访问第二国际执行部时说："中国社会主义者要采取欧洲的生产方式，使用机器，但要避免其种种弊端。"⑤在发展资本主义经济的时候，既要取其善果，又要避其恶果，因此，孙中山提出了"节制资本"的主张，目的是限制私人垄断资本的发展，阻止中国资本主义向垄断资本主义过渡。

"节制资本"的核心理念是发展国家资本，限制私人垄断资本。

对于私人资本，孙中山指出要区别对待两种不同的资本。对一般的私人资本而言，他提出要积极鼓励其发展，"由国家奖励，而以法律保护之"⑥。对于具有垄断性的私人资本，由国家出面进行节制。

在发展国家资本方面，一方面，它是节制私人资本的有效补充，基本内容是"国家一切大实业，如铁路、电气、水道等事务，皆归国有，不使一私人独享其利"⑦。也就

---

① 孙中山. 在南京同盟会会员饯别会的演说 [M] //孙中山. 孙中山全集（第2卷）. 北京：中华书局，1982：321.
② 孙中山. 在上海中国社会党的演说 [M] //孙中山. 孙中山全集（第2卷）. 北京：中华书局，1982：522.
③ 孙中山. 三民主义·民生主义 [M] //孙中山. 孙中山选集（下卷）. 北京：人民出版社，1956：801.
④ 马伯煌. 中国近代经济思想史（中册）[M]. 上海：上海社会科学院出版社，1992：139.
⑤ 孙中山. 访问国际社会党执行局的谈话报道 [M] //孙中山. 孙中山全集（第1卷）. 北京：中华书局，1981：272-273.
⑥ 孙中山. 实业计划 [M] //孙中山. 孙中山选集（上卷）. 北京：人民出版社，1956：191.
⑦ 孙中山. 民生主义与社会革命 [M] //孙中山. 孙中山选集（上卷）. 北京：人民出版社，1956：87.

是说，国家掌握和控制一些关系国计民生的重要部门和行业。另一方面，孙中山也认识到社会化大生产的优越性，大生产的规模效应是小生产无法比拟的。他说："盖大公司能节省浪费，能产出最廉价品物，非私人所能及，不论何时何地，当有大公司成立，即将其他小制造业扫除净尽。"①

他进一步认识到私人资本集中到一定程度必然会造成垄断，阻碍社会经济的进一步发展。他认为资本的私有是造成这种状况的根本原因。因此，正是从这个意义上来讲，他的节制资本不是消极地防止大资本的出现，更重要的是发达国家资本。至于如何节制资本，孙中山认为首先应该从经营的范围和企业的规模上加以限制；其次，向资本家征收直接税；再次，发展国家资本；最后，制定劳动保护法，与节制资本结合起来，限制资本家的压迫。

（四）振兴实业的思想

振兴实业，实现国民经济的近代化，谋求中国的繁荣富强，是孙中山民生主义经济纲领的重要组成部分。孙中山的振兴实业思想经历了一个逐步发展变化的过程。早在1894年他在《上李鸿章书》中就提出了"人尽其才，地尽其利，物尽其用，货畅其流"的经济主张，代表了当时资产阶级改良派追求富国强兵的愿望。1912年4月他谈到"今日共和初成，兴实业实为救贫之药剂，为当今莫要之政策"②。1919年，在总结其他国家建设的经验并结合中国的具体情况下，孙中山制订了一个宏伟的国民经济现代化的方案，即《实业计划》。《实业计划》和孙中山晚年的有关著作提出了许多有意义和价值的见解。

1.振兴实业的目的

孙中山认为首要的目的是解决民生问题，这一点是由他的民生史观决定的。他主张把振兴实业作为资本主义制度建立科学技术基础的手段，把提高人民大众的社会福利作为振兴实业的目的。

2.振兴实业的条件

在论述振兴实业的条件时，孙中山看到了政治对经济的巨大反作用，意识到政府在经济发展初期的主导作用。"要解决民生问题，如果专从经济范围来着手，一定是解决不通的。要民生问题能够解决得通，便要先从政治上来着手。"③在经济方面，孙中山认识到自然资源直接决定了经济建设的规模和速度。在资金使用上，可以利用国内私人资本、国家资本和外来资本来发展本国经济。

3.内容广泛，协调发展，突出重点

孙中山认识到国民经济各部门、各行业之间存在密切的联系，在制订《实业计划》的时候，提出既要协调发展，又要突出重点。他说："欲谋实业之发达者，非谋其一端

① 孙中山. 实业计划 [M] //孙中山. 孙中山选集（上卷）. 北京：人民出版社，1956：37.
② 孙中山. 在上海中华实业联合会欢迎会的演说 [M] //孙中山. 孙中山全集（第2卷）. 北京：中华书局，1982：341.
③ 孙中山. 三民主义·民生主义 [M] //孙中山. 孙中山选集（下卷）. 北京：人民出版社，1956：836.

则可成效也，必也万般齐发，始能收效。"①孙中山认为交通运输业是国民经济中不可或缺的一个部门，其中铁路运输更是国民经济运输的大动脉，因此提出了铁路先行的政策主张。他说："予之计划，首先注重于铁路、道路之建筑，运河、水道之修治，商港、市街之建设。"②这一点也可以从《实业计划》的具体内容来看。《实业计划》包括六大计划，其中前三项计划涉及铁路系统、海运系统和内河运输系统，铁路运输更是被排在第一位。在突出交通业重要作用的同时，他还强调《实业计划》中采矿、冶炼、燃料、动力等基础工业，重视机器制造业，体现了他协调发展的经济思想。

4.利用外资

孙中山提出实行开放政策、利用外资的主张。他说："我们就要用此开放主义。凡是我们中国应兴事业，我们无资本，即借外国资本；我们无人才，即用外国人才；我们方法不好，即用外国方法。"③孙中山论述了借外债的必要性和可行性，并且谴责了清朝政府、北洋政府对外借债时立场和观点的严重错误及卖国投降的行为，强调利用外资和外国技术、人才应该建立在平等互利的基础上，而不应该损害国家的主权。在具体方法上，他提出：

第一，同外国企业资本集团签订平等互利的合约，允许外国资本取得合理的利润。

第二，主张以个人或公司的名义直接向外国公司借款，尽量不要向外国政府直接借款，以免引起国际纠纷。

第三，在利用外资的具体形式上，孙中山提出借资开厂、中外合办，以及直接批归外人承办、限年无偿收回三种形式。

四、其他革命派的经济思想

孙中山作为资产阶级革命派的代表人物，他的三民主义几乎囊括了革命派所有的重要思想和观点，其他成员基本上是对他的主要思想进行了阐述，同时提出了一些值得称述的经济观点。

（一）朱执信的经济思想

朱执信的经济思想可概括为两条：

第一，他始终是孙中山的阶级调和论的支持者。尽管随着革命形势的发展，他对阶级斗争有所认识，但仍未摆脱阶级调和论的影响。

第二，他也是孙中山的资本主义"预防"论的一贯支持者。④

朱执信的经济思想中最值得称述的就是他第一次介绍了《共产党宣言》《资本论》。在介绍《共产党宣言》时，他赞扬马克思主义为科学的社会主义，有别于乌托邦空想主义，并且认为可以通过社会调和来防止未来的阶级对立。他对《资本论》中的劳动价值

---

① 孙中山. 复李村农函［M］//孙中山. 孙中山全集（第5卷）. 北京：中华书局，1985：122.
② 孙中山. 中国实业如何能发展［M］//孙中山. 孙中山全集（第5卷）. 北京：中华书局，1985：134.
③ 孙中山. 在安徽都督府欢迎会的演说［M］//孙中山. 孙中山全集（第2卷）. 北京：中华书局，1982：533.
④ 胡寄窗. 中国近代经济思想史大纲［M］. 北京：中国社会科学出版社，1984：363.

学说和剩余价值学说进行了初步介绍，认为"凡财皆从劳动而出，故真为生产者，劳动之阶级也"；同时，认为原材料的价值是不会增加的，剩余价值的源泉只能是劳动。这两点表明，同当时的经济思想家相比，他对劳动价值论和剩余价值论的认识是较为深刻的。

朱执信还对货币价值进行了详尽的论述，提出了"最后效用"论。

首先，他认为货币购买力就是货币的价值。他说："凡货币之得为货币，不外以其有购买力。"

其次，他认为货币的购买力也就是货币的最后效应，并且进一步区分了金属货币、可兑换纸币、不可兑换纸币的最后效应及各自不同的特点。

最后，他认为，货币的数量与社会需求量之间的关系决定了货币的价值。他说："从近代学者之所研究，则凡货币之价值，当以货币流通额，流通速率，及其流通区域内之交易额参定以流通额与速率相乘得数，除交易额，则得货币之价。"[1]

关于朱执信的货币思想，从理论上讲是错误的，他没有看到货币具有内在的独立的价值，只看到货币购买力，从而错误地认为货币的价值等同于货币购买力。但同时，他指明了货币购买力与商品流通量和货币流通速度三者之间的关系，对于传播西方的货币学说起到了积极作用。

（二）廖仲恺的经济思想

廖仲恺的经济思想突出地表现在他对生产与消费的探讨上。他不仅对生产和消费进行了一般的论述，而且结合社会制度进行分析，对中国当时的生产和消费问题提出了自己精辟的见解。

首先，他认为生产是社会财富的源泉，并且进一步指出发展生产必须注意社会分工。值得注意的是，他这里谈到的社会生产指的是采用了机器的资本主义生产。他从生产的目的来分析生产和消费的关系。他指出一个国家的发展应该做到"生产和消费适合""需要和供给相符"，最理想的则是"使最大的生产，满足最大的需要"。[2]

其次，他对资本主义制度和社会主义制度下的生产与消费分别进行了阐述。他对资本主义制度进行了批判，认为资本主义制度不是永远存在的理想社会，有其产生和灭亡的历史过程。他指出资本主义制度下的生产与消费就是"资本家之生产，是为自己利益而生产的，至于消费者那方面之利害如何，他却不顾"。在社会主义制度下，由于废除了私有制，从而达到"为消费而生产的。生产之利，不归一人，而归社会"[3]的状况。

最后，在论述中国的生产和消费问题时，他认为主要是中国人大量消费洋货与不能发展本国工业生产的矛盾。解决这一问题的关键是发展实业和扩大消费能力。

---

① 朱执信. 中国古代之纸币 [M] //广东省哲学社会科学研究所历史研究室. 朱执信集（上集）. 北京：中华书局，1979：445，451.
② 廖仲恺. 中国实业的现状及产业落后的原因 [M] //广东省社会科学院历史研究室. 廖仲恺集（增订本）. 2版. 北京：中华书局，1983.
③ 廖仲恺.《各派社会主义与中国》序 [M] //广东省社会科学院历史研究室. 廖仲恺集（增订本）. 2版. 北京：中华书局，1983.

此外，他还主张建立消费合作社，认为它"简单易行""自小而大，举措裕如"，可以为将来实行社会主义奠定基础。

同时，他对中国的人口问题进行了阐述。他认为，"人口增加是有个很自然的限度的"，随着社会生产不断发展，人们知识水平提高，就会出现"男的怕家累""女的能独立"的状况，不至于出现"人满为患"的局面。他还对马尔萨斯的人口论进行了批判，认为"人口增加断不会到可怕的程度，用不着那些灾害、罪恶、战争种种为人道之敌的东西来制限它"。[①]

（三）章太炎的经济思想

章太炎对待工商业的态度比较复杂。总的来讲，他对商品生产持肯定态度，主张"通商惠工"，具有明显的资产阶级倾向。章太炎说："夫天地有百昌以资人用，待工而成，待商而通。"这句话表明他认识到工业和商业在生产和流通中的重要作用，对发展工商业持积极肯定的态度。同时，他提倡在工业和商业中采用先进的机器设备，发展近代机器工商业。从维护民族利益出发，他企图以雄厚的商人资本，与"西商格拒"，希望通过商战抵制外国资本的入侵。他还主张废除厘金制度，使工商业者的纳税负担大致均平。

但是，由于受到中国传统"抑商"思想的影响，章太炎对工商业者参与国家政权持否定态度。到了20世纪初，特别是他在主编《民报》的几年期间，突出强调"抑富强，振贫弱"，抑制私人工商业者参与国家政权，主张在革命胜利后建立和发展国营工商业。他对工商业的态度和主张有所变化，关键是他已经认识到西方私人资本过度膨胀，私人资本和国家政权相结合而引发的各种社会矛盾。[②]他把与清政府有联系、享有某些特权的大商人和开办新式企业的资本家，统统叫作"职商"，认为他们的存在阻碍了资本主义的自由发展。因此，他认为资产阶级革命要在经济上解决"贫富绝悬"的问题，关键就是"抑富强，振贫弱"，抑制工商业者参与政权。

章太炎在财政金融方面也有许多值得注意的观点和主张。在如何对土地征收赋税上，他主张按照土地种植的种类、使用情况和区位位置等，有差别地征收赋税。对于西方实行的累进税制度，他认为"行累进税，对于农工商业皆然"，"改正税则而平均负担，国家收入自必倍增于前日"，[③]这项制度可以作为仿行国家社会主义的一项内容。针对民国初期的财政困难，章太炎主张借外债。他说："夫借债之弊，不过使外人稽核借款内之用途，犹未至于监督全国之财政。岁终收入，尚可抵偿，稽核立去，其弊固未甚也……欲救目前之急，犹非借债不能，但当以借款之大小及条件之得失，分利害之途耳。"[④]章太炎从借债规模的大小、借债的条件、还债的途径等方面对外债进行了论述，肯定外债在解决短期财政问题上的积极作用。

　　① 廖仲恺. 中国人民和领土在新国家建设上之关系 [M] //广东省社会科学院历史研究室. 廖仲恺集（增订本）. 2版. 北京：中华书局，1983.
　　② 侯厚吉，吴其敬. 中国近代经济思想史稿（第3册）[M]. 哈尔滨：黑龙江人民出版社，1984：250.
　　③ 章太炎. 中华民国联合会第一次大会演说辞 [M] //汤志钧. 章太炎政论选集（上册）. 北京：中华书局，1977：533.
　　④ 章太炎. 论国民捐之弊 [M] //汤志钧. 章太炎政论选集（上册）. 北京：中华书局，1977：604.

第六节　革命派与改良派关于经济发展思想的大论战

20世纪初以后，随着同盟会的成立以及三民主义纲领的提出，资产阶级革命派的思想成为社会进步思潮的主流，以革命推翻封建王朝的统治，实行资产阶级民主政治，成为社会的最强音。但是，资产阶级改良派依然幻想通过社会改良的方式，并且把改良的希望依然寄托在腐朽落后的封建王朝本身，以实现发展资本主义的目的。对于资产阶级革命派，改良派通过各种途径进行阻挠，反对资产阶级革命。此时的改良主义思想由于历史条件的变化，褪去了原有的进步色彩，转变为思想界的一股逆流。[①]因此，革命和改良两种思潮不可避免地发生矛盾和冲突。革命派以《民报》为宣传阵地，批驳改良派的理论思想；改良派以《新民丛报》为依托，反攻革命派的理论思想。双方围绕土地革命、发展工商实业、发展经济与改革政治等多个问题进行了激烈的论战。革命派最终取得了论战的胜利，进一步宣传了资产阶级革命派的理论思想，为之后的辛亥革命奠定了思想和舆论基础。

一、土地革命问题

土地革命问题是这次论战的核心。革命派主张废除封建土地所有制，实行平均地权，从而达到土地国有的目的，为资本主义的发展扫清道路，使人民大众摆脱封建土地的束缚和地主阶级的剥削。改良派虽然要求对封建土地所有制作出一些变动，但是改良派作为资产阶级上层人物的代表，同封建土地所有制保持着千丝万缕的联系，因此，在维护封建土地所有制这一点上，它和封建统治阶级是一致的，坚决反对否定封建土地所有制。双方就以下几个问题展开了激烈的争论。

（一）土地国有的依据问题

改良派的代表人物梁启超认为地主或地主的祖先最初也是普通的封建农民，他们通过辛勤劳动、勤俭节约，获得土地所有权，然后"保持之，扩充之"，最终成为地主。因此，实行土地国有会剥夺地主阶级辛勤劳动的果实。这就是改良派提出的"地主勤劳起家"的理论。同时，改良派认为，土地兼并问题"在我国，则汉魏时患土地兼并最甚，而其后则递减，逮今日而几复无此患"[②]。

革命派从两个方面驳斥了改良派的谬论：

第一，革命派以资产阶级的自然法观点为武器，指出土地是自然物，在人类出现之前已经存在，"同于日光空气，本不当私有"[③]，从理论上否定了封建土地所有制。同时，革命派指出，地主的地租收入是靠垄断自然资源而得到的，绝不是其勤劳的结果。

---

① 马伯煌. 中国近代经济思想史（中册）[M]. 上海：上海社会科学院出版社，1992：79.
② 梁启超. 驳某报之土地国有论 [M] //梁启超. 饮冰室合集（第2册）. 北京：中华书局，1989.
③ 胡汉民. 民报之六大主义 [N]. 民报，1906-04-05.

第二，革命派通过详细的论述，认为从古至今地主阶级就依靠其手中的政治权力，对农民的土地实行暴力掠夺，提出"田主，均大盗也"，不消灭封建土地所有制，"则大多数人民将生生世世厕于奴隶阶级之境遇而已"[①]。

革命派用自然法的观点批驳"地主勤劳起家"论，虽然容易让广大农民理解并接受，但没有触及封建土地所有制的本质，应该从社会发展的角度出发，认识到封建土地所有制作为封建生产关系的基础，阻碍了社会生产力的发展，是农民贫苦不堪的根源。

（二）土地国有对小农经济的影响

梁启超以西方"庸俗经济学"为理论依据，为封建土地所有制作辩护。他认为"盖经济之最大动机，实起于人类之利己心"，私有制度"为现社会一切文明之源泉"[②]。革命派认为废除封建土地所有制，不会对社会产生消极作用；相反，实行土地国有后，农民摆脱了封建生产关系的束缚，调动了生产的积极性和主动性，土地能够得到更加充分的利用。

（三）土地国有对资本主义经济的影响

改良派出于传统意识，把平均地权理解为绝对平均使用土地，"无异国家禁用机器"，阻碍在资本主义经济中采取机器设备，不利于社会生产力的提高。革命派认为，平均地权是"心理"上的平等而非"数量"上的均等。因此，平均地权既可以使农业资本家有地可租，为在农业中使用机器提供条件，同时保证了小农有地可耕。实行土地国有，可将地主"坐食分利"的巨额地租和低价专用于工商业的投资，使"社会之资本日益增"，还可以使工商业者摆脱土地私有带来的障碍，使工商业获得更好的发展条件。

二、发展工商实业问题

无论是资产阶级改良派还是资产阶级革命派，都是资产阶级的代言人，在要不要发展资本主义工商业方面是一致的。他们都主张废除阻碍资本主义工商业的各项制度因素，为发展资本主义工商业扫清道路。但是，由于资产阶级改良派是上层资产阶级利益的代言人，他们更多地对封建势力与帝国主义采取妥协的策略。革命派由中下层资产阶级分子组成，主张以暴力推翻封建统治，实现民族独立。因此，在如何发展资本主义工商业以及发展私人或国家资本主义工商业方面，他们存在不同的观点。

改良派打着反对外国资本主义入侵的旗号，以中国私人资本主义的发展不充分为理由，大力鼓吹自由发展私人大资本。他们说"以现在资本之微微不振、星星不团，不能从事于大事业"，对外国资本又"将何以御之"。改良派主张发展本国的资本主义工商业，抵抗外国资本主义的入侵，这一点是正确的。但是改良派发展资本不是从考虑整个

---

① 冯自由. 民生主义与中国政治革命之前途［N］. 民报，1906-05-01.
② 梁启超. 驳某报之土地国有论［M］//梁启超. 饮冰室合集（第2册）. 北京：中华书局，1989.

国家和人民的利益出发，而是为了维护和发展上层资产阶级的利益，妄图依靠中国的私人大资本来对抗外国资本。

革命派看到西方垄断资本主义带来的诸多社会问题，担心中国如果不对私人资本进行一定的节制，那么未来垄断资本的横行必定会阻碍和压制中小资本主义工商业的发展。因此，他们反对私人垄断资本的出现，主张发展国家资本主义，从而避免垄断资本带来的种种问题。由此，革命派提出了平均地权、节制私人资本和发展国家资本等措施。

改良派反对节制资本的主张，认为"自今以往，我中国若无大资本家出现，则将有他国之大资本家入而代之"[①]。

革命派明确指出，对于不操纵国计民生的行业，"其可竞争之事业，则任私人经营，既无他障碍之因，而一视其企业之才为得利之厚薄"[②]。

三、发展经济与改革政治的关系问题

马克思的唯物史观告诉我们，经济基础决定上层建筑，上层建筑对经济基础有反作用。革命派虽然不能从理论上完全掌握马克思唯物史观的精髓，但是他们已经认识到经济和政治有着密切联系，经济的发展受到社会政治的影响。同时，出于西方资本主义社会出现的种种弊端，革命派要把变革经济和改革政治同时进行，并称之为"社会革命与政治革命并行"。

所谓政治革命就是以暴力推翻清王朝的封建统治，实行资产阶级民主共和制。在这一点上，改良派和革命派的区别是非常明显的。改良派只是要求在上层建筑层面进行适度的改革，而反对用暴力推翻清朝统治。

所谓社会革命，就是实现平均地权、节制资本等经济纲领。因此，社会革命的目的就是废除封建生产关系，建立适应资本主义经济发展的社会关系。革命派认为，以暴力为手段进行政治革命，可以为之后的社会革命奠定基础。同时，实行社会革命能有效地防止资本主义的种种弊端，避免将来再发生社会主义革命。

革命派的两种革命并行论从政治上否定了改良派的君主立宪的梦想，从经济上否定了改良派赖以生存的封建土地所有制，因此，改良派深感恐惧。改良派攻击说，这种做法是要"杀四万万人之半，夺其田而有之"，并且认为革命派"利用此以博一般下等社会之同情，冀赌徒、光棍、大盗、小偷、乞丐、流氓、狱囚之悉为我用"[③]。改良派还认为，以暴力推行民生主义，会导致社会动乱，使民主政治无法实施。革命派对此进行了反驳，并声明："社会革命者，非夺富民之财产，以散诸贫民之谓也。"[④]

革命派的两种革命并行论不仅使劳动群众掌握了一部分生产资料，具有一定的经济能力，而且在政治上让一般百姓享有民主权利。

革命派还对改良派的虚假的民主共和进行了揭露，认为改良派所谓的民主共和就是资产阶级掌握国家政权，为资产阶级谋福利。

① 梁启超. 杂答某报 [N]. 新民丛报，1906-09-03.
② 胡汉民. 告非难民生主义者 [N]. 民报，1907-03-06.
③ 梁启超. 开明专制论 [M]//梁启超. 饮冰室合集（第2册）. 北京：中华书局，1989.
④ 朱执信. 论社会革命当与政治革命并行 [N]. 民报，1906-06-26.

本章思语

1.相对于中国古代经济思想史的学习，中国近代经济思想史的学习应该注意什么问题？

2.重视商业发展的思想是近代经济思想史的重要内容，试分析重商思想在各个不同历史时期的发展演变。

3.谈谈孙中山民生主义形成和发展的历程。

推荐阅读文献

［1］赵靖. 中国经济思想通史续集（中国近代经济思想史部分）［M］. 北京：北京大学出版社，2004.

［2］胡寄窗. 中国经济思想史［M］. 上海：上海财经大学出版社，1998.

［3］叶世昌. 近代中国经济思想史［M］. 上海：上海人民出版社，1998.

［4］马伯煌. 中国近代经济思想史（中册）［M］. 上海：上海社会科学院出版社，1992.

［5］侯厚吉，吴其敬. 中国近代经济思想史稿（第2册）［M］. 哈尔滨：黑龙江人民出版社，1983.

第八章　20世纪初至20世纪中叶（中华民国时期）经济思想

学习目标

◎ 重点掌握本时期马克思主义经济学在中国的传播、运用和发展，新民主主义经济思想的产生和主要内容，西方经济学说的传播及对中国的影响，民族资本家的企业经营和管理思想，20世纪20至30年代学术界的经济建设与工业化思想；

◎ 一般掌握国家资本主义思想的来源及实质；

◎ 了解20世纪上半叶中国的经济社会发展背景。

关键词

马克思主义经济学说　西方经济学说　近代企业经营管理思想　近代工业化和经济建设思想　发展国家资本思想　新民主主义经济思想

第一节　20世纪初至20世纪中叶社会经济发展概况

进入20世纪后，我国的社会经济发展在遵循传统路径的同时呈现出新的不同于以往的特征。清政府的式微和内外交迫的困窘形势使得改良政治运作方式、改革经济运行方式、改变社会形态成为社会各界的共同诉求。晚清政府以实行新政为契机，以西方国家为模板，力图通过实行自上而下的改革达到稳固统治、富国强兵的目的。晚清十年新政尽管没有能够挽救清政府的腐朽统治，但是在此期间所制定和实行的种种政策为20世纪上半叶中国的发展奠定了一个良好开端，并形成了一个较好的经济发展路径。

一、20世纪上半叶经济较快发展的主要表现

20世纪上半叶中国经济社会发展的主要表现有以下几方面：

1.农业的商业化程度不断提高

这一时期除了经济作物的种植面积持续扩大外，农产品贸易量也不断增长，其商品化率大大提高。农业商业化还表现为货币在农民经济收支中所占的比重逐渐提高。

2.工业生产得到大力发展

本时期民间投资兴办的工矿企业数量和质量都有所增长，不仅工矿企业的分布范围有所扩大，而且发展比较均衡全面，各门类基本都涉及。

3.商业发展呈现了新的特点

进入20世纪后，中国市场呈现逐步扩大的趋势，商品流通速度加快，交易种类增多，流通的范围也得到拓展。城市的商业中心地位更加突出，大型的商业资本集团基本都设于城市。商业分工进一步细化，商业行业增多，工商业间形成了良好的互相促动的形势，商业资本和工业资本开始互相投资参股。

4.金融业的发展为经济发展提供了有力支持

20世纪上半叶的金融发展的主要成绩一是初步建立起近代金融市场体系，二是政府根据国际、国内金融环境的变化而适时地对中国币制作了富有成效的改革。这些在客观上对近代中国经济的稳定和发展起到十分巨大的作用。

二、20世纪上半叶经济发展较快的原因

中华民国成立后，受国内外多重因素的影响，中国经济增长速度较快。中国经济在20世纪上半叶出现黄金增长期的原因是多样的：

（1）政府权威的逐渐恢复导致对国家经济宏观调控的能力不断增强。中华民国政府尤其是南京国民政府制定了大量包含现代元素的经济政策和规章，为中国经济发展提供了一定的制度保障。

（2）复杂的国际形势为中国经济发展提供了有利的外部条件，特别是第一次世界大战期间西方国家忙于战争，中国民族企业在这一时期发展迅速，很多产品不仅能满足国内市场需要，甚至可以走出国门进军国际市场。

（3）先进技术和设备的引进和运用也有力地促进了生产进步和经济发展，这在各个产业领域都有所体现。在农业方面，大量的先进农业技术被引进到我国农业生产中；在工业领域，我国机器制造业在这一时期从无到有、从小到大地发展起来，有的民族企业甚至具备了为外国厂商生产机器设备的能力。

（4）初步建立并在本时期得以不断完善的市场体系为经济发展提供了一个良好的平台。各类商品市场、金融市场和要素市场不仅加快了商品和资金的流通，而且密切了地区之间、产业之间、行业之间的联系，在优化资源配置的同时促进了城市化和工业化的发展。

（5）进入20世纪后，中国日益融入国际市场，国际贸易状况发生了很大的变化，贸易数量在本时期基本呈增长趋势。这既和国内进口替代工业的发展使国产商品增多有关，也与国民政府发起收回关税自主权运动不无联系，对外贸易形势的好转也有力地推动了我国在这一时期的经济发展。

三、20世纪上半叶经济发展过程中的问题与缺陷

本时期经济发展过程中也存在很多的问题和隐患。

以农业生产为例，尽管农业在一定时期内获得了缓慢发展，但是该产业受自然条件

影响程度仍然较大，20世纪30年代我国就曾出现较大范围的饥荒现象。此外，在南京国民政府时期，传统农业中的生产关系和生产特征依然没有得到改变，农村土地占有呈日益集中趋势。土地的集中使得自耕农减少，佃农增加，农民不得不租种地主的土地，高额的地租制约了农民进一步扩大生产，绝大多数农民甚至连基本的生活都难以维持，这些因素都导致本时期农村经济呈现总体衰退的状态。

1945年后，南京国民政府无视全国人民的反战呼声，悍然发动内战，更是将全国经济推向了崩溃边缘。例如，1947年时上海企业的开工率仅为平时的20%，天津的工业产量只及平时的10%，这种现象在中小城市则更为严重。到1948年时，全国轻工业产量比战前减少了30%，重工业产量减少了70%。再以商业为例，国民政府统治晚期，整个社会产销和供求关系极度混乱，商业企业纷纷倒闭。1946年上海南京路上30%的商店倒闭，1947年南京倒闭的商店数达500家，1948年沈阳商店倒闭了2 000多家，占商店总数的2/3以上。①到国民政府统治崩溃前夕，全国商业已经陷于瘫痪。

国民政府的官僚资本在国家经济中把持垄断地位，不仅极大地制约了民族资本主义工商业的发展，也使普通民众的生活无法为继，最终导致其统治的垮台，中国历史由此翻开新的一页。

第二节　五四运动前后马克思主义经济学在中国的传播、运用和发展

一、马克思主义经济学在中国的传播过程

（一）中国共产党成立之前马克思主义经济学在中国的传播

19世纪末20世纪初，中国开始出现零星的传播马克思主义经济学说的著作，中国的改良派、革命派和无政府主义者是早期的传播者。早在1895年时，严复在《原强》中就提到了"均贫富之党"，这也是第一次在我国提到共产党。而社会主义和马克思主义的名称最早见诸1899年的《万国公报》，马克思的中译名就来源于该报。

进入20世纪后，资产阶级改良派的代表人物梁启超的著作对马克思主义多有涉及，他在1902年发表的《进化论革命者颉德之学说》是中国人写的最早提到马克思的文章。在后来的文章中他又陆续对马克思的经济观点作了一些零星但不甚准确的介绍。

1903年，马君武发表了《社会主义与进化论比较》。该文不仅介绍了马克思主义的唯物论和阶级论，同时附列了马克思的部分著作。

资产阶级革命派人士朱执信则是我国第一个介绍马克思主义经典著作的人。1906年，他在《民报》上发表了《德意志社会革命家小传》，不仅对马克思和恩格斯的生平作了简要介绍，还具体地介绍了《共产党宣言》的部分内容和《资本论》中的某些论点。

当时的无政府主义者也曾经对马克思主义及学说作过介绍，如1907年12月在东京出

① 李新，彭明，孙思白，等. 中国新民主主义革命时期通史（初稿）（第4卷）［M］. 北京：人民出版社，1962：224-225.

版的无政府主义刊物《天义报》第13、14号上刊登的《经济革命与女子革命》一文就以附录的形式把《共产党宣言》中有关家庭和婚姻问题的论述编译在后。恩格斯1888年为《共产党宣言》英文版所作的序言中译本则全文刊载在1908年1月《天义报》第15号上。

此外，五四运动之前中国翻译出版的一些外国著作和文章也有对马克思及其学说的介绍。如1902年翻译出版的日本人幸德秋水的《广长舌》、村井知至的《社会主义》，1903年翻译出版的福井准造的《近世社会主义》等。

五四运动前中国的早期马克思主义者中，对马克思主义经济学说传播贡献较大的有李大钊、陈独秀、李达、李汉俊、施存统、周恩来、瞿秋白等人。他们对马克思主义经济学说的介绍主要集中在以下几个方面：

第一，指出了马克思主义经济学说是马克思主义的重要组成部分，它是反映无产阶级利益的经济学说。在社会主义发展史上，马克思第一次用科学的论述使得社会主义经济学成为一个独立的系统。

第二，阐明了马克思主义经济学说的理论基础是唯物史观，而学说的基石是劳动价值论和剩余价值论。

第三，说明了资本主义制度运行的内在矛盾以及由此必然导致的危机，阐述了社会主义代替资本主义的必然性，明确提出推翻资本主义和最终建立社会主义必须经过无产阶级革命。

第四，阐述了社会主义经济制度的基本原则和具体状况，批判了某些歪曲和非难社会主义经济制度的错误观点。

第五，介绍了俄国十月革命后的经济状况以及所采取的经济政策和取得的成效，论述了苏联共产党人在实际运用马克思主义经济学说中的经验和教训。

第六，开始提出将马克思主义和中国实际相结合的主张，以马克思主义经济学说为指导，科学地阐明了中国只能走社会主义道路的观点。[①]

五四运动前夕，中国马克思主义者对马克思主义经济学说的传播虽然有欠缺之处，但它具有非常鲜明的特点。早期的马克思主义者尽管介绍学说时多不成系统，但他们大多没有停留在单纯的理论学习层面上，而是把马克思主义经济学说当成行动的指南，试图将马克思主义经济学说作为理论工具去分析和解决中国的实际问题，并为此作了初步尝试。值得指出的是，他们在传播马克思主义经济学说的同时，能够关注和介绍俄国十月革命后的经济状况和采取的措施，为中国运用马克思主义经济学说提供了有益的借鉴。

（二）中国共产党成立之后马克思主义经济学在中国的传播

1921年中国共产党成立后，马克思主义经济学说在我国的传播进入了一个新的阶段。20世纪20到40年代，马克思主义经济理论的译著至少出版了220部，到1949年时马克思主义主要经济学著作已经都有了比较准确的中译本，马克思主义经济学在中国的传播和发展达到了一个新的高度。

《资本论》是马克思主义经济学说最主要的著作，这部巨著在20世纪20年代初期即

---

①　张家骧. 马克思主义经济学说在中国的传播、运用与发展 [M]. 郑州：河南人民出版社，1993：32.

被翻译介绍到中国，但由于种种原因一直到1938年前所出的都是节译本。《资本论》的全译本是郭大力和王亚南历经十年完成的。1938年8月和9月，180多万字的《资本论》第一、二、三卷中译本终于问世，极大地推动了我国对马克思主义经济学说的研究，是马克思主义经济学说传播过程中的里程碑。其他经典著作出版的中译本包括1922年李季译的《价值、价格及利润》、1932年许德珩译的《哲学之贫乏》（1949年出版了何思敬译的《哲学的贫困》）、1949年郭大力译的《剩余价值学说史》等，这些均为马克思的著作。翻译出版的恩格斯著作包括1929年杨贤江译的《家庭、私有制和国家的起源》、1930年吴黎平译的《反杜林论》、1928年陆一远译的《法德农民问题》（当时译名为《农民问题》）；1931年，中山大学《社会科学论丛》登载了何思敬译的《国民经济学批判大纲》（摘译《政治经济学批判大纲》）①等。等。本时期，列宁的部分著作也得以在中国翻译出版，如1932年高希圣和郭真②译的《经济学教程》、1937年吴清友译的《帝国主义论》、1949年曹葆华译的《俄国资本主义的发展》等。

这一时期，日本和苏联的很多经济学家的有关马克思主义经济学说的著作也被引进到中国，出版了中译本，如日本河上肇的《马克思主义经济学》（1928）、《经济学大纲》（1929）、《马克思主义经济学基础理论》（1930），山川均的《资本制度解说》（1928）、《资本主义批判》（1928）、《辩证法与资本制度》（1929），高桥龟吉的《实用经济学》（1930），苏联布哈林和普列奥布拉任斯基的《共产主义ABC》（1926），波格达诺夫的《经济科学概论》（1927）、《经济科学大纲》（1929）、《新经济学问答》（1929），拉皮多士③的《政治经济学方法论》（1930）等。

马克思主义经济学说在中国的传播经历了一个由浅入深、由片面到全面的过程，中国马克思主义者对于马克思主义经济学说的学习、把握和阐述介绍也经历了一个逐步发展的过程。到20世纪30年代，马克思主义经济学说已经初步形成了一个独立的经济学分支，一大批经济学家已经不仅能够系统深刻地阐述马克思主义经济学说，而且他们运用这一理论分析和解决中国实际经济问题的能力大大提高。20世纪40年代中国学者出版的一大批自著的马克思主义经济学书籍充分说明了这一点，如薛暮桥的《经济学》（1940）、千家驹的《帝国主义是什么》（1943）、王亚南的《经济科学论丛》（1943）和《政治经济学史大纲》（1949）、许涤新的《广义政治经济学》（1949）等都是质量较高的著作。20世纪上半叶马克思主义经济学说的传播为其日后在中国进一步的运用和发展提供了理论上的支持和准备，为中国经济思想领域增添了新的元素，开辟了中国经济思想发展的新纪元。

二、马克思主义政治经济学的系统介绍

20世纪上半叶马克思主义政治经济学的系统介绍表现在以下几个方面：

（1）对马恩列斯著作的翻译介绍。到1938年时，马克思、恩格斯和列宁生前出版的所有的重要经济著作都已经有了中文译本，而从1939年到1949年马列原著的翻译出

---

① 1931年2月和3月，《社会科学论丛》第三卷和第四卷分别登载了何思敬译的《国民经济学批判大纲》。人民出版社于1951年出版了何思敬译的《国民经济学批判大纲》。
② 高希圣是高尔松的笔名，郭真为高尔柏的笔名，二者为兄弟。
③ 其他书也将该作者名译为"拉皮杜斯"。

版情况又有了新的进展，部分以前未曾介绍的作品得到补译，还重新翻译了部分著作以提高其质量。另外，斯大林的一些著作此时也被翻译引进。这样，到1949年时马恩列斯的几乎全部经典著作都有了中译本，有的著作还有几种译本。

（2）对其他外国经济学者所著的政治经济学著作的大量翻译和引进。根据胡寄窗的统计，本时期内政治经济学译著出版共有29部，其中20年代9部、30年代15部、40年代5部；译自河上肇的有6部，译自波格达诺夫和米哈勒夫斯基的各3部，译自奥斯特洛维强诺夫、里昂惕夫、山川均和阿·毕尔曼的各2部。①

（3）国人开始自撰政治经济学著作，尽管数量不多，但其意义值得肯定，典型的如陈豹隐②的《经济学讲话》（1933）、胡绳的《经济学初级读本》（1938）、沈志远的《新经济学大纲》（1934）、薛暮桥的《政治经济学》（1948）等。其中，沈志远的《新经济学大纲》分上下篇，上篇论述资本主义经济，下篇论述社会主义经济，该书是公认的中国学者写的第一部马克思主义政治经济学教材，其发行量和社会影响都很大。

（4）出版了20多部以政治经济学为指导的研究个别经济理论的著作。典型译作有施存统译自山川均的《资本制度解说》（1928）、汪伯玉译自河上肇的《劳资对立的必然性》（1929）、章汉夫等译自瓦尔加等的《现阶段资本主义的研究》（1937）；国人自撰的则有陈豹隐的《经济现象的体系》（1929）、沈志远的《世界经济危机》（1935）、吴清友的《资本主义发展的不平衡规律》（1937）等。

（5）出版了政治经济学方法论的著作，共有5本，如彭桂秋译自宽恩的《新经济学方法论》（1929）、吴清友译自拉皮多士的《政治经济学方法论》（1933）等。

（6）出版了以马克思主义政治经济学理论为指导的经济史学著作。如李季译自克卡朴的《社会主义史》（1920），胡汉民译自伯亚的《社会主义史》（1927）、《产业革命时代社会主义史》（1929）和《马克思主义时代社会主义史》③（1929）等。国人自撰的则有贺良的《各派社会主义浅说》（1927）、陶大镛的《社会主义思想史》（1949）等。

（7）为了帮助人们更好地学习和把握马克思主义政治经济学，很多学者除了翻译和出版著作外，还编写了很多辅导材料。如王亚南和郭大力翻译的《资本论》出版后，1939年，沈志远出版了图书《研习〈资本论〉入门》，何思敬发表了文章《〈资本论〉自修——列宁的指示拾零》。1940年5月至7月，延安出版的《共产党人》第7、8期连载了由张闻天等人集体创作的《政治经济学大纲（初稿）》。该大纲内容翔实、结构清晰，既有对马克思主义经济学说的系统介绍，也有结合中国当时实际对各种错误思潮和学说所作的批判，对于马克思主义政治经济学的研习起到了很大的推动作用。

（8）随着人们对马克思主义政治经济学认识的加深，一些学者开始用其理论、观点和方法来研究中国的实际经济问题，研究领域明显扩大，论述水平也有所提高，如李达的《社会学大纲》（1937）、杨培新的《通货膨胀新论》（1948）、千家驹的《新财政学大纲》（1949）等。

---

① 胡寄窗. 中国近代经济思想史大纲［M］. 北京：中国社会科学出版社，1984：436.
② 原名为陈启修.
③ 1929年出版时的书名为《马克斯主义时代社会主义史》.

三、马克思主义者对帝国主义和封建主义经济压迫的揭露和批判

（一）中国马克思主义者对反帝学说的学习和运用

马克思主义经济学的传播给东方受压迫民族送来了先进的理论，而其中最先得到运用的就是反帝学说。

中国的马克思主义者在接受了先进的理论武装后，对于帝国主义以及封建主义的经济压迫有了更加深刻的认识，尤其是列宁的帝国主义学说使中国马克思主义者具备了对其加以系统批判的能力。陈独秀、李大钊、瞿秋白等人为了宣传社会主义、发动工农群众，都曾经撰文对帝国主义经济侵略和压迫进行了深刻的揭露。李大钊认为帝国主义的侵略本性是由其经济关系所决定的，帝国主义所发动的侵略战争是资本主义发展到一定程度的必然，帝国主义是垂死的资本主义，它们对落后国家的经济侵略是为了避免国内的革命危机，而开发和争夺殖民地是帝国主义的根源之一。①

马克思主义者还运用列宁的帝国主义理论对中国的现实进行了分析。他们不仅揭示了中国遭受西方列强侵略的过程、步骤和方式，而且指出中国社会的基本性质受到了帝国主义侵略的影响，中国在当时已经成为帝国主义国家共管的殖民地，也就是半殖民地。恽代英认为："中国今日，既不完具独立国的资格，已不啻一个半亡的国家。"②而"中国有今日的地位，完全是外国人来造成的"③。李大钊则指出国际帝国主义是中国人民的敌人，尽管其标榜的口号动听，但掩盖不了它们的实际侵略行为。他认为"挟国际猜忌、利权竞争的私心的资本主义、帝国主义，不论他是东方的、欧美的，绝讲不出公道话来"④，因此，要彻底反对帝国主义。新时代的中国反帝运动将是世界革命运动的重要组成部分。瞿秋白根据列宁的"链条理论"在揭示帝国主义本质的基础上对帝国主义和中国的关系作了全面系统的论述，他科学地预言中国革命将首先突破帝国主义东方战线。⑤

值得注意的是，马克思主义者还正确地认识到了帝国主义和帝国主义国家人民之间的区别。他们把一切压迫别人的人看作帝国主义者，认为所有国家中受压迫的工人和广大民众应该联合起来，共同反对帝国主义者。这样的划分突破了一国的界限，科学界定了斗争对象和联合力量，从而可以最大限度地争取可以团结的力量。

根据马克思主义认为帝国主义必然灭亡的论断，李大钊等人深刻论述了其必然灭亡而社会主义必然胜利的客观规律，指出资本主义的发展导致无产阶级力量的壮大，从而催生出它自己的掘墓人。⑥

1939年，毛泽东在著作《中国革命和中国共产党》中对帝国主义的经济侵略进行了全面系统的论述。他指出："帝国主义列强侵略中国，在一方面促使中国封建社会解体，促使中国发生了资本主义因素，把一个封建社会变成了一个半封建社会，但在另一

---

① 李大钊. 李大钊选集［M］. 北京：人民出版社，1959：110.
② 恽代英. 我们要雪的耻岂独是"五九"吗？［J］. 南洋周刊，1924，4（9）.
③ 恽代英. 中国民族独立问题［N］. 觉悟，1924-06-29.
④ 李大钊. 李大钊选集［M］. 北京：人民出版社，1959：214.
⑤ 斯大林. 列宁主义概论［J］. 瞿秋白，译. 新青年，1925（1）.
⑥ 李大钊. 李大钊选集［M］. 北京：人民出版社，1959：117.

方面，它们又残酷地统治了中国，把一个独立的中国变成了一个半殖民地和殖民地的中国。"[1]毛泽东的这篇著作集中体现了中共六大以后马克思主义经济学者对中国社会经济形态的最新研究成果，标志着中国马克思主义者对帝国主义经济侵略的研究达到了一个新的高度，他们在深刻揭露帝国主义本质的基础上，科学系统地揭示了其对中国的经济侵略，教育和唤起了群众，坚定了中国人民反帝的决心。

（二）中国马克思主义者对中国近代农村经济性质的分析

马克思主义者针对当时社会上认为中国农村的性质已是资本主义的错误论断，提出了中国农村社会是半封建性质，封建剥削依然占据统治地位的科学观点。马克思主义者认为，虽然帝国主义的侵略为中国资本主义的发展提供了一定的条件，但是它并没有摧毁封建势力，中国仍然是半殖民地国家，帝国主义掌握中国经济政治的特权；在国内则是封建地主占据主要地位，帝国主义及其扶持的买办阶级和中国的封建势力紧密结合起来，对中国农村进行残酷的剥削。

在农村经济性质方面，马克思主义者认为中国仍然是封建经济性质。他们指出，由于农民租种地主的土地而地主不参加生产，这样的剥削关系仍是农奴制的残余，因此它完全是一种封建关系。帝国主义的经济侵略尽管对中国经济组织产生了影响，但是其和中国封建势力的勾结使得中国资本主义的发展更加困难。在农村的封建势力是否仍存在方面，马克思主义者也给出了肯定的答案。他们认为在当时的中国，一方面封建生产关系处于解体过程，农民似乎享有某种自由，但另一方面，大小封建地主、军阀是帝国主义在中国的代理，封建关系买办化，买办资本活动也体现着封建剥削的性质。中国农村的剥削关系是封建式的剥削关系，而不是资本主义的剥削关系，农民承受着多重的剥削和压迫。

毛泽东等马克思主义者在《中国革命和中国共产党》一书中深刻地指出，尽管近代中国封建的自给自足的自然经济基础遭到破坏，但封建剥削制度的根基即地主阶级对农民的剥削不仅依然保持，而且同买办资本和高利贷资本的剥削结合在一起。封建专制政权虽然被推翻，但是换来的是地主阶级和大资产阶级联盟的专政。中国人民，尤其是农民，遭受着帝国主义和封建主义的双重压迫和剥削，日益贫困破产，他们的贫困和不自由程度世所罕见。

四、马克思主义者对于中国近代社会性质的论断

马克思主义者以科学的理论为指导，对中国近代社会性质作了正确的判断。他们认为近代中国是半殖民地半封建性质的社会。这一认识随着对马克思主义学说和中国实际情况了解的深入而逐渐完善。在早期的表达中，马克思主义者对于中国沦为半殖民地的过程论述较多，但对中国已经瓦解的封建经济还没有明确和清晰的界定。中共六大第一次使用了"半封建"这个词语，其特征主要表现为国家尚未真正统一，地主阶级私有土地制度并没有被推翻，很多半封建残余还存在，而政权的性质依然是地主、军阀买办和民族资产阶级的国家政权。这种论述已经初步开始从半殖民地和半封建两个方面来概括

---

① 毛泽东. 毛泽东选集（第2卷）[M]. 北京：人民出版社，1991：630.

中国社会的性质，尽管如此，"半殖民地半封建社会"的概念还没有被明确提出。

20世纪20年代末，有观点认为中国的社会性质已经发生彻底的变化。由于资产阶级取得了革命的胜利，封建残余被肃清，地主也都被资本家化，因此，封建阶级和资产阶级之间的矛盾已经不存在，而帝国主义成为推动中国资本主义发展的直接因素，由此，反帝反封建的任务都已不再存在，结论是中国的社会性质也发生了根本性的变化。

马克思主义者随即对这种错误观点进行了批判。他们根据中国近百年来发展的实际情况，对于中国的社会性质作了全面详细的分析。他们认为帝国主义对中国的经济侵略尽管增加了对中国的商品输入，但商品经济本身并不能决定社会性质，把帝国主义的入侵所造成的中国经济结构的某些变化归结为资本主义的发展是极端错误的。帝国主义的目的是要使中国成为其殖民地和附庸，而不是促进中国资本主义的发展，主张取消反帝运动的人其实是完全站在了帝国主义的立场上，充当了帝国主义的辩护人。对那种认为中国农村经济已经是资本主义性质而封建经济已经成为残余的观点，马克思主义者认为，帝国主义的侵略虽然从客观上造成了我国自然经济的逐步解体，但是这种变化并没有使封建势力走向对自身的否定，少数封建地主仍然掌握着绝大部分土地，他们和帝国主义、买办势力勾结起来，更加残酷地剥削农民。在不对土地制度做变革的情况下，中国农村中存在的剥削关系就只能是封建的剥削关系。

中国的马克思主义者在实践探索中逐步深入领会和阐述了中国的社会性质，到20世纪30年代时，很多人改变了以前利用阶级关系和政治视角分析中国社会性质的做法，而是更多地运用马克思主义政治经济学的方法和观点，结合中国当时的现实情况，对中国经济和社会状况作了全面科学的分析，从而正确地界定了中国近代的社会性质。

五、新民主主义经济思想的产生和主要内容

（一）毛泽东的新民主主义经济思想的产生

新民主主义理论是毛泽东运用马克思主义的基本原理，结合中国实际而创立的科学理论，新民主主义经济学说是其中的重要组成部分。1940年后，毛泽东在其一系列文章和报告中对新民主主义经济作了系统完整的阐述。他认为，在进入社会主义社会之前应该建立以社会主义性质的国营经济为领导的，包括国营经济、合作经济、个体经济和私人资本主义经济等各种经济成分在内的过渡性经济体系，这一任务是由中国的社会性质所决定的。在中国新民主主义革命胜利前夕，中国的经济主体依然是农业和手工业，现代工业和金融业所占比重很小，而且大多掌握在帝国主义和大官僚手中，国家垄断资本主义和外国帝国主义、地主阶级和富农共同构成了买办的、封建的国家垄断资本主义。新民主主义革命在经济上的任务就是要取消帝国主义在中国的特权，改革旧的封建生产关系，取消帝国主义、封建主义和官僚资本主义对民众的剥削，从而彻底改变社会经济条件。

毛泽东对中国新民主主义经济的发展提出了很多开创性的看法，其中最著名的是三大基本经济纲领，其要旨是"没收封建阶级的土地归农民所有，没收蒋介石、宋子文、

孔祥熙、陈立夫为首的垄断资本归新民主主义的国家所有，保护民族工商业"[①]。这三个纲领指明了中国新民主主义革命中经济领域的变革方向，在说明中国经济领域存在的主要矛盾的同时给出了具体的解决方法，具有根本性的指导作用。除此以外，毛泽东还反复强调应该以"发展生产、繁荣经济、公私兼顾、劳资两利"作为新民主主义国民经济的指导方针和总目标，这一方针即使在革命胜利后由新民主主义向社会主义的过渡过程中也起到了极大的指导作用。

（二）马克思主义经济学者对新民主主义经济思想的阐述和补充

新民主主义经济思想产生后，很多马克思主义经济学者纷纷以其为指导思想分析、阐述中国的现实经济情况。有学者认为当时的中国只能走新民主主义道路，因为新民主主义经济具有半殖民地半封建社会经济和欧美旧民主主义经济所没有的优点，而且只有新民主主义的经济符合当时中国的情况，因此唯有走新民主主义经济之路才能改变中国经济的面貌。[②]这一时期马克思主义者还自觉以新民主主义经济思想为指导，深刻分析当时经济实践中存在的问题。《中国四大家族》揭示了国民党统治集团对工业、商业、金融业、农业以及地产业等方面的垄断和掠夺，揭露了其反动本质和必然失败的结局；《近代中国地租概说》则认为只有实行新民主主义革命，才能彻底破除中国农村的封建经济形态，中国农村经济也才能得到真正的发展。

新民主主义经济思想是马克思主义经济学说和中国具体实践相结合的产物，毛泽东和中国的马克思主义者用马列主义的基本原理来分析我国特殊国情，揭示了由特殊国情所决定的社会形态演进的差异性。他们对新民主主义经济理论的系统阐述丰富和发展了马克思列宁主义经济学说中有关社会经济形态更替和演变的部分，其提出的新民主主义经济建设的政策措施也具有非常重要的现实指导意义。

第三节　20世纪上半叶西方经济学说在中国的传播和影响

一、西方经济学说在中国的传播过程

1840年鸦片战争后，中国被迫开始了半殖民地半封建化的社会进程，强烈的民族危机和外国资本主义的坚船利炮让一部分先进的中国人开始突破"天朝上国"的局限，开眼看世界。和西方商品一同输入进来的还有其先进的知识和观念，经济学说亦包括在其中。西方经济学说在我国的传播大致从19世纪60年代就已经开始，早期的传播主体一般有三类人：

一是中国士绅官僚内部思想较开明者。中国通商口岸的陆续开放和洋务运动的兴起为其接触和了解西学提供了条件，晚清更有部分官员得以以使节身份出国，这无疑大大

---

① 毛泽东. 毛泽东选集（第4卷）[M]. 北京：人民出版社，1991：1253.
② 张家骧. 马克思主义经济学说在中国的传播、运用与发展 [M]. 郑州：河南人民出版社，1993：271.

开阔了中国传统士人的眼界。

二是留学现象从洋务运动后期开始出现，一直延续至民国，留学生们在外国对经济理论的系统学习使得其在回国后传播经济思想时更加深刻、具体和专业。

三是来华的外国人，包括传教士，中国政府的外国雇员、商人等。

进入20世纪后，西方经济学说在中国的传播速度加快，在传播的主体、途径、内容和特点等方面都发生了显著的变化。西方经济学说在中国的传播过程大致可以以1919年五四运动为界。1919年以前的40年中大约出版了40部的经济科学的专著，其中1900年前出版了3部，1900至1911年出版约十六七部，1911年到五四运动前夕出版了20余部。①总的来看，在1919年前西方经济学说的传播过程中，中国人自撰的著作呈逐步增多的趋势，论及范围也从经济学一般原理扩展到财政、货币等应用经济学内容；出版著作的语言也逐渐规范，后期作品大多以时务文体取代了原先使用的我国的传统经济术语和概念，更加便于读者理解和掌握。

五四运动掀起的思想解放的热潮推动了西方经济学说在中国的传播。1919至1949年，据不完全估计，我国至少出版了2 000部经济著作，发行100多种经济杂志，这还不包括高校的校刊和综合性杂志在内。本时期论述经济问题的著作和论文数量之多由此可见一斑。从著作的分布情况来看，1919—1925年著作数量虽有所增多，但仍然处于对西方理论的吸收消化阶段；从1925年开始，著作出版数量有了明显增长，直到30年代达到最高峰；1937—1945年抗战时期，著作出版受到影响进入衰退期，直到抗战胜利后才开始新的出版高潮，并一直延续到1949年。

考察1919年后出版的译作可以发现，原著来源经历了从日本到欧美的转变过程。这是由于五四运动以后我国由西方留学回国的经济学者增多，留学欧美的经济学者相较留日学者而言所受的现代经济学训练更为系统和完整。随着这部分学者逐渐支配高等学校经济学科的讲坛，中国经济学界不再需要贩卖日本学者所著的二手经济学著作，经济学译著的内容方面也大大拓宽，涵盖了理论经济学和应用经济学两大类。国人自撰的经济学著作在20世纪30年代及以前，基本以介绍19世纪末和20世纪初西方流行的经济学说为主，20世纪30年代的西方经济思想到20世纪40年代末期才在少数国内著作中有所提及。本时期国内自撰西方经济学著作共有1 700多部，涉及经济原理、财政学、货币学、会计学、工业、农业等方面。经济学杂志则是在20世纪30年代达到发行高峰，1919年后的30年中大概共有111种经济类杂志，其中质量较高的有《经济学季刊》《新经济》《财政评论》《中央银行月报》等。

二、西方经济学说在中国的传播途径和特点

（一）本时期西方经济学说在中国的传播途径

1.本时期出版的经济学著作以及发行的经济学杂志

著作按作者国别分，可以分为经济学译著和国人自撰著作；从内容划分看，则包含理

---

① 胡寄窗. 中国近代经济思想史大纲［M］. 北京：中国社会科学出版社，1984：430.

论经济学著作和应用经济学著作。涉及西方经济学说传播的杂志则有两类：一种是专门的经济学杂志，如财政评论社的《财政评论》；另一种则是经常刊登财经内容的综合性杂志，如《东方杂志》。在杂志中还有特殊的一类是各高校的学报，如清华大学的《清华学报》。

2.出国人员学习和掌握西方经济学说后回国对其加以宣传和讲解

在对西学的吸收和引进上，留学生是承受和集成者；在对中学的改造和构建上，他们又是前驱和开路人，他们是中西学融会的主要载体。他们接受了西方教育后，一方面掌握了先进的科技和技能，另一方面把在西方国家的亲身体验编著成书或是翻译西方的经典名作，传播前沿知识。该时期一些著名的经济学者都有较好的国外学术背景，比如何廉是耶鲁大学的博士，尹文敬是法国巴黎大学的博士，陈岱孙和马寅初则分别是哈佛大学和哥伦比亚大学的博士。

3.课堂传授

教育过程的构成与传播过程的构成近乎一致地相同，两者的构成要素、过程、结构、效果等具有相当多的一致性。从教育活动本身来讲，教育的实质就是传播的重要形式，教育正是通过传播来完成其教授的。本时期中国对国外经济类教育的移植提供了可资借鉴的参照模式，也促进了中国现代经济类教育的发展。当时从欧美回来的很多留学生都在国内的大学任教，他们在课堂上所使用的讲义都是从西方教材上学来的或者根本就是他们的听课笔记，因此他们讲授的知识甚至案例基本都是外国的情形。

4.召开学术会议，探讨经济问题

通过这种形式也能够有效地促进西方经济思想的传播。如著名的经济学团体——中国经济学社一年一度的集体学术活动就是举行年会。1927至1936年，中国经济学社共举办了10次年会，每次年会都受到经济学界、政府、工商界以及社会舆论的关注和支持，产生了重要的社会影响。中国经济学社章程规定，年会中除大会外，还有单独举办的讲学会、学术讨论会等。这种会议除了学社成员参加外，还邀请社外人员旁听或演讲。

5.报纸

一些比较闻名的报纸当时也介绍经济理论，点评政府经济政策，如1933年沈志远的《计划经济学大纲》就刊载在《申报》上。

6.多样化的传播渠道

随着现代传媒的发展，这一时期传播的渠道更加趋于多样，比如广播、电影等，收音机和报纸甚至深入偏僻地区传播着各种可供选择的生活方式的信息。这种具有革命性的传播媒介的发展保证了经济学说传播的受众最大化。

（二）本时期西方经济学说在中国的传播特点

1.主动开放性

在面对帝国主义的坚船利炮时，部分先进的知识分子开始意识到西方文明的优越性，他们主张向西方学习。随着认识的加深，学习的内容也从器转变为制。晚清留学思潮兴起后，更多青年开始走出国门，积极主动地向西方寻求真理以谋治国之道。应该说，经济思想的传播始终是中国学人积极主动探求的结果，向欧美包括日本在内的先进国家学习成为当时国人的共识。

2.先进性

随着经济的发展和社会的进步，中国传统的经济思想已经无法解释和指导经济实践，西方经济学说的科学性和系统性符合了当时世界资本主义经济发展的潮流，对社会经济的发展具有很大的正面作用。中国在社会转型期对西方经济思想的引进、吸收和运用促进了中国现代经济制度的建立和完善。

3.单向性

西方经济思想在这一时期的传播方向基本是单向的，中国学者几乎是全盘接受了西方经济理论的内容。由于学识和实践的局限，中国学者尚未能对西方经济理论作重要的修改或补充，而中国传统的经济思想和西方相比既零散，又不符合时代要求，因此，由中国向西方反馈的路径便无从谈起了。

4.局限性

西方经济学说更多的是西方国家经济实践的反映，由于中国和西方国家在发展阶段、文化背景、经济状况、政治条件、社会心理等方面的差异，对西方经济理论的嫁接可能会不适用，甚至产生排异反应。这一时期介绍、讨论西方经济学说具有积极意义的较多，真正关注西方经济学说和中国国情具体差异的较少。另外，由于传播者本身的主观局限性，他们在介绍引进西方经济学说时可能掺杂个人的主观臆测或判断，从而歪曲了学说的原意。

5.阶段性

根据不同阶段所呈现出的特征和面临的主要任务的转换，西方经济学说的传播在不同时期所蕴含的主要内容也各不一样。如抗战时期，为了应付战时支出的需要，以开征新税、改革旧税以及发行公债和介绍西方国家战时财政政策为主题的著作就大量涌现，体现了在不同阶段面临不同任务的前提下西方经济学说传播关注重点的阶段性特征。

三、西方经济学说在中国传播的影响

西方经济学说的传播对于中国的经济学理论建设和社会经济实践都起到了很大的指导作用。它不仅促成了中国传统经济思想向现代化的转型，而且促使中国学者开始以国际通用的范式建立和规范具有现代气息和科学成分的经济学。在实践方面，大量出版的应用经济学书籍不仅从宏观方面指导国家经济政策的制定和实施，而且在微观方面给予诸多经济主体以具体的经营管理和财务运作方面的指导。这些影响的具体表现为：

（一）促进经济学成为一门独立系统的学科

中国古代的经济思想尽管数量众多，但大多不成系统且散见于各类书籍中，其论述也是各自表达，没有统一规范的范式。西方经济学说的传播切合了中国社会的发展情况，很多学者开始引进西方经济学中的概念和方法论述经济问题，20世纪尤其是五四运动以后，中国的经济学书籍和文章基本有了一套固定表达用语，这不仅便利了学术交流，也促进了中国经济学作为一门独立的学科体系的建立。

（二）促使中国主流经济思想摆脱了传统的桎梏，逐渐和世界经济科学相融合

中国古代经济思想论述的问题是由中国封建社会制度下特定的经济状况所决定的，不具有通识性。进入 20 世纪后，这些思想已经无法和现实的经济情况相适应，更无法与西方经济学界进行理论沟通。西方经济学说的传播使得其分类体系、概念术语和分析方法迅速被中国学者接受和采用，西方经济思想成为当时社会中的主流经济思想，中国经济学日益融入世界经济科学系统之中。

（三）经济学开始成为指导社会经济实践的实用理论工具

西方经济学说中的应用经济学部分，如财政、银行、货币、统计、保险、会计、贸易等内容对中国经济学现代体系的建立和经济制度的制定以及民族资本主义工商业的组织和运行起到了积极的指导作用，从而促进了中国社会经济的发展。到 20 世纪中叶时，中国学者对于经济学的认识更是突破了仅仅关注经济政策的层面，开始对各种经济现象作出具有普遍性和规律性的纯理论研究和现实经济研究，并在此基础上提供具有操作性的策划和数据分析的应用经济学研究。

（四）现代经济学研究方法得到运用

中国传统的经济思想一直从属于其他学科，它重文字论述，轻数字描述；重文体优美，轻数学推导；重形象思维，轻逻辑思维，也没有科学的分析方法。随着西方经济学说的传播，西方经济理论注重理论分析和实证检验的研究方法也开始为国人所接受，中国传统经济思想中研究方法简单、侧重经验性描述的不足之处得以弥补。

第四节　20世纪20年代至30年代民族资本企业家的创业思想和经营管理思想

一、民族资本企业家的创办企业思想

中国资本主义工商业在 20 世纪上半叶的发展催生了一批优秀的民族资本主义工商企业家，其中比较杰出的有朱志尧、荣宗敬、荣德生、陈蝶仙、陈光甫、简英甫、穆藕初、刘鸿生、吴蕴初等人，他们结合自身的生产经营实践，提出了很多有价值的经济思想，尤其是企业的管理和经营思想丰富且充满时代特征。

我国近代民族资本主义工商企业家面临特殊的时代背景，因此他们除了具有一般企业家的创业精神外，更有基于爱国角度而产生的历史使命感和社会责任感。追求利润最大化和事业的成功是企业家奋斗不息和企业不断成长进步的原动力。

美国经济学家熊彼特曾经将那些敢冒风险、首先将发明引入生产体系的企业家称为创新者，他认为这些人是动态经济中的经济主体。我国的陆费逵也提出了同样意思的企

业家精神，他总结企业家的"进取之道有三：勇气、坚忍、准备是也"[①]。他认为在当时中国的条件下，创办企业必须具有足够的胆识才行，坚忍是要求企业家不畏惧失败，而有准备是强调企业家应该凡事都提前预习以把握住每次机会。

金融企业家陈光甫在总结自己的创业思想时认为："人生在社会有一真正快乐之事，那就是树一目标、创一事业，达到目的地，并且成功。此种快乐是从艰难困苦中得来的，因而更为持久，更有纪念价值。"[②]要达到成功创业的目的关键在于不断改革，创办而改革，改革而成功，成功再改革，改革又成功，循环不断，周而复始，有了这种自强不息的精神，才能一直向上进展。[③]

吴蕴初把自己的创业思想表达为："办事业必须走在别人的前面，要办别人没有办过的厂才有意思。"[④]这句话在表现其勇于开拓创新的同时，也在一定程度上揭示了他实行差别化经营的战略意图。他还告诫别人在面对创业的艰辛和开办初期可能会遭遇的失败时要坦然，要做好吃苦的心理准备。

郭乐和郭泉兄弟是永安公司的创始人。他们旅居海外十余年，对于中国工商业的落后深有体会，因此他们的创业思想中多有意图将外国先进的经营技术介绍、传播到中国的内容。他们认为欧美货物新奇、种类繁多，而我国现代工业还没有萌芽，商业也只是采用小贩形式，因此必须将外国商业艺术介绍到中国，以提高国人对于商业的认识。[⑤]

朱志尧是我国重工业发展的积极倡导者。他对比中外经济发展状况后，深切感受到必须创办民族重工业。他认为机器制造越多和越新的国家其经济必然发达，商业也十分繁盛，因此机器工业是国家的命脉。他在列举了发展机器工业的益处后给出了振兴我国民族机器业的方案，也就是必须有人才和资本，同时要致力于科技创新。[⑥]

穆藕初则将关注重点放在棉纺织工业上。他认为自开放口岸以来，外国商品充斥着我国市场，其中以棉纱布所占的比例为最大，而衣着物品的需求量大、弹性小，因此进口棉货对于我国的经济和民生都十分不利，所以他提出了大力创办棉纺企业的提议。至于具体的做法，他认为应该采用结合大团体以步步为营的方法由口岸向内地渐次推进，在水陆交通方便的产棉区域和棉花集中地点开办纱厂。为了保证企业创设的合理效益，他还提出因地制宜的建厂原则，由政府部门给出全国棉纺织业投资的全盘意见，由投资者自行选择。[⑦]

本时期民族资本主义工商业企业家大多具有强烈的事业心，勇于创新且具有强烈的竞争意识。很多人开办企业也突破了追求利润的单一动机，他们也将发展和振兴民族工商业、提高国人的现代商业意识、提升我国产品的国际竞争力、促进我国经济和民生进步作为自己的追求目标。

① 陆费逵. 实业家之修养 [M]. 上海：中华书局，1929：14.
② 吴经砚. 上海商业储蓄银行历史概述 [M] //孙晓村. 陈光甫与上海银行. 北京：中国文史出版社，1991：147.
③ 沈祖炜. 近代中国企业：制度和发展 [M]. 上海：上海社会科学院出版社，1999：372.
④ 落霞. 创制味精的吴蕴初君 [M] //生活书店编译所. 人物述评. 上海：生活书店，1936：386.
⑤ 上海市纺织工业局，上海棉纺织工业公司永安纺织印染公司史料组，上海市工商行政管理局. 永安纺织印染公司 [M]. 上海：中华书局，1964：11.
⑥ 钟祥财. 对上海地区经济思想发展的历史考察 [M]. 上海：上海社会科学院出版社，1997：341.
⑦ 穆藕初. 救济棉业计划案 [J]. 商业月报，1928，8（7）.

二、民族资本企业家的企业经营思想

本时期的民族资本企业家一般都具备了现代经营观念，他们提出的很多企业经营思想都非常具有创新意义，对于提升民族工商企业的整体素质起到了指导作用。企业是社会经济运行中的基本微观单位，它的经营状况取决于多种因素，如资本、原料、市场、人才、产品、技术等。为了抢占市场机遇，在激烈的竞争中立于不败之地，民族资本企业家们纷纷从上述要素入手改善自身企业的经营状况。他们的主张包括：

（一）不断进行产品或服务的创新

根据市场的需要及时推出式样新、质量高的新产品或服务，甚至开拓新的行业是企业得以获利的重要途径之一。近代中国塑料工业的先驱者顾兆桢认为，创办前人没有经营过的企业固然冒着很大的风险，但是正因为如此，才能得到抢先占领市场的机会，尤其是国货如果能够抢在洋货前面生产出来并投放市场，那将更加有利于提高国货的竞争力。[①]他在1920年投资的生产胶木粉这一新型化工产品的企业就因为起步早且能够不断地推出新产品而获利极高。

（二）在企业的组织形式上加以创新

为了避免华商之间激烈的市场竞争，一些民族资本企业家主张在企业的组织形式上加以创新，他们提出建立企业集团或同业企业联营组织的方法。刘鸿生曾就这一问题作过详细的论述，他提出华商之间要"一面共制外货，绝其销路；一面力避争竞，以免两败俱伤"[②]。中国企业在组织形式上可以采取同业合并的方式以消弭同业竞争，增强对外力量。20世纪20年代初期刘鸿生发起成立了江苏省火柴同业联合会，该会以维持同业公共利益、谋国货发展为宗旨，规定共同议价，防止同业间的跌价竞争。而这一时期成立的企业集团如周学熙企业集团、刘鸿生企业集团、永字号企业集团、天字号企业集团等在内部资金融通、原材料配置、产品销售等方面显示了单个企业所无法相比的优势。

（三）注重市场调研，准确把握市场动向以提高市场占有率

不断提高市场占有率是提高企业利润的有效途径之一，近代中国由于经济发展水平不高、交通落后、民众贫穷而导致市场有效需求不高，因此开拓市场成为民族资本企业家们的重要任务，他们提出了不少相关的企业经营思想。穆藕初的市场战略是"来源出路，节节灵通"。

首先，重视市场调查，没有对市场的彻底把握就容易导致投资的失败。

其次，善于准确预测市场供求情况的变化，决策者应该能够准确把握市场方向，并对此及时作出反应。

---

① 顾卫丞. 我国塑料工业的先驱者顾兆桢［M］//中国人民政治协商会议上海市委员会文史资料工作委员会. 上海文史资料选辑（第48辑）. 上海：上海人民出版社，1985：57.
② 上海社会科学院经济研究所. 刘鸿生企业史料（上册）［M］. 上海：上海人民出版社，1981：187.

最后，杜绝投机行为，树立良好的企业信誉。[①]当时的很多民族企业家都热心社会公益事业，从行动上塑造企业高尚的品格，提高人们对其产品的认同度。

值得注意的是，很多企业家还把眼光投向了国外市场，穆藕初就曾经提出发展国外商业是中国国民不可放弃的应尽义务的主张。

（四）重视先进的经营手段和方式的运用

陈蝶仙非常重视广告的作用。他认为产品的推广非依赖广告不可，不管有无生意，广告都不能中断。广告的形式可以多样，但是宣传的内容必须真实，不能过分夸张，以至于失去信用。[②]郭氏兄弟的永安公司在销售方式上实行了一系列策略，如以赠品促商品销售、送货上门、免费安装、发行礼券等；对不同的顾客采用不同的经营方式，针对各个层次的顾客推出不同的商品，既迎合顾客心理，又加速资金周转。对于现代商业经营手段的关注和强调，表明民族资本家的企业经营思想已经非常现代化。

三、民族资本企业家的企业管理思想

在企业管理方面，本时期的民族资本企业家都很重视西方先进管理方法的引进和实施。在第一次世界大战前，中国的民族资本主义工商企业一般不太注重管理方法的革新，这一现象在20世纪20年代后得以改变。在中国近代史上，穆藕初是引进和实践西方科学管理理论的第一人。他在美国留学期间曾经和科学管理理论的创始人泰勒反复讨论并深入美国农场体验现代管理方式。回国后，穆藕初通过翻译著作和发表文章向国内介绍了美国的先进管理理论和实践，同时在他自己的企业经营中率先采用了科学管理方法，不仅实现了从工头制向工程师专业管理的转变，而且实行了新式的复式记账法，并强化质量管理。这些措施取得了良好的效果，以至于当时想开办纱厂的人都先去他的工厂参观。

（一）本时期民族资本企业家引进和运用的西方企业管理举措

1.对新式财务会计制度的引进和运用

第一次世界大战后德国推行实业合理化运动取得巨大成功，对中国民族资本企业家很有启发，他们开始借鉴德国做法，改革企业内部管理体制。

上海康元印刷制罐厂是国内最早采用西方的科学管理方法对原有的落后管理体制进行彻底变革的企业。总经理康元采用成本会计制度对生产过程进行监督，重新规定合理的工作标准，以提高工人的生产积极性，改革行政管理制度，提高工作效率。

1924年，荣德生在上海申新三厂也推行了管理改革。他认为企业经营者必须研究如何使机器运转不损和免除材料浪费，以及如何改进工作以使产品精良；同时，在生产过程中注意和工人融洽相处，以保证不发生意外。

20世纪20年代后，民族资本企业引进的最重要的先进管理制度之一是新式的成本会计制度。我国过去采用的旧式簿记制度无法发挥会计的成本核算和财务监督职

---

① 穆藕初. 藕初五十自述［M］. 上海：商务印书馆，1926：32，37，66.
② 陈蝶仙. 机联集（第3册）［C］. 上海：上海机制国货工厂联合会，1934：82.

能，随着科学管理方法的传播，财务会计制度的改革成为当时企业关注的重点。刘鸿生就十分重视成本会计制度的建立。他认为每一个企业都必须有一套完整的成本会计制度，这样才能针对企业的薄弱环节采取措施，而严格的会计制度有利于监督开支和降低成本。为此，他曾重金聘请国内第一流的会计专家为他设计了中国最标准的成本会计制度。

2.对先进生产技术的引进和运用

近代民族资本企业家也十分重视技术创新在质量管理中的作用。他们引进了大量的先进生产设备和技术手段，即使是在财力有限的情况下，也主张通过实施技术改造的手段来提高产品的技术含量。如荣氏企业中的上海申新八厂的全部机器都是当时英国制造的最新式纱机，其技术先进程度不仅在国内企业中少见，就是和日本在华纱厂中生产效率最高的企业相比也毫不逊色。

3.对人才的培养和使用

在企业管理方面，民族资本企业家还十分重视人才的作用。他们认为事业成功的基础是人才，而两种人才在企业中是适用的：一为科学人才；一为管理人才。这些人才除了必须具有现代科学知识外，还要有从事实业经营的专业素质。企业家在有了人才之后还必须学会用人，要把适当的人放在合适的岗位上，一个善于管理的企业家应该在人才使用中用其所长，避其所短。

（二）民族资本企业家对中国传统管理思想的挖掘和运用

值得注意的是，本时期民族资本企业家不仅关注现代西方企业管理理论的运用，一些受过传统文化熏陶的民族资本企业家还将我国传统的古代思想运用于当时的企业管理。陈蝶仙的企业人事管理思想就是其中突出的例子。他把中国古籍《大学》一书中古人的修身养性、治国理民的准则运用于企业的人事管理，把儒家学说中调节人际关系的思想精髓加以发挥，主张在近代企业的严格管理过程中发挥传统伦理的凝聚力作用。这种立足于中国传统文化心理的企业管理思想在现代企业管理实践中的运用应该说是一种可贵的尝试。

第五节　20世纪30年代至40年代学术思想界关于经济建设和工业化的思想

一、经济建设的内容和意义

本时期的学者主要关注经济建设的以下几个方面：第一，社会经济问题，其中包含人口、社会制度、劳动、土地等内容；第二，政治经济或财政问题，其中包括关税、公债、政府财政公开、中央和地方财政收支划分、整顿旧税、增设新税等方面内容；第三，金融经济问题，包括币制改革和银行制度改革等方面内容；第四，交通经济问题；第五，工业经济问题；第六，商业经济问题；第七，农业经济问题；第八，消费经济问题；第九，国际经济问题。为避免重复，本节主要介绍当时国人对人口问题、金融问题、财政问题、引进外资问题的论述。

（一）人口问题

中国近代以来人口持续增长，一些经济学者开始高度重视人口在经济建设中的作用。经济学者李权时认为"人口问题是凡百经济问题的总根源"，而东部发达地区人口已经呈过剩趋势，因此必须实行向人口稀少地区移民的政策。同时，他强调重视提高人口质量，而要达到这一目的，"就非研究和实行优生学或人种改良学不可了"。对于我国当时的社会制度，李权时也认为其不适合现代经济的发展，中国的一些传统制度如家族制度、遗产制度等有很多的弊病，因此主张加以废除。[1]尽管从社会制度的角度来论述经济问题已经有所背离专业范畴，但是这种把社会学和经济学结合起来的多学科考察的尝试，其意义仍然是值得肯定的。

（二）金融问题

关于金融制度，本时期学者们主要关注中国的货币改革。20世纪30年代，中国货币危机加深，这是由我国货币流通紊乱和国内经济衰弱所造成的；美国实行的白银政策也导致我国白银外流和银本位制面临全面崩溃。有鉴于此，学者们纷纷提出主张，点评政府金融政策，发表自己的看法和观点。该时期学者普遍认为应建立货币本位制度，因为当时的经济状况表明中国受银价波动的影响颇深，就是由于货币本位制度不健全。很多人认同凯末尔提出的建议，如马寅初就认为应该从建立银本位制度入手，待时机成熟后再逐步过渡到金本位制。[2]对于国民政府推出的法币改革，一些学者在认同法币制度优点的同时，也提出了他们的忧虑，认为法币改革除了有消除社会恐慌心理、健全整个金融机构、刺激国内产业发展的作用外，也会带来通货膨胀的不利后果。实践证明，这一担心最终演变成了事实。

（三）财政问题

财政问题是本时期国内学者论述较多的问题之一，尤其是抗战爆发后很多人对于战时财政提出了各自的建议。此外，对一般的财政整理问题，他们也发表了很多的看法。前者主要包括借鉴西方国家发行战时国债、开征战时税等；后者则包括废除现存财政体制中的各种弊端，如国地预算分开、规范附加税收、废除苛捐杂税、实行科学预算、公开政府财政等。

（四）引进外资问题

针对当时中国经济发展需要引进外资的问题，学者们也多有涉及。他们认为我国资本缺乏，而要和先进国家竞争，如果仅仅依靠自己的积累，则费时太久；如果要缩短和发达国家的差距，就必须利用外国的资本。尽管如此，他们也提出在利用外资时要注意

---

① 李权时. 中国经济问题纲要［M］. 上海：世界书局，1927：3-8.
② 马寅初. 中国经济改造［M］. 上海：商务印书馆，1935：588.

防止其弊端，不能侵犯国家权益，中国政府有监督之权等。

二、经济建设的途径和方法

（一）统制经济思想

20世纪30年代初，西方资本主义国家发生的经济危机宣告了自由主义经济政策的破产，中国的学者对此进行了反思，并提出了新的经济建设的思路。

马寅初在1931年表示极端的资本主义和极端的共产主义都不适合中国，而是应该舍短取长，采取第三种途径，也就是一面作有计划的生产，一面保留私有制度。马寅初希望把苏联的计划手段和资本主义的私有制度结合起来，从而创造一种新制度。这个思路包含了以后统制经济政策的两个方面，即一面保留有计划之生产，一面保留私有制度。[①]随后，很多学者都提出了类似观点，他们在列数西方自由经济破产的同时提到了德国、苏联和日本经济政策的成功，主张借鉴这些国家的做法，实行经济政策国家化、生产事业社会化。这些论述表明学界和工商界对国家干预经济政策的呼吁和向往。

1932年，武育干在中国最早明确提出实施统制经济政策。他认为中国自救的方法在于先彻底改造政治，然后实施统制经济，而统制经济的内容包括国家制定各种经济法规，统制一切经济或某一方面的经济活动。在其他国家纷纷采取汇兑统制和贸易统制的情况下，如果我国散漫无备，最终必将被淘汰。[②]

1932年11月，周宪文发表《统制经济之研究》，从学理上研究了资本主义经济制度的自动作用的缺陷，主张应该用统制经济来弥补。[③]1933年1月，周宪文又发表《晚近欧美各国之统制经济运动》。

1933年3月，黄卓发表《经济计划与计划经济》。随后，1933年发表的有关统制经济的文章越来越多，统制主义思潮正式兴起。祝世康在其文中不仅认为中国经济建设的前提是实施统制经济政策，甚至认为中国部分地区在其实践中已经推行了这一政策。[④]

1933年10月，宋子文访问欧美回国后，开始借鉴西方国家的做法，实施统制经济政策。这一举措立刻得到很多经济学者的积极响应，吴鼎昌、穆藕初、马寅初等人都发表文章或演说，极力宣传统制经济。根据统计，1933年10月和11月这两个月中以统制经济和计划经济为名的期刊文章分别达到50篇和41篇[⑤]，统制经济思想开始成为中国经济建设的主流思想。

至于如何实施统制经济政策，经济学者也提出了各自的看法。

马寅初认为中国可以效仿西方国家，先从丝、米、棉三项比较容易的统制做起，统制的标准应该以抵抗外国经济侵略及促进本国企业家共同利益为依归；如果条件允许，仍然应该考虑维持企业家的自由竞争制度。[⑥]可见，马寅初所主张的统制范围还是比较

---

① 马寅初. 中国经济改造 [M]. 上海：商务印书馆，1935：30，50，335.
② 武育干. 实施统制经济 [N]. 申报，1932-10-10.
③ 周宪文. 统制经济之研究 [J]. 学艺，1932，11（9）：9-79.
④ 祝世康. 中国经济改造与建设的基本动向 [J]. 经济学季刊，1933，4（4）.
⑤ 孙大权. 中国经济学的成长——中国经济学社研究（1923—1953）[M]. 上海：上海三联书店，2006.
⑥ 马寅初. 中国经济改造 [M]. 上海：商务印书馆，1935：180.

窄的。

刘大钧则提出了具体的统制方式：一是国营，如交通、金融、公用事业、国防业等；二是局部统制，政府只对产品定价、运输和营业方法等加以统制；三是监督，政府只对妨害国家和国民利益的行为加以制裁，而不干涉私营事业。[①]

李权时主张的统制范围最广，包括生产经济统制、交易经济统制、分配经济统制、消费经济统制等，涉及领域之多可谓包罗万象。[②]

在具体的经济建设方法上，采取混合经济制度是比较主流的一种观点。何廉主张采取混合经济中的有计划的发展方式。[③]1947年马寅初在文章中认为应将苏联式、英美式、德国式三种经济建设方针中和，借鉴三者的长处来制定中国的经济建设政策。通过混合经济制度，国营企业和民营企业并进，这既符合时代的需要，也切合中国自身的能力。[④]

（二）自由主义经济思想

20世纪30年代，也有部分学者提出对统制经济政策的不同看法，仍然主张实行经济自由主义。

顾翊群（字季高）是经济自由主义学派的代表。在国家干预经济论盛行的时候，他运用哈耶克理论批判了苏联模式的计划经济，主张在中国实行市场经济制度；在国际贸易问题上，他运用比较优势理论批判了贸易保护主义，主张中国融入世界经济。顾翊群认为判断经济制度的优劣有三项标准：一是看能否合理、平衡地增加资本积聚；二是看对景气的变动能否作适当的调节；三是对全国人民的收益能否作合理公道的分配。通过分析，他认为苏联式的计划经济在这三个方面都不如自由经济，而中国当时流行的统制经济政策只能是一种战时经济政策，不能用于中国的平时建设。[⑤]顾翊群立足于自由主义经济思想为市场经济体制进行辩护的做法尽管和当时的主流经济思想不相符合，但其批判经济学界有关保护贸易论、自给自足论，并根据比较优势理论提出落后的中国应该参与世界经济的观点仍然具有一定的合理性，即使在当代我国的一些主张自由主义的经济学者的论述中仍可以看到他的影响。

三、工业化思想

（一）工业化含义的阐释

经济学家谷春帆在阐述工业化含义时认为，工业化不是单纯地办工厂、修铁路、开矿和造轮船，不是单纯地利用机器生产和大量为市场生产，也不是单纯地利用科学管理方法和单纯的资本主义，工业化的重点在化上，"化"指的是王化、教化、风化、同化。工业化要以工业建设为中心，以工业生产组织之精神及方法为标准，创立一种积极

---

① 刘大钧. 经济政策意见书提要 [B]. 中国经济统计研究所档案 01-002，1936：7-8.
② 李权时. 政府应统制何种经济 [J]. 经济学季刊，1935，5（4）：61-62.
③ 何廉. 何廉回忆录 [M]. 朱佑慈，等译. 北京：中国文史出版社，1988：245.
④ 马寅初. 中国经济改造 [M]. 上海：商务印书馆，1935：455，460.
⑤ 顾季高. 经济思想与社会改造 [J]. 民族，1935，3（8）：1313-1334.

进取的精神和习惯，并使之成为社会人群生活活动的标准，一切的制度思想都依着这个中心标准精神而同化。①可见，他所认为的工业化是一个相当宽泛的概念，其内涵已经类似于现代化。

（二）对工业化实现路径的讨论

20世纪30年代，国内学术界出现了"以农立国"还是"以工立国"的争论。这次争论本来着眼于探讨未来中国发展道路的问题，但工业化思想通过这次争论更加系统和明确了。

大多数学者认为，我国实行工业化的路径应是采取激进式的工业建设，尽量缩短工业化的进程，用革命的方式确立工业化的基础，通过工业建设提升我国的经济和社会发展水平，以确保适应世界经济发展的潮流。在工业化的具体目标中，学者们主张在优先发展重工业的同时要注意农、轻、重的均衡发展。学者们主张优先发展重工业的原因主要有以下几点：一是近代中国对重工业的投资偏少；二是出于支持抗战的需要；三是强国思想的影响，认为重工业不仅是国家强大的前提，也是彻底改善民生的经济基础。同时，学者们立足于长期发展的考虑，强调了重工业的发展要与轻工业和农业相互配合。尽管如此，他们所主张的平衡发展的重点仍然在于优先发展重工业和围绕工业化这个前提，农业的发展依赖工业并为工业的发展提供支持。

这一时期以乡村建设派为代表的一批学者也提出了工业化的思想，但是他们所主张的工业化的要旨在于由农业引发工业，工业化是为消费而生产，他们倡导的是一条侧重以乡村建设为基础的工业化道路。梁漱溟认为乡村的进步需要先进的生产技术和社会化的经济组织，而关键就是能不能工业化。他认为，从商业发展工业的道路不仅无法满足多数人吃饭的问题，而且会妨害中国社会关系的增进和调整，造成贫者益贫、富者益富、乡村衰蔽。梁漱溟还认为，他所提倡的由农业引发工业的道路是从农民生活需求出发改造中国经济，这既不同于当时日本提倡的工业到乡村去，也不同于马寅初等提倡的以小工业和手工业补足农业，因为前者骨子里是维持工业资本的立场，后者则只是局限于对乡村的考虑，没有考虑整个中国社会的根本大计。②

至于实行工业化的方法也有不同意见。

部分学者把重工业看作关系国计民生的重要产业，主张由国家直接投资经营；轻工业可以允许私人直接投资，由政府加以管理。因为重工业的经营必须资本雄厚，而且必须采用机器和科学方法才能降低成本和增加产量，这对私人资本来说很有难度；轻工业由于种类繁多，所以不宜由政府经营。如马寅初就认为："重工业如钢铁、造船等业，皆可由政府办理……棉纱、水泥、面粉、缫丝等轻工业，在政府统制之下，可委之私人经营。"③

还有部分学者立足于农村工业化的角度提出工业化的建设途径，认为在资源短缺、人口过密化、农业人工成本过高、生产效率过低的情况下，要提高农民生活水平，必须

① 谷春帆. 中国工业化通论［M］. 上海：商务印书馆，1947：151.
② 梁漱溟. 乡村建设理论［M］//中国文化书院学术委员会. 梁漱溟全集（第2卷）. 济南：山东人民出版社，1989：547.
③ 马寅初. 中国经济改造［M］. 上海：商务印书馆，1935：212.

走劳动力转移的工业化道路的各种思路。

乡村建设派则主张重塑伦理社会的乡村基础，并在合作的基础上走由农业引发工业的为了消费的所谓第三条道路，杜绝走商业资本为了营利的资本主义工业化道路和苏联强制集团化的工业化道路。

受当时苏联的革命理论影响的学者则从农业生产技术和农村商品经济的发展出发，主张从全球资本主义经济系统来观察农业从工业中的分离、都市与乡村的联系，以及工人与农村无产者的天然结合，通过推翻外国资本的支配争取民族经济的自由发展。

第六节　国民党统治时期的发展国家资本思想

一、发展国家资本思想的渊源

国民党统治时期发展国家资本思想的渊源有两方面：一是孙中山发展国家资本、节制私人资本的主张；二是受当时国际环境的影响，西方的国家干预经济思想成为中国发展国家资本的另一个理论来源。

（一）孙中山发展国家资本的思想

确立国家在经济发展中的作用、运用国家的力量发展国家资本是孙中山经济思想的重要内容，也成为国民党统治时期发展国家资本的思想渊源之一。孙中山的这一思想在国民党早期的理论和政策中就得到了体现，在《中国国民党第一次全国代表大会宣言》中就明确地把孙中山对国家在经济生活和经济发展中的地位和作用的思想作了原则上的规定。关于孙中山发展国家资本、节制私人资本思想的主要内容在第七章第五节中已作了介绍，此略。

（二）西方国家统制经济思想和计划经济思想的影响

1929年西方资本主义世界爆发危机后，自由资本主义国家几乎都全面加强了对经济的干预，而实行国家资本主义经济的德国和意大利以及实行计划经济的苏联都取得了快速的发展。这使得国内掀起了实行国家资本主义的热潮，很多人鼓吹经济发展必须接受国家集中统一计划的指导，服从国家的调整。西方国家的统制经济思想和计划经济思想成为国民政府实行国家资本主义的另一个思想渊源，而这一渊源和孙中山的思想渊源不同，它来源于西方各国的诸多经济政策和理论。有学者认为中国应该以斯班（O. Spann）所主张的全体主义作为国家发展的基础，英美的资本主义和苏联的社会主义都不适合中国，必须从全体主义观察重商主义的干涉政策和统制贸易。[①]也有学者认为，国家干预经济的理论基础最早在美国学者克拉克的书中就已出现，而德国历史学派的领袖经济学家李斯特的名著《政治经济学的国民体系》更是将国家干预论发展到一个新的

---

① 马寅初. 中国经济改造 [M]. 上海：商务印书馆，1935：50.

高度。①还有一种看法认为，西方国家的统制经济政策在学理上并无确定明了的意思，只是由于克服世界经济危机的需要才应运而生。②无论国内对统制经济的理论来源的观点差异如何，认为政府应实行统制经济政策的人们都积极主张国家干预经济，甚至有人提出政府管制领域应该包括生产、交易、分配、消费等所有环节，经营范围则包括农业、商业、工业、贸易、金融等。可见，西方国家这一时期的国家资本主义政策和观点对我国影响之深。

二、国民党发展国家资本思想的实质

南京国民政府成立后所要建立和发展的经济主要是国家资本主义经济，它把重点放在了建立国营企业、强调国家对重要部门的控制上。而国民党当权者实行这一政策的思想实质主要有以下几点：

（一）国家资本主义是建立强势中央政府的需要

近代以来一直到南京国民政府成立时，中国社会一直处于十分混乱的状态中，历届中央政府的式微使得其政策法令的执行效力大打折扣。国民政府成立后，要想在短期内解决诸多问题并推进中国的工业化建设，就必须建立强大的集权政府，在当时的情形下，也只有实行强政府政策才能使中国的社会迅速稳定，经济步入正轨。南京国民政府的强权政治是建立在全面干预和控制经济基础之上的，通过大力发展国家资本主义以增强中央政府的实力，使中国经济能够在短时期内有比较大的发展。当然，必须指出的是，国民党当权者在利用经济上的集权增强自己的实力后实行独裁统治、镇压革命是应该特别加以认识和批判的。

（二）国家资本主义是规范经济运行的需要

国民党在其前十年统治期间，尽管有诸多不稳定因素，但总的来说国内经济有了一个较好的发展。公债政策作为筹集资金的有效渠道和调节经济的杠杆在这一时期发挥了持续和明显的作用，1933年后制造国家资本的既定计划和政策得以全面付诸实施。经过一段时间的建设，国家资本初具规模并发展迅速，初步形成了以银行金融业为龙头、以重工业为主干并逐渐向轻工业领域扩展的国家资本主义体系。国家资本向交通、通信和工矿业的渗透不仅迅速建立起庞大的国营经济体系，而且通过国营经济的发展带动了其他经济的发展，也对关系国计民生的产业加强了控制。国家资本向银行业的拓展则有利于国家发行货币和募集资本，以突破经济发展过程中资本不足的瓶颈。总的看来，由国家资本建立的国营企业不仅为经济的发展提供了基础，有利于经济在短期内得到恢复和发展，而且对于稳定市场和百姓的生活也起到了一定的作用。

（三）国民党当权者实行国家资本主义是基于对国家资本主义的良好预期

根据这一良好预期，南京政府根据国情对产业发展进行了规划和引导，对国家资本

---

① 吴德培. 统制计划技术三种经济与中国 [J]. 经济学季刊，1935，5（4）：107-108.
② 吴达诠. 统制经济问题 [J]. 银行周报，1933，17（37）：1-35.

企业的地理分布、行业布局都作了非常详尽的计划安排，对交通和水利、电力作优先投资考虑。国家资本主义企业单位一般都采用先进的公司或工厂的组织形式来促进企业的发展。应当指出的是，国民党当权者在具体实行国家资本主义的过程中更多地采用了非常规的手段，甚至诉诸暴力，对私人资本企业的渗透、掠夺甚至直接接管成为制造和壮大国家资本以实现垄断的捷径，这些都是国民政府经济行为腐败和非法的表现。

（四）国民党当权者发展国家资本是为了维护自身经济利益的需要

南京国民政府致力于建立国家资本主义，并且在实践中采用了现代企业的形式以图实现这一目标，但在这一过程中出现了官僚家族（以蒋介石、宋子文、孔祥熙以及陈果夫和陈立夫为代表）借经济发展之名而谋取私利的现象，这样就形成了近代中国特有的大官僚资本与国家资本相共存的局面。大官僚资本生存的基础是国民政府以及他们在政府所拥有的政治和经济权力，所以他们和国家资本之间也有着一定的共同利益诉求，发展国家资本主义符合国民党当权者的利益需要。

三、其他阶层要求发展国家资本的思想

孙中山的民生主义经济纲领对中国其他阶层也影响颇大，这一时期大多数学者都接受了中国经济的发展道路必须取资本主义和社会主义折中的观点。他们认为中国的国民经济建设必须通盘放到完整的国家计划下去实行，无论国营的大企业还是私营的中小企业，在生产、分配、消费、交通等方面都必须受政府的统制。

国民政府早期很多学者都认为重工业在国民经济体系中地位重要且对投资资金需求大，因此主张对重工业实行国家投资、国家经营；轻工业则可以由私人投资经营，政府对其加以管理即可。抗日战争后，有关发展国家资本的讨论重点转向了对国营和民营各自经营领域的进一步细分方面。另外，对企业的经营组织形式问题也多有讨论。

对于政府在发展国家资本过程中的作用，很多学者突破了以前的局限，开始认识到国家资本在发展到一定阶段后也可以退却。

一种观点认为中国的经济建设经营途径宜分为国营和民营两种，两种经济形态应该同时发展。基本工业和基本交通事业原则上归为国营，但是在国家财力不足的情况下也可以允许私人入股，私人资本对重工业的参股必须以控制权掌握在政府手里为前提，轻工业以及普通和局部的运输业务原则上应该由民营企业经办。[①]这种观点在强调国家资本在重要行业中占绝对地位的同时，已经主张可以根据国家的具体财力和实际需要而作变通，这一思想较以前已经开始有一定的突破。

还有的观点认为，我国重工业在起步时因所需资金的短缺而不得不借助政府，但是在人民具备投资工业的资本实力后，国家资本就应该退出经营，所有已经兴办的工业企业可以让渡给私人经营。[②]这种思路更是突破了孙中山"发达国家资本"的思想界限，重新界定了在经济发展到一定程度后国家资本在经济生活中的作用和地位。

---

① 翁文灏. 中国经济建设概论［M］//翁文灏，顾翊群. 中国经济建设与农村工业化问题. 重庆：商务印书馆，1944.
② 刘大钧. 工业化与中国工业建设［M］. 重庆：商务印书馆，1944：175.

此外，还有人对适宜政府经营的行业领域进行了说明。他们认为除了国防事业、统制性的事业和无利可图的事业应该完全采用国营形式外，其他的都可以按照规定的比例吸收民间资本以组织混合公司经营，这种主张大大限制了国有资本的投资领域。①

有学者还对政府对重要经济事业所采取的经营方式提出新的看法，认为在实践中不一定都要采取国营形式，还可以采取官方专卖和统制的方式：前者是指事业民营，而产品全部由国家收购销售，私人不得自由买卖；后者指的是由行政机关对产品的生产、销售、消费以及进出口和其他方面进行限制和规定。②

本时期对国有资本的经营形式也讨论颇多。大多数学者主张，无论国营还是民营资本，都应采取公司的组织形式。如果国营企业也采用政府的管理模式，则容易造成权责不分的后果，降低国营事业的效率，因此要改良国营事业的组织，使其严格按照经济规律经营和管理。至于具体的改良方法，谷春帆认为可以采用董事会领导下的总经理负责制。董事会由政府或有关方面委任，体现国家资本意志，总经理则在其职责范围内有全权，公司财政独立、会计独立，是独立的法人。政企分开可提高国营企业的经营效率，发展国家资本。③

第七节　新民主主义经济思想的发展与中华人民共和国建设方针的确立

一、马克思主义者对于新民主主义经济的阐述

（一）对新民主主义社会性质的认识

1942年开始的中国共产党整风运动不仅在全党确立了理论联系实际的思想作风，而且有力地推动了马克思主义在中国的传播和发展。党内外的马克思主义者从整风运动之后一直到中华人民共和国成立这段时期内，对新民主主义经济理论进行了更多的研究和论述，深刻地指出了新民主主义经济形态的结构、性质和特点，为中华人民共和国经济建设作了初步的理论准备。

毛泽东在论述新民主主义社会性质时曾经指出，新民主主义社会是由半殖民地半封建社会向社会主义社会过渡的具有过渡性质的社会，其过渡性在社会经济结构上的表现就是多种经济成分并存，其中既会有旧的社会经济因素，又会产生新的社会主义经济成分；具体来说，包括起领导作用的国营经济、由个体向集体方向发展的农业经济、独立小工商业者的经济，以及小的、中等的私人资本主义经济。后来，毛泽东对此进行了进一步的细分，认为新民主主义社会的五种经济成分分别是社会主义性质的国营经济、半社会主义性质的合作社经济，加上私人资本主义经济、农民和手工业者的个体经济以及

---

① 谷春帆．中国工业化计划论［M］．上海：商务印书馆，1945：25-26.
② 刘大钧．工业化与中国工业建设［M］．重庆：商务印书馆，1944：154.
③ 谷春帆．中国工业化计划论［M］．上海：商务印书馆，1945：46-50.

国家和私人合作的国家资本主义经济。[①]

(二) 新民主主义经济的特点

从新民主主义经济构成情况出发，党内外的马克思主义者对其特点进行了分析[②]：

（1）新民主主义经济与社会主义经济以及资本主义经济都有所不同，它是特殊过渡时期的产物，主要表现在其经济成分中既有资本主义经济的因素，如私营经济、个体经济，又有社会主义经济的因素，如国营经济。

它和资本主义经济的区别在于以下几点：

第一，领导经济的阶级不同。新民主主义经济是无产阶级领导的经济。

第二，服务对象不同。新民主主义经济是为绝大多数人服务的。

第三，经济建设的主体不同。新民主主义经济是以劳动大众为主附加自由资产阶级。

第四，经济性质不同。新民主主义经济是向计划经济过渡过程中的一种经济形态。

第五，处理不同人群经济利益分歧的原则不同。新民主主义经济形态下如果少数人与多数人利益不冲突，则多数加少数；如果有冲突，则采取符合多数人利益的方法。

（2）新民主主义的经济成分有主次之分。毛泽东认为，新民主主义的经济政策其总的原则是限制私人资本的，只有那些有益于国计民生的私人资本才不在限制之列。新民主主义的发展方向是社会主义，因此发展公有经济是未来经济建设的重点，五种经济成分不是主次不分、同等轻重的，国营经济必须成为其中的主体，这是合乎逻辑的结论。[③]许涤新也在其著作中认为国家经济必须占主导地位，它将在全部国民经济中发挥指挥导引的作用。

（3）新民主主义经济中，独立的生产者也就是农民和手工业者的个体经济将得到大力发展，直接生产者和生产手段相结合，农民从土地改革中得到土地、房屋、资金、牲畜和生活资料，从而保证农民的个体经济和合作经济有较快的发展，这和以往各种经济形态的区别在于承认了独立生产者的存在，并且赋予独立生产者以生产手段和生产资料。

（4）新民主主义经济中不容许存在封建式剥削关系，这和旧民主主义经济是不同的，后者容纳封建式生产关系，而新民主主义经济实行平等互助的生产方式。

（5）新民主主义经济中存在的自由竞争和旧民主主义经济中的有本质区别，它不仅不会发展成为垄断独占，而且会为资本主义的发展提供条件，并最终为社会主义经济发展创造前提。

（6）新民主主义经济中尽管允许私营经济的存在，但是对于在以前经济形态中就曾存在的剥削行为进行了限制，新民主主义国家对于工人的工时和工资都会有合理的规定。

---

① 毛泽东. 毛泽东选集（第4卷）[M]. 北京：人民出版社，1991：1255-1256，1433.
② 周恩来. 周恩来选集（上卷）[M]. 北京：人民出版社，1984：305.
③ 毛泽东. 毛泽东选集（第4卷）[M]. 北京：人民出版社，1991：306.

（7）新民主主义经济不仅和资本主义经济有很大的区别，和社会主义经济也有一定的不同。这表现在新民主主义经济除了有国家经济之外，还允许私人资本和生产手段私有制的存在；对剥削剩余价值的经营也没有禁止，只是对其加以一定的限制。因此，虽然新民主主义经济包含了社会主义经济的因素，但它还不是社会主义经济。

二、思想界对官僚资本主义的批判

抗日战争胜利后，由于国民党的腐败与无能导致社会失序、经济混乱，官僚资本操纵市场，利用垄断地位聚敛钱财，国民政府的通货膨胀政策使得普通百姓的生活日益窘迫。面对这种情况，经济学者们纷纷发表观点，抨击官僚资本主义，其中比较杰出的有马寅初、许涤新、王亚南、陈翰笙等人。

（一）马克思主义经济学者对官僚资本主义的批判

许涤新根据毛泽东对官僚资本即大地主、大银行家、大买办资本的定义，对官僚资本作了详细的阐述。他深入分析了中国官僚资本产生的社会根源，揭露了以蒋、宋、孔、陈为首的国民党四大家族及其附庸的罪恶发展史。许涤新重点从以下几方面批判了官僚资本：

1.揭示了现代官僚资本的结合形式

四大家族通过以下类型的官僚资本垄断全国的经济：

（1）完全属于他们自己的固有的官僚资本；

（2）他们所把持的国家银行或国营工矿企业；

（3）与国家资本结合的官僚资本；

（4）与民间资本结合的官僚资本；

（5）与国家资本、民间资本结合的官僚资本；

（6）直接与外国资本结合的官僚资本；

（7）在政治上、经济上依附四大家族的地方官僚资本。

2.分析了官僚资本的活动方式

他认为以四大家族为首的官僚资本控制了整个国家的财政经济，他们的活动范围也包含一切。他从财政、金融、贸易、工业矿山和农村经济等方面介绍了四大家族吸吮人民血汗、聚敛巨额财富的主要做法和手段。通过分析，许涤新将官僚资本活动的本质特点概括为三个方面，即封建性、买办性和军事政治力量的支持。

3.分析了官僚资本向独占或垄断资本发展的过程

他认为大官僚资本就是中国式的独占资本，四大家族就是中国独占资本的代表，其突出表现在于经济和政治特权的高度结合。官僚资本把重心放在银行上，而银行资本和商业资本的结合体现了官僚资本的买办性。中国独占资本和西方国家的不同之处在于从政治走到经济，利用政治权利攫取经济利益。

4.分析了官僚资本在经济上的破坏性以及它给社会各阶级所造成的危害

他指出官僚资本在政治上的黑暗统治和对帝国主义的依附是出于维护自身利益的需

要，因此它不仅是民族独立的障碍，也是民主和平的障碍。不打倒官僚资本，就无法谈到中国的独立民主；不根绝官僚资本，就没法谈到中国的经济建设。①

许涤新以新民主主义经济思想为理论指导，对中国官僚资本作了系统、全面和深入的剖析，对中国官僚资本的黑暗和罪恶进行了彻底的揭露和批判，成为中华人民共和国成立前夕经济理论界对中国官僚资本研究成就最为突出的一位马克思主义经济学家。

（二）其他经济学者对官僚资本主义的批判

除了马克思主义经济学者外，国统区的很多学者也在不同场合发表主张，阐述自己对经济时局的看法，抨击官僚资本集团的经济政策，马寅初是其中突出的一位。

马寅初认为当时中国的经济危机是由政治原因所造成的。他指出，抗战胜利后国民党当局企图扼杀民营企业，当权者以所谓国营的名义作掩护来发展官僚资本，造成了害国害民的后果。1946年，马寅初针对国民政府立法院通过的关于黄金储蓄献金百分之四十和关于成立中纺公司的两个提案，提出中国经济政策的趋势是官僚、买办和美资合流独占，从而明确喊出"打倒独裁经济"的口号。对于官僚资本和外国资本相互结合的情况，马寅初也发表文章加以批判，他认为国民政府立法院通过的《新公司法》中关于外国人在中国成立分公司的规定的实质是中国的官僚资本为自己大开方便之门。在1947年发表的《今日我国经济的总检讨》一文中，马寅初着重分析了通货膨胀、美货倾销等问题的危害性。他认为通货膨胀不仅造成了美国货物的大量倾销，而且导致贪官污吏变本加厉地搜刮财富。官僚资本集团以通货膨胀为借口，实行了外汇管制政策、黄金政策等，通过这些政策贪官污吏可以大发横财。马寅初不仅在文中喊出了"快快打倒官僚资本"的口号，而且呼吁停止内战、实行民主，以阻止官僚资本对民众的经济盘剥。②

本时期对官僚资本研究和论述比较透彻的著作还有陈翰笙的《中国资本与内战》等，文章有王亚南的《中国官僚资本之理论的分析》等。这些著作和文章以新民主主义经济思想为指导，同时丰富和发展了新民主主义经济思想。进步的经济学者从经济政策的角度揭露了国民党当权者的反动面目，为新民主主义经济思想的传播和推行作了理论上的准备。

三、中华人民共和国经济建设方针的确立

中华人民共和国成立前夕，中国共产党的诸多领导人纷纷发表文章或谈话，阐述对中华人民共和国经济建设方针和途径的构想。

（一）中共领导人对新民主主义经济组成成分的阐述

在论述如何对待国民经济中的不同成分时，毛泽东认为在新民主主义经济中起决定

---

① 张家骧. 马克思主义经济学说在中国的传播、运用与发展 [M]. 郑州：河南人民出版社，1993：273-276.
② 周永林，张廷钰. 马寅初抨官僚资本 [M]. 重庆：重庆出版社，1983：8-12.

性作用的应该是国营经济，这是因为中华人民共和国是由无产阶级领导的，这决定了其经济性质也应该是社会主义性质的。农村个体经济和城市私人经济尽管在量上占优势，但是不起决定性作用。而国营经济虽然在量上较少，但它们起决定性作用。[①]刘少奇也认为在国营经济、合作社经济、国家资本主义经济、私人资本主义经济以及小商品经济和半自然经济这几种经济成分中，除了投机操纵的经营以及有害于新民主主义的国计民生的经营之外，都应该加以鼓励以促进其发展。但是在这种发展过程中，必须以发展国营经济为主体，普遍建立合作社经济，并使合作社经济与国营经济密切结合起来，扶助独立的小生产者并使之逐步向合作社方向发展。组织国家资本主义经济，在有利于新民主主义的国计民生的计划范围内，容许私人资本主义的发展；对于带有垄断性质的经济，则逐步地收归国家经营，或在国家监督之下采用国家资本主义的方式经营；对于投机操纵及有害国计民生的经营则用法律的手段加以禁止。也就是说，在可能的情况下，逐步增加国民经济中的社会主义成分，加强国民经济的计划性，从而保证能够逐步平稳地过渡到社会主义。[②]

（二）中共领导人对新民主主义经济过渡性的阐述

鉴于新民主主义社会的过渡性质，中共领导人提出了要着眼于由新民主主义经济发展过渡到社会主义。关于过渡的必要前提条件，刘少奇认为，只有在经过长期积累资金、建设国家工业的过程之后，在各方面都有所准备之后，才能向城市资产阶级举行第一次社会主义的进攻，把私人大企业及一部分中等企业收归国家经营；只有在重工业大发展并能生产大批农业机器之后，才能在乡村中向富农经济实行社会主义的进攻，实现农业集体化。如果没有这些必要的前提准备，则采取超出可能性的经济措施会导致共产党失去农民小生产者的拥护，破坏城市无产阶级和农民的同盟，从而导致无产阶级领导的新民主主义政权失败。[③]

至于过渡的具体时间，任弼时在对比苏联和我国经济情况的基础上认为，在全国胜利后必须要有两个到三个五年计划才可能过渡到社会主义。[④]刘少奇则认为当时的中国要发展到一般民族资本化还需要很多的步骤，因此需要一段相当长的时间，至于具体的时间要看国际和国内的各种条件来决定，估计应该是10年到15年。[⑤]

关于实现过渡所必须采取的经济方针，张闻天提出了和平竞赛的设想。他认为和私人资本主义经济的投机性和破坏性的活动作斗争将是今后战线的经常任务。这种斗争的表现形式应该是经济上的和平竞争，而不应当不适当地采取行政上的办法去进行斗争，在具体的经营管理和生产核算方面甚至还必须向资本家学习。[⑥]

1949年，毛泽东在党的七届二中全会上的报告中更加明确地提出新民主主义革命胜利后建立的新民主主义社会是过渡性质的，由于社会主义性质的国营经济将在多种经

---

① 薄一波. 若干重大决策与事件的回顾（上卷）[M]. 北京：中共中央党校出版社，1991：22.
② 刘少奇. 刘少奇选集（上卷）[M]. 北京：人民出版社，2004：426-427.
③ 刘少奇. 刘少奇选集（上卷）[M]. 北京：人民出版社，2004：430-431.
④ 任弼时. 任弼时选集[M]. 北京：人民出版社，1987：465.
⑤ 1949年7月4日刘少奇给联共（布）中央和斯大林的报告.
⑥ 张闻天. 张闻天选集[M]. 北京：人民出版社，1985：408-410.

济形态中起决定性作用，因此其前途必然是社会主义的，并且明确提出了使中国由农业国转变为工业国、由新民主主义社会过渡到社会主义社会的历史任务，中华人民共和国的建设方针也由此得到初步确定。

第八章思想园地

学史增信

中国民族企业家的先贤和楷模——张謇[①]

知识传授

◎张謇"实业救国"思想与实践。

◎张謇所体现的中国近代优秀企业家精神及其时代价值。

价值塑造

◎爱国是近代以来我国优秀企业家的光荣传统，是对中华优秀传统文化的继承与发扬。

◎爱国企业家典范体现了中华民族的精神标杆和文化符号，他们身上所体现的优秀企业家精神在新时代值得进一步光大和发扬，有利于引导学生对经济发展与社会责任的辩证思考。

适用情景

《中国经济思想史》：20世纪20年代至30年代民族资本企业家的创业思想和经营管理思想。

案例内容

企业家精神与爱国企业家典范

企业家不仅是引领企业发展的舵手，也是国家经济建设的参与者和贡献者。企业家的精神、才能、言行、责任，在时代长河中对国家繁荣、社会发展具有重要意义和深远影响。近代中国深受列强压迫和经济掠夺之苦，国家的前途命运随之陷入危亡境地。为了改变这种局面，一些有识之士怀揣"实业救国""设厂自救""挽回利权"的家国情怀和抱负，纷纷创办中国人自己的企业，发展民族经济，诞生了一批杰出的爱国企业家和民族工商业企业。

在2020年7月召开的企业家座谈会上，习近平总书记指出，"爱国是近代以来我国

---

① 作者为上海财经大学刘凝霜。

优秀企业家的光荣传统。从清末民初的张謇，到抗战时期的卢作孚、陈嘉庚，再到新中国成立后的荣毅仁、王光英，等等，都是爱国企业家的典范。"同年11月，习近平总书记在江苏考察时，专门来到南通博物苑，了解张謇兴办实业、教育和社会公益事业的情况，称赞张謇是"我国民族企业家的楷模"。

一、张謇的生平简介

张謇（1853—1926年），江苏南通人，祖籍地为现在的通州区，出生地为现在的海门区。张謇出生在富裕农民兼商人家庭，1894年41岁时考中甲午恩科状元，曾出任江苏省咨议局议长、民国政府实业总长、农商总长兼全国水利局总裁。面对中日甲午战争的国内危局，张謇由官场进入商场，选择了一条"实业救国"的道路。作为有着爱国之心、报国之志的企业家，张謇继承了儒家"以天下为己任"的优良传统，以舍我其谁的社会责任感，投身于救国的实践之中。与此同时，作为自幼接受传统文化熏染的一代儒商，张謇认为，爱国不是简单地喊几句口号，而是要落实到实际行动、具体活动之中。在《垦牧乡志》中，张謇就曾指出"士负国家之责，必自其乡里始"。

张謇躬身践行"实业救国"的思想与志向，立足家乡南通，从实业出发，经营地方，付出了艰辛的努力。他一生创办数十家企业，经营范围涉及纺纱、盐垦、面粉、冶铁、机械制造等工、农、商各领域，并为企业取名为"大生""阜生""颐生""资生"等，这些企业名称实际上都深深寄托了其深沉的民生情怀。

二、张謇"实业救国"思想与实践

1.心系家国情怀，致工商之业

甲午中日战争爆发，面对国事日非、割地赔款的现状，高中状元的张謇在日记中沉痛写道："合约十款，几罄中国之膏血，国体之得失无论矣。"怀着对国家和时代的使命感，张謇感慨："立国之本在商也，在乎工与农。"他意识到抵制外国资本侵略、救国图存的一个重要方法就是发展民族工商业，而棉、铁两业又事关国计民生，于是毅然弃官返乡，创办大生纱厂，躬身践行实业救国之路。其中，"大生"二字源自《易经》中的"天地之大德曰生"，表达了他对国计民生的寄托和关切。

在国家危难之际，挺身而出，以爱国救国之心创办企业、发展民族经济，体现了张謇的爱国信念与民族精神，也是其为后世经久流传的光荣传统。正所谓"商之大者，为国为民"。

2.坚持深耕主业，办一流企业

张謇倡导"棉铁主义"，集中力量发展棉铁相关产业。1899年，大生纱厂建成投产；随着规模不断扩大，又增设二厂、三厂、四厂，并以棉纺织业为核心投资或参股设立冶铁厂、造纸厂、印刷厂、肥皂厂等，同时发展运输、仓储、电力等，形成了一条较为完整的产业链。这不仅促进了中国民族工业的发展进程，也推动了家乡南通的现代化建设，张謇因此被称为"近代实业第一人"。

实体经济是国之命脉、民生之本。以张謇为代表的近代爱国企业家典范在创业成功后并不急于谋求多元化经营，而是首先实实在在、心无旁骛地扎根实体产业，深耕各自领域的主业，将其作出特色、优势，成为头部企业，与外国资本抗衡，与外国企业竞争。其一系列成就和赞誉也都是源于深耕、精耕主业这一点而赢得的。正如习近平总书记所言："企业家爱国有多种实现形式，但首先是办好一流企业。"①

3.积极回报社会，"父教育而母实业"

张謇始终坚持倡导"父教育而母实业"的理念，认为实业可以增强国力，教育可以为国育才，二者"迭相为用"。因此，在兴办实业的同时，他积累筹措资金，积极发展教育和社会公益事业，造福乡梓。据统计，张謇为南通教育投资了257万两白银，独自或参与创办的师范、纺织、医学等高等、职业、专科学校近400所，还创办了博物苑、图书馆、医院、公园、体育场等。

与张謇有着相似理念的还有差不多同时期的近代民族企业家荣氏兄弟，他们主张"教育由实业兴，实业以教育昌"的观点，强调人才是成就事业的基础，"实业与教育相辅相成"。另一位企业家典范陈嘉庚，虽身在南洋创办实业，却始终心系祖国，并且十分重视教育事业。他不仅兴办集美小学、建成集美学村，还倾资创办了厦门大学，旨在实现"能与世界各大学相颉颃""为吾国放一异彩"的教育宏愿。即使遭受经济危机，陈嘉庚也毅然回应道："企业可以收盘，学校绝不能停办！"

社会是企业家施展才华、践行抱负的舞台。实现企业效率和利润收益固然重要，然而，拥有财富的多少并不是衡量和评价一个企业家价值的核心标准。通过回顾中国民族企业家的先贤和楷模——张謇，以及其他民族企业家的历史事迹，可以更清楚地感受到，近代以来，这些享有盛誉的民族企业家们，没有一位不是将国家的荣辱兴衰与一个个企业的生根发芽紧密相联的，没有一位不是在民族大义、国家发展、社会进步的大时代、大格局中谋划企业成长的，没有一位不是躬身践行实业救国、教育报国、回馈社会的宏愿的。

这些爱国企业家们的可贵品质与崇高胸襟、精神和贡献值得被铭记，时代永远会致敬他们的情怀和担当。诚如习近平总书记在谈论企业家社会责任时所指出的："只有真诚回报社会、切实履行社会责任的企业家，才能真正得到社会认可，才是符合时代要求的企业家。"②

资料来源

［1］李明勋，尤世玮．张謇全集［M］．上海：上海辞书出版社，2012．

［2］章开沅．张謇传［M］．北京：中华工商联合出版社，2000．

［3］张怡祖．张季子九录［M］．新北：文海出版社，1965．

［4］张謇．张謇日记［M］．南京：江苏人民出版社，1962．

［5］刘凝霜，喻世红．为国塞漏卮 为民添衣食［N］．解放日报，2021-12-26．

［6］黄正平，何建华．张謇：从清末状元到"爱国企业家的典范"［EB/OL］．（2020-11-26）［2022-11-30］．https://export.shobserver.com/baijiahao/html/315401.html.

---

① 2020年7月21日，习近平总书记在企业家座谈会上的讲话。
② 2020年7月21日，习近平总书记在企业家座谈会上的讲话。

本章思语

1.论述我国马克思主义者以马克思主义经济理论为指导对中国近代社会所作的分析和批判。

2.分析西方经济学说在我国近代传播的特点和影响。

3.选取我国近代民族资本企业家的企业经营或管理思想的某一方面进行论述。

4.分析发展国家资本思想的渊源及与工业化思想之间的联系。

推荐阅读文献

［1］孙大权.中国经济学的成长——中国经济学社研究（1923—1953）［M］.上海：上海三联书店，2006.

［2］施岳群，袁恩桢，程恩富.二十世纪中国社会科学（理论经济学卷）［M］.上海：上海人民出版社，2005.

［3］胡寄窗.中国近代经济思想史大纲［M］.北京：中国社会科学出版社，1984.

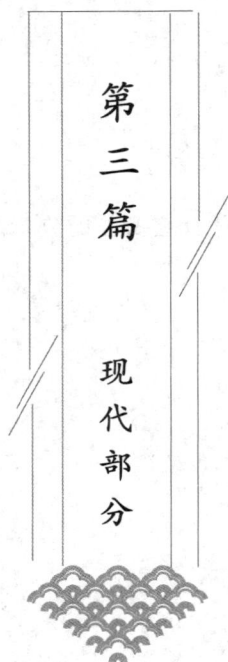

第九章 中国现代经济思想初期发展
（1949—1978年）

学习目标

　　◎ 重点掌握中华人民共和国成立后马克思主经济学研究的时代特征及理论创新；

　　◎ 掌握中国社会主义经济理论的探索与发展；

　　◎ 了解中国计划经济政策思想的演变。

关键词

　　社会主义经济中的价值及价值规律　过渡时期总路线　社会主义工业化　计划经济
体制　经济发展战略

第一节　马克思主义经济学研究

根据学术界考证，中国人知道"马克思""社会主义"这些名词的时间可上溯到19世纪末。谈敏认为1896—1904年是马克思主义经济学传入中国的开端。这一期间最有影响力的文献是1899年李提摩太翻译、中国译员蔡尔康撰写的《大同学》（作者为本杰明·颉德），最先提到马克思及其学说。[①]但就严格意义上的马克思主义经济学理论引入而言，最早在中国出现的马克思主义经典著作的完整译文是施仁荣翻译的恩格斯著作《社会主义从空想到科学的发展》，这本书以《理想社会主义与实行社会主义》的名字连载于1912年上海的《新世界》半月刊。

马克思主义经济学在中国的系统传播，是从20世纪20年代开始的。美国学者阿里夫·德里克（Arif Dirlik）在其《中国革命中的无政府主义》一书中说，1919年五四运动以后，中国的知识分子开始对作为一种革命思想的马克思主义显示了真正兴趣。1919年，共产国际开始积极推动中国的共产主义运动。1920年年末成立了一个共产主义政治组织之后，共产主义者的政治身份才在中国激进派中呈现出自己特有的形式。[②]据胡寄窗在《中国近代经济思想史大纲》中的统计，20世纪20年代出版的马克思主义经济理论译著有48部，30年代达到110部，40年代略有回落，为64部。[③]

马克思主义政治经济学基本原理的概念体系是中华人民共和国经济思想研究的主要内容。中华人民共和国成立后，马克思主义经济学进入了一个大发展时期。这不仅表现在对马克思主义经济学经典著作的全面、系统的翻译介绍，还表现在对马克思主义经济理论的广泛深入的学习研究，更重要的是表现在以马克思主义经济学的基本原理和方法研究新的经济问题，在理论上作出了若干创新，并建立了社会主义政治经济学学科体系。

一、马克思主义经济学研究的时代特征

（一）1949—1965年马克思主义经济学研究特征

这一时期马克思主义经济学理论研究有两条发展线索：一是对马克思主义经济学经典著作的学习和研究，着重于对马克思主义经济学理论和方法的把握和阐释；二是对苏联社会主义政治经济学理论体系的引入和研究，着重于对概念的演绎和推理，特别是一些抽象的概念、观点方面的争论。这两条发展线索并不绝然分立，而是互相联系、互相作用的；在理论特色上也不是泾渭分明，而是兼而有之，只是在某一方面更为突出而已。因此，这一时期理论研究的一个基本特征表现为规范性和具有极强的思辨

---

① 谈敏. 回溯历史——马克思主义经济学在中国的传播前史（上册）[M]. 上海：上海财经大学出版社，2008：135.
② 德里克. 中国革命中的无政府主义 [M]. 孙宜学，译. 桂林：广西师范大学出版社，2006：15-16.
③ 胡寄窗. 中国近代经济思想史大纲 [M]. 北京：中国社会科学出版社，1984：433.

色彩。

这一时期马克思主义经济理论研究的课题比较集中，主要涉及以下一些方面：

1.政治经济学的研究对象

20世纪上半叶，中国经济学者在学习、引进西方古典经济学和马克思主义经济学过程中讨论过经济学及政治经济学的研究对象问题。中华人民共和国成立以前，关于政治经济学研究对象的论述主要在马克思主义经济学及社会主义政治经济学的框架内展开。最初是根据马克思、恩格斯的有关论述，将政治经济学的研究对象定义为生产关系。

1952年，斯大林在《苏联社会主义经济问题》一书中明确指出，政治经济学的研究对象是人们的生产关系，即经济关系。①此后，这一观点在当时被普遍接受，并趋于极端，脱离社会生产力的发展抽象地讨论生产关系。

1959年，学术界提出了生产力也应纳入政治经济学对象的观点，认为不应机械地割裂生产关系和生产力之间的联系。生产力和生产关系总是彼此矛盾而又相互统一，作为生产的内容和形式而构成社会的物质基础。在任何社会形态中，在任何历史发展阶段中，都不会有离开生产力而单独存在的生产关系；也不会有离开生产关系而孤立存在的生产力。因此，政治经济学不是单以生产关系为研究对象的，必须结合生产关系的性质，同时分析和综合各个社会经济形态的生产力性质，进一步研究生产力性质与生产关系性质彼此的区别点和结合点。②这一观点提出后，在理论界引起了一场大讨论，中心问题是政治经济学的研究对象应不应当包括生产力以及作为政治经济学研究对象的生产关系应当包括哪些内容。当时较多的观点并不同意将生产力作为政治经济学的研究对象，认为政治经济学不应研究生产力的结构和运动规律，而应把生产力作为生产关系运动发展的物质基础，作为物质生产关系产生、发展和衰落的物质条件，作为生产关系及其作用的结果来研究。政治经济学研究生产力的目的，不是说明生产力本身的运动规律，而是为了阐明生产关系发展变化的规律。政治经济学要在生产力与生产关系的统一中来研究生产的社会方面，即生产的社会关系。但绝不能因为如此，就把生产力也作为政治经济学的研究对象。在讨论中，也有论者提出政治经济学的研究对象是生产方式，而生产方式是生产力和生产关系的对立统一体。关于这个问题的争论几经起伏，并在20世纪70年代末重又掀起高潮。③

马克思主义政治经济学的研究对象或研究重点无疑是社会生产关系，马克思的重要贡献就是揭示了商品、资本、价值、剩余价值所包含的资本主义生产关系，阐明了资本主义社会的发展规律。但是，马克思主义经济学的生产关系范畴是与生产力相联系的，在考察生产关系时不能将其与生产力割裂。同时，生产力是生产关系研究的前提条件。换言之，除非将生产关系与生产力相割裂，这个论题才存在。因此，该论题并不是一个

①　斯大林. 斯大林选集（下册）[M]. 中共中央马克思恩格斯列宁斯大林著作编译局，译. 北京：人民出版社，1979：594.

②　《经济研究》编辑部，《经济学动态》编辑部. 建国以来政治经济学重要问题争论（1949—1980）[M]. 北京：中国财政经济出版社，1981：2.

③　《经济研究》编辑部，《经济学动态》编辑部. 建国以来政治经济学重要问题争论（1949—1980）[M]. 北京：中国财政经济出版社，1981：16-31.

定义严密的问题，最终也没有得出一个定义严密的结论。但在争论过程中对生产关系、生产力、生产方式、政治经济学的性质及研究方法等进行了深入的研究，对于提高这方面的理论认识和学术水平具有一定的促进作用。

2.社会主义基本经济规律

社会主义基本经济规律是社会主义政治经济学的一个重要理论问题。关于这个问题的研究和讨论主要围绕以下两方面展开：

（1）在我国过渡时期社会主义基本经济规律是否发生作用。这方面问题的主要观点有四种：

其一，认为社会主义基本经济规律就是我国过渡时期的基本经济规律。

其二，认为社会主义基本经济规律和资本主义基本经济规律在我国过渡时期同时发生作用。

其三，认为我国过渡时期有它独特的基本经济规律。

其四，认为我国过渡时期的各种经济成分各有其自身的"主要法规"。国营经济、合作社经济、个体经济、私人资本主义经济是过渡时期的社会经济成分，每种经济成分由于其自身所具备的条件不同，都有着决定支配该种经济成分的主要过程、主要方面的主要经济法则。①

（2）社会主义基本经济规律的内容和表述。这方面问题的主要观点有三种：

其一，同意斯大林在《苏联社会主义经济问题》中对社会主义基本经济规律的表述，即"用在高度技术基础上使社会主义生产不断增长和不断完善的办法，来保证最大限度地满足整个社会经常增长的物质和文化的需要"。

其二，主张用毛泽东在抗日战争时期提出的"发展生产，满足需要"来代替斯大林关于社会主义基本经济规律的表述，这种意见在学术界很有影响，流传甚广。

其三，引用马克思《哥达纲领批判》中的有关论述，认为"公共必要价值"才是社会主义的基本经济规律。②

当时关于社会主义基本经济规律问题的讨论是比较广泛的，有些方面的研究还比较深入。通过讨论和研究，学者对基本经济规律、社会主义生产目的、过渡时期社会形态特性、社会主义生产与消费的关系等理论问题有了进一步的认识。然而，基本经济规律是一个抽象的理论概念，加之当时并没有较长时期的社会主义经济发展作为实践参照，所以这方面的研究和讨论大多是从概念到概念的纯逻辑推理，缺乏对现实经济的调查统计和实证分析，有些讨论甚至是在用词上刻意推敲，大打笔墨官司。例如，有的文章对"主要的"经济法则和"基本的"经济法则作大篇论证，一方认为"主要的"并不是"基本的"；另一方则指定"主要的"实际上就是"基本的"，两者无法区分。这种规范分析的方法和形而上学的学术风气在当时是比较普遍的。

3.生产力与生产关系的相互关系

生产力和生产关系是马克思主义经济学的两个重要范畴，结合当时中国在生产关系

---

① 《经济研究》编辑部，《经济学动态》编辑部．建国以来政治经济学重要问题争论（1949—1980）［M］．北京：中国财政经济出版社，1981：88-92.
② 《经济研究》编辑部，《经济学动态》编辑部．建国以来政治经济学重要问题争论（1949—1980）［M］．北京：中国财政经济出版社，1981：92-98.

上的社会主义性质和生产力发展的落后状况来看，这一问题更具有实际意义。关于这一问题的研究和讨论主要围绕以下几方面展开：一是生产力包括哪几个要素；二是生产力中的决定性因素是什么；三是生产力的性质；四是生产力发展的动力；五是生产力发展的规律；六是生产关系要适合生产力性质的规律；七是先进的社会主义生产关系和落后的生产力之间的矛盾。这些方面的讨论虽然非常激烈，但基本上是概念之争，对经济学的发展没有什么重要的实际意义。

4.社会主义制度下的商品生产及价值规律的作用

1957年，中国理论界开始对社会主义制度下的商品生产和商品交换问题展开讨论。1959年4月，在上海召开了全国第一次关于社会主义制度下商品生产和价值规律问题的理论研讨会，集中讨论了社会主义制度下商品生产、价值规律、计件工资和按劳分配等问题。这是中华人民共和国成立后到20世纪50年代末规模最大的一次学术会议。会议前后出现了对社会主义商品经济理论讨论的第一次高潮。

关于社会主义制度下商品生产、商品交换和价值规律的研究具有重要的理论意义。这一研究突破了一些传统理论的框架，深入到社会主义经济关系内部和经济运行本身，提出了一些有价值的意见，对社会主义经济理论及马克思主义经济学的发展具有较重要的作用。

5.按劳分配问题

这一论题的研究和讨论在20世纪五六十年代是与供给制、工资制、计件工资制和资产阶级法权等问题相联系的。讨论的重点包括：第一，是否以工资制代替供给制；第二，计件工资的利弊存废；第三，按劳分配规律产生的经济条件；第四，按劳分配与资产阶级法权；第五，按劳分配的"两重性"和社会主义物质利益原则。多数意见认为按劳分配和物质利益原则反映了劳动人民的公共利益和个人利益的正确结合，有利于提高劳动者的生产积极性，有利于劳动生产率的提高和社会主义生产的不断增长，因而它们是社会主义的客观经济规律。这种观点将分配方式、物质利益原则与提高劳动生产率、加速社会生产力的发展相联系，从经济学的角度看是正确的。

这一时期的理论研究还包括社会主义所有制问题、政治同经济的关系问题、国民经济有计划按比例发展规律问题，以及经济核算、经济结构、价格形成、经济效果、人口理论及生产力经济学等。1949—1966年，经济学理论的研究和讨论虽然受历史条件、社会背景和政治运动的限制和影响，但基本上还是能够以学术研究、学术探讨的态度，运用规范分析的方法，对一些马克思主义经济学原理及社会主义经济问题进行广泛的讨论和研究，并取得一定的发展。

（二）1966—1979年马克思主义经济学研究特征

1966年"文化大革命"开始后，马克思主义经济学理论的正常发展线索被打断，当时谈不上有什么理论研究，更多的是借用、歪曲马克思主义的一些词句和概念为政治目的服务。"文化大革命"期间，文化科学事业和社会经济一样，处于停滞甚至倒退的状态，以致"文化大革命"后花费相当长一段时间的恢复，才继续走上正常发展的轨道。

在1976—1979年的"拨乱反正"时期，经济学界主要就以下问题重新展开讨论，以修正"文化大革命"中的理论偏颇。

1.生产力与生产关系的相互关系

"文化大革命"时期片面突出生产关系，批判"唯生产力论"，在理论界和实际经济工作中产生了消极的影响。1976年以后，理论界首先就这一问题展开讨论，基本认为生产力和生产关系、经济基础和上层建筑的矛盾是人类社会各个发展阶段普遍存在的矛盾。在生产力与生产关系的关系中，当时的普遍认识是更强调生产力的决定性作用，认为历史的发展归根到底是由生产力决定的。虽然生产关系对生产力的反作用不可忽视，但是绝不能把生产力决定生产关系、经济基础决定上层建筑同生产关系对生产力、上层建筑对经济基础的决定性作用相提并论，因为两者之间是有根本区别的。生产力对生产关系、经济基础对上层建筑的决定性作用是根本的、一般条件下的决定性作用；生产关系对生产力、上层建筑对经济基础的决定性作用是特定条件下的产物，而特定条件的出现又是经济发展的结果。[①]

2.社会主义生产关系的性质

"文化大革命"时期的一个代表性观点认为社会主义生产关系兼有社会主义与资本主义两种属性，其中的资本主义因素就是"资产阶级权利"。在对这一论点的批判中，经济理论界从资本主义、社会主义和共产主义的社会形态演变角度作出了分析。资本主义的商品交换是等价交换，社会主义的按劳分配是等量劳动交换，它们所依据的原则都是等量劳动相交换的原则。按照这个原则，交换的双方是平等的。这种平等的权利正是资产阶级权利的标志。马克思把资本主义的商品交换和社会主义的按劳分配的共同点即等量劳动相交换原则所体现的平等权利抽象出来，称为资产阶级权利，这是从抽象意义上说的。同时，社会主义保留的资产阶级权利和资本主义社会的资产阶级权利相比较，虽然都有形式上的平等、事实上的不平等的共同特点，但其本质是不同的，具有根本不同的社会属性。

3.按劳分配

"文化大革命"结束后，在1977年4月、6月、10月和1978年10月，连续举行了四次全国性的按劳分配理论讨论会。这期间，各种报刊上发表的有关文章约有一百篇以上，就其深度和广度而言，都超过了以往对这个问题的讨论。

当时的学者普遍认为，按劳分配是社会主义经济规律之一，是社会主义性质的分配制度。按劳分配是劳动者共同占有生产资料的必然结果，是社会主义公有制的最后实现形式。关于按劳分配产生的经济条件，一般认为是劳动力的个人所有制决定按劳分配。劳动力归个人所有是资本主义和成熟的共产主义之间的一个"中间环节"，按劳分配的存在表明在社会主义阶段，劳动者和生产资料相结合的共产主义方式还不成熟、不完善。

4.社会主义经济中的商品生产和价值规律

社会主义与商品生产关系是"文化大革命"后理论界热烈讨论的一个重要问题，关

---

　　① ［1］薛暮桥.社会主义经济理论问题［M］.北京：人民出版社，1979：29-38. ［2］吴振坤.生产力在历史发展中起决定作用［J］.红旗，1978（1）：77. ［3］余少波，项启源.论生产关系一定要适合生产力性质的规律［M］.济南：山东人民出版社，1980：68-93.

于这一问题的讨论为经济体制改革提供了重要的理论准备。当时一个很重要的认识就是将商品生产与资本主义生产关系相剥离，论证了商品生产是多种社会形态的一种共存现象，而不是资本主义生产方式所特有的。

与商品生产相联系的是关于价值规律的讨论。当时一般认为，既然社会主义生产还是商品生产，各个企业在生产商品时就必须以商品包含的价值量为基础，并按等价交换原则进行交换。因此，价值规律与其他客观经济规律一样，是不能违反的。

二、社会主义政治经济学体系的探索

（一）苏联政治经济学体系的影响

在世界经济学说史上，社会主义政治经济学是在20世纪初叶才产生的一门新兴学科。马克思主义经典作家主要研究的是资本主义经济，对未来的社会主义经济他们只是作了一些推理和构想，并无系统理论阐述。直到俄国十月革命以后建立了人类历史上第一个社会主义国家——苏联，社会主义政治经济学的研究才有了实践的参照。在20世纪20年代以前，政治经济学有所谓的"广义""狭义"之分。广义政治经济学是研究人类各个社会形态的经济学；狭义政治经济学是以资本主义社会为对象的经济学。当时世界上一些马克思主义理论家认为，经济学就是研究揭示资本主义的产生、发展乃至灭亡的运动规律的科学，一旦资本主义经济被社会主义计划经济所取代，经济学也就随之"终结"了。这种观点受到了列宁的批评，指出即使到了共产主义社会，仍然有两大部类的交换关系，仍然需要政治经济学。此后，社会主义政治经济学的研究开始为理论界所重视，并逐渐发展成为一门以社会主义经济为研究对象的独立学科。

1952年，斯大林出版了《苏联社会主义经济问题》，这可以说是政治经济学说史上第一部以社会主义经济为研究对象的理论著作。1954年，苏联科学院根据斯大林的有关理论和体系，编写出版了《政治经济学教科书》，标志着社会主义政治经济学学科体系的最初建立。

苏联的社会主义政治经济学体系对中国产生了深远的影响。20世纪50年代，中国大专院校所采用的教材几乎都是苏联的《政治经济学教科书》。这部教材每一次改版在中国都有很大的发行量。20世纪五六十年代，中国出版的有关政治经济学方面的著述，有很大一部分是围绕苏联教材，对其体系、内容、观点进行研究和阐释而作的。20世纪60年代初期，中国一些经济学者试图写出具有中国特色的社会主义政治经济学教材，但由于受到经济发展的客观条件与主观认识上的局限，基本上仍未能突破苏联体系的框架。

苏联社会主义政治经济学的理论体系大体上有三个基点：一是生产资料公有制；二是以优先发展重工业为特征的社会主义工业化；三是高度集中的计划管理体制，贯穿其中的是斯大林定义的社会主义基本经济规律。[①]这一理论体系不仅对中国理论界，而且对中国的社会主义建设产生了广泛深远的影响。

---

① 苏联科学院经济学研究所. 政治经济学教科书（下册）[M]. 中共中央马克思恩格斯列宁斯大林著作编译局，译. 3版. 北京：人民出版社，1959：434，421-422，461-462.

20世纪50年代和60年代初期，虽然苏联体系一统天下，但中国理论界建立中国的社会主义政治经济学体系的探索一直没有停止过，并且在一些重要问题上展开了讨论。当时的研究和探索主要集中在两个问题上：一是社会主义政治经济学的始点范畴；二是贯穿社会主义政治经济学的主线。

（二）中国经济学界的探索

1.孙冶方《社会主义经济论》的探索

《社会主义经济论》是孙冶方从20世纪50年代开始研究的一项主要课题。1961年6月，他提出《社会主义经济论》初编的讨论意见和二稿的初步设想；1962年至1963年，一些重要的文稿开始形成。但直到1983年孙冶方病逝，这部著作也未完成。遵照其遗愿，中国社会科学院经济研究所对孙冶方的有关文稿、讲稿进行整理修改，编成《社会主义经济论稿》，于1985年以《社会主义经济问题研究》的书名由人民出版社出版。这部著作比较完整、准确地反映了孙冶方长期从事马克思主义政治经济学社会主义部分的研究所形成的观点和理论，包括他对社会主义政治经济学体系的探索。

孙冶方指出，在政治经济学研究对象上，要反对两种偏向：一种偏向是"生产力论""物质技术基础论"；另一种偏向是"恐生产力论"，把政治经济学当作一个不接触具体问题的虚无缥缈的东西，热衷于下定义，单纯从概念到概念，搞文字游戏，不解决任何问题。生产关系与生产力是社会经济的基本矛盾，研究矛盾不能丢开一方来研究另一方。从社会经济发展的角度看，生产力是矛盾的主要方面，但就政治经济学这门学科的研究对象而论，生产关系是主要方面。

社会主义经济中的产品范畴也有二重性，即使用价值和价值。单讲使用价值而不讲价值，是没有经济意义的。既然产品有二重性，社会主义劳动也就有二重性——具体劳动和抽象劳动。只有在劳动二重性的前提下才能分析个别劳动与社会劳动的关系，才能进行交换。劳动的二重性决定了生产过程的二重性，社会主义产品生产过程是使用价值制造和价值创造的统一。产品的价值决定于产品生产过程中社会必要劳动时间的耗费。为了计算社会必要劳动时间，就有必要比较经济效果和生产费用。据此逻辑，孙冶方提出，社会主义政治经济学教材的红线应当是以最少的社会劳动耗费有计划地生产最多的满足社会需要的产品。这条红线体现了社会主义生产的目的，也使社会主义政治经济学的各范畴之间有了内在联系。[①]

孙冶方的这些先行探索是参照马克思《资本论》的框架和方法来构筑不同于苏联《政治经济学教科书》的社会主义政治经济学学科体系。这在中国社会主义政治经济学理论史上具有重要地位，也为以后的研究奠定了相应的基础。

2.社会主义政治经济学中心问题的探索

于光远在《学习》杂志1958年第11期发表了《最大限度地满足社会需要是政治经济学社会主义部分的一个中心问题》一文，对社会主义政治经济学体系进行探索。于光远指出，在社会主义制度下，最大限度地满足社会需要本身就是生产的目的。因此，最

---

① 孙冶方.社会主义经济论稿［M］.广州：广东经济出版社，1998：446-449.

大限度地满足社会需要就是政治经济学社会主义部分的一个中心问题。

于光远总结道：最大限度地满足社会日益增长的需要，是贯穿整个社会主义生产的一条红线。政治经济学社会主义部分如何把社会主义生产的这个根本目的，同社会主义经济的各个主要方面、主要过程结合起来，是理论研究的一个中心问题。[1]

3.《政治经济学（社会主义部分）》（南方本）的探索

1979年，四川人民出版社出版了由南方十六所大学（复旦大学、南京大学、厦门大学、武汉大学、中山大学、杭州大学[2]、暨南大学、四川大学、上海师范大学、山东大学、广西大学、云南大学、江西大学[3]、郑州大学、湘潭大学、安徽劳动大学[4]）老师共同编写的大学试用教材《政治经济学（社会主义部分）》。该教材指出，政治经济学的社会主义部分是马克思主义政治经济学的一个重要组成部分，它将社会主义生产关系作为研究对象，中心任务是根据社会主义建设的实际，分析社会主义生产和再生产过程，阐明社会主义生产关系发展的客观规律，为社会主义经济建设服务。该教材的理论体系主要由"社会主义生产关系的建立""生产资料社会主义公有制""社会主义生产的实质"这三章构成，在此基础上加进生产、流通、分配等诸内容。从理论表述看，这部教材基本上仍是苏联教材的观点，但它毕竟是一部自成章节体系的完整的教材，在当时有较大的影响。

4.《政治经济学（社会主义部分）》（北方本）的探索

1979年12月，陕西人民出版社出版了由北方十三所大学（北京大学、中国人民大学、南开大学、辽宁大学、河北大学、山西大学、吉林大学、黑龙江大学、兰州大学、宁夏大学、青海师范学院[5]、陕西师范大学、北京经济学院[6]）老师共同编写的《政治经济学（社会主义部分）》。该教材由南开大学担任主编单位，辽宁大学担任副主编单位。到2014年，该教材已出版到第十版，由林木西、柳欣任主编。

该教材指出，政治经济学的社会主义部分的研究对象是社会主义生产关系，而本教材所研究的是不发达的社会主义阶段的生产关系。不发达的社会主义阶段的主要特征是：（1）生产社会化程度低；（2）生产资料公有制还存在两种形式，甚至还保留着一定数量的个体所有制；（3）按劳分配还不能在全社会范围内得到充分贯彻。

该教材在以后的改版修订中不断根据历史条件的变化和理论研究的深化，对研究对象、理论框架、篇章内容等作重大调整，最终发展为"社会主义市场经济的政治经济学"。该教材曾多次获奖，在政治经济学界有广泛影响。

---

[1] 仲津. 最大限度地满足社会需要是政治经济学社会主义部分的一个中心问题 [J]. 学习杂志，1956（11）：23-29.（注：仲津是于光远的笔名）

[2] 1998年9月杭州大学与当时的浙江大学、浙江农业大学和浙江医科大学合并组建新的浙江大学。

[3] 1993年，江西大学与江西工业大学合并组建南昌大学。1997年，南昌大学被列为国家"211工程"重点建设大学。2005年，南昌大学与江西医学院合并组建新的南昌大学。

[4] 1982年，安徽劳动大学改名为皖南农学院。1989年，皖南农学院被并入合肥经济技术学院。1999年12月，合肥经济技术学院被并入中国科学技术大学。

[5] 1984年3月，青海师范学院更名为青海师范大学。1997年，原青海师范大学与原青海教育学院合并组建新的青海师范大学。2000年，原青海民族师范高等专科学校被并入青海师范大学。2001年，原青海大学水利中专部划归青海师范大学。2004年，原青海银行学校划归青海师范大学。

[6] 原北京经济学院和原北京财贸学院于1995年6月合并组建首都经济贸易大学。

三、社会主义过渡时期经济思想

（一）过渡时期的界定及过渡时期总路线的形成

1.过渡时期的界定

1954年9月，第一届全国人民代表大会通过的《中华人民共和国宪法》（以下简称《宪法》）规定，从中华人民共和国成立到社会主义社会建成是一个过渡时期。过渡时期的起始点是新民主主义革命成功后建立了新民主主义的国家，社会主义改造完成即社会主义制度的建立则标志着过渡时期的结束。按此说法，过渡时期的起点为中华人民共和国成立，1956年社会主义三大改造基本完成则标志着过渡时期的结束。

2.过渡时期总路线的形成

1949年3月，中共七届二次会议毛泽东所作的报告提出了促进革命迅速取得胜利和组织这场胜利的各项方针，说明了在全国胜利的局面下，党的工作重心必须由乡村转移到城市，城市工作的重点是恢复生产，制定了中华人民共和国成立后党在政治、经济、外交方面的基本政策，指出了中国由农业国转变为工业国，由新民主主义社会转变为社会主义、共产主义社会的发展方向。经过3年的建设，到1952年，国民经济已经得到恢复，工农业主要产品的产量超过1949年前最高水平（1936年产量）的20%。1952年9月，国营经济比重上升到67.3%，私营经济比重下降为32.7%，较1949年国营经济在总工业产值中的比重不到一半的状况有了显著变化。这些成绩的取得使过渡时期总路线的正式提出有了一定的客观条件。

过渡时期总路线在1954年第一届全国人民代表大会上通过，并载入《宪法》（以下简称《宪法》），作为国家在过渡时期的总任务。《宪法》规定：从中华人民共和国成立到社会主义社会建成，这是一个过渡时期。国家在过渡时期的总任务是逐步实现国家的社会主义工业化，逐步完成对农业、手工业和资本主义工商业的社会主义改造。

（二）过渡时期总路线的经济分析

中国过渡时期总路线的实质是通过社会主义工业化和社会主义改造解决所有制问题，以逐步消灭剥削制度，建立社会主义社会。这里，工业化是社会主义改造和社会主义社会的经济基础和物质条件；社会主义改造则是所有制变革的政治手段，两者的目的是建立社会主义社会。

过渡时期总路线体现的是社会主义工业化和社会主义改造同时进行的方针和政策，社会主义工业化和社会主义改造相互促进、相互推动。毛泽东认为国家工业化是"主体"，而社会主义改造是"两翼"，过渡时期总路线是解决所有制的问题，同时强调国家工业化的地位。社会主义工业化为社会主义改造提供物质基础，社会主义改造为社会主义工业化的实现提供制度保障。

1.过渡时期社会主义工业化思想

中共七届二次会议的报告确立了建立独立的、完整的工业体系的目标，这是最早提出的社会主义工业化思想。《中国人民政治协商会议共同纲领》规定了中国的经济发展道路须由农业国变为工业国，工业化的目标由此成为中华人民共和国的基本建设政策。过渡时期总路线则确立了工业化是中华人民共和国在经济上的基本国策及目标，中华人民共和国逐渐迈出了实践工业化的步伐。"一五"时期我国集中主要力量进行以苏联帮助设计的156个建设单位为中心的、由694个建设单位组成的工业建设，经过"一五"时期的经济建设，我国建立了社会主义工业化的初步基础。

1956年，在最高国务会议上，毛泽东论述了社会主义革命和工业化的关系，指出社会主义革命的目的是解放生产力。农业和手工业由个体所有制变为社会主义集体所有制，私营工商业由资本主义所有制变为社会主义所有制，必然使生产力大大地获得解放，这样就为大大地发展工业和农业的生产创造了社会条件。

2.过渡时期社会主义改造政策思想

（1）过渡时期农业的社会主义改造政策思想。

中国共产党历来重视"三农"问题。中华人民共和国成立前在解放区已经部分地开展了农业互助合作运动。毛泽东在党的七届二中全会上指出必须有步骤地将个体农业经济向集体化和现代化的方向引导。《中国人民政治协商会议共同纲领》也有鼓励农民自愿发展合作事业、组织供销合作社的规定。

中央人民政府政务院关于1952年农业生产的决定，要求大力发展临时互助组，推广常年互助组，有重点地发展土地入股的农业生产合作社。1953年春，按照中共中央《关于农业生产互助合作的决议》，各地按照自愿互利的原则，试办土地入股，发展互助合作组织。同时该决议号召，对于农业互助合作问题上存在的消极和急躁两种倾向，要予以克服。1953年12月，中共中央通过《关于发展农业生产合作社的决议》，标志着农业生产合作社从试办时期开始进入正式发展时期。

随着各类合作社数目的不断增加，《宪法》对合作社进行了肯定，认为合作社经济是集体所有制的社会主义经济，或者是部分集体所有制的半社会主义经济。

（2）过渡时期手工业的社会主义改造政策思想。

1955年11月29日，《关于对手工业的社会主义改造工作进行全面规划的通知》发布，要求加快进行手工业的社会主义改造。1956年9月，中共中央、国务院发布《关于加强农业生产合作社的生产领导和组织建设的指示》，要求城镇与乡村的手工业者分别加以组织，政府主管部门负责协商解决城镇与乡村手工业之间的供销矛盾，实现城乡手工业生产的分工协作。

（3）过渡时期资本主义工商业的社会主义改造政策思想。

对资本主义工商业的社会主义改造开始于1953年。1953年11月11日，《人民日报》发表《进一步把私营工商业纳入国家资本主义的轨道》一文，指出为了使私营工商业适合国家的建设计划和人民的需要，要改变其生产关系和经营方法，为此，必须鼓励资本主义工商业向国家资本主义的方向发展。1954年10月9日，《人民日报》的社论《加强对资本主义商业的社会主义改造》对国营商业和合作社商业在逐步实现对资本主义商业的社会主义改造中的任务作了说明。1955年年底，政府陆续批准各地进行全行业公私合营。1956年1月，全国掀起了对资本主义工商业社会主义改造的高潮。到1956年年底，全国已有99%的资本主义工业和82%的私营商业实现了社会主义改造，这样对资本主义工商业的所有制改造基本完成了。

3.建立社会主义社会

中华人民共和国成立之初是新民主主义经济，这种经济由国营经济、合作社经济、国家资本主义经济、私人资本主义经济、个体经济等构成。经过1949—1952年的国民经济恢复时期，各种经济在国营经济的领导下"分工合作、各得其所"。到1952年，在工业总产值中，国营、合作社及公私合营的企业产值达到了50%以上，个体经济在工农业总产值中的比重下降到2/3左右。农民和手工业者按照自愿、互利的原则逐渐走上了互助合作的道路。

1952年年底，中共中央提出了过渡时期总路线，总路线的核心是"一化三改"，即在一个相当长的时间内，逐步实现国家的社会主义工业化，并逐步完成对农业、手工业和资本主义工商业的社会主义改造。国营经济的领导地位在国民经济恢复时期确立以后，其他各种成分的经济也随之向社会主义过渡。过渡时期的总任务的完成，标志着生产资料的社会主义公有制成为国家和社会的唯一经济基础，中国的社会主义制度得到了正式的确立。

第二节 中国社会主义经济理论探索与发展

一、毛泽东的社会主义工业化思想

（一）中国工业化发展道路

1956年，在生产资料所有制方面的社会主义改造完成之后，中国进入了一个新的历史时期，即大规模全面建设社会主义的时期。当时，经济思想界的一个重要任务就是探索一条符合中国国情的社会主义工业化发展道路。

"工业化道路"这一概念是毛泽东在《关于正确处理人民内部矛盾的问题》一文中提出的，主要指工业化进程中农、轻、重三大产业部门的关系问题。当时认为，农、轻、重结构是国民经济结构的主体和基础，因此这三者的关系基本上可以说明我国工业化的发展道路问题。

从1956年到1957年，毛泽东集中了全党的智慧，结合中国国情，深刻地分析了工业化进程中农、轻、重三大产业部门的内在关系，创造性地提出了工业化建设中发展工业与发展农业并举的思想。1962年9月，中共八届十中全会提出了"以农业为基础，以工业为主导"的发展国民经济总方针。1963年9月，中共中央发出《关于工业发展问题（初稿）》，进一步提出我国工业发展的总方针是：工业和农业密切结合，发展工业和发展农业并举。两者的关系是：以农业为基础，以工业为主导。这一总方针是毛泽东工业化道路思想的集中概括，标志着中国社会主义工业化道路的正式确立。毛泽东工业化发展道路的思想蕴含着三个经济学原理：农业是社会经济发展的基础、生产资料（重工业）优先发展、社会生产量大部类协调均衡发展。

（二）工业化与农业现代化的关系

从世界工业化理论的发展看，人们对于工业化与农业现代化关系的认识有一个变化过程。20世纪中叶，世界上较多的经济学家都对工业化的含义作片面理解，即将工业化仅仅看作工业在国民收入和劳动力配置中所占的份额连续上升。20世纪70年代以后，西方经济学界对农业与工业化关系的认识才有大的发展，认识到农业不仅是为工业化资本积累提供剩余，农业生产本身的变革也是工业化的主要内容。只有农业与其他生产部门一样现代化了，农业生产力极大地提高了，整个社会经济才算是实现了工业化（从技术上说，农业也成为一种"工业部门"）。

1955年7月，毛泽东在《关于农业合作化问题》的报告中精辟地分析了工业化与农业现代化的关系。他说：在优先发展重工业的条件下，必须实行工业与农业并举，逐步建立现代化的工业和现代化的农业。过去我们经常讲把我国建成一个工业国，其实也包括了农业的现代化。毛泽东的这一论述明确地将农业现代化纳入工业化范畴，阐明了农业现代化在工业化进程中的意义。这一思想不仅在中国，而且就世界工业化理论发展而言，也是相当卓越的。

毛泽东在提出社会主义工业化命题的同时，也形成了与之相联系的农业现代化思想。《关于农业合作化问题》的报告，全面阐发了农业现代化与国家工业化的关系以及农业现代化的方针和政策。毛泽东的农业现代化方案是在农业合作化的基础上实现农业机械化，是与国家工业化的发展相适应，在农村中改革封建的、落后的小农经济和小土地经营方式，实行以集体土地所有制为基础的土地经营；在以所有制和经营方式为中心的生产关系变革的基础上，实现农业机械化，将中国传统农业改造成现代化的社会主义大农业。毛泽东的农业现代化思想构成了20世纪50至70年代中国农业发展的指导方针。

二、生产力理论、人口理论及社会主义经济中的商品生产与价值规律

（一）生产力理论

从苏联政治经济学体系开始，社会主义政治经济学研究的对象或重点是生产关系。但在强调研究生产关系的同时，中国经济学工作者对生产力研究也倾注了很大的精力，获得了重要的理论成果。20世纪50年代末，李平心就提出了关于生产力性质的新观点，认为生产力具有物质技术属性和社会属性，生产力有其内在的发展规律，能够在它与生产关系的矛盾运动中自行增值；政治经济学必须同时研究生产关系和生产力。这一观点是对传统理论的一种新的解读。传统理论认为，物质生产有两重属性，从人与自然的关系看，属于生产力属性；从人与人的关系看，属于生产关系属性。生产力是生产的物质和技术属性，生产关系是生产的社会属性。李平心则提出生产力同时具有物质技术属性和社会属性，"生产力性质是在一定历史阶段生产力的物质技术属性与社会属性的总和"，"区别各种不同社会经济形态的生产力性质，不仅要从它们的物质技术属性考虑，

而且要从它们的社会属性考虑"。①

（二）人口理论

1953年，我国进行了第一次人口普查。此后，人口问题引起了经济学界的注意，这方面的理论研究一度活跃。20世纪五六十年代中国关于人口问题的争论，应该说是社会主义政治经济学史上的一个曲折。由于政治因素的干扰，原来的学术讨论变成了政治上的大批判，一批理论工作者和经济学家因此被打成"右派"，人口问题在相当长时期内成为学术禁区。当时，以马寅初为代表的少数学者坚持科学态度，坚持自己的观点，在理论上有了创见。

马寅初的人口理论认为，人口多、资金少是中国一个很重要的矛盾。根据第一次人口普查的结果，全国人口为6亿多。中华人民共和国成立4年来每年新增人口达1 200万～1 300万，增长率为20‰。如果按这一人口增长率计算，15年后，我国人口将达8亿；50年后，将达16亿。因此，我国最大的矛盾是人口增加太快，而资金积累似乎太慢。

因此，马寅初得出结论："人口太多就是我们的致命伤"②，"我们社会主义经济就是计划经济，如果不把人口列入计划之内，不能控制人口，不能实行计划生育，那就不成其为计划经济"③。

马寅初的"新人口论"针对当时"人口越多越好"的论述，指出人口多、人口增长太快会引起一系列的经济、社会矛盾，包括同积累的矛盾，同农业机械化的矛盾，同粮食、工业原料、劳动就业、人民生活的矛盾，同科学研究的矛盾，同人口质量的矛盾等，认为要控制人口过快增长，就要实行计划生育。马寅初的观点在当时虽遭批判，但他将人口增长与经济资源和社会生产相联系，探讨社会主义社会的人口规律，探讨人口数量与人口质量之间的关系，这不仅在马克思主义经济理论和社会主义经济学的发展中是一种创新，而且可以说正是在马寅初理论的基础上，我国制定并实行了计划生育这一基本国策，在控制人口过快增长、提高人口质量和人民生活水平方面取得了举世瞩目的成就，这可以说是中国为人类社会的发展作出的巨大贡献。

（三）社会主义经济中的商品生产与价值规律

20世纪五六十年代经济学界关于社会主义经济中商品生产与价值规律问题的研究，实际上是对社会主义生产关系和经济制度的创新研究。马克思主义经典著作没有将社会主义生产方式与商品生产相联系。苏联的理论也只是承认社会主义社会有极其有限的商品交换关系。而中国的理论研究突破了这些框框，广泛探讨了社会主义社会的商品范畴、商品生产存在的原因、全民所有制经济内部交换的生产资料是不是商品等问题，提出了不少新的观点。20世纪60年代初，中国经济学界还提出了把计划经济与商品经济

---

① 平心. 论生产力性质［J］. 学术月刊，1959（6）：14—19.
② 马寅初. 新人口论［M］. 北京：北京出版社，1979：66.
③ 马寅初. 马寅初经济论文选集（下册）［M］. 北京：北京大学出版社，1981：363.

统一起来，认为社会主义经济是计划商品经济的意见。[①]

在关于社会主义经济与价值规律关系的讨论中，作出最重要理论贡献的是经济理论家顾准。顾准于1957年发表的论文《试论社会主义制度下的商品生产和价值规律》，全然不同意当时流行的"计划经济是主流，价值规律调节只是补充并将逐步受到限制"的观点，鲜明地提出要充分运用价值规律调节社会主义经济，同时要限制经济计划对经济的调节作用。这一观点在当时无疑是振聋发聩、标新立异的，因此受到重重围攻。

社会主义经济与价值规律关系讨论中的另一个理论高峰是孙冶方于1959年发表的《论价值——并试论"价值"在社会主义以至于共产主义政治经济学体系中的地位》。在这篇论文中，孙冶方论述道：价值规律应该是"形成价值实体"的社会必要劳动的存在和运动的规律。价值这个概念在社会主义政治经济学甚至是共产主义政治经济学中都是不可少的，少了它就不成其为政治经济学，也不成其为经济。因此，要大大提高价值这个范畴在社会主义政治经济学体系中的地位。

上述这些思想和理论对马克思主义经济学体系的发展作出了重要的贡献，也是20世纪八九十年代中国社会主义市场经济体制创新的重要先期理论资源。

三、陈云的社会主义计划经济运行调控政策思想

（一）国民经济有计划按比例发展思想

1.计划经济体制形成

1951年5月，中财委计划局试编出1951年国民经济计划要点，这是中国第一次编制全国性的经济计划。这个计划包括工业生产计划（基本只包括中央国营工业部分）、农林计划、交通运输计划（国营部分）、工业交通基本建设计划（中央投资部分）、水利建设计划（中央投资的较大型水利工程）。这一计划虽不甚完备，不能全面反映国民经济发展情况，但在编制全国统一计划的进程上具有重要意义。

1954年9月，第一届全国人民代表大会第一次会议制定和通过的《宪法》规定：国家用经济计划指导国民经济的发展和改造，使生产力不断提高，以改进人民的物质生活和文化生活，巩固国家的独立和安全。这是正式在国家宪法的意义上规定了以计划经济作为我国经济体制的形式。1955年7月，第一届全国人民代表大会第二次会议通过了《中华人民共和国发展国民经济的第一个五年计划》。

2.计划经济调控思想

在中国计划经济体制形成过程中，陈云是主要的决策者和执行者。1949年陈云就提出了计划经济的思想。在中华人民共和国成立后的经济恢复时期，陈云说，"过去社会上的生产是无计划的，我们来一个有计划……这是逐步消灭无政府状态的手段"[②]，"我们要搞计划经济，如果只计划公营，而不把许多私营的生产计划在里头，全国的经

---

① 《经济研究》编辑部，《经济学动态》编辑部. 建国以来政治经济学重要问题争论（1949—1980）[M]. 北京：中国财政经济出版社，1981：132—146.
② 陈云. 陈云文选（第2卷）[M]. 北京：人民出版社，1995：93.

济计划也无法进行"①。陈云认为计划经济的内涵或原则就是按比例发展。从宏观经济运行的方面考察，陈云的按比例发展的目的是国民经济综合平衡。"所谓综合平衡，就是按比例；按比例，就平衡了。任何一个部门都不能离开别的部门。按比例是客观规律，不按比例就一定搞不好。"②

（二）计划经济与自由生产主、辅构造思想

1.对高度集中的计划经济调整思想

在1956年9月的中共八大上，陈云作了《关于资本主义工商业改造高潮以后的新问题》的发言，指出："在资本主义工商业的社会主义改造取得了决定性的胜利以后，国家经济部门在过去几年中为限制资本主义工商业而采取的一些措施，已经成为不必要了。这些措施不但在今天已经基本上不再需要，而且它们在当时也不是没有缺点的。"③陈云所指的这些措施包括国营商业对资本主义工业实行加工订货、统购包销的办法；商品流通依靠国营贸易公司按照行政系统"派货"；严格的市场管理限制了私商的采购和贩运，使农副产品由供销合作社或国营商店垄断采购。针对高度集中的计划经济体制的弊端，陈云指出"办工业、办商业、办手工业，都要为消费者服务，为消费者打算，为消费者便利着想。为了把市场搞活，增加产品的品种、数量，提高生产者的积极性与适合人民市场的需要"④。

陈云关于对高度集中的计划经济模式进行调整的思想为中共八大所接受。中共八大《关于政治报告的决议》规定，社会主义的统一市场应当以国家市场为主体，同时附有在一定范围内的国家领导下的自由市场，作为国家市场的补充。中共八大通过的《关于发展国民经济的第二个五年计划（1958—1962年）的建议》提出，要在工业品采购工作中推行按质分等论价和在部分产品中实行选购办法，在国家市场外有计划地保留和适当发展一些国家领导下的自由市场。陈云的这些思想对当时国民经济发展起到了较好的调整作用。

2.国民经济板块构造思想

陈云主张实行计划经济调节，但长期领导经济管理的实践使他认识到，生产计划不可能无所不包、无所遗漏地覆盖整个社会经济。1956年9月，陈云在《社会主义改造基本完成以后的新问题》讲话中说：社会主义经济的情况将是这样：在工商业经营方面，国家经营和集体经营是工商业的主体，但是附有一定数量的个体经营。这种个体经营是国家经营和集体经营的补充。关于生产计划方面，全国工农业商品的主要部分是按照计划生产的，但是同时有一部分产品是按照市场变化而在国家许可范围内自由生产的。计划生产是工农业生产的主体，按照市场变化而在国家许可范围内的自由生产是计划生产的补充。""在社会主义的统一市场里，国家市场是它的主体，但是附有一定范围内国家领导的自由市场。这种自由市场，是在国家领导之下，作为国家市场的补充，因此它是

---

① 陈云. 陈云文选（第2卷）[M]. 北京：人民出版社，1995：93.
② 陈云. 陈云文选（第3卷）[M]. 北京：人民出版社，1995：211.
③ 陈云. 陈云文选（第3卷）[M]. 北京：人民出版社，1995：4.
④ 陈云. 陈云文集（第3卷）[M]. 北京：中央文献出版社，2005：99.

社会主义统一市场的组成部分。[①]

陈云将整个国民经济看作一个板块构造，就市场而论，社会主义统一市场是个板块，国家市场是它的主体，在国家领导下的自由市场是它的补充；就社会生产而论，按照计划生产是主体，按照市场变化的自由生产是补充。经济计划调节计划生产和国家市场，市场机制调节自由市场和自由生产。陈云的这种思想比之高度集中、统一、无所不包的计划经济体制更加符合当时中国的社会经济实际，在计划经济思想范畴内有所创新。

（三）"计划经济为主，市场调节为辅"的体制改革思想

陈云在1979年3月的一次讲话中谈到计划与市场的问题。他认为，整个社会主义时期的经济必须有两个部分：计划经济部分和市场调节部分。在今后经济的调整和体制的改革中，计划经济和市场调节这两个部分的比例的调整，将占很大的比重。[②]20世纪80年代，中国经济体制改革是围绕着计划经济与市场调节的关系而展开的，目的是建立一个既体现社会主义生产方式的本质特性又符合商品经济基本规律的经济运行和管理体制。

第三节　中国经济发展战略的形成与发展

经济发展战略最初是与社会主义计划经济相联系的。苏联在20世纪20年代首次制订了经济发展的五年计划和十年计划。20世纪50年代，中国也开始制订经济计划。20世纪五六十年代，随着发展经济学及工业化理论的兴起，一些发展中国家也纷纷制定了经济发展战略和工业化战略。发展经济学家保罗·罗森斯坦-罗丹（Paul Rosenstein-Rodan）、拉格纳·纳克斯（Ragnar Narkse）提出的平衡增长的工业化战略一度成为发展中国家经济发展战略的经典理论。在整个20世纪乃至21世纪初，中国都处于工业化发展阶段，所以经济发展战略思想构成中国现代经济思想的重要内容。

一、20世纪50至70年代经济发展战略的形成和发展

（一）经济增长及经济发展战略概念考察

1.经济增长的概念

在西方古典经济学中，一直是把国民收入增长当作唯一重要的经济发展的尺度。在那里，一般没有"经济增长"（economic growth）和"经济发展"（economic development）的概念区分，经济发展、经济进步就是经济增长，就是国民收入总量的不断增加。20世纪初，新古典学派的主要代表之一庇古（A. C. Pigou）沿着马歇尔边际效用理论体系并运用了马歇尔的"消费者剩余"（consumer's surplus）概念，创立了福利

①　陈云. 陈云文选（第3卷）[M]. 北京：人民出版社，1995：13.
②　陈云. 陈云文选（第3卷）[M]. 北京：人民出版社，1995：244-247.

经济学体系。庇古的"经济福利"概念是指与人们的经济生活有关的效用的满足，这是不可能用货币直接或间接衡量的福利，并对全社会的总福利具有决定性影响。个人经济福利的加总形成社会经济福利。社会经济福利以"国民收入"（national income）来表现，亦即一定时期内一国物质的和非物质的产品的纯流量。它是以真实单位表现的国民收入。因此，要增加经济福利，就要增加国民收入，同时要消除分配不均的状况。但是，增进社会福利的最根本因素还是增加国民收入总量。而为了使一个社会的一定总量的生产资源所产出的国民收入达到极大值，必须使社会生产资源配置达到最优化（optimum）。可见，在福利经济学中，"经济福利"的增大不仅包含国民收入的增长，而且包含社会分配的公平和资源配置的优化，从这一点看，它不失为关于经济增长和发展的一种新的认识。

到了20世纪40年代，英国经济学家哈罗德（R. F. Harrod）从经济发展的各种现象中抽象出国民收入持续增长这一现象，提出了经济增长的明确概念。1948年，哈罗德在其《动态经济学导论》一书中系统地论述了他的经济增长理论和模型。同一时期，美国经济学家多马（E. D. Domar）也进行了类似的研究，发表了《资本扩张、增长率和就业》和《扩张和就业》两篇论文，提出了与哈罗德基本相同的经济增长模型。哈罗德和多马的论著的发表，标志着西方现代经济增长理论的开端。

2.经济发展战略的概念

"经济发展战略"不仅在中国，而且在世界上也是一个比较新的概念。大体上在20世纪五六十年代，一些发展中国家为了摆脱贫困，推进本国的经济发展和工业化，制定了中长期的以工业化为核心的经济发展战略。

"经济发展战略"这一名词在中国广泛使用虽然是在20世纪80年代，但是中华人民共和国成立以后，我国就从社会经济发展全局的角度规划、制定了实现社会主义工业化和现代化的社会经济发展目标以及与之相联系的经济方针、计划和政策。这些方针、计划和政策在理论上形成了体系，在实践上指导了国民经济的发展，因此，实际上也就是经济发展战略。

（二）社会主义建设总路线的提出、"大跃进"的决策以及治理整顿政策思想

1.社会主义建设总路线思想

1958年2月3日，《人民日报》发表社论——《鼓起干劲，力争上游》，号召要鼓起革命干劲，打破一切"右倾"保守思想，力争上游，又多又快又好又省地建设社会主义。同年3月，中共中央在成都召开工作会议，确定把"鼓足干劲，力争上游，多快好省"的口号作为社会主义建设总路线的基本内容。5月，中共八大二次会议正式通过了"鼓足干劲，力争上游，多快好省地建设社会主义"的社会主义建设总路线及其基本点。

1958年提出的社会主义建设总路线及其基本点，是中国社会主义建设中第一次正式提出的关于经济发展的指导方针。这一指导方针确定了中国经济发展的战略目标以及有关的政策原则，是中华人民共和国成立以来关于经济发展指导思想的总结和发展。这一方针的缺陷在于忽视了对国情、国力的清醒认识，忽视了经济发展必须严格遵循客观经济规律和生产力发展规律。这些缺陷是当时不断膨胀的"左倾"思想的产物，并直接导致了"大跃进"的发生。

2.追求高速度的"大跃进"思想

中共八大二次会议在提出了社会主义建设总路线的同时，还提出了争取7年赶上英国、15年赶上美国的要求。会议强调，"建设速度问题，是社会主义革命胜利后摆在我们面前的最重要的问题"。而建设速度的重要指标是工业总产值的增长速度，主要是重工业产值的增长速度，特别是钢产量的增长速度。1958年6月21日，《人民日报》发表了《力争高速度》的社论，对总路线作了解释："用最高的速度来发展我国的社会生产力，贯穿在总路线的各个方面。如果不要求高速度，当然没有什么多快好省的问题，那样，也就不需要鼓足干劲，也就无所谓力争上游了。因此可以说，速度是总路线的灵魂"，"速度问题是建设路线问题，是我国社会主义事业的根本方针问题"，"快，这是多快好省的中心环节"。

1958年8月，中共中央在北戴河召开政治局扩大会议。此次会议以后，全民以钢为纲的工业生产"大跃进"和人民公社化运动在全国迅速掀起。工业、农业、交通运输业、商业以及文教卫生事业都制定了各自的高指标，都要实现"大跃进"。各行各业的跃进以钢铁翻番为中心，即所谓"一马当先，万马奔腾，以钢为纲，全面跃进"。

3.20世纪70年代的治理整顿政策思想

1975年1月，第四届全国人民代表大会第一次会议召开。周恩来在《政府工作报告》中重申了第三届全国人大提出的关于20世纪末实现"四个现代化"的战略目标和分"两步走"的战略步骤。报告指出，此后10年是实现上述两步设想的关键10年，国务院将根据两步设想的目标制定十年规划、五年计划和年度计划。第四届全国人大以后，国务院第一副总理邓小平主持中央和国务院日常工作，开始对工业进行全面整顿。1975年6月，原国家计委起草了《关于加快工业发展的若干问题》，有十四条。在讨论过程中，邓小平又提出了一些重要的意见，如确定以农业为基础，引进国外新技术、新设备，加强企业的科学研究工作，整顿企业的管理秩序，抓好产品质量，恢复和健全规章制度，坚持按劳分配原则等。原国家计委根据这些意见进行修改，将十四条发展为二十条。《关于加快工业发展的若干问题》（"工业二十条"）虽未形成正式文件，但其基本精神在工业建设中有较大影响。由于邓小平所进行的一系列整顿工作开始触及"文化大革命"的思想路线问题，所以，在"批邓、反击右倾翻案风"运动后，工业整顿就此夭折。

二、20世纪50至70年代经济发展战略思想评析

中国20世纪50—70年代的经济发展战略从总体上看具有以产值增长为目标、以增加积累和投入为手段、以外延扩大再生产为方式的"数量增长型"特点，其指导思想是追求经济的高速增长。从最基本的意义上说，经济增长速度要受到两个客观因素的制约，或者说要涉及两个理论问题：一是经济增长与资本积累的关系；二是经济增长与经济效益的关系。

（一）关于经济增长与资本积累的关系

1.资本积累与储蓄理论

资本积累是经济增长的主要推动因素，这是经济学说史的传统观点。西方古典经济学认为，国民财富的增长主要取决于资本积累。

马克思的社会总资本扩大再生产的理论和模式也是以资本积累为前提的。所谓资本积累，就是将利润或剩余价值的一部分转化为资本。资本积累是资本增值、资本扩大的源泉，是资本生产的动力，因而是生产发展和社会进步的基础。

在20世纪五六十年代的经济增长和经济发展理论中，一个在世界上普遍被接受的观点是所谓"资本基本主义"（capital fundamentalism），即将资本积累看作经济增长的唯一决定因素，经济增长主要靠投资增长的推动，而资本短缺是经济增长的最主要的制约因素。

2.高积累与中国经济增长

以上理论说明，资本积累是决定经济增长的一个重要因素，为了使国民经济有一定的增长，就必须保持一定的积累率。中华人民共和国成立以前之所以工业化进程缓慢，一个重要原因就是缺少积累。中国的经济发展战略也将经济增长主要建立在积累率提高的基础上，长期维持较高的积累率，使经济得以发展。如果没有长期保持较高的积累率，那么中国经济要取得这些进步是不可能的。

（二）关于经济增长与经济效益的关系

积累扩大对于经济增长的推动作用要以经济效益为前提。在哈罗德-多马模型中，资本系数为既定，即一定的资本投入所推动的产出的比率是一定的，换言之，投资效益是一定的。但在中国的经济分析中，投资效益、经济活动的效益就不能假设为既定；相反，经济效益低下是中国在较高的积累率条件下没有取得较高的经济增长率的关键原因。据统计，中国固定资产交付使用率，"一五"时期为83.7%，"二五"时期为61.4%，1952—1978年平均为68.5%。1952—1978年中国基本建设投资共6 000亿元，仅形成固定资产4 000亿元。中国每增加1元国民收入需要的投资数，"一五"时期为1.68元，"二五"时期为7.37元，"三五"时期为2.32元，"四五"时期为3.76元，1976—1978年为3.00元。[1]中国的几次积累率上扬时期，也是经济效益最差的时期。据估算，"大跃进"3年约损失国民收入1 800亿元；"文化大革命"10年约损失国民收入5 000亿元。[2]由于经济效益太差，巨大的积累和投资并没有带来相应的经济增长。

以上分析表明，中国经济发展战略的缺陷并不在于追求高速度，也不在于推行高积累，而在于没有客观认识国情、国力，在人均收入水平极低的条件下片面强调积累为经济增长的唯一的重要因素；更重要的是，在没有保证经济效益的前提下片面追求高速度。在人均收入低下和经济效益低下这两大因素的制约下，高增长、高积累、高投入的经济发展战略不仅没有达到经济高速增长的目的，而且在经济生活中造成了一系列矛

---

① 马洪，孙尚清. 中国经济结构问题研究［M］. 北京：人民出版社，1981：52.
② 本书编写组. 学习中共十三届五中全会精神辅导材料［M］. 上海：上海人民出版社，1989：59.

盾，如工业发展与农业发展的矛盾，高积累与人民生活水平改善的矛盾，经济建设与资源供给的矛盾，产量、产值增长与国民收入增长差距甚大的矛盾等。经济增长的实质是国民财富的增加，进一步说是人均国民收入的增长。中华人民共和国成立30年，如从产值和产量看，增长速度似乎不慢，但如从国民收入看，增长速度是较慢的，人均国民收入从1952年的102元提高到1978年的314元，平均每年增长3%~4%。[①]由于国民收入增长缓慢，所以国家实力和人民生活水平提高的幅度不大。高增长、高积累、高投入的战略目标和手段造成了高消耗、低效益、低增长的结果，使国民经济陷于恶性循环的被动局面。

本章思语

1.简述中国现代经济思想与马克思主义经济学的关系。

2.简述社会主义政治经济学体系的理论创新。

3.评析计划经济思想。

推荐阅读文献

［1］张卓元，等．新中国经济学史纲（1949—2011）［M］．北京：中国社会科学出版社，2012.

［2］谈敏．回溯历史——马克思主义经济学在中国的传播前史（上册）［M］．上海：上海财经大学出版社，2008.

［3］赵晓雷．新中国经济理论史［M］．上海：上海财经大学出版社，1999.

［4］胡寄窗，谈敏．新中国经济思想史纲要（1949—1989）［M］．上海：上海财经大学出版社，1997.

［5］于光远．中国理论经济学史（1949—1989）［M］．郑州：河南人民出版社，1996.

---

① 马洪，孙尚清．中国经济结构问题研究［M］．北京：人民出版社，1981：730.

第十章 中国现代经济思想繁荣发展
（1979—1991年）

学习目标

◎重点掌握改革开放背景下中国经济思想的丰富与发展状况；

◎掌握社会主义商品经济思想的理论要素；

◎了解社会主义初级阶段理论与社会主义经济理论演变的关系。

关键词

社会主义初级阶段　社会主义商品经济　产权及公有制实现形式　新经济发展战略

第一节　改革开放背景下马克思主义经济学研究

这一时期马克思主义经济学理论的研究中，苏联范式基本上已不再构成一条发展线索，而主要是对马克思主义经典理论的研究，并将其与我国社会主义经济发展的实践相结合，在理论上进行新的探索和创新。从理论研究的内容看，这一时期对定义、概念、原理的讨论仍比较多，而对现实经济的研究日益扩展；从研究方法看，规范分析仍是主要的方法，但由于现实经济研究的需要，实证分析和数量分析的方法逐渐被采用并日益受到重视；从学术风气上看，空泛、形而上学的作风有所克服，科学的、实际的、客观的态度逐渐得到发扬，中国马克思主义经济学理论的研究也因此而更具有真正经济科学的性质。

一、马克思主义经济学研究要点概述

（一）对传统理论问题的继续和延伸研究

1.社会主义基本经济规律

这是一个在20世纪五六十年代曾研究过的老问题，但20世纪80年代的研究和讨论从新的角度提出了一些新的观点。

首先，一些论者提出根本的疑问：是否存在斯大林所表述的社会主义基本经济规律。对此理论界有两方面的意见：

其一，认为社会主义经济中不存在斯大林所说的基本经济规律，指出他提出的社会主义基本经济规律的理论前提是错误的，即不是从社会主义经济现实出发。同时，社会主义基本经济规律的内容是不科学的，一个重要表现就是强调用使用价值来满足需要而排斥价值，这与商品经济为价值而生产的需要相矛盾。

其二，认为斯大林的社会主义基本经济规律是客观存在的，指出既然公有制经济在国民经济中占统治地位，社会主义基本经济规律就客观存在。社会主义基本经济规律的主要内容是社会主义目的与达成这一目的的手段，正是这个特定的内容使它成为主导规律，决定着社会生产的一切主要方面和主要过程。[①]

其次，对社会主义基本经济规律的内容也展开了讨论研究。关于社会主义基本经济规律的内涵，一种意见认为其包括生产目的和达成这一目的的手段；另一种意见认为其只包括生产目的，不包括实现目的的手段。

关于社会主义基本经济规律的表述，第一种意见认为斯大林对社会主义基本经济规律的表述是科学的，其中不仅有科学技术与生产力的合理结合，也包含了正确处理生产关系的意思；第二种意见认为斯大林对于社会主义基本经济规律的表述过于空泛和一般化，不能体现社会主义经济的特殊性质；第三种意见认为斯大林对社会主义基本经济规律的表述有严重缺陷，忽视了人的全面发展是社会主义生产的终极目的，也没有提出实现社会主义生产目的的手段是提高经济效益。[②]

2.国民经济有计划发展规律

这也是一个曾被广泛讨论过的问题，在20世纪80年代学者又对此进行了研究。

第一个方面是国民经济有计划发展规律是否存在。有观点认为国民经济有计划发展规律并不存在，主观的计划不能产生客观经济规律的效应。也有观点认为国民经济有计划发展规律是客观存在的，其客观性来源于社会分工，而社会分工是存在于各个不同的社会形态中的，因而建立在社会分工基础上的国民经济有计划按比例发展规律就作为一个社会基本规律存在于各个社会形态之中了。但是，这一规律在不同的社会形态中的表现形式是不一样的。在社会主义社会公有制基础上，由于社会具备了国民经济有计划按比例发展规律发挥作用的条件，因而这一规律是以国民经济综合平衡的形式表现出来。另有观点认为国民经济有计划发展规律不但有其客观性，而且是社会主义特有的规律。

第二个方面是国民经济有计划发展规律与价值规律的区别和联系。一种意见认为国民经济有计划发展规律与价值规律不是对立的，前者是后者的一种作用形式。另一种意见认为在有计划的商品经济条件下，国民经济有计划发展规律与价值规律既不是互相排

---

① 《经济研究》编辑部. 中国社会主义经济理论问题争鸣（1985—1989）［M］. 北京：中国财政经济出版社，1991：15-17.
② 《经济研究》编辑部. 中国社会主义经济理论问题争鸣（1985—1989）［M］. 北京：中国财政经济出版社，1991：17-18.

斥的，也不是完全相同的，这两个规律的作用是不能互相替代的。[①]

3.按劳分配规律

20世纪80年代对按劳分配的研究主要从两方面展开：一是按劳分配规律的含义；二是劳动力是不是商品及与按劳分配规律的关系。其中较有意义的是关于劳动力商品问题的讨论。在劳动力是商品这一前提下，有观点认为按劳分配就是按劳动力价值分配，这是社会主义劳动者实现其劳动力个人所有权的形式。也有观点不同意按劳动力价值分配就是按劳分配的提法，指出如果按劳动力价值分配，劳动者就不能再获得劳动力价值以外的一部分剩余产品价值。如果劳动者的收入必然超过劳动力的价值，其收入就不是劳动力价值或价格，劳动力就不是以等价交换原则出卖的商品。如果劳动力是商品，那么劳动力价值会随着劳动生产率的提高而降低，从而社会必要产品部分所占比例会不断相对降低，按劳分配不存在这种经济机制。[②]

4.劳动价值论

20世纪80年代关于劳动价值论的研究，主要是围绕"劳动价值论一元论""价值决定的多元论"而展开的，基本的理论问题就是对马克思所论述的社会必要劳动时间的理解。

坚持劳动价值论一元论的人认为，不是两种含义的社会必要劳动时间共同决定商品价值，而是只有第一种含义的社会必要劳动时间决定价值。这是因为：

第一，马克思所说的另一种意义上的社会必要劳动时间，是指按比例分别用于各个特殊生产领域、满足社会需要所必要的劳动时间。按比例，是指使用价值的比例。这种按比例分配社会劳动的必要性，存在于一切社会形态。

第二，在商品经济条件下，使用价值是交换价值的物质承担者。使用价值和价值的矛盾，在市场上表现为价值与价格的背离。如果社会劳动分配是按比例进行的，不同类产品会按它们的价值出售；否则，会高于或低于其价值，或者价值不能实现。所以，另一种意义上的社会必要劳动时间只是与价值的实现有关，而与价值决定无关。

第三，如果某种商品的价值不能实现或不能完全实现，生产这种商品的部门的资本会向外转移，这就是价值规律对生产的调节作用。[③]

与此相反的意见认为马克思在《资本论》中确实论述了两种含义的社会必要劳动时间。1956年就有论者提出两种含义的社会必要劳动时间都参与价值决定的观点。到了20世纪80年代末和90年代初，更有论者明确指出，马克思在《资本论》中讲的社会必要劳动时间是内容与性质根本不同的两种社会必要劳动时间。《资本论》第一卷中给出的社会必要劳动时间突出了劳动时间的平均性，考察的是单个商品的价值决定，而不是

① ［1］《经济研究》编辑部.中国社会主义经济理论的回顾与展望［M］.北京：经济日报出版社，1986：203-224. ［2］张薰华.社会科学争鸣大系（1949—1989）·社会主义经济理论卷［M］.上海：上海人民出版社，1991：249-283. ［3］中南财经大学.经济科学学科辞典［M］.北京：经济科学出版社，1987：300.
② ［1］《中国社会科学》经济编辑室.《中国社会科学》经济学文集·1980年［C］.杭州：浙江人民出版社，1982：106-137. ［2］《中国社会科学》经济编辑室.《中国社会科学》经济学文集·1982年［C］.杭州：浙江人民出版社，1983：1-34.
③ ［1］胡晓风，韩淑颖.中国社会主义经济问题讨论纲要［M］.长春：吉林人民出版社，1983：312-327. ［2］《经济研究》编辑部.中国社会主义经济理论的回顾与展望［M］.北京：经济日报出版社，1986：225-239. ［3］宋涛.社会主义经济理论探索［M］.北京：北京工业大学出版社，1994：134-154.

总量商品的价值；《资本论》第三卷中提到的社会必要劳动时间是指某种商品的总量社会必要劳动时间，分析的是总量商品的社会必要劳动时间与社会需要的关系，符合社会需要量的使用价值越多，总量商品的社会必要劳动时间就越多。[①]

5.政治经济学说史

政治经济学说史也是这一时期的重要研究内容，其中最具有代表性的是陈岱孙所著的《从古典经济学派到马克思——若干主要学说发展论略》一书。该书系统地论述了马克思主义经济学说和古典经济学说的历史联系，以及马克思批判继承古典经济学说的科学成果、创立无产阶级政治经济学的过程，阐述了从古典经济学派到马克思的价值、剩余价值、再生产和经济危机等学说的产生和发展过程。这部著作以价值学说为核心线索，系统梳理了价值学说的历史脉络，不仅为全面、完整、历史性地理解和掌握马克思主义政治经济学的有关主要学说提供了指示，同时对如何认识和把握我国经济生活的现状和规律、确定改革和发展的总体方向提出了重要的建议。此外，陈岱孙主编了《政治经济学说史》（上下册）教材。

（二）对传统理论和概念作新的表述和研究

1.社会主义所有制改革

社会主义所有制是一个曾经被研究过的理论范畴，但从适应社会主义商品经济发展的目的出发研究社会主义所有制的改革，是一个新的视角。理论界比较一致的意见是，为了建立社会主义商品经济运行的微观基础，必须在所有制方面进行改革。有学者从所有制与经济运行机制的相互关系来论证所有制改革的重要性和必要性；也有学者从所有制结构、经济发展模式和经济运行机制转换的相互联系上看所有制改革的重要性和必要性；另有学者从发展社会主义商品经济、明确产权关系的角度来解释所有制改革的必要性。[②]

在所有制改革的基本原则上，第一种观点认为，所有制改革要以适合生产力水平和发展生产力的要求为原则；第二种观点认为，所有制改革要以坚持公有制的主导地位为原则；第三种观点认为，应当选择既可控又能高效运行的所有制结构。[③]

在社会主义全民所有制改革的研究和讨论中，学者提出了所有权与经营权"两权分离"的思路以及产权的概念。

"两权分离"是所有制改革讨论中一个有创见、有价值的理论思路，并在一段时期内成为改革政策的理论依据，其直接的实践形式就是企业承包制的推行。尽管这一思路在理论上有不准确、不规范的缺陷，实践的结果也不尽如人意，但仍不失为理论上的创新，且具有较大的实践意义。

"产权"是在20世纪80年代中期以后经常使用的一个概念。虽然当时理论界对"产

① 潘石. 论两种社会必要劳动时间的关系——兼与胡寄窗等同志商榷 [J]. 经济研究，1990（8）：55-59.
② [1]《经济研究》编辑部. 中国社会主义经济理论问题争鸣（1985—1989）[M]. 北京：中国财政经济出版社，1991：44-46. [2] 李泽中. 当代中国社会主义经济理论 [M]. 北京：中国社会科学出版社，1989：7-10.
③ 《经济研究》编辑部. 中国社会主义经济理论问题争鸣（1985—1989）[M]. 北京：中国财政经济出版社，1991：131-132.

权""所有权"的界定不清甚至混淆使用，也少有从现代产权经济学的框架内来定义和使用"产权"这个概念，但使用这个概念本身就表明马克思主义经济学理论研究的拓展和深化。20世纪90年代以后，产权理论的研究逐步正规化，不仅纳入现代产权经济学的分析框架，而且成为中国企业改革的主要理论思路。

2.社会主义经济中计划与市场的关系

1984年10月，《中共中央关于经济体制改革的决定》正式提出中国社会主义经济"是在公有制基础上的有计划的商品经济"。在此前后，经济学界就从过去的社会主义经济是否存在商品生产的争论，转入到如何正确理解社会主义有计划商品经济、如何建立这种新体制和新机制的研究阶段。

在对社会主义经济基本特征的认识上，第一种观点认为社会主义经济的基本特征是商品经济。社会主义的商品经济与计划经济不是并列的同一层次上的概念，商品是更为基本的客观存在，而计划是一种经济管理的形式或手段。

第二种观点提出社会主义经济是市场经济。其认为商品经济就是市场经济，商品经济是市场经济的本质规定，市场经济是商品经济的现象形态。市场经济作为一种生产方式，作为一种社会资源利用与配置的方式，同商品经济的内涵本质上是一致的。因此，既然承认社会主义经济是有计划的商品经济，也可以称社会主义经济是有计划的市场经济。

第三种观点认为社会主义经济的基本特征是计划经济。有计划的商品经济首先是计划经济，计划经济不只是管理国民经济的方式和手段，它首先是社会主义经济的本质属性和特征，是社会主义经济制度和生产关系中的重要方面。[①]

3.国有企业改革

中国国有企业改革的问题在20世纪五六十年代也曾被研究和实践过，但那时的重心不是企业本身的改革，而是体制的收收放放、条条和块块的分分合合，着眼于企业管理权的归属。20世纪80年代，尤其是从1985年开始，中国国有企业改革的理论研究上升到一个新的层面，其重点转到了如何使国有企业改造成为独立的商品生产者和经营者，如何从根本上提高国有企业的经营效益，以及如何使国有企业成为具有相应的权利、义务的企业法人。

在国有企业改革的研究中，主要内容包括企业所有权与经营权"两权分离"问题、所有制与产权问题，以及国有企业的改革模式问题等；在改革模式上，提出了承包经营责任制、股份制、资产经营责任制、租赁制、通过横向联合组建企业集团等思路。这些理论思路大多运用于改革实践，如承包经营责任制和股份制还在一定时期内成为改革的主要形式。国有企业改革研究所具有的极强的实践性，也进一步推动了理论研究的发展，成为20世纪80年代乃至90年代经济学发展的一个新的生长点。

4.产业结构和产业政策

产业结构问题在20世纪五六十年代是以"农、轻、重"比例及国民经济综合平衡

---

① ［1］《经济研究》编辑部. 中国社会主义经济理论的回顾与展望［M］. 北京：经济日报出版社，1986：91—110. ［2］胡晓风，韩淑颖. 中国社会主义经济问题讨论纲要［M］. 长春：吉林人民出版社，1983：73—105.

的理论形式存在的；20世纪80年代以后，开始采用"经济结构""产业结构"的概念，并在宏观层次制定了产业政策。

产业结构理论涉及了产业结构的成长阶段、产业结构合理化、产业结构的协调机制、产业结构的发展模式、我国产业结构失衡的表现及原因，以及产业结构调整措施等问题。产业政策理论涉及了产业政策目标、产业发展战略、产业结构转换、国际产业政策研究等问题。

20世纪80年代末及90年代初，在中国产业政策的选择上主要有以下几种思路：一是以农业为基础的产业政策思路；二是以重工业为主导的产业政策思路；三是以机电工业及第三产业为重点发展对象的产业政策思路。这些政策思路对国家产业政策的制定都具有参考价值。我国"八五"计划所推出的产业政策就是高度重视农业、加快发展基础工业和第三产业，以上思路对这一产业政策制定无疑起到了理论先导的作用。[①]

（三）对新的经济理论问题作重点研究

1.社会主义经济规律体系

社会主义经济规律体系在20世纪80年代是一个较热门的论题，主要是在苏联政治经济学教材所归纳的社会主义几大规律的基础上，引进一些新的知识，通过逻辑演绎，构造出一个"互联互动"的所谓"规律体系"。这一论题的研究在方法论上是典型的规范分析，所构造的"规律体系"在理论上自成一说，但与现实经济关联不大。正因为如此，20世纪90年代中期以后，对这一论题的研究趋于平淡。

在20世纪80年代社会主义经济规律的研讨中，理论界提出了研究经济规律体系问题，并在一段时期内成为一个新的理论热点。当时一般认为，生产关系是一个有机的整体，因此，反映生产关系运动发展过程的规律也不可能是孤立存在、互不相关的。经济规律是互相联系的，是一个整体，不能把各个规律割裂开来，孤立地进行研究。由于社会主义经济中的各种经济规律不是单独起作用的，而是互相联系、互相制约、交互作用的，所以能否从总体上把握诸种经济规律的相互关系，对中国社会主义建设的顺利进行有重要意义。

2.经济周期波动

经济周期是经济增长理论中的一个范畴，20世纪80年代以前中国经济学界基本上没有这方面的研究。20世纪80年代，随着中国宏观经济增长的波动，经济周期理论开始为人们所重视，并逐渐展开研究。但学术界仍有观点提出社会主义经济增长中的波动不同于资本主义经济中的经济周期，认为社会主义经济周期的提法是没有科学根据的。但从1985年以后，有关这一问题的研究越来越多，很多学者在经济统计的基础上对社会主义经济周期进行了深入的研究，也产生了一些不同的观点。

关于经济周期含义的表述，一般认为是指经济发展过程中经济高涨与低潮连续反复出现。社会总产值或国民收入增长率时高时低，固然是经济高涨和衰退的重要标志，但增长速度有时与经济涨落并非完全一致。所以，经济周期应是各种经济现象的综合表

[①] 中国体制改革与对外开放大辞典编委会. 中国体制改革与对外开放大辞典（经济体制改革卷）[M]. 成都：四川科学技术出版社，1992：398.

现，是整个国民经济的景气循环。

关于社会主义经济周期与资本主义经济周期的异同，多数意见认为两者都是经济总量的失调，无甚实质区别。也有意见认为两者有区别，其本质区别在于社会主义经济周期不会必然导致全面经济危机，因为新的经济平衡可以靠国家计划的调控，而不必通过经济危机这种市场手段。

3.宏观经济管理理论和宏观经济学

宏观经济调控和管理在中国经济学研究中是一个较新的课题。1984—1985年中国经济过热，发生较严重的通货膨胀以后，宏观调控成为一个理论研究的热点，并逐渐扩展到宏观经济管理理论的所有主要方面和主要问题。

关于宏观经济失衡的原因，经济学界从总供给和总需求关系的角度进行了探讨，认为宏观总量失控的基本原因在于总需求膨胀，但也有总供给结构不平衡的原因。更有观点认为宏观总量失控只是表面现象，深层次的原因是结构失衡。

关于宏观经济管理的方式和手段，一般认为应逐步由以直接调控为主向以间接调控为主转变，这是中国经济理论研究的重要进展。中国历来沿用的国民经济综合平衡理论是以国家对资金、物资和产品实行行政分配的体制为背景而形成的。它着眼于国民经济中的"长线""短线"的静态观察，通过立项目、拨投资、分物资的行政手段调节宏观经济，却不研究从平衡到不平衡的演化机制和作为过程的动态均衡。宏观间接调控则是通过市场、运用经济参数进行宏观调节而实现动态均衡的过程。因此，从以直接调控为主向以间接调控为主转变推动着新的宏观经济理论的探索。要实现间接调控，一是要建立起完善的市场体系；二是要加快企业改革，健全间接调控的微观基础；三是建立宏观调控体系，包括金融调控体系、财政调控体系和分配调控体系等。宏观经济管理理论发展的趋势是更多地运用西方宏观经济学的原理、概念和分析工具来深化研究，并逐渐与西方主流经济学的理论框架相衔接。

4.所有制结构理论

20世纪80年代初，中国经济学界形成了生产资料所有制结构的概念，这是针对单一公有制和单一国有制的旧体制而提出的。这一理论认为，在社会主义社会中，各种所有制形式在不同范围内都有促进生产力发展的作用，非社会主义所有制的存在和发展不仅有利于生产力的发展，而且有利于市场竞争环境的生成，促进社会主义公有经济的健全发展。这种从发展社会主义生产力的标准出发讨论所有制形式的观念的确立是中国所有制理论研究的一大进步。循着这一观念，就应当在理论上承认社会主义公有制形式的多样性，并且应当破除判断所有制形式高低之分的政治标准和意识形态标准，为探索社会主义所有制实现形式多样化拓展思路。

由于所有制结构上的理论突破，国家所有制的改革便成为理论研究和改革实践的一个重点。20世纪80年代，中国经济学界对国有制的研究已进入到通过分解和分离多重经济职能对国有制进行改革的理论层次，包括国家作为国家所有制产权主体的职能和作为社会生活管理者职能的分离、国家的财政职能和投资职能的分离、资产所有和资产经营的分离、资产经营和企业经营管理的分离等。20世纪80年代末，经济学界已提出了产权交易和企业兼并、重组的问题，并已开始注意产权制度的改革与产业组织的转换的关系、企业集团形成和发展过程中产权结构的变化和市场机制的发育的关系等问题。

5.经济体制比较研究

经济体制比较研究或比较经济学在中国是一个全新的研究领域，20世纪80年代以后逐渐发展，并达到一定的学术水平。比较研究的方法在很大程度上借鉴国外的理论和模式，大体上可分为三种：

一是经济体制中决策权的比较方法。这种方法把经济体制分解为决策结构、信息结构和动力结构，把经济运行过程看作对生产、交换、分配和消费进行决策的过程，进而比较不同经济体制在决策、信息、动力各个环节上的特点及优劣。

二是秩序理论的比较方法。它将计划体制分为两种基本形式：一种是中央管理机关作为计划的承担者；一种是企业作为计划的承担者。前者的经济管理依靠中央计划，不存在商品货币关系；后者的经济管理依靠企业计划，存在商品货币关系。

三是交易费用理论的比较方法。在这种方法中，交易费用被看作体制运行的成本，通过比较可以衡量不同经济体制的效率。

在经济体制比较的基础上，比较经济研究又扩展到经济发展的比较研究，通过对发达国家、中等发达国家及发展中国家不同发展模式的比较研究，寻求中国工业化发展的合理模式。

二、经济体制改革与社会主义政治经济学体系的探索

（一）社会主义政治经济学体系的扩充

1.关于社会主义政治经济学体系的研究探讨

进入20世纪80年代，中国相继出版了一批社会主义政治经济学方面的论著，但大体上看，在体系和内容上仍未能摆脱苏联政治经济学教材的理论影响和框架束缚。1984年9月，中国社会科学院经济研究所组织召开了"社会主义政治经济学体系讨论会"，研究了已经出版的教材的体系结构，探讨了建立社会主义政治经济学理论体系的问题。会上介绍了9部正在探索中的著作，这些著作根据其方法、体系、内容，大体上可被分为两类：一类是以揭示社会主义生产关系的本质及运动规律为主要内容；另一类是将社会主义经济运行机制、增长和发展作为理论分析的主要内容。这些著作在体系、结构、内容上突破了一些传统理论，但由于在对社会主义政治经济学的研究对象的把握、社会主义经济关系的本质认识及所运用的研究方法上有较大的差异，所以并未形成完整的、逻辑严密的理论体系。[①]

20世纪80年代中期以后，中国关于社会主义政治经济学体系的研究和探讨，是与经济改革的实践和改革政策的推出相联系的。随着经济改革的深化，新的理论、新的命题要求经济学界进行论证、解释，因而社会主义政治经济学就必须要将这些重大的新问题纳入自己的体系，以全面反映社会主义经济的实际。

---

① 《经济研究》编辑部. 中国社会主义经济理论的回顾与展望 [M]. 北京：经济日报出版社，1986：418-429.

从20世纪80年代社会主义政治经济学体系的研究看，不仅经济体制改革的实践是经济理论研究的直接动力，而且传统体制的变革和新体制的创立使经济理论研究的内容日渐丰富、体系日渐完善，一些与经济体制改革相关的理论问题已成为社会主义政治经济学的重要研究内容。

2.关于国家所有制改革的讨论

随着市场化改革的展开，如何对传统的国家所有制进行改革，使其符合社会主义商品经济和社会主义市场经济运行的需要，是理论界研究的一个热点问题。许多学者对中国国家所有制的现状进行了实证研究，认为企业预算软约束、行为短期化、效益低下的根源在于产权界定不清，提出要发展商品经济，就必须解决没有明确产权边界的国家所有制与要求有明确产权界定的商品经济不适应的矛盾。从产权角度来探讨国家所有制的改革，其理论意义在于使中国的所有制研究与世界经济学前沿理论相结合，同时将所有制改革和企业改革的研究纳入规范的经济学分析框架。

3.市场机制和市场体系

统一的市场体系和健全的市场机制是连接企业改革和宏观经济体制改革的中心环节，理论界对市场问题的研究构成社会主义政治经济学学科建设的重要部分。中国计划经济理论认为市场会引起经济失调，忽视市场促进社会分工的发展和优化配置资源、促进产业结构合理转换的功能。随着改革的深入，理论界对市场的认识突破了单一的商品市场的界限，确立了市场体系概念，主张大力发展要素市场、技术市场、信息市场、产权市场等，通过要素市场实现经济资源的自由流动和有效配置。在理论研究上重视市场机制和市场体系的培育，不仅有助于改革实践的发展，而且使社会主义政治经济学研究现实化、实证化。

4.企业改革

企业改革是中国经济体制改革的重要方面，20世纪80年代末以后更是成为改革的重点。企业改革主要有两个方面：一是企业内部的产权关系、组织形式、管理结构、经营机制的改革；二是企业外部的市场环境、法律制度、政府行为、经营条件的改革。这两个方面的改革涉及许多宏观、微观经济理论问题，也涉及社会主义政治经济学的一些基本概念和基本原理。所以，有关企业改革的理论研究构成中国社会主义政治经济学体系的重要内容，并且成为这一体系的重要组成部分。

5.经济发展战略

1982年，中共十二大制定了我国到2000年经济建设分两步走的战略目标、战略重点和战略步骤，理论界对经济发展战略的研究逐渐形成热潮。当时的一般认识是，我国的经济发展战略应以提高经济效益、各产业协调发展、追求社会-经济综合发展效应为主要特征。经济发展战略主要讨论的是经济增长问题，它是一国对其社会经济发展所制定的全局性和长期性的发展目标，以及为实现这一总目标而规定的指导方针、基本原则和政策措施。但经济发展战略的制定又基于一定的理论研究基础，尤其是经济增长理论、经济发展理论、产业理论等。因此，关于经济发展战略的研究有助于社会主义政治经济学体系的扩充和深化。

(二) 社会主义宏观经济学的探讨

1.计划经济的科学性与经济规律

20世纪80年代前期，中国的经济体制改革还处于初步发展阶段，当时对社会主义经济的认识仍是建立在生产资料公有制基础上的计划经济。国家通过制订统一的经济和社会发展计划，指导全社会经济和社会事业的发展。但当时对经济计划的认识与20世纪50至70年代大不一样。理论界普遍认为，经济和社会发展计划是主观的、意识形态的产物，要使计划能对经济和社会发展起正确的指导作用，取得最大的经济效益，计划必须正确反映客观规律的要求。就是说，计划要能起正确的指导作用，要以它的科学性为前提。要使计划具有科学性，计划就必须反映客观经济规律。也有论者认为国民经济有计划发展规律并不存在。第一，马克思主义经典作家并没有说过社会主义经济中有一个有计划发展规律。第二，在商品生产条件下，社会主义基本经济规律是"计划价值规律"。第三，所谓有计划发展规律是真正发挥价值规律的主要障碍，它不仅在理论上造成一定程度的混乱，而且成为"左"的经济政策的理论依据。[①]

2.宏观调控体制的变化与宏观经济学

由国民经济的变化所决定，宏观调控体制也发生了相应的变化：一是由高度集中的中央调控向中央与地方两级调控转变；二是由直接计划调控向以计划目标为中心的直接与间接相结合的调控转变；三是由单一的行政手段调控向综合运用经济杠杆采取多种手段调控经济运行转变。正是在这样的形势下，经济学界展开了关于社会主义宏观经济学的探讨。

宏观经济学不像传统的政治经济学那样以经济关系作为研究对象，而是在经济关系既定的条件下以国民经济运行作为研究对象。因此，社会主义宏观经济学是从宏观角度研究社会主义商品经济的运行规律和运行机制的科学。社会主义宏观经济学的任务是阐明宏观经济运行过程的总供给、总需求、消费、投资、储蓄、税收、就业、货币供给、价格总水平这些经济总量及其相互之间的函数关系，找出导致宏观经济平衡和失衡的条件及调节机制，探索影响国民经济增长和波动的各种因素，以及增长模式、适度增长的界限等。所有这些分析都为国家的宏观决策如财政政策、信贷政策、收入政策、外汇政策等提供理论依据，以达到经济适度增长、价格稳定、充分就业、国际收支平衡等宏观调控的目标。社会主义宏观经济学的研究方法以马克思主义政治经济学原理为指导，并借鉴西方经济学的范畴、理论和方法，实证分析和规范分析相结合。

3.社会主义宏观经济运行的机制构造

社会主义宏观经济运行机制是一个系统，所包括的主要机制有经济运行目标导向机制、经济运行决策机制、经济运行动力机制、经济运行调控机制、经济运行信息传导机制、经济运行宏观应变机制、经济运行发展机制、经济运行约束机制。只有建立、启动、完善这些机制，才能保证社会主义经济持续、稳定、协调、高效地发展，实现社会

---

① 《中国社会科学》经济编辑室.《中国社会科学》经济学文集·1981年［C］. 杭州：浙江人民出版社，1982：228-248.

经济的良性循环。①

（三）中国特色社会主义政治经济学探讨

1.社会主义政治经济学始点范畴探讨

社会主义政治经济学作为一个理论体系，必定有始点范畴或逻辑起点。马克思主义经济学研究资本主义经济是以商品作为始点范畴，社会主义政治经济学应该如何确立始点范畴，经济理论界开展了探讨，基本上有如下意见：

一是以"人的生产"为逻辑起点。该观点认为在社会主义社会生活的生产中，人的生产是根本的，是目的，而物的生产是手段。因此，有中国特色的社会主义政治经济学的研究目的是揭示社会主义社会生产中物的生产适应人的生产的发展规律，即社会主义社会生产的运动规律，使社会主义制度不断完善和巩固。②

二是以"必要产品"作为始点范畴。这一理论首先分析了"以生产资料公有制作为社会主义政治经济学始点范畴"的观点，指出所有制关系要通过生产、流通、分配和消费诸过程才能实现，所有制只能理解为生产关系的总和。社会主义政治经济学如果从社会主义公有制开始，就是从生产关系的总和开始，换言之，就是要把分析的结果作为分析的开始。他们认为，社会主义政治经济学以社会主义劳动产品作为始点范畴是较为适当的。在确立了始点范畴以后，该论点进一步讨论了社会主义的基本经济范畴，认为基本经济范畴所反映的是社会主义生产关系最本质的特征，同社会主义生产过程的某一特殊成果相联系，最集中地体现社会主义劳动者的物质利益。因此，它必然成为社会主义经济运行的核心。③

三是以"社会主义所有制"作为始点范畴。理论范畴包括：生产资料所有制的内涵、社会主义所有制的特点、社会主义所有制的产生、社会主义全民所有制的性质、社会主义全民所有制的形式、社会主义集体所有制、社会主义所有制与非社会主义所有制的共存关系。在系统分析了社会主义所有制关系的基础上，展开"社会主义生产过程""社会主义流通过程""社会主义生产总过程"等经济运行层面的研究。④

2."政治经济学中国化"的探讨

所谓"政治经济学中国化"，是指在马克思主义政治经济学基本观点和方法论的指导下，批判地吸收其他经济学的科学成就，发掘、继承中国传统经济思想和学术方法中的精华，对中国现实经济进行深入系统的研究，揭示并论证客观规律，以指导中国经济学理论。这就是政治经济学中国化的实质。政治经济学中国化的过程，就是对中国经济矛盾的认识不断深化的过程，它的研究成果是以系统揭示、充分论证其经济规律的学说体系形式表现出来的。这一体系的建立是政治经济学中国化成熟的标志，也是探讨和论证社会主义一般经济规律的基础条件。如果能深刻揭示我国现实经济矛盾的根源、发展

①　樊纲，张曙光，杨仲伟. 公有制经济的两种运行机制［J］. 经济研究，1990（5）：3-12.
②　陈镜云. 简论有中国特色的社会主义政治经济学的研究对象及其理论框架［J］. 黑龙江教育学院学报，1991（3）.
③　雍文远. 社会主义政治经济学探索——社会必要产品论［M］. 上海：上海人民出版社，1985：10-11.
④　蒋学模. 社会主义政治经济学［M］. 上海：复旦大学出版社，1987：1-14.

趋势，并在概念体系上取得重大突破，便能逐步形成中国化的政治经济学体系。[①]

三、社会主义经济理论研究的批判性思考

（一）在社会主义社会形态上的教条主义

教条主义的这一表现是将马克思主义经典作家关于社会主义经济的预见性论述直接看作社会主义社会的一般规定，以此为依据来构造现实的社会主义社会形态，并演绎出一系列范畴体系和规律体系。

社会主义的历史必然性，是马克思在揭示资本主义经济规律后的科学预见。这种预见是针对全部人类历史进程的，不是针对某一具体国家的。马克思和恩格斯都认为，在没有亲身经历的情况下，对社会主义的预见只能是一般原则，也正是从这种意义上说，他们提供给后人的只是研究社会主义经济的方法，而不是教条。然而，中国的社会主义政治经济学长期以来受到苏联经济学界观点的影响，即社会主义社会形态具有固定的模式和经济规律，然后用教条主义的方法，将经典著作中的有关论断说成规律的规定，形成社会主义政治经济学体系。这种方法不仅不利于对中国特殊的社会主义经济规律的研究，而且实际上取消了对社会主义一般经济规律的研究，将社会主义政治经济学仅作为注释前人的著作，并以演绎方法论证从前人那里推导出来的各种"应该"，进行典型的规范研究。

（二）在借鉴西方经济学上的教条主义

这方面的观点指出，现代西方经济学理论体系包含现代市场经济一般规律的因素，因而具有一定的科学性，但不能不考虑现代西方经济学的国度性和阶级性，不能直接将其看成可以适用于中国的一般性经济规律，更不能直接从这些学说中演绎出"社会主义政治经济学"的体系。该观点认为不能越过中国现实中的各种特殊条件，越过国度、阶级、社会制度等"障碍"，引进发达的商品经济生产体制和政策。20世纪80年代，中国的社会主义政治经济学是应当有所作为的，即在揭示中国社会主义的特殊经济规律方面本应该能前进一步，但由于未能彻底地批评以西方经济学为主的教条主义学风和方法，又给本来相当薄弱的中国政治经济学界增加了新的混乱。[②]

（三）"苏联范式"影响旷日持久

20世纪70年代末至80年代是中国政治经济学界空前活跃的时期，有关社会主义政治经济学的论文和教材数量相当可观。不过，当时相当一部分经济学理论工作者基本上没有摆脱理论脱离实际的学风和方法，所写的教材仍可说是苏联政治经济学教材的翻版，其研究内容、理论体系、概念范畴与经济实践基本不相关，缺乏实践性和解释性，满足于"自圆其说"的规范研究套路，未能在分析中国现实经济方面有所作为，不能为

---

① 刘永佶. 实践呼唤着政治经济学的中国化 [J]. 经济研究，1989（6）：43-49.
② 《经济研究》编辑部. 中国社会主义经济理论的回顾与展望 [M]. 北京：中国经济出版社，1986：468-486.

改革和建设提供必要的理论支持。

第二节　社会主义经济体制改革重要理论研究

一、社会主义初级阶段理论与科学社会主义理论创新

社会主义初级阶段理论的最重大意义在于从中国的国情出发，对社会主义作了新的认识和研究。它不仅为中国社会主义政治经济学的研究和发展奠定了一个新的理论基础，也为国家制定正确的路线、方针和政策提供了科学依据。

（一）社会主义初级阶段的含义、基本经济特征和基本任务

1.社会主义初级阶段的含义

中共十三大报告指出，我国社会主义初级阶段不是泛指任何国家进入社会主义都会经历的起始阶段，而是特指我国在生产力落后、商品经济不发达条件下建设社会主义必然经历的特定阶段。我国从20世纪50年代生产资料私有制的社会主义改造基本完成，到社会主义现代化的基本实现，至少需要上百年时间，都属于社会主义初级阶段。这个阶段，既不同于社会主义经济基础尚未奠定的过渡时期，也不同于已经实现社会主义现代化的阶段。我国在现阶段的主要矛盾是人民日益增长的物质文化需要同落后的社会生产力之间的矛盾。阶级斗争在一定范围内还会长期存在，但已经不是主要矛盾。

总的来说，我国社会主义初级阶段，是逐步摆脱贫穷、摆脱落后的阶段；是从以农业人口占多数的手工劳动为基础的农业国，逐步变为非农业人口占多数的现代化工业国的阶段；是由自然经济和半自然经济占很大比重，变为商品经济高度发达的阶段；是通过改革和探索，建立和发展充满活力的社会主义经济、政治、文化体制的阶段；是全民奋起、艰苦创业，实现中华民族伟大复兴的阶段。

2.社会主义初级阶段的基本经济特征和基本任务

社会主义初级阶段的基本经济特征是：生产资料所有制形式应以公有制为主体，多种经济成分并存；分配应以按劳分配为主体，多种分配方式并存；应当大力发展商品经济，在共同富裕的目标下鼓励一部分人通过劳动与合法经营先富起来。

社会主义初级阶段的基本任务是：大力发展生产力，实现工业化和生产的商品化、社会化、现代化。把实现生产的商品化与实现工业化、生产的社会化联系起来，既反映了我国社会主义初级阶段商品经济不发达的客观现实，又突出了建立以商品经济为基础的经济体制改革的任务。

（二）社会主义初级阶段理论是科学社会主义理论的发展

1.科学社会主义理论的创立

科学社会主义是一种思想体系，也是一种社会制度。19世纪中叶，马克思和恩格斯在批判地吸取各种空想社会主义理论的基础上，为科学社会主义的创立奠定了理论基

础——唯物史观和剩余价值学说。其第一次揭示了社会主义代替资本主义的客观必然性，把社会主义建立在真正科学的基础上。1848年2月，第一部系统的、纲领性的科学社会主义著作——《共产党宣言》出版，标志着科学社会主义理论体系的初步形成。

2.科学社会主义理论的发展

马克思和恩格斯创立了科学社会主义理论，但由于历史条件的局限，他们未能对社会主义实践作出详尽规划。俄国社会主义革命的胜利是对科学社会主义理论的第一次发展，不仅将社会主义从理论变成了现实，而且在实践中把对社会主义的认识大大推进了一步。以后，斯大林坚持和发展了列宁首创的社会主义首先可以在一国胜利、在一国建设的理论，提出了社会主义工业化和农业集体化的方针，全面总结了苏联社会主义建设的经验，丰富和发展了科学社会主义理论。中华人民共和国成立后，中国共产党提出并实践的社会主义建设的理论、路线、政策及中国理论界关于社会主义的多方面研究也推进了科学社会主义理论的发展。

3.社会主义初级阶段理论是中国特色社会主义的出发点

中国改革开放以后，邓小平多次指出，在社会主义发展道路问题上，要走自己的路，不要把书本当教条，不要照搬外国模式，应该以马克思主义为指导，以实践作为检验真理的唯一标准，解放思想，实事求是，从实际出发，建设有中国特色的社会主义。中共十三大着重总结了改革开放以来社会主义建设实践的经验，比较系统地论述了社会主义初级阶段理论，并以此为依据明确概括和全面阐述了党的基本路线，提出了经济建设发展的战略、经济体制和政治体制改革的原则，构建了中国特色社会主义的理论框架。所以，社会主义初级阶段理论是对科学社会主义理论的发展，对社会主义思想及实践都具有重要意义。

4.社会主义初级阶段理论是马克思主义与中国实际相结合的创新

邓小平指出，我们坚信马克思主义，但马克思主义必须与中国实际相结合。只有结合中国实际的马克思主义，才是我们所需要的真正的马克思主义。只有解放思想，坚持实事求是，一切从实际出发，理论联系实际，我们的社会主义现代化建设才能顺利进行，我们党的马列主义、毛泽东思想的理论也才能顺利发展。解放思想，实事求是，就是在社会主义建设中坚持一切从中国国情出发，敢于和善于走自己的路，建设有中国特色的社会主义。我国还处于社会主义初级阶段，就是对中国基本国情的科学判断。[①]

二、社会主义商品经济理论体系与社会实践

（一）社会主义商品经济理论的形成过程

1.理论界的探讨

社会主义商品经济理论是在理论界关于社会主义与商品生产关系的讨论基础上发展起来的。20世纪50—70年代，理论界就社会主义与商品生产关系及价值规律在社会主

---

① 全国干部培训教材编审指导委员会. 邓小平理论基本问题［M］. 北京：人民出版社，2002：36-63.

义经济中的作用问题展开了多次讨论。1959年，中国科学院经济研究所①在上海召开商品生产和价值规律作用问题的讨论会，当时所讨论的只是两种公有制之间的商品货币关系，未能完全突破苏联理论的框架。1979年4月，该研究所在无锡召开了社会主义经济中价值规律作用问题的理论讨论会。当时有许多代表认为，不仅生活资料是商品，生产资料也是商品；不仅两种所有制之间交换的产品是商品，全民所有制内部企业之间交换的产品也是商品；价值规律在整个社会主义经济中有不可忽视的作用。这次讨论突破了苏联理论框架，在社会主义商品经济理论的形成中具有重要意义。此后，理论界对社会主义与商品经济、计划经济与商品经济、计划调节与市场调节的关系问题展开了广泛的讨论。

2.《中共中央关于经济体制改革的决定》的突破

1984年10月，中共十二届三中全会通过了《中共中央关于经济体制改革的决定》。该决定指出，改革计划经济体制，首先要突破把计划经济同商品经济对立起来的传统观念，明确认识社会主义计划经济必须自觉依据和运用价值规律，是在公有制基础上的有计划的商品经济。商品经济的充分发展，是社会经济发展不可逾越的阶段，是实现我国经济现代化的必要条件。只有充分发展商品经济，才能把经济真正搞活，促使各个企业提高效率，灵活经营，灵敏地适应复杂多变的社会需求，而这是单纯依靠行政手段和指令性计划所不能做到的。同时应该看到，即使是社会主义的商品经济，它的广泛发展也会产生某种盲目性，必须进行有计划的指导、调节和行政管理，这在社会主义条件下是能够做到的。因此，实行计划经济同运用价值规律、发展商品经济，不是互相排斥的，而是统一的，把它们对立起来是错误的。

从20世纪50年代起，中国的理论界就开始对社会主义和商品生产、价值规律的关系问题进行了探讨，一直到20世纪80年代末，才在思想上、理论上、政策上最终确立了"社会主义商品经济"的观念和指导原则。将社会主义生产关系（尤其是社会主义公有制）与商品、货币关系相融合，将社会主义经济确认为公有制基础上有计划的商品经济，无论在马克思主义经济理论方面，还是在科学社会主义理论方面，都是一种重要的发展。

（二）计划经济与市场调节相结合的运行机制

20世纪80年代末和90年代初，中国理论界的主流观点认为，中国社会主义经济是公有制基础上有计划的商品经济。中国经济体制改革的主要目标，是适应有计划商品经济的发展要求，构造一种适合中国国情的、计划经济与市场调节相结合的经济体制和运行机制。围绕这一问题的讨论以及所产生的成果对于传统社会主义经济运行而言，具有一定的创新意义。

大多数观点认为，计划经济是社会主义的基本经济制度，市场调节是商品经济运行的基本调节形式。实行计划经济与市场调节相结合，就是指在计划经济制度中引入市场调节机制，充分发挥市场机制的调节作用，以更有效地实现计划经济。其含义具体表现为：

---

① 1977年更名为中国社会科学院经济研究所。

第一，体现社会主义有计划商品经济制度的特征。既然计划经济是社会主义的基本经济制度，而现阶段中国社会主义经济又是公有制基础上的有计划商品经济，计划经济与市场调节相结合的经济运行机制也就自然成为社会主义经济的运行机制。

第二，体现社会主义新经济运行机制的特点。由于引入市场机制，计划经济从依靠指令性计划来实现变为主要运用经济手段来实现。为了实现计划经济，计划调节应居于主导地位。

有许多论者对计划经济、市场经济和计划调节、市场调节作了区分，认为市场经济是指建立在生产资料私有制基础上的、经济运行在总体上是以市场为中心且由价值规律自发调节的经济制度。它反映的是资本主义经济的本质特征。计划经济和市场经济是根本对立的两种不同经济制度和经济运行类型，它们不是中性的经济范畴。计划调节与市场调节是经济运行机制采取的两种主要调节手段。所谓计划调节是指宏观经济管理部门按照政府所期望达到的目标，通过国民经济计划的制订和实施，调节经济运行的行为。所谓市场调节，是指由商品经济条件下客观存在的价值规律自发地调节经济运行。计划调节与市场调节不具有明显的社会性或阶级性，属于中性概念。它们可以相互结合，共存于同一社会条件下发挥各自的功能。

中共十三届四中全会以后，我国对经济体制改革使用了"计划经济与市场调节相结合"的提法。这一提法是在治理整顿的背景下提出的，与当时特定的政治、经济情况相联系。这一提法既有加强国家计划管理与宏观调控的作用，又有防止私有化及片面强调市场经济倾向的意图。

（三）计划调节与市场调节的关系

在社会主义商品经济宏观运行的讨论中，计划调节与市场调节的关系是理论界关心的重要问题。各种观点的分歧主要集中在一点上，即在社会主义商品经济中，计划调节与市场调节应如何结合。要解决这个问题，应当对现代商品经济的发展规律及社会主义生产方式的本质特性作深层分析。

1.市场调节与资源有效配置

商品经济是一个与社会分工相联系的历史发展过程。随着生产力及社会分工的不断发展和深化，生产也愈益社会化。生产社会化一方面使生产者之间的社会联系愈益广泛和多样化，另一方面使生产愈益成为全社会范围内的事情。因此，与社会化大生产高度发展相联系的现代商品经济的一个客观要求，就是在生产要素及经济资源充分自由流动的前提下，在社会范围内对生产要素及经济资源进行有效配置，以求社会经济的均衡发展及效益的最优化。

马克思指出：要想得到和各种不同的需要量相适应的产品量，就要付出各种不同的和一定数量的社会总劳动量。这种按一定比例分配社会劳动的必要性，绝不可能被社会生产的一定形式所取消，而可能改变的只是它的表现形式，这是不言而喻的。①这里所谓的需要量、产品量、社会总劳动量之间的均衡关系，实际上就是宏观上的社会劳动和

---

① 马克思，恩格斯. 马克思恩格斯选集（第4卷）[M]. 中共中央马克思恩格斯列宁斯大林著作编译局，译. 北京：人民出版社，1972：368.

经济资源的合理配置问题。在纯粹的市场经济中，这个问题是完全通过市场调节来解决的。但是，一方面，"完全竞争市场"只是一种理论上的抽象，即使在资本主义世界，也从未实行过完全意义上的市场调节；另一方面，生产社会化作为经济发展的一般趋势，与市场调节的分散性、盲目性、自发性及时空局限性发生了矛盾，要使经济运行适应社会化大生产的客观要求，就必须从总体上对市场机制进行某些纠正，使其克服偏差，完善运转，使整个经济运行导向宏观均衡。因此，摒弃"供给会自行创造需求"的萨伊定律，接受有效需求决定均衡收入水平的原理；摒弃完全依靠市场机制的自动调节使经济自然趋于均衡的古典定义，接受通过有效需求管理调节市场机制进而调节社会经济运行的原理，是20世纪30年代以来西方经济理论的重要变革。一般说，这种变革是符合现代商品经济发展要求的。

2. 计划调节与市场调节都是社会经济调控手段

宏观经济管理作为与社会化大生产相联系的经济调控手段，是社会经济发展的内在要求。这种经济调控手段的形式是与社会生产的一定方式相联系的，在社会主义生产方式中，它一般表现为计划经济。在谈到"计划经济"这一概念时，有几个问题需要澄清：

首先，计划经济是指在生产资料公有制基础上，由国家以计划的形式，根据客观经济规律的要求，自觉地统一管理和调节社会经济运行的一种运行体制，而不是一种社会经济形式。换言之，计划经济概念不是与商品经济或产品经济等社会经济形式相对应，而是在公有制基础上社会主义国民经济有计划按比例发展规律的现实体现。计划经济之所以被认为是与社会主义生产方式相联系的经济制度，是由于由社会主义经济的生产社会化发展程度以及社会主义公有制的生产关系所决定的社会经济生活的一系列要求和特性，使得在全社会范围内按照社会经济均衡发展规律自觉地、统一地、有计划地分配社会劳动具有必要性和可能性。

其次，计划经济作为一种经济管理和运行体制，是与社会主义生产方式的发展程度相联系的。在马克思主义经典作家的论述中，社会是通过一个包括整个社会生产和流通的总计划来把劳动分配到各个部门，组织整个社会的生产和分配，一切经济活动都按照预先确定的计划进行，社会完全通过计划实现总供求的平衡。这种计划经济的前提是社会化大生产高度发展，全社会实行单一的、完全的生产资料公有制，以及商品经济客观基础不复存在。反映社会经济有计划发展规律的计划调节与反映价值规律要求的市场调节在一定意义上具有一致性。从经济运行的分析角度，计划调节和市场调节都是社会劳动最优配置的调节手段。在商品经济中，价值规律是供求及社会生产自动均衡的规律，"商品的价值规律决定社会在它所支配的全部劳动时间中能够用多少时间去生产每一种特殊商品"①。市场机制是体现和贯彻这一均衡规律的调节机制。而计划调节是把社会劳动按照社会需求的客观比例自觉地分配到国民经济的各个部门，以使经济平衡发展，"劳动时间的社会的有计划的分配，调节着各种劳动职能同各种需要的适当的比例"②。既然计划经济（计划调节）和市场经济（市场调节）作为社会经济运行和管理的不同体

---

①　马克思，恩格斯. 马克思恩格斯全集（第23卷）[M]. 中共中央马克思恩格斯列宁斯大林著作编译局，译. 北京：人民出版社，1975：394.

②　马克思，恩格斯. 马克思恩格斯全集（第23卷）[M]. 中共中央马克思恩格斯列宁斯大林著作编译局，译. 北京：人民出版社，1975：96.

制，在一定意义上具有相同的作用、目标和基本功能，两者在社会主义商品经济中就具有互相结合的客观必然性。

三、关于国有企业改革的理论研究

国有企业改革一直是中国经济体制改革的一项重要内容。从20世纪80年代中期开始，经济学界对国有企业改革开展了广泛深入的研究，形成了一个经久不衰的理论热点。

(一) 国有企业改革的理论研究综述

1.国有企业改革的基本取向问题

中国经济学界一般认为，国有企业改革是市场取向的。既然企业要成为商品经济实体，就要逐步走向市场，参与市场竞争，并生成一种权利、责任相对称的激励-约束机制。面向市场是国有企业从产品经济体制转向商品经济体制过程中的必然行为。

但是，在对市场化改革的评价上存在分歧。一种意见认为，市场化取向改革带来了严重问题，除了造成社会经济生活严重混乱外，还导致了公有制特别是全民所有制经济的严重困境，原因是这种改革取向对发展非公有制经济有利，而对改革和发展全民所有制经济无益。另一种意见则认为，经济中的问题不全是市场化取向改革所引起的，主要是因为商品经济不发达，市场化取向改革不彻底，缺乏平等的竞争机制。

2.国有企业改革的现实模式问题

中国国有企业改革最有代表性的操作模式是承包制和股份制。

关于承包制，一种观点认为，承包制作为我国改革时期的特殊产物，在激发企业活力方面起了积极作用，但它是一种过渡性的措施，不可能长期运用于现代化大生产的城市经济。与此对立的观点认为，承包制并非过渡性措施，而是"有中国特色社会主义的三块柱石之一"。改革的出路在于进一步完善承包制，使其长期化、规范化。

关于股份制的适用范围和具体实施问题，大体上有三种观点：

第一种观点从经营型与非经营型上来区分，认为股份制的范围主要局限在经营型国有企业。

第二种观点根据企业在国民经济中的地位来划分，认为在国民经济中居于重要地位的大中型骨干企业，其中一部分可继续采取国家所有、委托经营的方式，实行国家监管下的自主经营；一般的国有企业则可成为国有全资企业或改组成国家控股的股份制企业。

第三种观点从企业所有者主体和股份制的功能方面来划分，认为股份制是能解决资本筹集方式、产权的界定及产权关系的组织形式，因此多元投资主体的企业一般应采取股份制的产权组织形式。

(二) 所有权与经营权"两权分离"研究

在20世纪80年代乃至90年代中期，"两权分离"是中国国有企业改革诸种思路和主张中最重要和最有影响的一种，《中华人民共和国全民所有制工业企业法》《全民所有制工业企业转换经营机制条例》也以此为主要指导原则。这不仅是因为它具有可操作性，更由于这一思路绕开了所有制变革这一敏感问题，从所有权中分离出一个"经营权"，并将一定程度的收益权与经营权相联系，通过对所有权诸项权能的分解，使国有企业改革在不触动国家所有制的前提下变得可以操作，在一定程度上推动了国有企业改革的开展。但是，两权分离的思路在对有关理论的理解上是不准确的，在产权安排上是不规范的，实践的结果并未能根本解决国有企业经营机制转换以及企业经营效益低下的问题。因此，到了20世纪90年代初，经济学界开始对这一问题展开热烈讨论。

有的观点认为，在商品经济社会，无论生产力水平怎样，从生产关系考察，企业总是资产所有者、经营者和生产者的集合；所不同的只是三者之间的不同组合方式以及由此形成的不同经营机制。两权分离首先是指所有者与经营者的分离，这种分离意味着资产所有权已不再成为执行企业资产经营管理权的必备前提，因而在企业生产经营活动中出现了不具有或不完全具有资产所有权的经营者。这种分离并不是对企业所有权与经营权的分割，而是实现二者之间有机结合的一种更为高级的组织形式，或者说，是更高生产力水平基础上的一种企业资产所有权实现方式。事实上，两权分离并不是对企业资产所有权约束的否定，而是通过企业资产组织形式的改变，使原来以集所有者、经营者职能于一身为特点的经营管理机制，发展成为以所有者与经营者分工协作为特点的经营管理机制。

（三）国有企业改革与产权制度及企业组织形式

所谓"产权虚置"或"所有者缺位"，是指国有企业和国有资产缺乏所有者的有效监督，由监督成本高昂所引致的监督弱化造成了国有产权虚置或国有资产所有者缺位的状况。因此，国有企业改革的关键环节是强化所有者监督，形成硬的产权约束。

在传统国有制下，所有经济活动都内化到一个企业，整个社会成了一个"社会大工厂"。这时，国家只能插手企业经营活动，为企业规定具体的经济指标，并以指标的完成与否作为考核企业绩效的标准。由于信息成本和激励、监督成本的高昂，这种体制注定没有效率。即使实行放权让利和承包经营责任制，企业能够分享一定的资产所有权，但由于国有资产所有权安排没有发生实质性的改变，以及国家和经理人员（包括员工）之间在目标函数和实现目标函数的手段上的不同，国家为了自己利益的最大化，仍要对企业进行直接的监督与控制。由于放权让利和承包经营责任制使企业自主活动余地增大、经理人员的决策权增强，以及信息不对称性，国有资产被侵蚀的可能性增大了。因此，这种改革不可能建立有效的企业制度，改革不可能成功。企业制度改革的方向只能是进行所有权多元化，建立现代股份公司制度。

所有权多元化是指将国有企业中原有的国家所有者单独拥有的所有权，改变为由国家所有者、其他企业法人、金融机构以及个人分别拥有企业资产的所有权，其中，不排除国家所有者作为大股东或作为拥有绝大多数股票（权）的股东存在。具体途径是将原国有企业改造成为股份公司，将企业中原有的国有资产折算为国家所有者持有的股份，同时，培育金融中介机构，允许国有企业（股份公司）相互持股，允许金融机构和居民个人持股。从理论界争论的情况看，尽管同样都赞成实行所有权多元化，但具体方案上有很大差别。

四、关于所有制改革及公有制实现形式的理论研究

20世纪80年代末，随着改革的深入，尤其是国有企业改革及市场体制建设的推进，所有制改革已成为一个无法避开的问题。这一时期，理论界主要就所有制结构、国有资产管理体制及公有制实现形式等问题展开讨论。这方面的讨论为20世纪90年代经济体制改革向纵深发展作了很好的理论铺垫。

（一）所有制理论、所有制结构及公有制实现形式讨论综述

1.所有制理论的主要进展

（1）在评判所有制先进与否的标准问题上，否定了"一大二公"标准，重新确立了生产力标准，认识到社会主义社会生产力对所有制的决定性作用。在生产力水平较低的条件下，不仅不能盲目追求单一的全民所有制，也不能盲目追求单一的公有制。多层次的生产力要求有多种所有制与之相适应。实践表明，在以公有制为主体的条件下，各种所有制的适当发展有利于社会生产力的更快发展。

（2）研究了社会主义初级阶段的所有制结构。破除了社会主义社会必然是单一的公有制经济的传统观点，同时否定了中国要退回到过渡时期的看法，形成了社会主义初级阶段的所有制结构理论。其要点是：社会主义初级阶段所有制结构的特点是公有制经济占绝对优势和多种所有制并存；社会生产力的发展和各种经济力量相互关系的消长会使各种经济在所有制结构中的地位和比重有一定的变化，但在较长时期内，多种所有制并存和公有制主体地位的基本格局不会变化；公有制经济要发挥主导作用，以引导非公有制经济在发展生产、方便生活、安排就业、引进技术方面发挥积极作用，抑制它们的消极作用；在社会化大生产的条件下，要打破各种所有制企业的经营壁垒。为有利于生产要素的合理配置，可以在不改变所有制属性的条件下实现各种所有制企业的联合。

2.变革传统公有制实现形式

讨论了国有企业经营不善的主要症结在于公有制的实现形式。国有制性质是优越的，关键是财产如何占有和支配，这些方面存在许多严重问题。不解决这些问题，国营企业就不可能搞活，这就涉及公有制实现形式了。国有制的存在是以行政（主管部门）首长为代表占有和支配的，财产所有权的约束机制在企业内没有或很弱，约束是在企业之外的。所有者是行政机关，而企业外部又是行政分割、自成体系，大而全、小而全，朝自然经济方向发展，违背社会化大生产和商品经济发展的要求。因此，可以说公有制性质是社会性的、优越的，公有制的性质与生产力的发展方向是一致的，但具体存在的形式是反社会化的，既违背生产力发展的客观要求，又违背公有制的本质要求，阻碍公有制与生产力发展相适应，致使公有制的优越性发挥不出来，造成国有财产的流失、老化和退化。因此要改革，要改变这种占有、支配方式。

3.以公有制为主体的内涵

建立有中国特色的社会主义经济，首要的一条是必须坚持以生产资料公有制为主体，同时允许和鼓励其他经济成分适当发展。问题在于，如何理解和把握以公有制为主

体？以公有制为主体的内涵是什么？这里有两个要点需要把握好：

第一，以公有制为主体是从整体上或者全国范围内来说的，也就是说在全国范围内或者从整体上必须保证公有制的主体地位。至于对不同地区和不同行业的所有制结构，应该允许从各自的实际出发，对局部所有制结构作出优化选择，不要也不应提出划一的、清一色的标准。在不同地区和不同行业，在保证以公有制为主体的前提下，非公有制比重可以略高一些，也可以稍低一些。

第二，保证公有制的主体地位，当然要提出数量方面的要求，譬如在所有制结构中至少保证公有制占有一半以上；但是更为重要的或者从更本质的意义上说，以公有制为主体意味着公有制经济要掌握国民经济的主导部门，即能左右或制约国民经济发展方向的经济命脉。

（二）公有制产权制度改革的若干思路

商品经济要求产权商品化。实现产权商品化的前提条件有二：一是产权本身的排他性；二是产权主体的多样性。条件一揭示产权交易的可能性；条件二揭示产权交易的必要性。就这两个条件而言，如果人们对单个产权的占有是"集合"的或"群体"的，那么产权没有交易的可能。

所有制的效率改进有赖于所有制形式现代化。所有制形式现代化的首要内容是建立明确的所有权，包括确定所有者和确定财产边界两方面的内容。改革前的公有制选择了政府部门作为代理者。这种代理结构的基本缺陷在于所有权与宏观经济管理权的重合，以及不可能实现经济上的自负盈亏。从改革前景看，专门的国有资产管理机构、某些金融机构和基金会组织，都可以作为公有制代理者，问题在于能否形成激励与约束有效结合的操作机制。

商品经济关系对所有权有两个基本要求：

第一，所有权必须是经济权利，不能有超经济性质，不能把所有权与政治权力、行政权力融于一体。

第二，财产权利的经济界定必须清晰，财产"所有"必须具有排他性；否则，便无商品经济。

与这两方面要求相适应，也就有了所有权的市场可交易性。社会主义公有制与私有制有三方面的基本区别：一是在公有制下个人之间不能具有"所有"的排他性；二是在公有制下个人之间不能具有"所有"的可交易性；三是公有制下个人之间不能具有排他的剩余索取权，也不能交易这种剩余索取权。经济改革的根本命题就是统一公有制与商品经济发展对产权制度的要求。

五、关于经济体制改革的理论研究

（一）中国经济体制改革的取向

1.关于市场取向改革的意见

从20世纪80年代末和90年代初的讨论看，可将经济体制改革的取向归纳为三种思路，即计划取向论、市场取向论、计划与市场结合论。

计划取向论者认为：过去几年宏观失控和当时经济生活中诸多弊端，直接或间接与强调市场作用有关，必须从市场经济回归到计划经济的轨道上来。

市场取向论者则认为：经济生活中出现的宏观失控等不正常现象都直接或间接与传统计划体制有关，是改革旧的计划体制不彻底所致，搞计划取向是要回到旧体制上去。

计划与市场结合论者认为：上述两种论点都有偏颇之处，都把计划与市场看成相互对立、不能结合的，或者用"主""辅"论来探讨结合方式，因此，应采取计划与市场相结合的改革方向。

但是，相当多的学者赞成市场取向的改革：

第一，改革就是要大力扩展商品货币关系，发展市场关系，新旧体制的根本区别就在于发展还是排斥商品-市场关系。

第二，市场机制是商品经济的内在机制，市场调节是商品经济运行的主要形式，要发展商品经济就必须充分发挥市场机制的作用。

在同样主张市场化取向改革的论者中，对市场取向是否就是市场经济又有不同看法。有学者认为，相对于传统体制下排斥市场机制、否定市场调节作用的情况看，改革就是要充分发挥市场机制和市场调节的积极作用，这就是一种市场取向。讲市场取向改革，就要重视市场的作用和市场的发育，但市场取向不等于全面推行市场经济，它只是表明经济运行机制转换中一种新的经济机制的加入。市场取向的改革是在坚持改革的社会主义方向的前提下进行的，是在实行计划经济条件下的市场取向，而不是否定计划经济的市场取向。

2.关于改革姓"资"还是姓"社"的讨论

1991年3月2日，《解放日报》发表署名皇甫平的文章——《改革开放要有新思路》，提出要进一步解放思想。文章指出，在计划与市场的关系上，有人总是习惯于把计划经济等同于社会主义，把市场经济等同于资本主义，认为在市场调节背后隐藏着资本主义的幽灵。随着改革的进一步发展，我们应该知道，计划和市场只是资源配置的两种手段和形式，而不是划分社会主义与资本主义的标志。资本主义有计划，社会主义有市场。在改革深化、开放扩大的新形势下，要防止陷入某种"新的思想僵滞"，不能把发展社会主义商品经济和社会主义市场经济同资本主义简单等同起来，一讲市场调节就认为是资本主义。有学者进一步指出，"左"的思想的一个重要表现，就是对改革开放的任何措施都要问姓"资"还是姓"社"，把改革开放说成是引进和发展资本主义，对此，应当强调改革开放同坚持社会主义方向的一致性。

与之相对的观点认为，实行改革开放，不能不问姓"资"还是姓"社"。不然，假改革之名，否定公有制，搞私有化；否定计划经济，搞西方市场经济；否定按劳分配，搞两极分化，就完全背离了社会主义发展方向和道路，转向了资本主义。不能把私营经济、个体私有制经济、外资经济都纳入社会主义商品经济范畴中，一律都姓"社"。

3.关于市场和市场经济的认识

学术界对"市场"这个概念的理解起先基本上是从空间上去把握，即认为市场是进行商品买卖（交换）的场所。以后，对市场的认识逐渐深化，提出市场是一种经济关系，市场反映商品供求关系和人们之间的经济关系。也有意见认为市场是价值规律作用实现的一种场所或一种经济过程。到了20世纪80年代后半期，学术界对市场的认识又有所发展，将市场理解为一种经济运行机制或资源配置方式。在市场经济中，市场是社会资源的基本配置者，是配置资源的机制。中国经济体制改革的实质，就是用以市场机制为基础的资源配置方式取代以行政命令为主的资源配置方式。有学者认为商品经济与市场经济具有相通性，认为任何高度社会化的商品经济必然是市场经济，因为任何社会化的经济都需要有一定的经济机制在整个社会范围内配置经济资源，而在一种经济具有商品经济性质的情况下，只有作为经济活动枢纽的市场才能成为社会经济资源的配置者。

（二）中国经济体制改革的"宽松学派"和"产权改革派"

1."宽松学派"介绍

所谓"宽松学派"，是指强调宏观经济管理要创造一个有利于改革和发展的宽松环境的理论主张。这一理论主张起源于20世纪80年代初刘国光提出的"买方市场说"。1985年，他进一步将创造一个买方市场的依据归结为两点：第一，新的经济体制要求市场机制发挥更重要的作用，而市场机制发挥积极作用的必要前提是存在一个总供给略大于总需求的有限的买方市场；第二，改革过程要有比较雄厚的物资和资金的后备，以便减少经济利益调整过程中的摩擦，在改革的初期尤其需要这样。进而在1985年9月的"巴山轮会议"上，刘国光与其他经济学家将这一思想归纳为：我国经济体制改革需要有一个宏观经济上比较协调、市场比较松动，国家的财力、物资、外汇等后备比较充裕的良好环境。在经历了1986—1987年"软着陆"的冲击，以及1988年以后较长时间的市场疲软的磨难之后，"宽松学派"的代表们更加明确和进一步阐述了上述主张。

"宽松学派"的形成和发展，是在同"非宽松学派"的论争中，并循着经济发展、经济改革、经济发展与经济改革相互关系三条线索展开的。

在发展问题上，他们对传统发展战略及作为定式的传统发展模式进行了深刻历史反思和严厉批评；继而在对"六五"时期经济发展形势和格局的全面总结的基础上，提出了由传统的数量型、速度型、外延型、倚重型、封闭型的战略及模式，向新的质量型、效率型、内涵型、协调型、开放型的战略及模式转换的观点，主张把保持适度经济增长率和采取供给略大于需求的反周期对策结合起来，坚持把"双向协同"与"稳中求进"统一起来的基本思路，反对扩张性"速度偏好"和转轨进程中的强行起飞的理论观点和对策主张。

在改革问题上，他们反对急于求成的"一揽子"方式和"一步到位"的做法，力主"双向协同、稳中求进"的改革思路。

在改革与发展的关系上，他们反对为改革而改革的目标偏向，把这两者视为在相互联系和相互作用中进行的辩证统一关系，主张把双重体制模式的转换与双重发展模式的转换相互衔接和有机协调起来。

2."产权改革派"介绍

1984年，世界银行经济考察团在考察了中国的经济改革之后，提出从财产关系入手，用股份制的形式来改革中国的国有企业。1985年，一些中青年学者对两权分离的承包制改革思路提出批评，主张进行所有制改革，使企业的所有权和经营权在企业内部相统一。随后，一些学者提出企业产权问题，认为只有使企业有了明确的产权，才可能找到权力让渡的合理界限，解决政企职责分开问题。

但是，当时全国正热衷于推行各种形式的承包制，而承包制的缺陷在实践中还没有充分暴露，因此产权概念并未引起广泛注意。直到1987年前后，经济中各种矛盾趋于尖锐，促使人们从更深的层次来思考经济体制改革与产权的关系。当时，报刊上关于产权改革的论文开始增多，例如：

（1）吉小明，姜斯栋，姚钢. 明确产权：深化改革的历史性要求［J］. 中国：发展与改革，1987（5）：1-15.

（2）田源. 论"分产经营"［J］. 经济研究，1987，22（6）：71-74；64.

（3）姜文良，郜瑞志. 企业买卖：中国企业改革的第三次浪潮［N］. 工人日报，1987-08-17.

（4）柯伟祥. 明确产权关系，深化企业改革［N］. 经济参考，1987-11-23.

（5）田源，戴国庆. 关于搞活企业问题的再认识［Z］. 国务院经济技术社会发展研究中心材料（1987年第58号）.

（6）平新乔，刘伟. 本世纪以来西方产权理论的演变［J］. 管理世界，1988（4）：192-202；219-220.

（7）唐丰义. 建立社会主义产权理论刍议［J］. 经济研究，1988，23（4）：28-33.

（8）唐丰义. 试论企业兼并与产权制度变革［J］. 中国工业经济研究，1988（6）：3-14.

（9）田源. 国有产权制度改革——我国中长期改革的方向［J］. 改革，1988（6）：31-40.

（10）刘诗白. 论产权构建［J］. 经济研究，1988，23（9）：51-54.

（11）［1］华生，张学军，罗小朋. 中国改革十年：回顾、反思和前景［J］. 经济研究，1988（9）：13-37.［2］华生，张学军，罗小朋. 中国改革十年：回顾、反思和前景［J］. 经济研究，1988（11）：11-30.［3］华生，张学军，罗小朋. 中国改革十年：回顾、反思和前景［J］. 经济研究，1988（12）：10-29.[①]

（12）刘诗白. 试论国营企业的产权制度［J］. 财经科学，1988（12）：20-25.

（13）田源，朱雍. 论产权制度改革［J］. 中国：发展与改革，1988（12）：3-14.

（14）四川省经济体制改革研究所产权制度改革课题组. 国有企业产权制度改革研究［J］. 经济研究，1988，23（12）：29-35.

产权改革派的主流是在马克思主义经济学基本原理的指导下，吸收西方现代产权理论，在坚持以公有制为主体的前提下探讨多元产权主体的产权结构，以构建社会主义商品经济的微观基础。在方法论上，他们从马克思主义经济学中寻找依据，认为按照马克思主义经济学基本原理，任何社会经济结构都立足于一定的所有制关系之上，而具有法权形式的所有制关系就是财产关系，即财产权利。因而，产权是一种基本的生产关系，它体现于生产、分配、交换、消费等活动中。在改革思路上，他们主张变革单一的国家所有制产权结构，分解国家职能和国有产权，使国有资产人格化、分散化，培植以公有

---

① 本文较长，在《经济研究》上分3期发表。

制为主体的多元财产主体，形成有效的产权激励和约束机制。

第三节　经济发展战略的演进

一、新经济发展战略的形成

（一）经济发展指导思想的转变和新经济发展战略基本形成

1.20世纪70年代末80年代初经济发展指导思想的转变

到20世纪70年代末，经过中华人民共和国成立以来的30年左右的经济建设，中国传统经济发展战略的缺陷已为人们所认识。那么，如何根据中国人均收入低下、社会资金短缺、经济效益低下的国情，探索制定出新的、更科学的经济建设的指导方针和政策措施，便成为中国经济发展战略转变的主要内容。

从1978年12月中共十一届三中全会开始，到1981年11月五届全国人大四次会议根据中共十一届三中全会精神阐述的经济建设的十条方针，一直到1982年9月中共十二大提出新的经济发展战略，这一期间是中国经济发展战略的转变期，即改变了过去以片面追求经济高速增长为特征的发展战略，制定了以提高经济效益为中心的、符合国情和国力的更实际、更科学的发展战略。

从当时的情况看，经济发展指导思想的转变首先集中体现在对经济发展必须量力而行、符合国情和国力与客观经济规律的认识上。邓小平指出："根据我们的经验，步子也不能迈得太快、太急。过去，我们搞得太急，发生了一些错误，我们叫'左'的错误，这样，经济发展的速度反而慢了。现在要发展经济，还是要靠自力更生、量力而行这个原则。"1980年4月7日和6月9日，《人民日报》连续发表了两篇社论——《量力而行的指导思想十分重要》《量力而行是基本建设的重要方针》，主要论述了经济建设的速度要与国力相适应，指出量力而行就是按经济发展的客观规律办事。中华人民共和国成立以后的30多年中我们的经济建设发生过两次大的起伏，损失与浪费惊人，根本原因就在于没有量力而行。社论强调，经济发展、基本建设是否量力而行，实际上是牵涉到我们发展经济走什么路子的问题，也就是经济建设的方针问题。

2.新经济发展战略基本形成

1982年9月，中共十二大召开。邓小平在开幕词中指出：我们的现代化建设，必须从中国的实际出发，这是我们制定经济发展战略和各项政策措施的基本出发点。根据对国情的客观分析，邓小平强调指出，要克服经济建设战略上的"左"的错误，真正从我国国情和客观经济规律出发制定经济发展战略，使我国的经济逐步达到协调发展、稳定增长，实现良性循环，走出一条投资比较少、积累适宜、经济效益比较好、人民可以得到更多实惠、社会主义制度的优越性能够比较充分地发挥的新的经济发展路子。在中共十二大上，《全面开创社会主义现代化建设的新局面》的报告提出了到20世纪末中国经济建设的战略目标、战略要点、战略步骤和一系列重要原则。

报告提出的战略目标是：从1981年到20世纪末的20年，中国经济建设总的奋斗目标是，在不断提高经济效益的前提下，力争使全国工农业的年总产值翻两番（两个倍增），即由1980年的7 100亿元增加到2000年的28 000亿元左右。实现了这个目标，中国国民收入总额和主要工农业产品的产量将居于世界前列，整个国民经济的现代化过程将取得更大进展，城乡人民的收入将成倍增长，人民的物质文化生活可以达到小康水平。①

中共十二大提出的到20世纪末中国经济建设的战略目标、战略重点和战略步骤，是中国社会主义建设进入新的历史时期的全面、系统的长期发展战略，也是第一次明确使用"经济发展战略"这一名词。它标志着中国关于经济发展战略的指导思想及理论发展的一个新阶段。这一战略与传统战略相比，在经济发展目标、发展重点及再生产方式上都发生了很大的变化。在发展目标上，新战略不是像传统战略那样单单以产值的数量增长为目标，而是将提高经济效益作为产值增长的前提条件，并在客观认识国情和国力的基础上制定适宜的经济增长速度；在发展重点上，新战略不像传统战略那样片面强调发展重工业，而是注重经济结构的协调均衡发展，将农业、能源和交通等基础产业以及科学技术作为战略重点；在再生产方式上，新战略不是像传统战略那样主要依靠投入大量财力、物力搞新建，进行外延扩大再生产，而是主要依靠技术进步、提高劳动生产率进行内涵扩大再生产。

中国新的经济发展战略相对于传统发展战略转变的一个根本基点，是将提高经济效益作为经济增长及扩大再生产的前提，这是关于经济增长理论认识的一个重要发展。

（二）新经济发展战略的实践

1."六五"计划的实践

1982年12月，五届全国人大五次会议通过了《中华人民共和国国民经济和社会发展第六个五年计划（1981—1985）》。"六五"计划是继"一五"计划之后的一个比较完备的经济计划，其基本任务是继续贯彻执行调整、改革、整顿、提高方针，进一步解决过去遗留下来的阻碍经济发展的各种问题，取得实现财政经济状况根本好转的决定性胜利，并且为"七五"期间国民经济和社会发展奠定更好的基础，创造更好的条件。在"六五"期间，工农业总产值计划增长21.7%，平均每年递增4%，在执行中争取达到5%，即所谓"保4争5"，固定资产投资总额计划为3 600亿元，其中用于基本建设的为2 300亿元。城乡居民按人口平均的消费水平计划提高22%，平均每年递增4.1%。这一期间将保持国家财政、信贷收支的基本平衡和物价的基本稳定。

1985年9月，邓小平在中共全国代表大会上就《中共中央关于制定国民经济和社会发展第七个五年计划的建议》发表讲话指出："七五"期间，工农业总产值的年增长率定在7%左右。7%的速度并不低。速度过高，带来的问题不少，对改革和社会风气也有不利影响，还是稳妥一点好。一定要控制固定资产的投资规模，不要把基本建设的摊

---

① 中共十二大制定的战略目标的最初设想是邓小平提出的。1979年12月，邓小平同来访的日本首相大平正芳会谈时指出，中国国民生产总值到20世纪末要实现翻两番，使国民生产总值达到10 000亿美元，按当时人口增长到12亿左右计算，人均国民生产总值达到800美元，使人民生活达到小康水平；在这个基础上，再发展30年到50年，力争接近发达国家的水平。

子铺大了。一定要首先抓好管理和质量，讲求经济效益和总的社会效益，这样的速度才过得硬。①

2."七五"计划的实践

1986年4月，六届全国人大四次会议讨论并通过了《中华人民共和国国民经济和社会发展第七个五年计划（1986—1990）》。"七五"计划是中共十二大经济发展战略的具体体现。

"七五"计划强调指出：我国的经济发展战略能不能从旧的模式转到新模式上来，经济发展能不能走上良性循环的轨道，最主要的就在于能不能坚持把提高效益和质量放在首位并取得切实的成就。"七五"期间必须更加自觉地坚持把质量和效益放在首位的方针，在提高质量和效益的基础上去增加数量，求得适当的增长速度，使全部经济工作进一步转到以提高经济效益为中心的轨道上来。

二、新经济发展战略的完善

（一）社会主义初级阶段理论与经济发展战略

1.基于国情认识的经济发展思想

1987年10月，中共十三大召开。中共十三大报告——《沿着有中国特色的社会主义道路前进》，全面、系统地提出了到20世纪末的经济发展战略。这一战略是在社会主义初级阶段的理论基础上产生的。

报告指出，在中国这样一个落后的东方大国中建设社会主义，是马克思主义发展史上的新课题。必须从国情出发，把马克思主义基本原理同中国实际结合起来，在实践中开辟有中国特色的社会主义道路。因此，清醒地认识基本国情，正确认识我国社会主义现在所处的历史阶段，是建设有中国特色的社会主义的首要问题，是我们制定和执行正确的路线和政策的根本依据。报告明确阐明，我国正处在社会主义的初级阶段。这就是说，一方面，我们已经建立了社会主义制度，但另一方面，人口多、底子薄、人均国民生产总值仍居于世界后列，突出的矛盾是：十亿多人口，八亿在农村，基本上还是用手工工具搞饭吃；一部分现代化工业，同大量落后于现代水平几十年甚至上百年的工业同时存在；一部分经济比较发达的地区，同广大不发达地区和贫困地区同时存在；少量具有世界先进水平的科学技术，同普遍的科技水平不高、文盲半文盲还占人口近四分之一的状况同时存在。生产力的落后决定了在生产关系方面，发展社会公有制所必需的生产社会化程度还很低，商品经济和国内市场很不发达，自然经济和半自然经济占较大比重，社会主义经济制度还不成熟和不完善。

2.注重效率、提高质量、协调发展、稳定增长的发展战略

根据上述对国情的认识和分析，中共十三大报告指出，在社会主义初级阶段，发展社会生产力所要解决的历史课题，是实现工业化和生产的商品化、社会化、现代化。我国的经济建设，肩负着既要着重推进传统产业革命，又要迎头赶上世界新技术革命的双

---

① 邓小平. 邓小平文选（第3卷）[M]. 北京：人民出版社，1993：143.

重任务。完成这个任务，必须长期有步骤分阶段地努力奋斗。

中共十一届三中全会以后，中国经济建设的战略部署大体上分三步走：

第一步，实现国民生产总值比1980年翻一番，解决人民的温饱问题，这个任务在20世纪80年代已经基本实现。

第二步，到20世纪末，使国民生产总值再增长一倍，人民生活达到小康水平。

第三步，到21世纪中叶，人均国民生产总值达到中等发达国家水平，人民生活比较富裕，基本上实现现代化。然后，在这个基础上继续前进。

从20世纪80年代到20世纪末，最重要的是走好第二步。实现了第二步任务，中国现代化建设将取得新的巨大进展：社会经济效益、劳动生产率和产品质量明显提高，国民生产总值和主要工农业产品产量大幅度增长，人均国民生产总值在世界上所占位次明显上升。工业主要领域在技术方面大体接近经济发达国家20世纪70年代或80年代初的水平，农业和其他产业部门的技术水平也将有较大提高。城镇和绝大部分农村普及初中教育，大城市基本普及高中和相当于高中的职业技术教育。人民群众将能过上比较殷实的小康生活。为了实现第二步奋斗目标，关键是要解决经济活动的效益太低的矛盾。只有在提高经济效益上扎扎实实地做好工作，争取年年有所进步，才能逐步缓解我国人口众多、资源相对不足、资金严重短缺等矛盾，保证国民经济以较高的速度持续发展。因此，必须坚定不移地贯彻执行注重效益、提高质量、协调发展、稳定增长的战略。

（二）中共十三大经济发展战略的特点分析

1.经济发展战略的核心主题是工业化

中共十三大报告指出："在社会主义初级阶段，发展生产力所要解决的历史课题，是实现工业化和生产的商品化、社会化、现代化。"这是对工业化及现代化认识的深化。中华人民共和国成立初期，中国就提出了国家工业化的任务。当时一般认为工业化的主要标志是工业产值超过农业产值，在工农业总产值中占主要份额。用这个标准来衡量，自然会得出工业化的目标已经实现的认识，因此后来又提出了现代化目标。现在看来，经过30多年的建设，我们确实取得了很大成就，建立了独立的、比较完整的工业体系和国民经济体系，工业产值也超过了农业产值。但正如中共十三大报告所指出的，中国经济呈现出严重的"二元经济"特征，从总体上看并未实现工业化。实现工业化，不仅要求工业产值超过农业产值，而且要使整个经济结构、产业结构发生质的变化，由农业人口占多数转变为非农产业人口占多数，这种转变的基础是全社会生产力特别是农业生产力的大幅度提高，整个社会生产建立在大机器的物质技术基础之上，人均国民生产总值达到较高水平。以这样的标准来衡量，中国的工业化任务还远没有完成。中国的工业化是在20世纪下半叶的国际环境中继续进行的，因此必须用先进技术来改造和发展传统产业；中国的现代化则是在一个落后的经济、技术基础上起步的，因此必须首先推进工业化的实现。这就是中国的工业化进程在新形势下的新的特性。

2.经济发展战略的路径是有步骤分阶段地实现现代化目标

这一战略基于对国情更客观、更深刻的认识上，提出了更实际、更长期的发展目标和发展步骤。

在发展目标上，20世纪60年代以来的一个流行提法是，到20世纪末，中国经济将居于世界前列。

1981年召开的中共十一届六中全会全面总结了中华人民共和国成立以来的历史经验，分析批判了过去"左"的错误，提出我们的社会主义现代化建设必须从国情出发，量力而行，有步骤分阶段地实现现代化的目标。

1982年，中共十二大制定了中国经济建设到20世纪末的战略目标以及分两步走的战略步骤。战略目标是：到2000年，在国民收入总额和主要工农业产品产量方面居于世界前列。

中共十三大所提出的战略对于20世纪末要达到的目标规定了更实际、更具体的指标，并且在战略步骤上是分三步走，规划到21世纪中叶。到21世纪中叶即这一战略的第三步完成之时，中国人均国民生产总值达到中等发达国家水平，基本实现现代化。因此，中共十三大战略是从更深的认识层次和更长的时间跨度上来规划经济发展，进一步体现了从国情出发、量力而行、有步骤分阶段地实现现代化的指导思想。在战略目标上，不仅局限于工农业生产总值、国民生产总值等总量指标，而是突出人均国民生产总值这一指标，使战略目标更有实际意义。

3.经济发展战略的效果是在提高经济效益的前提下追求经济协调发展和稳定增长

这一战略继承和发展了中共十二大的战略，强调在提高经济效益的前提下追求经济的协调发展和稳定增长。

在经济发展方式上，要从以粗放经营为主（主要靠增加资本、劳动投入来取得经济在量上的增长）转到以集约经营为主（主要在提高效益的基础上促进经济质的提高和量的增长）的发展轨道上来。对于中国来说，人口压力和资金、资源短缺是经济发展的两大制约因素，突破这两大制约因素的根本出路在于提高经济效益。人多并不注定要落后，日本、中国香港、韩国等一些国家和地区的人口密度也很高，但它们的经济效益高，人均国民收入水平高，因此经济成长速度很快。资源的多少现在也不是经济发展的决定因素，世界上很多资源贫乏的国家和地区的经济发展速度都很快。因此，要提高一国经济发展的质量和数量的总体水平，关键在于有较高的经济效益。科学技术进步和管理水平的提高，将在根本上决定中国工业化和现代化建设的进程，是关系民族振兴的大事。在科技进步和科学管理基础上提高经济效益，是中国经济发展的唯一道路。

20世纪80年代中国经济发展战略的形成和完善过程表明，这一发展战略贯穿的一个基本指导思想，就是要将经济转到以提高经济效益为中心的持续、稳定、协调发展的轨道上来。从中共十一届三中全会一直到十三届五中全会，在经济发展的战略方针、战略目标和战略部署方面基本上都体现了这一指导思想。分析表明，这一指导思想是符合国情及生产力发展规律的，因而是科学的。至于现实经济的发展运行与经济发展战略的要求不尽相符甚至偏差较大，这有种种原因，其中主要是经济体制方面的原因。只要真正将发展战略贯彻落实到各项经济工作中去，使现实经济运行与经济发展战略的方针、要求相一致，中国的经济发展就会是一番新的景象。

第十章思想园地

学史增信

新中国工业化建设的历史进程与伟大成就[①]

知识传授

◎新中国工业化建设的历史阶段以及特征。

◎新中国工业化建设的伟大成就以及经验启示。

价值塑造

◎深刻理解社会主义革命和建设的伟大成就：了解新中国成立以来工业发展脉络及其特征，了解工业化建设的奋斗历程与伟大成就。

◎深入学习贯彻二十大精神：党的二十大报告为工业化和信息化发展指明了新的方向。

适用情景

《中国经济思想史》：介绍工业化发展阶段中国经济发展战略思想的形成与发展。

案例内容

新中国工业化建设的历程与成就

党的二十大报告指出："要坚持把发展经济的着力点放在实体经济上，推进新型工业化，加快建设制造强国、质量强国、航天强国、交通强国、网络强国、数字中国。"工业化是任何现代国家都必须经历的历史过程，实现工业化是自中华人民共和国成立以来，中国人民和中华民族梦寐以求的目标。在中国共产党的领导下，中国人民经过艰苦卓绝的积极探索和努力奋斗，成功走出了一条适合自己国情的社会主义工业化道路，工业化建设取得了辉煌的历史性成就，用几十年时间走完了发达国家几百年走过的工业化历程。目前我国成为全球唯一拥有联合国产业分类中全部工业门类的全产业链国家，是名副其实的"世界工厂"。向第二个百年奋斗目标迈进的新征程已经开启，回顾总结中国工业化的探索历程和伟大成就具有重要的借鉴意义。

一、中国工业化建设的历史进程

1949年以来，党和政府始终把实现工业化作为重要的战略目标。从发展历程来看，

[①] 作者是上海财经大学王昉。

新中国的工业化历程大致可以划分为四个时期：

（一）工业化初期：“国家工业化”

1949—1978年是新中国工业化进程的初期，是重工业从无到有快速发展的时期，1953年实行的第一个“五年计划”标志着中国进入大规模工业化时期。在这个阶段，发展战略总体上参照苏联工业化模式，由国家发动工业化，以公有制为基础，以国有企业为主体，以赶超发达国家为目标，直接带动了全国资本存量高速增长，完成了工业化的原始积累，使中国成为世界上除了美国、苏联之外第三个建立了比较完整的工业体系的大国。

（二）工业化中前期：“混合工业化”

改革开放以来，中国实行转型工业化战略，这一时期的工业化特点是从此前的片面优先发展重工业转变为农、轻、重协调发展，重视消费品工业的发展，加强能源工业与交通运输工业的建设。而这一阶段工业化快速发展的动力来自四个方面：一是从“社会主义计划经济”到“社会主义商品经济”，大力发展私人企业，国有工业占工业总产值的比重下降，集体工业、其他所有制工业占比上升；二是深化农业农村改革，随着农产品市场化的推进，农业和农村为工业发展提供低廉的劳动力、土地、资金等；三是农村乡镇企业的异军突起，加速工业化因素向农村地区扩散，形成农村工业化高潮；四是实施对外开放战略，充分利用国内、国外两个市场、两种资源，发挥后发优势。

（三）工业化中后期：“新型工业化”

2002年党的十六大提出实施新型工业化战略，“坚持以信息化带动工业化，以工业化促进信息化，走出一条科技含量高、经济效益好、资源消耗低、环境污染少、人力资源优势得到充分发挥的新型工业化路子”。在这一战略的指导下，我国不仅成为世界最大工业和制造业国，还成为世界最大信息化国：手机用户在2001年超过欧洲，在2008年超过美国。我国加入世界贸易组织，进一步促进工业化、信息化同步发展，发挥比较优势，深度融入世界经济，成为最具国际竞争力的新型经济体。

（四）工业化后期：“绿色智能工业化”

党的十八大以来，我国的工业化建设进入了由新发展理念引领的高质量发展的新阶段。2013年，我国第三产业增加值占GDP的比重（46.1%）首次超过了第二产业（43.9%），成为国民经济中最大的产业部门。这种标志性的变化实际上表明我国已经进入工业化后期。党的十九大报告提出：中国特色社会主义进入新时代，要坚定不移贯彻创新、协调、绿色、开放、共享的发展理念，坚持和完善社会主义基本经济制度，推动新型工业化、信息化、城镇化、农业现代化同步发展。这一阶段工业化高质量发展的动力来自三个方面：一是通过供给侧结构性改革提升实体经济供给质量，大力发展高端制造业和高技术制造业，推动传统产业转型升级；二是加速推进混合所有制改革，为工业化寻找新的红利来源；三是依靠创新驱动，加快动力转换，工业化进入到发展后期，更需要知识驱动产业升级，我国对研发的投入逐年增长。

二、中国工业化建设的伟大成就

在中国共产党的领导下，中国的社会主义工业化建设取得了伟大成就。习近平总书记在2018年12月18日《在庆祝改革开放四十周年大会上的讲话》中用三句话来概括中国工业化取得的辉煌的历史性成就：

（一）"我们用几十年时间走完了发达国家几百年走过的工业化历程"

从产业发展阶段来看，当前中国经济处于"工业化中后期阶段"。目前，中国非农产业增加值在GDP中的比重已经达到90%以上，农业占比下降至10%以下。尽管相比美国的95%和日本的98%还有差距，但已经大致相当于德国、法国等欧洲国家的水平。其中，中国工业增加值占GDP的比重在2018年达到33%，明显高于发达国家的平均水平（欧盟22%，美国18%，日本29%）；服务业增加值占GDP的比重为53%，低于发达国家的平均水平（欧盟66%，美国77%，日本69%）。当前，工业增加值占GDP的比重已经处于下降趋势，而服务业增加值占比攀升较快。

（二）"建立了全世界最完整的现代工业体系"

联合国数据显示，现代工业体系可以分为39个大类、191个中类、525个小类。目前，只有中国拥有这些大、中、小全部门类，是目前全世界唯一拥有完整工业体系的国家，且中国的工业产值位居世界第一。这个完整的现代工业体系使中国产业具备了最完善的配套能力，保证中国经济在外界不可控因素的冲击下仍具有巨大的韧性。

（三）"我国是世界第二大经济体、制造业第一大国"

我国已经成为世界第一大工业产出国，500种主要工业品中有220多种产量位居世界第一，原煤、水泥、粗钢、钢材、化肥、发电量等主要制造产品产量已经连续多年居世界前列。中国制造业增加值占全球的比重从2012年的22.5%提高到2021年的近30%，持续保持世界第一制造大国的地位；制造业增加值从2012年的16.98万亿元增加到2021年的31.4万亿元；入围世界品牌500强的工业和信息化领域品牌数量从2012年的10个增加到2021年的24个。

问题一：为什么新中国仅仅用几十年时间就走完了发达国家几百年走过的工业化历程？

世界各国皆惊叹于新中国工业化取得的伟大成就，国外学者也试图破解其中的奥秘。回顾新中国工业化历程便会发现，中国共产党的领导是快速推进工业化的决定性因素。各国发展经验表明，后发国家要想顺利推进工业化，离不开始终坚持初心并具有强烈使命感的执政党。中国共产党一经成立，就秉持为中国人民谋幸福、为中华民族谋复兴的初心和使命。中华人民共和国成立后，我们党不忘初心、牢记使命，通过社会主义改造，确立了社会主义基本制度；推进改革开放新的伟大革命，破除妨碍生产力发展的体制机制弊端；在有效应对经济社会发展严峻考验中不断加强党的自身建设，增强执政能力，正确处理改革、发展、稳定的关系，为我国工业化顺利推进提供了根本保证。

选择正确的发展道路，是快速推进工业化的前提。由于资源禀赋、历史传统不同，各国工业化道路也不尽相同。能否选择适合自身国情的工业化道路，是对各国执政党的重大考验。中华人民共和国成立后，我们党提出重工业优先发展战略，建立起独立的比较完整的工业体系，为进一步推进工业化奠定了坚实基础。改革开放以来，我们党认真总结吸取我国工业化的经验与教训，充分发挥我国在劳动力和资源等方面的比较优势，积极融入全球产业分工，在实践探索中找到了一条中国特色工业化之路，开启了我国快速工业化进程。

与时俱进制定国家发展战略，是快速推进工业化的关键。中华人民共和国成立以来，我们党坚持围绕我国发展阶段和现实任务制定国家发展战略。无论是中华人民共和国成立之初制定的重工业优先发展战略、改革开放后提出的"三步走"发展战略，还是党的十九大提出的新时代中国特色社会主义发展的战略安排，都为我国工业化发展指明了方向，确立了奋斗目标，激励着全党全国各族人民为实现工业化接续奋斗。

问题二：纵观新中国工业化发展历程与成就，有何经验启示？

回顾新中国快速推进工业化的历程，总结其成功经验，具有重要的现实价值。

（一）坚持党的领导，是我国快速推进工业化的政治保障

中国共产党作为新中国的最高政治领导力量，坚强领导了新中国社会主义工业化进程的不断深化。虽然新中国工业化进程并不是一帆风顺的，但中国共产党牢记使命，不忘领导中华民族伟大复兴的初心，成功化解了一次次工业化进程中的重大风险和挑战，使得新中国工业化建设取得了辉煌的成就。中国工业化成功的原因中最为根本的一条是中国共产党的坚强领导，这是中国特色社会主义制度的最大优势。

（二）坚持发展理念创新，是我国快速推进工业化的理论先导

习近平总书记指出："理念是行动的先导，一定的发展实践都是由一定的发展理念来引领的。发展理念是否对头，从根本上决定着发展成效乃至成败。"中华人民共和国成立70多年来快速推进工业化的成功经验充分印证了这一重要论断。从国家工业化到混合工业化，再到新型工业化、绿色智能工业化，无不彰显出新中国工业化发展理念的创新性、前瞻性和战略性，坚持发展理念的创新是推进新时代工业化建设乃至实现第二个百年奋斗目标的必然要求。

（三）坚持依靠人民群众，是我国快速推进工业化的重要条件

纵观新中国70多年工业化的历程，我们用几十年的实践走完了发达国家几百年走过的历程，一个重要的条件就是有人民群众的积极拥护和广泛参与。工业化建设本身是通过科学技术改造客观世界的过程，归根结底是由广大人民群众推动的。人民群众的积极拥护和广泛参与是中国共产党推进工业化建设和一切社会进步的力量源泉。只有坚持依靠人民群众，才能为推进工业化建设提供源源不断的力量支持，才能实现中国工业化发展的远景目标。

（四）坚持独立自主，是我国快速推进工业化的基本原则

近代时期，1949年前的中国依附西方工业体系，沦为西方工业化的原材料产地和产品倾销地。1949后，中国共产党坚持走独立自主的工业化发展道路，立足中国实际，充分借鉴国外工业化发展的经验，探索出一条中国特色新型工业化发展道路，成为全世界唯一拥有联合国产业分类中所列全部工业门类的国家。新中国70多年的工业化建设经验表明，只有坚持独立自主，才能从根本上破除工业制造领域面临的"卡脖子"问题，才能推动新时代工业化转型升级。

资料来源

［1］习近平. 高举中国特色社会主义伟大旗帜 为全面建设社会主义现代化国家而团结奋斗——在中国共产党第二十次全国代表大会上的报告［M］. 北京：人民出版社，2022.

［2］赵晓雷. 中国经济思想史［M］. 5版. 大连：东北财经大学出版社，2019.

［3］赵晓雷. 中国工业化思想及发展战略研究［M］. 上海：上海财经大学出版社，2010.

［4］黄群慧. 中国共产党领导社会主义工业化建设及其历史经验［J］. 中国社会科学，2021（7）：4-20；204.

［5］徐坤，王智. 中国共产党推动中国工业化百年实践的基本经验［J］. 广西大学学报（哲学社会科学版），2021，43（4）：11-16.

［6］胡鞍钢. 中国工业化道路70年：从落后者到引领者［J］. 中央社会主义学院学报，2019（5）：110-123.

［7］汪海波. 我国工业发展50年的历程和成就［J］. 中国工业经济，1999（9）：9-15.

本章思语

1. 简述社会主义商品经济、所有制结构及公有制实现形式之关系。

2. 简述社会主义初级阶段理论与科学社会主义理论之关系。

3. 简述西方新古典经济增长模型对中国新经济发展战略的意义。

推荐阅读文献

［1］柳欣，秦海英. 新中国经济学60年［M］. 北京：中国财政经济出版社，2010.

［2］赵晓雷. 中华人民共和国经济思想史纲（1949—2009）［M］. 北京：首都经济贸易大学出版社，2009.

［3］李泽中. 当代中国社会主义经济理论［M］. 北京：中国社会科学出版社，1989.

第十一章　中国现代经济思想转型发展
（1992—2017年）

学习目标

◎ 重点掌握社会主义市场经济理论的创新要素；

◎ 重点学习中国特色社会主义理论与中国特色社会主义政治经济学形成和发展过程；

◎ 掌握中国现代经济思想转型发展的表现形式；

◎ 了解关于中国制度变迁的代表性观点。

关键词

社会主义市场经济　中国特色社会主义　社会主义初级阶段　效率与公平　制度变迁　渐进式改革　科学发展观　经济增长方式转型　习近平新时代中国特色社会主义思想

第一节　社会主义市场经济理论产生与发展

1992年10月，中共十四大报告确立了经济体制改革的目标，是在坚持以公有制和按劳分配为主体、其他经济成分和分配方式为补充的基础上，建立和完善社会主义市场经济体制。社会主义市场经济思想及改革目标的确立是20世纪90年代中国经济思想发展的一个新起点。

一、邓小平经济体制改革思想与社会主义市场经济改革目标

把市场经济与社会主义基本制度结合起来，建立社会主义市场经济体制，这是邓小平理论体系中具有创新意义的思想，并为中国经济体制改革确立了目标。

（一）社会主义本质的界定与经济体制改革

邓小平关于建设有中国特色社会主义的思想中，社会主义经济体制改革思想是一个重要的、极富理论创见的部分，并对中国经济体制改革历程具有深远的指导意义。

1.邓小平经济体制改革思想的理论内涵

经济体制的主要功能是通过相应的决策、管理、调节体系解决经济运行的微观效率和宏观均衡问题，以实现经济资源的有效配置和社会经济的均衡、稳定、持续增长。经济体制作为一种制度因素，它的样式、内容与一定的社会生产关系及利益关系特性有联系，但从根本上看，经济体制的发展类型、发展阶段是由生产力及社会经济的发展水平所决定的。中华人民共和国成立后，在对社会主义本质以及社会主义经济体制的认识上长期存在片面强调生产关系性质的倾向，以致严重影响了思想认识的科学性和经济发展的绩效。邓小平在总结了中国社会主义建设历史教训的基础上，根据科学社会主义原理，对社会主义的本质作了科学的界定，深刻指出社会主义的本质就是解放生产力，发展生产力，消灭剥削，消除两极分化，最终达到共同富裕。[①]他说，什么叫社会主义，什么叫马克思主义，我们过去对这个问题的认识不是完全清醒的。马克思主义最注重发展生产力，所以，社会主义阶段的最根本任务就是发展生产力。社会主义的优越性就是体现在它的生产力要比资本主义发展得更高一些、更快一些。[②]20世纪70年代末以后，邓小平在一系列论述中始终强调马克思主义的基本原则是发展生产力，社会主义的本质、优越性及发展前途都要求大力发展生产力，并确立了以经济建设为中心的基本路线。

由于将是否解放生产力、发展生产力作为社会主义本质的判断标准，所以对经济体制性质的认识及改革取向也发生了革命性的变化。邓小平指出以前的经济体制有两方面的根本缺陷：一是在指导思想上脱离了发展生产力这一核心；二是在运作上权力过于集中，行政色彩太浓，不是用经济方法管理经济。所以，为了有利于解放生产力，发展生产力，必须对传统经济体制进行改革。

1978年12月，邓小平在中央工作会议上指出："现在我国的经济管理体制权力过于集中，应该有计划地大胆下放，否则不利于充分发挥国家、地方、企业和劳动者个人四个方面的积极性，也不利于实行现代化的经济管理和提高劳动生产率。"[③]邓小平讲话后，中共十一届三中全会召开，作出关于经济体制改革的决定。当时虽然没有形成一个完整、具体的改革方案，但邓小平的讲话以及十一届三中全会明确了我国经济体制改革的目的是发展生产力，强调要按经济规律办事。这就为经济体制改革的科学探索和大胆实践开辟了正确的道路，推动了新一轮改革浪潮。

1979年11月26日，当时担任国务院副总理的邓小平在北京会见了美国《不列颠百科全书》编委会副主席弗兰克·吉布尼和加拿大麦吉尔大学东亚研究所主任林达光等人。吉布尼问，是不是可能在将来某个时候，在中国社会主义制度范围之内，也发展某种形式的市场经济？邓小平回答：说市场经济只限于资本主义社会、资本主义的市场经济，这肯定是不正确的。市场经济不能说只是资本主义的。市场经济，在封建社会时期就开始有了。社会主义也可以搞市场经济。[④]我们是以计划经济为主，也结合市场经济。

① 邓小平.邓小平文选（第3卷）[M].北京：人民出版社，1993：373.
② 邓小平.邓小平文选（第3卷）[M].北京：人民出版社，1993：63.
③ 国家经济体制改革委员会.中国经济体制改革十年[M].北京：经济管理出版社，改革出版社，1988：11.
④ 邓小平.邓小平文选（第2卷）[M].2版.北京：人民出版社，1994：236.

1985年10月23日，邓小平在北京会见美国企业家代表团时，对社会主义市场经济问题作了进一步的阐述。他说：社会主义和市场之间不存在根本矛盾。问题是用什么办法更有利于社会生产力的发展，应该把计划经济与市场经济结合起来，这样就更能进一步解放生产力，加速生产力的发展。[①]

邓小平这两次谈话的重要理论意义在于：

第一，撼动了市场经济天然属于资本主义社会基本制度范畴这一传统观念，在理论上、观念上和政治上为社会主义国家的市场化取向改革开辟了道路；

第二，明确提出判断经济制度优劣的根本标准是看其是否有利于社会生产力的发展，为中国经济体制改革的实践确立了科学的、马克思主义的指导思想。

据上分析，邓小平经济体制改革思想的理论内涵是对科学社会主义原理及历史唯物主义生产力标准的深刻认识和创造性发展。生产力标准是历史唯物主义的基本观点，马克思主义的社会形态演进学说就是建立在生产力发展的基点之上的。根据马克思、恩格斯的论述，社会主义社会是建立在资本主义高度发展的基础上，是比资本主义社会更进步、生产力发展水平更高的社会形态。邓小平准确地把握了科学社会主义的这一原理，结合中国及世界上社会主义实践的经验教训，深刻地指出：马克思主义的基本原则、社会主义的本质及根本任务就是要发展生产力。贫穷不是社会主义，社会主义要消灭贫穷。不发展生产力，不提高人民的生活水平，不能说是符合社会主义要求的。只有发展社会生产力，才能在实践中真正体现社会主义制度的优越性。为了发展生产力，就不能用某些形而上学的抽象原则和空想模式来判断社会主义经济关系及经济体制，就必须摒弃被实践证明是僵化的、低效率的、不利于生产力发展的传统经济体制，就应当根据具体的经济发展状况及生产力发展要求对经济体制进行改革，以使其适应和促进社会生产力的发展。正是因为具有这种深邃的理论内涵，邓小平经济体制改革思想才成为一种科学的指导方针，引导中国的经济体制改革实践冲破种种思想观念方面的束缚，走出了一条具有中国特色的社会主义市场化改革之路，并取得了举世瞩目的成就。

2.计划与市场结合的体制改革思想分析

中国经济体制改革是以在大一统的计划经济体制中渗入市场调节因素为突破口的。在整个20世纪80年代，经济体制改革的理论核心是计划与市场的关系及结合问题。邓小平一再强调：资本主义与社会主义的区别不是计划、市场这样的内容。社会主义也有市场调节，资本主义也有计划控制。计划和市场都是经济手段。

（二）社会主义市场经济思想——经济体制的历史性创新

社会主义市场经济思想是在20世纪70年代末最初产生的。1979年年初，理论界已有这方面的观点。同年，邓小平在会见外宾时发表了市场经济与社会主义相联系的论述，1985年又进一步表述了这一思想。1987年10月，中共十三大确立了"社会主义有计划商品经济体制"这一改革目标，指出这一体制在运行上应该是计划与市场内在统一的，"计划和市场的作用范围都是覆盖全社会的"。这是对计划与市场、社会主义与市场

---

① 邓小平. 邓小平文选（第3卷）[M]. 北京：人民出版社，1993：148.

经济关系在认识上和实践上的一大发展。中共十三大以后，理论界对社会主义市场经济的讨论曾一度活跃。一些观点明确提出要采用市场经济的提法，以突出商品经济的运行机制和资源配置特征。然而，20世纪80年代末经济改革转入治理整顿时期，关于"市场化"的讨论因缺乏相应的政治、经济环境而一度低落。

1992年春，邓小平去中国南方视察，发表一系列谈话，其中最重要的内容之一便是关于社会主义与市场经济的关系问题。他说：计划多一点还是市场多一点，不是社会主义与资本主义的本质区别。计划经济不等于社会主义，资本主义也有计划；市场经济不等于资本主义，社会主义也有市场。计划和市场都是经济手段。[①]邓小平南方谈话发表以后，"社会主义市场经济"成为经济理论界讨论的热点，人们对这一问题的认识不断深化，并形成了普遍的共识。另一方面，经过10来年的改革，市场经济因素已有相当大的发展，商品与市场、开放与竞争、激励与效率、民主与法制等观念已在社会生活中形成，市场取向的改革已渗入全社会的经济生活，成为一股无法抗拒、不可逆转的历史潮流。社会主义市场经济改革目标的确立已具备了成熟的条件。

（三）经济体制改革目标的确立

1992年10月18日，中共十四大决议明确"将我国经济体制改革的目标确定为建立社会主义市场经济体制"，标志着社会主义市场经济的改革目标在全党正式确立。

社会主义市场经济思想及改革目标的确立昭示着中国的改革进入一个新的阶段。这一改革必然极大地促进生产力的发展，并以与国际接轨为契机，使中国归入世界发展的主流。从理论上看，社会主义市场经济是一种历史性的制度创新，它不仅是经济运行层面上的转轨，更涉及生产关系、观念形态乃至产权制度方面的深刻变革。要使这一历史性制度创新得以成功，必须在理论上对一些问题有准确的认识，这又对社会主义政治经济学的发展提出了新的要求。

中国经济体制改革确定什么样的目标模式，是关系整个社会主义现代化建设全局的一个重大问题。这个问题的核心是正确认识和处理计划与市场的关系。中共十二大提出"计划经济为主，市场调节为辅"。中共十二届三中全会指出商品经济是社会经济发展不可逾越的阶段，中国社会主义经济是公有制基础上的有计划商品经济。中共十三大提出社会主义有计划商品经济体制应该是计划与市场内在统一的体制。中共十三届四中全会后提出建立适应有计划商品经济发展的计划经济与市场调节相结合的经济体制和运行机制。特别是如前所引用的邓小平南方谈话中关于社会主义与市场经济的关系的论述，从根本上解除了把计划经济和市场经济看作属于社会基本制度范畴的思想束缚，使中国经济思想界在计划与市场关系问题上的认识有了新的重大突破，并就社会主义与市场经济的关系、社会主义经济体制改革的方向及目标等展开了广泛深入的研究，提出了很好的观点。实践表明，中国经济要优化结构，提高效益，加快发展，参与国际竞争，就必须继续强化市场机制的作用，顺应实践的发展和认识的深化。中共十四大明确提出，中国经济体制改革的目标是建立社会主义市场经济体制，以利于进一步解放和发展生产力。

---

① 邓小平. 邓小平文选（第3卷）[M]. 北京：人民出版社，1993：373.

二、关于社会主义市场经济理论的研讨

1992年及以后的几年间，中国经济思想界关于社会主义市场经济的研究形成一个热潮，这是一种理论研究与改革实践相呼应的景象，也是中国现当代经济思想研究内容扩张、学术样式转型的重要阶段。

（一）关于市场经济的认识

综合经济思想史学界的研究，大体有以下多方面认识：

市场经济作为一个经济范畴，既不能简单地等同于商品生产及商品交换，也不能简单地与商品经济画等号。市场经济是个动态的、发展的范畴，是一个适应当代社会生产力发展的过程。

市场经济的内涵包括两个方面：一是经济市场化；二是市场现代化。经济市场化是指市场覆盖整个国民经济，市场机制的导向作用遍及微观经济和宏观经济；市场现代化是指市场组织、运营规划、运行主体、管理方法、操作手段、市场设施等现代化、科学化、规范化。经济市场化和市场现代化相互联系，相互制约，密不可分。

市场经济即市场导向经济，反映的是一种以市场调节为基础和主导的经济运行形态，本质是通过供求规律、价值规律来进行全社会资源配置和生产力布局。

市场经济是一种经济管理体制或经济调节方式，与生产资料所有制及经济制度之间并无必然联系。

市场经济是直接以交换为目的，具有商品生产、商品交换和货币流通的经济形式。

舍去资本主义和社会主义的区别，"市场经济"可以定义为：市场经济是强调市场作为重要特征的既定政治地理区域内各相互关联的生产部门的总体；特指国民经济时，它是社会经济在国家层次上的概括，表现为市场在一国范畴内与政府及其他非市场部分结合在一起形成具体的国民经济各部分的总和。

从理论上说，市场经济是商品经济的自我实现的形式；从实践上看，市场经济是一种资源配置手段。

（二）社会主义市场经济的制度特征

1.市场经济是否是制度性概念

在20世纪90年代初的思想理论环境中，将市场经济与经济制度乃至社会制度相联系仍是比较常见的观点，认为市场经济是一个约定俗成的概念，其含义不仅是资源配置方式，也是一种经济制度。中国经济体制改革不能照搬西方市场经济的那一套，指导社会主义经济体制改革的经济理论也不宜套用市场经济这个已有其特定含义的范畴。

1992年前后，多数经济学者已接受并采用了社会主义市场经济的概念。有人还针对上述把市场经济等同于资本主义的观点，提出不同看法，认为西方有些学者确实是把市场经济等同于资本主义的。西方某些文献在经济上分类是把中央计划国家视为社会主义国家，而把市场经济国家视为资本主义国家。但是，研究问题不应从概念出发，不能照西方的定义来行事，因为概念是发展的，内容是可以变化的。比如，当初我们把商

品、货币、资本利润、资本增值等这些范畴都当作资本主义的专属物，现在已用来为社会主义服务。20世纪80年代初，有人不允许使用商品经济的概念，现在已成了政治经济学社会主义部分的重要范畴。何况西方学者并不都把计划经济、市场经济当作制度性概念，有人把它们当作资源配置方式来使用。

到了20世纪90年代末，理论界已普遍接受将市场经济与资本主义相剥离、将市场经济界定为资源配置方式的观点。原来一些坚持市场经济指称一种社会制度的学者，也同意中国实行的社会主义市场经济与传统的界定有区别，是指社会主义条件下的市场经济，即与社会主义制度相结合的市场经济。实行这种体制，是为了有效地配置资源，更好、更快地发展生产力。

2.社会主义公有制与市场经济的关系

这个问题是一个理论难点。事实上，社会主义公有制与商品经济的关系问题尚未根本解决，改革实践又提出了社会主义公有制与市场经济的关系问题，这两个问题的实质是一样的。理论界见仁见智，提出了不少观点。集合当时的讨论研究，大体上有以下意见：

公有制按其最本质的利益关系讲，是非商品关系，与市场经济是有矛盾的，主要表现为公有制基础上的等量劳动互换关系与市场条件下等价交换关系的矛盾，但并不否定二者可以在社会主义经济运行中结合。应当通过把企业推向市场，在企业之间建立起等价交换关系；通过国民收入分配政策这一中介，把部分企业的级差收益提取出来在全社会范围内统一使用，保证等量劳动交换关系得以实现。

在承认公有制的前提下，通过界定公有制的产权边界，即在明确由国家代表全国人民行使财产所有权的前提下，实现国有资产的最终所有权与法人所有权分开，资产管理监督权与运营权分开，使企业享有直接占有、使用这些资产进行生产经营并获得相应收益的权利。

也有论者怀疑在公有制的基础上能否建立市场经济，认为单一的公有制是排斥市场的，在单一的公有制基础上不可能发展出真正意义上的市场关系，更不可能建立市场经济。

（三）社会主义市场经济的运行规律和基本框架

1.社会主义市场经济运行规律讨论

1995年5月，中国社会主义经济规律系统研究会在银川举行了"社会主义市场经济运行规律研讨会"，重点讨论了市场经济一般规律与社会主义特殊规律的关系。

一种思路是，从一般规律与特殊规律相结合的角度来认识社会主义市场经济运行规律体系及特点。建立社会主义市场经济，就是要把市场经济的一般规律与社会主义的特殊规律结合起来，并且主张把邓小平提出的"解放生产力，发展生产力，消灭剥削，消除两极分化，最终达到共同富裕"作为社会主义基本经济规律的概括，因为这些思想阐明了社会主义的任务、目的和达到目的的手段。

有论者分析道，无论是资本主义市场经济还是社会主义市场经济，都是经过基本经济制度改造了的市场经济，是适应基本经济制度的要求而变形的市场经济，这种改造和变形的实质就是市场经济体现的一般利益关系与反映该制度本质的特殊的利益关系相互结合的表现。只有当两种利益关系结合起来，市场经济才能对资源配置起到应有的作用。

值得指出的是，中国社会主义经济规律系统研究会从以前主要研究社会主义基本经济规律系统转而研究市场经济规律与社会主义基本规律的关系，试图从经济规律的角度说明市场经济与社会主义的相通之处。这种研究的效应主要在意识形态方面，即有助于市场经济观念的普及。

2.社会主义市场经济体制的基本框架

关于社会主义市场经济体制基本框架的讨论比较宽泛，有从经济运行层面，有从生产关系和所有制层面，也有从社会制度层面，这也反映了中国经济思想和理论研究缺乏范式约定和"学术共同体"的规范。当时讨论的一般认识大体如下：

社会主义市场经济的主体框架是：所有制结构和现代企业制度、价格形成机制和市场体系、政府职能和宏观调控体系、收入分配制度以及社会保障体系。由这一主体框架所决定，中国的经济体制改革方向是：建立适应社会主义市场经济的所有制结构、现代企业制度、宏观调控体系、价格制度和市场体系、分配制度、社会保障制度、完备的法律体系。

中国市场经济的基本结构有三：

一是以自主企业制度为基础，企业是自主经营、自负盈亏的独立主体（自然人和法人），在市场中平等竞争；

二是竞争性的市场既是它们活动的场所，也是它们的联系方式，由竞争所形成的价格则是这个经济系统的基本参数；

三是政府作为社会的代表，通过经济的、法律的、行政的乃至道德的手段，对市场活动进行调节。

三、社会主义市场经济思想的发展

21世纪初，随着中国经济体制改革的推进，社会主义市场经济思想也在发展。这种发展主要表现在与中国经济成长要求及经济社会实践更加结合，但也出现一些观念辨析方面的反复。

（一）完善社会主义市场经济体制改革思想

1.中共中央关于完善社会主义市场经济体制若干问题的决定

2003年10月，中共十六届三中全会通过《中共中央关于完善社会主义市场经济体制若干问题的决定》（以下简称《决定》），指出深化经济体制改革的重要性和紧迫性。

《决定》明确了完善社会主义市场经济体制的目标和任务。

完善社会主义市场经济体制的主要目标是：按照统筹城乡发展、统筹区域发展、统筹经济社会发展、统筹人与自然和谐发展、统筹国内发展和对外开放的要求，更大程度地发挥市场在资源配置中的基础性作用，增强企业活力和竞争力，健全国家宏观调控，完善政府社会管理和公共服务的职能，为全面建设小康社会提供强有力的体制保障。

完善社会主义市场经济体制的主要任务是：完善公有制为主体、多种所有制经济共同发展的基本经济制度，建立有利于逐步改变城乡二元经济结构的体制，形成促进区域经济协调发展的机制，建设统一开放竞争有序的现代市场体系，完善宏观调控体系、行政管理体制和经济法律制度，健全就业、收入分配和社会保障制度，建立促进经济社会可持续发展的机制。

2.中共十七大关于完善社会主义市场经济体制、促进经济又好又快发展的战略决策

2007年10月，中共十七大报告提出要在深化改革的实践中完善社会主义市场经济体制。结合当时社会经济形势，完善社会主义市场经济体制的重要战略节点如下：

（1）坚持"两个毫不动摇"。完善社会主义基本经济制度必须毫不动摇地巩固和发展公有制经济，发挥国营经济的主导作用，毫不动摇地鼓励、支持和引导个体、私营等非公有制经济发展，使两者在社会主义现代化建设进程中相互促进、共同发展。

（2）完善收入分配制度，规范收入分配秩序。分配制度是关系到人民生活水平提高、人民群众劳动积极性增强、国家经济发展的重要问题。从中国的实际来看，收入分配悬殊已成为一个不容忽视的问题。因此，要完善收入分配制度，规范收入分配秩序。坚持以按劳分配为主体、多种分配方式并存的分配制度，加强收入分配宏观调节，在经济发展的基础上，更加注重社会公平，着力提高低收入者的收入水平，逐步扩大中等收入者比重，有效调节过高收入，坚决取缔非法收入，促进共同富裕。

（3）完善社会保障制度，保障群众基本生活。适应人口老龄化、城镇化、就业方式多样化，逐步建立社会保险、社会救助、社会福利、慈善事业相衔接的覆盖城乡居民的社会保障体系。

（4）统筹协调各方面利益关系，妥善处理社会矛盾。适应中国社会结构和利益格局的变化，形成科学有效的利益协调机制、诉求表达机制、矛盾调处机制、权益保障机制。坚持把改善人民生活作为正确处理改革发展稳定关系的结合点，正确把握最广大人民的根本利益、现阶段群众的共同利益和不同群体的特殊利益的关系，统筹兼顾各方面群众的利益。

（二）完善社会主义市场经济体制的学术讨论

21世纪初，中国经济思想界一般认为，中国的经济改革和发展虽然取得了巨大成就，但经济体制改革的任务仍未完成，经济发展仍有诸多体制障碍，突出表现在城乡体制分割，产权制度不健全，国有企业建立现代企业制度和国有经济布局调整的任务尚未完成，资本等要素市场发展滞后，市场秩序比较混乱，政府职能转变还不到位，社会管理和公共服务职能薄弱，科技、教育、文化、卫生和社会保障等方面的体制还不完善等。为完善社会主义市场经济体制，经济思想界开展了广泛的讨论。

1.社会主义基本制度与市场经济有效结合

不少论者认为，中国经济体制中存在矛盾和问题，主要原因在于社会主义基本制度与市场经济的结合不够协调。因此，完善社会主义市场经济体制关键是要继续探索社会主义基本制度与市场经济有效结合的途径和方式，解决好这一问题，社会主义市场经济的发展才有可靠保证。

有观点总结，从中国的实践经验看，社会主义基本制度与市场经济体制相结合的途径和方式主要有以下方面：

（1）建立以公有制为主体、多种所有制经济共同发展的基本经济制度；

（2）调整国有经济布局，建立现代企业制度；

（3）建立以按劳分配为主体、多种分配方式并存、效率与公平兼顾的收入分配制度；

（4）建立多层次社会保障体系，保证社会成员的基本生存和生活需要；

（5）健全统一、开放、竞争、有序的现代市场体系；

（6）改革政府管理体制；

（7）正确处理对外开放和独立自主、自力更生的关系，维护国家经济安全。

通过这些途径和方式，社会主义基本制度与市场经济有效结合，是完善社会主义市场经济体制的关键环节。一些观点概括了社会主义市场经济体制最本质的特征是社会主义基本制度与市场经济相结合。

2.完善社会主义市场经济的体制创新思想

随着改革实践的推进及理论研究的深入，经济理论界对完善社会主义市场经济体制提出了一些具有创新意义的观点。完善社会主义市场经济需要实施五个方面的体制创新：

（1）针对市场机制和传统公有制模式的不兼容性，要花大力气深入进行公有制具体形式的创新。通过寻找能适应市场机制的公有制具体形式，增强公有制经济的内生发展能力，形成市场体制下经济发展与公有制经济壮大和控制力、影响力增强并进。

（2）以构建强有力的宏观调控机制为目标，强化和完善宏观调控体系，增强宏观调控的有效性。

（3）采取经济、行政、社会、道德等多方面的制度安排，形成制度约束下的经济活动自由。

（4）加强收入调节，切实完善社会主义分配关系和保障分配公正。

（5）大力构建发达高效的公共品生产及供应体系，改善民生和增进社会福利。

学术界分析了和谐社会与现代市场经济的相容性。为了有效配置资源，和谐社会的构建必须通过建立现代市场经济体制来达到。一个相对完善的市场经济体制完全可以达到和谐社会所应满足的特征。和谐社会的首要特征是民主法治社会，而现代市场经济本质上是法治经济。因此，民主和法治是和谐社会的基础和制度保障，也是建立现代市场经济体制的根本制度基础。

3.经济体制改革方向的讨论

21世纪初，在关于完善社会主义市场经济体制的讨论中，也出现了对中国经济体制改革方向的"左"和"右"、姓"资"和姓"社"、社会主义取向和市场化取向的争议。1992—2010年，关于经济体制改革方向的大讨论一般认为有三次：第一次是在1980—1984年；第二次是在1989—1992年；第三次是在2005年前后形成高潮，一直延续到2010年。几次争论的论题大体差不多，即围绕"计划与市场""姓'资'与姓'社'""公平与效率"等展开。说是争论其实也不十分确切，正如前文所述关于马克思主义经济学指导地位的讨论，基本上也是主流观点为主要阵势，一般很少有相对的观点与之直接争论。但不直接争论并不表明这些观点不存在，这些论者我行我素地按照自己的观点研究经济问题，出版论著，讲学上课。当然也有一些针对性的论著出版。与20世纪80年代末90年代初的讨论不同，这次讨论的焦点是围绕经济自由主义而展开的。一些经济学者认为存在一种新自由主义市场经济观和改革观，即鼓吹推行私有化、自由化和全球化。他们认为不能一般地说市场经济不分姓"资"还是姓"社"，在不同国家、不同社会制度、不同政治制度框架下，市场经济具有姓"资"姓"社"的不同特征。不能混淆两种市场经济性质，否定社会主义市场经济的基本特征。社会主义和市场经济结合的纽带不是私有制，而是"社会化"，即社会化的生产力与社会化的生产关系结合。

20世纪末21世纪初，中国经济思想界比较普遍地把经济体制改革简称为"市场化改革"或"市场化取向的改革"。如果是在一般的语境中，这种说法是不会引起歧义的，但若是在特殊语境中，比如在"姓'资'与姓'社'"的讨论中，这种说法就会被认为是有意识形态的偏向。有观点认为，"市场化"和"社会主义市场经济"不能等同，其内涵和外延均不相同，甚至可以说市场化作为一个市场进程的描述也不能覆盖一般市场经济的全部内容。单单强调"市场化"，必定落入"泛市场化""绝对市场化""市场原教旨主义"。中国的改革是社会主义"自我完善"，不能把市场经济与社会主义分开，不能模糊和改变我国的基本经济制度。有论者不同意"改革背离了社会主义方向"的说法，认为改革开放由于经验不足，在某些具体政策和措施方面出现失误，这需要在改革过程中认真地改进，但根本不涉及改革的方向问题。

（三）完善社会主义市场经济与自由市场经济和有国家干预的市场经济之辩

社会主义市场经济改革目标的确立以及改革实践，使中国创造了巨大的社会财富，经济总量和综合国力提升到在全世界举足轻重的水平。但随着经济的发展和社会财富的增加，一些与财富分配、公平正义相关的矛盾也日趋复杂和尖锐，引发经济思想界的思考。从经济学的角度分析，有关这方面的学术讨论的主线就是自由市场经济与有国家干预的市场经济这两种观念和理论的论争。

1.中国经济体制改革的政策路径特征

从20世纪80年代到21世纪初，中国经济体制改革的政策路径都具有国家干预调控的特征。中共十七大总结了中国改革开放的经验，在经济体制改革及经济建设方面，都是坚持将社会主义基本制度同发展市场经济结合起来，发挥社会主义制度的优越性和市场配置资源的有效性，使经济活动遵循价值规律的要求，解放和发展社会生产力，增强综合国力，提高人民生活水平。在经济活动层面，坚持社会主义基本制度主要体现在两个方面：一是强调并不断优化宏观调控，不采用自由放任市场经济的理论及政策主张；二是强调提高效率与促进社会公平相结合，既重视通过提高效率来增强社会活力，促进经济发展，又重视在经济发展的基础上通过实现社会公平来促进社会和谐，并要求通过着力发展社会事业，完善收入分配制度以保障和改善民生，实现全社会共同富裕。所以，从体制改革和社会转型发展的顶层设计考察，坚持社会主义制度的政治前提决定了中国社会主义市场经济不可能是自由市场经济的模式。所谓"完善"，也是指社会主义的基本社会制度与市场经济更有效、更完备地契合。正是从这个意义上说，建立和完善社会主义市场经济体制不仅是对马克思主义和社会主义的历史性贡献，也是人类社会制度文明的重大创新。

2.中国特色社会主义理论体系与社会主义市场经济

截至2010年，中国特色社会主义理论体系包括邓小平理论、"三个代表"重要思想以及科学发展观等。这一理论体系的主线是解放和发展生产力。生产力的发展是人类社会发展的最终决定力量，社会主义现代化必须建立在发达的生产力基础上。1992—2010年，社会主义初级阶段的主要矛盾始终是人民日益增长的物质文化需要同落后的社会生产之间的矛盾，解放和发展生产力始终是中国特色社会主义建设的中心任务。只有生产力发展了，经济实力和综合国力增强了，人民的生活才能不断改善，国家才能长治久安，促进人的全面发展才有坚实的物质基础，中国才能在国际格局中占据更加有利的地位。

中国特色社会主义理论体系的逐步形成和完善的过程，也是中国社会主义市场经济体制建立和完善的过程。中共十四大明确提出了建立社会主义市场经济体制的改革目标，十四届三中全会作出了《中共中央关于建立社会主义市场经济体制若干问题的决定》，十六届三中全会作出了《中共中央关于完善社会主义市场经济体制若干问题的决定》，中国经济体制改革的理论、政策和实践都是与中国特色社会主义理论体系的主线和内涵相一致的。

第二节　社会主义市场经济与经济思想变革

随着中国改革开放全面、深入展开，特别是随着社会主义市场经济体制建设的推进，中国经济思想从以研究计划经济（包括计划与市场相结合、有计划商品经济等）为主转而以研究市场经济为主。这种研究对象的转型引致了经济思想研究内容、方法、观点的变化或转型，使中国经济思想的演化表现出鲜明的时代特征。

一、社会主义市场经济与所有制变革思想

所有制理论是中国经济理论研究中的一个难点。所谓难点，并不是指这个论题本身有多大的难度，而是指受意识形态及政治原则的限制。所有制在中国不是一个单纯的经济问题，而是与社会主义制度密切联系的、具有政治意义的问题。中国改革开放以后，无论是从经济理论研究看还是从经济体制改革看，所有制都是一个关键问题。中国的经济体制改革和经济理论研究一直试图绕开所有制，最典型的莫如"两权分离"的理论思路和改革实践，以后又提出在公有制基础上构建社会主义市场经济制度。在理论界经久不衰的关于"重新建立个人所有制"的讨论，主要目的也是想从马克思主义经典论述中寻找所有制变革的理论依据。对于经济理论而言，最困难的是既要阐明市场化改革及经济效率提高的理论逻辑，又要避免触及所有制问题的"禁区"，为此，理论界耗费了大量的精力和笔墨。

（一）社会主义市场经济与所有制理论研究

1.所有制是手段还是目的

随着中国特色社会主义理论及社会主义市场经济思想的发展，理论界对所有制的观念也发生了重要转变。一个重要的观点是认识到所有制只是手段，不能固化为目的。社会主义之所以坚持公有制和按劳分配的主体地位，归根到底还是为了解放和发展生产力，为了消灭剥削和实现共同富裕。公有制、按劳分配作为社会主义经济的本质特征，比之邓小平概括的反映社会主义根本任务和内在目的的本质来说，还是第二位的，甚至可以说，也只是由根本目的、任务所决定的手段。所有制不应当是目的，目的应当是邓小平提出的共同富裕，所有制只是发展生产力的手段。既然所有制是发展生产力的手段，所有制就有一个选择问题、改革问题、创新问题，就应该使之有利于生产力的发展。所有制是生产关系的组成部分，是由生产力制约并为生产力服务的。也就是说，发展生产力是目的，一定的所有制形式是手段。所有制是手段而不是目的，要求我们按照生产力发展的需要调整所有制结构。

2.国家所有制与市场经济能否兼容

经济思想界比较多的观点认为国家所有制与市场经济可以有条件地兼容。二者兼容的条件是，打破整个社会的单一所有制，使社会上众多企业成为有财产的、真正独立的市场竞争主体，使市场机制对资源配置起基础性作用。国家所有制与市场经济是可以有机结合的，即市场交易主体既具有独立的、排他的、可转让的产权，又不改变生产资料公有制形式。中国农村产权制度的改革并没有改变土地等财产的所有制性质，它仅仅赋予农民以充分的自由经营权，将剩余劳动成果由财产所有者独占改变为和财产经营者分享，农民就能以商品所有者的身份进行市场交易。国有制与市场经济相结合的途径主要有二：一是积极发展多种所有制形式，实现产权结构的多元化；二是改革国有企业管理体制，建立适应市场经济要求的产权形式。

3.所有制结构及"混合所有制"研究

所有制结构是所有制理论研究拓展出的一个可以深化的课题，也是所有制改革与市场经济相契合的一个突破口。一般认为，在所有制结构问题上，应巩固公有制的主体地位，以公有制（包括全民所有制和集体所有制经济）为主体，以个体经济、私营经济、外资经济为补充，多种经济成分长期共同发展。以公有制为主体、多种经济成分并存的所有制结构应该包括以下几个方面的含义：

（1）公有制的主体地位是指在全国范围内要从总体上保持公有制经济在国民经济中的主体地位，不排斥在某些领域内和某些地方公有制不占主体地位；

（2）考虑到生产力发展的不平衡状况，各种所有制形式所占的比重可以在不同领域内和不同的地区有不同的状况，因而在全国总的所有制构成体系中，还可以有不同地区和不同经济领域在整个国民经济中的所有制构成体系；

（3）公有制主体地位不是要求国有经济在国民经济中占主体地位，而是包括国有经济及集体经济等公有制成分在内的公有制经济占主体地位；

（4）多种经济成分并存既包括国有经济、集体经济等公有制经济的不同形式，也包括个体经济、私营经济、国家资本主义等非公有制经济的不同形式，是公有制经济与非公有制经济的组合。

混合所有制是相对于基本的所有制说的。基本的所有制如国家所有制、资本主义所有制和个体所有制等，它们是原生的所有制；混合所有制是指原生的所有制的结合，是次生的。如个体所有制的联合是合作制，股份制也是一种混合所有制。由于它可以实现优势互补，适应市场经济的需要，因而混合所有制在中国大有发展前景。要区别主导的所有制和主体所有制两个概念。在中国，主导的所有制是国有制，但混合所有制可以成为大量的主体性的所有制。所有制结构的混合化，不仅是现代市场经济发展的客观要求和必然趋势，而且显示出旺盛的生命力和优越性，具有广阔的发展前景。

（二）调整和完善社会主义所有制结构的改革思想

1.中共十五大关于调整和完善社会主义所有制结构的论述

中共十五大报告指出，以公有制为主体，多种所有制经济共同发展，是中国社会主义初级阶段的一项基本经济制度。这一制度的确立，是由社会主义性质和初级阶段国情决定的。首先，中国是社会主义国家，必须坚持将公有制作为社会主义经济制度的基础；其次，中国处在社会主义初级阶段，需要在以公有制为主体的条件下发展多种所有制经济；最后，一切符合"三个有利于"的所有制形式都可以而且应该用来为社会主义服务。

我们要全面认识公有制经济的含义。公有制经济不仅包括国有经济和集体经济，还包括混合所有制经济中的国有成分和集体成分。公有制的主体地位主要体现为：公有资产在社会总资产中占优势；国有经济控制国民经济命脉，对经济发展起主导作用。这是就全国而言，有的地方、有的产业可以有所差别。公有资产占优势，要有量的优势，更要注重质的提高。国有经济起主导作用，主要体现在控制力上。要从战略上调整国有经济布局。对关系国民经济命脉的重要行业和关键领域，国有经济必须占支配地位；在其他领域，可以通过资产重组和结构调整，以加强重点，提高国有资产的整体质量。

公有制实现形式可以而且应当多样化。一切反映社会化生产规律的经营方式和组织形式都可以大胆利用。要努力寻找能够极大促进生产力发展的公有制实现形式。股份制是现代企业的一种资本组织形式，有利于所有权和经营权的分离，有利于提高企业和资本的运作效率，资本主义可以用，社会主义也可以用。不能笼统地说股份制是公有还是私有，关键看控股权掌握在谁手中。国家和集体控股具有明显的公有性，有利于扩大公有资本的支配范围，增强公有制的主体作用。城乡大量出现的多种多样的股份合作制经济，是改革中的新事物，要支持和引导，不断总结经验，使之逐步完善。以劳动者的劳动联合和劳动者的资本联合为主的集体经济，尤其要提倡和鼓励。

非公有制经济是我国社会主义市场经济的重要组成部分。对个体、私营等非公有制经济要继续鼓励、引导，使之健康发展。这对满足人们多样化的需要、增加就业、促进国民经济的发展有重要作用。

我国要健全财产法律制度，依法保护各类企业的合法利益和公平竞争，并对它们进行监督管理。

2.学术界对中共十五大所有制理论的评价

中共十五大报告从社会主义初级阶段的实际出发，以"三个有利于"为标准，在所有制理论上作了重大突破，丰富和发展了马克思主义理论。中共十五大在社会主义所有制理论问题上的突破集中表现在两个方面：一是从单一的公有制理论向以公有制经济为主体、多种所有制经济共同发展的理论转变，形成了所有制结构理论；二是把所有制与所有制的实现形式区分开，形成了公有制实现形式理论。

（1）明确提出以公有制为主体、多种所有制经济共同发展是我国社会主义初级阶段的一项基本经济制度。以往的提法是"以公有制为主体，多种经济成分共同发展"，虽是几字之差，但体现了思想大解放、理论大突破。中共十五大的新提法，使非公有制经济由"制度外"进入"制度内"，这大大拓展和丰富了社会主义基本经济制度的内涵，有利于继续调整和完善所有制结构，进一步解放和发展生产力。

（2）要根据中国社会主义初级阶段的基本国情，全面认识和科学界定公有制经济的含义。公有制经济不能仅仅理解为传统意义上的单一所有制形式的国有经济和集体经济，更不能理解为以国有经济为主体。不能以公有化程度的高低来评价不同形式公有制经济的地位和作用。改革开放以来，混合所有制形式发展很快，而且公有制经济在混合所有制经济中所占份额越来越大，有的已占控制地位。因此，公有制经济应当包含混合所有制经济形式中的国有成分和集体成分。

（3）明确了公有制主体地位的体现，即公有资产在社会总资产中占优势，国有经济控制国民经济命脉，对经济发展起主导作用。这是就全国而言，有的地方、有的产业可以有所差别。公有资产占优势，要有量的优势，更要注重质的提高。

（4）明确了国有经济主导作用的体现主要在控制力，有利于从战略上调整国有经济布局，确保重点，增强其控制力、竞争力。

（5）明确提出公有制实现形式可以而且应当多样化。同一所有制性质可以有多种实现形式，不同的所有制性质也可采用同一实现形式。股份制、公司制、承包、租赁、托管、兼并、收购和出售等，都是实现形式，私有制可以采用，公有制也可以采用。公有制实现形式多样化的理论有利于人们大胆利用一切反映社会化生产规律的经营方式和组织形式，有利于人们努力寻找能够极大促进生产力发展的公有制实现形式。

（6）提出了选择公有制实现形式的明确标准。传统的观点认为，公有制实现形式应该是纯而又纯的社会主义性质的，全民所有制比集体所有制优越，集体所有制比非公有制性质的个体经济、私营经济更优越。曾经一度出现的"穷过渡""共产风"，就是由此出发的。事实上，全民所有制和集体所有制都是公有制的实现形式，都是社会主义性质，谁比谁优越，不可能从性质上来衡量，只能从其社会效益和经济效益、从促进生产力发展的程度上来衡量。

（7）确立了非公有制经济的合法地位。以前，个体、私营等非公有制经济，总是限制在"补充"的地位，现在堂堂正正地成了"我国社会主义市场经济的重要组成部分"，并对非公有制经济要继续鼓励、引导，使之健康发展。这有利于满足人们多样化的需要，增加就业，培植新的经济增长点，从而促进国民经济发展。这也有利于国家健全财产法律制度，依法保护各类企业的合法权益和公平竞争，并对它们监督管理。

3.《中华人民共和国宪法修正案》中有关所有制的修正内容

1998年3月，九届全国人大一次会议通过的《中华人民共和国宪法修正案》第十六条规定，《中华人民共和国宪法》第十一条："在法律规定范围内的城乡劳动者个体经济，是社会主义公有制经济的补充。国家保护个体经济的合法的权利和利益。""国家通过行政管理，指导、帮助和监督个体经济。""国家允许私营经济在法律规定的范围内存在和发展。私营经济是社会主义公有制经济的补充。国家保护私营经济合法的权利和利益，对私营经济实行引导、监督和管理。"修改为："在法律规定范围内的个体经济、私营经济等非公有制经济，是社会主义市场经济的重要组成部分。""国家保护个体经济、私营经济的合法的权利和利益。国家对个体经济、私营经济实行引导、监督和管理。"

（三）完善社会主义市场经济与所有制改革研究

1.所有制改革政策思想概述

（1）中共十六届三中全会关于所有制改革的政策思想。

中共十六届三中全会通过的《中共中央关于完善社会主义市场经济体制若干问题的决定》提出，进一步巩固和发展公有制经济，鼓励、支持和引导非公有制经济发展。推行公有制的多种有效实现形式。坚持以公有制为主体地位，发挥国有经济的主导地位。积极推行公有制的多种有效实现形式，加快调整国有经济布局和结构。要适应市场化不断发展的趋势，进一步增强公有制经济的活力，大力发展国有资本、集体资本和非公有资本等参股的混合所有制经济，实现投资主体多元化，使股份制成为公有制的主要实现形式。发展具有国际竞争力的大公司、大企业集团。继续放开搞活国有中小企业。以明晰产权为重点，深化集体企业改革，发展多种形式的集体经济。

大力发展和积极引导非公有制经济。个体、私营等非公有制经济是促进我国社会生产力发展的重要力量。清理和修订限制非公有制经济发展的法律、法规和政策，消除体制性障碍。放宽市场准入，允许非公有制资本进入法律、法规未禁入的基础设施、公共事业及其他行业和领域。非公有制企业在投融资、税收、土地使用和对外贸易等方面，与其他企业享受同样的待遇。

建立健全现代产权制度。产权是所有制的核心和主要内容，包括物权、债权、股权和知识产权等各类财产权。建立归属清晰、权责明确、保护严格、流转顺畅的现代产权制度，有利于维护共有财产权，巩固公有制经济的主体地位；有利于保护私有财产，促进非公有制经济的发展；有利于各类资本的流动和重组，推动混合所有制经济发展；有利于增强企业和公众创业创新的动力，形成良好的信用基础和市场秩序。这是完善基本经济制度的内在要求，是构建现代企业制度的重要基础。要依法保护各类产权，健全产权交易规则和监管制度，推动产权有序流转，保障所有市场主体的平等法律地位和发展权利。

（2）中共十七大关于所有制改革的政策思想。

中共十七大报告提出，要正确处理以坚持公有制为主体和促进非公有制经济发展的关系，毫不动摇地巩固和发展公有制经济，发挥国有经济的主导作用，毫不动摇地鼓励、支持和引导个体、私营等非公有制经济发展，使两者在社会主义现代化建设进程中相互促进、共同发展。为此，要深化国有企业改革，进一步探索公有制特别是国有制的多种有效实现形式，大力推进企业的体制、技术和管理创新。除极少数必须由国家独资经营的企业外，积极推行股份制，发展混合所有制经济。实行投资主体多元化，重要的企业由国家控股。按照现代企业制度的要求，国有大中型企业继续实行规范的公司制改革。通过市场和政策引导，发展具有国际竞争力的大公司、大集团。进一步放开搞活国有中小企业。深化集体企业改革，继续支持和帮助多种形式的集体经济的发展。要充分发挥个体、私营等非公有制经济在促进经济增长、扩大就业和活跃市场等方面的重要作用。放宽国内民间资本的市场准入领域，在投融资、税收、土地使用和对外贸易等方面采取措施，实现公平竞争。依法加强监管和管理，促进非公有制经济健康发展。完善保护私人财产的法律制度。

2.汇成混合所有制的强大资本实力

从完善社会主义市场经济与所有制结构调整的关系的角度分析，中国所有制结构的不合理主要表现在两个方面：一是国有经济实现形态较单一，而且效率较低，但占用的资源（包括金融资源）较多；二是未能形成一种产权多元化、投资主体多元化的混合所有制经济主流形态。在一个经济社会中，市场的成长、企业制度的变革与所有制及产权制度的调整是一个相互联系的过程。所有制及产权制度的调整是为了符合社会主义市场经济体制的要求，是为了提高经济制度效率和经济活动效率。根据这一目标，一方面要进行国有经济布局及结构调整，深化国有控股公司和大企业集团改革，完善国有资产管理体制，使国有资产规模整合、质量优化、经营管理效率提高；另一方面大力发展非公有制经济，使民营经济或私营经济成为社会经济的微观基础，成为国民财富的主要保有形式和增长来源。国有经济布局和结构调整及大力发展民营经济的一个契合点就是发展混合所有制经济。国有资本通过有进有退、合理流动机制与其他资本联动，向优势产业和关键领域集中，提高国有经济的主导竞争力。民间资本则参与国有企业的资产重组和股份制改造，并全面进入法律、法规未禁入的一切行业和领域。国有资本和民间资本互相渗透，互相融合，汇成混合所有制的强大资本实力，共同支持中国经济社会可持续发展。

对于民营（或私营）经济和企业的讨论，也要与富民强国相联系。一个国家或地区的经济繁荣和财富增长，是以有效率的企业为基础的。中国经过了30多年改革开放，中小企业（主要是民营或私营企业）已构成国民经济的重要基础。据2007年的统计，中小企业创造的增加值已占全国GDP的60%，缴纳的税金占全国的50%，中小企业的发明专利占全国的66%，研发产品占全国的82%，吸纳了75%的城镇人口就业。然而，中国企业的数量远低于国际一般水平。中国每千人拥有企业不到10个，远低于发达国家每千人50个左右的平均水平和发展中国家每千人20~30个的平均水平。企业数量少，直接限制经济的就业容量，限制居民收入增长。而创业难、经营难及多方面的"所有制歧视"又使大量民营、私营企业陷于困境，甚至退出市场，这样一种国民经济格局，要改善民生还是有障碍的。2009年4月29日，国务院常务会议原则通过《关于2009年深化经济体制改革工作的意见》，确定了2009年重点推进的十项改革任务。

其中，第一项是转变政府经济管理职能，继续削减和调整行政审批事项，激发市场投资活力。深化垄断行业改革，拓宽民间投资领域和渠道；第二项是深化国有企业改革，进一步优化所有制结构，推动非公有制经济和中小企业发展。中央政府的改革举措符合国际、国内经济形势的要求，这一改革路径是中国经济成长及现代化建设的重要保证。

3."国进民退"与"国退民进"之争

2008年，美国次贷危机引发了国际金融危机，欧美发达市场经济国家陷于由金融危机引发的财政危机和经济危机。在经济全球化格局下，新兴市场经济国家也受到严重冲击。为应对危机，中国采用了积极的财政政策，通过大规模基础设施建设和固定资产投资以刺激总需求，保持经济平稳增长。在这一过程中，国有经济所固有的遵从国家宏观调控以应对经济危机的功能就显得比较突出，加之国有经济获得贷款能力较强，以及国有经济和民营经济的重组并购消长现象，使经济思想界一些观点认为这是一种"国进民退"现象，甚至认为这是改革的倒退。当然也有不同意见。① 统计资料表明，改革开放以来，虽然国有经济的总量不断扩大，但国有经济的比重一直趋于下降。因此，从中国所有制结构变化总的情况看，所谓的"国进民退"并不存在，相反存在的是"民进国退"的趋势。

21世纪头10年国有企业在一些领域的扩张，一是与应对危机时国有经济的特殊作用有关，二是与大企业在危机中的特殊优势有关，三是与国有经济的竞争力提高有关。从微观层面看，在特定时期和个别领域，国有经济或民营经济的进与退都是市场经济的正常现象。但是从基本制度层面和发展趋势上看，如果公有制经济的比重不断下降，最终势必会影响公有制的主体地位和国有经济的主导作用，瓦解社会主义基本经济制度，应当说，这才是我们所面临的真正危险。②

应当肯定，在国家立法及政策层面，对发展非公有制经济的思想是明确的。

中共十七大报告提出，坚持和完善以公有制为主体、多种所有制经济共同发展的基本经济制度，毫不动摇地巩固和发展公有制经济，毫不动摇地鼓励、支持、引导非公有制经济发展，坚持平等保护物权，形成各种所有制经济平等竞争、相互促进新格局。

2005年2月，国务院颁发了《关于鼓励支持和引导个体私营等非公有制经济发展的若干意见》，放宽对非公有制经济的市场准入，创造公平竞争的市场环境。

2007年3月全国人大十届五次会议通过了《中华人民共和国物权法》，保障一切市场主体的平等法律地位和发展权利。

2010年5月，国务院发布《关于鼓励和引导民间投资健康发展的若干意见》，鼓励和引导民间资本进入基础产业和基础设施、市政公用事业和政策性住房建设、社会事业、金融服务、商贸流通、国防科技工业领域，鼓励和引导民间资本重组联合和参与国有企业改革、积极参与国际竞争，推动民营企业加强自主创新和转型升级。

---

① 卫兴华，张福军. 当前"国进民退"之说不能成立——兼评"国进民退"之争［J］. 马克思主义研究，2010（3）：5-11；159.
② 张宇. 当前关于国有经济的若干争议性问题［J］. 经济学动态，2010（6）：34-38.

但在现实的经济生活中，民营经济的发展除了自我积累能力和资本实力弱、技术研发落后、经营管理现代化程度低、市场竞争力低下等内部障碍，也确实存在体制、观念、投融资政策、政府监管、市场准入等方面的外部障碍。不少政府部门仍沿用计划经济体制下的管理观念和方法，仍习惯以公有制经济为主要服务对象，还没有意识到政府的职能是为各类企业和各种所有制经济主体提供公平公正的市场环境。针对这种状况，有论者提出要进一步解放思想，切实转变观念，认识到发展民营经济是坚持和完善基本经济制度的要求。要完善有关法律、法规，优化促进民营经济发展的各种配套措施。要转变政府职能，改进政府对非公有制经济的服务和对公平市场竞争的监管等。①

二、社会主义市场经济与收入分配理论演变

（一）20世纪90年代按劳分配理论及劳动价值论研究

20世纪90年代，在社会主义市场经济体制改革背景下，经济思想界对按劳分配及劳动价值论展开了较为深入的研究。

1.关于按劳分配的诸种观点

经济思想界主要从按劳分配的含义、按劳分配的应用范围、按劳分配的实现形式、按劳分配与商品货币关系及劳动计量问题等方面提出了新的观点。

有研究指出，马克思的按劳分配设想的核心内容有两点：一是在整个社会范围内以劳动作为收入分配的唯一尺度；二是在整个社会范围内提供等量劳动获得等量报酬。在此基础上，理论界对按劳分配的含义又生发出其他一些内容，大体上有：按劳分配的对象是社会总产品中的消费资料部分；按劳分配是由生产资料公有制来决定的；按劳分配的依据是劳动时间；按劳分配的实施主体是社会消费品储备管理机关或社会机关；按劳分配的受益主体是物质生产部门的劳动者；按劳分配的历史变化随社会的发展而发展。

在较长时期内，一般都认为按劳分配是个人生活消费品的分配原则。但进入20世纪90年代，理论界开始对按劳分配的应用范围作出一些新的解释。按劳分配的作用范围并不包括全社会所有个人生活消费品的分配，按劳分配仅仅是个人劳动收入的分配原则，而并不是任何非劳动收入的分配原则。一方面，凡个人通过劳动途径取得收入都必须遵循按劳分配原则；另一方面，凡个人通过非劳动途径取得收入都不受按劳分配原则的约束。

关于按劳分配的实现形式，经济思想界比较一致的看法是，要坚持按劳分配原则，最关键的是要找到一个能够充分体现按劳分配规律客观要求的实现形式。一般而言，这一实现形式是通过劳动收入的分配制度和机制来表达的，具体应该包括劳动工资、劳动福利、劳动保障等三个方面的政策、制度和机制问题。

2.市场经济条件下的按劳分配研究

在社会主义市场经济条件下，劳动者的个人劳动也不直接是社会劳动，这种个人劳动仍然需要经过迂回曲折的道路，即由"著名的价值插手其间"，转化为社会劳动。在

①　张卓元，等. 新中国经济学史纲（1949—2011）［M］. 北京：中国社会科学出版社，2012：253.

社会主义市场经济中，国有企业中的劳动者的个人劳动并不直接向社会提供商品，而是以企业联合劳动的一个组成部分凝结在企业的产品中。企业作为独立的商品生产者，它必须将其产品在市场上按价值全部出售，企业的联合劳动以及作为这个联合劳动组成部分的劳动者的个人劳动，才能得到社会的承认而转化为社会劳动，并得到相应的补偿。一般等价交换是价值规律的抽象。在社会主义市场经济中，劳动之间的一般等价交换表现为劳动者的等量劳动互换，"即一种形式的一定量的劳动可以和另一种形式的同量劳动相交换"①。所谓的"等量"，实质上就是等价，因为在商品经济中，每一个人的劳动还不是从一开始就成为直接的社会劳动，产品中包含的社会劳动量还不能直接地、绝对地知道，所以只能用"相对的、动摇不定的、不充分的、以前出于无奈而不得不采用的尺度——时间来表现这些劳动量"②。

　　商品的价值形成和价值实现，是价值运动过程中两个不可分割的环节。马克思说："只是社会必要劳动量，或生产使用价值的社会必要劳动时间，决定该使用价值的价值量。"③但是，在生产过程中形成的商品价值能否实现，就必须考察流通过程，"如果某种商品的产量超过了当时社会的需要，社会劳动时间的一部分就浪费掉了，这时，这个商品量在市场上代表的社会劳动量就比它实际包含的社会劳动量小得多"④。马克思进一步指出："如果某个部门花费的社会劳动时间量过大，那么，就只能按照应该花费的社会劳动时间量来支付等价。因此，在这种情况下，总产品——总产品的价值——就不等于它本身所包含的劳动时间，而等于这个领域的总产品同其他领域的产品保持应有的比例时按比例应当花费的劳动时间。"⑤这就是说，并非任何企业的联合劳动总和自然构成社会必要劳动时间，而只是那些在市场上为社会所承认（完成交换）的那部分企业劳动才是社会必要劳动时间的一部分，才能实现其价值。

　　在社会主义市场经济中，每一个劳动者都是一个独立的利益主体，等量劳动交换关系在他们中间普遍存在，价值规律作用是覆盖全社会的。所谓价值规律作用覆盖全社会，就是劳动者各以自己的个人劳动通过企业的中介，经受市场的检验，并根据等价交换原则进行等量劳动互换。劳动者的个人劳动能不能或者在多大程度上转化为社会劳动，关系到他们的劳动是否有效，他们的劳动耗费是否能够或在多大程度上得到补偿，他们的物质利益在多大程度上得到满足。这一点最终归结为企业的经济效率。企业经济效率高低决定了企业成员收入的多少，而企业的经济效率又与每一个工人的劳动密切相关，如劳动者提供的劳动量的多少、劳动生产率的高低、产品质量的好坏等。这里就产生出一种机制，将劳动者的劳动与其经济利益进而与企业的经济效率联系起来。

　　① 马克思，恩格斯．马克思恩格斯选集（第3卷）[M]．中共中央马克思恩格斯列宁斯大林著作编译局，译．北京：人民出版社，1972：11．
　　② 马克思，恩格斯．马克思恩格斯选集（第26卷）[M]．中共中央马克思恩格斯列宁斯大林著作编译局，译．北京：人民出版社，1972：348．
　　③ 马克思．资本论（第1卷）[M]．中共中央马克思恩格斯列宁斯大林著作编译局，译．北京：人民出版社，1975：52．
　　④ 马克思，恩格斯．马克思恩格斯全集（第25卷）[M]．中共中央马克思恩格斯列宁斯大林著作编译局，译．北京：人民出版社，1972：205．
　　⑤ 马克思，恩格斯．马克思恩格斯全集（第26卷）[M]．中共中央马克思恩格斯列宁斯大林著作编译局，译．北京：人民出版社，1972：235．

（二）20世纪90年代关于公平与效率的讨论

1.关于公平的讨论评述

（1）平均主义公平观。平均主义是建立在小农经济基础之上的公平观，其典型代表是中国历次农民起义所提出的"均贫富""等贵贱""有饭同吃，有衣同穿"等思想。这种公平思想很少注意全体成员整体生活水平的提高，而只注重成员之间的财富分配结果没有差异，即孔子所讲的"不患寡而患不均"。这种公平观的出现主要是由生产力水平的低下和小农经济的生产方式造成的。在物质资料极度匮乏的条件下，人们主要追求的是生命价值，平均主义公平思想能保证社会或集团成员的生存机会均等。但是由于这种公平思想仅仅着眼于平等，而排斥公正所带来的合理差距，因而缺乏一种增加财富的动力机制，对生产力发展的促进作用也甚为微弱，事实上很难在实践中长久存在。长期以来，由于我们体制上的某些弊端，加上人们主观认识上的偏差，把公平简单地理解为平均，完全排斥因个人能力不同而所要求的合理收入差距，扼杀了劳动者的积极性，并造成了效率的长期低下。平均主义是分配的不公平，不是分配的公平，不能把由它造成的效率低下的责任归咎于公平，在理论上也不能把平均主义当作公平来讨论。

（2）机会均等公平观。机会均等是与平均主义相对应的，产生于商品经济时期的公平观，其基本主张是"物竞天择，适者生存"，其核心是竞争机会均等。这种公平观在促进生产力的进步方面所具有的作用是极其明显的。从历史上看，资本主义能在它的生存历史中创造那么巨大的物质财富，在很大程度上有着这种公平价值观的作用。所以相对而言，这种公平思想比平均主义思想进步。但在资本主义条件下，这种公平思想是为既得利益者服务的，"机会均等"只是形式上的均等，不同的竞争者由于各种条件的差异，而面临着事实上的机会不均等。

（3）收入差距适宜公平观。这种公平观把收入差距大小作为判断社会分配公平与否的标准，是当今西方理论界普遍流行的一种公平观。这种理论认为，如果收入差别小，则被认为是公平的或至少说是接近公平的；反之，如果收入差别大，则被认为是不公平的，所以这种公平观的实质在于以分配结果的均等度来作为判断公平与否的标准。这种公平观正视收入差距过大可能带来的消极后果，要求为维护社会安定而缩小过大的收入差距。但其缺陷也是很明显的，特别是将不公平经济所带来的收入（如垄断收入、级差收入、权钱交易所得收入等）和借助生产资料所有权带来的收入，以及因个人能力不同而造成的收入搅和在一起，模糊了上述三者之间的质的不同。

（4）按劳分配公平观。这种公平观默认"不同等的个人天赋"所形成的不同收入为"天然特权"，要求废除分配上的平均主义，切实贯彻"多劳多得，少劳少得，不劳动者不得食"的分配原则，因而具有很大的历史进步性。事实上，按劳分配就它本身来说，也是公平的，但是，如果由此便把按劳分配当作社会主义市场经济条件下公平观的全部内容，也是不正确的。按劳分配公平原则的实现有两个前提：一是所适用范围内的劳动者在生产资料面前更具有真实的平等性；二是要有健全的劳动力市场，劳动者能够自由流动、择业，使其不同的"天然特权"得以有效发挥。只有在上述条件下，按劳分配原则的"劳"才是公平的"劳"。

2.关于效率优先的讨论述评

（1）效率至上。这种观点把是否有利于效率的提高作为公平的标准，认为只有效率提高了，社会财富大量增加了，社会福利才能增大，个人之间的福利才能趋于公平。效率优先论者认为，资源的最优配置应置于首要地位，达到资源最优配置的前提是市场自由竞争。在市场经济中，企业的行为目标是追求利润最大化，个人的行为目标是追求效用最大化。这是一种内在激励机制。市场自由竞争又产生了一种外部制约机制，迫使企业和个人为了自己的利益最大化而必须提高效率。在这样一种激励-约束机制的作用下，经济活动的效率得以提高，社会财富得以增加，社会也就更有能力关注公平问题。效率至上论奉行经济学的效率原则，在当时历史条件下有利于市场经济的发展，但是对效率至上论的肯定是有条件的，即仅仅是以市场经济的发展为参照系的，若是超出这个范围，如以整个社会的发展为参照系，效率至上论就出现其缺陷和片面性了。

（2）效率优先，兼顾平等。这是中国的主流观点，之所以主张"效率优先，兼顾平等"，是因为效率与平等往往不容易兼顾。在一般情况下，效率与平等是互相矛盾的。要提高效率，就必须强调市场机制的作用，实行按劳分配，而市场机制作用和按劳分配的结果是人们收入差距和贫富程度的扩大，甚至会出现两极分化。这种收入差距和贫富程度的扩大以及两极分化，就是一种不平等。为了消除或者减轻这种不平等，就必须通过国家对人们的收入进行调节，使贫富不至于悬殊，而国家对人们收入的调节，就是对市场条件下效率及结果的某种程度的约束和抵消。但总的说来，效率和平等是处在相互矛盾和彼此冲突之中的。社会的任务就是在这两者之间进行权衡，或者以牺牲一定的效率为代价而获得更多的平等，或者以放弃一定的平等为前提而谋得更高的效率。这是一种两难的抉择。

（三）21世纪初收入分配理论研究

1.关于按生产要素贡献分配的讨论

中共十六大报告明确提出了"确立劳动、资本、技术和管理等生产要素按贡献参与分配的原则"，经济思想界对按生产要素贡献分配的客观必然性、按生产要素贡献分配的理论依据，以及这一分配方式的实现机制等展开了讨论。一些论者认为，按生产要素贡献分配的理论依据是生产要素的所有权关系或产权关系。由于不同的生产要素在创造价值和使用价值的过程中有着不同的贡献，这些要素的所有者凭借要素的所有权要求参与收入分配，这是生产要素所有权在经济上的实现，也是合理利用生产要素、有效配置资源的需要。关于生产要素"贡献"是创造价值的贡献还是生产财富（即使用价值）的贡献，有学者认为，对不同的生产要素应予以区别对待。如在生产过程中，工人的劳动、科技劳动或管理劳动，在商品生产中的"贡献"是既创造了财富，也创造了新价值。而资本作为非劳动要素的贡献是指它在生产财富中的贡献。当然，从某种意义上说，资本是创造价值与财富的必要条件，在创造价值中起了客观作用，这种作用也可被称为"贡献"。

2.关于公平和效率的讨论

21世纪初，关于公平和效率的讨论主要是围绕"效率优先，兼顾公平"政策思想的不同理解和所谓"反思"进行的。特别是中共十七大有关效率与公平的一些新的提法，在经济思想界引发了新一轮争论。

在2007年11月召开的全国高校社会主义经济理论与实践研讨会第21次年会上，有论者指出，中共十七大报告中关于效率与公平关系的新提法，是对"效率优先，兼顾公平"提法的重要调整。有观点认为，公平与效率之间不是互相排斥、非此即彼的关系，也不应有先后顺序的排列，在和谐社会的构建过程中，应逐步由"效率优先，兼顾公平"向"效率与公平并重"转变。其实，在中共十七大之前，就有一些论者对"效率优先，兼顾公平"作了"重新反思"。有观点指出，"效率优先，兼顾公平"多年来一直是政策建议的价值判断基础，但这是一种"有重大缺陷甚至是错误的观点"。这种观点主导的政策建议对现实中产生的许多不公平现象负有很大的责任，甚至给实践中某些毫不顾忌公正的不良行为提供了借口。这种观点之所以是错误的，根源就在于它对"公平"的狭隘的、不恰当的理解，进而赋予了效率以一种完全优于任何其他社会经济目标的地位。

也有不少学者对"效率优先，兼顾公平"持肯定意见。他们认为中国居民收入不平等的主因恐怕是机会不平等而非效率，而机会不平等的消除恰是与效率提高相辅相成。所以，他们认为当时收入差别过大主要是由于过分强调了效率，混淆了不同的问题。在一个富人富得有道理，穷人仍然有希望、有保障的社会，人们是能够接受贫富差距的。

3.在经济发展的基础上完善收入分配制度

应该在经济发展的基础上讨论收入分配问题。

首先，以收入分配为表象的利益关系的调整是与经济发展相联系的，收入差距扩大是在绝对收入水平总体上升、贫困人口持续减少的条件下发生的。换言之，没有中国经济的持续增长，也不会有显性的收入差距问题。

其次，当经济发展到一定水平之后，社会应该更加关注收入差距问题，也较有经济能力和经济手段来调节收入分配关系，促进共同富裕。

最后，调节收入分配关系不能摒弃效率原则，不能损害经济发展这一基础。因为收入分配调节的目的是共同富裕，不是共同贫穷。所以，在经济学框架中讨论收入分配（包括行业收入差异），关键的环节是构建公平竞争的市场制度。当然，在推进制度变革的同时，有必要加强政策调节，主要是完善社会保障制度和财政转移支付制度，将收入差距限制在一定范围内，保障社会的稳定和安全。

4.建立健全财产保护制度，依法保护合法收入

一个经济的长期增长需要有财富和储蓄的支持，而财富和储蓄的积累来自社会富裕阶层及中等收入阶层的形成和扩大。在收入正当的前提下，富裕阶层及中等收入阶层越大越好，这也符合社会主义生产的本质和目的。所以，应当在理论上、文化上合理解释合法收入致富的社会功能，并在制度上切实有效地保护所有公民的财产权。这是建设一个民主、富强国家的基础条件。

从促进经济发展转型的要求分析，应该提高国民收入中劳动份额（工资）的比重，使实际工资水平接近劳动生产率水平，以达到居民可支配收入的较大幅度上升。这也是居民消费与GDP的比率上升、扩大内需、使经济增长从投资驱动转型为消费驱动的有

效机制。在制度安排上，需要有相应的法律、法规支持及工会力量的制衡。

三、社会主义市场经济与现代企业制度改革思想

（一）20世纪90年代国有企业改革研究概述

1.建立现代企业制度

在整个20世纪90年代，国有企业改革一直是中国经济体制改革的核心问题。无论是创立社会主义市场经济体制，还是所有制、产权改革和财政、金融、税收、外贸体制改革，都与国有企业改革相联系。从经济理论发展看，20世纪90年代关于国有企业改革的研究是在一系列重要的国家政策和法律指导下推进的。

1992年7月，国务院颁发的《全民所有制工业企业转换经营机制条例》指出，企业转换经营机制的目标是：使企业适应市场的要求，成为依法自主经营、自负盈亏、自我发展、自我约束的商品生产和经营单位，成为独立享有民事权利和承担民事义务的企业法人。

1993年11月，中共十四届三中全会通过的《中共中央关于社会主义市场经济若干问题的决定》提出了建立现代企业制度的要求，并指出，以公有制为基础的现代企业制度是发展社会化大生产和市场经济的基础。建立现代企业制度是发展社会化大生产和市场经济的要求，是我国国有企业改革的方向。现代企业制度的特征是产权清晰、权责明确、政企分开、管理科学。国有企业实行公司制，是建立现代企业制度的有益探索。

1993年12月，第八届全国人民代表大会常务委员会第五次会议通过了《中华人民共和国公司法》（以下简称《公司法》），1994年7月1日起正式实施。《公司法》的制定和实施是建立社会主义市场经济的必然要求，是建立现代企业制度的法律依据。

中共十五大要求到20世纪末，力争使大多数国有大中型骨干企业初步建立现代企业制度，经营状况明显改善，开创国有企业改革和发展的新局面。

中国所要建立的现代企业制度，是适应社会主义市场经济要求，以规范和完善的企业法人制度为主体，以有限责任制度为核心的新型企业制度。其基本特征是：

（1）政企职责分开，产权关系明晰，企业中的国有资产所有权属于国家，企业拥有法人财产权，是自主经营、自负盈亏的独立法人实体；

（2）企业以包括国家在内的出资者投资形成的全部法人财产依法享有民事权利，承担民事责任，并对出资者承担资产保值增值的责任，出资者按投入企业的资本额依法享有资产所有者的权益，承担有限责任；

（3）企业按市场需求组织生产经营，以提高劳动生产率和经济效益为目的，政府不直接干预企业的生产经营活动；

（4）企业制定章程，建立科学规范的领导体制和组织管理制度，调整所有者、经营者和职工之间的关系，形成激励和约束相结合的经营机制；

（5）企业依法经营，照章纳税，接受政府监督，适应国家宏观调控。

显然，这种观点把现代企业制度概括为包括财产制度（或产权制度）、责任制度、

组织制度和管理制度等在内的一种制度。[①]

2.国有企业产权制度和治理结构改革研究

一般认为，产权制度改革是企业改革的核心。实行所有权和经营权分离是中国企业改革的重要手段，是建立现代企业制度的重要内容，但"两权分离"产生了所有权对经营权约束的弱化，导致"内部人控制"问题和国有资产流失。所以，在现代企业制度建设中，应特别注意研究所有权对经营权的制约机制。

随着国有企业公司制改革的展开，经济思想界对西方委托-代理理论进行了广泛研究，并以这一理论为指导设计了若干国有企业内部治理结构改革的思路和方案。委托-代理理论涉及代理成本、监督约束和激励机制等方面的内容，其中委托人的行为动机是隐含的，即事先假定他有行为能力，并且有追求自身利益的激励。但中国国有企业的初始委托人是无行为能力的，因为国有资产的最终所有者和初始委托人是全体公民，这一"产权主体"没有经济意义，亦无经济学和法学意义上的行为能力。这一"主体"既不能进行决策、谈判签约，也不能决定收入的分配。在这种情况下，要初始委托人对作为代理人的各级政府官员乃至企业经理人员进行监督并形成约束是不可能的。对于这种委托-代理关系，需要从所有制、资本运行的角度看是否有效率，而不能在给定所有制结构的条件下讨论如何使委托-代理关系有效率。有学者认为，市场竞争才是影响委托-代理关系从而影响企业绩效的关键因素。在比较完善的市场经济环境中，对企业代理人的激励和制约主要是通过产品市场和经理人市场的竞争来发生作用的。而中国市场体系不完善，难以形成对代理人的有效监督和制约。因此，改革的首要任务就是要发展和完善市场体系，为国有企业提供公平竞争的市场制度环境。

（二）完善社会主义市场经济体制与国有企业改革研究

1.完善国有企业公司法人治理结构的政策思想

2003年10月，中共十六届三中全会通过《中共中央关于完善社会主义市场经济体制若干问题的决定》，提出了完善国有资产管理体制，深化国有企业改革的政策思想。深化国有企业改革的主要方向是完善公司法人治理结构。按照现代企业制度要求，规范公司股东会、董事会、监事会和经营管理者的权责，完善企业领导人员的聘任制度。股东会决定董事会和监事会成员，董事会选择经营管理者，经营管理者行使用人权，并形成权力机构、决策机构、监督机构和经营管理者之间的制衡机制。

公司法人治理结构是一个有国家法律保障、公司章程和合同约束、制度严谨的分权、分责、制衡机制。它所形成的一套有效的委托-代理关系，可以保障投资者的最终控制权，可以维系公司的各个利益相关者之间的平衡；有效的公司治理结构可以为投资者激励和监督经营管理者提供体制框架，为经营管理者施展才能提供舞台。公司治理结构是公司制度发挥作用的基础，是现代企业制度建设中最重要的问题。

2.企业产权制度与国有企业改革的讨论

国有企业产权制度基本涉及两个方面的问题：一是国有资产管理体制的改革完善；

---

① 国家经贸委现代企业制度调研组. 建立与社会主义市场经济体制相适应的现代企业制度 [N].
人民日报，1993-12-21.

二是国有企业产权及所有权结构的转换。

有研究归纳了国有企业产权改革的三类观点：

一是认为产权关系不稳定或不清晰是导致国有企业效率低下的根本原因，因而改革的出路在于民营化，即私营化。

二是提出了产权"权能分解"，即赋予国有企业"法人财产权"，使公有制与市场经济兼容。

三是认为所有制形式对于企业治理机制的有效性并无直接影响，国有企业效率问题的根源不在于产权制度，而在于缺乏充分竞争的外部环境。

另有观点认为，由于国有资产是投资后形成的沉没成本，即使闲置不用，亦存在各种有形和无形的损耗，其自身也会不断贬值，流动性是资本的基本属性，资本只有在流动中才能保值增值。故此，不让国有资产进行流动，实际上就是让国有资产不断流失。不可否认，在现实经济活动中的确存在利用手中权力以低于市场均衡价格出售国有资产的行为，这与从经济学意义上讲的国有资产流失是两个根本不同的概念。

四、社会主义市场经济与宏观调控政策思想变革

宏观经济调控是与社会主义市场经济体制改革联系在一起的。1992年中共十四大报告指出，要建立社会主义市场经济体制，就是要使市场在社会主义国家宏观调控下对资源配置起基础性作用。市场有其自身的缺陷，必须加强和改善国家对经济的宏观调控。完善国家宏观调控是社会主义市场经济的本质要求。进入21世纪，随着中国经济高速增长、经济周期性波动以及经济运行中总量及结构问题的积累，关于宏观经济调控的研究也进一步深化。

（一）完善社会主义市场经济体制与宏观调控

1.完善国家宏观调控体系的政策思想

2003年10月，中共十六届三中全会通过《中共中央关于完善社会主义市场经济体制若干问题的决定》，提出完善国家宏观调控体系，转变政府经济管理职能的政策思想，进一步健全国家计划和财政政策、货币政策等相互配合的宏观调控体系。国家计划明确的宏观调控目标和总体要求，是制定财政政策和货币政策的主要依据。财政政策要在促进经济增长、优化结构和调节收入方面发挥重要功能，是完善财政政策的有效实施方式。货币政策要在保持币值稳定和总量平衡方面发挥重要作用，健全货币政策的传导机制。重视人口老龄化趋势等因素对社会供求的影响。完善统计体制，健全经济运行监测体系，加强各宏观经济调控部门的功能互补和信息共享，提高宏观调控水平。

2.宏观调控的目标

中共十六大确定了中国宏观调控的主要目标是促进经济增长、增加就业、稳定物价和保持国际收支平衡。这个宏观调控目标体系内涵丰富、覆盖面广。

经济增长是衡量经济全面发展的主要指标，是一个宽泛、综合的概念，投资和消费需求的增减最终会体现到经济增长的变化上来。

增加就业要求在经济增长过程中充分地利用劳动力要素，促进城乡居民收入增长。

这既是经济健康、稳定发展的标志，也是社会公平和稳定的体现。

稳定物价是经济稳定发展的需要，财政政策和货币政策的变化一般都会引致物价的变动。

国际收支是在一定时期内一个国家与其他国家商品、服务贸易和资本流动的结果。实现国际收支基本平衡是保持国家宏观经济稳定的重要条件。

3.宏观调控的手段

宏观调控主要运用经济手段和法律手段，辅之以必要的行政手段。经济手段中的财政政策包括运用预算、税收、债券和转移支付等手段来调节经济结构和社会分配；金融政策包括中央银行和监管部门通过实施货币政策加强对金融业的监管，运用利率、汇率、贴现率、存款准备金率和公开市场业务等手段，调节货币供应量，稳定币值，促进经济增长；国家计划明确的宏观调控目标和总体要求，则是制定财政政策和货币政策的主要依据。国家计划本身又是宏观调控的重要手段，具有综合性、前瞻性和战略性。

4.宏观调控的方式

宏观调控方式的特点是：

（1）由国家直接调控企业和直接配置资源转向主要调控市场，进而影响市场主体行为实现宏观调控目标；

（2）在总供给和总需求的平衡方面，由以供给调节为主转向以需求调节为主；

（3）调节需求的方法上，由直接调控市场需求的规模转向通过经济杠杆来调控市场需求规模；

（4）由过去主要靠国家计划调控逐步形成了国家计划、金融政策、财政政策三者之间相互配合和制约，能综合协调宏观经济政策和正确运用经济杠杆的新机制。

多年来的实践证明，这种新的协调机制是比较成功的，运行是高效的。

（二）宏观调控与市场经济体制成长的相关性分析

1.反周期的宏观调控政策思想

政府对经济进行调控的理论依据是存在市场失灵。一般认为，发展中国家的市场存在更大的缺陷，诸如市场发育程度低、缺乏有效竞争、外部性大量存在、公共产品供给障碍、价格体系扭曲等，这些市场缺陷有赖于政府的干预去弥补。中国是一个发展中国家，经济处于转型过程中。到21世纪初，经过20多年的市场化改革，中国社会经济的市场性因素增强很多，经济发展的市场化趋势已经确立。但是，中国从计划经济向社会主义市场经济转型的时间毕竟很短，市场体系的发育成熟还需要一个较长的历史阶段，价格机制配置资源的微观基础和制度条件仍有待于进一步健全。在这种情况下，为了避免经济社会转型过程中的剧烈震荡，为了保持经济平稳较快增长，为了对经济发展实行有利导向，就需要政府加强和改善宏观调控，统筹国内、国际各方面的经济关系和利益关系，以科学发展观统领经济社会发展全局。

2.宏观调控与市场经济成长的相关性

强调政府宏观调控的重要性时，还要非常强调对加强宏观调控和发挥市场机制作用关系的认识，注重运用经济手段和法律手段，发挥市场配置资源的基础性作用。

　　经济的成长和市场发育是一个动态过程，宏观调控的一大宗旨是弥补市场缺陷，促进市场发育，即建立支持市场的制度，促进市场有效运行。中国现在的经济发展基础和态势决定了既要发挥宏观调控的作用，有助于社会经济的有序运行，又要注重调控方式、工具、手段的经济性和市场性，有利于市场经济体制的成长。所谓调控方式、工具、手段的经济性和市场性就是要使调控意图通过经济参数（影响价格体系的变量）的传导影响经济主体的预期和行为，进而影响经济运行。这里的核心问题是应由各经济主体依据参数变动与自己经济利益的关系的判断自由作出决策，而经济主体在自己利益的基础上自由决策，是市场经济微观基础的根本机制。在市场经济中，对资源配置起决定调节作用的是价格机制。价格水平发生变动，各种产品和劳务的相对价格也发生变动。如果经济主体是独立的产权主体和利益主体，它们能自由选择（决策）并对自己经济决策的财务结果负责，相对价格变动就能对它们的行为起调节作用，进而对资源配置起调节作用。宏观调控要更加注重运用经济手段和法律手段，这有利于宏观调控效应的加强和市场经济体制的成长。

　　首先，政策目标要有连续性和稳定性，以保持预期的稳定性和经济平稳、较快增长。

　　其次，注重运用经济手段和经济杠杆，提高经济政策的有效性。

　　最后，强调财政—货币政策的"中性"特征，淡化其作为政策意图工具的色彩。市场经济性质的财政—货币政策是有其独立原则的，财政政策的独立原则是维持预算平衡，货币政策的独立原则是保持币值稳定。长期以来，我们比较习惯于将财政—货币政策直接作为贯彻宏观调控政策意图的工具，而忽视其独立的经济政策功能。而让财政政策淡出政策性扩张、收缩的摆动，回归"相机抉择"的轨道，使财政变量成为市场化参数调节的信号，也是宏观调控市场化操作的重要表现。从货币政策看，也应该尽量减少对信贷规模和结构的政策控制，更多地运用标准的货币政策工具作用于中介目标——利率，通过利率的变动影响人们的经济行为和经济运行。利率是一种价格性指标，对货币的供给和需求都发生作用。利用利率杠杆调控经济可以均衡地作用于总供给和总需求，也必然与金融改革深化及利率市场化相联系，有助于中国市场经济的发育。

　　在中国经济社会发展的现阶段，无论是宏观调控的加强和改善，还是市场经济体制的成长，都需要着力于推进经济体制改革。另外，要更多地运用经济性、市场性手段实施宏观调控，也需要推进经济体制改革，包括企业制度、财税体制、金融体制、投资体制、行政管理体制的改革以及社会信用体系、经济法律制度的建设，通过深化改革建立健全全面协调可持续发展的制度保障，完善社会主义市场经济体制。

（三）国际金融危机背景下适时调整的宏观调控政策思想

　　2007年开始的美国次贷危机引发了国际金融危机和欧洲国家主权债务危机，世界经济受到严重影响。

1.保增长的宏观调控政策思想

　　2008年下半年起，为了应对国际金融危机，中国的宏观调控政策把保持经济平稳较快发展作为首要任务，着力在保增长上下功夫，把扩大内需作为保增长的根本途径，把加快发展方式转变和结构调整作为保增长的主攻方向，把深化重点领域和关键环节改革、提高对外开放水平作为保增长的强大动力，把改善民生作为保增长的出发点和落脚点。这就是说，扩大内需、发展方式转变、经济结构调整、深化改革、提高开放水平、改善民生等当前中国经济社会发展的重大问题，都与经济平稳较快增长相联系，这些重大问题的解决与经济平稳较快增长是相辅相成的。这一指导思想符合经济增长及工业化发展规律，是邓小平"发展是硬道理"思想的实践验证。

产值最大化（经济较快增长）是工业化发展特定时期的常态发展过程，总产值与产业结构、经济结构有内在联系（库兹涅茨理论）。工业化带来人均收入的提高，收入提高导致消费需求的数量及结构发生变化，进而促使产业结构升级和经济结构转变。因此，产业结构从劳动密集型、资本密集型到技术密集型的演变，发展方式从以依靠投入为主到以依靠技术进步为主的转换，基本上是经济发展的自然进程，是工业化及人均收入提高的进程。中国经济是大国经济，与世界上的中小国家比较，完成工业化的进程更长、更复杂。在相当长的历史时期内，中国必须保持较快的经济增长速度，要有经济总量的积累和扩张过程，这是中国工业化不可逾越的发展阶段。因此，政府的宏观调控职能应该是保持经济稳定增长（包括货币稳定）和实现充分就业，以适应中国经济成长阶段的要求及世界经济形势变化。

2.稳增长、防通胀的宏观调控政策思想

2008年下半年开始实施的"保增长"适度宽松的宏观经济政策使中国经济在全世界范围内率先实现了平稳回升，而经济刺激性政策也引起了投资过热、部分产业产品的产能过剩和通货膨胀预期的加强。

2009年以后，经济学界对中国宏观经济政策的研究也主要集中在宏观经济政策的适度性、有效性及退出安排等方面。关于宽松货币政策退出的时机把握，学术界认为是及时的和灵活的，可以从三方面因素分析：一是国内经济基本面，主要是通货膨胀因素及预期变化；二是资产价格、私人投资以及失业率变化；三是国际经济形势、世界经济复苏和全球货币政策协调因素。

2010年以后实施"宽财政、紧货币"的调控思路对于巩固国内经济平稳回升具有双向调控作用。一方面，适度宽松的财政政策可以弥补由于紧缩货币政策导致的信贷缺口；另一方面，紧缩的货币政策可以对冲流动性，减少经济中的泡沫，为宽松财政政策退出创造条件。

综合考察，2008—2010年，中国宏观调控政策根据国内外经济形势的变化进行适时调整，反映了社会主义市场经济体制的逐渐完善和宏观调控体制的逐渐成熟。当然，随着经济体制改革的深化和国内外经济关系的日趋复杂，中国财政政策、货币政策、汇率政策之间的联系和制约也更加复杂，也需要宏观调控理论及政策思想要有适应性发展，保证国民经济稳定、有效、可持续增长。

（四）国际金融危机对中国经济思想的影响

1.国际金融危机与市场经济制度的讨论

2008—2009年，世界经济遭遇了21世纪以来最严重的金融危机，也是20世纪30年代世界经济大萧条以来最严重的金融和经济危机。这场由美国次贷危机引发的国际金融

危机冲击了自由市场经济制度，也向自由主义经济思想提出了挑战。金融危机发生后，国内外不少论者认为，美国和西方经济制度及发展模式已经过时，有些论者甚至提出资本主义市场经济已面临消亡，而中国的经济制度及发展模式可以拯救世界的观点。那场国际金融危机对中国经济思想发展也产生了重要影响，一个核心的问题是中国经济思想界对市场经济学说体系的认知是否发生逆转，中国的改革方向是否会发生变化。如果那场金融危机的性质是市场经济的失败，中国建立社会主义市场经济体制的改革目标就要作出修正。就2008年、2009年的相关观点作一扫描，大多数论者还是作出了理性的分析，认为不能因市场经济体系出了问题就从根本上怀疑市场经济制度。金融危机、经济危机、经济周期性波动是市场经济运行的常态，人类社会在应对这些经济危机中可以通过制度设计使市场经济体制更为完善，而不是回到管制经济和计划经济体制。1929年，美国股票市场崩溃引发了20世纪30年代世界经济萧条。美国政府于1933年颁布了《证券法》；于1934年颁布了《证券交易法》，设立了拥有很大权力的证监会；于1940年颁布了《投资公司法》《投资顾问法》，这些法律完善了市场经济体制，使美国成为世界上最发达的市场经济国家。1990年，美国经济总量约占全世界的50%，2008年仍占23.1%。所以，市场经济是人类社会迄今为止设计出的最有效率的经济制度，尽管它不是十全十美的。中国要让将近14亿国民过上美好生活，除了发展市场经济，别无他途。

2.国际金融危机与外向型经济增长模式的讨论

2008年发生的国际金融危机在中国经济思想层面上还引发了另外一个思考：改革开放以来中国的外向型经济增长模式是否是可持续的。外向型经济依赖出口，依赖国际市场（尤其是发达国家的市场），形成了中国生产（所谓的"世界工厂"）、西方国家消费的国际贸易经济关系。国际金融危机发生后，中国经济思想研究中许多观点指出，一个高度依赖外贸而内需不足的经济体，其增长是不可持续的。中国是经济大国，经济可持续增长的基础是内需，所以重要的是扩大内需，建设消费型社会，增长模式转型为内需型。中国缺失一个消费社会所需要的基本社会制度，诸如社会保障制度、医疗卫生制度、国民教育制度等，政府应努力增加这些公共品的供给，这也是中国成为一个现代国家的重要制度条件。从国际金融危机而引发对中国经济增长模式、经济发展目的的讨论，中国经济思想界的思考是深刻的，充分体现了经济学"经世致用"的社会功能。但从经济学实证分析的要求看，中国的经济增长模式根本上由要素禀赋条件、国际分工体系和中国制度条件等因素决定。讨论经济增长模式转型，必须在以上约束条件下构造分析框架，推导出可靠的、有解释力的结论。

第三节　制度转型、经济发展与经济增长思想

美国经济学家萨缪·鲍尔斯（Samuel Bowles）指出，制度提供激励和约束，以说明个体行为和总量结果。制度影响个人的偏好和信念，个人的偏好和信念与制度环境一起发生变化。从制度变迁过程的角度考察，不应把制度描述成外生给定的约束条件，而应

把它当作个体相互作用的结果。制度变迁的过程是一种结果向另一种结果的转变。[①]中国经济思想界一般认为，改革开放本质上是一个制度变迁过程，这一制度变迁的实质是从计划经济向市场经济转型。经济制度转型的绩效体现为经济增长及经济社会现代化。与这一社会发展过程相适应，制度转型、经济发展、经济增长也成为经济研究的重要领域。

一、20世纪90年代经济体制改革及制度变迁思想研究

（一）中国渐进式改革道路讨论

国内外经济学界将中国的经济改革道路归纳为"渐进主义"（gradualism）或"渐进式改革"，以与俄罗斯的"休克疗法"相比照。20世纪90年代初期到中期，学术界对渐进式改革道路展开了讨论。

1.中国渐进式改革的原因及特征

关于中国渐进式改革的原因，有学者提出了一个理论模型，指出"改革成本"可以划分为实施成本和摩擦成本。前者包括改革过程开始之后一切由体制决定的"信息"不完全、"知识"不完全、制度预期不稳定所造成的效率损失（以理想的"最优状态"为参照系）；后者是由于一些人认识到自己的利益要在改革过程中受损而反对改革所发生的经济损失。如果一个经济体具备首先发展新体制的条件，那么在其他条件相同的情况下，人们一般将会更倾向于不走激进式的改革道路。

中国渐进式改革方式有三个特征：增量改革、试验推广与非激进改革。增量改革是在资产增量的配置上引入越来越多的市场机制的改革方式。在矫正不合理的产业结构时，这种方式可以避免调整成本，而且有利于维持改革过程中稳定与速度两种要求之间的平衡。但增量改革是一种次优选择，且经济当事人倾向于通过寻租获得收益。试验推广的优点表现为：尽可能地减少改革风险；与增量改革相结合，能够及时提供在哪些领域进行改革具有最大收益的信号；为市场的建设和发育创造一个过程。

2.中国渐进性改革的制度变迁性质研究

根据新制度经济学的文献，所谓制度变迁，就是制度的替代、转换和交易过程。诺斯认为，"变迁"一词是指制度的创立、变更及随时间的变化而打破的方式。制度变迁的基本动力是行为主体追求利益最大化。制度变迁的诱致因素在于经济主体期望获得最大的潜在利润，即希望通过制度创新来获取在已有的制度安排中所无法取得的潜在利润。如果一种制度安排还存在潜在利润，就意味着这种制度安排没有达到帕累托最优，因而处于一种非均衡状态。制度非均衡的出现意味着出现了制度变迁的客观必然性和基本动力，但变迁的发生还取决于制度变迁的收益成本分析。只有当预期收益大于预期成本时，作为制度变迁主体的经济行为主体才会去推动制度变迁。

中国的经济体制由计划经济转轨为市场经济是一种"结构性制度变迁"，它有别于同一经济体制中的若干制度变迁。迄今，制度经济学已有的文献传递出的信息表明，它

---

① 鲍尔斯. 微观经济学：行为、制度和演化［M］. 江艇，洪福海，周业安，等译. 北京：中国人民大学出版社，2006：273.

的主要着眼点还在于研究同一体制中的若干制度变迁，是一种"非结构性制度变迁"的研究。

中国正在经历一个伟大的改革时代。改革，或者说从计划经济向市场经济的转轨，是一个重大的制度变化过程。这种过程具有路径依赖的特征是不言而喻的。这就是说：

首先，初始的体制选择会提供强化现存体制的刺激和惯性，因为沿着原有的体制变化路径和既定方向往前走，总比另辟蹊径要来得方便一些。

其次，一种体制形成以后，会形成某种在现存体制中有既得利益的压力集团。他们力求巩固现有制度，阻碍进一步的改革，哪怕新的体制较之现有体制更有效率。即使由于某种原因接受了进一步变革，他们也会力求使变革有利于巩固和扩大他们的既得利益。于是，初始的改革倾向于为后续的改革划定范围。

这样看来，改革能否成功，能不能实现建立社会主义市场经济的目标，把有效率的经济体制建立起来，就不仅取决于改革者的主观愿望和最终目标，而且依赖一开始时选择的路径。哪怕目标是清楚的，具体措施的大方向也是正确的，可是只要在初始的路径选择上有一些细微的差错，在往后的发展中，它就会按本身的逻辑，偏离原来的目标，演进到远离原来的设计的另一种体制。[①]

（二）中国制度变迁路径绩效研究

到2008年，中国改革开放已30年。此后，中国经济思想界发表了一系列研究成果，分析中国制度变迁绩效。2008年，上海人民出版社出版了《中国改革开放30年：10位经济学家的思考》，这是中国较有影响的10位经济学家在"北大光华新年论坛"上总结30年改革时的发言和相关文章的集子，从不同角度讨论了中国经济体制改革所取得的绩效以及以后的发展方向。有论者提出，30年改革仅仅迈出了经济转型的第一步，以后的路还很长，要解决的问题、要做的事情很多，但关键还在于两个转型，即市场化转型和增长方式转型。市场化转型之所以重要就在于中国现在还不是完全市场经济，充其量是政府主导的市场经济，政府在资源配置中仍然起着至关重要的作用。市场化转型最重要的，一是让国有企业成为真正的企业；二是放开价格，尤其是生产要素价格；三是放开金融，推进金融深化。经济增长方式转型首先不是一个科技问题，而是一个制度问题，没有市场化转型就不会有增长方式转型。

有学者分析，要理解中国30年经济体制改革及其成就，有5个转变最关键：

（1）资源配置信号由计划指标转向市场价格；

（2）经济决策的主体由政府官员转向企业家；

（3）个人权益基础由政府职位转向私人财产；

（4）经济发展的推动力由中央政府推动转向地方竞争；

（5）经济运行系统由封闭转向开放。

但是，在改革开放30多年以后，社会上出现的一些舆论、政府出台的一些政策，却与这些转变背道而驰：人们对价格机制的信赖不是继续提高，而是在下降，各种形式

[①] 北京大学中国经济研究中心. 经济学与中国经济改革——北京大学中国经济研究中心经济学前沿系列讲座［M］. 上海：上海人民出版社，1995：11-16.

的价格干预在民意支持下频频出台；政府对社会资源的掌握不是在减少，而是在增加；企业的经营环境与创业条件不是在改善，而是在恶化，企业用工越来越不自由，新式"铁饭碗"重新成为社会就业的导向；地方政府的制度创新不是受到鼓励，而是受到指责，媒体和舆论把大多数经济问题的根源都归咎于地方政府；对外开放政策受到质疑，民粹主义和狭隘民族主义的言论越来越有市场……这些迹象表明，中国市场化改革前景依然充满不确定性。在社会制度变革中，短期内起关键作用的是政治领袖的选择，长期起决定性作用的却是大众的思想观念和价值取向。中国经济学家的工作将有助于构筑良好的大众理念，推动中国改革继续向市场化方向迈进。①

中国社会科学院经济体制改革30年研究课题组在《经济研究》2008年第9期、第10期发表了研究成果《论中国特色经济体制改革道路》，以下从9个方面总结了中国特色经济体制改革道路，概括出"中国模式"的内核：

（1）改革的理论指导——注重发挥理论创新的先导作用；

（2）改革的性质——将第二次革命和社会主义制度自我完善相统一；

（3）改革的方向——以建立社会主义市场经济体制为目标；

（4）改革的方式——以渐进式稳步推进市场化；

（5）改革与发展的关系——视发展为改革的目的；

（6）改革与稳定的关系——将稳定作为改革的保证；

（7）改革与开放的关系——注重市场化与国际化之间的相互推动；

（8）改革的协同配套——推进全方位改革；

（9）改革的推动力量——注意发挥基层和领导层的合力作用。②

在肯定30年改革绩效的条件下，研究报告指出，面向未来，中国的改革与发展正处于关键阶段，面临着诸多新的挑战：

第一，改革将进一步向纵深推进，其难度越来越大，攻坚的任务越来越重。

第二，改革将进一步向全面制度创新的方向扩展，改革的系统性越来越强，不仅需要经济体制改革内部各个环节之间的协调，也需要经济体制改革与政治、文化、社会体制改革之间的综合配套。

第三，要实现经济发展方式的转变，还要因应包括经济发展、社会发展、人与自然的协调发展以及人自身全面发展的新的发展框架，对改革提出的要求越来越高。

第四，既要在利益主体多元化的情况下统筹协调好国内各方面的利益关系，又要在更加复杂多变的国际环境中趋利避害，改革的风险性不容忽视。

第五，对于改革的领导者而言，也面临着毫不动摇地坚持改革方向，完善改革方式，增强改革动力，进一步提高改革决策的科学性，增强改革措施的协调性的重要使命。

面对上述挑战，在着力构建充满活力、富有效率、更加开放、有利于科学发展的体制机制中，需要更多的智慧和更大的魄力，在中国特色经济体制改革道路上继续探索，

① ［1］张维迎. 中国改革30年：10位经济学家的思考［M］. 上海：上海人民出版社，2008：9-18. ［2］冒天启. 对转型经济理论研究的回顾与展望［J］. 经济学家，2010（10）：13-23.

② 中国社会科学院经济体制改革30年研究课题组. 论中国特色经济体制改革道路（上）［J］. 经济研究，2008（9）：4-15；45.

向社会主义市场经济体制完善定型的目标持续努力。①

二、中国发展经济学研究

（一）中国学者对发展经济学的早期研究及现状

1.中国学者关于经济发展问题的早期研究

从世界角度看，研究农业国工业化问题的文献，最早的是威廉·吕彼克（W. Ropke）以法文发表于《国际经济评论》1938年7月号的《农业国家的工业化：一个科学的问题》，稍后有罗森斯坦-罗丹在1943年发表于《经济学杂志》的《东欧和东南欧的工业化问题》。最早的一部系统论述农业国工业化问题的专著，则是张培刚于1945年年底在美国哈佛大学完成的博士论文，旋被该校选入《哈佛经济丛书》第85卷，于1949年由哈佛大学出版社出版英文版《农业与工业化》一书。

中华人民共和国成立后，从20世纪50年代到70年代末，这一时期关于经济发展的研究大致有以下一些理论：

（1）关于以赶超战略实现国家工业化的理论；

（2）关于优先发展重工业的理论（赶超战略的核心）；

（3）关于依靠内部积累实现工业化的理论；

（4）关于以农业为基础、以工业为主导的工业化发展道路理论；

（5）关于有计划、按比例，正确处理速度、比例、效益之间关系的理论；

（6）关于生产资料和消费资料两大部类，农、轻、重三个部门的产业划分理论，以及重视物质生产、忽视非物质生产的观念；

（7）关于以工业产值比重为标准划分经济发展阶段的理论；

（8）关于平衡是相对的、不平衡是绝对的思想以及积极平衡与消极平衡的理论；

（9）关于以自力更生为主、以争取外援为辅的思想；

（10）关于实行计划经济、否定市场调节的理论；

（11）关于"人口越多越好"的理论以及"人口与资源相平衡"的"控制人口论"等。

这些理论中也有一些非常卓越的创新，如工业化与农业现代化的关系，人口控制与经济发展的关系，以农业为基础、以工业为主导的工业化发展道路等。但这一时期的研究和探讨是在与外部世界基本隔绝的情况下进行的，所以国际上的一些最新研究成果和新的理论无法传入中国，而中国的一些颇具创新意义的理论和思想也不能为国际社会所认识，这种状况严重阻碍了中国发展经济学研究的进步和现代化。

2.改革开放后中国发展经济学研究状况

1979年，在北京大学举办的"国外经济学说"讲座上，范家骧等学者讲授了经济发展理论专题，这是第一次在中国比较系统地介绍西方发展经济学理论。

1984年，张培刚《农业与工业化》的中译本由华中工学院出版社（现名为华中科

---

① 中国社会科学院经济体制改革30年研究课题组. 论中国特色经济体制改革道路（下）[J]. 经济研究，2008（10）：26-36.

技大学出版社）出版。1988年，陶文达的《发展经济学》出版，这是中国第一部作为高等院校教材的发展经济学著作。同年，杨敬年的《西方发展经济学概论》出版。

1989年7月，受原国家教委委托和美国福特基金会资助，在中国人民大学举办了"全国高校发展经济学师资培训班"，张培刚、谭崇台、陶文达等发展经济学家以及一些美国发展经济学家为培训班授课。该培训班先后办了三期，培训了一百多位教师，为推动中国在发展经济学方面的教学和研究发挥了重要作用。

1992年，由原国家教委组织编写的高校财经类专业核心课程教材《发展经济学》出版发行，这是中国第一部由国家审定的发展经济学教材。它的出版标志着中国引进、介绍、建立发展经济学学科的第一阶段工作已经完成，开始了建立多层次、多学科、高水平的经济发展理论的综合研究框架的新努力。

从高校发展经济学理论研究的现状和发展趋势来看，主要分为南北两片。

南片以华中理工大学（现名为华中科技大学）张培刚和武汉大学谭崇台为代表，形成一个发展理论研究中心。谭崇台于1989年出版了教材《发展经济学》，介绍西方经济发展理论；1991年，张培刚的《发展经济学通论》第一卷《农业与工业化》上卷之扩充版问世；谭崇台于1993年出版了《西方经济发展思想史》一书，这是国内第一部系统论述西方发展思想理论渊源与发展沿革的学术著作。

北片则是以中国人民大学和南开大学为中心。南开大学的杨敬年出版了《西方发展经济学文献选读：第三世界国家经济发展理论与实践综合分析》。中国人民大学经济发展研究中心的陶文达把建立马克思主义发展经济学的学科理论体系作为奋斗目标，他编写的《发展经济学》专著及教材，都不是西方发展理论的翻译版或改写本，而是坚持马克思主义的立场、观点和方法，从发展中国家的国情出发，既吸收西方学者的有关理论，又注重阐发自己独到的见解，从理论框架、观点表述到内容剪裁、案例分析，都表达了中国发展经济学者对经济发展所作的理论思考。

综上所述，在20世纪90年代初期，发展经济学在中国已初步形成了南北呼应、全面铺开的局面。在高校，发展经济学被列为经济类专业的核心课，并已建立发展经济学的硕士点（中国人民大学）和博士点（武汉大学）。

3. "科学发展观"对发展经济学的创新分析

发展观理应是发展经济学的基本概念和核心内容，但大多数发展经济学的论著都没有明确提出发展观的概念，更缺乏对科学发展观的研究和论述。法国学者弗朗索瓦·佩鲁虽然写了一本名为《新发展观》的书，但他没有明确界定发展观的内涵，其"新发展观"也只是一种"总体的、内生的、综合的"发展观，缺乏统筹协调、可持续发展的重要内容，更没有提出完整、准确的科学发展观。因此，全面、协调、可持续的科学发展观的提出，创新了发展的观念，丰富了发展经济学的内容，弥补了发展理论的不足。

科学发展观不仅在什么是发展和为什么发展方面完善了发展经济学，而且在怎样发展的问题上发展了发展经济学。尽管发展经济学曾经先后总结和提出过初级产品出口、进口替代、出口导向、轻工业优先发展、重工业优先发展、产业平衡发展、产业不平衡发展、可持续发展等多种多样的发展道路、发展模式和发展战略，其中不少也在某些国家的发展中曾经发挥过一定的作用，取得过一定的成效，但始终没有提出更为完整和合理的发展道路或发展战略。在如何正确处理工业与农业、城市与农村、区域经济发展、经济与社会、国内发展与对外开放、人与自然和谐发展等一系列发展的重大关系和问题上，往往缺乏全局观、总体观、协调观，存在重大缺陷，不是突出工业化而轻视农业发展、注重城市而忽视农村，就是强调地区不平衡发展而轻视区域经济协调发展、重视地区和产业均衡发展而忽视其他方面的统筹协调发展，还有的是注重外向型经济发展而忽视内向型经济发展，或者是肯定自力更生而否定对外开放；即使是提出了可持续发展模式，更多强调的也是社会、经济发展与人口、资源、环境的协调，而没有提出全面统筹兼顾、协调发展的模式。科学发展观克服了这方面的缺陷，提出了完整的统筹兼顾、协调发展模式，强调发展必须正确处理"七大关系"、实行"五个统筹"，充实了发展经济学关于发展方式的理论。[①]

（二）中国学者对发展经济学若干问题的研究

1.发展经济学流派划分标准

发展经济学中的思潮或流派划分，比起正统的宏观、微观经济学更为不易。原因不仅在于发展经济学的研究者来自不同的国家（发达或发展中国家），具有不同的知识背景，使用不同的分析工具，对于发展实践有不同程度的参与，还在于发展经济学的研究对象是经济、政治制度、文化、宗教习俗方面具有很大差别的发展中国家。因此，在发展经济学中很难找到具有共同学术渊源、分析工具和政策主张的经济学派别，但是一定程度的划分是可以做到的，关键在于选取什么样的划分标准。根据经济学界的研究，近年来比较有意义的是以下三种划分标准：

（1）赫希曼标准。

1980年，发展经济学家艾伯特·赫希曼在其题为《发展经济学的兴衰》的论文中使用了两条标准划分发展理论：肯定或否定南北关系互相有利的主张；肯定或否定存在单一经济学（即一种适用于任何国家和任何时间的经济理论）的主张。他认为，以此为标准可得出四种理论：

第一，正统经济学，它对两个问题都持肯定态度；

第二，新马克思主义经济学，它对两个问题都持否定态度；

第三，发展经济学，肯定互利主张，否定单一经济学；

第四，马克思主义经济学，否定互利主张，肯定单一经济学。

赫希曼选取的划分标准之一是对经济学理论性质的根本认识；之二是对国际关系性质的根本认识；之三是旨在划清发展经济学与其他经济学的区别。

（2）李特尔标准。

1971年，发展经济学家托达罗在《第三世界的经济发展》一书中指出，在过去30年中，发展著作一直由三种主要的、有时是相互对立的思想线索所支配：线性阶段经济增长理论、新古典结构变动理论和国际依附模型。托达罗并未区分结构主义和新古典主

① 简新华，曾宪明. 论科学发展观的形成、贡献和落实 [J]. 经济学动态，2005（1）：61-64.

义，同时，把经济增长理论的内容归入发展经济学。李特尔不认为增长阶段理论是非常重要的并压倒一切的，李特尔选取的标准是经济学中关于个人行为的基本假定。在他看来，凡相信生产要素对正常刺激作出反应，以最小成本从一种行业的活动顺利而快速地向另一种行业流动的，属新古典主义；凡相信经济是僵硬的，是由特殊的资本货币和受过特殊训练之后在特定的地区，只有付出高成本或经过长时期才能改造或根本不能改造的个人组成，属结构主义。李特尔的标准指出了结构主义和新古典主义之间的一个关键分歧点。

（3）明特标准。

1987年，赫拉·明特以是否接受正统的新古典理论与赞成自由市场和自由贸易为标准划分了发展经济学的四种情况：

其一，接受新古典理论，赞成自由市场、自由贸易的政策，属自由的新古典经济学家；

其二，拒绝新古典经济学理论，反对自由市场、自由贸易政策，属新古典经济学的反对派；

其三，接受新古典经济学理论，但对自由市场力量导致资源的最优配置存有疑问，属新古典福利经济学家；

其四，对将新古典经济学理论应用于发展中国家产生怀疑，但是赞成自由市场和自由贸易，属于倾向新古典主义但又比较独特的一类经济学家。

综观这三种划分标准，发展经济学同其他经济学的分歧、发展经济学内部不同思潮的分歧主要集中在三个问题上：

首先，单一经济学还是非单一经济学；

其次，信任价格机制、市场经济还是强调国家干预；

最后，国际贸易对发展有利还是不利。①

2.发展经济学研究的新主题：寻求政府与市场的有效协调

1997年年末，世界银行与麦克阿瑟基金会在华盛顿召开了一次由世界主要经济学家参加的发展经济学研讨会，会议的核心议题是探讨和筹划21世纪初发展经济学研究的主要方向。作为会议最为引人注目的成果，与会专家一致认为，政府与市场的关系问题已不再那么重要，21世纪真正会对政策制定者和经济学家构成挑战的，是要在加速发展的大前提下，从实践的层面上弄清政府与市场的行为特征，并据以制定和实施能够使两者有效协调的发展政策。这或许也正是以往以新古典主义理论为主流的发展经济学研究的主要缺陷之所在。简而言之，21世纪的发展经济学应当是务实的，而不是务虚的。

这一新的研究方向在三个方面有别于以往的发展经济学研究：

一是进一步肯定了市场的局限性。

二是技术知识对发展的极端重要性获得了进一步确认，尤其是发展中国家与工业国的技术知识差距的拉大需要引起广泛的关注。

---

① 胡坚. 论发展经济学中的结构主义和新古典主义思潮 [J]. 经济科学，1992（2）：67-72.

三是需要强调制度因素在发展中的关键性和持久性作用，如要素市场完善、宏观政策调整、贸易与投资自由化进程的把握等，都必须以由组织能力、政治适应性构成核心内容的制度完善和创新为条件。

政府还应在制度和政策方面跟上技术变化和全球化的步伐。世界银行专家指出，发展经济学家应当对制度及其个体的激励、对经济政策与社会政治环境的相互作用等给予更多的关注；凡是不能明确识别制度约束的政策，都可能是无效的，甚至会导致严重的负效应，这种例证在那些资本市场尚未完全发育起来便过早地推动金融自由化的国家中可以很容易地找到。实际上，对制度的关注很自然地把发展经济学家的注意力引向了一些更为实际的问题，其中21世纪发展援助的分配与实施就是一个与此相关的问题。世界银行专家认为，尽管对外援助推动了受援国的经济与社会发展，但仍有为数不少的援助项目是低效的，而其中的关键是受援国缺乏适宜和得力的经济政策和制度环境，因而，发展机构应当向欠发达国家提供经济政策援助和制度建设支持。①

（三）新发展经济学和比较发展研究

1.新发展经济学研究

20世纪80年代后期，张培刚提出建立新型发展经济学的倡议，并经过几年时间，主编出版了《新发展经济学》（河南人民出版社1992年版）。

传统的发展经济学虽然将"低收入国家"即发展中国家作为研究对象，但不包括社会主义发展中国家。"新发展经济学"认为，既然是"发展经济学"，却又不把所有发展中国家都纳入其研究范围，这在学科建设上是一个缺憾。更为重要的是，发展中的社会主义国家无论在人口数量还是国土面积上，都在整个发展中国家中占有相当大的比重。它们在经济起飞和经济发展过程中取得的成功经验和失败教训，都可以给其他发展中国家带来有益的借鉴；反之，它们也可以而且应该从其他发展中国家的发展经历中受到启发。因此，只有把包括社会主义国家在内的所有发展中国家都作为研究对象，才有可能真正揭示经济发展的一般规律，真正有利于人类社会摆脱贫困。对于发展经济学来说，只有这样，才有可能克服原先视野狭窄的局限，从而摆脱其理论贫乏的困境，成为真正意义上的发展经济学。

"新发展经济学"认为，工业化应该成为发展经济学研究的主题，这是经济发展理论变革的重要组成部分，也是"新发展经济学"的理论主线。

张培刚主张的工业化含义比流行的要广一些。他把工业化表述为"国民经济中一系列生产函数（或生产要素组合方式）连续发生由低级到高级的突破性变化（或变革）的过程"。工业化有三个基本特征：

首先，首要的和本质的特征是机器生产代替手工生产，即机械化过程。

其次，不仅包括工业本身的机械化和现代化，而且包括农业机械化和现代化。

最后，工业化必须首先促进农业生产技术的革新和农业生产量的增长。

工业化首先表现为生产技术和社会生产力的变革；然后表现为由此引起的国民经济

---

① 刘恩专. 二十一世纪发展经济学的研究新方向［J］. 外国经济与管理，1998（6）：3-6.

结构的调整和变动；最终必然会导致并表现为人们思想观念和文化素质上的变化。在一定情况下，它将会导致整个经济体制和社会制度的变革。从这样的工业化概念上，把发展的中心规定为工业化是能够成立的。①

2.比较发展研究

2008年，武汉大学出版社出版了谭崇台主编的《发达国家发展初期与当今发展中国家经济发展比较研究》一书，为发展经济学开拓了一个新的研究领域。所谓比较发展研究，就是对发达国家早期的经济发展与发展中国家的经济发展进行国别比较分析，从中找出规律和特点。比较分析从三个方面展开：一是从经济史角度比较两类国家的经济发展实践；二是从经济学说史角度阐述这些国家采取各种战略和政策的理论依据；三是把当代发展经济学理论与早期经济发展思想作比较分析。

据研究者归纳，谭崇台在近30年对发展经济学的研究中提出了一些新的理论观点。在发展研究中，一般把增长与发展两个概念混为一谈，不作区分。谭崇台认为，经济增长和经济发展这两个概念是有区别的。经济增长意味着国民经济有更多的产出，而经济发展不仅意味着产出的增加，还意味着随着产出数增加而出现的产出与投入的结构上的变化以及一般经济条件的变化。换言之，经济增长的意义较狭，一般指纯粹意义上的生产增长，而经济发展的意义较广，一般包括经济结构甚至某些制度上的变化在内的经济进步。但是，促成经济发展的基本动力是经济增长，经济增长是一切经济进步的首位的、必要的物质条件。有增长而无发展的情形在一些发展中国家中发生过，但有发展而无增长一般是不可能的，即使出现，也是短期的、局部的，而不可能是持续的、全面的。他认为，发展应包括产业结构的变化、收入分配不平等状况的改善、贫困程度的减轻、人民生活水平的提高、教育和卫生条件的改善和生态环境的保护等。②

三、经济发展战略思想及经济增长方式转型思想研究

（一）20世纪90年代经济发展战略思想研究

1.经济发展战略政策思想

1990年中国"七五"计划完成，标志着现代化建设的第一步战略目标已经实现。从1991年到20世纪末，将努力实现现代化建设的第二步战略目标，这是中国社会主义工业化、现代化建设的又一个重要发展阶段。

1991年4月，七届全国人大四次会议通过了《中华人民共和国国民经济和社会发展十年规划和第八个五年计划纲要》（以下简称《纲要》）。《纲要》所确定的20世纪90年代中国建设和发展的总体蓝图是：国家的经济实力显著增强，国民生产总值在世界的位次进一步提前，主要工农业产品产量有较大增长；产业结构明显改善，生产门类更加齐全，地区经济布局趋于合理；科学技术和管理水平有较大提高，一批行业的主要生产技术达到或接近世界较先进的水平，若干高新技术领域取得重大突破，并形成一批高新技

---

① 杨永华. 新发展经济学的开拓性研究——评张培刚教授主编的《新发展经济学》[J]. 经济学家，1995（1）：119-121.
② 郭熙保. 谭崇台先生对中国发展经济学发展的贡献 [J]. 经济评论，2008（6）：5-8；30.

术产业；全民族的科学文化素质和思想道德素质明显提高；国防现代化建设达到新的水平；人民生活发生由温饱上升到小康的阶段性变化，人民的健康水平、营养状况、平均寿命和识字率等生活质量指标达到或超过中等收入国家水平；社会主义新的经济体制初步确立，社会主义制度进一步完善；社会秩序安定，社会风气更加健康向上。

1992年10月，中共十四大报告对20世纪90年代经济发展战略作了进一步的阐述。报告指出：20世纪90年代我国经济的发展速度，原定为国民生产总值平均每年增长6%，现在从国际、国内形势的发展情况来看，可以更快一些。根据初步测算，增长8%～9%是可能的。在提高质量、优化结构、增进效益的基础上努力实现这一发展速度，到20世纪末我国国民经济整体素质和综合国力将迈上一个新的台阶。国民生产总值将超过原定比1980年翻两番的要求。主要工农业产品产量显著增加。产业结构和地区经济布局比较合理。科学技术和管理水平有较大提高，一批骨干企业接近或达到国际先进水平。人民生活由温饱进入小康。报告强调：当前要紧紧抓住有利时机，走出一条既有较高速度又有较好效益的国民经济发展路子。

2.20世纪90年代经济发展战略评析

从以提高经济效益为中心，追求国民经济持续、稳定、协调发展的基本点看，20世纪90年代战略是80年代战略的延续和发展。20世纪90年代战略突出提高经济效益的一个特点是进一步以技术进步作为提高效益的内涵。从中国工业化、现代化思想发展看，技术进步与经济发展关系的理论阐述集中体现在邓小平关于"科学技术是第一生产力"的论断上。现代经济发展表明，科学技术是社会生产力最活跃的因素，是构成现代社会生产力并促进其发展的主要力量。20世纪70年代以来，世界新技术革命迅猛发展，促进了新产业革命的到来，揭开了人类社会发展的又一新篇章，即加速了生产过程从主要依靠体力劳动向主要依靠脑力劳动的转变，知识–技术密集型生产逐渐成为创造财富的主要形式，科学技术在生产力发展中起着决定性的作用。20世纪90年代和21世纪将是新技术革命发展的时代。能否在思想上充分认识并在实践中充分发挥科学技术是第一生产力的意义和作用，是关系到我国国民经济现代化成败的关键。20世纪90年代经济发展战略深刻地认识到了这一点，并进一步将技术进步作为中国生产力发展的根本途径，这是其最重要的理论贡献。

（二）21世纪初经济增长方式转变思想研究

科学发展观的基本要求是全面、协调、可持续。全面是指发展更要有全面性、整体性，不仅经济发展，而且各个方面都要发展；协调是指发展要有协调性、均衡性，各个方面、各个环节的发展要相互适应、相互促进；可持续是指发展要有持久性、连续性，不仅当前要发展，而且要保证长远发展。科学发展观的形成是一个过程。在1992年联合国环境与发展大会召开以后，可持续发展思想已成为世界各国制定经济社会发展战略的主要依据。1994年3月25日，国务院第16次常务会议通过了《中国21世纪议程——中国21世纪人口、环境与发展白皮书》，系统提出了中国的可持续发展战略、策略和行动框架，学术界也对可持续发展问题作了广泛研究。进入21世纪，中国进一步形成了科学发展观指导下的经济增长方式转变的政策思想。

1.调整经济结构，转变经济增长方式

2005 年 3 月 21 日，胡锦涛在中央人口资源环境工作座谈会上讲话，阐述了调整经济结构和转变经济增长方式是缓解人口资源环境压力的根本途径。

第一，调整经济结构和转变经济增长方式是落实科学发展观的必然要求。保持我国经济社会的良好发展势头和发展后劲，必须坚持以科学发展观为指导，着力提高经济增长的质量和效益，努力实现速度和结构、质量、效益相统一，经济发展和人口、资源、环境相协调，努力保护和增强发展的可持续性。要着力调整投资结构，优化各种生产要素的投入比例和投入方式，在促进经济社会发展中高度重视并切实抓好节约资源、保护环境、改善生态的各项工作，努力走出一条科技含量高、经济效益好、资源消耗低、环境污染少、人力资源优势得到充分发挥的新型工业化路子，推动经济社会发展实现良性循环。

第二，提高自主创新能力、加快技术进步是调整经济结构和转变经济增长方式的关键环节。调整经济结构和转变经济增长方式，一项重要任务是要在提高自主创新能力、推动技术进步方面不断取得突破，为经济发展提供强大的科技支撑。

第三，深化改革、创新体制机制是调整经济结构和转变经济增长方式的根本动力。我国经济结构不合理和经济增长方式粗放的问题，根源是经济体制尚不健全，症结是企业、政府、市场的相互关系尚未理顺，政策法制环境尚不完善。要加大工作力度，采取综合措施，有针对性地消除导致产业结构低度化和经济增长方式粗放的体制性根源，形成有利于调整经济结构和转变经济增长方式的体制机制。[①]

2.经济增长的制度要素研究

20 世纪末及 21 世纪初，中国经济思想界对从国外引进的制度决定论进行研究。制度决定论认为，在不同的制度约束下，一国经济将有着不同的发展模式和增长效率。经济增长从根本上依赖制度发展，制度先于经济发展并决定经济增长。在现代经济发展过程中，经济增长更是体现为政治经济制度的发展，经济正是在制度更替和作用效率改进过程中发展。资本投资和技术进步只不过是经济实现增长的手段，是经济增长的结果，或本身就是经济增长。

经济增长的制度决定论也得到了国内不少学者的认同。

有观点将制度变迁引入内生增长模型，从制度角度诠释了经济增长的内在机理，认为物质资本、人力资本和资源禀赋只是经济增长的必要条件，缺少了持续的制度变迁，经济就不能实现可持续发展；同时，政府可以通过对提供制度创新的人力资本进行补贴来提高其制度创新的积极性。

有论者系统总结了近年来制度决定论的观点，认为制度是影响经济绩效的根本性决定因素，地域因素和资源禀赋只是通过制度的影响间接作用于经济发展，并不直接影响收入水平。

有论者运用新制度经济学的方法，将制度作为经济增长的内生变量，利用数理模型

---

① 胡锦涛. 调整经济结构和转变经济增长方式是缓解人口资源环境压力的根本途径［M］//中共中央文献研究室. 深入学习实践科学发展观活动领导干部学习文件选编. 北京：中央文献出版社，党建读物出版社，2008.

揭示制度与经济增长的关系，认为在当今世界经济全球化条件下，资本、劳动力和技术尽管可以在各国之间自由流动，但发达国家和发展中国家的差距不仅没有缩小反而有继续扩大的趋势，原因在于发达国家和发展中国家制度上存在差距。

针对我国转轨经济发展历程和改革实践，学者们分别强调了比较优势和发展战略、市场竞争和产权制度、制度安排和制度结构等因素对我国经济发展的决定性影响。只有实施有效制度和产权制度改革，刺激民间投资和技术进步，经济才可能持续增长。

第四节　中国特色社会主义理论与中国特色社会主义政治经济学

1992年9月1日，中共十二大第一次明确提出"建设有中国特色社会主义"思想。2017年10月18日，中共十九大确立了习近平新时代中国特色社会主义思想基本方略和战略安排。中国特色社会主义政治经济学是中国特色社会主义理论的专业学科体系。

一、中国特色社会主义理论的形成

（一）中国特色社会主义思想的提出

1992年9月1日，中共十二大召开。邓小平在中共十二大开幕词中提出："我们的现代化建设，必须从中国的实际出发。无论是革命还是建设，都要注意学习和借鉴外国经验。但是，照抄照搬别国经验、别国模式，从来不能得到成功。这方面我们有过不少教训。把马克思主义的普遍真理同我国的具体实际相结合，走自己的道路，建设有中国特色的社会主义，这就是我们总结长期历史经验得出的基本结论。"[①]这是改革开放后，中共中央全会第一次明确提出"建设有中国特色的社会主义"思想。这一思想是基于对科学社会主义理论的深刻理解，对社会主义本质的深刻认识，认真总结我国的历史经验，认真研究中国的实际状况和发展要求而确立的。

1984年10月，中共十二届三中全会《中共中央关于经济体制改革的决定》提出，必须按照把马克思主义基本原理同中国实际结合起来，建设有中国特色的社会主义的总要求，进一步贯彻执行对内搞活经济、对外实行开放的方针，加快以城市为重点的整个经济体制改革的步伐，以利于更好地开创社会主义现代化建设的新局面。中共中央认为，按照党历来要求的把马克思主义基本原理同中国实际相结合的原则，按照正确对待外国经验的原则，进一步解放思想，走自己的路，建立起具有中国特色的、充满生机和活力的社会主义经济体制，促进社会生产力的发展，这是经济体制改革的根本任务。社会主义的根本任务就是发展社会生产力，就是要使社会财富越来越多地涌现出来，不断地满足人民日益增长的物质和文化需要。社会主义要消灭贫穷，不能把贫穷当作社会主义。全党同志在进行改革的过程中，应该紧密把握住马克思主义的这个基本观点，把是

---

① 邓小平. 中国共产党第十二次全国代表大会开幕词［M］//邓小平. 邓小平文选（第3卷）. 北京：人民出版社，1993：2-3.

否有利于发展社会生产力作为检验一切改革得失成败的最主要标准。

1987年10月，中共十三大报告的题目是《沿着有中国特色的社会主义道路前进》，第一次直接将中国特色社会主义作为党代会报告的题目。中共十三大报告确定了社会主义初级阶段和建设有中国特色的社会主义基本路线。社会主义初级阶段的论断包括两层含义：第一，中国社会已经是社会主义社会。第二，中国的社会主义社会还处在初级阶段。我们必须从这个实际出发，而不能超越这个阶段。在社会主义初级阶段，党的建设有中国特色的社会主义的基本路线是：领导和团结全国各族人民，以经济建设为中心，坚持四项基本原则，坚持改革开放，自力更生，艰苦创业，为把我国建设成为富强、民主、文明的社会主义现代化国家而奋斗。中国特色社会主义经济是公有制基础上的有计划的商品经济。社会主义有计划商品经济的体制，应该是计划与市场内在统一的体制。有计划商品经济新体制的基本框架是：按照所有权和经营权分离的原则搞活全民所有制企业。促进横向经济联合的进一步发展。加快建立和培育社会主义市场体系。逐步健全以间接管理为主的宏观经济调节体系。在公有制为主体的前提下继续发展多种所有制经济。实行以按劳分配为主体的多种分配方式和正确的分配政策。中国特色社会主义还要进行政治体制改革。发展社会主义商品经济的过程，应该是建设社会主义民主政治的过程。不进行政治体制改革，经济体制改革不可能最终取得成功。政治体制和经济体制改革的目的，都是在党的领导下和社会主义制度下更好地发展社会生产力，充分发挥社会主义的优越性。

（二）中国特色社会主义思想上升为理论

1992年10月12日，中共十四大召开。中共十四大报告的题目是《加快改革开放和现代化建设步伐，夺取有中国特色社会主义事业的更大胜利》。中共十四大报告将中国特色社会主义思想上升为理论，第一次系统总结了建设有中国特色社会主义理论的主要内容，确立邓小平建设有中国特色社会主义理论在全党的指导地位。

在社会主义的发展道路问题上，强调走自己的路，不把书本当教条，不照搬外国模式，以马克思主义为指导，以实践作为检验真理的唯一标准，解放思想，实事求是，尊重群众的首创精神，建设有中国特色的社会主义。

在社会主义的发展阶段问题上，十四大报告作出了我国还处在社会主义初级阶段的科学论断，强调这是一个至少上百年的很长的历史阶段，制定一切方针和政策都必须以这个基本国情为依据，不能脱离实际，超越阶段。

在社会主义的根本任务问题上，指出社会主义的本质是解放生产力，发展生产力，消灭剥削，消除两极分化，最终达到共同富裕。强调现阶段我国社会的主要矛盾是人民日益增长的物质文化需要同落后的社会生产之间的矛盾，必须把发展生产力摆在首要位置，以经济建设为中心，推动社会全面进步。判断改革和各方面工作的是非得失，归根到底，要以是否有利于发展社会主义社会的生产力，是否有利于增强社会主义国家的综合国力，是否有利于提高人民的生活水平为标准。科学技术是第一生产力，经济建设必须依靠科技进步和劳动者素质的提高。

在社会主义的发展动力问题上，强调改革也是一场革命，也是解放生产力，是中国现代化的必由之路，僵化停滞是没有出路的。经济体制改革的目标，是在坚持和完善社会主义公有制为主体、多种所有制经济共同发展的基本经济制度，坚持和完善按劳分配为主体、多种分配方式并存的制度的基础上，建立和完善社会主义市场经济体制。政治体制改革的目标，是以完善人民代表大会制度、共产党领导的多党合作和政治协商制度为主要内容，进一步扩大社会主义民主，健全社会主义法制，依法治国，建设社会主义法制国家。同经济、政治的改革和发展相适应，必须着力提高全民族的思想道德素质和科学文化素质，以培育"有理想、有道德、有文化、有纪律"的公民为目标，建设社会主义精神文明。

在社会主义建设的外部条件问题上，指出和平与发展是当今世界两大主题，必须坚持独立自主的和平外交政策，为我国现代化建设争取有利的国际环境。强调实行对外开放是改革和建设必不可少的，应当吸收和利用世界各国包括资本主义发达国家所创造的一切先进文明成果来发展社会主义，封闭只能导致落后。

在社会主义建设的政治保证问题上，强调坚持社会主义道路、坚持人民民主专政、坚持中国共产党的领导、坚持马克思列宁主义和毛泽东思想。这四项基本原则是立国之本，是改革开放和现代化建设健康发展的保证，又从改革开放和现代化建设中获得新的时代内容。

在社会主义建设的战略步骤问题上，提出基本实现现代化分三步走。在现代化建设的长过程中要抓住时机，争取出现若干个发展速度比较快、效益又比较好的阶段，每隔几年上一个台阶。贫穷不是社会主义，可是同步富裕又是不可能的，必须允许和鼓励一部分地区、一部分人先富起来，以带动越来越多的地区和人们逐步达到共同富裕。

在社会主义的领导力量和依靠力量问题上，强调作为工人阶级先锋队的共产党是社会主义事业的领导核心，党必须适应改革开放和现代化建设的需要，不断改善和加强对各方面工作的领导，改善和加强自身建设。执政党的党风，党同人民群众的联系，是关系党生死存亡的问题。必须依靠广大工人、农民、知识分子，必须依靠各民族人民的团结，必须依靠全体社会主义劳动者、拥护社会主义的爱国者和拥护祖国统一的爱国者的最广泛的统一战线。党领导的人民军队是社会主义祖国的保卫者和建设社会主义的重要力量。

在祖国统一的问题上，提出"一个国家、两种制度"的创造性构想。在一个中国的前提下，国家的主体坚持社会主义制度，香港、澳门、台湾保持原有的资本主义制度长期不变，按照这个原则来推进祖国和平统一大业的完成。

建设有中国特色社会主义的理论还有其他许多内容，还要在研究新情况、解决新问题的过程中，在实践检验中继续丰富、完善和发展。

在建设有中国特色社会主义理论的指导下，我们党形成了社会主义初级阶段的基本路线，这就是：领导和团结全国各族人民，以经济建设为中心，坚持四项基本原则，坚持改革开放，自力更生，艰苦创业，为把我国建设成为富强、民主、文明的社会主义现代化国家而奋斗。"一个中心、两个基本点"是这条路线的简明概括。同这条路线相适应，我们党还形成了包括经济、政治、科技、教育、文化、军事、外交等各方面的一整套方针和政策。这条路线和这些方针与政策也都要在实践中继续丰富、完善和发展。

建设有中国特色社会主义的理论，是在和平与发展成为时代主题的历史条件下，在我国改革开放和社会主义现代化建设的实践过程中，在总结我国社会主义胜利和挫折的历史经验并借鉴其他国家社会主义兴衰成败历史经验的基础上，逐步形成和发展起来的。它是马克思列宁主义基本原理与当代中国实际和时代特征相结合的产物，是毛泽东思想的继承和发展，是全党全国人民集体智慧的结晶，是中国共产党和中国人民最可珍贵的精神财富。邓小平同志是我国社会主义改革开放和现代化建设的总设计师。他尊重实践，尊重群众，时刻关注最广大人民的利益和愿望，善于概括群众的经验和创造，敏锐地把握时代发展的脉搏和契机，既继承前人又突破陈规，表现出了开辟社会主义建设新道路的巨大政治勇气和开拓马克思主义新境界的巨大理论勇气，对建设有中国特色社会主义理论的创立作出了历史性的重大贡献。

十四年伟大实践的经验，集中到一点，就是要毫不动摇地坚持以建设有中国特色社会主义理论为指导的党的基本路线。这是我们事业能够经受风险考验，顺利达到目标的最可靠的保证。[1]

1993年11月14日，中共十四届三中全会审议并通过了《中共中央关于建立社会主义市场经济体制若干问题的决定》。全会公报指出，在邓小平建设有中国特色社会主义的理论指导下，经过十五年改革，我国经济体制发生了巨大变化。我国改革开放和现代化建设事业进入了一个新的发展阶段。改革开放迈出新的步伐，要加快建立社会主义市场经济体制的进程，实现国民经济持续、快速、健康的发展。

二、中国特色社会主义理论的发展

(一) 中国特色社会主义理论与社会主义初级阶段基本路线和纲领

1997年9月12日，中共十五大召开。在中共十四大确立邓小平建设有中国特色社会主义理论在全党的指导地位基础上，中共十五大进一步阐明了邓小平理论的历史地位和指导意义。邓小平理论是马克思主义在中国发展的新阶段。邓小平理论坚持解放思想、实事求是，在新的实践基础上继承前人又突破陈规，开拓了马克思主义的新境界。邓小平理论坚持科学社会主义理论和实践的基本成果，抓住"什么是社会主义、怎样建设社会主义"这个根本问题，深刻地揭示社会主义的本质，把对社会主义的认识提高到新的科学水平。邓小平理论坚持用马克思主义的宽广眼界观察世界，对当今时代特征和总体国际形势作出了新的科学判断。

总起来说，邓小平理论形成了新的建设有中国特色社会主义理论的科学体系。它是在和平与发展成为时代主题的历史条件下，在我国改革开放和现代化建设的实践中，在总结我国社会主义胜利和挫折的历史经验并借鉴其他社会主义国家兴衰成败历史经验的基础上，逐步形成和发展起来的。它第一次比较系统地初步回答了中国社会主义的发展道路、发展阶段、根本任务、发展动力、外部条件、政治保证、战略步骤、党的领导和

---

[1] 江泽民. 加快改革开放和现代化建设步伐 夺取有中国特色社会主义事业的更大胜利——在中国共产党第十四次全国代表大会上的报告 [M]. 北京：人民出版社，1992.

依靠力量以及祖国统一等一系列基本问题，指导我们党制定了在社会主义初级阶段的基本路线。它是贯通哲学、政治经济学、科学社会主义等领域，涵盖经济、政治、科技、教育、文化、民族、军事、外交、统一战线、党的建设等方面比较完备的科学体系，又是需要从各方面进一步丰富发展的科学体系。

中共十五大确立了社会主义初级阶段的基本路线和纲领。社会主义初级阶段的基本路线是把以经济建设为中心同四项基本原则、改革开放这两个基本点统一于建设有中国特色社会主义的伟大实践。根据邓小平理论和社会主义初级阶段的基本路线，围绕建设富强民主文明的社会主义现代化国家的目标，明确社会主义初级阶段有中国特色社会主义的经济、政治和文化，形成社会主义初级阶段的基本纲领。

———建设有中国特色社会主义的经济，就是在社会主义条件下发展市场经济，不断解放和发展生产力。这就要坚持和完善社会主义公有制为主体、多种所有制经济共同发展的基本经济制度；坚持和完善社会主义市场经济体制，使市场在国家宏观调控下对资源配置起基础性作用；坚持和完善按劳分配为主体的多种分配方式，允许一部分地区一部分人先富起来，带动和帮助后富，逐步走向共同富裕；坚持和完善对外开放，积极参与国际经济合作和竞争。保证国民经济持续快速健康发展，人民共享经济繁荣成果。

———建设有中国特色社会主义的政治，就是在中国共产党领导下，在人民当家作主的基础上，依法治国，发展社会主义民主政治。这就要坚持和完善工人阶级领导的、以工农联盟为基础的人民民主专政；坚持和完善人民代表大会制度和共产党领导的多党合作、政治协商制度以及民族区域自治制度；发展民主，健全法制，建设社会主义法治国家。实现社会安定，政府廉洁高效，全国各族人民团结和睦，生动活泼的政治局面。

———建设有中国特色社会主义的文化，就是以马克思主义为指导，以培育有理想、有道德、有文化、有纪律的公民为目标，发展面向现代化、面向世界、面向未来的，民族的科学的大众的社会主义文化。这就要坚持用邓小平理论武装全党，教育人民；努力提高全民族的思想道德素质和教育科学文化水平；坚持为人民服务、为社会主义服务的方向和百花齐放、百家争鸣的方针，重在建设，繁荣学术和文艺；建设立足中国现实、继承历史文化优秀传统、吸取外国文化有益成果的社会主义精神文明。

上述建设有中国特色社会主义的经济、政治、文化的基本目标和基本政策，有机统一，不可分割，构成党在社会主义初级阶段的基本纲领。[①]

（二）中国特色社会主义理论与全面建设小康社会

中共十六大提出全面建设小康社会，开创中国特色社会主义事业新局面。全面建设小康社会的目标是：在优化结构和提高效益的基础上，国内生产总值到2020年力争比2000年翻两番，综合国力和国际竞争力明显增强。基本实现工业化，建成完善的社会主义市场经济体制和更具活力、更加开放的经济体系。城镇人口的比重较大幅度提高，

---

① 江泽民. 高举邓小平理论伟大旗帜，把建设有中国特色社会主义事业全面推向二十一世纪——在中国共产党第十五次全国代表大会上的报告 [M]. 北京：人民出版社，1997.

工农差别、城乡差别和地区差别扩大的趋势逐步扭转。社会保障体系比较健全，社会就业比较充分，家庭财产普遍增加，人民过上更加富足的生活。社会主义民主更加完善，社会主义法制更加完备，依法治国基本方略得到全面落实，人民的政治、经济和文化权益得到切实尊重和保障。基层民主更加健全，社会秩序良好，人民安居乐业。全民族的思想道德素质、科学文化素质和健康素质明显提高，形成比较完善的现代国民教育体系、科技和文化创新体系、全民健身和医疗卫生体系。人民享有接受良好教育的机会，基本普及高中阶段教育，消除文盲。形成全民学习、终身学习的学习型社会，促进人的全面发展。可持续发展能力不断增强，生态环境得到改善，资源利用效率显著提高，促进人与自然的和谐，推动整个社会走上生产发展、生活富裕、生态良好的文明发展道路。①

中共十六大确立的全面建设小康社会的目标，是中国特色社会主义经济、政治、文化全面发展的目标，是对加快推进现代化相统一的目标，是对中共十五大提出的社会主义初级阶段基本纲领的具体化和实践性发展。

(三) 中国特色社会主义理论体系

中共十七大系统总结了中国特色社会主义道路和中国特色社会主义理论。中国特色社会主义道路，就是在中国共产党领导下，立足基本国情，以经济建设为中心，坚持四项基本原则，坚持改革开放，解放和发展社会生产力，巩固和完善社会主义制度，建设社会主义市场经济、社会主义民主政治、社会主义先进文化、社会主义和谐社会，建设富强民主文明和谐的社会主义现代化国家。中国特色社会主义道路之所以完全正确、之所以能够引领中国发展进步，关键在于我们既坚持了科学社会主义的基本原则，又根据我国实际和时代特征赋予其鲜明的中国特色。在当代中国，坚持中国特色社会主义道路，就是真正坚持社会主义。

中国特色社会主义理论体系，就是包括邓小平理论、"三个代表"重要思想以及科学发展观等重大战略思想在内的科学理论体系。这个理论体系，坚持和发展了马克思列宁主义、毛泽东思想，凝结了几代中国共产党人带领人民不懈探索实践的智慧和心血，是马克思主义中国化最新成果，是党最可宝贵的政治和精神财富，是全国各族人民团结奋斗的共同思想基础。中国特色社会主义理论体系是不断发展的开放的理论体系。《共产党宣言》发表以来的实践证明，马克思主义只有与本国国情相结合、与时代发展同进步、与人民群众共命运，才能焕发出强大的生命力、创造力、感召力。在当代中国，坚持中国特色社会主义理论体系，就是真正坚持马克思主义。

在新的发展阶段继续全面建设小康社会、发展中国特色社会主义，必须坚持以邓小平理论和"三个代表"重要思想为指导，深入贯彻落实科学发展观。

科学发展观，是对党的三代中央领导集体关于发展的重要思想的继承和发展，是马克思主义关于发展的世界观和方法论的集中体现，是同马克思列宁主义、毛泽东思想、邓小平理论和"三个代表"重要思想既一脉相承又与时俱进的科学理论，是我国经济社

---

① 江泽民. 全面建设小康社会，开创中国特色社会主义事业新局面——在中国共产党第十六次全国代表大会上的报告 [M]. 北京：人民出版社，2002.

会发展的重要指导方针，是发展中国特色社会主义必须坚持和贯彻的重大战略思想。

科学发展观，是立足社会主义初级阶段基本国情，总结我国发展实践，借鉴国外发展经验，适应新的发展要求提出来的。科学发展观，第一要义是发展，核心是以人为本，基本要求是全面协调可持续，根本方法是统筹兼顾。科学发展观要求，必须坚持把发展作为党执政兴国的第一要务。必须坚持以人为本。必须坚持全面协调可持续发展。必须坚持统筹兼顾。在十六大确立的全面建设小康社会目标的基础上，中共十七大根据科学发展观，对中国特色社会主义发展提出了新的更高要求：增强发展协调性，努力实现经济又好又快发展。扩大社会主义民主，更好保障人民权益和社会公平正义。加强文化建设，明显提高全民族文明素质。加快发展社会事业，全面改善人民生活。建设生态文明，基本形成节约能源资源和保护生态环境的产业结构、增长方式、消费模式。[①]

中共十八大进一步发展确立了中国特色社会主义道路、中国特色社会主义理论、中国特色社会主义制度。中国特色社会主义道路，就是在中国共产党领导下，立足基本国情，以经济建设为中心，坚持四项基本原则，坚持改革开放，解放和发展社会生产力，建设社会主义市场经济、社会主义民主政治、社会主义先进文化、社会主义和谐社会、社会主义生态文明，促进人的全面发展，逐步实现全体人民共同富裕，建设富强民主文明和谐的社会主义现代化国家。中国特色社会主义理论体系，就是包括邓小平理论、"三个代表"重要思想、科学发展观在内的科学理论体系，是对马克思列宁主义、毛泽东思想的坚持和发展。中国特色社会主义制度，就是人民代表大会制度的根本政治制度，中国共产党领导的多党合作和政治协商制度、民族区域自治制度以及基层群众自治制度等基本政治制度，中国特色社会主义法律体系，公有制为主体、多种所有制经济共同发展的基本经济制度，以及建立在这些制度基础上的经济体制、政治体制、文化体制、社会体制等各项具体制度。中国特色社会主义道路是实现途径，中国特色社会主义理论体系是行动指南，中国特色社会主义制度是根本保障，三者统一于中国特色社会主义伟大实践。建设中国特色社会主义，总依据是社会主义初级阶段，总布局是五位一体，总任务是实现社会主义现代化和中华民族伟大复兴。在新中国成立一百年时建成富强民主文明和谐的社会主义现代化国家。全党要坚定这样的道路自信、理论自信、制度自信。[②]

（四）习近平新时代中国特色社会主义思想[③]

中共十九大宣告，经过长期努力，中国特色社会主义进入了新时代，这是我国发展新的历史方位。

习近平新时代中国特色社会主义思想，明确坚持和发展中国特色社会主义，总任务

① 胡锦涛．高举中国特色社会主义伟大旗帜　为夺取全面建设小康社会新胜利而奋斗——在中国共产党第十七次全国代表大会上的报告 [M]．北京：人民出版社，2007．
② 胡锦涛．坚定不移沿着中国特色社会主义道路前进　为全面建成小康社会而奋斗——在中国共产党第十八次全国代表大会上的报告 [M]．北京：人民出版社，2012．
③ 习近平．决胜全面建成小康社会　夺取新时代中国特色社会主义伟大胜利——在中国共产党第十九次全国代表大会上的报告 [M]．北京：人民出版社，2017．

是实现社会主义现代化和中华民族伟大复兴,在全面建成小康社会的基础上,分两步走在本世纪中叶建成富强民主文明和谐美丽的社会主义现代化强国;明确新时代我国社会主要矛盾是人民日益增长的美好生活需要和不平衡不充分的发展之间的矛盾,必须坚持以人民为中心的发展思想,不断促进人的全面发展、全体人民共同富裕;明确中国特色社会主义事业总体布局是"五位一体"、战略布局是"四个全面",强调坚定道路自信、理论自信、制度自信、文化自信;明确全面深化改革总目标是完善和发展中国特色社会主义制度、推进国家治理体系和治理能力现代化;明确全面推进依法治国总目标是建设中国特色社会主义法治体系、建设社会主义法治国家;明确党在新时代的强军目标是建设一支听党指挥、能打胜仗、作风优良的人民军队,把人民军队建设成为世界一流军队;明确中国特色大国外交要推动构建新型国际关系,推动构建人类命运共同体;明确中国特色社会主义最本质的特征是中国共产党领导,中国特色社会主义制度的最大优势是中国共产党领导,党是最高政治领导力量,提出新时代党的建设总要求,突出政治建设在党的建设中的重要地位。习近平新时代中国特色社会主义思想,是对马克思列宁主义、毛泽东思想、邓小平理论、"三个代表"重要思想、科学发展观的继承和发展,是马克思主义中国化最新成果,是党和人民实践经验和集体智慧的结晶。

新时代坚持和发展中国特色社会主义的基本方略为十四条。坚持党对一切工作的领导。坚持以人民为中心。坚持全面深化改革。坚持新发展理念。坚持人民当家作主。坚持全面依法治国。坚持社会主义核心价值体系。坚持在发展中保障和改善民生。坚持人与自然和谐共生。坚持总体国家安全观。坚持党对人民军队的绝对领导。坚持"一国两制"和推进祖国统一。坚持推动构建人类命运共同体。坚持全面从严治党。

新时代中国特色社会主义发展的战略安排是,在解决人民温饱问题、人民生活总体上达到小康水平这两个目标已提前实现的基础上,到建党一百年时建成经济更加发展、民主更加健全、科教更加进步、文化更加繁荣、社会更加和谐、人民生活更加殷实的小康社会,然后再奋斗三十年,到新中国成立一百年时,基本实现现代化,把我国建成社会主义现代化国家。综合分析国际国内形势和我国发展条件,从2020年到21世纪中叶可以分两个阶段来安排。第一个阶段,从2020年到2035年,在全面建成小康社会的基础上,再奋斗十五年,基本实现社会主义现代化。第二个阶段,从2035年到21世纪中叶,在基本实现现代化的基础上,再奋斗十五年,把我国建成富强民主文明和谐美丽的社会主义现代化强国。

三、中国特色社会主义理论与中国特色社会主义政治经济学的关系

(一) 中国特色社会主义政治经济学是中国特色社会主义理论关于经济建设、经济发展的专业学科体系

中国特色社会主义理论及习近平新时代中国特色社会主义思想包含了党的领导、以人民为中心、全面深化改革、新发展理念、全面依法治国、社会主义核心价值体系、改善民生、和谐发展、总体国家安全观、党对人民军队的绝对领导、推进祖国统一、构建

人类命运共同体、从严治党等内容。中国特色社会主义政治经济学应该是中国特色社会主义理论及习近平新时代中国特色社会主义思想中关于经济建议、经济发展方面理论思想的体系化、学科化、学理化，是中国特色社会主义理论及习近平新时代中国特色社会主义思想的专业理论学科构成系统。习近平新时代中国特色社会主义思想具有丰富内涵。中国特色社会主义事业总体布局、战略布局、新时代坚持和发展中国特色社会主义的基本方略和战略安排是全方位的，但其总任务和总目标的主线是发展，从全面建成小康社会到基本实现现代化，再到全面建成社会主义现代化强国。所以，中国特色社会主义政治经济学应该是中国特色社会主义理论及习近平新时代中国特色社会主义思想的重要理论体系构成部分和专业学科体系。中共十九大报告提出，实现"两个一百年"奋斗目标、实现中华民族伟大复兴的中国梦，不断提高人民生活水平，必须坚定不移把发展作为党执政兴国的第一要务，坚持解放和发展社会生产力，坚持社会主义市场经济改革方向，推动经济持续健康发展。①这是中国特色社会主义政治经济学理论与实践相结合的学科内涵。新时代中国特色社会主义的发展，处于我国经济由高速发展阶段转向高质量发展阶段，正处在转变发展方式、优化经济结构、转换增长动力的攻关期，要跨越这个关口，必须贯彻新发展理念，建设现代化经济体系。

（二）中国特色社会主义政治经济学与建设现代化经济体系

贯彻新发展理念，建设现代化经济体系的路径或实践内容是深化供给侧结构性改革，加快建设创新型国家，实施乡村振兴战略，实施区域协调发展战略，加快完善社会主义市场经济体系，推动形成全面开放新格局。建设现代化经济体系体现了解放和发展社会生产力这一社会主义的本质要求，是实现更高质量、更有效率、更加公平、更可持续发展的政策设计和实践方案，也是中国特色社会主义政治经济学与中国特色社会主义理论及习近平新时代中国特色社会主义思想在理论上和实践上的结合点。"现代化经济体系，是由社会活动各个环节、各个层面、各个领域的相互关系和内在联系构成的有机整体"②，为中国特色社会主义政治经济学提供了理论与实践相结合的学科架构。

第十一章思想园地

---

① 习近平. 决胜全面建成小康社会　夺取新时代中国特色社会主义伟大胜利——在中国共产党第十九次全国代表大会上的报告［M］. 北京：人民出版社，2017.

② 新华社. 深刻认识建设现代化经济体系重要性　推动我国经济发展焕发活力迈上新台阶［N］. 人民日报，2018-02-01（1）.

本章思语

1.社会主义市场经济理论的创新性是什么？

2."效率优先，兼顾公平"的理论及实践意义是什么？

3.简述市场经济运行与宏观调控的关系。

4.对中国的制度变迁路径进行理论分析。

5.阐述中国特色社会主义理论体系及习近平新时代中国特色社会主义思想。

推荐阅读文献

［1］赵晓雷. 中国现代经济思想的发展［M］. 北京：经济科学出版社，2016.

［2］《经济研究》编辑部. 中国经济理论问题争鸣（1990—1999）［M］. 北京：中国财政经济出版社，2002.

［3］白永秀，任保平. 新中国经济学60年（1949—2009）［M］. 北京：高等教育出版社，2009.

［4］新华社. 深刻认识建设现代化经济体系重要性　推动我国经济发展焕发活力迈上新台阶［N］. 经济日报，2018-02-01（2）.

第十二章 西方经济思想引进、研究与借鉴
（1950—2010年）

学习目标

 ◎重点掌握西方经济理论对中国现代经济思想发展的影响；

 ◎掌握西方经济理论引进、研究及评价的时代特征；

 ◎了解西方经济学前沿理论引进与研究动态。

关键词

 古典政治经济学 新古典经济学 实证经济学 规范经济学 新政治经济学 新自由主义经济思想

第一节 20世纪50至70年代西方经济思想引进与研究

一、对西方古典政治经济学的认识和评价

（一）遵循马克思的评价依据

 马克思将西方经济学分为"古典政治经济学"和"庸俗经济学"。马克思所谓的古典政治经济学，"是指从威廉·配第以来的一切这样的经济学，这种经济学与庸俗经济学相反，研究了资产阶级生产关系的内部联系"[①]，"古典政治经济学在英国从威廉·配第开始，到李嘉图结束，在法国从布阿吉尔贝尔开始，到西斯蒙第结束"[②]。根据马克思的划分，西方古典政治经济学包括亚当·斯密的经济理论，以魁奈、杜尔阁为代表的重农学派等，还包括洛克、休谟、琼斯等一批经济学家的理论。

 由于有马克思的评价为依据，中国经济思想界对西方古典政治经济学的态度和评价

---

 ① 马克思，恩格斯. 马克思恩格斯全集（第23卷）[M]. 中共中央马克思恩格斯列宁斯大林著作编译局，译. 北京：人民出版社，1972：98.

 ② 马克思，恩格斯. 马克思恩格斯全集（第13卷）[M]. 中共中央马克思恩格斯列宁斯大林著作编译局，译. 北京：人民出版社，1962：41.

是比较客观中肯的。西方古典政治经济学产生和发展的时间是17世纪中叶到19世纪上半叶。这一时期正是资本主义制度产生、发展的阶段。古典政治经济学反映了资本主义发展初期资产阶级的利益，力图从理论上说明在资本主义制度下如何使财富增长，探讨财富生产和分配的规律，并且论证资本主义生产优于封建主义生产。古典政治经济学适应新兴资产阶级扩展资本主义生产的要求，极力反对国家干预经济生活，提出"自由放任"的口号。在探索资本主义经济规律时，古典政治经济学摆脱了重商主义的影响，第一次把理论研究从流通领域转到生产领域，并对资本主义生产关系的内部联系作了初步的分析，从而使政治经济学成为一门独立的科学。

（二）西方古典政治经济学的三大理论贡献

1.奠定了劳动价值论的基础

威廉·配第最早得出了他称为"自然价格"的商品价值是由生产商品时所耗费的劳动量决定的论断。但威廉·配第的理论没有区分清楚价值和使用价值、价值和交换价值、价值和价格。

重农学派没有提劳动价值论，但这一学派认识到，在充分自由竞争的条件下，交换是等价的。

亚当·斯密发展了劳动价值论，明确提出劳动是衡量一切商品交换价值的真实尺度。但是，这个理论在他那里是很不彻底的，因为他还认为商品价值是由这种商品在交换中所购买的或支配的劳动量决定的。这使亚当·斯密走入歧途，他由此又引出了价值是由工资、利润和地租三种收入构成的所谓"斯密教条"。亚当·斯密的价值论是多元的，但劳动价值论在他的整个学说中还是起主导作用。

李嘉图批评了亚当·斯密的错误，坚持了商品价值是由生产商品所耗费的必要劳动时间决定的正确观点，但是他只注意了对价值量的分析，而对价值实体和价值形式缺乏了解。尤其是他不能科学地解释资本与劳动之间的交换和同量资本得到同量利润如何与价值规律相符，这是他价值理论中无力解决的两大矛盾。[①]

2.在一定程度上研究了剩余价值

威廉·配第认为地租是超出生产费用的全部剩余，利息（货币租金）则是货币出借者因有购买土地的能力而应像地主一样得到的租金。所以，在他的论述中，地租是剩余价值的真正形式。

重农学派正确地提出了一个基本论点，即只有生产"纯产品"（剩余价值）的劳动才是生产性的。由于这一理论强调"纯产品"是在生产领域里创造出来的，这就把关于剩余价值起源的研究从流通领域转到直接生产领域，为分析资本主义生产奠定了基础。但是，重农学派只将农业看成生产劳动，因此与威廉·配第一样，只承认地租是剩余价值的形式。

亚当·斯密突破了重农学派的片面性，认为创造价值的是一般社会劳动，不用管劳动的具体形式是什么。剩余价值表现为利润、地租、利息等不同形式，而不只是地租一

---

① 王亚南. 资产阶级古典政治经济学选辑［M］. 北京：商务印书馆，1965：455-483.

种形式。

李嘉图进一步研究了剩余价值，他的理论贡献主要在剩余价值的量、地租的性质、存在条件及变化规律的研究。

3.古典政治经济学研究了社会总资本的再生产

魁奈的《经济表》是企图说明整个资本主义再生产过程的第一次尝试，是一种杰出的创见。

从马克思主义政治经济学的角度分析，古典政治经济学最重要的科学贡献一是奠定了劳动价值论的基础，二是在劳动价值论的基础上对剩余价值及其各种具体形态进行了研究。这些科学研究虽然不充分、不彻底，但为马克思主义经典作家所批判地继承，在完全不同于资产阶级古典政治经济学的基础上创立了真正科学的无产阶级政治经济学。西方古典政治经济学除了科学因素外，受历史条件和阶级立场的局限，还包含许多错误和庸俗的观点，这些庸俗观点被以后的资产阶级经济学家所继承，发展成为资本主义制度辩护的庸俗经济学。

二、对西方庸俗经济学的认识和评价

（一）西方庸俗经济学的马克思主义认识

所谓西方庸俗经济学，是指为资本主义制度辩护的经济学。这一学说将资本主义制度看成合乎人的本性的、合乎自然的、绝对和永恒的社会生产形式，并对资本主义经济的一些表象进行研究。马克思指出，对于政治经济学来说，"现在问题不再是这个或那个原理是否正确，而是它对资本有利还是有害，方便还是不方便，违背警章还是不违背警章。不偏不倚的研究让位于豢养的文丐的争斗，公正无私的科学探讨让位于辩护士的坏心恶意"[①]。对于西方庸俗经济学，当时的中国经济思想界是持批判态度，评价基本是否定的。

（二）对西方庸俗经济学的批判

20世纪50—60年代，中国先后翻译了一些西方庸俗经济学的论著。1963年，商务印书馆出版了《资产阶级庸俗政治经济学选辑》，对李嘉图学派以后的西方经济理论作了一定范围的介绍。根据这些材料，中国经济思想界对庸俗经济学进行评述。[②]

法国的让·巴蒂斯特·萨伊和英国的托马斯·罗伯特·马尔萨斯是把亚当·斯密的学说庸俗化的最初两名经济学家。萨伊从"斯密教条"（商品的价值由工资、利润、地租构成）引出他的生产三要素（劳动、资本、土地）和三种报酬（工资、利息、地租分别是劳动、资本、土地的报酬），完全掩盖了资本主义剥削。马尔萨斯从亚当·斯密的另一个观点，即商品价值取决于所能购买到的劳动，引出他的利润在于商品贱买贵卖的结论，歪曲了利润的真正来源。英国的詹姆斯·穆勒和约翰·雷姆赛·麦克库洛赫则是

---

① 马克思，恩格斯. 马克思恩格斯全集（第23卷）[M]. 中共中央马克思恩格斯列宁斯大林著作编译局，译. 北京：人民出版社，1972：98.
② 鲁友章，李宗正，吴易风. 资产阶级政治经济学史 [M]. 北京：人民出版社，1975：175-205.

李嘉图的经济学说的庸俗化者。

19世纪20—30年代，李嘉图学派解体。以英国的纳骚·威廉·西尼耳、法国的弗雷德里克·巴师夏、美国的亨利·查理·凯里为代表的一批经济学家大肆攻击古典政治经济学，美化资本主义制度。

19世纪40年代，德国历史学派开始形成。它的先驱者是弗里德里希·李斯特，主要代表人物有威廉·格奥尔格·弗里德里希·罗雪尔等（被称为旧历史学派），还有古斯塔夫·冯·施穆勒等（被称为新历史学派和"讲坛社会主义"）。他们反对亚当·斯密和李嘉图，否认有普遍经济规律，认为经济学的任务只是对历史过程进行描述。

19世纪70年代，英国的威廉·斯坦莱·杰文斯、法国的曼里·埃·利昂·瓦尔拉、奥地利的卡门·门格尔先后发表了最后效用论、最末单位效用论或边际效用论，用这些主观效用论来反对马克思的劳动价值论和剩余价值学说。其中以门格尔所创始的奥地利学派影响最大，他们提出的边际效用价值论以及用"边际分析"这一工具将主观效用数量化的理论和方法在经济学说史上被称为"边际革命"。

19世纪末20世纪初，出现了以阿弗里德·马歇尔为代表的英国剑桥学派、以约翰·贝茨·克拉克为代表的美国学派，以及以托斯丹·邦德·凡勃伦为代表的美国制度学派。这些理论反映出各种庸俗经济学理论集合的迹象。

20世纪30年代，在世界性经济危机的背景下，出现了凯恩斯的宏观经济学。为了刺激"有效需求"，摆脱经济危机，凯恩斯主张实施国家干预的"有调节的资本主义"，对传统的自由主义经济理论进行变革，被称为"凯恩斯革命"。

第二次世界大战以后，一些经济学家对凯恩斯理论作某些补充和修正，形成了所谓"后凯恩斯主流学派"。同时，其他一些学派和理论如不完全竞争理论、福利经济学、新自由主义经济学、货币学派、经济增长理论、发展经济学等均有不同程度的发展。

三、西方古典政治经济学引进与研究

（一）经济学论著引进概况

1949年以后，中国较早引进西方古典政治经济学当数王亚南主编的《资产阶级古典政治经济学选辑》，该书于1965年由商务印书馆出版，1979年出修订第二版（吴斐丹主持修订，伍纯武、刘𧀄敖参与修订）。该书介绍了英国、法国古典政治经济学的主要代表人物如威廉·配第、布阿吉尔贝尔、魁奈、杜尔阁、亚当·斯密、李嘉图、西斯蒙第等的生平、主要思想和学术地位，在这些人物的重要经济著作中选辑了能反映其基本理论的章节，以使中国经济学界对西方古典政治经济学的主要脉络和基本概括有所了解。所选辑的著作如下：

（1）威廉·配第的《赋税论》第一、二、三、四、五、十、十二、十四章，《献给英明人士》第二、五、十章，《政治算术》原序及第一、二、四、五、十章，《货币略论》等；

（2）布阿吉尔贝尔的《法国详情》第二、三部分，《谷物论》绪论和第一部分的第一、四、七章和第二部分的第二、三、四章，《论财富、货币和赋税的性质》第二、三章；

（3）魁奈的《经济表》《经济表的说明》《经济表的分析》《重要考察》《农业国经济管理的一般原则》；

（4）杜尔阁的《关于财富的形成和分配的考察》；

（5）亚当·斯密的《国民财富的性质和原因的研究》的第一、二、四篇的主要章节；

（6）西斯蒙第的《政治经济学新原理》序及第二、三、四、七篇的主要章节，《政治经济学研究》序言的一部分及论文第十三、十六篇有关价值学说的部分。

（二）对古典政治经济学的研究

当时，中国经济思想界从马克思主义经济学的观点、立场、方法出发，主要从价值理论、剩余价值理论、资本主义社会再生产理论及分配理论方面对西方古典政治经济学作了研究。一般认为，威廉·配第在政治经济学上的主要贡献是最先提出了劳动价值论的一些基本观点。他把"自然价格"（即价值）同市场价格相区别，认为价值由生产商品时所耗费的劳动时间决定，价值量同生产这种商品的劳动生产率成反比。他提出了"土地是财富之母，劳动是财富之父"的观点，并在劳动价值论基础上考察了工资、地租、利息和货币等经济范畴。

布阿吉尔贝尔的主要贡献也在于提出了劳动价值论的一些基本观点。他在分析农产品价值和生产费用时，把商品的交换价值归结于劳动时间。他探求市场价格背后的"真正价值"，认为在自由竞争条件下，一个产业部门如果投入的劳动过多，从而产品过多，价格下跌，就会有一部分劳动退出该部门；反之，一个产业部门如果投入的劳动过少，从而产品不足，价格上涨，就会有一部分劳动转入该部门。劳动就是这样按照正确的比例分配于各个产业部门，从而必然使"真正价值"（即交换价值）由劳动时间来决定。

魁奈的经济理论中心是"纯产品"学说，认为农业是唯一的生产部门，只有农业才能使物质财富增加，生产出"纯产品"（即农产品扣余生产耗费后的余额）。他的经济哲学是"自然秩序"（L'Ordre Naturel）论，实现"自然秩序"的途径是自由放任的经济政策。魁奈的另一个杰出贡献是创作了《经济表》，第一次对社会资本再生产过程作了系统分析，马克思将其评价为"政治经济学至今所提出的一切思想中最有天才的思想"[①]。

杜尔阁在魁奈所划分的三个阶级（生产阶级、土地所有者阶级、不生产阶级）的基础上进一步把生产阶级和不生产阶级划分为资本家阶级和工人阶级，并描述了这两个阶级的特征。他详细考察了资本的五种使用方式：买进田产、利用土地、从事工业生产、经营商业和放债，同时相当完备地划分了资本主义社会的基本收入：工资、利润、利息和地租。杜尔阁通过对资本主义生产关系的深入考察，把重农学派体系发展到最高峰。

---

① 马克思，恩格斯. 马克思恩格斯全集（第26卷第1册）[M]. 中共中央马克思恩格斯列宁斯大林著作编译局，译. 北京：人民出版社，1973：366.

亚当·斯密的《国民财富的性质和原因的研究》第一次建立了完整的政治经济学体系。他给出了"经济人"的基本假设，在此假设下描述了理想的资本主义经济秩序——"经济人"追求个人利益的活动经过"看不见的手"的调节，会促进社会福利的增长。亚当·斯密还第一次系统地论述了劳动价值论的基本原理，认为劳动是衡量一切商品交换价值的真实尺度，并且区分了简单劳动和复杂劳动，考察了"自然价格"（价值）和市场价格的关系，分析了价值规律的作用。他把资本主义社会划分为三大阶级：工人阶级、资产阶级和地主阶级，研究了三个阶级的三种收入：工资、利润和地租，并指出利润和地租是劳动所创造的价值的一种扣除，由此涉及剩余价值的来源问题。

李嘉图的《政治经济学及赋税原理》是英国工业革命时期最能代表工业资产阶级利益的政治经济学著作，是英国古典政治经济学最具有科学论点的代表作。李嘉图在经济学上的重要贡献是坚持和发展了劳动价值论，并由此分析了资本主义社会阶级对立关系在分配关系中的表现。他批判了亚当·斯密的二元价值论，坚持商品价值决定于生产中所耗费的劳动的原理。他最先提出必要劳动的概念并用以说明商品价值的决定问题。李嘉图把阐明和研究财富在社会各阶级之间分配的规律看作政治经济学的主要课题。分配论的核心实际上是剩余价值的产生及分割问题，为此他考察了工资、利润和地租等范畴，并且最先系统地分析了级差地租的两种形态。李嘉图被马克思称为英国古典政治经济学的"最后的伟大代表"。

西斯蒙第在政治经济学上的贡献在于分析了资本主义的矛盾，解释了生产过剩危机的必然性。他指出，工人的消费只能实现工资这部分价值，资本家和地主又不会消费全部剩余价值。当年的产品是以去年的收入支付的，资本家为了获得利润，不断扩大生产，今年的生产超过了去年的收入，全部产品更无法实现。另外，在自由竞争条件下，资本家为了占有市场，降低生产成本，尽量压低工资，结果商品更加过剩。如此循环不已，消费落后于生产，如无国外市场，必然引起生产过剩的经济危机。[①]

四、西方经济学说史引进与研究

（一）经济学说史理论引进与研究

20世纪50—60年代，中国除了从古典政治经济学这一角度对西方经济理论进行引进与研究，还从政治经济学史的角度对西方一些重要经济学家和经济学流派的理论作批判性研究。当时出版的关于资产阶级政治经济学史的图书较为系统地介绍了西方重商主义经济理论，古典政治经济学的产生、发展和终结，以及庸俗经济学的产生和发展。与单纯介绍西方古典政治经济学理论相比较，资产阶级政治经济学史的引进与研究更为深入和系统，并注重理论的延续性。更重要的是，这类著述将大部分篇幅放在对资产阶级庸俗政治经济学的引进和批判研究上，使中国的经济学界能领略李嘉图学派之后西方经济学的发展概况，并对一些新的理论有所了解。

除了重商主义和古典政治经济学，资产阶级政治经济学史的研究范围还包括德国历

---

① ［1］王亚南. 资产阶级古典政治经济学选辑［M］. 北京：商务印书馆，1965：647-651.
［2］鲁友章，李宗正，吴易风. 资产阶级政治经济学史［M］. 北京：人民出版社，1975：90-100.

史学派、边际效用理论、数量经济学派、美国制度学派、马歇尔的经济学说、张伯伦和罗宾逊的垄断竞争理论、凯恩斯经济学、经济增长理论、福利经济学、计量经济学及投入-产出分析等。当时对这些西方经济理论进行研究的目的是进行批判。

例如，对新福利经济学的三个基本命题：个人——不是别人——是他本人的福利的最好判断者；社会福利取决于组成社会的所有个人的福利，而不是取决于其他任何东西；如果至少有一个人境况好起来，而没有一个人境况坏下去，整个社会的境况就算好了起来。当时的中国学者逐条予以批判：第一命题是"极为露骨地宣扬资产阶级的利己主义，宣扬追求个人幸福和福利是人的本性的资产阶级信条，宣扬资产阶级的个人主义"。第二命题的目的是"企图否认人类社会是以生产力和生产关系为基础的人们之间各种关系的总和，否认人的本质是社会关系的总和，抹杀阶级区分和阶级对立，以便把资产阶级本性说成是人的本性，把资产阶级的幸福和福利冒充为社会的普遍幸福和福利"。第三命题是"掩盖了资本主义社会的阶级剥削关系。垄断资产阶级同无产阶级和广大劳动群众的利益是根本对立的，一小撮垄断资本家发财致富是建立在大多数人的贫困和破产的基础上的……资本主义社会从来不存在一些人'好起来'而没有一个人'坏下去'的状态"。[①]

又如，对哈罗德的经济增长理论，当时的论者评曰："哈罗德关于资本主义经济长期发展趋势及其原因的谬论，完全避开帝国主义阶段资本主义经济现实的发展趋势，而是抽象地列举出种种可能性，似乎在帝国主义时期除了长期停滞趋势以外，还可能有长期繁荣和稳定增长的趋势。这不能不受到历史事实的无情驳斥。资本主义从来没有存在过长期繁荣和稳定增长，它的经济发展总是从危机到高涨，再从高涨到危机间歇地进行。在停滞趋势产生的原因这一问题上，哈罗德充分暴露了为垄断辩护的反动面目。"[②]

再如，对马歇尔需求理论的批判是："马歇尔的需求论是完全反科学的。因为需求绝不是取决于人们的主观愿望，而是取决于国民收入的多少及其在各个阶级间的分配状况。马歇尔故意回避这些决定资本主义制度下需求变动的最重要因素，而从心理因素出发，凭空捏造了需求价格递减规律的谬论，完全掩盖了资本主义制度下分配的阶级对抗性对需求所起的决定作用，掩盖了资本主义基本矛盾及其所产生的生产无限扩大和劳动群众有支付能力的消费相对狭小之间的矛盾。"[③]

以上这些批判性言论固然有着深刻的时代烙印，但也反映了当时中国经济学界对西方经济理论的掌握程度。由于未能从分析方法（如实证分析）、基本假设条件（如"理性人"假设）、基本概念（如马歇尔的"需求定律"）方面去理解西方经济理论，因此对其批判存在牵强附会之嫌，有的甚至是风马牛不相及。

（二）西方经济学说原著引进概况

20世纪50—70年代，中国对西方经济学原著的引进与研究主要集中在西方古典政治经济学的著作及庸俗经济学的若干重要著作，这些原著的翻译出版为当时中国经济学

---

① 鲁友章，李宗正，吴易风. 资产阶级政治经济学史［M］. 北京：人民出版社，1975：280-281.
② 鲁友章，李宗正，吴易风. 资产阶级政治经济学史［M］. 北京：人民出版社，1975：260.
③ 鲁友章，李宗正，吴易风. 资产阶级政治经济学史［M］. 北京：人民出版社，1975：196-197.

界研究西方经济学理论提供了基础条件。

20世纪50年代，西方经济学说原著中译本大体有凯恩斯的《就业、利息和货币通论》（生活·读书·新知三联书店1957年）、张伯伦的《垄断竞争理论》（生活·读书·新知三联书店1958年）、门格尔的《国民经济学原理》（上海人民出版社1958年）、凡勃伦的《企业论》（商务印书馆1959年）、汉森的《经济政策和充分就业》（上海人民出版社1959年）、克拉克的《财富的分配》（商务印书馆1959年）、穆尔的《综合经济学》（商务印书馆1959年）、庞巴维克的《资本与利息》（商务印书馆1959年）、马尔萨斯的《人口论》（商务印书馆1959年）、托马斯·孟的《英国得自对外贸易的财富》（商务印书馆1959年）。

20世纪60年代，商务印书馆出版的中译本有杜尔阁的《关于财富的形成和分配的考察》（1961年）、汉森的《美国的经济》（1962年）、李斯特的《政治经济学的国民体系》（1961年）、罗宾逊的《不完全竞争经济学》（1961年）、马尔萨斯的《政治经济学原理》（1962年）、萨伊的《政治经济学概论：财富的生产、分配和消费》（1963年）、威廉·配第的《赋税论　献给英明人士　货币略论》（1963年）、西斯蒙第的《政治经济学新原理》（1964年）、马歇尔的《经济学原理》（1964年）、凡勃伦的《有闲阶级论》（1964年）、庞巴维克的《资本实证论》（1964年）、汉森的《二十世纪六十年代的经济问题》（1964年）。

20世纪70年代，商务印书馆出版的中译本有亚当·斯密的《国民财富的性质和原因的研究》（1972年）。

此外，商务印书馆于1963年出版了《资产阶级庸俗政治经济学选辑》，介绍了施穆勒的《一般国民经济大纲》、罗雪尔的《国民经济学体系》、巴师夏的《经济和谐》、穆勒的《政治经济学纲要》等著作。

20世纪50—70年代，中国的经济学者还利用外文原著研究西方经济学说。当时引入的英文原著大体有罗斯托的《经济成长的阶段》（1960年）、《从起飞进入持续增长的经济学》（1963年），琼·罗宾逊的《经济学哲学》（1962年），哈耶克的《自由宪章》（1960年），格拉夫的《理论福利经济学》（1957年），里昂惕夫的《1919—1939年美国经济结构》（1951年）、《美国经济结构研究：投入产出分析中理论和经验的探索》（1953年），多马的《经济增长理论论文集》（1957年），熊彼特的《经济分析史》（1954年），加尔布雷思的《美国资本主义：抗衡力量的概念》（1952年），李特尔的《福利经济学评述》（1950年），萨缪尔逊的《经济学》（1948年），哈罗德的《动态经济学导论》（1948年），迪拉德的《约翰·梅纳德·凯恩斯经济学》（1948年），勒纳的《统制经济学：福利经济学原理》（1944年），汉森的《财政政策和商业循环》（1941年），庇古的《工业波动论》（1929年）、《福利经济学》（1920年）、《失业论》（1933年），马歇尔的《工业与贸易》（1919年），克拉克的《经济理论纲要》（1907年），瓦尔拉斯的《纯粹政治经济学要义》（1874年和1877年），西尼耳的《政治经济学大纲》（1836年）。

在对西方古典政治经济学和庸俗经济学的研究中，中国的经济学者还大量引用了马克思、恩格斯、列宁著作中的一些论述和评价，并且基本上是以马克思主义经典著作中的评价作为指导思想，对西方经济学说进行批判性研究。

第二节　20世纪80年代西方经济学引进、研究及影响

一、西方经济学引进与研究概述

（一）对西方经济学的评价和借鉴

1.对西方经济学评价的转变

对于西方经济理论的评价态度有一个发展过程。1949年中华人民共和国成立后到20世纪70年代末，中国学术界对西方经济理论基本上持批判态度，评价基本是否定的。20世纪80年代初，这种情况发生了变化，从全盘否定转变为批判、借鉴和利用。在中华外国经济学说研究会第二次全国学术讨论会上，研究会理事长陈岱孙指出：当代西方经济学是西方资本主义制度的产物。这些国家的经济制度和我们的社会主义经济制度根本不同，从而现代西方经济学作为一个体系，不能成为我们国民经济发展的指导理论，但这不等于西方经济学没有值得我们参考、借鉴和利用的地方。在若干主要方面，现代西方经济学对于促进我们经济建设现代化是有用的。这一评价得到了大多数学者的赞同，在当时具有相当的代表性。

从20世纪80年代中期起，随着中国市场化改革的深入，同时由于西方学术文化的日渐传播，有一部分中青年学者对西方经济学持基本接受的态度。他们认为基于马克思主义原理的中国社会主义经济学过于抽象和空泛，不能解释现实经济，无力解决经济过程中出现的各种矛盾现象，而西方经济学的实证分析及概念范畴至少可以解释现实经济，并能说明人们经济行为的动机和目的。西方经济学对研究对象和前提条件有严密的定义和规范，而且在逻辑上建立了完整的理论框架。随着中国经济商品化、市场化的深化，西方经济学的适用性也就越来越强。这种观点一度很有市场。

到了20世纪80年代末90年代初，同样是一些中青年学者，其中有一些还是从国外留学归来的，他们对全盘接受西方经济学的观点提出了异议。他们基于对西方经济学的更全面、更准确的学习和研究，指出西方经济学并不是一个完美无缺的体系，其本身有很多缺陷，甚至一些最基本的假设条件也有不合理性。由于西方经济学的理论前提有很大的局限性，将其整个理论框架用于分析中国经济就会出现很多谬误，产生一些似是而非的结论。所以他们致力于从前提条件、分析方法、理论框架上对西方经济学进行"改造"和创新，使其理论更具有张力，能够解释中国经济。

2.对西方经济学借鉴的代表性观点

关于如何借鉴西方经济学，陈岱孙认为，既要承认外国经济学在其近年的发展中，在其推理分析、测算技术、管理手段等方面有若干值得参考借鉴之处，又不要盲目推崇，全盘照搬。从整个体系的本质来说，资本主义国家经济发展的途径不能成为我国的

经济模式，而现代资产阶级经济学说亦不能成为发展我国国民经济的指导思想。①

有代表性的观点认为对现代西方经济学必须持科学的态度。不要因为它的阶级性和局限性而否认了它的可借鉴性，也不要因为它的可借鉴性而否定了它的阶级性和局限性。对整个现代西方经济学体系应有一个清楚的认识，但对具体的问题应进行具体的分析。同时应该指出，大胆地借鉴现代西方经济学某些原理并不等于照搬现代西方经济学。各个国家的国情不同，经济条件也不同，即使是现代西方经济学的某些原理有应用的价值，也只能是供我们参考和借鉴。②

（二）西方经济学引进与研究的阶段特征

1. 20世纪80年代上半期的阶段特征

20世纪80年代上半期，西方经济学的引入和研究主要是以古典和新古典经济理论为主，其中最多的是对后凯恩斯主流学派一些重要著作的介绍和研究。如美国经济学家萨缪尔逊的《经济学》是当代后凯恩斯主流学派的代表作，在中国广为流行，大多数大专院校将其作为经济学专业的指定参考书。其他如美国加德纳·阿克利的《宏观经济理论》、托马斯·F.德尔别尔格和邓肯·M.麦克多噶尔合著的《宏观经济学》、劳伦斯·克莱因的《凯恩斯革命》，英国马歇尔的《经济学原理》、布赖恩·摩根的《货币学派与凯恩斯学派》、约翰·希克斯的《凯恩斯经济学的危机》、琼·罗宾逊的《现代经济学导论》、J.哈维的《现代经济学》等，都是后凯恩斯主流学派的主要著作。这一时期中国经济学家对西方经济理论的研究也较多地集中在古典经济学和凯恩斯经济学。对于凯恩斯经济学，中国经济学界情有独钟，这似乎有以下三方面的原因：

第一，当中国的经济改革逐步展开、逐渐深入，新经济因素的成长与旧的体制发生了强烈的碰撞，导致宏观经济混乱，而传统的计划调控体制已基本失效时，以凯恩斯理论为核心的西方现代宏观经济学填补了中国理论上的空缺，为中国的经济学家观察、分析非计划调控下的国民经济运行提供了理论工具。

第二，20世纪80年代，无论是学术界还是政府部门，都对加速经济增长、赶上世界发展步伐有一种迫切的心态。而凯恩斯理论中刺激有效需求以使国民收入增长的模型以及投资乘数等分析工具又在某种意义上迎合了这种心态。

第三，凯恩斯经济学是对古典经济学自由放任传统的一次革命，认为单靠市场力量不能导致宏观总量平衡，主张政府应干预经济。这一政策主张在中国这种特殊的经济环境中是很容易被接受的。

由于这三方面的原因，以凯恩斯理论为核心的西方宏观经济学在中国适逢其时，对它的引入、研究和运用成为这一时期经济学发展的重要内容。

在这一时期，其他一些非主流理论如货币学派、供应学派的著作也被翻译进来，对它们也展开研究。但这些学派作为传统的经济自由主义的"复兴"，其理论和政策主张对于当时以"有计划的商品经济"为改革目标的中国是不甚适宜的。同时不少学者还认

① 陈岱孙. 现代西方经济学的研究和我国社会主义经济现代化［J］. 北京大学学报（哲学社会科学版），1983（3）：2-6.
② 胡代光. 关于借鉴西方经济学的几个问题［J］. 中国社会科学，1990（1）：31-44.

为这些学派的理论较贫乏，政策较单一，根本无力取代凯恩斯学派。当然，也有人认为这些理论弥补了凯恩斯理论的不足，它们有可能纳入西方主流经济学。

2.20世纪80年代下半期的阶段特征

20世纪80年代下半期，西方经济学的引入和研究转变为以经济增长理论和发展经济学为主，同时对经济管理、企业管理理论的介绍和研究亦成为一个重点。在经济增长理论和发展经济学方面，这一时期翻译出版的论著有多马的《经济增长理论》、库兹涅茨的《现代经济增长》、罗斯托的《从起飞进入持续增长的经济学》、索洛的《经济增长理论：一种解说》、哈罗德的《动态经济学》、马尔科姆·吉利斯等人的《发展经济学》、金德尔伯格等人的《发展经济学》、钱纳里等人的《工业化和经济增长的比较研究》，以及舒尔茨的《改造传统农业》等。国内学者关于经济增长、经济发展的研究也以较大规模展开。

西方经济增长理论和发展经济学在中国的流行，是有其方法论上的原因的。从经济发展的特点看，新古典经济学或凯恩斯经济学的理论核心是市场-价格机制的运行。对于发展中国家而言，由于商品经济不发达、市场体系不发育、价格体制不健全，因而这一理论的许多概念和范畴并不适用。新古典经济学把经济变动看作边际的、增量的调节，而发展中国家所需要的是大规模的经济变化和结构的改进。凯恩斯经济学从发达国家的条件出发，把经济周期的原因归结为有效需求不足和储蓄过多。而发展中国家贫困和失业的重要原因是储蓄不足、资本短缺、供给不足。因此，经济增长理论和发展经济学以其更适合发展中国家经济现状的理论特点，以及在分析方法上极强的实证性和比较分析的特点，而对中国宏观经济理论的发展产生了较广泛的影响。另外，经济增长理论和发展经济学认为，在发展中国家，工业化基本上是由政府启动的，加之经济的市场化、社会化程度低，现代性因素积累缓慢，所以要使经济高速增长，实现工业化，要经历一个国家干预强化阶段。这一政策主张也是符合中国的经济现状的。

3.20世纪80年代末90年代初的阶段特征

到了20世纪80年代末90年代初，西方经济学引入和研究的特征又发生了变化，表现为以介绍和研究西方新制度经济学、产权经济学理论为重点。科斯、德姆塞茨、阿尔钦、诺斯、戴维斯、布坎南、威廉姆森、奈特、库特等经济学家的著作大量被翻译到中国。可以说，中国经济学界掀起了一股"产权热"，新制度经济学或产权经济学的思路和方法产生了广泛的影响。

产权经济学的制度分析之所以会在中国经济学界引起极大反响，并受到较大的重视，从方法论角度看是有其特定原因的。西方古典及新古典经济学一般将经济增长看作资本投入及技术进步的函数。在这类模型中，产权制度、经济制度被视为一种既定因素或外生变量。产权经济学认为，制度的创新对经济发展有着巨大的影响。现代社会依靠产权机制或产权制度，能够提供某种有效的激励或减少浪费的约束，使稀缺资源得到最优配置。产权经济学认为制度变迁（而不是技术变迁）是收入增长的更本质的源泉，并将制度变迁作为一种内生变量引入现代经济学的分析框架，这种理论对于中国经济学研究具有一定启迪意义。从中国的情况看，由于经济历史演进的跳跃式发展以及经济体制的历史性错位，经济发展的制度条件与西方发达国家有很大的不同。西方发达国家的工业化和现代化与市场经济制度及企业制度的发育和成熟是一个相生相长的自然历史过程，生产力发展与制度的变革基本上是互相适应、循序渐进的，没有发生过大的跨越和错位。而中国历史上从未形成过统一的、完善的市场体系以及与之相适应的产权制度、企业制度，加之长期推行行政性的计划经济体制，所以经济发展受严重的制度障碍。在这种背景下，中国的经济发展过程就不仅表现为总量增长和结构转换，同时表现为制度的变革和创新。其实质在于变革不适宜或阻碍生产力发展的制度和行为方式，推进社会经济的进步和现代化。正是由于中国的经济成长和制度变革的特性与产权经济学的理论逻辑和分析方法相契合，所以产权经济学的理论和方法才在中国大为流行，并方兴未艾。

产权经济学以交易成本为基本分析工具，对传统的微观经济学进行修正和补充，被认为是西方经济学的又一次"革命"。产权经济学在西方国家也是从20世纪二三十年代兴起，六七十年代才渐趋成熟，属于经济学前沿学科。中国经济学界对这一理论的研究和运用，不仅在理论和分析方法上具有创新意义，而且缩短了中国经济学研究与世界经济学发展的距离，表明中国在西方经济学的引入、研究、运用方面基本上已与世界经济学的发展接轨。

（三）西方经济学研究成果概览

在整个20世纪80年代，中国经济学界对于西方经济理论的研究逐渐展开，到20世纪80年代末90年代初，已取得了较多的成果。

1. 20世纪80年代上半期研究成果概览

20世纪80年代上半期，为使理论界对西方经济理论有一个基本的了解，中国经济学界在翻译著作之外，还出版了一些有关的普及性读物，如中华外国经济学说研究会编的《国外经济学讲座》。这是一套丛书，共四册，从学说史的角度简略介绍了西方古典经济学及其以后的主要学术流派和主要理论，对于普及西方经济理论起了较重要的作用。这方面的出版物还有北京大学经济系（现北京大学经济学院）经济史经济学说史教研室编的《国外经济学评价》，《经济研究》编辑部编的《国外经济学者论中国及发展中国家经济》，邵敬勋主编的《近现代外国经济学说述要》，王慎之编的《当代资产阶级经济学概论》，吴斐丹著的《经济学说史》，胡代光、厉以宁编著的《当代资产阶级经济学主要流派》，厉以宁、吴易风、李懿著的《西方福利经济学述评》，商务印书馆编辑部编的《西方经济思想评论（第一辑）：评萨缪尔森的经济学说》，外国经济学说研究会编的《现代国外经济学论文选》（第二到第八辑）等。

当时由中国学者编著的西方经济学教材尚不多见，统计到的仅有厉以宁、秦宛顺编著的《现代西方经济学概论》，刘涤源、谭崇台主编的《当代西方经济学说》，梁小民著的《西方经济学导论》，杨君昌编著的《看不见的手——微观经济学》。

这一时期对西方经济学进行专门研究的作品有何炼成主编的《价值学说史》，宋承先、范家骧编著的《增长经济学》，章嘉琳编著的《供应学派》，樊弘著的《凯恩斯有效需求原则和就业倍数学说批判》，陈冬野著的《李嘉图的经济理论体系》《亚当·斯密的经济理论体系》，胡代光著的《米尔顿·弗里德曼和他的货币主义》，厉以宁编著的《消费经济学》，张人价著的《重农学派的经济理论》，陈岱孙主编的《政治经济学史》，丁冰著的《资产阶级古典政治经济学》等。

2.20世纪80年代下半期研究成果概览

20世纪80年代下半期，西方经济学方面的研究作品数量陡增，尤其是教材的比重较大，如胡寄窗编译的《当代西方基本经济理论》，厉以宁编著的《简明西方经济学》，傅殷才编著的《现代西方基本经济理论》，吴奎罡、李可主编的《资产阶级政治经济学史简明教程》，杨君昌编著的《凯恩斯革命——宏观经济学》，陶大镛、高鸿业和范家骧主编的《现代西方经济理论十五讲》，华东师范大学、陕西师范大学、华中师范大学等5所高校教师协作编写的《当代西方经济学说简明教程》，黄海潮编著的《通俗微观经济学》，黄海潮、郑方辉和蒙永莉编著的《通俗宏观经济学》，方军雄、肖建华和张家星等编写的《当代西方经济学基础》，杨德明编著的《当代西方经济学——渊源·方法·理论·政策·流派》，宋则行主编的《当代西方经济学原理》，高宏鼎、曲献和李国瑞主编的《当代西方经济学原理》，罗节礼编著的《当代西方经济学原理》，赵崇龄、蒋自强主编的《宏观经济学》，周寿萱主编的《微观经济学》，萧镜如、朱忠明主编的《微观经济分析》，冷守一编著的《西方价格学概论》，李克山主编的《西方经济学概论》，宋承先著的《现代西方经济学》，白暴力、弓亦辛编的《微观经济学》，吴贤忠、薛进军和江民光等编写的《当代西方经济学说简明教程》，丁冰编著的《当代西方经济学原理》，蓝裕平著的《西方微观经济学》，张云龄、吴亚卿和杨欢进主编的《现代西方经济学教科书》，郑天伦编著的《当代西方经济学》，丁良诚、张健主编的《当代西方经济学教程》，方崇桂、尹伯成主编的《经济学说史教程》，项保华、周文骞编著的《现代西方经济学》，侯荣华主编的《宏观经济管理学》，梁小民著的《西方经济学入门》等。

经济学说史方面的作品有胡寄窗著的《1870年以来的西方经济学说》，凤一鸣编著的《西方近代政治经济学史》，吴忠观主编的《经济学说史》，晏智杰著的《经济学中的边际主义（历史的批判的研究）》，范翊君、王小彬编著的《现代西方经济理论及其主要流派》，吴澄华编著的《当代经济理论思潮与流派》，张培刚、厉以宁著的《微观宏观经济学的产生和发展》，胡代光、厉以宁和张德修等著的《现代外国经济思潮评论讲座》，傅殷才编著的《当代西方主要经济思潮》，朱刚体著的《当代西方国际经济思潮》，刘大军主编的《现代西方经济思潮评价》，朱彤书主编的《近代西方经济理论发展史》等。

关于西方经济学家及其理论的专门研究的作品有傅殷才著的《加尔布雷思》，陈其人著的《大卫·李嘉图》，宛樵、吴宇晖著的《亚当·斯密与〈国富论〉》，刘涤源、陈端洁编的《弗里德曼及现代货币主义》，樊锦淳、吴健明编著的《马尔萨斯》，季陶达著的《约·斯·穆勒及其〈政治经济学原理〉》，林一知著的《凯恩斯理论与中国经济》，杨鲁军著的《论里根经济学》，肖步才编的《庞巴维克》，左大培著的《弗赖堡经济学派研究》，薛进军著的《凯恩斯革命的再革命》，刘涤源著的《凯恩斯就业一般理论评议》，任丁秋著的《萧条命运——关于凯恩斯主义》等。

其他的作品有谭崇台主编的《发展经济学》，闻潜主编的《宏观控制论》，万晓光编著的《发展经济学——理论·政策·实践》，《世界经济》编辑部编的《荣获诺贝尔奖经济学家》，江泽宏著的《比较经济学导论》，陶文达著的《发展经济学》，杨敬年编著的《西方发展经济学概论》，汤敏、茅于轼主编的《现代经济学前沿专题（第一集）》，司正家主编的《西方经济学名著导读》，王慎之主编的《当代西方经济辞典》等。

以上的统计较为准确地反映了20世纪80年代中国在西方经济理论研究方面的学术成果。当然，这些作品在学术水平及对西方经济学的准确把握上是有差异的，尤其对于一些前沿学科、分支学科的理论研究更有待于深化，但有了这样一个数量基础以后，对西方经济理论的研究水平就会有进一步的提高和发展。

二、西方经济学的方法论影响

（一）实证研究方法及其影响

1.经济学的实证研究方法

一般认为，马克思主义经济学是偏向于规范研究的，而西方经济学是偏向于实证研究的。根据研究方法的不同，经济学被分为规范经济学和实证经济学。

规范经济学是以一定的价值判断为基础，提出某些标准作为分析问题的尺度，树立经济理论的前提，作为制定经济政策的依据，并研究如何才能符合这些标准。它具有两个特点：第一，不考虑经济体系实际如何运行，而关心应该如何运行，即回答"应该是什么"的问题；第二，研究的内容没有客观性，所得出的结论无法通过检验。

实证经济学则企图超脱或排斥一切价值判断，只考虑建立经济事物之间关系的规律，并在这些规律作用之下，分析和预测人们经济行为的效果。实证经济学有两个特点：第一，它只表述和分析现存的情况，而不建议如何改变现实，即主要回答的是"是什么"的问题；第二，它所研究的内容具有客观性，它的结论是否正确可以通过经验事实来进行检验。

在分析方法上，两者的区别还有：规范经济学主要是定性分析，强调逻辑推理；实证经济学主要是定量分析，对统计数据进行处理，对假说进行证实和证伪。

实证研究构成经济学的基本内容，也是经济学的一个基本方法。西方经济学认为，要使经济学成为真正的科学，就必须抛开价值判断问题，使经济分析实证化。当然，西方古典经济学也有规范研究的传统，而且某些学科如福利经济学就是规范经济学，但西方经济学的主体是实证经济学。

2.实证研究方法的影响

西方经济学的实证研究方法对中国的经济学工作者，尤其是对中青年学者的影响是比较大的。他们认为，经济学作为一种实证科学，假定各人不同的偏好是事先给定的，经济学家只是在给定的价值标准条件下研究人们的经济行为及其后果。

中国经济学有着深厚的规范分析的传统（其实马克思主义经济学并不是绝对的规范分析，马克思对分工、生产、交换、市场、利润、利息等范畴的考察和分析是相当实证的），致使经济学在很大程度上无法解释现实经济，在许多问题的讨论上永远不会有一个相对一致的结论。所以，在经济学研究中引入实证方法不仅是一个重要的方法论问题，还决定了经济学的社会价值的大小。当然，也不能走向另一个极端，完全摒弃规范分析。即使西方经济学，也不是绝对的实证化，随着福利经济学融入微观经济学以及制度分析的重新崛起，实证分析和规范分析在西方经济学中有了融合的趋势，但在规范分析积习很深的中国，强调一下实证分析是十分必要的。实证方法的训练不是一个一蹴而就的过程，即使是那些主张实证化的经济学者，写出的文章仍是规范色彩极浓，所以中国经济学要真正建立在实证的基础上还有很长的路要走。

（二）结构分析方法的影响

20世纪80年代中期以后，中国经济理论界围绕着宏观经济形势的判断和战略选择问题进行了深入的讨论。这一时期是中国宏观经济理论的一个大发展时期，各种讨论不仅局限于对经济现象的分析和判断，而且深入到经济分析方法和理论上的差异。由于产业结构是一个重要的宏观经济问题，因此，随着对产业结构理论认识的发展，经济学界在宏观经济的分析方法上发表了不同的意见，概而观之，一派主张总量分析，一派主张结构分析。

结构分析在方法论上的意义在于从"经济整体"的角度考察社会经济的发展过程，以经济过程内部结构变化作为划分经济发展阶段的标准，即认为经济发展过程的质态变化是通过结构转换而实现的。

主张结构分析的学者认为，虽然中国宏观经济失衡的矛盾直接地表现为总需求大于总供给，然而抑制总需求的宏观控制政策并未从根本上解决供求总量矛盾和结构矛盾。显然，中国宏观经济的突出矛盾单纯用总量概念难以说明，生产结构和需求结构不相适应才是中国宏观经济的主要矛盾。因此，理论上加强结构分析，实践上有针对性地进行结构调整，才能解决中国宏观经济中的主要矛盾。

有观点认为，总量增长在一定程度上取决于结构状态，长期的总量增长依赖产业结构的转换；总量增长到一定程度就必然引致结构的循序变动和转换，进而总量增长越迅速，结构转换也就越高。中国经济发展中的总量与结构矛盾又表现为总量增长与结构超稳态的矛盾，其根源在于经济运行中缺乏产业结构的自组织功能和自调节机制，同时在理论和实践上存在来源于传统体制和传统发展战略的重总量增长、轻结构转换的倾向。

20世纪80年代中期以后，中国在经济结构调整的思想上和宏观经济分析方法上都发生了向结构主义思路的转变，许多经济学者都接受了这样一个道理，即决定经济发展阶段特征的是产业结构的不同发展高度以及与之相联系的结构效益。结构主义的思路还影响到了政府的宏观决策，在中共十三大制定的经济发展战略及"七五"计划所提出的产业政策中，既注重产业结构的量的均衡，又注重产业结构转换对经济增长的推动作用，体现出结构主义的理论色彩。应该说，这一转变是符合世界经济理论发展趋势的，也是基本适应中国的经济发展阶段特征的。从中国的经济发展现状看，在工业化过程中，改革单纯以总产值增长速度作为战略目标的发展模式，而采用以总量增长和结构转换相联系的理论思路及发展模式，是中国经济发展的客观要求，也说明了中国宏观经济理论分析方法上的一大发展。

（三）制度分析方法的影响

西方新制度经济学及制度分析方法从20世纪80年代末开始对中国经济思想界产生广泛的影响。在20世纪80年代末的宏观经济理论和方法的讨论中，经济思想界就有观点认为经济分析必须以一种既定的经济制度作为前提。西方经济学的经济分析是以成熟的市场经济制度作为前提的。但在中国，经济学分析所面临的是一个在历史上存在时间尚短、还不成熟、具有过渡性质的经济制度。因此，在运用研究一个比较成熟、比较稳定的经济制度的方法去研究一个还不成熟、不够稳定的经济制度时必须注意到这样几个问题：

第一，现存的经济制度并不是完善的经济制度；

第二，现存的经济构造是一种不断演变过程中的经济构造；

第三，现存的经济运行机制不少方面仅仅具有暂时的意义。

也有学者进一步提出，总量关系的确定性只有在组织制度同质和稳定的条件下才能成立，而中国在计划经济系统和市场经济系统并存的情况下，总量关系的形成受到异质组织结构的不同运行机制和组织行为方式的影响。在同质组织结构条件下建立起来的总量因果关系的理论，对此便失去了解释和预测的能力。因此，在中国宏观经济分析中不应简单地因袭西方经济学的分析框架，而应从经济现实的特殊性出发，进行组织结构分析，才能正确地找出新的因果关系。

制度分析及新制度经济学比新古典经济学对中国的经济现实更具有特殊意义。用新古典经济学分析中国经济可以产生许多"悖论"，这是因为中国经济难以满足新古典经济学所据以展开分析的制度条件。而新制度经济学以交易为分析单元，以交易费用为主要分析工具，以产权界定为资源配置的核心，以经济制度作为经济增长的重要变量，并且将交易费用的大小与经济制度运行的效率相联系，这些都对中国经济学研究以及中国的经济发展有更大的启迪意义。

三、西方经济学对中国经济思想的影响

（一）关于经济学的学科定位

根据1949年以来中国的政治经济学理论，经济学是一门研究社会经济关系和生产关系的社会科学。西方经济学家则多将经济学看作一门像自然科学一样精密的"科学"，运用"边际分析"等工具，试图使每一个经济范畴都可以进行定量分析。当然，西方经济学在对经济学的定位方面也是有分歧的，不少人主张经济学是一门社会科学。但是，西方经济学在研究对象、研究方法、理论框架上力求精密的特点深刻地影响了中国的经济学界，一些中青年经济学者甚至提出中国根本没有经济学，传统的政治经济学不能算是严格意义上的经济学。这种观点当然失之偏颇，但许多学者都同意中国的经济理论研究缺乏建立在现代经济学的语言、方法和规范基础上的经济学分析

框架和逻辑体系。20世纪80年代下半期，上海三联书店开始推出"当代经济学系列丛书"，包括当代经济学文库、当代经济学译库、当代经济学新知文丛、当代经济学教学参考书等四个系列。这套系列丛书的出版前言说：本丛书致力于推动国内经济学的现代化和国际标准化，力图在一个不太长的时期内，从研究范围、研究内容、研究方法、分析技术等方面逐步完成中国经济学从传统向现代的转轨。以上所谓的"现代经济学"就是西方经济学，因为中国经济学的发展远远落后于西方，所以从现状比较看，它们是"现代"的。大抵从20世纪80年代中期开始，中国一些主要经济理论刊物上的不少学术论文在研究方法、理论范式上模仿西方经济学家的方法，以几个基本范畴建立起理论框架，运用一些实证的分析工具，包括数学公式进行推导，以使逻辑体系和结论"精密化"。虽然一直到20世纪90年代中后期，这类论文的数量在全部经济学研究论著中所占的比例仍然很小，但它们确实使人有清新之感，而且很有生命力，发展势头颇健。

经济学不同于其他社会科学学科的一个最大特点就在于它有很强的实验性。它不同于哲学，可以完全凭逻辑推理"创造"因果关系，从概念到概念推导出结论。经济学直接产生于现实经济生活，并且要能够经受现实经济生活的检验，但中国经济理论的最大缺陷就在于不能解释现实经济生活。一方面，理论不能从本质上说明现实经济关系；另一方面，现实经济活动在很多地方与理论的阐述不尽相符。产生这种现象的根本原因就在于我们的经济理论在许多情况下不是以现实经济生活为分析起点的，而是以一些空泛的概念为分析起点的，所以一些问题讨论无定论，会产生理论与实际的"悖论"。为改变这种状况，需要在经济学的学科定位、理论范式和分析方法上借鉴西方经济学。

（二）关于经济学的学科范畴

中国经济思想界对经济学学科范畴的认识已不再局限于传统政治经济学所规定的对生产关系的研究，而是有了很大的扩展。学术界一般认为，经济学可以分为以下三个特点和功能不相同但有内在联系的组成部分：

1.经济理论研究

经济理论研究包括纯理论研究和现实经济研究。

纯理论研究是对经济理论体系的修正、改进和完善，对原有的经济命题或定理进行深入的研究，使得根据这一命题或定理建立起来的经济理论体系更为系统和完善。

现实经济研究是对经济实际运行中所出现的新问题的理论研究，对有关经济现象作出理论层次上的解释，并发展出一种新的理论。

经济理论研究的主要功能是对各种经济现象作出具有普遍规律性的解释，并进行经济理论的创新和经济分析方法的创新。

2.经济政策研究

经济政策研究主要是指对社会经济的公共政策的研究。其特点是利用已有的经济理论和分析工具制定出政策方案。其主要功能是针对社会经济活动中出现的各种实际问题，提出各种解决问题的政策方案，并通过方案的实施来改善社会经济的运行。

3.经济应用研究

经济应用研究也就是通常所说的应用经济学，包括财政、金融、贸易、工业、农业、证券、投资、管理、信息、会计、统计等社会经济部门或经济学分支学科的专门研究。其特点是在基本经济理论的基础上研究某一经济部门或某一分支学科的运作规律和专业理论，其功能是提供操作性的策划和基本数据资料。

20世纪80年代末90年代初，中国经济学研究的经济理论、经济政策和经济应用这三大板块已基本形成，经济学者也基本上确定了自己的位置（当然在定位上有交叉、有变化）。这种经济学研究的分类和分工与世界发展趋势是相符合的，也是中国的经济学研究向现代化发展的一个表现。

（三）西方经济学与中国社会主义政治经济学的融合趋势分析

整个20世纪80年代，中国社会主义政治经济学和西方经济学一直有各自的发展过程和发展线索，分界是清晰的。而从20世纪80年代末开始，这两大学科体系出现了互相融合的趋势。这种融合既表现在一些从事社会主义政治经济学研究的学者涉猎西方经济学，一些从事西方经济学研究的学者也感兴趣于中国政治经济学的建设，还表现在西方经济学的概念、范畴和方法在社会主义政治经济学中找到了立身之地，而马克思主义经济学的原理和方法也被用于审视、评析西方经济理论。

社会主义政治经济学和西方经济学是两个理论体系。前者的基本范畴是商品、价值、资本、剩余价值；后者的基本范畴是需求、供给、效用、利润。两大体系的基本前提、基本方法和基本内容都有很大的差异，要融合为一体是不可能的。现在的政治经济学教材在"资本主义部分"中加进了均衡价格、成本收益、垄断竞争等范畴，在"社会主义部分"中加进了消费函数、乘数原理、市场均衡等范畴，但只要它是以社会生产关系的演变为基点，而不是以现实的社会经济运行为起点，这一理论体系就不可能与西方经济学融为一体。所以，所谓的西方经济学与中国社会主义政治经济学的融合，是指两大体系在若干范畴、概念、方法上的交叉和吸纳，而不是完全融为一体。

有必要指出的是，在关于西方经济学与中国社会主义政治经济学的关系上一直存在一种偏向，不少学者在理论研究中将西方经济学的原理生搬硬套，认为非此便不足以与国际接轨，不足以使中国经济学现代化。西方经济学是在资本主义市场经济制度基础上产生发展的经济理论体系，其中的许多前提、假设、原理、约束条件于中国是不适用的。如果不顾中国国情直接照搬，很难产生科学的结论。比如20世纪80年代中期就有论者将凯恩斯为资本主义经济萧条、就业不足所开的"药方"——刺激有效需求的政策主张照搬到中国，结果引起了宏观经济失衡和严重的通货膨胀。又如，有学者受到西方发展经济学"大推进"理论的影响，主张高积累、高增长。殊不知中国人均资源占有率极其低下，资源短缺制约严重，靠大量投入来推动经济高速增长不仅无法持久，而且所带来的经济增长也只能是粗放型的、低效益的。另外，在新制度经济学、产权经济学的研究和应用中，更是存在忽视既定制度条件的缺陷的问题。凡此种种都存在生搬硬套之嫌，于中国经济理论研究的发展是不利的。

第三节　西方经济学新理论、新学科引进与研究

20世纪末21世纪初，中国经济思想界对西方经济学引进、研究、应用又有一番新的景象。一个重要的特征是注重引进西方经济学前沿理论乃至一些新理论、新学科，同时比较注重运用西方经济学的理论、方法和分析工具研究中国经济，进一步表现出中国经济思想与国际经济学界的融合趋势。

一、西方"新政治经济学"研究

《经济学动态》1992年第9期发表了该杂志编辑部的《开展对"新政治经济学"的讨论》编者按。20世纪60年代以来，一些新的经济学流派如产权经济学、法律经济学、公共选择理论、新制度经济学、新经济史学和新增长经济理论等开始兴起并得到迅速发展。为了对经济学的新发展作概要的描述，《经济学动态》决定专门辟出一定的篇幅，展开"新政治经济学"的讨论，主要是对这些新学科进行介绍，当然也要运用这些理论和方法研究和探讨中国的具体问题。[①]

（一）新制度经济学

20世纪80年代和90年代初是西方新制度经济学引入中国势头最强的时候，许多经济学者对这一学说进行了研究，并结合中国的改革实践提出不少政策主张。

制度经济学强调效率分析，拓展了微观经济理论的基本假定，引入交易成本概念。在正交易成本情况下，通过理性人的行为而达到资源配置的最优结果。因此，新制度经济学与制度学派在分析方法及分析角度方面存在很大的差异。事实上，新制度经济学的研究方法正是所有制度主义者极力反对的那种比较静态的均衡分析，制度经济学（从凡勃伦到加尔布雷思）是在否定批评主流经济学理论基础上试图构造出一种新的理论体系，而新制度经济学是对主流经济理论的补充、发展与完善。

交易成本是新制度经济学的最基本分析工具。威廉姆森就多次把新制度经济学称为"交易成本经济学"。一般认为，交易成本概念最早由科斯提出。科斯在1937年所发表的论文《企业的性质》中，没有明确提出交易成本的概念，但他所提出的市场成本（即使用价格机制的成本）概念所包含的内容正是交易成本的内容。后来，科斯于1960年发表了《社会成本问题》一文，明确提出了市场交易成本的概念。在这篇著名的论文中，科斯以《对市场交易成本的考察》为标题，探讨了交易成本与权利界定对经济制度运行效率的影响。他对交易成本的内容作出了进一步的界定，即"为了进行市场交易，有必要发现谁希望进行交易，有必要告诉人们交易的愿望和方式，以及通过讨价还价的谈判缔结契约，督促契约条款的严格履行等"。之所以强调交易成本对新制度经济学的重要性，是由于新制度经济学家掌握了交易成本这个分析工具，才能够第一次真正地用

---

① 本刊编辑部. 开展对"新政治经济学"的讨论 [J]. 经济学动态, 1992 (9): 65-66.

经济学方法来研究制度的运行与演变，从而使他们与制度学派的社会的、心理的、伦理的等分析方法区别开来。经济学是研究稀缺资源配置的，交易成本理论表明交易活动是稀缺的，因而也有代价，从而也就有如何配置的问题，资源配置问题就是经济效率问题。所以，一定的制度和规则必须提高经济效益；否则，就会被新制度所取代。只有这样，制度分析才被真正纳入经济学分析之中。

(二) 新经济增长理论

美国经济学家刘易斯和诺斯都被认为是重视将制度因素运用于经济增长分析的学者，为经济增长的长期变动提供了一个更为合理的解释。新古典经济学的增长观认为，发展是渐进的、连续的和累积的过程，是以边际调节来实现的，均衡状态是相对稳定的。价格机制是一切调节的原动力。新经济增长理论认为，制度的变迁是从均衡到不均衡又到均衡的过程。由于各种因素使潜在的外部利润无法在现有的制度安排结构内实现，就有可能建立新的制度以降低成本，即当预期的净收益超过预期成本时制度就有可能被创新。同样，刘易斯认为发展是连续的，因为从任何一种因素的进步都将引起其他因素进步的意义上说，这些因素之间是相互关联的。如果发现新知识，那么投资将受到刺激，制度也将受到影响，整个社会的变化是累积性过程。

(三) 公共选择理论

公共选择理论是美国新自由主义经济学主要流派之一。它的独特之处在于把经济学的基本方法用于对西方政治过程的分析，既拓宽了经济学的研究领域，也为政治科学的研究方法开辟了道路。

公共选择理论可分为两部分：

(1) 实证性公共选择理论。其主要内容是各种投票和选举规则，以及这些规则在实行中涉及的各种问题和解决办法。

(2) 规范性公共选择理论。其主要内容是各种规则的假定前提，人们对于一个公民社会所具有的基本价值判断，以及这些假定前提适用的具体环境和这些价值判断之间可能存在的矛盾及弥合办法。

实证性公共选择理论与规范性公共选择理论所涉及的具体的公共选择不相同。前者涉及这样一类决策：对集体中的所有人都有利，不会有损于任何人的利益。这类决策与从帕累托边界之外向边界上的各点移动的情况相一致。后者涉及的决策是：只有利于集体中的一部分人的利益，却有损于另一部分人的利益。这类决策与沿着帕累托边界移动的情况相一致。

(四) 新经济史学

1993年10月，美国经济学家道格拉斯·诺斯和罗伯特·福格尔以他们在新经济史学领域的开创性贡献而获诺贝尔经济学奖，瑞典皇家科学院称之为"新经济史学领域中的主导人物"。他们在经济史学界发起了一场革命，形成了包括政治、经济和社会因素在内的广泛的分析框架，构造了一个以制度、制度结构、制度变迁与创新为主轴的新经济史理论体系："有效的经济组织使得有必要建立制度安排和财产权利——它们为把个人努力传导为私人与社会收益率趋近的经济活动创造了刺激力""有效的经济组织是增长的关键，在西欧有效经济组织的发展解释了西方的兴起"。[①]

新经济史学理论框架是建立在对新古典假定修正的基础上的。新古典公式可概括为：世界是和谐的，制度并不存在，所有变化都可以通过市场的完全运行来实现。制度、制度结构、制度变迁与创新，这组范畴序列是新经济史学的主轴。

制度是个人与资本存量、物品与劳务产出及收入分配之间的过滤器，它建立了构成一个社会或更确切地说一种经济秩序的合作与竞争关系，是一个内涵丰富、外延宽广的全新范畴。

制度结构即制度框架，既然各种规则不仅造就了引导和确定经济活动的激励系统，而且决定了社会福利与收入分配的基础，制度结构在静态上就决定了一个经济实绩及知识技术存量的增长率。

制度变迁是制度创立、变更及随时间变化被打破的方式，结构变化参数包括技术、人口、产权和政府对资源的控制等。正是制度变迁构成了一种经济长期增长的源泉。

（五）理性预期理论

1995年10月，美国芝加哥大学教授罗伯特·卢卡斯（Robert E. Lucas）以其在理性预期理论方面的突出贡献而荣获诺贝尔经济学奖。瑞典皇家科学院在新闻公报中说，卢卡斯发展并运用了理性预期假说，使宏观经济分析理论发生了深刻变革。他的理论"深化了我们对于运用经济政策控制经济的困难性的认识"，并且使"运用统计方法可靠地评估经济政策成为可能"。诺贝尔奖评委会主席韦林认为："卢卡斯已经使得直到20世纪70年代为止所发表的大多数经济理论站不住脚了。他也是那时以来最有影响的经济学家之一。"

形成于20世纪70年代的理性预期学派的代表人物，除了卢卡斯外还有萨金特、华莱士以及巴罗等人。卢卡斯的主要著作有《计量经济政策评估》（1975）、《经济周期理论研究》（1981）以及《理性预期与经济计量实践》（1981）等。

理性预期理论的核心概念是理性预期假说，它最初是由约翰·穆斯在1961年于《理性预期与价格变动理论》一文中明确提出来的。理性预期具有这样两层含义：

第一，通过理性预期，对某一经济变量的估计必须是该变量的数学期望值，而某一变量的数学期望值是对该变量的长期出现的数值的最精确的估计。

第二，在求出某一变量的数学期望值时，参与经济生活的人必须有效地利用一切可以得到的信息，包括一切与估计经济变量有关的有用的经济理论在内。因为对经济变量的精确程度关系到人们自己的利益，对变量的估计越精确，估计者所能从中得到的利益越大，而信息的利用效率越高，对变量的估计也必然会更加正确，所以，为了得到自己的最大利益，一个合乎理性的人必然会以最有效的方式充分利用一切可以得

---

① 诺斯，托马斯. 西方世界的兴起——新经济史［M］. 厉以平，蔡磊，译. 北京：华夏出版社，1989：1.

到的信息。

理性预期论者关于政府反经济周期政策无效的结论，是从货币学派的自然失业率概念与引申的自然率假说，以及作为传统经济学基本假设之一的理性人假说两者导出的。对于这种理论的出现，莫迪利亚尼称之为宏观预期理论微观基础的变革，是宏观预期理论本身的一次革命。

（六）企业组织理论

中国经济思想界对企业组织理论的引进与研究是比较系统的。科斯1937年的经典论文《企业的性质》解释了企业的起源及决定其规模的因素。在该文中，科斯通过引入"交易费用"概念，第一次"成功地把组织（企业）和费用相联系"来说明"企业在一个专业化的交换经济中出现的根本原因"，给出了一个既现实又易于处理（指可用新古典经济理论去分析）的企业的定义。科斯的企业理论使交易费用成为分析的中心概念，但科斯的理论缺少可操作性，不能以系统的形式运用于估价企业和市场之间完成交易的效率。在科斯之后，阿尔钦和德姆塞茨的《生产、信息费用和经济组织》（1972）、威廉姆森的《市场与科层制》（1975）和《资本主义经济制度》（1985）等都对企业理论的发展作出了重要贡献，深化了人们对企业的认识。

（七）委托-代理理论

委托-代理理论是迄今为止契约理论最重要的发展。这一理论的创始人包括威尔森、斯宾塞、泽克海森、罗斯、莫里斯、霍姆斯特姆、格罗斯曼和哈特等。委托-代理理论大大增强了经济学家对资本家、管理者、工人之间内在关系以及更一般的市场交易关系的理解。

标准的委托-代理理论建立在两种基本假设上：

（1）委托人对随机的产出没有（直接的）贡献（在一个参数化模型中，对产出的分布函数不起作用）；

（2）代理人的行为不易直接地被委托人观察到（虽然有些间接的信号可以利用）。

在这两种假设下，这一理论给出了两个基本观点：

（1）在任何既满足代理者参与约束及激励相容约束，又使委托者预期效用最大化的激励性合约中，代理者都必须承受部分风险；

（2）如果代理人是一个风险中性者，就可以通过使代理者承受完全风险（即使他成为唯一的剩余权益者）的办法来实现最优结果。

二、西方经济学前沿理论引进与研究

（一）20世纪90年代西方经济学前沿理论引进与研究

1.信息经济学与博弈论研究

信息不对称理论产生于20世纪70年代，它用以说明相关信息在交易双方的不对称分布对于市场交易行为和市场运行效率所产生的一系列重要影响。从20世纪80年代开始，一些西方经济学家把"信息不对称理论"引入了对金融市场的研究领域，才使这一理论的经济学价值逐渐体现出来。它增进了经济学家对于金融市场行为、金融中介职能、企业财务结构对企业投资行为的影响，以及货币政策和经济波动传递机制等一系列微观与宏观经济学问题的理解。现在，不对称信息结构已经成为现代经济学的基本分析结构之一。

1996年的诺贝尔经济学奖颁发给从事"不对称信息下的激励理论"研究的美国经济学家威廉·维克里（William Vickrey）和英国经济学家詹姆斯·莫里斯（James Mirrlees），使理论信息经济学引起了人们的广泛关注。信息经济学按其研究性质，可分为理论信息经济学和应用信息经济学。理论信息经济学最早的研究者，最著名的有斯蒂格勒和阿罗。斯蒂格勒于1961年在《政治经济学》杂志上发表了《信息经济学》的著名论文，研究了信息的成本和价格，以及信息对价格、工资和其他生产要素的影响。1977年他又指出，应当将不完全信息作为前提来替代完全信息的假设，以修正传统的市场理论和一般均衡理论。阿罗在1984年出版了《信息经济学》一书，1989年该书的中译本出版，其中收集了他在20世纪70年代对价格经济理论进行开拓性研究的主要论文。

博弈论最初是作为对策现象的数学理论和方法来研究的。数学家约翰·冯·诺依曼（John von Neumann）在20世纪20年代提出博弈论，并得出了一些普遍的概念和方法。1944年冯·诺依曼和经济学家奥斯卡·摩根斯坦（Oskar Morgenstern）合作出版了《博弈论与经济行为》，这是第一部将博弈论运用于经济学的著作。博弈论进入主流经济学，反映出的经济学发展趋势是：经济学研究的对象越来越转向个体，放弃了一些没有微观基础的假定，一切从个人效用函数及其约束条件开始，求解约束条件下的个人效用最大化问题而导出行为均衡结果。[①]

2.哈耶克自由主义经济思想研究

20世纪70年代，新自由主义经济理论在西方国家兴起，哈耶克开始受到注意和推崇。哈耶克学术思想的核心是维护和宣扬自由主义信条，强调竞争性市场是学习和发展的过程。在他的理论影响下，西方社会开始了对市场过程的重新认识和评价。弗里德曼指出，哈耶克的影响是巨大的。他的全部著作结合成为严格的经济理论的整体，对经济史、政治哲学和政治学有重大影响，对法学、科学方法论以及心理学的研究都有影响。一般认为，哈耶克的思想在三个方面影响了经济学的发展，即信息分散论、对知识的强调、竞争性市场过程是学习与发展的过程。因为这些影响，哈耶克获得了1974年的诺贝尔经济学奖。

3.新经济增长理论研究

新经济增长理论又称内生增长理论，是产生于20世纪80年代中期的一个西方宏观经济理论分支。西方学者通常以保罗·罗默1986年的《收益递增与长期增长》和卢卡斯1988年的《论经济发展的机制》的发表作为新经济增长理论产生的标志。在新经济增长理论的产生和发展过程中，作出重要贡献的经济学家主要有罗默、卢卡斯、格

① 张维迎.博弈论与信息经济学［M］.上海：上海三联书店，上海人民出版社，1996：10.

罗斯曼、赫尔普曼、巴罗、阿格亨、克鲁格曼、阿尔文·扬、琼斯、雷贝洛和贝克尔等人。格罗斯曼主编的两卷本《经济增长：理论和经验》是新经济增长理论的代表性论文集。

最早用内生技术进步解释经济增长的模型是阿罗于1962年建立的。阿罗不同意新古典增长理论将技术看成外生变量，他假设技术进步或生产率提高是资本积累的副产品，即投资产生溢出效应，不仅进行投资的厂商可以通过积累生产经验而提高其生产率，其他厂商也可以通过"学习"而提高生产率。基于这些主要假设，阿罗将技术进步看作由经济系统决定的内生变量，从劳动与资本的柯布-道格拉斯规模收益不变的生产函数导出一个规模收益递增的生产函数，完全归功于学习过程和知识的外部效应。

罗默继承了阿罗用技术外部性解释经济增长的研究思路。在罗默的知识溢出模型中，内生的技术进步是经济增长的唯一源泉。罗默假定：知识是追逐利润的厂商进行投资决策的产物，因此知识是经济系统决定的内生变量；知识具有溢出效应，任何厂商生产的知识都能提高全社会的生产率。

卢卡斯模型则认为，全经济范围内的外部性是由人力资本的溢出造成的。卢卡斯认为，人力资本既具有内部效应，又具有外部效应。人力资本的内部效应是指个人拥有的人力资本可以给他自己带来收益；人力资本的外部效应是指个人的人力资本有助于提高所有生产要素的生产率，但个人并不因此而获益，因此人力资本的外部效应就是指人力资本所产生的正的外部性。由于人力资本的外部效应不能给人力资本拥有者带来收益，个人在进行人力资本积累决策和时间分配决策时不会考虑对其生产率的影响。

（二）21世纪初西方经济学前沿理论引进与研究

1.西方微观与宏观经济学发展研究

（1）微观经济学发展研究。20世纪初以后，西方微观经济学一直处于徘徊状态，到20世纪60年代后期才逐渐有较大发展，主要体现在对不确定性的研究、博弈论的引入及信息经济学的发展、对分工思想的重新重视及深入研究、对企业理论的研究等。

研究者评论说，这一切标志着微观经济学一个新时代的开始。传统微观经济学研究个人行为总是假设价格给定，人们的相互作用是通过价格变动来间接完成的。引入博弈论方法以后，微观经济学已经可以对人与人之间的互动关系进行直接的研究，从而使理论更贴近现实。特别地，博弈论表示，如果人们要达到某种目的，最重要的是设计出一种"激励相容的机制"，这样才能实现个人理性与集体理性的一致，从而重建阿罗和斯蒂格勒在20世纪60年代就已引入微观经济学的不完全信息和不对称信息的分析基础。其中，"机制设计""委托-代理理论""道德风险"等已经成为当代经济学的前沿问题。借助博弈论这一强有力的分析工具，经济学家已深入到新古典经济学的企业、消费者、市场和"制度"的"黑匣子"里，并努力揭示这些经济机制的内在功能。[①]

（2）宏观经济学发展研究。"宏观计量"这一概念大概是在20世纪70年代以后提出的。从方法论看，时间序列是宏观计量的主要内容。从研究对象看，研究宏观经济的模型和方法也构成宏观计量的内容。从方法论及主要文献的角度考察，宏观计量的发展主要表现在对时间序列的模拟技术。研究者以时间序列的发展，描述了宏观计量若干方面的发展现状，特别介绍了协整理论的发展。

协整概念最早由格兰杰在1983年提出。他观测到几个大致同向运动的变量，在短期，它们可能分岔，但经过若干期调整，它们可能返回到原有的运动轨迹，若如此，这几个变量可能协整。格兰杰于1987年正式给出了协整的定义，其核心是，若干由单位根过程所生成的数据的变量，若存在这样的线性组合，使与这一组合的偏差（或者说协整残差即非均衡）由稳定过程所生成，则这种组合即为变量之间的协整，它度量了这几个变量之间的长期稳定性。所谓长期，是对数据生成过程中的任意时点而言。将这几个变量组成系统，这种协整则描述了这一非稳定系统的长期稳定性。而在协整成立的条件下，由这几个变量所定义的均衡存在。因此，协整关系趋向于长期均衡，而它在很大程度上度量了由这几个变量所定义的均衡。[②]而Bewley模型通过引入个体的异质性和市场的不完全性，在宏观经济学的一些重要研究领域作出了开创性贡献。[③]

2.贸易与经济增长关系前沿理论研究

20世纪70年代后，由于在研究垄断竞争的市场结构上取得重大突破，经济学在贸易和增长两个领域都获得长足进展，产生了新贸易理论和新经济增长理论，它们对贸易和增长的关系作了更准确和细致的阐述。

新贸易理论与经济增长的前沿研究当数克鲁格曼的成果。2008年诺贝尔经济学奖获得者克鲁格曼在经济理论方面作出重大贡献的领域有垄断竞争贸易理论、战略贸易理论、新经济地理理论、金融危机理论、汇率动态变化和发展中国家的债务问题等。其中，垄断竞争贸易理论和战略贸易理论被称为新贸易理论，而新经济地理理论在一定程度上是垄断竞争贸易理论的自然延伸。

克鲁格曼获奖的最主要原因是分析国际贸易模式和经济活动区位选择的成果。克鲁格曼的新贸易理论对解释贸易与增长的关系有很好的启发作用。在传统贸易理论中，比较优势的变化是外生的。例如，赫克歇尔-俄林体系可以解释要素存量增加导致的经济增长对产业结构和贸易模式的影响，但是对于贸易反过来对经济增长的影响，传统贸易理论没有足够的解释力。新经济增长理论在垄断竞争框架之下，用差异化的中间投入品代替新贸易理论中的差异化最终品。与新贸易理论中最终品的种类增多会导致更高的消费效用非常类似，差异化投入品种类的增多会导致产出的增加，促进经济的增长。

3.西方行为经济学发展研究

瑞典皇家科学院将2002年诺贝尔经济学奖授予两位美国学者——丹尼尔·卡尼曼

① 石奇，尹伯成. 西方微观经济学的徘徊与发展 [J]. 经济学动态，2002（5）：60-64.
② 王少平. 宏观计量经济学研究现状与展望 [J]. 经济学动态，2003（9）：52-56.
③ 陈彦斌，邱哲圣，李方星. 宏观经济学新发展：Bewley模型 [J]. 经济研究，2010（7）：141-151.

和弗农·史密斯，以表彰他们在与人类行为相关的心理分析应用和实验经济学研究方面所做的开创性工作。

据研究者介绍，从学科发展的意义上说，由于新古典经济学在人类行为基本假设方面所存在的局限性，人们希望发展出新的分析工具和方法来修补主流经济学理论中的漏洞。20世纪六七十年代兴起的耗散结构理论、量子力学理论和混沌理论，以及包括随机过程在内的现代数学理论的发展，进一步丰富了演化经济学的哲学思维方法和数学工具。同时，计算机和网络技术的发展给经济动态的演化模拟实验提供了可行的技术支持。经济学发展的内在要求与哲学、心理学、生物学、社会学、数学和物理学等学科的影响和渗入客观上促进了经济演化分析的发展。

瑞典皇家科学院介绍，卡尼曼运用认知心理学讨论"回答问题—形成推断—作出选择"思维过程时的一些观点，帮助我们理解人类是如何进行经济决策的。在这条路上，其他的心理学家也曾作出了重要的贡献，但是卡尼曼和特沃斯基对不确定性条件下决策行为的研究工作影响最大，也最为出类拔萃。对行为经济的其他领域，卡尼曼也作出了许多早期贡献。他的研究也对其他领域产生了深远的影响，在其他社会科学、自然科学、人文科学以及医学领域被广泛地引用。

弗农·史密斯最杰出的工作是有关市场机制的研究。他为这个领域的研究工作奠定了基础：他创新了竞争市场实验，对不同的拍卖形式进行了实验检验，还设计了实验的所谓引致价值（induced-value）方法。[①]

4.西方公共经济学的引进与研究

21世纪初，公共经济学译著、教材的出版有相当的数量。据介绍，公共经济学在20世纪50年代以后才在英语国家引起广泛的研究兴趣，20世纪90年代中期以后被逐渐引入中国。公共经济学引进与研究的特点是以西方公共经济学理论体系为框架，结合中国经济社会实际，围绕公共需要、公共部门、公共支出、财政税收、公共预算、公共债务、政府分权、公共企业、公共定价和公共选择等与公共产品及服务紧密相关的论题展开研究。也有学者借助公共经济学体系对财政学科体系进行重新构建。有些研究从公共经济学理论视角解析了社会保障转移支付，国内大学的财经板块也基本上成立了公共经济与管理学院或财政与公共管理学院，所以公共经济学在转型期的中国应该有很大的理论及实践价值。

三、西方新自由主义经济学研究与评价

大抵从20世纪80年代开始，"新自由主义"及"新自由主义经济学"这两个名词在中国频繁出现，学术界及经济思想界开始对新自由主义的哲学思想、政治学思想及经济学思想进行引进、研究和讨论。进入21世纪，随着经济全球化的发展及中国改革开放的深化，有关新自由主义经济学的讨论渐趋热烈，在关于中国经济体制改革的导向方面，甚至展开了较为激烈的争论。

---

① 李彬. 行为与实验经济学的奠基人［J］. 经济学动态，2002（12）：51-58.

（一）新自由主义经济学研究评述

1.对新自由主义经济思想的一般认识

中国经济思想界一般认为，新自由主义经济思想也称新保守主义经济思想，是20世纪30年代后在反凯恩斯主义的过程中逐渐形成和发展起来的当代西方经济学说。新自由主义经济思想包括的学派主要有伦敦学派、现代货币学派、理性预期学派、供给学派、弗赖堡学派、公共选择学派和产权经济学派。其中，伦敦学派是最彻底的自由主义，现代货币学派是新自由主义中影响最大的学派。这些学派之所以都归入新自由主义的学说范围，是因为它们在一些基本思想方面具有共同点，如主张自由主义经济、反对国家干预，主张个人自由，主张私有化和私有制，主张全球自由化及自由贸易，主张福利个人化、反对福利国家等。

所谓新自由主义经济学并不是指一套独立的经济学理论，它主要反映在当今主流经济学——新古典经济学的理论范式和价值理念之中。新自由主义经济学主要相对于凯恩斯理论和国家干预主义，倡导"经济自由"和"个人选择"的价值理念，迄今为止的绝大多数诺贝尔经济学奖得主都是新自由主义经济学的倡导者和推进者，比如哈耶克、斯蒂格勒、弗里德曼、布坎南、贝克尔、科斯、诺斯和卢卡斯等人。

2.新自由主义贸易政策评述

新自由主义作为一种经济思想形成于20世纪30年代，在20世纪60年代以后得到迅速发展，并开始渗入国际贸易领域。在这一领域有重要影响的新自由主义代表人物包括巴拉萨（B. Balassa）、巴格瓦蒂（J. N. Bhagwati）、克鲁格（A. O. Krueger）、拉尔（D. Lal）、里特尔（I. Little）和斯瑞尼瓦桑（T. N. Srinivasan）等。新自由主义从研究贸易战略和贸易体制入手，探讨一系列相关的贸易政策问题，逐步形成了其贸易政策理论的主要观点，包括保护成本论、贸易扭曲论、中性贸易体制论和贸易自由化论等。

新自由主义经济学关于世界经济及经济全球化的政策思想集中体现在所谓的"华盛顿共识"上。1989年，拉美国家仍然处于债务危机之中，各国国内经济急需改革。针对拉美国家存在的问题，美国国际经济研究所邀请了拉美国家代表、世界银行、国际货币基金组织、美洲开发银行和美国财政部的研究人员，在华盛顿召开了一个以拉美国家经济调整和改革为主题的研讨会。会议后期，美国国际经济研究所的高级研究员约翰·威廉姆森对拉美国家的改革提出了十条政策措施，并声称就此已与上述总部设在华盛顿的国际机构和美国财政部达成一致，因此命名为"华盛顿共识"。"华盛顿共识"包括：（1）加强财政纪律；（2）把政府支出的重点转向经济回报高和有利于改善收入分配的领域，如基本医疗保健、基础教育和基础设施；（3）改革税收，降低边际税率和扩大税基；（4）利率自由化；（5）采用一种具有竞争性的汇率制度；（6）贸易自由化；（7）资本进入，特别是FDI进入自由化；（8）私有化；（9）放松政府管制，消除进入和退出障碍；（10）保护产权。然而，从国际经济关系的现实考察，所谓"华盛顿共识"基本上是单边的，即要求新兴经济体向发达市场经济国家开放市场和几乎全部经济领域，满足跨国公司资本国际化及生产体系国际化扩张的要求，同时保持美元在国际金融领域的"铸币权"利益。当然，"华盛顿共识"提出的公共支出转型、税收改革、开放经济等政策建议对新兴经济体的改革还是有参考价值的。

（二）新自由主义思想体系评价

1.新古典综合学派与新自由主义思想

从经济学说史角度分析，所谓新自由主义经济学并不像新古典经济学那样有严整的定义。凡勃伦在1900年最先使用"新古典"（neoclassical）一词来表述马歇尔经济。

经济学和边际主义经济学的结合，更确切地说，是马歇尔等边际主义经济学家用边际分析概念和微分学工具对古典经济学中包含的主观价值论、效用概念等作了重新阐述，使其更"成熟"。在这一过程中，他们摒弃了古典经济学中包含的客观价值论及劳动价值论的理论要素，完成了古典经济学向新古典经济学的"转型"。"新古典综合"（neoclassical synthesis）是萨缪尔森在其1955年出版的《经济学》第3版中提出的，是指将凯恩斯主义经济学和一些反凯恩斯主义经济学进行某种综合的宏观经济学。当然，新古典综合与新古典经济学是有理论联系的。新古典综合并不认为在自由放任条件下充分就业会自动实现，但它相信通过适当地运用货币政策和财政政策，就可以达到古典及新古典经济学所推崇的自由市场经济的理想境界。

所谓新自由主义思想或学派的理论内核仍是新古典主义的——假设一个完全竞争的市场结构或经济环境。在这个经济场景中，价格可以自由浮动，投资只占经济总量的很小比例，经济行为的准则是追求利益最大化，尽可能由市场和价格机制来解决经济均衡问题，最佳的治理模式是小政府、大市场（社会）。问题在于以这种构建理论模型时所使用的假设条件为原则提出经济政策，并且应用于千差万别的现实经济，在国际上少有成功案例。英、美资本主义经济体制是最接近自由主义经济理念的，但它们都具备了一个重要的条件，或者是拥有全球殖民地体系，或者是控制全球货币金融体系。这种条件使其能将经济-社会成本向外转移，或者说用外部财富提高本国的普遍富裕程度，从而使自由市场经济所引致的贫富矛盾最大限度地缓和，但这种条件不是所有时代或所有国家都具备的，所以，理论上或学术上的价值并不能等同于经济政策的价值和实践的价值。经济政策除了需要理论的引导，还要符合经济现实，这也是一个科学原则。

2.作为学派的新自由主义

新自由主义经济学基本上可以看作一个学派，即信奉自由主义（自由市场经济理念）的经济学流派。

1947年，哈耶克邀请38位信奉自由主义的经济学家在瑞士朝圣山召开会议，决定成立一个团体，旨在坚持亚当·斯密主张的"自然自由秩序"，坚守自由文明，反对各种形式的集权主义，对抗当时盛行的凯恩斯主义和社会主义思想。这一学术团体被称为朝圣山学社（Mont Pelerin Society）。朝圣山学社将欧洲和美国的自由主义经济学家聚合在一起，主要有奥地利学派的米塞斯、哈耶克、马克卢普、布兰特，以及芝加哥学派的弗里德曼、斯蒂格勒、布坎南、贝克尔等人。一般认为，自由主义经济学家的聚合标志着新自由主义经济学的形成。其实，从理论渊源考察，所谓新自由主义经济学基本上是卡尔·门格尔（Carl Menger）在19世纪70年代创立的奥地利学派和20世纪中叶以弗里德曼和斯蒂格勒为首的芝加哥学派对亚当·斯密经济学的传承。门格尔于1871年出版了《国民经济学原理》，该书于1950年被译成英文版《经济学原理》。门格尔提出的理论框架延承了亚当·斯密体系"自然自由秩序"的理论内核，但用边际效用原理和机会成本原理对古典经济学的价值理论进行了"修补"，弥补了古典经济学"将生产与分配相分离"的"缺陷"；将生产与分配结合起来，进而将阶级等不同类型的利益冲突转到亚当·斯密的"利益和谐论"，使"自然自由秩序论"和"利益和谐论""完美"统一。奥地利学派经过庞巴维克和维塞尔的传承，到米塞斯这一代被称为现代奥地利学派。哈耶克被认为是米塞斯最有名的学生，他于1974年获诺贝尔经济学奖，是第一位获此奖的自由主义经济学家。弗里德曼在1967年当选为美国经济学会会长，并于1976年获诺贝尔经济学奖。20世纪90年代，一批芝加哥学派经济学家获诺贝尔经济学奖，包括科斯、贝克尔、福格尔和卢卡斯。事实上，哈耶克在1950—1962年也在芝加哥大学任教。

新自由主义经济学对古典自由主义经济学的一些"悖论"乃至一些假设条件作了修正，如用边际分析工具"修正"古典经济学的价格理论，用"分散性知识"和不完全信息修正古典经济学的完全信息假设，用有限理性修正"理性人"假设，通过理论上的修正和修补，古典经济学的"自然自由秩序"更平滑、更具有普适价值。新自由主义经济学的思想及政策主张在20世纪中叶以后开始被西方国家重视，在世界经济学领域也俨然成为主流。

中国改革开放以后，西方古典经济学、新古典经济学、凯恩斯主义经济学、新自由主义经济学都被引进与研究，对中国经济思想的发展都有影响。新自由主义既是经济思想，又是意识形态。新自由主义经济学家的一些代表作都是以毕生精力研究探索而成的，凝聚了西方政治文化的精粹。新自由主义思想体系紧紧围绕自由竞争条件下追求自身利益行为以及由此构成的"自然自由秩序"这一古典经济学内核展开系统分析，并将这种行为及秩序与国民财富增长和"普遍富裕"相联系，论证资本主义市场经济制度在道德上和效率上的优越性。这一学术思想体系既有理论上的系统性，又得到了发达市场经济国家的实践印证。对其作出评析或批判应该基于深入系统的研究，同时应吸收借鉴这一体系中科学合理的思想理论成分。

第十二章思想园地

本章思语

1. 试述西方经济学对中国经济思想的影响。

2.简析西方经济思想的科学评价和有效借鉴。

3.简述经济学研究方法与经济学的科学性。

推荐阅读文献 ❀

［1］高鸿业，刘凤良．20世纪西方经济学的发展［M］．北京：商务印书馆，2004.

［2］张培刚．微观经济学的产生和发展［M］．长沙：湖南人民出版社，1997.

［3］胡寄窗．1870年以来的西方经济学说［M］．北京：经济科学出版社，1988.

［1］马克思．政治经济学批判［M］//马克思，恩格斯．马克思恩格斯选集（第2卷）．中共中央马克思恩格斯列宁斯大林著作编译局，译．北京：人民出版社，1955.

［2］李剑农．宋元明经济史稿［M］．北京：生活·读书·新知三联书店，1957.

［3］彭信威．中国货币史［M］．3版．上海：上海人民出版社，1965.

［4］王亚南．资产阶级古典政治经济学选辑［M］．北京：商务印书馆，1965.

［5］北方十三所高等院校编写组．政治经济学（社会主义部分）［M］．西安：陕西人民出版社，1979.

［6］南方十六所大学《政治经济学教材》编写组．政治经济学（社会主义部分）［M］．成都：四川人民出版社，1979.

［7］薛暮桥．社会主义经济理论问题［M］．北京：人民出版社，1979.

［8］梁方仲．中国历代户口、田地、田赋统计［M］．上海：上海人民出版社，1980.

［9］许涤新．政治经济学辞典（上册）［M］．北京：人民出版社，1980.

［10］于光远．政治经济学社会主义部分探索（一）［M］．北京：人民出版社，1980.

［11］胡寄窗．中国古代经济思想的光辉成就［M］．北京：中国社会科学出版社，1981.

［12］胡寄窗．中国经济思想史简编［M］．北京：中国社会科学出版社，1981.

［13］《经济研究》编辑部，《经济学动态》编辑部．建国以来政治经济学重要问题争论（1949—1980）［M］．北京：中国财政经济出版社，1981.

［14］卓炯．论社会主义商品经济［M］．广州：广东人民出版社，1981.

［15］侯厚吉，吴其敬．中国近代经济思想史稿（第2册）［M］．哈尔滨：黑龙江人民出版社，1983.

［16］荣敬本，赵人伟，吴敬琏，等．社会主义经济模式问题论著选辑［M］．北京：人民出版社，1983.

［17］周永林，张廷钰．马寅初抨官僚资本［M］．重庆：重庆出版社，1983.

［18］布鲁斯．社会主义经济的运行问题［M］．周亮勋，荣敬本，林青松，译．北京：中国社会科学出版社，1984.

［19］侯厚吉，吴其敬．中国近代经济思想史稿（第3册）［M］．哈尔滨：黑龙江

人民出版社，1984.

　　［20］胡寄窗. 中国近代经济思想史大纲［M］. 北京：中国社会科学出版社，1984.

　　［21］杰文斯. 政治经济学理论［M］. 郭大力，译. 北京：商务印书馆，1984.

　　［22］商务印书馆编辑部. 西方经济思想评论（第一辑）［M］. 北京：商务印书馆，1984.

　　［23］孙冶方. 孙冶方选集［M］. 太原：山西经济出版社，1984.

　　［24］郑学檬，蒋兆成，张文绮. 简明中国经济通史［M］. 哈尔滨：黑龙江人民出版社，1984.

　　［25］世界银行1984年经济考察团. 中国：长期发展的问题和方案（主报告）［M］. 北京：中国财政经济出版社，1985.

　　［26］孙冶方. 社会主义经济论稿［M］. 北京：人民出版社，1985.

　　［27］《经济研究》编辑部. 中国社会主义经济理论的回顾与展望［M］. 北京：经济日报出版社，1986.

　　［28］赵靖. 中国古代经济管理思想概论［M］. 南宁：广西人民出版社，1986.

　　［29］蒋学模. 社会主义政治经济学［M］. 上海：复旦大学出版社，1987.

　　［30］胡寄窗. 1870年以来的西方经济学说［M］. 北京：经济科学出版社，1988.

　　［31］马伯煌. 中国近代经济思想史（上册）［M］. 上海：上海社会科学院出版社，1988.

　　［32］蔡一. 中国古代经济思想教程［M］. 北京：高等教育出版社，1989.

　　［33］胡寄窗，谈敏. 中国财政思想史［M］. 北京：中国财政经济出版社，1989.

　　［34］李泽中. 当代中国社会主义经济理论［M］. 北京：中国社会科学出版社，1989.

　　［35］刘树成. 中国经济的周期波动［M］. 北京：中国经济出版社，1989.

　　［36］马洪. 改革与发展［M］. 北京：经济管理出版社，1989.

　　［37］谭崇台. 发展经济学［M］. 上海：上海人民出版社，1989.

　　［38］刘国光. 体制变革中的经济稳定增长［M］. 北京：中国计划出版社，1990.

　　［39］商务印书馆编辑部. 西方经济思想评论（第二辑）［M］. 北京：商务印书馆，1990.

　　［40］胡寄窗. 经济理论歧见的剖析［M］. 上海：复旦大学出版社，1991.

　　［41］王迺琮，张华，郑振华. 先秦两汉经济思想史略［M］. 北京：海洋出版社，1991.

　　［42］吴经砚. 上海商业储蓄银行历史概述［M］//孙晓村. 陈光甫与上海银行. 北京：中国文史出版社，1991.

　　［43］张薰华. 社会科学争鸣大系（1949—1989）·社会主义经济理论卷［M］. 上海：上海人民出版社，1991.

［44］何炼成. 中国市场经济理论与实践［M］. 西安：西北大学出版社，1992.

［45］厉以宁. 中国宏观经济的实证分析［M］. 北京：北京大学出版社，1992.

［46］马伯煌. 中国近代经济思想史（中册）［M］. 上海：上海社会科学院出版社，1992.

［47］外国经济学说研究会. 现代国外经济学论文选（第十四辑）［M］. 北京：商务印书馆，1992.

［48］吴敬琏. 社会主义市场经济的历史沿革和现实意义［M］//日山. 著名学者论社会主义市场经济. 北京：人民出版社，1992.

［49］薛暮桥. 关于社会主义市场经济问题［M］//日山. 著名学者论社会主义市场经济. 北京：人民出版社，1992.

［50］于光远. 社会主义市场经济的理论与实践［M］. 北京：中国财政经济出版社，1992.

［51］张培刚. 新发展经济学［M］. 郑州：河南人民出版社，1992.

［52］厉以宁，秦宛顺，靳云汇. 中国经济增长与波动［M］. 北京：中国计划出版社，1993.

［53］杨国桢，陈支平. 明史新编［M］. 北京：人民出版社，1993.

［54］张家骧. 马克思主义经济学说在中国的传播、运用与发展［M］. 郑州：河南人民出版社，1993.

［55］古诺. 财富理论的数学原理的研究［M］. 陈尚霖，译. 北京：商务印书馆，1994.

［56］顾准. 顾准文集［M］. 贵阳：贵州人民出版社，1994.

［57］宋涛. 社会主义经济理论探索［M］. 北京：北京工业大学出版社，1994.

［58］王宏昌. 诺贝尔经济学奖金获得者讲演集（1987—1992）［M］. 北京：中国社会科学出版社，1994.

［59］刘涤源，谭崇台. 当代西方经济学说［M］. 修订本. 武汉：武汉大学出版社，1990.

［60］赵晓雷. 中国工业化思想及发展战略研究［M］. 上海：上海社会科学院出版社，1995.

［61］巫宝三. 先秦经济思想史［M］. 北京：中国社会科学出版社，1996.

［62］胡寄窗，谈敏. 新中国经济思想史纲要（1949—1989）［M］. 上海：上海财经大学出版社，1997.

［63］世界银行. 1997年世界发展报告：变革世界中的政府［M］. 蔡秋生，译. 北京：中国财政经济出版社，1997.

［64］钟祥财. 对上海地区经济思想发展的历史考察［M］. 上海：上海社会科学院出版社，1997.

［65］胡寄窗. 中国经济思想史［M］. 上海：上海财经大学出版社，1998.

［66］赵靖. 中华文化通志·经济学志［M］. 上海：上海人民出版社，1998.

［67］赵靖. 中国经济思想史（第4卷）［M］. 北京：北京大学出版社，1998.

［68］沈祖炜. 近代中国企业：制度和发展［M］. 上海：上海社会科学院出版社，1999.

［69］胡代光，高鸿业. 西方经济学大辞典［M］. 北京：经济科学出版社，2000.

［70］陶一桃. 中国古代经济思想评述［M］. 北京：中国经济出版社，2000.

［71］赵晓雷. 中国现代经济理论（1949—2000）［M］. 上海：上海人民出版社，2001.

［72］章开沅. 中国经济史［M］. 北京：高等教育出版社，2002.

［73］赵靖. 中国经济思想通史［M］. 修订本. 北京：北京大学出版社，2002.

［74］叶世昌. 古代中国经济思想史［M］. 上海：复旦大学出版社，2003.

［75］叶世昌，李宝金，钟祥财. 中国货币理论史［M］. 厦门：厦门大学出版社，2003.

［76］《理论动态》编辑部. 树立和落实科学发展观［M］. 北京：中共中央党校出版社，2004.

［77］中央文献研究室. 深入学习实践科学发展观活动领导干部学习文件选编［M］. 北京：中央文献出版社，党建读物出版社，2008.

［78］马涛. 新编经济思想史（第1卷）［M］. 北京：经济科学出版社，2016.

［79］中国经济思想史学会. 集雨窖文丛：中国经济思想史学会成立20周年纪念文集［C］. 北京：北京大学出版社，2000.

［80］顾准. 试论社会主义制度下的商品生产和价值规律［J］. 经济研究，1957（3）：21-53.

［81］高王凌. 清代人口研究述评［J］. 清史研究，1983（2）：20-22.

［82］宋超. 试述我国古代重农轻工商思想的产生与形成［J］. 史学月刊，1984（4）：3-10.

［83］唐嘉弘. 古代社会分工理论及其相关问题（上）［J］. 史学月刊，1985（3）：3-7.

［84］唐嘉弘. 古代社会分工理论及其相关问题（下）［J］. 史学月刊，1985（4）：1-6.

［85］尹承国. 从《周礼》看西周商业市场的管理［J］. 当代财经，1987（5）：62-64.

［86］李则鸣. 中国古代社会分工及经济结构的特点［J］. 中南民族学院学报（哲学社会科学版），1989（1）：88-92.

［87］胡代光. 关于借鉴西方经济学的几个问题［J］. 中国社会科学，1990（1）：31-44.

［88］赵晓雷. 社会主义商品经济运行若干理论问题的思考［J］. 学习与探索，

1990（3）：79-85.

[89] 韩志国，刘纪鹏. 股份制在中国的产生和发展——全国股份经济考察报告 [J]. 管理世界，1990（6）：139-151.

[90] 谷书堂，常修泽. 社会主义与商品经济论纲 [J]. 经济研究，1990（6）：3-11.

[91] 徐长生. 从诺贝尔经济学奖看当代西方经济学的发展趋势 [J]. 经济学动态，1990（9）：58-63.

[92] 马洪. 关于计划与市场的关系问题 [J]. 改革，1991（1）：6-9.

[93] 吴敬琏. 计划与市场关系的讨论和我国经济体制的取向 [J]. 改革，1991（1）：19-29.

[94] 宋涛. 社会主义经济是计划经济——兼评否定社会主义经济有计划按比例发展的观点 [J]. 经济理论与经济管理，1991（3）：21-26.

[95] 张守军. 如贾三倍，君子是识——夏商西周的商业思想 [J]. 商业研究，1991（3）：49-50.

[96] 于祖尧. 近年来关于计划与市场关系问题讨论述评 [J]. 经济学动态，1991（3）：3-6.

[97] 胡钧. 关于社会主义商品经济的几个认识问题 [J]. 中国社会科学，1991（5）：69-79.

[98] 刘诗白. 论计划与市场相结合 [J]. 经济纵横，1991（5）：1-7.

[99] 托宾. 宏观经济学当前的争论——四大流派 [J]. 王国强，译. 国际经济评论，1991（7）：2-9.

[100] 李义平，张文彬. 社会主义公有制与商品经济结合理论研讨综述 [J]. 经济学动态，1991（7）：8-11.

[101] 樊纲. 论发展市场经济与产权关系的改革 [J]. 改革，1993（1）：21-27.

[102] 肖灼基. 论社会主义公有制的实现形式 [J]. 经济研究，1992（2）：38-44.

[103] 胡寄窗. 关于社会主义须兼容商品经济的理论分析 [J]. 财经研究，1992（4）：3-9.

[104] "国有企业改革与效率"课题组. 国有企业改革——可供选择的方案 [J]. 经济研究，1992（7）：3-8.

[105] 程志斌. 信息经济学的兴起与发展 [J]. 经济学动态，1992（8）：49-53.

[106] 刘国光. 关于社会主义市场经济理论的几个问题 [J]. 经济研究，1992（10）：28-30.

[107] 唐方杰. 交易成本与新制度经济理论述评 [J]. 经济学动态，1992（12）：58-63.

[108] 刘敬怀，李迪斌，孙英兰，等. 代表纵论十四大报告 [J]. 瞭望，1992（42）：4-8.

[109] 陶一桃. 中国历代富民思想的历史地位及现实意义 [J]. 求实学刊，1993（2）：38-42；45.

[110] 魏杰，张宇. 市场经济与公有制体制改革 [J]. 经济研究，1993（3）：28-33；53.

[111] 魏杰. 公有制与市场经济兼容的基本思路 [J]. 社会科学战线，1993（5）：48-49.

[112] 赵晓雷. 社会主义市场经济与产权制度创新 [J]. 学术月刊，1993（10）：48-51.

[113] 丁伟志. "中体西用" 论在洋务运动时期的形成与发展 [J]. 中国社会科学，1994（1）：101-118.

[114] 蒋学模. 社会主义市场经济的几个有争议的理论问题 [J]. 社会科学战线，1994（1）：1-9.

[115] 林勇. 经济增长的制度分析——刘易斯与诺思比较 [J]. 经济学动态，1994（3）：71-75.

[116] 邹薇，庄子银. 新经济史学述评 [J]. 经济学动态，1994（3）：64-68.

[117] 赵晓雷. 国有产权市场化的理论分析及思路选择 [J]. 财经研究，1994（3）：3-8.

[118] 杨小凯. 企业理论的新发展 [J]. 经济研究，1994（7）：60-65.

[119] 赵晓雷. 产权结构调整——市场化改革的核心 [J]. 上海经济研究，1994（8）：25-28.

[120] 张曙光. 中国的制度分析：三个理论框架的比较——兼评刘世锦新著《经济体制效率分析导论》[J]. 经济研究，1994（12）：73-78.

[121] 张步先. 论早期改良派的重商主义思想 [J]. 山西师大学报（社会科学版），1995（1）：71-74.

[122] 冯金华. 西方经济周期理论最新发展 [J]. 经济学动态，1995（3）：52-55.

[123] 陈九如. 洪仁玕经济思想浅析 [J]. 广西民族学院学报（哲学社会科学版），1995（4）：77-78.

[124] 陈岱孙. 对当前西方经济学研究工作的几点意见 [J]. 经济学动态，1995（11）：3-6.

[125] 裴小革. 经济增长理论的新发展 [J]. 经济学动态，1995（12）：58-59.

[126] 傅殷才，钟祛非. 卢卡斯对于理性预期学派的贡献 [J]. 经济学动态，1996（2）：66-70.

[127] 曹成建. 近代中国资产阶级改良派经济自由思想之内容及其特点 [J]. 四川师范大学学报（社会科学版），1996（3）：131-136.

[128] 汪丁丁. "卢卡斯批判" 以及批判的批判 [J]. 经济研究，1996（3）：69-78.

[129] 胡炳志. 罗默的内生经济增长理论述评 [J]. 经济学动态，1996（5）：60-63.

[130] 王军. 现代西方产业组织理论述评 [J]. 经济学家，1996（5）：121-124.

[131] 左大培. 当代西方经济学及其主要流派综述 [J]. 经济学动态，1996（12）：56-62.

[132] 赵晓雷. 西方经济学对现代中国经济学发展的影响 [J]. 经济学家，1997（4）：10-19.

[133] 赵晓雷. 邓小平经济体制改革思想论析 [J]. 上海经济研究，1997（4）：8-12.

[134] 张培刚，方齐云. 厂商理论的新进展 [J]. 经济学动态，1997（8）：47-51.

[135] 乌家培. 信息经济学 [J]. 经济学动态，1997（8）：3-5.

[136] 赵晓雷. 西方经济学的引进、研究及其对现代中国经济理论发展的影响 [J]. 财经研究，1997（9）：10-18.

[137] 常志霄，高震华. 宏观经济学的演进与最新前沿 [J]. 经济学动态，1998（4）：56-59.

[138] 彭建刚. 博弈论与西方经济学的发展 [J]. 经济学动态，1998（5）：57-60.

[139] 洪银兴. 现代市场经济理论和社会主义市场经济体制的建设 [J]. 经济评论，1998（6）：13-21.

[140] 国家计委宏观经济研究院课题组. 社会主义市场经济的基本内涵和主要特征 [J]. 宏观经济研究，1998（12）：31-36.

[141] 卫兴华. 改革20年来经济理论与实践发展的回顾与评析——纪念党的十一届三中全会召开20周年 [J]. 经济学动态，1998（12）：3-11.

[142] 陈连营. 试论嘉庆帝守成思想的形成原因 [J]. 河南大学学报（哲学社会科学版），1999（2）：4-8.

[143] 张跃. 论西汉时期的义利思想 [J]. 中国社会科学院研究生院学报，1999（3）：52-56.

[144] 易定红. 新贸易理论政策主张述评 [J]. 经济学动态，1999（3）：63-67.

[145] 梁琦. 内生经济增长理论的研究动态 [J]. 经济学动态，1999（5）：47-49.

[146] 刘佛丁. 制度变迁与中国近代的工业化 [J]. 南开经济研究，1999（5）：64-72.

[147] 杨小凯，张永生. 新兴古典发展经济学导论 [J]. 经济研究，1999（7）：67-69.

[148] 赵晓阳. 西方经济学的传入与中国经济思想史研究的产生和发展 [J]. 经济科学，2000（1）：120-124.

[149] 蒋大椿. 孙中山民生史观析论 [J]. 中国社会科学，2000（2）：191-204.

[150] 卢玉华，韦杰廷. 新民主主义经济结构构想的发展历程简论 [J]. 益阳师专

学报，2000（4）：45-49.

[151] 杨树森. 论儒家义利观的历史演变及现代意义 [J]. 社会科学辑刊，2001（2）：19-24.

[152] 董建英. 毛泽东新民主主义经济思想初探 [J]. 汉中师范学院学报（社会科学版），2001（5）：59-61.

[153] 阎坤. 财政支出理论的历史考察 [J]. 财政研究，2001（6）：54-58.

[154] 赵晓雷. 中国现代经济理论史论纲 [J]. 当代中国史研究，2002（2）：75-88.

[155] 程美东. 孙中山的民生主义理论 [J]. 人文杂志，2002（3）：130-136.

[156] 樊志民，朱宏斌. 月令书与中国传统农业管理思想之嬗变 [J]. 中国农史，2002（3）：96-103.

[157] 傅允生. 汉武帝时期官营工商业政策及其影响再认识——兼论中国历史上的封建统制经济 [J]. 财经论丛，2002（3）：12-20.

[158] 李国环. 孙中山发展农业和振兴实业的经济思想述评 [J]. 安徽史学，2002（3）：64-67.

[159] 鄢定友. 论孙中山经济思想的理论渊源 [J]. 甘肃社会科学，2002（5）：118-121.

[160] 钟祥财. 二十世纪二十至四十年代立国之争及其理论影响 [J]. 社会科学，2003（11）：93-102.

[161] 何平. 论中国历史上的税收负担思想 [J]. 税务研究，2004（1）：76-79.

[162] 高翔. 从全盛到衰微——十八世纪清帝国的盛衰之变 [J]. 决策与信息，2005（1）：131-133.

[163] 刘玉明. 民本思想探源与评议 [J]. 孔子研究，2006（1）：83-90.

[164] 张其镇. 论西周时期的审计制度及其历史贡献 [J]. 江西社会科学，2006（7）：128-131.

[165] 姚耐. 也谈计划经济和商品经济 [N]. 光明日报，1982-07-18.

[166] 何伟. 政企职能分开的途径——国有制改革的设想 [N]. 工人日报，1991-12-06.

[167]《文汇报》评论员. 建立社会主义市场经济 [N]. 文汇报，1992-07-15.